Le Routard

Londres
et ses environs
+ shopping

2023/2024

Cofondateurs : Philippe GLOAGUEN et Michel DUVAL

Directeur de collection et auteur
Philippe GLOAGUEN

Secrétaire général
Gavin's CLEMENTE-RUIZ

Rédacteurs en chef
Amanda KERAVEL (France)
Benoît LUCCHINI (Étranger)

Directrice administrative
Bénédicte GLOAGUEN

Conseiller à la rédaction
Pierre JOSSE

Responsable voyages
Carole BORDES

Direction éditoriale
Élise ERNEST

Rédaction
Isabelle AL SUBAIHI
Emmanuelle BAUQUIS
Mathilde de BOISGROLLIER
Marie BURIN des ROZIERS
Camille CAMPET
Véronique de CHARDON
Laura CHARLIER
Florence CHARMETANT
Fiona DEBRABANDER
Anaëlle HASCOËT
Géraldine LEMAUF-BEAUVOIS
Alain PALLIER
Anne POINSOT
Alexia POULAIN

hachette

TABLE DES MATIÈRES

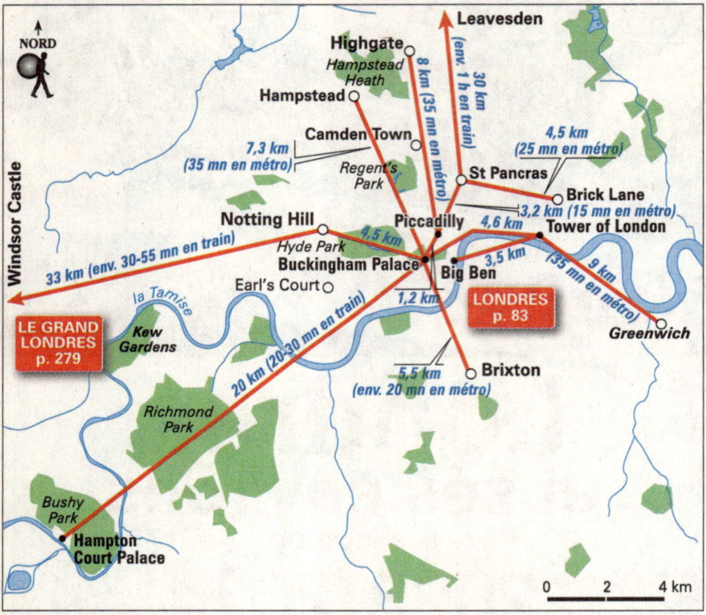

PRÉAMBULE

COMMENT Y ALLER ? 36

LONDRES UTILE 42

Sites inscrits au Patrimoine mondial de l'Unesco
LUTON LEAVESDEN
(Harry Potter Warner Bros. Studio Tour)
A
B
1
2
4
A 41
A 406
A 1
A 400
HIGHGATE
HAMPSTEAD
plan Hampstead
plan Camden Town
CAMDEN TOWN
WEMBLEY
WILLESDEN
plan détachable
A 41
Regent's Park
EUSTON
PADDINGTON
MARYLEBONE
plan
plan centre 2
OXFORD CIRCUS
SOHO
ACTON
A 40
SHEPHERD'S BUSH
M 41
NOTTING HILL
A 40
BAYSWATER
Hyde Park
PICCADILLY
KENSINGTON
Holland Park
Kensington Gardens
Green Park
A 4
WESTMINSTER
BROMPTON
VICTORIA
HAMMERSMITH
HEATHROW
WINDSOR, RICHMOND (Kew Gardens)
CHISWICK
A 4
WEST BROMPTON
CHELSEA
PIMLICO
EARL'S COURT
la Tamise
A 316
FULHAM
SOUTH KENSINGTON
Battersea Park
A 205
WANDSWORTH
A 3
A 24
Richmond Park
Wimbledon Common
A 3
WIMBLEDON
0
1
2 km

L'AGGLOMÉRATION DE LONDRES

† Services or access at these stations are subject to variation. To check before you travel, visit tfl.gov.uk/plan-a-journey
† Barking Riverside - Opening soon.
† Bond Street - Elizabeth line station opening soon.
† East Acton - Eastbound trains and all Night Tube services will not stop until autumn 2022.
† Heathrow - Heathrow Terminal 4 opening June 2022.
† Hounslow West - Step-free access for manual wheelchairs only.
† Paddington - Bakerloo line step-free access via Elizabeth line station entrance.
† South Kensington - Piccadilly line trains not stopping until June 2022.

MAYOR OF LONDON

tfl.gov.uk

24 hour travel information
0343 222 1234*

*Network charges may apply. See tfl.gov.uk/terms for details.

Reg. user No. 22/S/3597/P

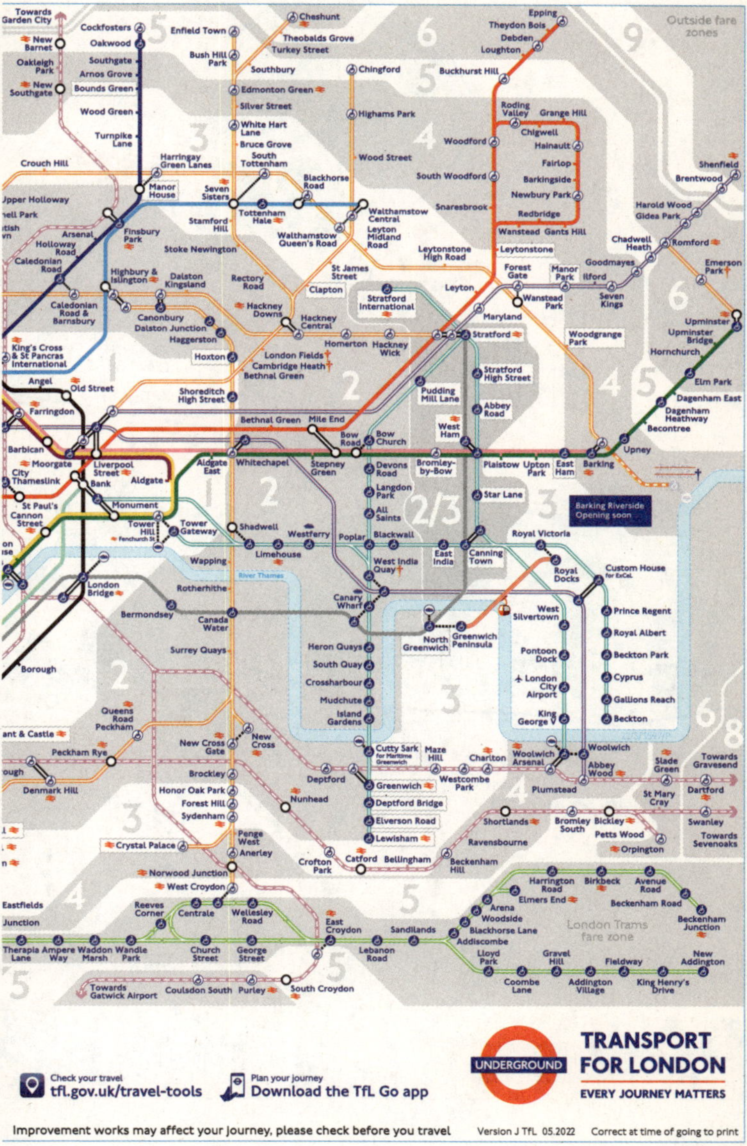

PLAN DU MÉTRO

London Zoo
Regent's Park
ST PANCRAS
EUSTON
Euston Station
Canal
Regent's
Little Venice
PADDINGTON
Marylebone Station
MARYLEBONE
OXFORD CIRCUS
OXFORD CIRCUS
Wallace Collection
Paddington Station
SOHO
Marble Arch
MAYFAIR
PICCADILLY CIRCUS
BAYSWATER
Hyde Park
The Serpentine
Green Park
Saint James's Park
Kensington Palace
HYDE PARK CORNER
Buckingham Palace
KENSINGTON
KNIGHTSBRIDGE
BELGRAVIA
Victoria and Albert Museum
Natural History
Science Museum
Westminster Cathedral
Victoria Station
BROMPTON
SOUTH KENSINGTON
PIMLICO
CHELSEA
CHELSEA BRIDGE
139
13
274
24
14
15
3
23
274
8
159
12
10
9
73
74
24
14
11

NORD
ISLINGTON
KING'S CROSS
King's Cross Station
St Pancras Station
ANGEL
The British Library
FINSBURY
CLERKENWELL
SHOREDITCH
BRICK LANE
BLOOMSBURY
FARRINGDON
SPITALFIELDS
St Etheldreda
St Bartholomew-the-Great
British Museum
BARBICAN
Liverpool Street Station
CITY
HOLBORN
St Paul's Cathedral
COVENT GARDEN
The Temple
Blackfriars Station
Fenchurch Station
National Gallery
Courtauld Institute Galleries
Cannon Street Station
TOWER BRIDGE
River Thames
BLACKFRIARS BRIDGE
WATERLOO BRIDGE
SOUTHWARK BRIDGE
LONDON BRIDGE
TRAFALGAR SQUARE
Tate Modern
The Tower of London
Charing Cross Station
Southwark Cathedral
TOWER BRIDGE
London Eye
London Bridge Station
WESTMINSTER BRIDGE
Waterloo Station
SOUTHWARK
WATERLOO
Big Ben
Westminster Abbey
BERMONDSEY
WESTMINSTER
LAMBETH BRIDGE
NEWINGTON
Tate Britain
LAMBETH
0 300 600 m
WALWORTH
VAUXHALL BRIDGE
Line 3
Line 8
Line 9
Line 10
Line 11
Line 12
Line 13
Line 14
Line 15
Line 23
Line 24
Line 73
Line 74
Line 139
Line 153
Line 159
Line 188
Line 274
Line RV1

PLAN DES BUS

LA RÉDACTION DU ROUTARD

La saga du *Routard* : en 1971, 2 étudiants, Philippe et Michel, avaient une furieuse envie de découvrir le monde. De retour du Népal germe l'idée d'un guide différent qui regrouperait tuyaux malins et itinéraires sympas, destiné aux jeunes fauchés en quête de liberté. 1973. Après 19 refus d'éditeurs et la faillite de leur 1re maison d'édition, l'aventure commence vraiment avec Hachette. Aujourd'hui, le *Routard*, c'est plus d'une cinquantaine d'enquêteurs impliqués et sincères. Ils parcourent le monde toute l'année dans l'anonymat et s'acharnent à restituer leurs coups de cœur en toute indépendance.

Merci à tous les Routards qui sont solidaires de nos convictions : liberté et indépendance d'esprit ; découverte et partage ; sincérité, tolérance et respect des autres.

NOS SPÉCIALISTES LONDRES

Gavin's Clemente Ruiz : né en 1978, belgo-hispano-normand, il vadrouille pour *Le Routard* depuis 1999. Logique avec un tel pedigree ! Son plaisir : l'adresse introuvable dénichée en fin de journée. Et garder le contact avec les personnes croisées. Son défaut : ne quitte jamais son téléphone portable (« Bon, c'est pour le Facebook et l'Instagram du *Routard* » !).

Fiona Debrabander : franco-britannique, passionnée d'histoire, de musique et de cinéma, elle apprécie autant prendre le thé après un trek qu'un café au comptoir, les bains de foule sur les marchés que les bains de minuit en bord de mer. Avide de rencontres et de nature, au coin de la rue ou au bout du monde, elle sillonne la planète avec l'envie de partager ses découvertes.

Fabrice De Lestang : il s'est longtemps levé bien tard puis a subitement réalisé, à 22 ans, que la vie c'est le mouvement. Régisseur sur les plateaux de tournage 7 jours sur 7, il est passé avec bonheur des décors de studio aux paysages réels. Au Routard depuis plus de 20 ans, il se lève désormais très tôt et affiche plus de 100 voyages au compteur.

NOS ENQUÊTEURS-FURETEURS

Nous tenons à remercier tout particulièrement Loup-Maëlle Besançon, Thierry Bessou, François Chauvin, Grégory Dalex, Fabrice Doumergue, Cédric Fischer, Carole Fouque, Guillaume Garnier, Nicolas George, Michelle Georget, David Giason, Claude Hervé-Bazin, Emmanuel Juste, Fabrice de Lestang, Éric Milet, Pierre Mitrano, Louis Nagot, Olivier Page, Jean-Sébastien Petitdemange, André Poncelet, Thomas Rivallain et Jean Tiffon pour leur collaboration régulière.

Guillem Aurenche, Andrea Blin, Jean-Jacques Bordier-Chêne, Philippe Coupy, Agnès Debiage, Jérôme Denoix, Tovi et Ahmet Diler, Clélie Dudon, Agustina Ernesta, Alain Fisch, Hermine Frachon, Adrien et Clément Gloaguen, Simon Hafi, Chloé Iacono, Lawrence Lemoine, Maeva Libessart, Marine Lucas, Lise Machu, Elisa Moreau, Martine Partrat, Odile Paugam et Didier Jehanno, Orianne Pouchard, Marva Prevost, Alexia Rambaud, Prakit Saiporn, Lara Tantawi, Sarah Toson, Lucas Truffier-Blanc, Emma Vadillo Quesada.

DU CÔTÉ D'HACHETTE-LIVRE

Direction : Sidonie Chollet

Direction éditoriale : Élise Ernest

Édition : Tony De Sousa

Cartographie : Frédéric Clémençon et Aurélie Huot

Fabrication : Nathalie Lautout, Liza Sacco et Aude Cauchet

Relations presse : COM'PROD, Fred Papet et Laëtitia de Cerval. ☎ 01-70-69-04-69. • info@comprod.fr • Martine Levens (Belgique) ☎ +32-47-568-35-76.

Contact Partenariats : Jérôme Denoix • jeromedenoix@gmail.com •

Contact Partenariats et régie pub : Florence Brunel-Jars • fbrunel@hachette-livre.fr •

Silhouette du Routard : Clément Gloaguen (d'après Solé)

Couverture : le-bureau-des-affaires-graphiques.com ; **maquette intérieure :** le-bureau-des-affaires-graphiques.com, Thibault Reumaux et npeg.fr

Pictogrammes du Routard

Établissements

- Hôtel, auberge, chambre d'hôtes
- Camping
- Restaurant
- Terrasse
- Pizzeria
- Boulangerie, sandwicherie
- Pâtisserie
- Glacier
- Café, salon de thé
- Café, bar
- Bar musical
- Club, boîte de nuit
- Salle de spectacle
- Boutique, magasin, marché

Infos pratiques

- Office de tourisme
- Poste
- Accès Internet
- Hôpital, urgences
- Adapté aux personnes handicapées

Sites

- Présente un intérêt touristique
- Point de vue
- Plage
- Spot de surf
- Site de plongée
- Recommandé pour les enfants
- Inscrit au Patrimoine mondial de l'Unesco
- Pas de côté

Transports

- Aéroport
- Gare ferroviaire
- Gare routière, arrêt de bus
- Station de métro
- Station de tramway
- Parking
- Taxi
- Taxi collectif
- Bateau
- Bateau fluvial
- Piste cyclable, parcours à vélo

« OSONS LE PAS DE CÔTÉ »

Le surtourisme ? Tous concernés. Et pourtant, à l'écart des grands flux touristiques, il existe plein de pépites méconnues, souvent oubliées des circuits trop encombrés. Ici un site ignoré ; là un quartier secret ; plus loin un village caché au charme discret, avec un troquet d'une autre époque. Il existe une infinité de lieux peinards que l'on a envie de mettre en avant avec ce pictogramme. Un vagabondage enfin calme favorisé aussi par les **visites aux heures creuses**. Vive le *slow trip* !

#osonslepasdecote

Le marché aux fleurs de Columbia Road, dans l'East End

« Ce n'est vraiment pas facile de parler de Londres. Ce n'est pas, à proprement parler, une ville plaisante, ni même agréable, joyeuse, où il fait bon vivre, et sans aucun défaut. Non, c'est juste une ville magnifique. »

Henry James

Londres a franchi le millénaire en s'offrant une cure de jouvence. Dans les années 1960 déjà, sa jeunesse avait secoué les oripeaux de la vieille Angleterre et imposé à la planète de nouveaux codes et références culturels. En 2000, dopée par la croissance économique, elle s'est offert un lifting architectural spectaculaire, affirmant ainsi son rôle de mégalopole multiculturelle. Le cosmopolitisme et la tolérance, l'esprit d'entreprise, les hauts salaires et le (presque) plein-emploi ont attiré une nouvelle vague d'immigration sans précédent jusqu'à 2008.
Même si la crise et le Brexit ont quelque peu changé la donne, Londres a toujours la cote, et les jeunes *Frenchies* franchissent encore le *Channel* pour tenter leur chance dans cet **eldorado européen.** De fait, le prix de l'immobilier dépasse celui de New York ou de Tokyo et chasse de nombreux Londoniens en banlieue lointaine. Quant au coût de la vie…
Question **intégration,** Londres aurait de quoi donner des leçons à n'importe quelle société contemporaine : la proportion de mariages mixtes est supérieure à toutes celles constatées en Europe et dans le monde (et surtout aux États-Unis). Pas moins de **50 nationalités** se côtoient, parlant, en tout, plus de **300 langues** ! L'élection à la mairie de Londres de Sadiq Khan, avocat travailliste fils d'un chauffeur de bus immigré du Pakistan, en est le parfait symbole. Et rappelons que les Londoniens ont voté largement **contre le Brexit.** Mais tout n'est pas rose non plus pour les autochtones, les contrastes sont parfois criants : le taux de chômage atteint presque 15 % dans certains quartiers, alors qu'il avoisine 5 % pour la moyenne nationale.
À 2h15 en Eurostar de la gare du Nord, le choc est réel : **comment peut-on être si proche de Paris et pourtant si différent ?** La capitale française semble bien calme comparée à Londres, cette ville-monde, métropole énorme, grouillante, éclatée, moderne, vibrante et qui n'est plus seulement anglaise, mais réellement cosmopolite. Avec des **musées** et des **galeries** par centaines, des **pubs** par milliers et plus de 10 000 **restos,** il y en a vraiment pour tout le monde ! Sans oublier les taxis qui semblent, comme les escargots, sortir avec la pluie. Et comme il pleut assez souvent...
Ici, vous êtes sûr de trouver chaussure à votre pied : **des musées abritant des trésors,** de l'art étrusque aux plus grands tableaux impressionnistes, et des **monuments ou églises** à vous couper le souffle, un **concert rock** ou **électro,** une **soirée house** dans un club mythique, une ambiance ultra-conviviale dans un **pub historique,** de la **cuisine indienne ou chinoise,** entres autres saveurs exotiques, des quartiers modernes aux **immeubles et gratte-ciel** au **design futuriste**, des **marchés et boutiques** pour s'offrir une session shopping et faire le plein de **vêtements vintage** ou excentriques, le thé le plus raffiné ou un disque introuvable, des **parcs immenses** et plein d'autres **squares et espaces verts** disséminés dans la ville, des **activités à foison pour les enfants,** etc. La liste est loin d'être exhaustive, on vous laisse le soin d'explorer en long et en large cette ville vaste, vibrante, cosmopolite et tellement *charming* !

NOS COUPS DE CŒUR

1 **Tenter de mettre un nom sur les chefs-d'œuvre de la National Gallery.** C'est l'un des 3 plus beaux musées de peinture au monde, avec plus de 2 300 toiles représentant toutes les grandes écoles occidentales. Une foule de maîtres (Vinci, Raphaël, Botticelli, Rembrandt, Rubens, Turner, Van Gogh, Cézanne…) et de chefs-d'œuvre (*Vénus et Mars* de Botticelli, *Vierge aux rochers* de Vinci, *Les Tournesols* de Van Gogh…) sont réunis ici ! N'hésitez pas à y consacrer une journée entière, mais le mieux est de s'y rendre en plusieurs fois. *p. 105*
***Bon à savoir :** GRATUIT. Infos : • nationalgallery.org.uk •*

2 Jouer les explorateurs au British Museum, l'un des plus grands musées d'antiquités au monde.

Il couvre l'histoire de l'humanité, depuis ses origines jusqu'à nos jours. Accès par la sublime Great Court, large atrium recouvert d'un toit translucide, résille de verre et d'acier. Entre autres merveilles : la fameuse pierre de Rosette, des momies et sarcophages, une frise du Parthénon, une statue de l'île de Pâques… Impossible de tout voir en une seule visite. Opter pour quelques sections et revenir pour explorer la suite, le « British » est totalement gratuit ! *p. 201*

Bon à savoir : *se munir du plan du musée – un vrai labyrinthe… Infos : • britishmuseum.org •*

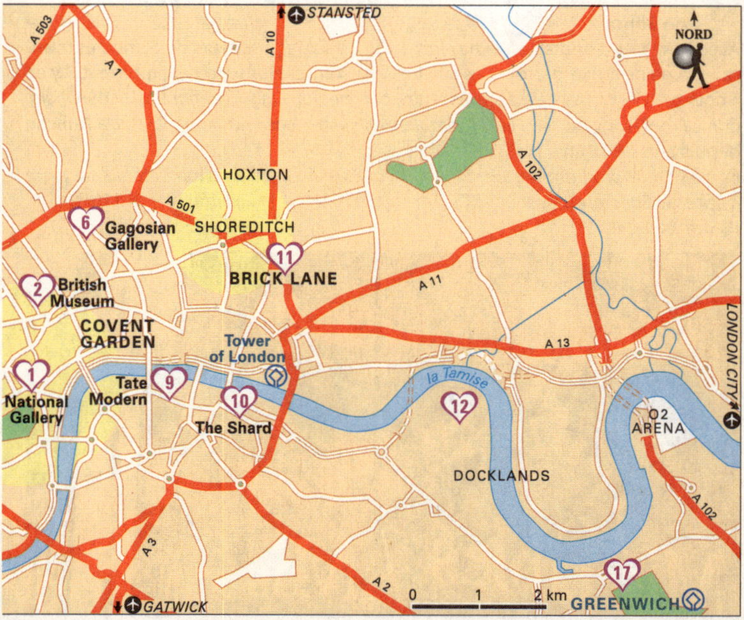

3 S'adonner à une session shopping dans les grandes enseignes d'Oxford Street ou les boutiques branchées de King's Road.

Oxford Street est le temple de la consommation de Londres, avec plus de 300 boutiques. C'est ici que l'on trouve les grands magasins comme *Selfridge, Marks & Spencer, HMV*… ainsi que la plupart des grandes enseignes. Par exemple *Primark (499-517 Oxford Street)*, pour des fringues et accessoires à des prix défiant toute concurrence. Dans un genre nettement plus chic, visez les boutiques de King's Road, épicentre de la branchitude made in Chelsea : un quartier plus calme où le shopping est aussi plus onéreux. *p. 111, 113, 160*

© Stéphane Frances/Onlyworld.net

4 Assister à une comédie musicale dans un des théâtres du quartier de Soho.

Avec New York, Londres est « *the place to be* » pour les amateurs de comédies musicales. À peine arrivé, partout des affiches vous vantent les succès du moment. Il y en a pour tous les goûts. Laissez-vous tenter par *The Lion King, The Phantom of the Opera, Come From Away* ou bien *Les Misérables*, les « Miz » comme on dit là-bas, à l'affiche depuis plus de 35 ans ! *p. 70, 99*

***Bon à savoir :** programmes sur • londontheatre.co.uk • et billets à tarifs réduits sur place à Leicester Square, au kiosque TKTS (lun-sam 10h-19h, dim 11h-16h30 ; • officiallondontheatre.com/tkts/ •).*

© Peter Horree/Alamy/Hemis

© Sonnet Sylvain/hemis.fr

5 Prendre un thé à Buckingham Palace avec la reine ou, mieux, avec Kate !

Si elles ne sont pas dispo, il est toujours possible de visiter cet édifice du XVIIIe s, mais seulement en août-septembre. Pas question de voir les 600 pièces, seulement une vingtaine sont ouvertes au public (les *State Rooms*), ainsi qu'une petite partie des jardins. Si vous étiez amené à croiser la reine, sachez qu'on s'adresse à elle aussi bien en anglais qu'en français : elle est bilingue à tel point qu'elle connaît même des chansons de Tino Rossi ! En revanche, on évitera « Majesté », elle préfère « Madame ». *p. 133*

Bon à savoir : *• rct.uk •*

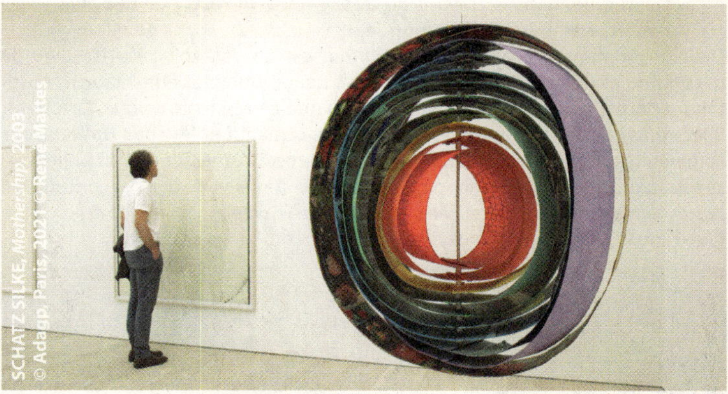
SCHATZ SILKE, *Mothership*, 2003
© Adagp, Paris, 2021 © René Mattes

6 Découvrir de nouveaux artistes à la Saatchi Gallery ou chez le célèbre marchand Gagosian.

Charles Saatchi est un grand mécène de l'art contemporain britannique et il le prouve à chaque nouvelle exposition, dans sa galerie de Chelsea. Autre « faiseur d'artistes » mondialement connu, l'Américain Larry Gagosian, qui représente des pointures de l'art contemporain (Jeff Koons, Richard Wright…). Immanquables pour les amateurs. Et si ça ne vous suffit pas, cap sur le quartier de l'East End, où l'on trouve pas mal de galeries d'art contemporain. *p. 153, 159, 211*

Bon à savoir : *pour connaître les expos du moment, consulter • saatchigallery.com • et • gagosian.com •*

7 **Refaire le monde au Victoria and Albert Museum, le V & A pour les intimes.**

C'est l'un des plus beaux musées consacrés aux arts décoratifs. On vient pour les pièces uniques de sa collection (la nef de Burghley du XVIe s, le tapis d'Arbidil, les Cartons de Raphäel, les bijoux...) mais aussi pour le cadre superbe, la muséographie et les activités ludiques. Les collections se sont enrichies depuis sa création au XIXe s et comptent aujourd'hui 4 millions d'objets, répartis sur un immense espace d'environ 50 000 m². *p. 144, 156*

Bon à savoir : *le V & A étant l'un des plus grands musées de Londres et d'accès gratuit, profitez-en pour le visiter en plusieurs fois ! Infos : • vam.ac.uk •*

© Mattes René/hemis.fr

8 **Déambuler dans les rayons du très célèbre *Harrods*, l'un des plus somptueux magasins du monde.**

Devenu monument à part entière, *Harrods* est un véritable chef-d'œuvre de décoration et de bon goût. L'*Egyptian Hall,* qui occupe plusieurs étages, constitue un parfait exemple de l'Art nouveau, chargé certes, mais unique. L'escalator (électrique) fut le 1er installé en Europe. Ne pas manquer les *Food Halls* (rayons alimentaires), célèbres pour leurs somptueuses céramiques, et où l'on peut aussi se restaurer. Un temple du shopping à fréquenter ne serait-ce que par curiosité, ou pour y faire quelques achats... Mais les prix sont à l'avenant ! *p. 143, 157*

Bon à savoir : *infos sur • harrods.com •*

© Antoine Lorgnier/Onlyworld.net

© Alamy/Hemis.fr

Découvrir la Tate Modern, magnifique musée d'art moderne.
Installé dans une ancienne centrale électrique, c'est un hall d'exposition de 34 000 m² et de 35 m de haut, couplé à un bâtiment récent (2016) ultra-contemporain. On peut y admirer des à-plats de Rothko, des sculptures d'Henry Moore, de Giacometti ou Joseph Beuys, des mobiles de Calder, des peintures de Mondrian, Miró, Picasso, Klein, et on en passe. Les accrochages changent régulièrement, les réserves sont inépuisables et d'une rare richesse ! *p. 244*
Bon à savoir : *accès gratuit sauf pour les expos temporaires. Sur place, plusieurs cafétérias et restos avec vue imprenable sur les quais de la Tamise et St Paul's Cathedral. Infos : • tate.org.uk •*

© Renzo Piano Building Workshop
© Gardel Bertrand/hemis.fr

Atteindre le sommet du Shard, offrant la vue touristique la plus haute d'Europe !
La silhouette de cette spectaculaire flèche de verre de 310 m de haut s'élance à proximité du London Bridge, sur la rive sud. C'est l'œuvre de Renzo Piano, à qui l'on doit le Centre Georges-Pompidou à Paris ou le bâtiment futuriste de la *Lloyd's* dans la City, toute proche. Des ascenseurs ultra-rapides vous propulsent en 1 mn sur la terrasse du 72e étage où un grand moment d'émotion vous attend, entre le sifflement du vent et la vue à 60 km à la ronde… La nuit, c'est carrément magique ! *p. 245*
Bon à savoir : *compter env 25 £ l'accès. Résas : • theviewfromtheshard.com •*

© Stephane Frances/Onlyworld.net

11 Faire du shopping à Brick Lane, puis se plonger dans l'ambiance de la nuit londonienne dans l'East End.

Avant d'écumer les boutiques vintage et de fripes de Brick Lane (avec son génial marché aux puces le dimanche), faire un tour au Old Spitalfields Market. Dans la foulée, découvrir Shoreditch, Hoxton, Hackney... Admirer le festival de fresques murales et autres œuvres de *street art,* innombrables. Ces quartiers branchés et bohèmes font aussi partie des incontournables des soirées londoniennes. Tous les oiseaux de nuit qui se respectent viennent ici en fin de semaine ! *p. 252, 255, 256, 257, 266*

12 **Flâner le long des Docklands, à l'est de la Tower Bridge, pour découvrir Londres côté fluvial.**

Implantée le long de la Tamise, cette ancienne zone portuaire servait autrefois de point d'ancrage pour les bateaux faisant la navette avec les Indes. Aujourd'hui, le quartier vaut le détour par beau temps, notamment pour se promener sur les bords de la Tamise, loin de la foule. Coup de cœur pour les *St Catherine Docks,* sa belle marina et ses terrasses au ras des flots. Une autre facette de Londres. Les plus curieux pousseront jusqu'au génial *Museum of London Docklands* pour en apprendre plus sur l'histoire de ces quais. p. 273, 277

***Bon à savoir :** Le musée est GRATUIT.* • *museumoflondon.org.uk* •

© GARDEL Bertrand / hemis.fr

13 Au printemps, se balader au milieu des jonquilles de Regent's Park, en été profiter des spectacles à l'Open Air Theatre.

Avec Hyde Park, c'est l'un des lieux rêvés à Londres pour une pause ou un pique-nique, taquinés par les écureuils gris qui gambadent joyeusement dans l'herbe. On résistera à la tentation de leur donner à manger… officiellement, cela n'est pas autorisé ! De mi-mai à mi-septembre, de nombreux festivals se tiennent dans le kiosque de plein air. On y joue du Shakespeare et autres classiques du théâtre anglais, des spectacles musicaux, de l'opéra... Concerts gratuits parfois. *p. 191, 192*

***Bon à savoir :** programme sur • openairtheatre.com •*

© Image Source/hemis.fr

14 Marcher dans les pas des Beatles sur Abbey Road et refaire la célèbre photo sur le passage clouté.

Les fameux studios sont classés Monument historique. En 1969, le tout dernier concert des Beatles eut lieu sur le toit, mais fut interrompu… pour tapage ! Quant au passage clouté *(crosswalk)* qui illustre le dernier disque des Fab Four, c'est le seul classé au Patrimoine national. Suivre aussi notre « pèlerinage rock » (voir la rubrique « Patrimoine culturel et visites guidées » dans « Londres utile ») pour découvrir les lieux phares par les stars de la musique anglaise. *p. 192*

***Bon à savoir :** la bonne station de métro est Saint John's Wood et non pas Abbey Road, située, elle, à… 9 miles du célèbre passage piéton !*

© Degas Jean-Pierre/hemis.fr

15 **Participer au carnaval de Notting Hill, le dernier week-end d'août.** Créé à Londres dans les années 1950, c'est l'un des rassemblements de rue les plus importants et aussi le plus grand carnaval jamaïcain d'Europe. *Steel bands* et DJs envahissent Portobello pendant 2 jours, et on y danse sur les rythmes des Caraïbes. Ce carnaval, c'est aussi un défilé de toute beauté à ne pas manquer. Le dimanche est généralement considéré comme « le jour des enfants », alors que le lundi, dernier jour de la fête, rassemble environ 1 million de personnes. *p. 178*
Bon à savoir : *• nhcarnival.org •*

(16) Visiter les Kew Gardens et se prendre pour un botaniste de l'époque victorienne.

Superbe parc botanique d'une extraordinaire variété, il abrite 90 000 végétaux sur pas moins de 120 ha. La période idéale est bien sûr le printemps, lorsque les rosiers et les rhododendrons sont en fleurs, mais le bel aménagement permet de se promener toute l'année, sans jamais se lasser. Jardin japonais avec pagode, pinède, bambouseraie, roseraie... rien ne manque. Autre fleuron des Kew Gardens, les élégantes serres rénovées dessinent des courbes de verre soulignées par des lignes de fer forgé. À ne pas manquer ! *p. 306*

Bon à savoir : *• kew.org •*

(17) Franchir le méridien à Greenwich et grimper à bord du *Cutty Sark*, l'un des emblèmes maritimes britanniques.

C'est dans le parc de Greenwich que passe le fameux méridien zéro. À découvrir au Royal Observatory, un site ravissant qui offre un superbe panorama sur les Docklands. Puis visiter le *Cutty Sark*, un fier clipper, ces trois-mâts du XIXe s destinés à sillonner les routes commerciales du globe. Il fallut plusieurs années de restauration pour que l'on puisse admirer sa splendeur, grimper à bord et explorer ses entrailles. *p. 295, 298*

Bon à savoir : *pour ceux qui ne souhaitent pas payer le billet d'entrée, assez dissuasif, on voit bien le méridien à travers la grille.*

18 Suivre notre pèlerinage rock.
Aller sur les traces des Beatles, de Jimi Hendrix ou d'Amy Winehouse, c'est possible ! Reportez-vous à notre pèlerinage rock dans « Londres utile – Patrimoine culturel et visites guidées » en début de guide. *p. 64*

© Jon Arnold Images/hemis.fr

ITINÉRAIRES CONSEILLÉS

En 1 jour

Pour commencer, **Houses of Parliament (1)** avec **Big Ben (2)** en rénovation. Puis **Buckingham Palace** (**3**, se visite en été) pour la relève de la garde. Pause dans **Hyde Park (4)** pour voir le fameux *corner.* Pas mal de marchands ambulants. Filons vers le **British Museum (5).** Momies et pierre de Rosette. À la **National Gallery (6),** rien que des chefs-d'œuvre de peinture ! On redescend vers **Covent Garden (7)** et ses animations ou vers **Oxford Street (8)** pour le shopping. Petite croisière sur la Tamise. Prendre une navette fluviale au départ d'**Embankment (9)** ou de **Westminster (10)** pour rejoindre la **Tower of London (11)** et apercevoir au passage le **London Eye (12),** la **Tate Modern (13), St Paul's Cathedral (14),** le **Globe Theatre (15),** où jouait Shakespeare, et **The Shard (16),** la plus haute vue touristique d'Europe. On finit la journée – sur les rotules – dans **Soho (17), Leicester Square (18)** et les nombreux restos de **Chinatown (19).**

En 3 jours

• Petit déj bucolique vers **Green Park (1)** et **St James's Park (2). Buckingham Palace (3)** pour la relève de la garde. On n'oublie pas, en route, les **Houses of Parliament (4),** l'**abbaye de Westminster (5)** et **Big Ben (6),** bien sûr. Arrêt à la **National Gallery** (**7,** attention, chefs-d'œuvre) ou à la **Tate Britain** (**8,** peinture anglaise). C'est gratuit ! **Piccadilly Circus (9), Regent Street (10), Carnaby Street (11)** et **Oxford Circus (12).** Tous les grands magasins sont concentrés dans cette zone : ***Fortnum & Mason* (13), *Liberty* (14), *Selfridges* (15), *Primark* (16)...** Virée à **Covent Garden (17)** avec ses animations de rue et son ancien marché. Soirée dans **Soho (18).** Bars branchés, théâtre, opéra, comédie musicale… Sur place, billets pas trop chers quelques minutes avant la représentation ou kiosque *TKTS* (voir rubrique « Spectacles et sorties » dans « Londres utile »). Après le spectacle, dîner à **Chinatown (19).**

• Départ de **Notting Hill (20)** pour les **puces de Portobello (21),** le samedi matin. Puis Southwark et les bords de la Tamise ! Un peu de hauteur avec le **London Eye** (**22,** réserver à l'avance), grande roue avec vue sublime. Culture contemporaine à la **Tate Modern (23).** Compléter par la **Tate Britain (8)** ; navette fluviale (payante) entre les 2 musées. Découverte des **bords de la Tamise (24).** Vos pas vous guideront jusqu'au **Tower Bridge (25)** voire jusqu'à la **Tour de Londres (26).** Plein de restos à côté du **Shakespeare Globe Theatre (27),** avant de monter au sommet du **Shard (28).** Pour finir (ou vous achever), tournée des bars et boîtes de **Hoxton, Shoreditch (29)** ou encore **Dalston,** plus au nord, vers Hackney.

• Petit tour par le **British Museum (30),** l'un des plus beaux musées d'antiquités du monde. Ou bien le **Victoria and Albert Museum (31),** passage obligé pour tous les fans d'*Arts & Crafts.* Pour les accros au shopping, après-midi à **Chelsea (32),** vers **King's Road (33)** et **Harrods (34).** Pour changer, escapade à **Greenwich (35)** où l'on peut se rendre en métro (ligne *DLR*) ou en bateau. « Village » incroyablement préservé, avec le magnifique **Maritime Museum (36).** Jouer les funambules sur le célèbre méridien. Autre possibilité, **Hampstead (37)** ! L'ancien village intellectuel et bohème surplombe la mégapole londonienne et on vient y respirer l'air pur, en particulier le dimanche, pour s'offrir un *Sunday roast* dans un pub historique.

En 5 ou 7 jours

Dites-vous bien qu'en 1 semaine, vous n'aurez toujours pas le temps de tout faire. Néanmoins, vous aurez tout loisir de composer votre séjour autour de quelques incontournables. L'idée est donc de reprendre l'itinéraire proposé en 3 jours et de l'enrichir en fonction de vos goûts, de vos envies et… de la météo ! Les parcs anglais, c'est bien beau, mais en plein hiver et sous la pluie, c'est tout de suite moins bucolique.

Vous aurez, enfin, du temps à consacrer à des quartiers un peu éloignés qui témoignent d'un autre visage de Londres, souvent insolite.

- Au nord par exemple, **Camden Town (1),** berceau de la culture punk, bien assagi aujourd'hui, mais dont les puces constituent l'un des incontournables des dimanches londoniens. Installé dans un ancien hôpital pour chevaux, le site ne manque ni de charme ni de cachet. Sur place, toutes sortes de stands proposent des spécialités du monde entier. De là, on rejoint sans problème (et pourquoi pas en bateau ?) l'Ouest

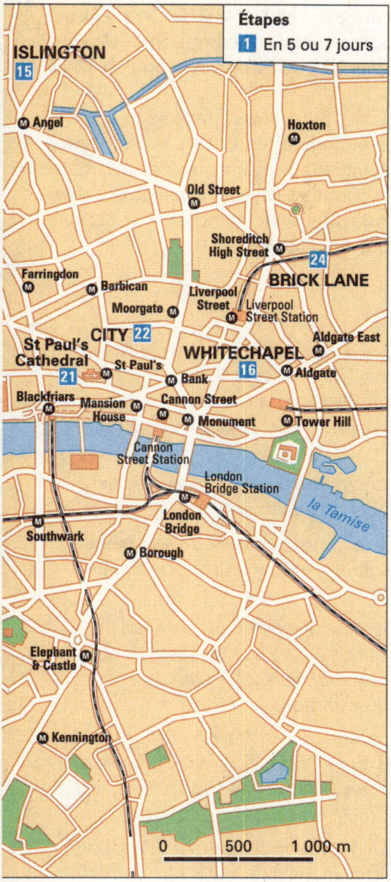

et **Marylebone (2),** pour découvrir **Little Venice (3)** et ses canaux. Inattendu et délicieux. Visite éventuelle du **London Zoo (4),** l'un des plus grands et des plus vieux du monde. Pas loin, **Abbey Road (5),** la célèbre rue où enregistraient 4 garçons dans le vent. Un peu plus loin encore, **Primrose Hill Park (6),** que les « Beatles-maniaques » ne louperont pas.

• Autre jour, autre quartier : **Chelsea (7),** le Londres des artistes. **King's Road (8), Battersea (9), Royal Hospital (10)...** Il réserve bien des surprises, à commencer par **Cheyne Walk (11),** aux délicieuses et multiples ruelles. Si vous êtes déjà allé au **Victoria and Albert Museum (12),** vous visiterez les autres musées de South Kensington, comme le **Science Museum (13)** ou le **Natural History Museum (14)** qui, eux aussi, valent le détour. Vous finirez la journée par une balade dans le Londres résidentiel, à l'architecture victorienne et aux demeures cossues.

• Le Nord et l'Est sont 2 quartiers populaires qui ne séduisent pas d'emblée pour leur architecture mais montrent une autre façon de vivre. Bien qu'ils soient de plus en plus branchés, de plus en plus bobos, peu de touristes s'y aventurent encore. Les fêtards partiront à la recherche du dernier bar à la mode, et les fans d'ambiance et de sociologie urbaines apprécieront la mixité culturelle qui caractérise le quartier. Rendez-vous donc à **Islington (15)** ou **Whitechapel (16).** Balade nocturne sur les traces de Jack l'Éventreur au départ du métro Aldgate (voir « Patrimoine culturel et visites guidées » dans « Londres utile »).

• Même genre d'ambiance plus au sud, à **Brixton (17),** l'ancien quartier des Clash et de la communauté jamaïcaine.

Vous pourrez également approfondir les quartiers du centre, tenter de sortir des sentiers battus. Prenez quelques heures pour flâner dans **Covent Garden (18)** et, pourquoi pas, visiter ses musées. Celui des Transports, par exemple, est en tout point exceptionnel. À l'occasion de la visite du **British Museum (19),** vous découvrirez le quartier de Virginia Woolf, Bloomsbury l'intellectuel. Ne pas louper la **British Library (20),** vaste bloc de brique.

Toujours au cœur de la ville, **St Paul's Cathedral (21)** et la **City (22).** Si vous voulez croiser de beaux businessmen cravatés, évitez de vous y rendre le week-end.

• Ça paraît idiot comme ça, mais passer plusieurs jours à Londres permet aussi d'étaler ses visites dans les musées gratuits. Par exemple, en consacrant 1h chaque soir, entre

17h et 18h (nocturne le vendredi), à la visite d'une aile de la **National Gallery (23),** qui présente l'avantage de se situer à Trafalgar Square, en plein centre, donc. Cela vous permettra de mieux en apprécier les innombrables chefs-d'œuvre : Botticelli, Vinci, Raphaël, Holbein, Titien, Van Gogh…

- En 1 semaine, vous pourrez découvrir (sans pour autant faire le tour de la question) l'incroyable palette de cuisines étrangères qu'offre Londres. Après Chinatown, pourquoi ne pas aller manger indien, bengla ou pakistanais dans l'**East End,** du côté de **Brick Lane (24)** ? Vous pourrez aussi vous initier aux cuisines japonaise, vietnamienne, thaïe, coréenne, turque, africaine… et britannique ! Et faire les fantastiques boutiques de fripes après ! Que d'aventures !

SI VOUS ÊTES

En famille : les parcs bien sûr (!), ainsi que les grands musées de l'Ouest londonien (en particulier le Natural History Museum et le Science Museum), mais aussi le British Museum, les boutiques comme *Hamley's*, le London Transport Museum et le Museum of London (voir aussi notre rubrique « Enfants » dans « Londres utile »).

Fêtard : privilégier les quartiers de Hoxton, Shoreditch, Dalston, Bricklane, Brixton, Camden et Soho (pour commencer ou pour finir la soirée).

En amoureux : les parcs, une balade sur la Tamise, un verre au sommet du Shard, un hôtel à Notting Hill ou vers Holborn, et une visite de la National Portrait Gallery.

Plutôt shopping : tout le centre touristique (King's Road, Oxford Street, Regent Street), mais aussi Brick Lane, Whitechapel et Spitalfields, ou encore Camden, le week-end, pour les fripes. Pour rêver devant les boutiques chics, opter pour Brompton, Chelsea et South Kensington.

Plutôt rock : ne pas manquer notre itinéraire sur les pas de groupes mythiques et autres artistes qui ont fait la gloire de Londres (voir « Pèlerinage rock » dans la rubrique « Patrimoine culturel et visites guidées » de la partie « Londres utile »).

Plutôt quartiers populaires et fan de fresques murales : l'East End, Brick Lane, Hoxton et Shoreditch. On retrouve aussi l'architecture ouvrière du XIXe s.

Important : dernière minute

Entre deux parutions du *Routard,* des événements fortuits (conditions sanitaires, catastrophes naturelles mais aussi formalités, taux de change, conditions d'accès aux sites, fermetures inopinées, etc.) peuvent modifier vos projets de voyage. Pour éviter les déconvenues, nous vous recommandons de consulter la rubrique « Guide » par pays de notre site • **routard.com** • et plus particulièrement les dernières ***Actus voyageurs.***

☎ **112 :** c'est le numéro d'urgence commun à la France et à tous les pays de l'UE, à composer en cas d'accident, agression ou détresse. Il permet de se faire localiser et aider en français, tout en améliorant les délais d'intervention des services de secours.

Interview #experienceroutard

Par la rédaction du Routard

Pourquoi aimes-tu particulièrement cette destination ?

Londres, c'est le dépaysement assuré en même pas 2h30 d'Eurostar. Les lumières de Picadilly Circus, *les black cabs,* les quartiers cossus de l'Ouest et ceux branchés de l'Est... On est sûr de dénicher une activité qui nous plaît, la petite adresse cosy ou le pub typiquement anglais, le musée en famille qui fait lever les yeux au ciel d'admiration ou la balade au vert dans les grands parcs. Une destination pour tous !

Un moment à partager ?

Le fameux *afternoon tea,* le thé à l'anglaise, de préférence dans un endroit magique comme *Fortnum & Mason.* Un vrai repas ! Pas juste des toasts et du thé, mais des petits sandwichs délicieux, au saumon ou au concombre, des *scones* aux fruits avec de la marmelade de fruits, de la crème fouettée épaisse et, bien sûr, des cakes aux fruits confits. Un régal !

Une activité à faire absolument ?

Boire une bière fraîche dans un pub !

Ton meilleur souvenir de voyage ?

Assister à une comédie musicale dans le quartier de Soho. Rien que pour la tradition. On s'habille bien, on va manger le « *pre-theatre menu* » dans un des restos du coin, et on file au spectacle. Toujours bien orchestré. Du show qui en met plein les yeux, pour petits et grands. On peut même boire un verre depuis son siège !

La spécialité locale à goûter absolument ?

Un *fish & chips* à aller déguster sur un banc dans un parc comme il se doit. Le *roast dinner* le dimanche, le plat traditionnel à partager en famille ou entre amis au pub.

Une musique à écouter ?

Les chansons d'Amy Winehouse au marché de Camden. Mais aussi celles de Queen, de David Bowie, des Pink Floyd, de Radiohead, des Rolling Stones. Liste loin d'être exhaustive ! Mais comment font-ils pour concentrer autant d'immenses artistes sur un tel territoire ?

Une chanson, un chanteur qui illustre le pays ?

On pense tous aux Beatles, qui traversent le fameux passage piéton d'Abbey Road (voir « Paddington et Marylebone »), pour reproduire la pochette de leur album, juste à côté des studios d'enregistrement aujourd'hui classés Monument historique. C'est dire !

Un souvenir à rapporter chez soi ?

Faire un tour chez *Marks & Spencer* pour acheter des boîtes de biscuits en métal, des marmelades, du *lemon curd* (crème de citron)... Ne pas oublier le thé, notamment chez *Fortnum & Mason,* en vrac ou en sachet. Là aussi, l'emballage est ravissant !

LES QUESTIONS QU'ON SE POSE AVANT LE DÉPART

➢ Quels sont les papiers nécessaires ?

La Grande-Bretagne ne faisant plus partie de l'Union européenne, ***passeport obligatoire*** pour les ***ressortissants de l'Union européenne*** : c'est le seul document accepté pour entrer sur le territoire. Plus d'infos sur ● *action-visas.com* ● et sur ● *brexit.gouv.fr* ●

Bien suivre également la **réglementation en vigueur liée à l'épidémie de Covid.** Plus d'infos sur : ● *diplomatie.gouv.fr/fr/conseils-aux-voyageurs/conseils-par-pays-destination/royaume-uni/* ●

Par ailleurs, les ***mineurs doivent être munis de leur propre pièce d'identité*** (passeport). Pour l'autorisation de sortie du territoire lorsque les enfants ne sont pas accompagnés par un de leurs parents, chaque pays a mis en place sa propre réglementation. En France, une loi entrée en vigueur en janvier 2017 a rétabli l'***autorisation de sortie du territoire.*** Il s'agit d'un formulaire signé par l'un des parents titulaires de l'autorité parentale et de la photocopie de la pièce d'identité du parent signataire. Veillez aussi à ce que les enfants qui voyagent avec vous et qui ne portent pas votre nom aient les documents nécessaires. Facile à faire en ligne sur : ● *service-public.fr* ●

➢ Quelle est la meilleure période pour y aller ?

Le printemps est idéal : peu de gens dans les musées, le beau temps est souvent de la partie, et les tarifs d'hébergement n'ont pas encore atteint les sommets de la période estivale ou des fêtes de fin d'année. Ne pas oublier non plus les soldes d'hiver et du début de l'été, très avantageux. Attention, le jour de Noël, voire du 24 au 26 décembre, tout ou presque est fermé !

➢ La vie est-elle chère ?

Oui, assurément ! Londres est la capitale la plus chère d'Europe. Prévoir un bon budget pour l'hébergement, car les prix sont de 40 à 50 % plus élevés qu'en France.

En revanche, bonne nouvelle, tous les musées nationaux sont gratuits (sauf ceux dirigés par le royaume, fort onéreux).

➢ Quelles sont les possibilités d'hébergement ?

On peut loger plutôt bon marché en AJ ou *hostels,* à condition de ne pas rechigner à dormir sur des lits simples en dortoir. Les pensions et *B & B* sont parfois vétustes et pas donnés, mais il y a bien sûr quelques pépites et nouvelles adresses réjouissantes, que l'on a sélectionnées dans ce guide. Par ailleurs, les hôtels de chaîne peuvent être intéressants, avec des prix moins chers sur Internet, un confort standard et une propreté presque garantie. Dernier bon plan pour les fauchés : les résidences hôtelières *(serviced apartments).* Et bien sûr les plateformes de location de particulier à particulier, mais il y a parfois de mauvaises surprises.

➢ Quel est le meilleur moyen pour circuler ?

Londres est gigantesque. Prendre le bus (économie d'énergie et très pratique) ou le métro, propre et sûr, pour aller plus vite, quoique pas donné. Le taxi reste une solution plus onéreuse, naturellement. Sinon, les vélos à louer à l'heure ou à la journée (équivalent du *Vélib'*) disponibles à tous les coins de rue avec de nombreuses voies réservées aux 2-roues. Prudence tout de même, le trafic est dense. Une fois dans le bon quartier, rien de tel que la marche pour découvrir la ville !

➢ Y a-t-il des problèmes de sécurité ?

Rien de particulier, mais comme dans toutes les grandes villes, les pickpockets sont à l'affut. Toujours bien veiller à ses objets personnels dans les lieux touristiques et les transports en commun.

➢ Y a-t-il un décalage horaire ?

La Grande-Bretagne est à l'heure du méridien de Greenwich (quoi de plus normal ?) de fin octobre à fin mars, puis GMT + 1. Quand il est 10h en France, il est 9h à Londres. En clair, on a toujours 1h d'avance sur eux. Une affaire à suivre cependant, la réforme européenne des heures d'été et d'hiver étant dans l'air.

➢ Partir un week-end, n'est-ce pas trop court ?

Non ! En 2h15 au départ de Paris et avec l'Eurostar, vous êtes au cœur de Londres, à la gare de St Pancras. Un peu plus long si vous venez en avion, mais les principaux aéroports sont très bien connectés au centre-ville, surtout Heathrow (voir « Arriver à Londres »).

➢ Peut-on y aller avec des enfants ?

Bien sûr ! Londres plaira aux petits (à partir de 5-6 ans) comme aux ados. On a indiqué les sites qu'ils apprécieront par le picto 🚸 et on développe le sujet dans la rubrique « Enfants » dans la partie « Londres Utile » en début de guide.

➢ Quel est le taux de change ? Comment payer sur place ?

En 2021, 1 £ = environ 1,20 €. Aucun problème pour payer par carte de paiement, même les petites sommes. Et plein de distributeurs dans les rues.

➢ Les Anglais acceptent-ils l'euro ?

Dans les grands magasins, comme *Harrods* ou *Fortnum & Mason,* ainsi que dans certains grands hôtels, la devise européenne est acceptée. En revanche, les petits commerces n'acceptent que la livre sterling.

➢ Quelle langue parle-t-on ?

L'anglais, mais aussi parfois le... français (pas mal d'étudiants dans les hôtels et les restos).

➢ Peut-on partir avec des animaux ?

La quarantaine est officiellement levée. Mais officieusement, Médor doit montrer patte blanche, avec puce électronique et carnet de santé conforme aux règles britanniques.

➢ A-t-on besoin d'un adaptateur électrique ?

Oui. Le courant est de 240 V. Les prises à 3 broches sont plus grosses et toutes munies de fusibles. N'oubliez pas votre adaptateur (en vente dans toutes les bonnes quincailleries en France et en Grande-Bretagne). Sinon, pas mal d'hôtels ont des prises européennes en doublon.

➢ La reine est-elle souvent à Londres ?

Le plus simple pour le savoir : regarder le drapeau au-dessus de Buckingham Palace. S'il flotte au vent, la reine est là. S'il est descendu, elle est en vadrouille.

➢ Peut-on encore voir des punks à Londres ?

De moins en moins. Mais en vous promenant du côté de Camden Market et dans l'East End, vous apercevrez encore quelques crêtes ébouriffantes.

➢ Jack l'Éventreur a-t-il vraiment existé ?

Oui, le tueur en série sévissait dans le quartier de Whitechapel en 1888. Aujourd'hui, des balades sont même organisées sur les traces de ses crimes, et Patricia Cornwell nous fait revivre l'enquête. Terrifiant !

COMMENT Y ALLER ?

EN AVION

Les compagnies régulières

▲ AIR FRANCE

Infos et résas : ☎ 36-54 (coût d'un appel local – tlj 6h30-22h), sur • airfrance.fr •, dans les agences Air France et dans ttes les agences de voyages.

➢ Air France dessert Londres à raison de 6 vols/j. depuis Roissy-Charles-de-Gaulle vers ***Londres-Heathrow.***

Air France propose à tous des tarifs attractifs toute l'année. Pour consulter les meilleures offres du moment sur Internet, allez directement sur la page « Nos meilleurs tarifs » sur *• airfrance.fr • Flying Blue,* le programme de fidélité gratuit d'Air France-KLM, permet de gagner des miles en voyageant sur les vols Air France, KLM, Transavia, et les compagnies membres de *Skyteam,* mais aussi auprès des nombreux partenaires non aériens. Les miles peuvent ensuite être échangés contre des billets d'avion ou des services (surclassement, bagage supplémentaire...) ainsi qu'auprès des partenaires. Pour en savoir plus, rendez-vous sur *• flyingblue.com •*

▲ BRITISH AIRWAYS

• ba.com •

➢ Au départ de Paris (Roissy-Charles-de-Gaulle ou Orly), British Airways assure plusieurs vols/j. à destination de ***Londres (Heathrow ou Gatwick).***

➢ British Airways dessert également Londres en direct depuis plusieurs villes de province (Bergerac, Bordeaux, Chambéry, Grenoble, Toulouse, Lyon, Marseille, Montpellier, Nantes, Nice, Quimper, Toulouse, Montpellier), la Corse et Genève.

En complément du billet, British Airways propose aussi, sur Londres et toute la Grande-Bretagne, des séjours à la carte très compétitifs (du *B & B* aux cartes de métro, location de voitures, spectacles, etc.). Plus d'infos sur *• baholidays.com •*

▲ KLM

Infos : ☎ 09-69-36-86-05, sur • klm.fr •, dans les agences Air France et dans ttes les agences de voyages.

➢ Au départ d'Amsterdam-Schiphol, KLM propose plusieurs vols/j. vers Londres-Heathrow et vers London-City.

➢ Pour se rendre à Amsterdam, il existe de nombreux départs de Paris et de province comme Bordeaux, Brest, Clermont-Ferrand, Lyon, Marseille, Montpellier, Nantes, Nice, Rennes, Strasbourg et Toulouse.

▲ SN BRUSSELS AIRLINES

Pour tt rens : ☎ 01-73-23-10-71 (prix d'un appel local depuis la France) ou ☎ 02-723-23-62 (prix d'un appel local, en Belgique). • brusselsairlines.com •

➢ Liaisons à destination de ***Londres-Heathrow*** via Bruxelles depuis Paris-CDG, Bordeaux, la Corse, Lyon, Marseille, Nantes, Nice, Strasbourg, Toulouse et Genève.

▲ EASYJET

☎ 0806-141-141 (prix d'un appel local). • easyjet.com •

➢ Départs de Roissy-Charles-de-Gaulle, Ajaccio, Bastia, Biarritz, Bordeaux, Grenoble, Marseille, La Rochelle, Lyon, Montpellier, Nice, Nantes, Toulouse et Strasbourg pour ***Londres-Luton, Londres-Stansted, Londres-Gatwick.*** Également des vols depuis Bâle-Mulhouse, Bruxelles et Genève.

▲ RYANAIR

☎ 0892-562-150 (0,34 €/mn). • ryanair.com •

➢ Billets à prix réduits vers ***Londres-Luton*** et ***Londres-Stansted*** avec des vols quotidiens et directs au départ de Brive, Dinard, Dole, Nîmes, Nice, Perpignan, Poitiers, Rodez et Tours.

Comment aller à Roissy et à Orly ?

Toutes les infos sur notre site *• routard.com •* à l'adresse suivante : *• bit.ly/aeroports-routard •*

LES ORGANISMES DE VOYAGES

En France

▲ COMPTOIR DES VOYAGES

● comptoir.fr ● Lun-sam 9h30-18h30.
– Paris : 2-18, rue Saint-Victor, 75005. ☎ 01-53-10-30-15.
– Bordeaux : 26, cours du Chapeau-Rouge, 33800. ☎ 05-35-54-31-40.
– Lille : 76, rue Nationale, 59160. ☎ 03-28-04-68-20.
– Lyon : 10, quai Tilsitt, 69002. ☎ 04-72-44-13-40.
– Marseille : 12, rue Breteuil, 13001. ☎ 04-84-25-21-80.
– Nice : 62, rue Giofreddo, 06000. ☎ 04-97-03-64-80.
– Toulouse : 43, rue Peyrolières, 31000. ☎ 05-62-30-15-00.
En plus de 30 ans, Comptoir des Voyages s'est imposé comme la référence incontournable du voyage sur mesure en immersion, avec plus de 90 destinations sur les 5 continents. Ses conseillers-spécialistes construisent des voyages uniques en s'adaptant à votre budget, vos goûts et vos envies. Pour favoriser les rencontres et l'immersion dans la vie locale, ils privilégient des hébergements typiques et des expériences authentiques. Sur place, des Greeters francophones partagent avec vous conseils et bonnes adresses le temps d'un café. Sur votre smartphone, l'application mobile Luciole vous informe sur le déroulé de votre voyage et vous guide grâce à un GPS hors connexion. Comptoir des Voyages est membre d'Agir pour un Tourisme Responsable depuis 2009, labellisation ATR renouvelée par Ecocert Environnement cette année.

▲ SALAÜN HOLIDAYS

Salaün Holidays est le spécialiste des circuits accompagnés à travers le monde. Grâce aux guides accompagnateurs qualifiés ainsi qu'aux itinéraires complets et uniques qui vous sont proposés, découvrez les plus belles merveilles des 5 continents. Le petit plus ? Salaün Holidays vous prend en charge directement chez vous grâce au service transfert domicile-aéroport. *Pour plus de rens, rendez-vous dans votre agence de voyages ou sur : ● salaun-holidays.com ●*

▲ VOYAGEURS DU MONDE – VOYAGE GRANDE-BRETAGNE

☎ 01-85-08-10-40.
– Paris : La Cité des Voyageurs, 55, rue Sainte-Anne, 75002. ☎ 01-42-86-16-00. Ⓜ Opéra ou Pyramides. Lun-sam 9h30-19h. Avec une librairie spécialisée sur les voyages.
– Également des agences à Bordeaux, Grenoble, Lille, Lyon, Marseille, Montpellier, Nantes, Nice, Rennes, Rouen, Strasbourg et Toulouse, ainsi qu'à Bruxelles, Genève et Lausanne. ● voyageursdumonde.fr ●
Parce que chaque voyageur est différent, que chacun a ses rêves et ses idées pour les réaliser, Voyageurs du Monde conçoit, depuis plus de 30 ans, des projets sur mesure. Les séjours proposés sur 120 destinations sont élaborés par ses 180 conseillers voyageurs. Spécialistes par pays et même par régions, ils vous aideront à personnaliser les voyages présentés à travers une trentaine de brochures d'un nouveau type et sur le site internet où vous pourrez également découvrir les hébergements exclusifs et consulter votre espace personnalisé. Au cours de votre séjour, vous bénéficiez des services personnalisés Voyageurs du Monde, dont la possibilité de modifier à tout moment votre voyage, l'assistance d'un concierge local, la mise en place de rencontres et de visites privées et l'accès à votre carnet de voyage via une application iPhone et Android. Voyageurs du Monde est membre de l'association ATR (Agir pour un tourisme responsable) et a obtenu sa certification Tourisme responsable AFAQ AFNOR.

En Belgique

▲ CONNECTIONS

Rens et résas : ☎ 070-233-313. ● connections.be ●
Fort d'une expérience de plus de 35 ans dans le domaine du voyage, Connections dispose d'un réseau de 32 *travel shops* dont 1 à Brussels Airport. L'agence propose des vols dans le monde entier à des tarifs avantageux et des voyages destinés aux routards désireux de découvrir la

planète de façon autonome. Connections propose une gamme complète de produits : vols, hébergements, locations de voitures, autotours, vacances sportives, excursions...

Au Québec

▲ **TOURS CHANTECLERC**
• *tourschanteclerc.com* •
Tours Chanteclerc est un tour-opérateur qui publie différentes brochures de voyages : Europe, Amérique du Nord, Amérique du Sud, Asie et Pacifique sud, Afrique et le Bassin méditerranéen en circuits ou en séjours. Il s'adresse aux voyageurs indépendants qui réservent un billet d'avion, un hébergement (dans toute l'Europe), des excursions ou une location de voiture. Également spécialiste de Paris, le tour-opérateur offre une vaste sélection d'hôtels et d'appartements dans la capitale française.

EN TRAIN

En Eurostar

➢ Eurostar assure jusqu'à 21 liaisons/j. de ***Paris-Gare du Nord à Londres-St Pancras International*** en 2h20, en passant par le tunnel sous la Manche. Pas de restriction de poids pour les bagages et gratuité pour les enfants de moins de 4 ans.
IMPORTANT : se présenter à l'enregistrement au moins 45 mn avant le départ, muni d'un passeport en cours de validité et bien vérifier les conditions d'accès au moment du départ (voir « Londres utile », rubrique « Avant le départ »).
À bord, wifi gratuit et illimité et plateforme de divertissements. En connectant son téléphone, sa tablette ou son ordinateur portable au wifi, accès à plus de 300h de séries télévisées et de films. Au programme également : actualités, jeux, espace dédié aux enfants et carte de géolocalisation en temps réel.
Eurostar relie aussi :
➢ ***Paris et Ashford*** (1h52 de trajet), dessert le sud du Kent.
➢ ***Paris et Ebbsfleet*** (2h05), dessert le nord du Kent et la péninsule à l'est de Londres.
➢ ***Lyon et Londres*** (4h41).
➢ ***Avignon et Londres*** (5h49).
➢ ***Marseille Saint-Charles et Londres*** (6h27).
➢ ***Lille et Londres*** (1h27).
➢ ***Lille et Ashford*** (59mn).
➢ ***Calais-Frethun et Londres*** (56 mn).
➢ ***Bruxelles et Londres*** (1h53).
Pour vous rendre en Eurostar à ***Londres ou Ashford au départ de la province,*** rien de plus simple : Eurostar propose de mai à septembre des liaisons depuis Marseille, Avignon et Lyon, et de décembre à avril depuis Bourg-Saint-Maurice. Depuis les autres régions de province en France, Eurostar propose des prix comprenant le trajet en train jusqu'à Lille ou Paris, puis le voyage en Eurostar. Des promotions pour des voyages A/R sont proposées au départ de nombreuses villes de province.
Les billets Eurostar sont disponibles à partir de 75 € l'aller en classe Standard (tarif soumis à conditions) et 120 € en classe Standard Premier (avec repas et boissons servis à la place et magazines offerts).
Avec ***SNAP,*** possibilité de bénéficier de billets aux prix les plus bas. Il suffit de vous connecter au service en ligne via votre compte Facebook (obligatoire), de choisir la destination, la date et vos préférences de départ (matin ou après-midi). 2 jours avant le départ, Eurostar vous envoie vos horaires définitifs. Réservations ouvertes 7 jours avant le départ, billets Paris-Londres mis en vente à partir de 35 €.

> ***Offre train + hôtel :*** Eurostar propose également à ses voyageurs l'accès à une gamme d'hôtels triés sur le volet, avec des tarifs et avantages spéciaux lorsqu'ils regroupent leur réservation.

Réductions

De nombreuses promotions tout au long de l'année au départ de Paris et de Lille avec A/R dans la journée, pendant le week-end, etc.

Gardez bien vos billets d'Eurostar ! L'offre « *Eurostar 2 FOR 1* » est un partenariat culturel unique entre Eurostar et une sélection de galeries et musées de Londres, Paris, Lille, Bruxelles, Lyon et Marseille.

– ***Comment ça marche ?*** C'est simple. Lorsque vous voyagez avec Eurostar, il vous suffit de présenter votre billet de train aux galeries et musées listés plus bas pour bénéficier de 2 entrées au prix d'une. Pour Londres, l'offre s'applique aux expositions payantes, l'entrée générale dans les musées étant gratuite. Cette offre est soumise à conditions.

– ***À savoir :*** l'offre est valable dans la ville de destination des voyageurs. Par exemple, si vous voyagez de Paris à Londres, vous pouvez bénéficier de 2 entrées au prix d'une pour toutes les expositions payantes des galeries et musées londoniens listés plus bas. Une pièce d'identité peut vous être demandée.

L'offre est valable pendant 5 jours à compter de la date de départ indiquée sur le billet. Seule 1 personne doit être en possession de 1 billet Eurostar pour profiter de l'offre 2 entrées pour 1.

– ***Dans quels musées et galeries puis-je profiter de cette offre ?*** La National Gallery, la National Portrait Gallery, la Tate Modern, la Tate Britain, le British Museum, la British Library, le Science Museum, la Royal Academy of Arts et le Victoria and Albert Museum.

Renseignements et réservations

– ***Internet :*** ● *eurostar.com* ●
– ***Téléphone :*** ☎ *01-70-70-60-88.*
– Également en gare dans les billetteries Eurostar et sur les bornes automatiques, dans les boutiques SNCF et les agences de voyages agréées.

Pour préparer votre voyage

– ***e-billet :*** réservez, achetez et imprimez votre e-billet sur Internet.

– ***m-billet :*** plus besoin de support papier, vous pouvez télécharger le code-barres de votre voyage correspondant à votre réservation directement dans votre smartphone, à l'aide de l'application SNCF Direct.

– ***Billet à domicile :*** commandez votre billet par téléphone ou sur Internet, Eurostar vous l'envoie gratuitement à domicile. Vous réglez par carte de paiement (pour un montant minimum de 1 € sous réserve de modifications ultérieures) au moins 4 jours avant le départ (7 jours si vous résidez à l'étranger).

– ***Cartes de transport :*** il est possible d'acheter votre carte de transport (*Oyster Card,* voir la rubrique « Transports » dans « Londres utile ») à bord de l'Eurostar, dans les voitures bar-buffet ou sur le site internet d'Eurostar.

En train, puis bateau

Les lignes ferroviaires ne desservent plus les gares maritimes françaises. On conseille donc cette formule aux habitants du Nord, aux claustrophobes (sous le tunnel) et à ceux qui ont vraiment le temps. Dorénavant, il faut prendre le train pour Calais, Boulogne ou Dieppe. À l'arrivée, des navettes sont assurées avec les gares maritimes d'embarquement. Pour les traversées, se reporter à la rubrique « En bateau ». Côté britannique, de nombreux trains relient les villes portuaires à Londres.

EN VOITURE

Avec la navette Eurotunnel via le tunnel sous la Manche

Le terminal est situé sortie 42 sur l'A16 à Calais et vous arrivez directement sur la M20 sans avoir à quitter votre véhicule. Vous embarquez dans la navette au volant de votre véhicule, ce qui en fait un service idéal pour les personnes à mobilité réduite ou avec des petits.

Durant les 35 mn de traversée à bord de votre véhicule, vous pouvez vous détendre et consulter votre guide préféré pour préparer votre escapade !

Et pour que toute la famille soit du voyage, sachez que les animaux et « leur puce » sont les bienvenus à bord

(voir plus loin le paragraphe consacré au voyage avec les animaux de compagnie dans la rubrique « Avant le départ » du chapitre « Londres utile ») !
– *Fréquence :* les départs se font 24h/24. Réservez votre billet à l'avance sur Internet pour obtenir les meilleurs tarifs.
– *Billet :* sur place, lorsque vous avez réservé, des bornes automatiques vous permettent d'imprimer votre titre de transport et de gagner du temps !
– *Tarifs :* à partir de 42 € l'aller pour la voiture et ses passagers.
– *Infos et résas :* ● *eurotunnel.com* ● *ou auprès du centre d'appels au ☎ 0810-63-03-04 (prix d'un appel local).*

EN BATEAU

De France

▲ BRITTANY FERRIES

Infos et résas : ☎ 02-98-244-701 (prix de l'appel). ● *brittany-ferries.fr* ●
6 lignes directes vers le sud de l'Angleterre :
➢ ***Roscoff-Plymouth :*** 6h de traversée. Jusqu'à 2 départs/j.
➢ ***Saint-Malo/Portsmouth :*** 8h de traversée. 1 départ/j.
➢ ***Cherbourg-Poole :*** 4h de traversée (plus long la nuit). 1 départ/j.
➢ ***Caen/Ouistreham-Portsmouth :*** 6h de traversée. Jusqu'à 3 départs/j.
➢ ***Le Havre-Portsmouth :*** 1-2 départs/j. Compter 5h30 de traversée. Un autre bateau, le *Normandie Express,* plus rapide (3h45 de trajet), de mi-mars à fin oct.
➢ ***Cherbourg-Portsmouth :*** 1-2 départs/j. avr-sept. Compter 6h de traversée. Propose aussi des excursions et de nombreuses formules w-e et court séjour tout compris.

▲ CONDOR FERRIES

☎ 0825-135-135 (0,15 €/mn + prix de l'appel). ● *condorferries.fr* ●
Navires à grande vitesse pouvant accueillir plus de 750 passagers.
➢ ***Saint-Malo/Poole*** (via Jersey et Guernesey) ***:*** à partir de 5h30 de traversée. Avr-oct, plusieurs départs le mat et retours en fin d'ap-m. Horaires variables selon saison, se renseigner.

▲ DFDS SEAWAYS

– Dieppe : quai Gaston-Lalitte, 76200. ☎ 0800-650-100. ● *dfdsseaways.fr* ●
Propose plusieurs liaisons quotidiennes :
➢ ***Dieppe-Newhaven :*** 2-3 traversées/j.
➢ ***Dunkerque-Douvres :*** 12 traversées/j. en sem et 10 traversées/j. le w-e.
➢ ***Calais-Douvres :*** 15 traversées/j. en sem. et en w-e 13/j.
Bateaux rapides, transport voitures et piétons, horaires à disposition sur le site internet. Plein de promos en ligne également.

▲ P & O FERRIES

– Rens et résas : ☎ 03-66-74-03-25. ● *poferries.com* ● *Lun-ven 9h-17h30, sam-dim 10h-16h.*
➢ P & O Ferries assure jusqu'à 24 traversées/j. entre ***Calais et Douvres*** (traversée en 1h30).
➢ ***Zeebruge-Hull :*** 10h30 (1 traversée/nuit).

EN BUS

– ***2 compagnies*** se partagent le réseau des bus longue distance : ● *Flixbus.fr* ● et ● *Blablabus* ●
De nouvelles dessertes sont régulièrement mises en place entre de nombreuses villes de l'Hexagone et en Europe.
– Afin de vous aider à faire votre choix, il existe des ***sites de comparaison et de réservation de billets,*** certains comparent plusieurs modes de transports (train, bus, covoiturage) et permettent d'acheter directement son billet : ● *kombo.co/fr* ● et ● *comparabus.com/fr/* ●

LONDRES UTILE

ABC de Londres

- ***Superficie :*** 1 572 km².
- ***Population :*** 9,30 millions d'hab. (estimation 2019).
- ***Le Grand Londres est composé de 32 boroughs*** (circonscriptions administratives, dont 12 forment Londres intra-muros) : Camden, Greenwich, Hackney, Hammersmith & Fulham, Islington, Kensington & Chelsea, Lambeth, Lewisham, Southwark, Tower Hamlets, Wandsworth et Westminster.
- ***Densité :*** 5 343 hab./km² (plus de 21 000 à Paris !).
- ***Monnaie :*** la livre sterling (£). En 2022, 1 £ = env 1,20 €.
- ***Maire :*** Sadiq Khan, membre du Parti travailliste, élu en 2016.
- ***Taux de chômage :*** au niveau national, environ 4 % en 2019, à Londres près de 5 %.
- ***Signe particulier :*** plus de 300 langues parlées dans la capitale !
- ***Culture :*** 22 musées nationaux (gratuits !) et plus de 700 musées en tout, plus de 900 librairies (2 fois plus qu'à New York) et près de 200 festivals au cours de l'année.

AVANT LE DÉPART

Adresses utiles et représentations diplomatiques

En France

■ ***Consulat de Grande-Bretagne :*** *16, rue d'Anjou, 75008 Paris. ☎ 01-44-51-31-00. • ukinfrance.fco.gov.uk/fr • Lun-ven 9h30-13h, 14h30-17h.*

■ ***The British Council :*** *9, rue de Constantine, 75007 Paris. ☎ 01-49-55-73-00. • britishcouncil.fr • Lun-ven 9h30-18h (17h sam). Fermé j. fériés, début août et à Noël.* Journaux, livres, renseignements, discothèque.

■ ***W. H. Smith :*** *248, rue de Rivoli, 75001 Paris. ☎ 01-53-45-84-40. • whsmith.fr • Lun-sam 9h30-19h30, dim 12h30-19h.* L'adresse française de la célèbre librairie anglaise. On y trouve tous les classiques. Vente également sur leur site internet. Au 1er étage, un breakfast ou un simple thé peuvent se déguster dans le *tearoom !*

En Belgique

■ ***Ambassade de Grande-Bretagne :*** *av. d'Auderghem, 10, Bruxelles 1040. ☎ 02-287-62-11. • ukinbelgium.fco.gov.uk • visa4uk.fco.gov.uk • Lun-mar et jeu-ven 9h-17h, seulement sur rdv.*

■ ***British Council :*** *Leopold Plaza, rue du Trône, 108, Bruxelles 1050. • britishcouncil.be • Pas d'accueil du public.* Informations sur les cours d'anglais dans les écoles privées en Grande-Bretagne et en Belgique. Donne également des adresses d'organismes pour travailler au pair, trouver un job...

En Suisse

■ ***Ambassade de Grande-Bretagne :*** *Thunstrasse 50, 3005 Berne. ☎ 031-359-7700. Lun-ven 8h30-12h30, 13h30-17h.*

Au Québec

■ ***Consulat de Grande-Bretagne :*** *2000, av. McGill College, suite 1940, Montréal (Québec), H3A 3H3. ☎ (514) 866-5863. • ukincanada.fco.gov.uk • Lun-ven 9h-16h, seulement sur rdv.* Ne délivre pas de visa. Pour cela, les ressortissants étrangers doivent se rendre à Ottawa auprès du *Haut-Commissariat de la Grande-Bretagne* : *80, Elgin St, Ottawa (Ontario), K1P 5K7.* Toutes les démarches d'obtention de visa sont possibles sur le site internet du consulat.

En Grande-Bretagne

■ ***Consulat de France :*** *21 Cromwell Rd, SW7 2EN. En face du Natural History Museum. Service des visas : 6 A Cromwell Pl. ☎ 020-7073-1200 ou 020-3040-0460 (pour les visas). • uk.ambafrance.org • Ⓜ South Kensington. Lun-ven 8h45-12h30, 14h-16h30 (15h ven). Service culturel : 23 Cromwell Rd.* Le consulat peut vous assister juridiquement en cas de problème. C'est là notamment qu'il faut se rendre en cas de perte de papiers d'identité. Sur rendez-vous pour l'essentiel des démarches.

■ ***Ambassade de France :*** *58 Knightsbridge, SW1X 7JT. ☎ 020-7073-1000. • uk.ambafrance.org • Ⓜ Knightsbridge. Non accessible au public.*

■ ***Ambassade de Belgique :*** *17 Grosvenor Crescent, SW1X 7EE. ☎ 020-7470-3700 (14h-17h). En cas d'urgence seulement : 📱 077-1070-3639. • unitedkingdom.diplomatie.belgium.be • Ⓜ Hyde Park Corner. Lun-ven 9h-13h pour les visas.*

■ ***Ambassade de Suisse :*** *16-18 Montagu Pl, W1H 2BQ. ☎ 020-7616-6000. • eda.admin.ch/london • Ⓜ Baker St. Lun-ven 9h-12h.*

Formalités

– Le Royaume-Uni ne faisant plus partie de l'Union européenne, ***le passeport est obligatoire.*** Attention, en ce qui concerne la ***réglementation liée au Covid,*** bien vérifier au préalable les conditions d'accès.
Infos sur : • visitbritain.com/fr/fr/preparez-votre-voyage/ • http://www.diplomatie.gouv.fr/fr/conseils-aux-voyageurs/conseils-par-pays-destination/royaume-uni/ •
– Les ***mineurs*** doivent être munis d'une pièce d'identité (passeport).
Une ***autorisation de sortie du territoire est requise*** avec un formulaire signé par l'un des parents titulaires de l'autorité parentale et la photocopie de la pièce d'identité du parent signataire, ***si l'enfant voyage sans ses parents. Attention !*** Si vous voyagez avec un enfant ne portant pas votre nom de famille, mieux vaut vous renseigner avant ! Infos auprès des services de votre commune et sur le site : *• service-public.fr •*
– ***Attention : les ressortissants hors Union européenne*** doivent se renseigner au service des visas du consulat de Grande-Bretagne (voir précédemment).
– ***Bagages en Eurostar :*** si vous avez des canifs ou couteaux sur vous, ils vous seront confisqués. Les consignes de sécurité sont quasi similaires à celles adoptées dans les aéroports. Infos : *• eurostar.com •* rubriques « Votre voyage – Préparez votre voyage »).
– Les autorités recommandent de prendre une assurance voyage, comme pour tout voyage à l'étranger. Pour les modalités d'accès aux soins après Brexit, se renseigner notamment sur *• gov.uk/guidance/healthcare-for-eu-and-efta-citizens-visiting-the-uk#ehic •*
– Les étudiants européens doivent demander un ***VISA étudiant*** pour étudier en Angleterre. Il faut en faire la demande sur le site du gouvernement *(• www.gov.uk •).* De nombreux documents et garanties sont exigés, comme des frais au titre de complémentaire santé (348 £), une caution financière, une invitation par une université, etc., pour pouvoir prendre rendez-vous en ligne et être éligible au visa.
– ***Visa de travail :*** depuis le 1er janvier 2021, vous avez besoin d'un visa dans la plupart des cas si vous souhaitez travailler au Royaume-Uni et si vous n'y étiez pas installé avant la fin de la période de transition.

Il existe plusieurs types de visa de travail, selon la durée de votre contrat, votre niveau de qualification, votre secteur d'emploi ou la nature de votre emploi. Pour plus d'informations, consulter le site du centre de visas de Paris. La procédure se fait en ligne sur le site du gouvernement britannique. Celle-ci est payante.
Dans la quasi-totalité des cas, vous devrez être muni d'une offre d'emploi confirmée d'un employeur approuvé par le gouvernement britannique afin d'obtenir un visa de travail. Vous devrez aussi justifier de votre niveau de maîtrise de la langue anglaise.
– ***Pour la voiture :*** permis de conduire national, carte grise, carte verte (assurance) et n'oubliez pas le F (ou le B ou le CH) à l'arrière du véhicule. Se procurer des adaptateurs pour phares (des sortes d'autocollants) pour la conduite de nuit ou par temps de pluie, au risque d'éblouir les voitures en face ! On en trouve sur les bateaux.
– La légendaire quarantaine des ***animaux*** a été abolie en 2000. Malgré tout, chiens, chats et... furets (!) adorés devront montrer patte blanche : puce électronique, traitement contre les vers et vaccin contre la rage 21 jours avant le départ. Ces informations doivent être consignées dans un passeport européen (pour les animaux en provenance de l'UE).
Pour toute info, consulter le site du consulat de Grande-Bretagne (voir précédemment) ou • *eurotunnel.com/fr* • (rubrique « Votre voyage »).
– Seuls les visiteurs de plus de 17 ans sont autorisés à importer ou exporter du ***tabac*** (800 cigarettes maximum) ou de l'***alcool.*** Pour des infos détaillées sur les ***droits de douane,*** consulter le site • *visitlondon.com* • (rubriques « Informations voyageurs – Douane au Royaume-Uni »).

Avant de partir, pensez à scanner passeport, visa, carte de paiement, billets d'avion et *vouchers* d'hôtel. Ensuite, adressez-les-vous par mail, en pièces jointes. En cas de perte ou de vol, rien de plus facile pour les récupérer. Les démarches administratives en seront bien plus rapides.

Assurances voyage

■ ***Routard Assurance 2023 :*** *AVI International, 10, av. de l'Arche, 92400 Courbevoie. ☎ 01-44-63-51-00. Pour tte demande d'information : • routard@avi-international.com • avi-international.com •* Enrichie au fil des années par les retours des lecteurs, *Routard Assurance* reste l'assurance voyage référence des globe-trotters. Tout y est inclus, même la ***Covid*** : frais médicaux, assistance rapatriement, bagages, responsabilité civile... Avant votre départ, contactez *AVI* pour un conseil personnalisé. A la recherche d'une ***attestation Covid*** ? Vous la recevrez automatiquement après chaque souscription. Besoin d'un avis médical, d'une prise en charge dans un hôpital ? Le plateau d'Assistance *AVI* dispose d'un vaste réseau médical à travers le monde disponible 24h/24 pour une réponse en temps réel. De simples frais de santé en voyage ? Téléchargez vos factures depuis l'espace assuré *AVI*, ils vous remboursent sous 1 semaine.

■ ***AVA assurance Voyages et assistance :*** *25, rue de Maubeuge, 75009 Paris. ☎ 01-53-20-44-20. • ava.fr •* Un autre courtier fiable pour ceux qui souhaitent s'assurer en cas de décès-invalidité-accident lors d'un voyage à l'étranger mais surtout pour bénéficier d'une assistance rapatriement, perte de bagages et annulation. Attention, franchises pour leurs contrats d'assurance voyage.

■ ***Pixel Assur :*** *18, rue des Plantes, BP 35, 78601 Maisons-Laffitte. ☎ 01-39-62-28-63. • pixel-assur.com • RER A : Maisons-Laffitte.* Assurance de matériel photo et vidéo tous risques (casse, vol, immersion) dans le monde entier. Devis en ligne basé sur le prix d'achat de votre matériel. Avantage : garantie à l'année.

Carte internationale d'étudiant (carte ISIC)

Elle prouve le statut d'étudiant dans le monde entier et permet de bénéficier de tous les avantages, services et réductions dans les domaines du transport, de l'hébergement, de la culture, des loisirs, du shopping...
La carte ISIC permet aussi d'accéder à des avantages exclusifs (billets d'avion spécial étudiants, hôtels et auberges de jeunesse, assurances, cartes SIM internationales, location de voitures...).

Renseignements et inscriptions

– ***En France :*** *● isic.fr ● 13 € pour 1 année scolaire.*
– ***En Belgique :*** *● isic.be ●*
– ***En Suisse :*** *● isic.ch ●*
– ***Au Canada :*** *● isiccanada.com ●*

Carte d'adhésion internationale aux auberges de jeunesse (carte FUAJ)

Cette carte vous ouvre les portes des 4 000 auberges de jeunesse *(youth hostels)* du réseau *HI-Hostelling International* en France et dans le monde. Vous pouvez ainsi loger dans 81 pays à des prix avantageux et bénéficier de tarifs préférentiels avec les partenaires des auberges de jeunesse *HI.* Enfin, vous intégrez une communauté mondiale de voyageurs partageant les mêmes valeurs : plaisir de la rencontre, respect des différences et échange dans un esprit convivial. Il n'y a pas de limite d'âge pour séjourner en auberge de jeunesse. Il faut simplement être adhérent.

Renseignements et inscriptions

– ***En France :*** *● hifrance.org ●*
– ***En Belgique :*** *● lesaubergesdejeunesse.be ●*
– ***En Suisse :*** *● youthhostel.ch ●*
– ***Au Canada :*** *● hihostels.ca ●*
Si vous prévoyez un séjour itinérant, vous pouvez réserver plusieurs auberges en une seule fois en France et dans le monde : *● hihostels.com ●*

ARGENT, BANQUES, CHANGE

La Grande-Bretagne utilise la *sterling pound.* La livre sterling est divisée en 100 *pence.* Pièces de 50 p, 20 p, 10 p, 5 p et 1 *penny,* et pièces de 1 livre et de 2 livres avec plusieurs dessins symbolisant les différents pays composant la Grande-Bretagne.
Début 2022, le cours de la livre sterling atteignait environ 1,20 €, 1,22 CHF et 1,70 $ Ca. C'est le cours que nous avons retenu dans nos pages, mais il peut varier ; faites vos calculs !
– Les ***banques*** sont ouvertes de 9h30 à 16h30 de manière générale, parfois plus tard. Elles sont habituellement fermées le week-end, sauf certaines grandes banques qui ouvrent le samedi matin. Essayez d'éviter les bureaux de change dont les taux sont médiocres ; préférez les banques, ainsi que les postes. Ces bureaux de change sont nombreux. On les trouve dans les aéroports, les gares ferroviaires, certaines grandes stations de métro et dans quelques grands magasins. Ils sont ouverts plus tard que les banques, c'est là leur seul intérêt.

– Les ***bureaux de change Ace-Fx*** n'appliquent pas de commission et proposent un bon taux. 2 adresses :
– ***London Bridge Station*** *(plan d'ensemble, I4)* **:** *5 London Bridge Walk ; bien indiqué. Lun-ven 7h45-18h30 ; fermé le w-e.*
– ***Canary Wharf*** *(plan Les Docklands, B-C1)* **:** *dans le* shopping center. *Lun-ven 8h30-20h, sam 10h-19h et dim 10h-18h.*

Avertissement pour les cartes de paiement

Si vous comptez effectuer des retraits d'argent aux distributeurs, il est **très vivement conseillé** d'avertir votre banque (pays visité et dates) avant votre départ. En effet, **votre carte peut être bloquée dès le 1er retrait** pour suspicion de fraude. C'est de plus en plus fréquent. Bonjour les tracasseries administratives pour faire rentrer les choses dans l'ordre, et on se retrouve vite dans l'embarras !

Afin d'éviter les frais lors de chaque paiement ou retrait en dehors de la zone euro, certaines banques offrent la gratuité des retraits dans leurs propres distributeurs (DAB) dans le monde entier (comme *HSBC,* pour ses clients) ou dans les banques avec qui elles ont un accord selon les pays (se renseigner avant le départ). Les néobanques comme *Max, My French Bank, Revolut,* ou *N26,* proposent des cartes gratuites qui ne facturent aucune commission pour les paiements et retraits. Les banques en ligne, *Boursorama* et *Fortuneo* proposent elles aussi ce type de cartes gratuites (carte *Ultim* et carte *Fosfo*) permettant à la fois de payer en devises et d'en retirer sans frais. Renseignements sur le site internet de chaque banque.
Avant de partir, notez bien le numéro d'opposition propre à votre banque (il figure souvent au dos des tickets de retrait, sur votre contrat, ou à côté des distributeurs de billets), ainsi que le numéro à 16 chiffres de votre carte. Bien entendu, conservez ces informations en lieu sûr et séparément de votre carte.
Par ailleurs, l'assistance médicale se limite aux 90 premiers jours du voyage et l'assistance véhicule aux cartes haut de gamme (renseignez-vous auprès de votre banque). Et surtout, n'oubliez pas aussi de VÉRIFIER LA DATE D'EXPIRATION DE VOTRE CARTE DE PAIEMENT avant votre départ !

Petite mesure de précaution : si vous retirez de l'argent dans un distributeur, utilisez de préférence les distributeurs attenants à une agence bancaire. En cas de pépin avec votre carte (carte avalée, erreurs de code secret...), vous aurez un interlocuteur dans l'agence, pendant les heures ouvrables.

ACHATS

Marchés locaux

C'est un aspect de Londres que les touristes connaissent peu, et pourtant il constitue une part essentielle de la vie de la capitale depuis que les néobobos ne jurent plus, à raison, que par les produits estampillés « authentiques » ! Levez-vous de bonne heure et allez voir l'un des meilleurs spectacles gratuits de la ville. Vous y entendrez le plus pur accent *cockney* depuis *My Fair Lady* ! On indique les marchés dans chaque quartier traité dans ce guide.

Shopping

Voir nos adresses dans chaque quartier. N'hésitez pas non plus à pousser la porte des ***charity shops,*** un concept made in Britain : ce sont les centaines de boutiques associatives qui revendent vêtements, vaisselle, DVD, CD, etc., d'occasion, cédés par les particuliers. De très bonnes affaires parfois, en prenant le temps de fouiner, surtout dans les quartiers chics. Si *Oxfam, Barnardo's* (contre le cancer) ou *The Red Cross* (la Croix-Rouge) comptent parmi les enseignes les plus répandues, on trouve aussi des organisations caritatives moins connues, par exemple pour la protection des animaux !

IMPER ET MANQUE

L'imperméable à doublure écossaise siglé Burberry est un classique de la mode britannique, 1 000 fois copié et devenu incontournable. Son histoire n'a pourtant rien de glamour : le 1er modèle trench coat, littéralement « manteau de tranchée », fut dessiné en 1914 par Thomas Burberry afin de protéger les soldats anglais pendant la Première Guerre mondiale.

Horaires des boutiques

Les boutiques sont en général ouvertes du lundi au samedi de 9h30 à 18h, avec des nocturnes jusqu'à 19h ou 20h. De plus en plus, surtout dans le centre touristique, elles ouvrent également le dimanche de 10h à 18h. Autres exceptions, les épiceries qui font du non-stop de 9h à 22h. Les grands magasins ont, une fois par semaine, une nocturne jusqu'à 20h. Pendant la période des soldes *(sales)* – de fin décembre à fin janvier et début juillet –, les magasins des quartiers commerçants sont ouverts jusqu'à 20h, voire 21h.
Voici, en gros, les différents coins commerciaux : Oxford Street, Regent Street, Carnaby Street et les environs ; Covent Garden, l'un des repaires de la mode de luxe ; Knightsbridge et Brompton Road (plutôt luxueux) ; Old Spitalfields Market, Brick Lane et Shoreditch, pour les vêtements vintage et quelques petites boutiques de créateurs, King's Road, Fulham Road et les rues avoisinantes ; enfin, Camden Town pour le marché aux puces géant.

Vêtements et chaussures

Le must de la mode anglaise est incarné par quelques créateurs qui, s'ils ont pignon sur rue à Paris, ont leurs boutiques phares et surtout des soldes permanents à Londres (ne rêvez pas trop, les prix restent élitistes). Parmi les incontournables, on citera *Vivienne Westwood* et *Stella McCartney,* pour les femmes, *Paul Smith* pour les hommes.

SMOKING

Dès le XIXe s, après le dîner, les Anglais de la bonne société dégustaient leur cigare au fumoir. Pour éviter que leurs vêtements ne soient imprégnés de l'odeur du tabac, ils enfilaient une veste d'intérieur appelée... smoking jacket. L'appellation est restée pour cette veste noire emblématique, symbole d'un certain chic !

– Halte quasi obligatoire dans les grands magasins d'*Oxford Street (centre 1, D-E-F3)* et de *Regent Street.* On y trouve d'immenses boutiques pour faire le plein de fringues. Le meilleur marché reste *Primark* (hommes, femmes, enfants), vers Marble Arch et Tottenham Court Road. *Topshop* (pour femmes et hommes) est aussi un grand classique, tout comme *Next, Miss Selfridge, River Island, Oasis* ou encore *J.Crew, Urban Outfitters,* une marque américaine bien implantée à Londres. Ces boutiques s'apparentent à *Zara* ou *Mango,* que l'on trouve aussi à Londres mais à prix plus élevés. On peut aussi faire un tour au rayon lingerie de *Marks & Spencer,* très varié, à l'image du goût des Anglaises pour les dessous affriolants !
– Quelques friperies bien *British* au fil des pages. Du jeune créateur dégriffé à la jupe écossaise pour punkette, on y trouve de tout (ou rien, c'est selon...). Fureter du côté de Camden ou de Brick Lane et Spitalfields Market.

– Les jeunes créateurs ont pignon sur rue à *Carnaby Street* et autour de *Shoreditch* et *Hackney.* On peut y dénicher une perle rare à un prix (relativement) raisonnable.

– Tout *King's Road (plan d'ensemble, A-B-C6-7)* est couvert de boutiques, chères mais ô combien attirantes !

– La mode de luxe se trouve dans le coin de *Kensington High Street.* Vous pouvez aussi aller faire un tour chez *Harrods, Liberty* ou chez *Harvey Nichols.* Un classique, *Burberry,* pas donné non plus. Le magasin d'usine se situe du côté de Hackney.

CHAPEAU MELON

Ce couvre-chef typically British a été créé en 1849 par le chapelier londonien Lock pour équiper les gardes-chasse durant leur service. Le succès fut immédiat, et il fut fabriqué en masse par la société Bowler & Son, lui attribuant son nom : bowler hat (ou derby hat). D'abord adopté par les classes populaires, notamment les ouvriers qui l'exportèrent dans les Andes lors de la construction du chemin de fer, le chapeau melon devint l'attribut principal des employés de la City à partir des années 1920. Aujourd'hui, il n'est guère porté que par les membres de la garde royale de Londres, signe distinctif lorsqu'ils se promènent en civil.

Correspondance des tailles

Vêtements pour femmes

Pour les collants (*tights,* prononcer « taïts ») : le *small,* ou petit, est notre taille 1, le *medium* est notre 2, le *large,* ou *tall,* est notre 3.

France	38	40	42	44	46
Grande-Bretagne Robes	10	12	14	16	18
Grande-Bretagne Pulls	32	34	36	38	40

Vêtements pour hommes

Pour les pantalons, les tailles sont celles que vous connaissez pour les jeans.

France	39	40	41	42	43
Grande-Bretagne Pulls/chemises	15	15,5	16	16,5	17

Vêtements pour enfants

Stature en centimètres	100	125	155
Âges	3-4	7-8	12
Stature en inches	40	50	60

Chaussures

France	37	38	39	40	41	42	43
Grande-Bretagne	4	5	6	7	8	9	10

Que rapporter ?

– Noter que les alcools forts (comme le whisky) ne présentent pas des tarifs plus avantageux qu'en France, même en *duty-free,* mais il y a évidemment plus de choix, pour le whisky par exemple.

– Bon à savoir : les produits de base pour enfants (vêtements, chaussures, cosmétique, etc.) sont moins taxés en Grande-Bretagne que les produits adultes et donc nettement moins chers !
– Les fameux *toffees* (caramels) bien moelleux et tout un tas de sucreries ou biscuits multicolores, la marmelade et le *lemon curd* (une pâte à base de citron), les sauces à la menthe ou barbecue (mais aussi tous les produits indiens), les chutneys (à la mangue par exemple, un délice !), le thé, *of course,* notamment ceux de la fameuse maison *Fortnum & Mason* (voir « Le centre touristique »).
– Les fromages, méconnus dans l'Hexagone et pourtant intéressants ! Comment résister au goût puissant d'un vieux stilton ou à l'onctuosité d'un cheddar à point ? À déguster avec un bon porto *vintage* et des *crackers,* ces biscuits secs parfois aromatisés aux herbes.
– *Crumpets,* muffins, *scones...* les rayons alimentaires de *Marks & Spencer, Tesco, Sainsbury's* et *Harrods* (pas si chers au demeurant, vu la qualité des produits) regorgent de produits uniques et que l'on trouve difficilement, voire pas du tout, en France.
– L'imperméable *Barbour,* adopté depuis des lustres par la famille royale. Constitué d'un col de velours côtelé et d'un coton traité avec de la cire et de l'huile, il habille aujourd'hui l'*upper class* et revient en force chez les hipsters.
– Les parapluies, élégants et de belle facture (grande spécialité britannique, mais fallait-il le préciser ?).

Disques et vidéos

Les « galettovores » et autres « compactophiles » adorent Londres ! Normal, on y trouve de tout...
Dans les hypermarchés audio-vidéo, le choix est impressionnant, mais les tarifs similaires à la France. Pour les promos, cherchez les rayons *Best* (ou *Special Price*) ou fouillez dans les bacs des *charity shops.* Tarifs imbattables ! Pour les DVD, très peu sont disponibles en v.f., et les sous-titres ne sont généralement qu'en anglais (bien pour progresser dans la langue de Shakespeare !).
Les petites boutiques de disquaires sont à échelle humaine et sont tenues par des passionnés, généralement spécialistes d'un domaine (rock, blues, électro, jazz ou classique). Certaines d'entre elles ne font que de l'occasion *(second hand)* : c'est là que vous trouverez d'authentiques collectors. Pensez à vérifier l'état du disque avant d'acheter... La ville regorge de petits disquaires (nous en indiquons), mais c'est surtout à Soho que vous les trouverez, entre autres dans Berwick Street *(M Tottenham Court Rd, Oxford Circus ou Piccadilly Circus).*

BUDGET

Hébergement

Londres est définitivement une des villes les plus chères d'Europe. L'hébergement y est littéralement hors de prix ! La demande dépasse largement l'offre et le niveau des prestations hôtelières est parfois décevant, surtout pour les petits budgets : chambres exiguës, propreté limite, salles de bains d'une autre époque, personnel sous-payé et peu motivé, petit déj chiche...
Pour les petits budgets et ceux qui ne rechignent pas à dormir en dortoir, on trouve cependant des ***auberges de jeunesse*** modernes et bien dans l'air du temps, avec une déco design et des prestations de qualité. La nuitée coûte en moyenne 20-30 £ par personne, mais on profite de nombreux services et d'une ambiance souvent conviviale. On les mentionne autant que possible dans ce guide !
Par ailleurs – même si ce n'est pas vraiment notre *cup of tea* traditionnelle –, les ***hôtels affiliés aux chaînes*** *(Travelodge, Premier Inn, Z Hotels, Best Western, Comfort Inn, Express Inn...)* offrent souvent un bon rapport qualité-prix. Il est vrai

qu'ils sont soumis à des critères de qualité assez rigoureux. Sachez en outre que la plupart des hôtels disposent de ***chambres familiales,*** pour 4 (appelées *quads* ou *family rooms*), voire 6 personnes. Il arrive que cela soit à peine plus cher (voire moins) qu'une chambre en AJ.
Ne négligez pas non plus les « ***apparthôtels*** », qui peuvent être confortables, avantageux et pratiques en famille, avec kitchenette, machine à laver, etc. Ni les ***B & B,*** pour lesquels le petit déj anglais est inclus dans le prix. Généralement copieux, cela allège quelque peu l'addition des frais de repas pendant le séjour.
Nous indiquons les ***tarifs pour 2 personnes*** en chambre double, exception faite des auberges de jeunesse – où le prix est indiqué par personne pour les dortoirs – petit déj inclus ou non (toujours inclus dans le cas des *B & B*). La majorité des hôtels proposent un simple petit déj continental. Les petits déj britanniques (bacon, œuf et saucisse), quand ils sont proposés, sont le plus souvent assujettis à un supplément ou font partie de la prestation d'un établissement assez haut de gamme.
– ***Très bon marché*** *(auberges de jeunesse)* ***:*** moins de 35 £ (environ 42 €) par personne (voire moins de 20 £).
– ***Bon marché :*** moins de 60 £ (environ 72 €).
– ***Prix moyens :*** de 60 à 100 £ (environ 72 à 120 €).
– ***Chic :*** de 100 à 150 £ (environ 120 à 180 €).
– ***Très chic :*** plus de 150 £ (environ 180 €).
– ***Spécial coup de folie :*** là, ça peut monter très haut !

Recommandation à ceux qui souhaitent profiter des réductions et avantages proposés dans *Le Routard* par les hôteliers et les restaurateurs.

À l'hôtel, pensez à les demander au moment de la **réservation** ou bien lors de votre **arrivée.** Ils ne sont valables que pour les réservations en direct et non cumulables avec d'autres offres promotionnelles (notamment sur Internet). Au restaurant, parlez-en **au moment** de la commande et surtout avant que l'addition soit établie. Poser votre *Routard* sur la table ne suffit pas : le personnel de salle n'est pas toujours au courant et une fois le ticket de caisse imprimé, il est souvent difficile de modifier le total. En cas de doute, montrez la notice relative à l'établissement dans ***Le Routard*** **de l'année** et, bien sûr, ne manquez pas de nous faire part de toute difficulté rencontrée.

Repas

S'il est difficile de trouver un hôtel bon marché à Londres, il est nettement plus simple de manger à prix abordables.
N'hésitez pas, si votre budget est serré, à vous rendre dans les diverses ***chaînes de snacks*** et sanwicheries qui garantissent une qualité et des prix identiques aux 4 coins de Londres. Pour le pique-nique, nos préférences vont sans hésiter à *Pret A Manger, Gail's* ou encore les supermarchés *Waitrose,* pour leur choix de bons produits, originaux, de salades, soupes et sandwichs frais.
Nous avons classé les restaurants en 4 catégories : ***ces prix correspondent à un repas ou un plat principal pour 1 personne***, sans la boisson ni le pourboire. Ce qui est loin d'être anodin, quand on sait qu'il est le plus souvent ajouté d'emblée à l'addition. Compter donc autour de 12,5 % de plus. La vente à emporter pour manger « sur le pouce » n'est pas concernée, raison de plus pour privilégier ce mode de restauration à l'heure du déjeuner. Nous l'indiquons sur le plan par le petit logo.
– ***Très bon marché (ou sur le pouce) :*** moins de 10 £ (environ 12 €).
– ***Bon marché :*** de 10 à 20 £ (environ 12 à 24 €).

– ***Prix moyens :*** de 20 à 30 £ (environ 24 à 36 €).
– ***Chic :*** de 30 à 40 £ (environ 36 à 48 €).
– ***Très chic :*** plus de 40 £ (environ 48 €).

Pourboires

La coutume veut que le client laisse environ ***12,5 %*** de pourboire dans un restaurant. Ne dérogez pas à cette règle quasi établie ; un oubli vous ferait passer pour un grossier personnage. Bien sûr, si le service est mauvais, vous pouvez réduire cette somme. Mais de toute façon, la plupart des restaurants ont pris l'habitude d'inclure systématiquement le service dans l'addition. C'est finalement beaucoup plus simple ! Par ailleurs, un pourboire de 10 % est appréciée dans les taxis.

TIP FOR TEA

On trouve dans le musée Twinings, au n° 216 du Strand, une drôle de boîte en bois, sorte de tirelire où sont inscrites les lettres TIP, pour To Insure Promptness, ce qui signifiait « Garantir un service rapide » (aujourd'hui on dirait ensure). Les clients des tearooms glissaient une petite pièce dans cette tirelire pour remercier les employés. Le mot tip est entré dans le langage courant pour signifier... « pourboire ».

Visites

Heureuse nouvelle : les musées nationaux sont gratuits (National Gallery, British Museum, Tate Modern...) ! Seules les expositions temporaires sont payantes. En revanche, les musées et sites du royaume, ainsi que les musées privés, sont payants, et généralement à prix très élevés...
Avec les *passes* de transport, quelques coupons de réduction également pour les sites touristiques. Possibilité également d'acheter le ***London Pass*** (voir plus loin la rubrique « Patrimoine culturel et visites guidées »).

CLIMAT

De tous les pays situés sous la même latitude, c'est la Grande-Bretagne qui a, dans l'ensemble, la température la plus égale. Les chutes de pluie à Londres restent inférieures à 604 mm pour l'année entière (525 mm à Paris). Même si le volume des précipitations est assez faible, il pleut en moyenne 10 jours par mois. Un petit peu mais souvent, quoi ! Cirés et grandes capes de pluie seront parfois plus appréciés que le K-way. Prévoir également 2 paires de chaussures, au cas où.
• ***bbc.com/weather*** • On ne vous y reprendra plus : entre ciré ou chemise à fleurs, toujours vous saurez ! Visibilité heure par heure et sur plusieurs jours.

DUR MÉTIER

En 1677, une loi anglaise condamnait les météorologues, accusés de sorcellerie, à mourir sur le bûcher. Faut dire qu'ici, ils annonçaient souvent de mauvaises nouvelles. Cette loi ne fut suspendue qu'en... 1959.

DANGERS ET ENQUIQUINEMENTS

– ***Drogues :*** si vous vous faites prendre avec de la drogue, qu'importe que vous ne soyez pas sujet de Sa Majesté, vous êtes soumis aux lois du pays. Vous encourez une peine de prison allant de 5 à 14 ans !

– Ne pas se trimbaler avec une ***bombe lacrymogène*** dans sa voiture ou, à plus forte raison, sur soi. Ici, c'est un délit, et vous risquez de gros ennuis pour port d'arme dangereux. À bon entendeur...
– Rappel : si vous transportez un canif ou un couteau suisse, il vous sera confisqué aux contrôles de sécurité de l'Eurostar à Paris ou à l'aéroport.

ÉLECTRICITÉ

240 V. Les prises sont à 3 broches, plus grosses et toutes munies d'interrupteurs (bon à savoir avant d'aller se plaindre à la réception !). ***Adaptateur indispensable***, facile à trouver chez les quincailliers, dans les gares, sur les ferries et dans les aéroports. Sinon à Londres, dans la plupart des magasins, notamment chez *Boots*. Certains hôtels disposent également de prises européennes ou, à défaut, d'une prise USB.

ENFANTS

Devant la diversité d'activités, on ne va pas énumérer toutes les pistes à suivre, mais on peut suggérer quelques spots intéressants par quartiers et par tranches d'âge, et vous renvoyer vers les pages concernées au cœur du guide. Cela vous permettra de concocter pour vos enfants un programme adapté à leurs centres d'intérêt (vous les connaissez mieux que nous) et à votre budget.
Avant tout, quelques petits conseils pratiques :
– ne pas trop charger la journée : Londres, c'est très grand ! ; attendre le bus ou le métro, arpenter les parcs, faire du lèche-vitrines ou courir toutes les salles d'un musée, ça fatigue beaucoup ; bref, préparez bien votre itinéraire avant le départ, pas de détours inutiles ;
– chaussures confortables, pull et K-way obligatoires ;
– les taxis peuvent s'avérer économiques à 4 ou à 5 ; les prix sont corrects et les chauffeurs coopératifs ;
– les grands musées sont gratuits et les autres proposent toujours un forfait famille avantageux ; la plupart disposent d'un itinéraire de visite et d'une scénographie spécialement adaptés aux enfants ;
– fréquentez les cafés et les salons de thé, les mômes adoreront les *apple pies,* les *scones* et autres pâtisseries ; sans oublier les cafétérias de musées ;
– tous les grands magasins et musées proposent des toilettes propres et des *baby's change rooms,* très pratiques pour changer bébé.

Suggestions

➢ ***Le centre touristique et monumental*** *(centre 1) :* Ⓜ *Charing Cross.* 1 journée.
Trafalgar Square et les unités de mesure britanniques scellées au bas de la colonne de Nelson ; en face, les trésors de la ***National Gallery*** (gratuit) s'ils apprécient déjà la peinture (faire une visite express). Non loin de là se trouve ***St James's Park*** avec mise en jambes s'ils ont emporté leurs rollers pour contourner le lac où l'on peut nourrir les écureuils, les canards et les flamants roses (oui !), et un peu plus loin, le ***Buckingham Palace*** de Sa Majesté la reine. Venir à l'heure de la relève de la garde ou pousser jusqu'à la caserne des ***Horse Guards*** pour essayer de dérider les 2 impassibles sentinelles qui gardent l'entrée. Rejoindre ***Westminster*** et le Parlement pour voir ou entendre sonner ***Big Ben*** (en rénovation) et, éventuellement rejoindre l'autre rive de la Tamise pour profiter du panorama depuis les nacelles du ***London Eye,*** la grande roue qui borde le fleuve (résa indispensable). Rejoindre ***Piccadilly Circus*** et trouver un resto dans Soho (peut-être au *Rainforest Café ?*). Les petits seront aussi ravis d'aller se lover dans les bras de peluches

géantes chez ***Hamleys.*** S'il reste du temps, les abords de ***Covent Garden*** et ses halles couvertes seront parfaits pour un plan « goûter » qui permet de profiter de l'animation commerciale et des nombreux chanteurs de rue. À 2 pas, le ***London Transport Museum*** fascine.

➢ ***La rive sud*** *(plan d'ensemble, G-H4-5)* **:** Ⓜ *Waterloo Station.* 1 journée. Pourquoi ne pas faire un petit détour et s'y rendre via la ligne Jubilee (couleur grise) entièrement automatisée ? Cela amusera les gamins.

Un petit tour en ***London Eye,*** si vous ne l'avez pas fait la veille, puis cap sur le cinéma ***IMAX,*** l'un des plus grands du monde. Les amateurs feront une étape au ***Sea Life - London Aquarium.*** Entamer alors la longue promenade qui longe la Tamise jusqu'au ***Tower Bridge,*** avec autant d'étapes et de curiosités à choisir selon les goûts et les âges. La ***Tate Modern*** mérite un détour pour son architecture audacieuse et son intérieur spectaculaire, et profitez-en (c'est gratuit) pour les initier à l'art contemporain. Le vieux navire ***Golden Hinde*** avec son côté bateau de pirates plaira aux petits aventuriers, et le ***HMS Belfast*** fera l'unanimité, à coup sûr, chez les filles comme chez les garçons, qu'ils rêvent ou non d'une carrière dans la Marine. Stop pour lever la tête vers ***The Shard,*** l'une des tours les plus hautes d'Europe. Le ***Tower Bridge*** reste un passage obligé de toute visite à Londres. Il permet de rejoindre la fameuse ***Tower of London,*** d'y admirer les bijoux de la Couronne, la collection d'armes et de partir sur les traces de Blake et Mortimer. Vous pouvez aussi programmer une ***croisière sur la Tamise*** de Westminster Bridge, London Eye ou la Tate Modern à Greenwich (retour possible en métro) avec, pourquoi pas, une visite du clipper ***Cutty Sark*** à Greenwich.

➢ ***Autour de Hyde Park*** *(plan d'ensemble, A-B-C4-5)* **:** parcours de musées et de shopping en sauts de puce en bus ou en métro pour gagner du temps, surtout s'il fait mauvais. Profiter – le vendredi et le week-end uniquement – des puces de Portobello Road *(Ⓜ Notting Hill Gate).* Des tas de choses à acheter dans le quartier de toute façon.

Puisqu'on parle de ce quartier, les fans de royauté iront visiter ***Kensington Palace,*** dernière résidence de Lady Diana. Les jardins cachent une belle et grande aire de jeux et une mignonne statue en hommage à Peter Pan. Les fans de sciences naturelles ou de technologie franchiront ***Hyde Park*** jusqu'aux ***Natural History Museum*** (les dinosaures sont véritablement spectaculaires) et ***Science Museum*** (avions et ciné en 3D, entre autres). Chez ***Harrods,*** une halte au comptoir des douceurs pour s'offrir les inévitables caramels *(fudges)* et une incursion au rayon jouets raviront les petits. Au coin nord-est de Hyde Park, le ***Speakers' Corner,*** l'occasion, si l'on est dimanche, d'un petit cours aux ados sur la sacro-sainte liberté d'expression de la démocratie britannique. Marylebone Road héberge le fameux ***Madame Tussauds Museum*** (très cher !). À côté, le ***Sherlock Holmes Museum*** fera vibrer les fans du célèbre détective de Conan Doyle. Aux abords de ***Regent's Park,*** oubliez le ***London Zoo,*** un peu tristounet.

Autres musées et attractions pour petits et grands

En vrac et dispersés géographiquement :

- ***British Museum :*** momies égyptiennes et antiquités gréco-romaines pour illustrer les cours d'histoire des ados studieux.
- ***National Maritime Museum :*** à Greenwich. Les fastes glorieux de la marine à voile.
- ***Museum of London :*** un superbe panorama de l'histoire de la ville depuis les Romains et des objets rigolos qui amusent les petits.

UN BANDIT CHEZ SHERLOCK HOLMES !

Le célèbre Jules Bonnot, chef d'une célèbre bande anarchiste, fut, en toute discrétion, chauffeur de sir Arthur Conan Doyle. Malgré son esprit bien affûté, le célèbre écrivain ne se douta jamais de rien !

– Les ***croisières*** sur la Tamise jusqu'aux écluses géantes de Thames Barrier.
– ***Legoland et les studios de Harry Potter :*** à l'extérieur de Londres. Le hic : c'est très, très cher, et Legoland est fermé une partie de l'hiver.
– Dans les gares, les boutiques des quais 9 ¾ qui célèbrent Harry Potter ! Selfie recommandé au « vrai » quai qui se trouve à King's Cross. Mais il faudra faire la queue et vous risquez de vous faire mal en tentant de traverser le mur.
– ***Kew Gardens :*** plantations subtropicales et serres d'un autre temps.

FÊTES ET JOURS FÉRIÉS

– ***Parade du 1er janvier :*** de Parliament Square à Berkeley Square (dans le quartier de Mayfair) en passant par Whitehall, Trafalgar Square et Piccadilly, grand défilé costumé regroupant plus de 100 sociétés.
– ***Nouvel An chinois à Chinatown (Soho) :*** en janvier ou février, puisqu'on fixe la date en fonction de la lune. Tout commence sur The Strand normalement en fin de matinée ; Charing Cross Road, Shaftesbury Avenue et Trafalgar Square pour finir en beauté. Feu d'artifice vers 17h à Leicester Square. Pour plus d'infos : • *chinatown.co.uk* •
– ***St Patrick's Day :*** le 17 mars. La fête du saint patron des Irlandais est particulièrement célébrée à Londres, qui compte la 3e plus grande population d'origine irlandaise du monde. C'est l'occasion d'une grande parade où les participants défilent tout en vert, la couleur de l'Irlande. De grands rassemblements et des concerts ont lieu dans différents endroits, tout particulièrement à Trafalgar Square.
– ***Oxford & Cambridge Boat Race :*** le 1er samedi d'avril (attention ! parfois aussi le dimanche ou bien encore en mars... vérifier sur le site), sur la Tamise (vers Hammersmith et Mortlake). La fameuse course d'aviron entre les universités mythiques et rivales situées au nord de la capitale. Pas non plus exceptionnel pour les spectateurs, mais ambiance festive. • *theboatrace.org* •
– ***Mois des musées et des galeries :*** en mai, nombreux événements spéciaux.
– ***RHS Chelsea Flower Show :*** la dernière semaine de mai, près des jardins du Royal Hospital. Une exposition horticole réputée dans le monde entier. • *rhs.org.uk/shows-events/rhs-chelsea-flower-show* •
– ***Trooping the Colour :*** parade des *Horse Guards* au grand complet pour l'anniversaire de la reine, le samedi suivant le 6 juin. Elle se déroule entre Buckingham Palace et le quartier des gardes à Whitehall. Tous les fastes de la Couronne et les traditions anglaises sont déballés lors de ce défilé. Bonnets à poils, plastrons brillants et chevaux « bien garnis » sont au rendez-vous de cet événement haut en couleur.

BRITISH PROTOCOL

Si vous êtes invité à l'anniversaire de la reine, faites gaffe : elle est née un 21 avril, mais on souffle ses bougies le samedi suivant le 6 juin. Pourquoi ? Parce qu'il fait plus beau ! On s'adresse aussi bien à elle en français qu'en anglais. Il ne vous reste plus qu'à recevoir le carton.

– ***Wireless Festival :*** 4 jours de musique fin juin ou début juillet avec des artistes rock, pop et variété à Hyde Park. Programme sur • *wirelessfestival.co.uk* •
– ***Pride London :*** la manifestation annuelle de la communauté LGBT est l'occasion d'une grande parade jusqu'à Trafalgar Square, la plupart du temps à la toute fin juin (ou début juillet), et de manifestations gratuites (concerts, spectacles) jusque début juillet. • *prideinlondon.org* •
– ***BBC Proms :*** de mi-juillet à mi-septembre. Le plus grand festival de musique classique s'installe au Royal Albert Hall. Populaire et très festif ! • *royalalberthall.com* •
– ***Carnaval jamaïcain de Notting Hill :*** les dimanche et lundi (férié) du dernier week-end d'août. Créé à la suite des émeutes raciales qui ont secoué Londres

dans les années 1950, c'est le plus grand carnaval jamaïcain d'Europe. *Steel bands* et DJs envahissent les rues autour de Portobello pendant 2 jours, et on y danse aux rythmes de la *socca,* musique des Caraïbes, de la techno, du reggae, etc. Le carnaval de Notting Hill, c'est aussi et surtout un défilé de toute beauté à ne pas manquer. Le dimanche est généralement considéré comme le « jour des enfants », alors que le lundi, dernier jour de la fête, rassemble environ 1 million de personnes. Ambiance garantie et prix des hébergements à la hausse. ● *nhcarnival.org* ●

– ***Totally Thames :*** tout le mois de septembre. Un festival pluriculturel (musique, danse, théâtre...) qui anime les bords de la Tamise. ● *thamesfestivaltrust.org* ●

– ***Museums at Night :*** le dernier week-end d'octobre. L'équivalent de la « Nuit des musées », avec visites et animations dans de très nombreux musées et galeries d'art. ● *museumsatnight.org.uk* ●

– ***Spectacle et défilé du Lord Mayor*** (le lord-maire) ***:*** le 2e samedi de novembre. Tradition qui remonte au XIIe s. Le Lord Mayor traverse la ville de Guidhall aux Royal Courts of Justice, dans un carrosse digne de celui de la reine (qu'on peut admirer au Museum of London). Le soir, un feu d'artifice est généralement tiré d'une péniche entre Waterloo Bridge et Blackfriars Bridge. ● *lordmayorsshow.london* ●

– ***Illumination du sapin de Noël à Trafalgar Square :*** 1re semaine de décembre. Le sapin monumental qui orne la place pendant la période des fêtes est illuminé à l'occasion d'une cérémonie avec cantiques de Noël chantés par le chœur de l'église de St Martin-in-the-Fields.

– ***Patinoires :*** de novembre à mars, les grands monuments (Tower Bridge, Somerset House, National History Museum, entre autres) se parent d'une jolie patinoire. Payant ; ticket à acheter sur les sites de chaque monument.

– ***Jours fériés :*** Jour de l'an (le Tout-Londres se donne rendez-vous à Trafalgar Square), *Good Friday* (Vendredi saint), *Easter Monday* (lundi de Pâques), *May Day Holiday* (1er lundi de mai), *Spring Bank Holiday* (lundi de Pentecôte), *Summer Bank Holiday* (dernier lundi d'août), et tout est fermé, même les transports et les musées, de Noël à *Boxing Day* (26 décembre, le jour des étrennes).

HÉBERGEMENT

Il est très difficile de trouver un toit bon marché (voir la rubrique « Budget »), et la réservation à l'avance est obligatoire. L'été, la plupart des AJ ou adresses modestes sont complètes. N'oubliez pas d'exiger un reçu ou une réponse écrite officialisant votre demande pour éviter tout malentendu (comme les pratiques malhonnêtes de surbooking). Évitez d'annuler votre réservation 1 ou 2 jours avant, sous peine de voir le montant de la chambre débité de votre compte.

Les hôtels pratiquent des tarifs souvent prohibitifs pour un niveau de confort – voire de propreté – parfois limite. Les prix variant en fonction de la saison et du taux de remplissage de l'hôtel, plus vous vous y prenez à l'avance, moins vous payez cher. Certains hôtels proposent des discounts sur Internet. Enfin, faites-vous préciser si le petit déjeuner est compris ou non dans le prix.

Une solution consiste à faire réserver un lit ou une chambre par les nombreux organismes dont c'est le métier, moyennant commission. Tous les *Tourist Information Centres (TIC)* ont un service de réservation (voir plus loin la rubrique « Infos touristiques. Centres d'information »).

Enfin, petit détail : une chambre *en suite* dispose d'une salle de bains privée, une chambre *standard* non.

Hôtels pas chers sur Internet

Voici des sites qui proposent des chambres à partir de 12 £, à certaines conditions. Convient parfaitement aux jeunes routards : ambiance étudiante et festivités assurées !

- ● accommodationlondon.net ●
- ● travelstay.com ●
- ● hostelworld.com ●
- ● hostelbookers.com ●
- ● budgetplaces.com ●

Résidences hôtelières *(serviced apartments)*

Bien pratiques, ces résidences, quand on veut séjourner à plusieurs quelques jours. C'est standard, on peut se faire à manger et les résidences sont souvent dans le centre-ville. La chaîne *Citadines* (● citadines.com ●) en propose quelques-unes à Londres, très bien équipées, à Trafalgar Square, à South Kensington, mais aussi dans le coin du Barbican et de Covent Garden. Petit déj possible. En revanche, attention, le ménage est souvent fait à la demande (payant). On a bien aimé également la chaîne d'appartements *Native* (● nativeplaces.com ●). Plusieurs adresses à Londres. Les appartements sont clairs, fonctionnels et joliment décorés.
Voir aussi la chaîne *Sweet Inn,* avec des adresses d'appartements plutôt haut de gamme dans toute l'Europe, dont une trentaine à Londres. Une bonne alternative entre l'hôtel et la location indépendante, car on bénéficie de tous les services hôteliers, et chaque adresse est suffisamment spacieuse pour accueillir les familles ou petits groupes d'amis. *Infos et résas : ● sweetinn.com ●*

Les auberges de jeunesse indépendantes *(Independent Youth Hostels)*

Contrairement aux AJ officielles, elles ne possèdent pas le triangle vert. On s'en fiche. Elles sont moins chères que les AJ officielles, elles n'exigent pas de carte de membre et l'ambiance y est souvent bien plus festive. Souvent situées dans des coins agréables et installées dans de fort belles maisons bourgeoises. Parfois, il s'agit de petits hôtels déclassés. On loge en dortoirs de 4 à 15 lits. Les draps ne sont pas toujours aussi blancs qu'on pourrait s'y attendre, mais on fait avec. Et elles restent ouvertes toute la journée. Les prix varient entre 15 et 35 £ environ par personne.

Les LHA *(The London Hostels Association)*

☎ 020-3911-5656. ● lhalondon.com ●
C'est une association qui, au sortir de la Seconde Guerre mondiale, s'est investie dans le relogement des personnes ayant perdu leur domicile à la suite des bombardements. Aujourd'hui, les résidents sont des jeunes qui viennent travailler ou étudier. On y loge en dortoirs de 2 à 6 personnes non mixtes. Il y a 2 types d'hôtels : ceux proposant un petit déj et une petite restauration, et ceux équipés d'une cuisine commune. Compter environ de 22 à 30 £ pour un lit, bien moins cher à la semaine. Il n'est pas toujours évident d'obtenir un lit en dortoir pour une seule nuit. En revanche, c'est un bon plan pour passer un peu de temps à Londres. Ils offrent un toit et le couvert contre un peu de temps et de travail. Le niveau de confort est en fonction des hôtels, mais il est dans l'ensemble très convenable. L'ambiance y est bonne et, en plus, ils sont tous équipés du wifi. Un très bon plan pour Londres.

Les auberges de jeunesse *(Official Youth Hostels)*

Dans cette catégorie, on trouve toutes les AJ avec dortoirs accessibles aux petits budgets. Mais la plupart disposent aussi de chambres privatives, familiales ou non. Dans ce cas, les tarifs grimpent dans la catégorie « Prix moyens », mais cela peut rester un vrai bon plan. La carte d'adhésion donne droit à 10 % de réduction. On conseille quand même de comparer les prix avec les hôtels.

– Il n'y a pas de limite d'âge pour séjourner en AJ. Il faut simplement être adhérent.

– La FUAJ offre à ses adhérents la possibilité de réserver en ligne grâce à son système de réservation international ● *hihostels.com* ● jusqu'à 12 mois à l'avance, dans plus de 1 600 auberges de jeunesse dans le monde. Et si vous prévoyez un séjour itinérant, vous pouvez réserver plusieurs auberges en une seule fois.

Ce service permet d'obtenir toutes les informations utiles sur les auberges reliées au système, de vérifier les disponibilités, de réserver et de payer en ligne :

■ ***Central Booking Office YHA :*** *☎ 01629-592-700.* ● *yha.org.uk* ●

Les *student halls*

En principe, réservés aux étudiants (avoir sa carte), mais ils acceptent souvent tout le monde. Ce sont des résidences universitaires, sans aucun charme, qui sont vides à Pâques et pendant l'été. Généralement, logement en chambres individuelles, avec douche extérieure. Pas vraiment donné mais bien entretenu. Certaines sont stratégiquement situées dans le centre, d'autres sont excentrées. Compter 25 £ par personne. On les indique au fil du texte.

Les *Bed & Breakfast*

Certains *B & B* ne sont pas plus chers que l'AJ quand on est 3, l'été, et qu'on n'a pas sa carte (des AJ). Les tarifs peuvent être dégressifs quand on séjourne plusieurs jours. Le petit déj est toujours inclus dans le prix, ce qui n'est pas négligeable, mais pas mal de *B & B* abandonnent l'*English breakfast* au profit du *continental breakfast...* C'est pourtant l'une des principales différences qu'on adorait chez les *British* ! Prix très variables. Les prix des *B & B* « Plus chic » atteignent tout de suite des niveaux incroyables !

■ ***The London Bed & Breakfast Agency Limited :*** *Brookfield House, New Barn, Kent DA3 7LN. ☎ 01-474-708-701.* ● *londonbb.com* ●

Colocation pour étudiants

On trouve des locations à la semaine très correctes et à des prix intéressants pour Londres. Téléphonez à la 1re heure, car il y a beaucoup de demandes. Vous pouvez aussi passer gratuitement votre annonce. Une autre solution consiste à scruter les petites annonces, notamment dans les bureaux de tabac. Bon tuyau, la colocation ! Infos sur ● *spareroom.co.uk* ● *studios92.com* ● *acorn-london.co.uk* ● Attention, pas moins de 7 jours et pas plus de 6 mois. Mais rencontres sympa en perspective, ambiance *L'Auberge espagnole* version anglaise !

Location d'appartements privés

■ ***Guest Ready :*** *☎ 01-76-44-04-31.* ● *guestready.com* ● C'est une société de conciergerie qui gère une centaine de propriétés à louer dans la capitale anglaise. On vous accueille directement sur place à l'arrivée, et on vous retrouve à la fin du séjour. Équipe dynamique qui parle le français. Hyper efficace. Services et disponibilité pendant tout le séjour garantis.

■ ***Phileas Frog :*** *90, rue Nollet, 75017 Paris. ☎ 01-45-22-60-00.* ● *travelsolutions.fr* ● Propose différents types de logements à louer ou à partager (chambres, studios, appartements) en zones 1 et 2 du métro londonien, ou chez l'habitant en zones 1, 2, 3 et 4. Uniquement pour des séjours de 1 semaine à 1 an. Réserve également des chambres d'hôtel (catégories 1 à 3) à partir de 2 nuits.

Les hôtels de chaîne

Ce n'est pas dans notre habitude de vous conseiller ce type d'hébergement. Ces hôtels se ressemblent tous, ou presque, de Londres à Honolulu. Mais ils sont soumis à des règles de confort standard, ce qui n'est pas un luxe à Londres ! Bien sûr, il faut y mettre le prix : rien au-dessous de 80 £ – à part dans les *Travelodge* ou *Premier Inn* en s'y prenant à l'avance –, et les tarifs évoluent en fonction de la période et du taux de remplissage. Voici les coordonnées de chaînes qui proposent quelques adresses intéressantes, parfois incroyablement bien situées de surcroît :

■ ***Travelodge :*** *résas sur Internet.* • *travelodge.co.uk* • Notre préféré. Pas cher si on réserve tôt, chambres spacieuses, propres et pimpantes. On en cite quelques-uns dans nos pages.
■ ***Premier Inn :*** • *premierinn.com* •
■ ***Best Western :*** • *bestwestern.fr* •
■ ***Comfort Inn :*** • *choicehotels.com/fr-fr/comfort-hotels* •
■ ***Ibis :*** • *ibisaccor.com* •
■ ***Express by Holiday Inn :*** • *hiexpress.com* •
■ ***Z Hotels :*** • *thezhotels.com* • Une chaîne londonienne.

INFOS TOURISTIQUES

Centres d'information

ℹ ***City of London Tourist Information Centre*** *(plan d'ensemble, H3)* **:** *St Paul's Churchyard, EC4M 8BX.* ☎ *020-7332-3456.* • *visitlondon.com* • Ⓜ *St Paul's. Tte l'année, lun-sam 9h30-17h30, dim 10h-16h. Fermé 25-26 déc et ouv seulement 11h-17h le 1er janv.* Vente de billets de spectacles et de certains sites ou attractions touristiques, documentation générale gratuite, comme le très pratique *London Planner,* ainsi que quelques documents payants. Achats du *London Pass* également pour des réductions sur les sites à voir. Demander le plan des bus de la ville *(London buses),* indispensable.

ℹ ***Tourist Information Centres :*** • *visitlondon.com* • Ils ne s'occupent que de Londres. Le principal est cité plus haut, mais on en trouve un peu partout à Londres, notamment à la gare de King's Cross St Pancras, à l'aéroport de Heathrow, dans les stations de métro de Piccadilly Circus et Liverpool Street, à Holborn, etc. Tous les *TIC* possèdent un service payant de réservation d'hôtels, *B & B* et auberges de jeunesse (AJ). Commission assez faible pour les AJ, plus élevée pour les *B & B.* En haute saison, ça vaut la peine.

■ ***Centre français Charles-Péguy*** *(plan East End, A2)* **:** *28 Brunswick Pl, N1 6DZ.* ☎ *020-7014-5230.* • *centrecharlespeguy.com* • Ⓜ *Old St. Lun 14h-16h30, mar-jeu 10h-12h30, 14h-16h30, ven 10h-12h30.* Un lieu où l'on aide les jeunes expatriés à Londres à trouver un job, un séjour au pair, un hébergement. Donne aussi des renseignements sur la Sécu, les contrats de travail, les modalités pour ouvrir un compte bancaire, les cours de langue, etc. Fournit des listes d'appartements à partager, de *B & B* et toutes sortes d'infos pratiques. Pour obtenir tout cela, il faut prendre la carte du centre *(60 £, valable 1 an),* avoir entre 18 et 30 ans et le projet de résider au moins 2 mois à Londres.

Sites internet

• ***routard.com*** • Le site de voyage nº 1, avec presque 900 000 membres et plusieurs millions d'internautes chaque mois. Pour s'inspirer et s'organiser, près de 300 guides destinations actualisés, avec les infos pratiques, les incontournables et les dernières actus, ainsi que les reportages terrain et les idées week-end de la rédaction. Partagez vos expériences avec la communauté de voyageurs : forums de discussion avec avis et bons plans, carnets de route et photos de voyage.

Enfin, vous trouverez tout pour vos vols, hébergements, voitures et activités, sans oublier notre sélection de bons plans, pour réserver votre voyage au meilleur prix.
● ***visitbritain.com*** ● Le site officiel du tourisme en Grande-Bretagne. Très riche, avec des thématiques d'exploration du pays (des jardins aux sites de tournage de films). Également sur ● ***visitbritainshop.com*** ●, vente de cartes de métro, billets *Heathrow Express, Original London Sightseeing Tours,* billets avec transport pour le *Harry Potter Studio Tour,* ou tickets pour Madame Tussauds et *London Pass.* Possibilité également d'acheter des billets pour les plus grandes expositions, des places de spectacles, des guides, cartes, etc.
● ***visitlondon.com*** ● Le site officiel du tourisme de Londres, en anglais ou en français. Pas mal d'infos pratiques (les bons plans pas chers, les horaires d'ouverture, les billets, les actualités, etc.), hélas pas toujours mises à jour.
● ***londontopia.net*** ● En anglais. Un site conçu par des Londoniens passionnés de leur ville, avec plein d'actus et rubriques historiques intéressantes, de nombreuses infos culturelles et pratiques (restos, bars, etc.). On peut citer encore ● ***londontheinside.com*** ● et ● ***londonxlondon.com*** ●
● ***londonmacadam.com*** ● En français. Des tuyaux, des infos pour travailler, faire du sport, sortir, vivre à Londres, etc.

LANGUE

Pour vous aider à communiquer, n'oubliez pas notre ***Guide de conversation du routard en anglais.***

Politesse

bonjour	*good morning (matin), good afternoon (après-midi) ou hello*
bonsoir, bonne nuit	*good evening, good night*
au revoir	*goodbye ou bye*
s'il vous plaît	*Please.* Noter que les Britanniques ponctuent beaucoup plus volontiers leurs phrases d'un « please » que les Français lors d'une commande, au restaurant par exemple (ou autre). À bon entendeur...

Vie pratique

auberge de jeunesse	*youth hostel*
lit bébé	*baby cot*
lits superposés	*bunk beds*
eau plate/du robinet/gazeuse	*still water/tap water/sparkling water*
saignant/à point/bien cuit	*rare/medium/well done*
je ne comprends pas	*I don't understand*
pouvez-vous répéter ?	*could you repeat ?*
pouvez-vous expliquer ?	*could you explain ?*
pouvez-vous m'indiquer comment aller à... ?	*could you tell me the way to... ?*
distributeur de billets	*cash machine* ou *ATM*

Transports

navette	*shuttle*
métro	*subway, underground, tube*
gare	*train station*
taxi	*cab, taxi*
aéroport	*airport*

LIVRES DE ROUTE

– ***Sourires de loup,*** de Zadie Smith (Gallimard, coll. « Folio », 2003, 736 p.). Un 1er roman foisonnant qui mêle les destins croisés de familles londoniennes contemporaines, celle d'Alfred Archibal Jones, marié à une exubérante Jamaïcaine, et de Samad Miah Iqubal, Indien musulman. Récit truculent entre aventures rocambolesques et choc des cultures, jouant sur tous les registres de la langue anglaise. Il a reçu, entre autres, le *Guardian First Book Award.*

– ***L'Amant anglais,*** de Laura Wilson (Albin Michel, 2005, 384 p. et Le Livre de Poche Policier, n° 37244, 448 p.). Un roman effrayant ! 4 meurtres. Des destins qui s'entrecroisent : Renée la prostituée, Lucy la secrétaire et Jim de la Royal Air Force. Le tout dans l'atmosphère londonienne de la Seconde Guerre mondiale. Par l'une des prêtresses anglaises du thriller.

– ***Harry Potter,*** de J. K. Rowling (Gallimard Jeunesse). Les aventures de ce malicieux apprenti sorcier, aujourd'hui star mondiale, se sont achevées avec le 7e volume. De son enfance tristoune chez son méchant oncle dans une banlieue anglaise à sa « scolarité » fantasque au collège Poudlard, on suit avec jubilation les joies et les peines du petit Harry. L'univers fantastique empreint de réalité *so British* décrit par Rowling changera votre regard sur Londres en le teintant d'espièglerie !

– ***Journal d'un écrivain,*** de Virginia Woolf (10/18, n° 3225, 1953, 576 p.). Le journal de Virginia Woolf est à la fois le témoignage d'un grand écrivain sur la littérature et un document irremplaçable sur l'Angleterre de l'entre-deux-guerres, sur la vie sociale et culturelle de Londres et, en particulier, du quartier de Bloomsbury, haut lieu de l'intelligentsia britannique.

– ***Agir et penser comme la reine d'Angleterre,*** par Dorica Lucaci (L'Opportun, 2022). Un essai très drôle qui dévoile la personnalité de la monarque la plus célèbre du monde : tenace, résiliente, libre et surprenante. On apprend qu'elle parle parfaitement français, que son habilleuse étrenne ses chaussures neuves pour ne pas blesser les petons royaux, sans oublier le langage secret de son sac à main...

– ***Salaam London,*** de Tarquin Hall (Gallimard, coll. « Folio », 2010, 496 p.). Après quelques années de vadrouille, un journaliste rentre à Londres. Avec son budget, il ne peut s'offrir qu'un petit réduit à Brick Lane, dans l'East End. Là, c'est une foule bigarrée qu'il découvre. Portraits de femmes et d'hommes qui font Londres aujourd'hui, terriblement exquis, avec tout l'humour anglais.

– ***Guignol's Band I et II,*** de Louis-Ferdinand Céline (Gallimard, coll. « Folio », n° 2112, 1944 et 1964, 736 p.). Que peut faire Ferdinand à Londres en 1915, alors que la guerre fait rage de l'autre côté du *Channel* ? Il a trouvé refuge auprès de la faune interlope de Leicester Square. Ce livre, qui grouille de trouvailles stylistiques, est un hymne lyrique au grand port que Céline adorait, pour avoir bien connu lui-même ce demi-monde londonien.

– ***Londres. La biographie,*** de Peter Ackroyd (Stock, coll. « Mots Étrangers », 2003, 984 p.). Voilà un ouvrage qu'on consultera avant ou après le voyage (près de 1 000 pages !), mais un livre très original : c'est tout bonnement la biographie de Londres, de ses origines à nos jours, avec ses transformations architecturales et ses frasques de la vie quotidienne.

– ***Soho à la dérive,*** de Colin Wilson (Gallimard, coll. « Folio », n° 1307, 1961, 288 p.). À la fin des années 1950, le jeune Preston s'installe à Londres pour écrire le livre qui lui apportera gloire et fortune : erreur typique et que bien d'autres ont commise ! Ses rêves ne résistent pas longtemps aux filles et aux bistrots, compagnons de la dèche. Il croise une foule de personnages sympathiques et bigarrés.

– ***Les Aventures d'Oliver Twist,*** de Charles Dickens (Le Livre de Poche, n° 21003, 1837-1839, 736 p.). Dickens est sans doute le plus populaire des écrivains anglais. Au fil de ses 40 livres, il se fit le pourfendeur de l'injustice sociale. Entre espoir et désillusions, ce récit plein d'humour nous invite à suivre le jeune Oliver Twist dans le Londres de la canaille et des fripouilles au XIXe s.

– ***Le Bouddha de banlieue,*** de Hanif Kureishi (10/18, 1991, 414 p.). Dans les banlieues du Londres des années 1970, Karim, métis d'origine anglaise et indienne, découvre de plein fouet tous les plaisirs qui s'offrent à cette nouvelle génération : explosion des drogues, libération sexuelle, théâtre, musique punk... Mais, rattrapé par sa famille, le jeune Karim va subir l'influence de son père converti en sage bouddhiste !
– ***Bienvenue au club*** et ***Le Cercle fermé,*** de Jonathan Coe (Gallimard, coll. « Folio », 2004, 544 p. et 560 p.). Dans ce diptyque virtuose où tous les styles se mêlent, une jeune troupe d'étudiants brillants s'émancipent de leur étroite Birmingham vers le Londres déchaîné des années 1970. On les retrouve 20 ans plus tard, dans le tome 2 : devenus des politiciens compromis sous Tony Blair, ils doivent faire face aux enjeux du nouveau millénaire.
– ***London Fields,*** de Martin Amis (Le Livre de Poche, 1989, 832 p.). Noir, noir, noir ! C'est dans un climat apocalyptique, à l'apogée de la menace nucléaire, que Martin Amis nous conduit à suivre des personnages ténébreux et souvent pervers. Un meurtrier cherche sa victime, et une victime part à la recherche de son futur meurtrier : humour décapant à l'anglaise assuré !

B.D.

– ***Panique à Londres,*** de Pétillon & Rochette (Albin Michel, 2003, 56 p.). Une B.D. où deux *Frenchies* débarquent à Londres pour souligner les légendaires différences franco-anglaises. Truculent, avec la reine *herself* en *guest star* !
– ***La Marque jaune,*** d'Edgar P. Jacobs (Blake et Mortimer, n° 6, 1956, 70 p.). La terreur s'abat sur la City ! Olrik, le génie du mal, transmué en un pathétique pantin par le maléfique Dr Septimus, signe ses crimes d'une énigmatique « marque jaune », dans un Londres des années 1950 minutieusement reconstitué. À la poursuite de leurs éternels adversaires, Blake et Mortimer, plus *British* que nature, entraînent le lecteur dans une époustouflante aventure fantastico-politique. Ce chef-d'œuvre de la B.D. classique est un monument de précision. De Scotland Yard à Park Lane, de la Tour de Londres aux sinistres docks de la Tamise, pas un détail ne manque pour retracer ces itinéraires. À lire absolument.

LONDRES GRATUIT

Bonne nouvelle ! Si Londres est chère, elle vous fait quand même un beau cadeau : ***tous les grands musées nationaux sont gratuits.*** À vous la National Gallery et la National Portrait Gallery, le British Museum, le Victoria and Albert Museum, la Tate Britain, la Tate Modern, le Natural History Museum, le Science Museum, la Wallace Collection...
Autres sites gratuits : Theatre Museum, St Margaret's Church, Westminster Abbey lors de la messe du dimanche à 15h (tenue correcte exigée), Westminster Cathedral, National Army Museum, Sir John Soane's Museum, Old Curiosity Shop, St Bartholomew Church, Museum of London, V&A Museum of Childhood, Imperial War Museum, Museum of London Docklands, Saatchi Gallery (attention, expos payantes parfois). À Greenwich : The Queen's House, National Maritime Museum, The Old Royal Naval College.
– Et puis toutes les balades, les marchés, les quartiers ouverts à vos yeux écarquillés, sans débourser 1 penny !
– Il existe une ***carte de membre (membership)*** qui peut être intéressante pour la visite des sites royaux (sinon très chers). Elle permet un accès illimité pendant 1 an (15 mois si vous optez pour le débit automatique) aux sites suivants : Kensington Palace, Hampton Court Palace, Tower of London, Banqueting House, Kew Palace et Hillsborough Castle. Pratique si vous avez l'intention d'enchaîner les visites. *Infos sur le site des Historic Royal Palaces : • hrp.org.uk • À partir de 62 £/adulte et 94 £ pour 2 ; forfait famille 82-122 £.*

– ***Réductions*** en réservant directement sur Internet pour de nombreux sites, dont the Tower of London, l'horriblement cher Madame Tussauds, St Paul's Cathedral, la tour du *Shard* ou le Coca-Cola London Eye. Prix « cassés » à partir de 15h chez Madame Tussauds. On trouve aussi des guichets dans les aéroports, qui proposent des tickets à prix réduits. Et en plus, les billets sont coupe-file !

PATRIMOINE CULTUREL ET VISITES GUIDÉES

Patrimoine culturel

Avant de partir à la conquête du patrimoine londonien, sachez que ***tous les musées nationaux sont gratuits,*** contrairement à ceux de Sa Majesté et aux attractions privées, souvent hors de prix. Le ***London Pass,*** assez cher tout de même, est avantageux sur plusieurs jours, car non seulement il vous fait faire des économies, mais en plus il vous permet de couper les files d'attente ! Possibilité d'achat sur le site : ● ***londonpass.com*** ●

Pour préparer votre visite, pensez à relever les jours et horaires de fermeture des musées et des monuments publics.

Musées

Londres possède un nombre de musées considérable (plus de 200 !) et parmi les plus riches du monde. Ils convaincront, sans doute, les plus réfractaires au tourisme culturel. Du British Museum à la Wallace Collection, de la Tate Modern à la Tour de Londres, tout le monde y trouvera son compte. Les enfants prendront également du plaisir, le maître mot étant souvent didactisme. Cela ravira petits et grands !

Les grands musées bénéficient de la manne céleste des recettes récoltées par l'État sur la *National Lottery.* Les espaces d'exposition ont été repensés, offrant aux visiteurs une meilleure lisibilité des œuvres et des objets présentés, et de nombreux outils audiovisuels étoffent désormais les anciens textes académiques. La plupart des grandes collections publiques sont gratuites. D'autres musées sont très chers, voire hors de prix, comme Madame Tussauds ou Tower Hill. Tous les monuments gérés par la Couronne (Tour de Londres, Kensington Palace, Hampton Court Palace) sont chers. Il faut bien que la reine entretienne ses châteaux et paie ses impôts !

Les vestiaires des musées sont gratuits (sauf au British Museum), mais une petite donation est encouragée et les valises ou sacs de voyage sont rarement acceptés. Petite ombre au tableau, les horaires ! Ouverts vers 9h30 ou 10h, les musées ferment presque tous vers 17h30-18h. Quelques nocturnes seulement. À Londres, il ne s'agit pas tant d'essayer de voir tous les musées (c'est possible mais en 6 mois !) que de réussir votre sélection en fonction de vos goûts. Même à patins à roulettes, il faudrait une bonne semaine pour tous les voir. Petit conseil : dans les grands musées, choisissez donc 1 ou 2 sections qui vous branchent et tenez-vous-en là. Pour cela, demandez le plan en arrivant. Et puisqu'ils sont gratuits, mieux vaut y revenir à plusieurs reprises si la durée de votre séjour le permet.

Monuments et balades

Comme New York et Paris mais peut-être plus encore, Londres est un assemblage de quartiers distincts et d'anciens villages. Si un Londonien vous dit habiter South Kensington, dites-vous qu'à Paris ce serait le 16e arrondissement. S'il vient de l'East End, il y a fort à parier qu'il ait du sang pakistanais. On schématise, bien sûr, mais il est important de comprendre les décalages d'un quartier à l'autre pour réussir à mieux cerner cette métropole aux ramifications complexes.

Chaque quartier du centre *(centre 1)* a quelque chose d'historique : les monuments, les musées, les bâtiments intéressants sur le plan architectural sont donc disséminés sur plusieurs kilomètres. À vous de choisir tel ou tel quartier à explorer en priorité, en fonction de vos goûts. Vous ne serez pas totalement perdu : les pubs vous serviront d'oasis en cas de fatigue, de soif ou de petit creux !

Visites guidées

À pied

Si vous maîtrisez l'anglais passablement, il n'est pas inintéressant de choisir une ***promenade thématique*** d'une des nombreuses associations qui proposent des balades guidées. C'est souvent très amusant et très bien préparé. Il y en a pour tous les goûts : « Jack l'Éventreur » dans Whitechapel (en français le 1er vendredi du mois à 19h45 avec London Walks) ; « Les Beatles » ; « Shakespeare et Dickens » ; « Sherlock Holmes » ; « Les pubs de la Tamise » ; « Les fantômes de la City » ; « Little Venice », etc. Grosso modo, 2h de promenade et 15- 20 £ par personne.

■ ***The Originals London Walks :*** *PO Box 1708, London NW6 4LW. ☎ 020-7624-3978 (infos par tél). • walks.com •* Beaucoup de choix de balades : les classiques, le Londres « illégal », sur les traces d'Amy Winehouse, les lieux de tournage de *Harry Potter,* les Beatles et des dizaines d'autres.

■ Plusieurs compagnies proposent ce genre de prestations, dont : ***Mysterywalk*** *(📱 079-5738-8280 ; • tourguides.org.uk •)* et ***London Walking Tours*** *(☎ 020-8530-8443).* Les fans de Jack l'Éventreur se rueront sur les balades qui lui sont consacrées : voir le chapitre « L'East End. Spitalfields, Brick Lane et Whitechapel ».

■ ***À Nous Deux Londres :*** *📱 079-1025-3508. • anousdeuxlondres.co.uk • Visites dim seulement à 10h30, sinon sur résa seulement selon programme. Résa en ligne conseillée.* En général à 10h30 (18h le vendredi pour *Jack the Ripper*). Au choix, découverte des quartiers de la capitale (« Westminster », « Covent Garden », « Palais et traditions », etc.) en français !

– ***Culture and Adventure :*** *📱 07-69-88-75-56. • cultureandadventure.com •* Visites guidées en français sur différents thèmes, tels les trésors cachés de la ville et les classiques *Harry Potter* ou *Jack l'Éventreur.*

– ***London Greeters :*** si vous voulez visiter l'Est londonien avec ceux qui l'habitent, n'hésitez pas à les contacter via le site *• londongreeters.org/book-a-greet •*

En bus

■ ***Big Bus Tours :*** *☎ 016-2820-0747. • bigbustours.com • Départs ttes les 15-30 mn de Green Park et de Victoria. Tlj : en été 8h30-17h/18h ; en hiver 8h30-16h30. Compter 40 £ ; réduc. Il comprend également une croisière sur la Tamise. Forfait 2 ou 3 j. avec promenades guidées (de jour et de nuit). Blue Route* (commentaires en français), ou *Red Route,* d'une durée de 1 à 2h. Billets valables 24h, ce qui permet de monter et de descendre du bus quand on veut.

■ ***Tootbus :*** *• tootbus.com • Plusieurs circuits : London Express (2h ; env 26 £) ; « découvert » (hop on-hop off ; 28 £) et « l'essentiel de Londres » (croisière + bus ; 35 £). Réduc enfants.* Pour visiter Londres en bus à impériale découvert. Départs des différents arrêts : Piccadilly Circus, National Gallery, Trafalgar Square, Buckingham Palace, Westminster Abbey, St Paul's Cathedral, Tower Bridge et bien d'autres encore. Propose également des circuits *Windsor Castle, London By Night* et un tour réservé aux enfants.

À vélo

🚴 ***London Bicycle Tour Co. :*** *☎ 020-7928-6838 ou 6898 (réparations). • londonbicycle.com • Départs tlj à 10h30 et 11h. Rdv au 1 A Gabriel's Wharf, 56 Upper Ground, SE1. Ⓜ Blackfriars. Durée : env 3h. Compter 28-35 £ pour* *le parcours ou 25 £/j. pour la loc du vélo (possibilité de louer à l'heure : 4 £).* Visites du Centre, de l'Est et de l'Ouest londonien. Se renseigner pour les horaires. Guide français possible, résa obligatoire.

En taxi

■ ***Black Taxi Tours of London :*** *079-4610-6939. • blacktaxitours.co.uk • Tours de 2h pour 1-5 pers : 150 £. Visite de jour (8h-18h) : 450 £ par taxi. Visite de nuit : 160-240 £.* Pour visiter Londres à bord d'un de ces fameux taxis noirs. Pas donné cependant (se grouper) !

En bateau

Une façon originale et rapide pour visiter la ville. Une balade de 2h sur la Tamise permet de découvrir Londres sans se fatiguer. Choisir un jour où il y a du soleil, c'est quand même plus sympa.

■ ***Infos sur tous les circuits possibles auprès de London River Services :*** *☎ 0343-222-1234. • tfl.gov.uk/modes/river/ • Avr-oct, départs de Westminster Pier 10h30-16h30, voire 18h (départs supplémentaires à la belle saison et même des croisières de nuit en juil-août ; horaires plus restreints le reste de l'année).* Circuits variés sur la Tamise avec, en principe, arrêts aux principaux points touristiques entre Hampton Court Pier et Thames Barrier. Les départs se font entre autres de Greenwich, Tower Bridge, London Bridge, Embankment, Waterloo ou Westminster (Westminster étant l'embarcadère principal).

Plusieurs compagnies se partagent le gâteau. Toutes ne proposant pas de commentaires à bord, renseignez-vous bien avant. Une seule va jusqu'à Thames Barrier (*Thames River Service* ; voir plus loin dans le chapitre « Les autres quartiers de Londres »). Une des balades les plus appréciées est celle vers Greenwich, même si, honnêtement, la balade en bateau est inégale et ne vaut le coup que si vous avez un but de visite à l'arrivée. Après Tower Bridge, la traversée du quartier des docks est longuette, même en faisant marcher son imagination pour se représenter l'activité intense qui devait régner ici au temps du commerce avec les Indes et de la splendeur de l'Empire britannique. *À partir de 11 £ et 2h pour un aller-retour Westminster-Greenwich. Différentes compagnies. Réduc fréquentes.* Sinon, d'autres balades possibles : St Katharine-Greenwich et Circular Cruise. Sachez aussi que des billets combinés sont proposés lorsque vous vous rendez aux London Eye et Madame Tussauds, par exemple. Plus de renseignements au pied du London Eye, embarcadère pour des balades en bateau, du plus traditionnel au plus sportif (dans une sorte de hors-bord à hélices !).

Pèlerinage rock

• Pour se repérer, voir le plan d'ensemble, le centre 1 et le centre 2 détachables en fin de guide, ainsi que les plans East End et Camden Town.

☛ ***Denmark Street*** *(centre 1, E3,* ***A****) :* Ⓜ *Tottenham Court Rd.* Boutiques vendant des guitares. Dans un ***studio d'enregistrement*** de cette rue, Elton John écrivit son 1er single, *My Song.* Au nº 4, dans le ***Regent Sound Studios,*** les Rolling Stones enregistrèrent leur 1er album. Au nº 21, jetez un œil sur la façade de ***Rhodes Music,*** le plus vieux magasin de guitares d'Angleterre.

☛ ***Ronnie Scott's Jazz Club*** *(centre 1, E3,* ***B****) : 47 Frith St, à Soho.* Ⓜ *Leicester Sq ou Tottenham Court Rd.* Jimi Hendrix y fit son dernier concert en 1970, 3 jours avant sa mort. À 2 pas, au 9 Greek Street, ***Jazz After Dark,*** pour manger l'assiette préférée de feu Amy Winehouse.

➳ ***The Marquee Club*** *(centre 1, E3,* ***C****)* **:** *90 Wardour St.* Ⓜ *Piccadilly Circus ou Tottenham Court Rd.* En 1962, les Rolling Stones y donnèrent leur 1er concert public (ils ne jouèrent qu'une demi-heure). The Who y vinrent de nombreuses fois à partir de 1964. Pete Townshend y fut le 1er à casser sa guitare sur scène. Il sera largement imité par la suite. En 1965, David Bowie y fit ses 1ers concerts. Le club est fermé depuis 2008, mais un petit nouveau a pris le relais, le *100 Wardour Street* (voir « Le centre historique. Spécial noctambules »).

➳ ***Carnaby Street*** *(centre 1, E3-4,* ***D****)* **:** Ⓜ *Oxford Circus.* Dans cette rue déjantée se baladaient régulièrement les Pink Floyd, The Who et les Rolling Stones. C'est ici que Paul McCartney a rencontré sa femme Linda. Nous, on n'a trouvé que des boutiques de fringues. Sur Regent Street, trouvez la Heddon Street. Les fans de Bowie se rappelleront que c'est là, dans cette ruelle, qu'il posa pour la pochette de Ziggy Stardust ! Une plaque rappelle l'événement. Et direction le *Café Royal,* où il enterra son personnage...

➳ ***London Palladium*** *(centre1, D-E3,* ***E****)* **:** Ⓜ *Oxford Circus.* C'est au *London Palladium,* dans une émission de la BBC, que les Beatles se produisent pour la 1re fois, devant un parterre de groupies hystériques, en octobre 1963. Juste à côté, au ***Northern England Music Stores*** *(fermé),* Lennon déclarait « *We are more popular than Jesus now* ». Dans les jours qui suivirent, aux États-Unis notamment, des croyants mirent le feu aux albums des *Fab Four.*

➳ Jimi Hendrix vécut avec sa copine Kathy au ***23 Brook Street*** *(plan d'ensemble, D3,* ***F****)* Ⓜ *Oxford Circus.* L'appartement se visite depuis 2016. Il passa sa dernière semaine au ***Cumberland Hotel,*** dans la suite nº 507 *(plan d'ensemble, C3,* ***I****)* Ⓜ *Marble Arch.*

➳ Madonna a acheté le ***Punch Bowl*** *(plan d'ensemble, D4,* ***G****)* Ⓜ *Green Park (à Mayfair).* C'est le 2e plus ancien pub de Londres (environ 1750).

➳ ***Green Street*** *(plan d'ensemble, C3,* ***H****)* **:** Ⓜ *Marble Arch.* Au nº 57 se situe le seul appartement que les Beatles aient partagé. Ils l'achetèrent en 1963, après avoir quitté Liverpool. C'est ici qu'ils composèrent notamment *I want to hold your hand.* De là, prendre la ligne de métro Victoria jusqu'à la station Vauxhall.

➳ ***Battersea Power Station*** *(plan d'ensemble, D7,* ***J****)* **:** *Battersea Park Rd, à Vauxhall.* Ⓜ *Battersea Park ou Vauxhall.* Cette usine électrique servit de pochette aux Pink Floyd pour leur disque *Animals* en 1976, où figure un ballon en forme de cochon. Les Who et Muse les imitèrent en la faisant figurer sur leurs albums *Quadrophenia* et *The Resistance.*

➳ Mick Jagger vécut au ***48 Cheyne Walk*** *(plan d'ensemble, B7,* ***K*** *;* Ⓜ *South Kensington)* avec Marianne Faithfull, puis avec sa femme, Bianca Jagger. Il installa un studio au fond du jardin. Keith Richards habita dans la même rue au nº 3 avec Anita, l'ex de Brian Jones.

➳ ***Let it Rock*** *(plan d'ensemble, A7,* ***L****)* **:** *430 King's Rd.* Ⓜ *Imperial Wharf.* La pétulante Vivienne Westwood ouvrit cette boutique en 1971. Elle y habillera les Sex Pistols et contribuera à promouvoir la musique punk. L'échoppe s'appellera ensuite *Sex...* un nom certainement plus accrocheur.

➳ ***Hammersmith Odeon*** *(centre 2, K11,* ***M****)* **:** *45 Queen Caroline St, à Hammersmith.* Ⓜ *Hammersmith.* David Bowie y fera mourir Ziggy Stardust en 1973, la rock star extraterrestre venant de Mars qu'il créa 1 an plus tôt. Les Beatles y donnèrent 38 concerts mémorables, le tout réparti sur seulement 21 nuits. Johnny Cash, David Bowie, Queen et même Bob Marley y jouèrent.

Puis embarquez jusqu'à la station Ladbroke Grove avec la ligne Hammersmith & City.

➳ ***Virgin Records*** *(centre 2, L9,* ***N****)* **:** *130 Notting Hill Gate.* Ⓜ *Notting Hill Gate.* En 1972, Richard Branson ouvrit cette boutique de disques importés. Très vite, il édita des disques de groupes punk, notamment les Sex Pistols. Puis il acheta des avions, normal !

➳ ***Samarkand Hotel*** *(centre 2, L9,* ***O****)* **:** *22 Lansdowne Rd.* Ⓜ *Holland.* Jimi Hendrix mourut dans cet hôtel, en compagnie d'une jeune Allemande, Monika.

I Was Lord Kitchener's Valet *(centre 2, L9, **P**) : 293 Portobello Rd, à Notting Hill. Ⓜ Ladbroke Grove.* Ouvert en 1966, les vêtements de la célébrissime pochette de *Sgt Pepper Lonely Hearts Club Band* des Beatles furent achetés là. Ses 1ers clients furent Mick Jagger, John Lennon et Jimi Hendrix.

Quartier de Camden *(plan Camden Town) : Ⓜ Camden Rd, Camden Town et Chalk Farm.* La maison avec jardin d'Amy Winehouse se trouve au ***30 Camden Square*** *(hors plan par B2, **Q**).* Elle donna ses 1ers concerts en 2004 au ***Jazz Café*** *(B2-3, **R**),* puis fit ses 1res apparitions sur scène au ***Roundhouse*** *(A2, **T**).* ***Hawley Arms*** *(B2, **S**)* était son pub préféré et elle y retrouvait souvent Pete Doherty. Aujourd'hui, une statue la représente en plein cœur de Camden et son marché. Les Clash et Madness y ont aussi fait leurs gammes. Le chanteur d'AC/DC, Bon Scott, a été retrouvé mort dans une R5 sur la rue principale, Camden High Street.

Primrose Hill Park *(plan Camden Town, A3, **U**) :* c'est dans ce square que Paul McCartney promenait son chien Martha, d'où le célèbre titre *Martha my Dear.*

Et aussi...

Abbey Road *(plan d'ensemble, A1, **V**) : Ⓜ St John's Wood.* Les fameux studios, où les Beatles, mais aussi les Pink Floyd, Oasis ou encore Radiohead enregistrèrent, sont classés Monument historique depuis 2010... Le passage clouté *(crosswalk)* qui illustre le dernier disque des Beatles est le seul classé au Patrimoine national !

CONFUSING !

Beaucoup de fans se plantent en descendant à la station de métro Abbey Road qui est située à 9 miles du célèbre passage piéton. La bonne station : St John's Wood. Certains tentent aussi de retrouver les lieux de jeunesse des Beatles en arpentant... Liverpool Road. Erreur !

■ **Beatles Store** *(plan d'ensemble, C2, **W**) : 231 Baker St, NW1 6XE. ☎ 020-7935-4464. Ⓜ Baker St. Tlj 10h30-18h.* Tous les gadgets, T-shirts, casquettes, mugs... qui évoquent les Beatles avec plus ou moins de bonheur.

Crawdaddy Club *(hors plan d'ensemble par A5, **X**) : au Station Hotel (aujourd'hui un très beau pub), 1 Kew Rd, à Richmond, face à la gare. Ⓜ Richmond Station.* Les Rolling Stones y connurent leurs 1ers succès en 1963. D'ailleurs, les Beatles vinrent même les voir et ils sont restés amis. Ensuite, Eric Clapton, Jimmy Page et les Yardbirds y jouèrent régulièrement, entre autres.

Rough Trade East *(plan d'ensemble, J2, **Y**) : Dray Walk, 91 Brick Lane, à Brick Lane. Ⓜ Shoreditch High St.* Petite escale chez ce disquaire mythique pour tous les aficionados de musique. En outre, le quartier a un esprit très rock qui colle bien à ce « pèlerinage » ! Se reporter à la rubrique « Shopping » dans le chapitre sur Brick Lane.

POIDS ET MESURES

Même si la Grande-Bretagne est maintenant *metric,* nos difficultés sont loin d'être résolues. L'ancien système, totalement abscons, continue à nous poser de sérieux problèmes, notamment en ce qui concerne les distances et les superficies.

ET COMBIEN MESURE UNE VERGE ?

La verge (yard en anglais) servait d'unité de longueur dans tout l'Empire britannique. Elle était énorme puisqu'elle correspondait, dit-on, à la distance entre le nez du roi Henry Ier et le bout de sa main, quand elle était bien tendue (91 cm quand même !).

Longueur

- 1 pouce = 1 *inch* = 2,54 cm.
- 1 pied = 1 *foot* = 12 *inches* = 30,48 cm.
- 1 *yard* = 3 *feet* = 91,44 cm.
- 1 *mile* = 1 609 m (pour convertir les kilomètres en *miles*, multiplier par 0,62).

Superficie

- 1 *square foot* = 929 cm².
- 1 *acre* = 0,404 ha.
- 1 *square mile* = 2,589 km².

Poids

- 1 *ounce* = 1 *oz* = 28,35 g.
- 1 *pound* (livre) = 1 *lb* (libra) = 0,454 kg.
- 1 *store* = 6,348 kg.

Températures

Le Fahrenheit n'a pas été terrassé par la réforme. Trop compliqué d'expliquer ici les correspondances. Sachez qu'à 32 °F il gèle, à 77 °F il fait 25 °C et à 100 °F vous pouvez aller vous coucher pour soigner votre fièvre !

POSTE ET TÉLÉCOMMUNICATIONS

Poste

- ***Prix du timbre standard pour la France :*** 1,50 £.
- ***Ouverture des bureaux de poste :*** *lun-ven 9h-17h et sam 9h-12h30. Fermé dim.* Pour des renseignements sur la poste et les bureaux de poste : ● *royal mail.com* ● *postoffice.co.uk* ●
- ***Poste restante :*** voici ce qu'il faut écrire sur la lettre : le nom du destinataire et la mention « Poste restante » et, en dessous, l'adresse du bureau de poste dans lequel vous voulez recevoir la lettre. Gratuit. Conserve les lettres pendant 1 mois. Apporter une pièce d'identité pour tout retrait. Cette méthode s'applique à pratiquement toutes les postes du royaume tant que vous en connaissez l'adresse. Ne pas oublier l'adresse de retour !

L'ORIGINE DES CARTES DE VŒUX

Albert, l'époux de la reine Victoria, était ignoré par l'aristocratie anglaise : il n'avait pas de quartiers de noblesse. Pour Noël, il pensa à envoyer des cartes de vœux, obligeant les nobles à lui répondre. Tout cela fut possible grâce à l'invention du timbre-poste, qui naquit en 1840, en Grande-Bretagne.

Téléphone

- Les numéros en 0800 et 0808 sont gratuits, ceux en 084, 087, 09 et 118 sont surtaxés.
- Pour téléphoner d'un endroit à un autre en Angleterre, il faut avoir l'*area code* (indicatif) précédé du 0. Le code et le numéro de téléphone sont épelés chiffre par chiffre, et le zéro se prononce « o » comme la lettre. Ainsi 20 se dira « *two o* » et non « *twenty* ».
- ***Grande-Bretagne → France :*** 00 + 33 + numéro du correspondant (à 9 chiffres, sans le 0 initial).

– ***France → Grande-Bretagne :*** 00 (tonalité) + 44 + indicatif de la ville (mais sans le 0, qui n'est utilisé que pour les liaisons à l'intérieur de la Grande-Bretagne) + numéro du correspondant. Les ***numéros de portable*** commencent par 07.
– ***Renseignements internationaux :*** ☎ *153.*

TOUT FOUT LE CAMP !

Le téléphone portable tue les célèbres cabines téléphoniques rouges. Elles font désormais partie du patrimoine historique. Ainsi, les mairies peuvent les louer à British Telecom : 500 £ quand elles fonctionnent et... moitié prix si elles ne sont plus en état de marche.

Le téléphone portable en voyage

Dans les pays de l'Union européenne, un voyageur européen titulaire d'un forfait dans son pays d'origine peut utiliser son téléphone mobile ***au tarif national,*** sans craindre de voir flamber sa facture. Des plafonds sont néanmoins fixés par les opérateurs pour éviter les excès... Cet accord avantageux signé entre l'UE et ses opérateurs télécoms concerne aussi la consommation de ***données internet 3G ou 4G,*** dont le volume utilisable sans surcoût dépend du prix du forfait national (se renseigner). Par ailleurs, si le voyageur réside plusieurs mois en dehors de son pays, des frais peuvent lui être prélevés...
Dans ces pays donc plus besoin d'acheter une carte SIM locale pour diminuer ses frais.

Accès internet et wifi

À Londres, les hôtels et beaucoup de restos, bars, et même certains espaces publics disposent du wifi gratuit. Mieux que la connexion 3G et 4G qui peut entraîner des frais en usage intensif, le wifi permet aussi de profiter d'un débit parfois supérieur.
Une fois connecté au wifi, vous avez accès à tous les services de la ***téléphonie par Internet comme WhatsApp, Messenger*** (la messagerie de Facebook), ***Viber*** ou ***Skype.***

SANTÉ

Voir aussi la rubrique « Urgences ».
Avec les transports et l'éducation, la santé publique est le secteur le plus touché par les années de thatchérisme. C'est un des gros chantiers des gouvernements britanniques successifs. Des lacunes mises en lumière avec l'épidémie de Covid-19. En termes de qualité, les soins dispensés par les institutions hospitalières sont loin d'égaler ceux que l'on peut recevoir sur le continent. Sans compter les délais extensibles à l'infini avant d'espérer décrocher une place pour une consultation ! C'est pourquoi les Anglais sont de plus en plus nombreux à prendre l'avion ou le train pour venir se faire soigner en temps et en heure sur le continent.
Les urgences de nuit dans les hôpitaux sont, bien entendu, gratuites. On vous donnera gratuitement les médicaments nécessaires pour tenir jusqu'au lendemain, ainsi qu'une ordonnance pour aller chercher le reste dans une pharmacie.
L'Angleterre est fortement touchée par les oreillons et la rougeole, maladie dont elle détient le record européen ; les épidémies qui apparaissent un peu partout sont liées à un déficit vaccinal : vérifiez que vous avez bien eu les 2 injections de vaccin (faites habituellement dans l'enfance) ; si ce n'est pas le cas, mettez-vous impérativement à jour avant de partir.
Enfin, si vous vous faites mordre par un chien, vous n'avez aucun risque de rage, les îles britanniques étant un des rares pays officiellement indemnes de cette

maladie. Autrement, la méningite à méningocoque C est un grave problème de santé publique : de vastes campagnes de vaccination ont eu lieu dans toute la Grande-Bretagne avec grand succès. Si vous devez séjourner longtemps dans ce pays, nous vous recommandons de vous faire vacciner. Attention enfin à la pollution, le fameux *smog,* certes en diminution, mais parfois très mal supporté par les malades respiratoires, asthmatiques en particulier.

SANG BLEU

À cause de mariages consanguins, la reine Victoria, qui régna sur le plus grand empire au monde, propagea l'hémophilie dans une partie des cours européennes... Son 8e enfant fut atteint par la maladie, et 2 de ses filles étaient porteuses du gène. L'une épousa le tsar Nicolas II, et leur fils, héritier des Romanov, fut lui aussi hémophile.

SPECTACLES ET SORTIES

Musique

Une visite londonienne digne de ce nom inclut forcément un ou plusieurs concerts, en prolongeant la nuit dans l'une des boîtes qui font aussi la réputation de cette capitale festive. Vous avez l'embarras du choix, vu le nombre de salles. N'hésitez pas à aller découvrir des groupes inconnus : on a très souvent de bonnes surprises.

Quelques salles de notre sélection (forcément réductrice mais en principe représentative) constituent la base du rock et du jazz à Londres. On n'y va pas pour danser, mais pour écouter de la musique. La plupart des boîtes où l'on danse accueillent également des groupes. On les a généralement classées dans « Où sortir ? », mais elles pourraient aussi bien figurer dans « Où écouter du rock, du blues, etc. ? » (quel casse-tête, *Good Lord !*).

Quant aux ***boîtes*** proprement dites, les plus à la mode disparaîtront avant que ces lignes ne soient imprimées. D'autres existent depuis des années et nous survivront sans doute. Il y en a pour tous les goûts. Et puis n'oublions pas ce genre hybride de clubs, les ***DJ-bars,*** mi-bars mi-boîtes, qui pullulent. On s'y retrouve pour boire un verre, pour écouter un groupe ou un DJ. C'est cool, peut-être un peu plus chaleureux (on y parle vraiment pas mal, en se collant bien à l'oreille de son/sa partenaire) et puis surtout... c'est 2 fois moins cher qu'en boîte, tout comme les consos ! Et pour bien en profiter, direction essentiellement l'Est londonien.

Musique classique

Il existe quelques temples incontournables de la musique classique, comme le Barbican Hall, l'English National Opera ou le Royal Albert Hall (vous les retrouverez dans l'index). Purcell Room, Queen Elizabeth Hall, Royal Festival Hall, Royal Opera House sont aussi d'autres temples. Certaines églises, dont St Martin-in-the-Fields, proposent 1 à 2 fois par semaine des concerts de musique baroque (aux chandelles !). Les amateurs ne manqueront pas les *Proms* en été, de célèbres concerts populaires organisés au Royal Albert Hall.

MÉLOMANES

Londres compte pas moins de 6 orchestres symphoniques : le Royal Philarmonic, le London Philarmonic, le BBC Symphony Orchestra, le Philarmonia, l'orchestre du Royal Opera House et le London Symphony Orchestra. De quoi ravir les amateurs !

Les spectacles du West End

La plupart des ***théâtres*** sont dans le West End, en plein centre. Ils jouent généralement du « boulevard », sauf quelques pièces qui ont percé dans les « Fringe Theatres » et qui accèdent aux honneurs. Les pièces du West End sont les plus chères et leurs billets les plus difficiles à obtenir. En plus de ceux qu'on indique, beaucoup d'autres petits théâtres, malgré les difficultés financières et les coûts de production, présentent des spectacles de tout 1er ordre et font de Londres probablement la capitale mondiale du théâtre expérimental.

AGATHA LA BARRACA

Agatha Christie n'aurait certainement pas imaginé le succès rencontré par sa pièce de théâtre policière The Mousetrap (La Souricière). Une histoire de meurtre en huis-clos. Celle-ci est jouée au St Martin's Theatre, dans le West End, depuis 1952. Un record mondial. Et autant de représentations à l'issue desquelles les spectateurs sont invités à garder pour eux l'identité du meurtrier. Nous, on sait !

On ne peut décemment pas aller à Londres sans voir une de ses fameuses ***comédies musicales,*** une vraie activité culturelle populaire. Ambiance festive, on n'hésite pas à se lever et même à boire un verre en écoutant le spectacle depuis sa place. Certaines comédies sont à l'affiche depuis des décennies, comme *Les Misérables,* les « Miz », comme on dit ici. Il y en a pour tous les goûts, avec des comédies parfois adaptées de films ou de séries télé, voire de personnages ayant réellement existé. Gros succès pour certains spectacles : *The Lion King, Mary Poppins, Matilda, Thriller Live !, The Phantom of the Opera.*

Parmi les dernières productions phénoménales, *Pretty Woman, SIX* (sur les 6 femmes d'Henri VIII) ou encore *Come from away...*

– Plus d'infos sur les programmes : • *londontheatre.co.uk* •

– Pour les billets moins chers sur place : kiosque ***TKTS*** sur Leicester Square *(centre 1, E-F4).* C'est la seule agence « officielle » (commission de 3 £ par billet) qui permette d'obtenir des billets à tarif réduit (jusqu'à 50 %) pour la plupart des spectacles du West End (affichés sur un écran et mentionnés sur programme papier), jusqu'à 2 jours à l'avance maximum. *Lun-sam 10h-19h, dim 11h-16h30.* Sinon, passer par leur site • *officiallondontheatre.com/tkts* • Surtout, n'achetez jamais un billet au noir. Il peut coûter le triple ou le quadruple du prix normal, voire être carrément faux !

Cinéma

Signalons que les salles du centre sont plutôt chères ; viser les *early seances* pour débourser moins, préférer les cinémas indépendants ou se rendre dans les cinés de la banlieue proche. Mais voir un film en v.o. non sous-titré vous fera économiser des cours d'anglais !

Sites internet

• ***officiallondontheatre.co.uk*** • Le site officiel pour le théâtre. Incontournable. Achat en ligne en lien avec *TKTS,* qui propose à son guichet des places à moitié prix.

• ***londontheatre.co.uk*** • Toute l'actualité théâtrale de la capitale, y compris pour les comédies musicales. Horaires, lieux, places à acheter et disponibilités. Tout aussi incontournable.

• ***designmynight.com/london*** • *et application sur smartphone* ***DesignMyNight.*** Ultra-complet, ce site recense un nombre incroyable de bars, pubs, clubs et événements tout au long de l'année. Tarifs réduits pour les concerts et spectacles de

dernière minute, infos sur les films, festivals, etc. Possibilité de faire une sélection par dates, quartiers, types de lieux et d'événements. Incontournable !
• ***filmlondon.org.uk*** • Où Bridget Jones embrasse-t-elle Mark Darcy ? Où se trouve cet étrange building (le « Cornichon ») de *Basic Instinct 2* ? Tous les lieux de tournage à Londres.

TRANSPORTS

S'orienter

Attention, ***la ville est vaste !*** Les quartiers sont étendus et les centres d'intérêt éloignés les uns des autres. Grosso modo, l'agglomération s'étale sur quelque 1 200 km², contre 120 à Paris. Cela n'empêche pas de sillonner la ville à pied, en particulier dans le centre et le long de la Tamise, mais prendre le métro ou un autre moyen de transport sera nécessaire pour explorer Londres dans une large mesure. Vous remarquerez que toutes les adresses à Londres sont suivies de lettres et de chiffres (exemple : SW1, N10, etc.). Ces indications renseignent sur la position géographique du district dans lequel se trouve la rue. SW : South West ; N : North ; WC : West Central ; et ainsi de suite. Tout cela serait idéal si les chiffres avaient la même logique. Il n'en est rien. En gros, plus le chiffre accompagnant la lettre est important, plus on est loin du centre ! Il est donc utile de vous procurer une carte de Londres, la bible des Anglais étant le ***London A-Z Street Atlas*** qui décline toute une gamme de plans de Londres et de sa périphérie. Existe en version mini. Vraiment très pratique.

Le métro (*underground* ou *Tube*)

Il existe depuis 1863 et c'est le plus vieux du monde (il aura 160 ans en 2023 !). Il compte aujourd'hui 270 stations, 12 lignes et 6 zones concentriques.
Procurez-vous dès votre arrivée le plan du métro *(Tube Map)* ou téléchargez l'application sur votre smartphone : *Tube Map – London Underground (TfL Map and journey planner).*

PUBS-ADDICTS !

On peut imaginer en voyant l'enseigne d'un pub qui porte le même nom que la station de métro à côté qu'il a ainsi été baptisé pour sa proximité géographique. Que nenni, c'est tout l'inverse ! À Londres, 5 stations portent le nom d'un pub célèbre : Angel, Royal Oak, Elephant & Castle, Manor House et Swiss Cottage.

Le métro londonien a la réputation d'être un peu plus difficile à utiliser, car d'un même quai partent des métros allant dans diverses directions. Pas de panique, il suffit d'être attentif et de bien vérifier la destination de la rame et le temps d'attente sur les panneaux indicateurs au-dessus du quai. Dans les couloirs, les destinations sont regroupées selon la direction à prendre : *northbound* pour le nord, *southbound* pour le sud, etc. De plus, dans les stations, il y a de nombreux employés pour renseigner. Enfin, dans les rames, une voix annonce la station suivante et les connexions.
– Notez que le plan du métro indique les stations aménagées pour les ***personnes à mobilité réduite.***
– ***Objets trouvés (Lost Property) :*** *rens au ☎ 0343-222-1234 ou au Lost Property Office, 63-81 Pelham St, SW7 2NJ. Lun-ven 8h30-16h. Formulaire à remplir avt de se déplacer sur • tfl.gov.uk/tube •*

Horaires

Le métro démarre à 5h du lundi au vendredi. Les lignes Central, Victoria, Jubilee, Northern et Piccadilly sont ouvertes toute la nuit les vendredi et samedi soir. Les dernières rames passent entre 23h et 1h. L'heure du dernier métro est affichée aux guichets de vente des billets. Attention : les dernières rames du dimanche soir circulent plus tôt qu'en semaine.

Tarifs

Le trajet unique est cher, même s'il y a des chances pour que la grande majorité de vos déplacements se fasse dans la zone 1, voire la zone 2. Il est donc vivement conseillé de faire l'acquisition d'une carte avec un forfait que l'on recharge à volonté. Réduction pour les enfants de moins de 16 ans, et transports gratuits pour les moins de 11 ans. Enfin, réductions conséquentes avec l'indispensable *Visitor Oyster Card.* ***À noter :*** il n'y a pas de tarif unique pour le métro : le prix du ticket varie en fonction de votre point de départ et de votre point d'arrivée. Ils sont aussi variables selon les heures pleines ou creuses. Les tarifs que nous indiquons sont ceux en vigueur début 2022. Et ça augmente chaque année !

Billets spéciaux

Ce sont des titres de transport cartonnés, à l'ancienne. Peu pratiques, ils tendent à disparaître surtout depuis que l'*Oyster Card* est acceptée sur le *National Rail.*
– ***One-Day Travelcard :*** à partir de 13,50 £.
– ***7-Day Travelcard :*** *Travelcard* valable à partir de la date d'émission. De 42 £ pour les zones 1-2 à 77 £ pour les 6 zones. Conseillée si vous prévoyez beaucoup de déplacements tous les jours, sinon mieux vaut prendre une *Oyster Card* à recharger de temps en temps.
– Si vous avez besoin d'un ticket particulier pour vous éloigner du centre de Londres, pensez à préciser au guichetier le titre de transport dont vous disposez déjà, car vous ne paierez que le complément.

The Docklands Light Railway (DLR) et Overground

Ce sont les trains aériens de banlieue. Ils circulent à partir de Bank ou Tower Gateway (près de la station Tower Hill). Mêmes prix que pour le métro. Des billets *DLR* + bateau ***Rail River Rover*** permettent de profiter en même temps des joies de la Tamise (pour retourner dans le centre-ville, par exemple). L'***Overground,*** en orange sur les plans, ligne à ciel ouvert et quasi suspendue, dessert l'Est londonien, l'extrême Nord et court vers l'est.

Le bus

Meilleur marché et bien plus sympa que le métro si vous voulez admirer le paysage, en particulier au 1er étage !
Demander dans n'importe quel métro ou à l'office de tourisme un ***plan du réseau de bus*** *(London buses).* Achat des billets et cartes dans les stations de métro ou dans un *ticket stop* (ces derniers sont pointés sur les *street maps*). Le tarif du ticket de bus (aller simple) est de 1,55 £ avec la carte *Oyster.* Le *pass* journalier est à peine à 5 £ et le *pass* hebdomadaire à 22 £.
Bon à savoir, si, en montant dans le bus, vous découvrez que votre *Oyster* n'est plus créditée, vous avez droit à un dernier trajet gratis... afin de rejoindre un point de vente ! *No stress.*
– ***Bus rouges :*** pour Londres seulement.
– ***Bus verts :*** pour Londres et la banlieue.
Les bus les plus intéressants pour découvrir le Londres touristique sont ceux des lignes ***nos 11, 15 et 38.***
– Quelques grandes lignes de bus desservant la ville et la banlieue fonctionnent toute ***la nuit.*** Ils fonctionnent de minuit à 6h, partent tous de Trafalgar Square et arborent un « N » (pour *Night*) devant le numéro. Environ un bus par heure. Même prix qu'en journée.

Visitor Oyster Card

Il s'agit d'une carte à puce prépayée de la somme souhaitée pour les transports urbains (métro, bus, *DLR* et tram), qu'il faut passer devant un lecteur de carte jaune à chaque trajet.
Attention, il faut ***valider la carte à l'entrée du métro ET à la sortie*** ! De toute façon, vous ne pouvez pas sortir sans le faire, les employés y veillent... Dans les bus, en revanche, on ne valide qu'à l'entrée. Le prix des trajets de métro varie donc en fonction des horaires (*off peak/peak* ; heures creuses, heures de pointe). Les heures de pointe s'appliquent du lundi au vendredi de 6h30 à 9h30 et de 16h à 19h. Durant ces heures, soit vous acceptez de payer plus cher, soit vous devez attendre ! En gros, en journée, c'est plus cher ; la nuit, moins cher et tout dépend de la zone où vous vous déplacez (bon, vous resterez sans doute le plus souvent dans le centre historique, zones 1-2). Si vous vous faites pincer sans valider de carte à la sortie, le tarif maximum sera appliqué...

Comment se la procurer ?

On se procure cette carte directement aux machines et on la crédite tant qu'on veut. En gros, on paie moins cher avec l'*Oyster Card.* De plus, un plafond journalier en fonction du nombre de trajets ne dépasse jamais le billet *One-Day Travelcard,* et on voyage tant qu'on veut, gratuitement, même si le plafond est atteint. Pas mal ! Dès que votre carte est vide, vous la recréditez d'autant que vous voulez, soit aux machines, soit sur Internet, soit dans certains points presse. Enfin, s'il vous reste du crédit à la fin de votre séjour, vous pouvez le récupérer en espèces dans les 48h après la dernière utilisation.
Pour ***se procurer la carte avant de partir*** : ● *visitbritainshop.com* ● ou ● *tfl.gov.uk* ● Autrement, disponible dans le métro, dans les gares, aux aéroports et même à bord de l'Eurostar (voiture bar-buffet), dans le Gatwick Express, le Stansted Express.
L'*Oyster Card* est aussi utilisable pour les forfaits saisonniers (la ***Travelcard*** à la semaine, au mois, que vous mettez sur votre *Oyster Card*) et, dans ce cas-là, elle est offerte. Dès que ce laps de temps est atteint, hop ! on recrédite sa carte. Plus pratique, l'*Oyster Card* permet aussi d'obtenir certains avantages (réductions sur certains sites).
En cas de perte ou de vol : ☎ *0343-222-1234 ;* ● *tfl.gov.uk* ● On bloque votre compte et on vous le recrédite sur une autre carte *Oyster.*

Le taxi (*taxi* ou *cab*) et les VTC

Aussi chers qu'en France mais bien plus pratiques, car on en trouve partout (pas de borne de taxis, ils se prennent partout) et ils acceptent jusqu'à 5 personnes ! Incontournables aussi quand vous sortez de boîte et qu'il n'y a plus que quelques bus de nuit et aucun métro avant l'aurore. Les contacts avec le chauffeur sont limités, une vitre souvent aux 3/4 fermée le séparant des passagers. On communique par un système d'hygiaphone. Les taxis sont libres quand le signal jaune « *For hire* » est allumé. Habituellement, on laisse 10 % de pourboire. La plupart des taxis sont équipés de rampe d'accès pour chaises roulantes ou poussettes.

LES ROIS DE LA ROUTE

Les chauffeurs de taxis londoniens (black cabs) n'utilisent pas de GPS ou toute autre application de navigation car pour obtenir la licence, ils doivent passer un test réputé très difficile, qui demande d'étudier scrupuleusement le plan de Londres et plus de 300 itinéraires possibles. Un test appelé « The Knowledge », littéralement « La Connaissance » !

Vous pouvez également utiliser les *minicabs,* mais on vous le déconseille. Ce sont des taxis travaillant avec des agences privées, assez rudimentaires, localisés généralement près des *Tube stations* (stations de métro). Assez mal organisés mais intéressants dans certains endroits. Prix de la course à négocier. On peut les prendre pour l'aéroport (moins cher qu'un taxi classique si l'on sait négocier). Mais attention, arnaques fréquentes, ces taxis semi-clandestins baladent facilement le touriste qui ne connaît pas bien la ville. Autre arnaque possible, le taxi commandé auprès de l'hôtel qui s'avère être, à l'arrivée, un chauffeur privé « qu'il connaît bien » : bien se mettre d'accord sur le montant du trajet, soi-disant « forfaitaire ».

– ***Appel de taxi :*** ***Dial a Cab,*** *☎ 020-7253-5000.* • *dialacab.co.uk* • ***Gett,*** • *gett.com* • *qui fonctionne avec une appli. Pour les minicabs, une des compagnies les plus sérieuses est* ***Addison Lee,*** *☎ 020-7387-8888.* • *addisonlee.com* • ***Lady Mini Cabs,*** *qui n'emploie que des chauffeurs femmes, ☎ 020-7272-3300.*

– ***Si vous avez perdu quelque chose dans un taxi :*** *appelez* ***Lost Property,*** *☎ 0343-222-1234, ou allez au* ***Lost Property Office,*** *63-81 Pelham St, SW7 2NL. Lun-ven 8h30-16h.*

– Enfin, n'oubliez pas ***Uber.*** Si vous avez l'appli téléchargée sur votre smartphone, hyper facile de se déplacer par ce moyen.

Bicyclettes et scooters

Le *Visitor Centre* édite des brochures (gratuites) proposant des circuits pour la balade, mais aussi la liste des pistes cyclables protégées. Elles sont encore peu nombreuses et circuler à vélo dans Londres relève toujours du parcours du combattant, mais le réseau s'étend de plus en plus. Soyez tout de même très prudent.

Si vous venez avec votre scooter, les formalités d'entrée sont les mêmes que pour un véhicule, c'est-à-dire :

– un permis de conduire national, international ou britannique ;

– une carte verte d'assurance que votre compagnie peut vous délivrer ;

– une immatriculation, même pour les moins de 50 cm^3. Des pneus de 1re qualité sont indispensables et la loi exige des freins en parfait état. Les règlements concernant l'éclairage sont également stricts. Pour les scooters, le port du casque est OBLIGATOIRE.

Location de vélos

Depuis 2008, 750 points de retour et 11 000 *Santander Cycles* rouges, vite surnommés les « Boris Bikes » en raison de l'enthousiasme du précédent maire de Londres, Boris Johnson, sont à disposition. On peut aujourd'hui louer son vélo à chaque coin de rue ou presque. Il suffit de payer un droit d'accès à la location (2 £ pour 24h, 10 £ pour 7 jours et 90 £ pour 1 an), puis la location elle-même. En deçà de 30 mn, c'est gratuit ; ensuite, c'est 2 £ pour 30 mn, 2 £ pour 1h, etc. Toutes les transactions peuvent se faire aux bornes près des points de retour, via votre carte de paiement. À suivre... Pour plus d'infos : *☎ 0343-222-6666.* • *tfl.gov.uk/modes/cycling/santander-cycles* •

Le bateau

On peut prendre le bateau comme on prend le bus... En réalité, le principe existait depuis longtemps, puisque plusieurs compagnies se proposaient (et proposent toujours) de vous emmener sur la Tamise, tout en vous déposant au pied de chaque monument ou site. Ce qui change un peu aujourd'hui, c'est que plusieurs d'entre elles se sont rapprochées des transports londoniens et proposent des tarifs assez attractifs. En ce qui concerne *The Thames Clippers,* le ticket à la journée *(roamer)* permet de naviguer à volonté à partir de 9h. Compter env 19 £ par adulte (réduc enfants et forfait famille) ; réduc avec la *Travelcard* ou en réservant en ligne. Il existe aussi un ticket pour qui veut effectuer un trajet unique (pour rejoindre, par exemple, la Tour de Londres depuis le London Eye). Ce ticket coûte 7,30 £. ***Réduc sur Internet et sur l'application pour smartphones.*** Ceux qui possèdent l'*Oyster Card* ont également droit à une ristourne. Départs toutes les 15 mn environ. Plus d'infos sur • *thamesclippers.com* • *tfl.gov.uk* •

Sites internet

– ***Citymapper :*** application à télécharger sur votre smartphone. L'idéal pour planifier ses itinéraires avec horaires de bus, métro et train en temps réel.
• ***tfl.gov.uk*** • Des plans de métro, de bus, et des points de départ des navettes sur la Tamise. Également les prix des différentes cartes de transport et un planificateur de trajets. Et le programme des lignes fermées pour travaux (ça arrive souvent !).
• ***megabus.com*** • Le site *low-cost* des bus qui relient Londres au reste de l'Angleterre, à des prix défiant toute concurrence. En anglais et en français.
• ***nationalexpress.com*** • Tous les transports par bus, à prix très avantageux, avec les grandes compagnies nationales.
• ***rail.co.uk*** • Le site des différentes compagnies de chemins de fer. Même s'ils sont peu fiables et souvent en retard.

URGENCES

Perte/vol de carte de paiement

En cas de perte, de vol ou de fraude, quelle que soit la carte que vous possédez, chaque banque gère elle-même le processus d'opposition et le numéro de téléphone correspondant. Le plus simple est de faire opposition en ligne via le site de votre agence bancaire ou son application mobile, ou en l'appelant directement. Sinon, voici les numéros des centres d'assistance des différentes cartes.

– ***Carte Visa :*** *numéro d'urgence (Europ Assistance), ☎ 0-800-89-1725 (24h/24).* • *visa.fr* •
– ***Carte MasterCard :*** *numéro d'urgence, ☎ 0-800-964-767* • *mastercardfrance.com* •
– ***Carte American Express :*** *numéro d'urgence, ☎ (00-33) 1-47-77-72-00.* • *americanexpress.fr* •
– Il existe sinon un ***serveur interbancaire*** d'opposition à carte bancaire : *☎ 0-892-705-705 (service 0,34€/mn + prix d'appel).*

Besoin urgent d'argent liquide

Vous pouvez être dépanné en quelques minutes grâce au système ***Western Union Money Transfer.*** L'argent vous est transféré en moins de 1h. La commission, assez élevée, est payée par l'expéditeur. Possibilité d'effectuer un transfert auprès d'un des bureaux *Western Union* ou, plus rapide, en ligne, 24h/24 par carte de paiement (*Visa* ou *MasterCard*).
Même principe avec d'autres organismes de transfert d'argent liquide comme ***MoneyGram, PayTop*** ou ***Azimo.*** Transfert en ligne sécurisé, en moins d'1h.
Dans tous les cas, se munir d'une pièce d'identité. Toutefois, en cas de perte/vol de papiers, certains organismes permettent de convenir d'une question/réponse type pour pouvoir récupérer votre argent. Chacun de ces organismes possède aussi des applications disponibles sur téléphone portable. Consulter les sites internet pour connaître les pays concernés, les conditions tarifaires (frais, commission) et trouver le correspondant local le plus proche :
• *westernunion.com* • *moneygram.fr* • *paytop.com* • *azimo.com/fr* •

– Autre solution, envoyer de l'argent par ***La Poste*** : le bénéficiaire, muni de sa pièce d'identité, peut retirer les fonds dans n'importe quel bureau du réseau local. Le transfert s'effectue avec un mandat ordinaire international (jusqu'à 3 500 €) et la transaction prend 4-5 jours en Europe (8-10 jours vers l'international). Plus cher, mais plus rapide, le mandat express international permet d'envoyer de l'argent (montant variable selon la destination – 34 au total) sous 2 jours maximum, 24h lorsque la démarche est faite en ligne. Infos : ● *labanquepostale.fr* ●

Perte ou vol de votre téléphone portable

Suspendre aussitôt sa ligne permet d'éviter de douloureuses surprises au retour du voyage ! Voici les numéros des 4 opérateurs français, accessibles depuis la France et l'étranger :

– ***Orange :*** *depuis la France, ☎ 0800-100-740 ; depuis l'étranger : ☎ + 33-969-39-39-00.*
– ***Free :*** *depuis la France, ☎ 3244 ; depuis l'étranger, ☎ + 33-1-78-56-95-60.*
– ***SFR :*** *depuis la France, ☎ 1023 ; depuis l'étranger : ☎ + 33-6-1000-1023.*
– ***Bouygues Télécom :*** *depuis la France comme depuis l'étranger, ☎ + 33-800-29-1000 (service et appel gratuits).*

Vous pouvez aussi demander la suspension de votre ligne depuis le site internet de votre opérateur.
Avant de partir, notez (ailleurs que dans votre téléphone portable !) votre numéro IMEI utile pour bloquer à distance l'accès à votre téléphone en cas de perte ou de vol. Comment avoir ce numéro ? Il suffit de taper sur votre clavier *#06#.

Urgences médicales

☎ **112 :** voici le numéro d'urgence commun à la France et à tous les pays de l'UE, à composer en cas d'accident, d'agression ou de détresse. Il permet de se faire localiser et aider en français, tout en améliorant les délais d'intervention des services de secours.

■ ***Services de secours :*** *☎ 999 (appel gratuit).*
■ ***NHS :*** *☎ 111.* Pour obtenir 24h/24 des infos médicales urgentes, comme connaître l'adresse de l'hôpital ou du service de santé le plus proche de chez soi et le plus adapté au problème.
■ ***Dispensaire français*** *(centre 2, K11, **7**) : 184 Hammersmith Rd, W6 7DJ. ☎ 020-8222-8822. ● dispensairefrancais.org.uk ● Ⓜ Hammersmith. Lun-jeu 9h-17h, ven 9h-16h sur rdv. Inscription : 10 £ pour l'année en cours, puis seulement 10 £/consultation.* Pour les 1ers soins. Accueil compétent et dévoué. D'ailleurs, en cas de gros pépin financier, ne pas hésiter à y aller quand même. On essaiera toujours de trouver une solution adaptée. Pas de service de radiologie, donc si nécessaire, il faudra passer par le privé et les frais seront à votre charge.
✚ ***Charing Cross Hospital*** *(hors centre 2 par K11, **8**) : Fulham Palace Rd, W6 8RF. ☎ 020-3311-1234. Ⓜ Hammersmith. Tlj 24h/24.*
■ ***Royal National ENT and Eastman Dental Hospitals :*** *47-49 Huntley St, WC1E 6DG. ☎ 020-3456-7890. Ⓜ Warren St. Lun-ven 9h-17h.* Soins dentaires. Pas besoin de rendez-vous. Ou appeler le ***Dental Emergency Care Service*** *(☎ 020-8748-9365 ; tlj 24h/24)* qui saura vous indiquer un dentiste.
■ ***Bliss Chemist :*** *50-56 Willesden Lane, NW6 7SX. ☎ 020-7624-8000. Tlj 9h-22h.*
■ ***Boots Pharmacy :*** *44-46 Regent St, W1B 5RA. ☎ 020-7734-6126. ● boots.*

com • Ⓜ *Piccadilly Circus. Lun-jeu 8h-23h, ven-sam 9h-minuit, dim 12h30-18h.* Situé sur Piccadilly Circus, pratique pour ses horaires d'ouverture, mais il y a de nombreux autres *Boots* dans Londres.

– Attention, les services d'urgences sont très engorgés et les pharmacies de garde n'ouvrent que pendant 1h le dimanche et les jours fériés. Autant le savoir !

ARRIVER À LONDRES

• Pour se repérer, voir le plan d'ensemble détachable, en fin de guide, et le plan du métro, au début.

EN EUROSTAR

L'Eurostar vous amène directement dans le centre de Londres, dans l'impressionnante gare de St Pancras *(plan d'ensemble et centre 3, F1),* avec sa jolie structure métallique ouverte sur le ciel. Infos sur les Eurostar : ☎ *034-3218-6186 (appel local) ou 08432-186-186.* • *stpancras.com* •
– Wifi gratuit.
– Service de réservation d'hôtels (payant) à l'arrivée, au rez-de-chaussée, à côté des départs, ouvert de 7h à 23h (22h30 le dimanche).
– Comptoir d'infos touristiques, ouvert en principe tous les jours de 7h15 à 20h (ferme plus tôt les dimanche et jours fériés). Si c'est fermé, des médiateurs en gilet bleu ciel sont à votre disposition.
– Services de change, distributeurs de billets également.
– Service de consigne *(Left Luggage),* ouvert hors période de Covid, de 6h à 22h ; de 7h à 22h le dimanche. Assez cher.
– Plein de boutiques : *Marks and Spencer* ou *Fortnum & Mason* pour acheter des victuailles *typically British* avant de repartir, le marchand de jouets *Hamleys,* etc.
– Pour gagner le centre de Londres : bah, vous y êtes ! Très facile de vous connecter au reste de la ville, en taxi ou, plus économique, en métro. Vous êtes à la station King's Cross St Pancras, en liaison avec les lignes Victoria, Piccadilly, Northern, Circle, Metropolitan, et Hammersmith & City. Possibilité d'acheter sur place votre titre de transport pour votre séjour (voir précédemment la rubrique « Transports » dans le chapitre « Londres utile » pour les différentes cartes et tarifs).

Consignes, objets trouvés

– ***Consignes (Left Luggage) :*** toutes les grandes gares possédaient des consignes automatiques mais, à cause des nouvelles normes de sécurité, elles sont désormais fermées. Reste la solution des consignes manuelles, où les bagages sont passés aux rayons X. On vous signale aussi que la plupart des musées acceptent les sacs peu volumineux (pas de valise ni de sac à dos encombrant donc). Si vous êtes peu chargé, c'est sans doute la solution la plus économique et la plus pratique.
– ***Objets trouvés Eurostar :*** *à Londres,* ☎ *00-44 (0)3448-22-44-11, et à Paris,* • *lost.property@eurostar.com* • *eurostar.com/fr-fr/voyage/preparez-votre-voyage/bagages/objets-trouves* •

EN AVION

Liaisons avec le centre de Londres

De l'aéroport de London City *(à 9 km du centre)*

– ***Informations :*** ☎ *020-7646-0000.* • *londoncityairport.com* •
Sa piste n'est accessible qu'aux appareils de gabarit moyen et se situe au bord de la Tamise, à 4,5 km de Canary Wharf, le centre d'affaires implanté dans le quartier des Docklands.

➢ ***En DLR puis métro :*** avec le *Docklands Light Railway (DLR)* jusqu'à Bank (ttes les 8-15 mn ; trajet en 22 mn), puis liaisons en métro. Prix : env 3 £ (zone 3).

De l'aéroport de Heathrow *(à l'ouest, à 24 km du centre)*

– ***Informations :*** *☎ 0844-335-1801.* • *heathrowairport.com* •
Selon votre lieu de séjour à Londres, le métro ou le bus peuvent être préférables ; bien étudier l'itinéraire. Le mieux est de télécharger l'application *Transport for London* ou de consulter le site : • *tfl.gov.uk* • Le bureau *Underground-Airbus* vend tous les titres de transport ainsi que des *phone cards* (cartes téléphoniques).
➢ ***En métro :*** de loin la solution la plus pratique. Métro direct pour le centre de Londres par la Piccadilly Line ou la Elizabeth Line (zone 6). 3 stations desservent l'aéroport : la 1re pour les terminaux 1 et 3 ; la 2e pour le terminal 4 ; et enfin la 3e pour le terminal 5. Départs ttes les 5-10 mn, env 5h (6h dim)-23h30/minuit depuis les terminaux 1 et 3 (quelques minutes avant pour le terminal 4 et le terminal 5). Durée : env 30 mn pour Paddington (Elizabeth Line) ; ou Hammersmith (Piccadilly Line). Achat du billet soit dans le terminal d'arrivée, soit dans le hall du métro. Prix : 1,90-3,30 £ selon horaires ; 3,50-5,50 £ avec la Elizabeth Line.
➢ ***En train :*** *Heathrow Express (☎ 0345-600-1515 – lun-ven 9h-17h – ;* • *heathrowexpress.com* •*),* env 5h-minuit ; dans l'autre sens, 5h-23h40 ; 1 rame ttes les 15 mn. Plus rapide que le métro (15 mn de trajet depuis les terminaux 1 et 3, et moins de 25 mn depuis le terminal 5, le plus éloigné), mais plus cher. Prix : env 25 £, 37 £ l'A/R, payables en ligne, au guichet, voire dans la rame (pratique quand on est à la bourre, mais plus cher !). Arrivée à la gare de Paddington.
➢ ***En bus :*** avec la compagnie *National Express (☎ 0871-781-8181 ;* • *nationalexpress.com* •*).* Liaisons ttes les 30 mn entre la gare de Victoria et Heathrow, 7h-23h env. À partir de 10 £. Liaisons également pour Gatwick. Env 1h20 de trajet.
➢ ***En minibus :*** avec *Heathrowshuttle (☎ 0845-415-4268 ;* • *heathrowshuttle.com* •*).* Le minibus vous conduit à votre hôtel ou auberge de jeunesse et vient vous y chercher pour le retour. Départs ttes les 30 mn. Résas sur Internet pour bénéficier des meilleurs tarifs.
➢ ***En taxi :*** env 70 £. Compter 35-40 mn pour rejoindre le centre.

Services

– ***Information Centre :*** terminaux 1, 2 et 3.
– ***Change :*** dans tous les terminaux. Ce ne sont pas des banques, ils pratiquent donc des taux frisant l'escroquerie.
– ***Consigne (Left baggage) :*** *☎ 020-8759-3344. Terminaux 2-3-5, 5h-23h ; terminal 4, 5h30-23h. Assez cher (7,50 £/bagage pour 3h et 12,50 £ pour 24h).*
– ***Objets trouvés (Lost property) :*** consulter tout d'abord le site • *missingx.com* •, puis téléphoner *(☎ 020-3761-1800, tlj 7h-19h)* ou se rendre aux bureaux d'accueil des terminaux 3 ou 5. Service payant et cher.
– ***Où dormir dans une capsule ?*** *Terminal 4, au* ***Yotel.*** • *yotel.com* • Un concept original pour se reposer le temps d'une escale, à partir de 1h : des cabines mini avec wifi et de quoi faire une collation, à des tarifs avantageux.

De l'aéroport de Gatwick *(au sud-ouest, à 45 km du centre)*

– ***Informations :*** *☎ 0344-892-0322.* • *gatwickairport.com* •
➢ ***En train :*** le *Gatwick Express (☎ 0345-850-1530).* Trains à 3h30 et 4h30, puis ttes les 15 mn, tlj 5h-0h30. Durée du trajet : 30 mn. Prix : env 19,90 £. Un poil

moins cher en prenant l'A/R (34,90 £). On peut acheter ses billets à l'avance sur Internet (petite réduc). Terminus à Victoria Station. On peut aussi prendre le train « normal » avec *South West Train,* pour faire Gatwick-Victoria Station, parfois moins cher. En moyenne, liaisons ttes les 10 mn (ttes les 30 mn le w-e). Vérifier tarifs et horaires avant le départ sur • *nationalrail.co.uk* • Un autre train « normal » vous conduit à London Bridge en 30 mn. Mêmes fréquences.

➢ ***En bus :*** un bus *National Express (☎ 0871-781-8181 ; • nationalexpress.com •),* jusqu'à Victoria Station. Tarif : 8-12 £ selon horaires, moins cher en prenant l'A/R. 1 bus/h le matin pour un trajet de 1h30-2h. Guérite derrière la gare de Victoria pour l'achat des billets. Autre possibilité, l'*Easybus (• easybus.com •)* relie Gatwick à Earls Court/West Brompton en 1h10 env, mais aussi Victoria Station ou Waterloo. Tlj, 1 bus ttes les heures env (ttes les 30 mn le mat). Résas à faire sur Internet ; plus c'est tôt, moins c'est cher.

➢ ***En taxi :*** compter 130 £ au moins.

Services

– ***Consigne (Luggage storage) :*** *☎ 012-9356-9900, à l'étage des arrivées. Compter 6 £/bagage de pour 3h et 11 £ pour 24h.*

– ***Objets trouvés (Lost Property) :*** *☎ 012-9322-3457. Au terminal sud. Tlj 10h-16h.* Payant ! Voir également : • *lostproperty.org* •

– ***Où dormir dans une capsule ?*** *Terminal sud, au* ***Yotel.*** • *yotel.com* •

De l'aéroport de Stansted *(au nord-est, à 60 km du centre)*

– ***Informations :*** *☎ 0808-169-7031. • stanstedairport.com •*

➢ ***En train :*** *Stansted Express (☎ 0345-600-7245 ; • stanstedexpress.com •).* Liaison directe en 35 mn avec la station de métro Tottenham Hale (sur la Victoria Lane) et en 45 mn avec la gare de Liverpool Street Station (à l'est du centre, près de la City). 1ers trains à 5h30, puis 1 train ttes les 15-30 mn jusqu'à 0h30. Horaires légèrement différents le w-e. Prendre un A/R valable 1 mois (31 £), plus économique que 2 allers simples (19 £). Réduc sur Internet. Gratuit moins de 5 ans.

➢ ***En bus :*** service régulier et direct pour Victoria Coach Station *(☎ 0871-781-8181 ; • nationalexpress.com •).* Ttes les 15-20 mn, 24h/24. Attention, pas toujours à l'heure. Durée du trajet : 1h45. Env 12 £. Autre solution : *Easybus (• easybus.com •).* Plus vous réservez tôt, moins c'est cher ! Mise à prix 2 £. Départs de Baker St ttes les 15 mn, tlj 24h/24.

➢ ***En taxi :*** beaucoup plus cher que les solutions précédentes, évidemment. Compter 175 £ pour 1-4 pers et 1h15 de trajet.

Services

– ***Consigne (Left Luggage) :*** *en zone G. ☎ 0330-223-0893. Tlj 24h/24. Compter 3-10 £/bagage (suivant taille) et pour 24h.*

– ***Objets trouvés (Lost Property) :*** consulter tout d'abord le site *(• missingx.com •),* puis téléphoner *(☎ 0330-024-0099, tlj 24h/24)* ou se rendre au bureau d'accueil en zone G. Service payant et cher.

De l'aéroport de Luton *(au nord-ouest, à 53 km du centre)*

– ***Informations :*** *☎ 015-8240-5100. • london-luton.co.uk •*

➢ ***En bus :*** le bus nº 757 de *Greenline* s'arrête à Oxford St, Hyde Park et Victoria Station. Résas et achats sur le site internet • *greenline.co.uk* • (attention, souvent plein au retour, et les chauffeurs sont intraitables ; réserver, c'est plus sûr !). Autre solution : avec *Easybus* (*bays* 10 et 11). • *easybus.com* • Plus vous réservez tôt, moins c'est cher ! Passe par Baker St, Marble Arch (Oxford St), Victoria Station.

INFOS PRATIQUES SUR PLACE

Départs ttes les 20 mn, tlj 24h/24. Enfin, *National Express* assure le service 24h/24 également (*bays* 4, 5 et 6). *☎ 0871-781-8181. ● nationalexpress.com ●*
➢ ***En train :*** *Thameslink Railway (☎ 0845-026-4700 ; ● thameslinkrailway.com ●)* et *East Midlands Trains (☎ 03457-125-678 ; ● eastmidlandstrains.co.uk ●)* vont jusqu'à St Pancras pour env 18 £. Départs ttes les 10 mn. Durée : 40 mn. Attention, à l'aller comme au retour, prévoir la navette (payante, 10 mn) entre le métro et l'aéroport ! Et les billets de train vendus à bord d'*EasyJet* ne sont pas d'un très bon rapport qualité-prix.
➢ ***En taxi :*** compter 150 £ et 1h de trajet.

Services

– ***Consigne (Left Luggage) :*** *☎ 015-8280-9174. 5 £/bagage pour 2h, 10 £ pour 24h.*

– ***Objets trouvés (Lost Property) :*** *☎ 015-8280-9174.*

De l'aéroport de Southend *(à l'est, à 67 km du centre)*

– ***Informations :*** *☎ 017-0253-8500. ● southendairport.com ●*
➢ ***En taxi :*** compter env 1h sans embouteillage.
➢ ***En train depuis Liverpool Station :*** 55 mn (Greater Anglia). Attention, ne pas confondre avec Stansted dans la précipitation.

Liaisons entre les aéroports

Des services d'autocars desservent les différents aéroports entre eux :
➢ ***Heathrow-Gatwick :*** 1h20 de trajet.
➢ ***Heathrow-Stansted :*** 1h30 de trajet.
➢ ***Gatwick-Stansted :*** 2h15 de trajet (ou 2 j. de cheval...).

EN VOITURE

À moins de vouloir visiter le reste du pays, on vous déconseille fortement de venir à Londres en voiture !
– Vous devez être en possession de votre permis de conduire national, de la carte grise, de la carte verte d'assurance. Si vous louez une voiture (21 ans minimum, en général), il vous faudra la plupart du temps un permis international.
– ***Taxe*** depuis février 2003 pour les véhicules circulant dans le centre-ville entre 7h et 18h sauf le week-end, les jours entre Noël et le Jour de l'an et les vacances anglaises : 15 £ à verser par jour. Système de « scannérisation » de vos plaques minéralogiques par caméra (plus de 700 dans le centre) dans toutes les zones marquées d'un grand « C » comme « *Congestion charge* ». Des zones de plus en plus nombreuses chaque année ! Paiement sur Internet *(● tfl.gov.uk/roadusers/congestioncharging/default.aspx ●),* sur les bornes bleues avec un « C » rouge (dans les stations-service, par exemple), dans certains points presse avec le même logo, par courrier, par téléphone *(☎ 0343-222-2222 depuis l'Angleterre, ou ☎ 00-44-207-649-9122 depuis la France).*
– Attention, on roule à gauche (fallait-il le rappeler ?), et la priorité à droite n'existe pas : donc, à chaque carrefour, un stop ou des lignes peintes sur la chaussée indiquent qui a la priorité.
– Aux ronds-points *(roundabouts),* à prendre dans le sens des aiguilles d'une montre, les automobilistes déjà engagés sont prioritaires.
– Pour les véhicules équipés de GPL, dur, dur de trouver des stations équipées (uniquement en dehors du centre). Et les systèmes de remplissage sont incompatibles ! À éviter. De manière générale, il n'y a que 2 types de pompes, essence ou diesel.

– On ne badine pas avec les limitations de vitesse :
➢ en ville : 30 miles (48 km/h) ;
➢ sur la route : 60 miles (97 km/h) ;
➢ sur les autoroutes *(motorways)* et routes à 2 voies séparées *(dual carriageways)* : 70 miles (113 km/h).
– Le port de la ceinture de sécurité est obligatoire à l'avant et à l'arrière.
– ATTENTION AUX *CLAMPS* : ce sont ces mâchoires jaune vif que l'on referme sur vos roues si vous êtes mal garé. On voudrait bien vous expliquer comment les éviter à coup sûr, mais même les Anglais ne s'y retrouvent pas. En gros, 2 lignes jaunes le long d'un trottoir veulent dire : « Interdiction formelle de stationner ». Une seule ligne jaune permet de stationner à certaines heures (en règle générale, le soir et le dimanche, parfois le samedi). Gare aux *resident permits,* places en apparence autorisées et gratuites mais réservées aux résidents du quartier (et qui ont l'autocollant ad hoc sur le pare-brise ; impossible de s'en procurer, on a essayé). Dans ce dernier cas, des panneaux explicatifs doivent se trouver sur le trottoir. Les *clamps* sont placés par des sociétés privées qui se paient sur les amendes, donc il ne faut même pas essayer de leur inspirer de la pitié. L'adresse et le téléphone des *clampers* sont inscrits sur un autocollant qu'ils collent sur votre pare-brise. Dites-leur que votre voiture est « *ponded* ». Ils vous indiqueront les moyens d'accès pour parvenir jusqu'à la fourrière. Il vous suffira de payer l'amende (souvent chère, plus de 150 £). Vous pourrez hurler aussi fort que vous le voudrez, ils ont l'habitude et sont intraitables. Mais votre problème n'est pas réglé pour autant, car on va vous promettre de « déclamper » dans les 4h, et vous avez intérêt à rester près de votre voiture parce qu'à peine « déclampée » elle peut être à nouveau « reclampée » par une autre patrouille, le circuit recommence et il vous faudra payer à nouveau... *so fun !* Reste que vous pouvez aussi vous retrouver sans véhicule : il sera alors garé dans la même fourrière. Mêmes procédures.
– La meilleure solution pour se garer reste l'***emplacement de parcmètre,*** horriblement cher dans le centre mais abordable en périphérie. De plus, c'est gratuit la nuit. Ou encore les parkings payants, pas donnés non plus, surtout ceux situés près des stations de métro (liste sur ● *ncp.co.uk/parking-solutions/transport-for-london-car-parks/* ●). En effet, de plus en plus de touristes garent leur voiture en périphérie de la capitale, et prennent un train pour rejoindre le cœur de Londres dans la journée. Par exemple, si vous arrivez de Folkestone ou de Dover sur la M20 (grande autoroute desservant Londres), vous pouvez vous arrêter juste avant, à Greenwich par exemple, et prendre une *Travelcard* vite rentabilisée. Moins d'angoisse et moins de stress !

Location de véhicules

■ ***BSP AUTO :*** ☎ *01-43-46-20-74 (tlj 9h-21h30, we 20h).* ● *bsp-auto.com* ● Les prix proposés sont attractifs et comprennent le kilométrage illimité et les assurances. BSP Auto propose exclusivement les grandes compagnies de location sur place, assurant un très bon niveau de service. Les plus : vous ne payez votre location que 5 jours avant le départ. Remise spéciale de 5 % aux lecteurs de ce guide avec le code « ROUTARD23 ».

LE CENTRE TOURISTIQUE : PICCADILLY, OXFORD CIRCUS, SOHO ET COVENT GARDEN

• Pour se repérer, voir le plan d'ensemble et le centre 1 détachables en fin de guide.

Cœur attractif de la ville, ce grand centre de Londres regroupe en son sein les célèbres quartiers de Soho, Piccadilly, Covent Garden, Oxford Circus... Vos pas vous y mèneront inévitablement, car on y trouve la National Gallery et d'autres musées prestigieux. C'est aussi là que se concentrent théâtres, restos, bars, boutiques... Avec le très emblématique mur publicitaire de Piccadilly Circus qui vante, de jour comme de nuit, les mérites de grandes marques mondiales. En constant développement, c'est un véritable miroir aux alouettes qui happe la plupart des appareils photo des touristes. Une vraie balade énergisante pour découvrir le Londres *by night* du côté du West End, là où sont joués tous les grands spectacles de la capitale ! Ce quartier fut autrefois le lieu où s'est éveillée l'avant-garde culturelle ; il a évidemment perdu son âme bohème, mais on continue à le fréquenter assidûment pour son animation trépidante, de jour comme de nuit. À voir au moins une fois !

Où dormir ?

Le centre touristique ne dispose pas de bonnes adresses bon marché et le confort n'est pas toujours au rendez-vous : mieux vaut résider dans les quartiers limitrophes. Voici toutefois notre sélection pour ceux qui tiennent à profiter de l'effervescence de Soho et de Piccadilly.

Location d'appartements privés

🏠 ***Guest Ready*** est une société de conciergerie (sur *Airbnb, Booking* et *HomeAway*) proposant une centaine d'appartements à louer dans toute la capitale et donc le centre touristique. Équipe sympa, francophone, à votre écoute pendant tout votre séjour. *📱 + 33-1-76-44-04-31 (en France) ou 020-3868-3401 (sur place). • guestready.com/fr/ •*

Studios et appartements

🏠 ***Citadines Trafalgar Square*** *(centre 1, F4,* ***45****) : 18-21 Northumberland Ave, WC2N 5EA. ☎ 020-7766-3700. • citadines.com • Ⓜ Charing Cross ou Embankment. Studios 2 pers 130-230 £ ; apparts 4-6 pers 250-600 £.* Situé stratégiquement entre Piccadilly Circus, Covent Garden et Big Ben, cet hôtel-résidence haut de gamme propose près de 190 studios et appartements modernes, de très bon confort (tous avec salle de bains, cuisine tout équipée, coin salle à manger...). Petit déj et service de chambre en supplément à la demande (inclus à partir de 6 nuits). Pas franchement donné, mais idéal pour les familles et les séjours prolongés.

🏠 ***The Resident Soho*** *(centre 1, E3,* ***70****) : 10 Carlisle St, W1D 3BR. ☎ 020-3697-3697. • residenthotels.com/the-resident-soho • Doubles env 150-400 £ ; réduc sur le site internet.* On le repère à son ange métallique surplombant l'entrée. Ambiance résolument contemporaine pour cet établissement entre hôtel et appartement. Teintes sombres des moquettes, carrelages noirs des salles de bains et mobilier fonctionnel. 80 chambres pas bien grandes, mais tout confort avec plein de petits plus comme la kitchenette d'appoint (frigo et micro-ondes), de quoi faire le thé et une machine Nespresso, possibilité de petit déj en chambre (bon marché) et *check-out* tardif, ainsi que des réducs dans quelques restos voisins. En prime, on est en plein cœur de l'animation.

De bon marché à prix moyens (moins de 100 £ / 120 €)

YHA Oxford Street *(centre 1, E3,* ***50****) : 14 Noel St, W1F 8GJ. ☎ 0345-371-9133. • yha.org.uk • Ⓜ Oxford Circus. Réception au 3ᵉ étage. Compter 18-35 £/pers en dortoir non mixte de 3-4 lits ; doubles ou* twin *sans sdb env 59-99 £. Réduc de 10 % avec la carte* HI. *Petit déj en sus ; cuisine à dispo.* Cette AJ en plein centre touristique arbore des couleurs pop et acidulées sur 3 étages (avec ascenseur jusqu'à la réception, 4ᵉ et 5ᵉ à pied). Chambres nickel, moquette épaisse, lits superposés et couettes, placards et point d'eau. Salles de bains à partager. L'ensemble est hyper propre. Salon et bar à l'atmosphère très conviviale, cuisine bien équipée pour vos petits plats (mais pas de four). Personnel jovial et serviable. Propose des excursions, des billets de spectacles à prix négociés et des tours thématiques de la ville gratuits (en anglais et espagnol). Une AJ plébiscitée dans le quartier, vraiment un super plan dans le centre !

Z Hotel Piccadilly *(centre 1, E4,* ***285****) : 2 Orange St, WC2H 7DF. ☎ 020-3551-3720. • thezhotels.com/hotels/piccadilly/ • Doubles à partir de 70 £. Petit déj en sus.* Encore un beau bâtiment en brique entièrement rénové et investi par la chaîne des *Z Hotels* ! On ne change pas une recette qui marche : situation géographique idéale, chambres d'un bon rapport qualité-prix, toutes équipées de salles de bains nickel, TV HD, bonne literie, etc. Les moins chères sont très petites et sans fenêtre mais ça passe pour un court séjour. Les plus grandes sont logiquement plus agréables et assez lumineuses. Jolie cafétéria au rez-de-chaussée, propice à un petit déj ou à une pause dans une ambiance conviviale. Personnel très accueillant.

De prix moyens à chic (60-150 £ / 72-180 €)

Z Hotel Tottenham Court Road *(centre 1, E3,* ***257****) : 52 Poland St, W1F 7NH. ☎ 020-3837-6306. • thezhotels.com/hotels/tottenham-court-road/ • Doubles 100-195 £.* Dans un bel immeuble en brique, rénové dans un esprit très contemporain. Snack-bar au rez-de-chaussée pour le petit déj, et pas moins de 120 chambres dans les étages, de la petite chambre sans fenêtre (mais déjà tout équipée) à la chambre double avec lit *queen size* et salle de bains moderne. L'ensemble est sobre, impeccable et confortable. Rien à dire, cette chaîne d'hôtels assure un bon standing à prix serrés. Le tout au cœur de l'animation et à 2 pas du Berwick Street Market.

Hub by Premier Inn Covent Garden *(centre 1, F4,* ***108****) : 110 St Martin's Lane, WC2N 4BA. ☎ 033-3321-3104. • premierinn.com • Ⓜ Leicester Sq ou Charing Cross. Doubles 75-200 £.* Une chaîne d'une dizaine d'établissements ultramodernes à Londres. Les chambres standard, petites, disposent déjà de tout le confort : bureau amovible, rangements sous le lit, variateur de lumière... Les autres bénéficient de plus d'espace (certaines accessibles aux fauteuils roulants). Déco contemporaine très réussie et espaces communs lumineux. En prime, un coin cafétéria pour prendre un bon petit déj ou un snack. Le tout situé juste derrière la National Gallery et au cœur du quartier des théâtres. Un vrai bon plan à condition de guetter les promos !

Z Hotel Soho *(centre 1, E3,* ***159****) : 17 Moor St, W1D 5AP. ☎ 020-3551-3701. • soho@thezhotels.com • thezhotels.com/soho/ • Doubles 90-125 £ env.* Voici le 1ᵉʳ *Z Hotel* ouvert à Londres. On passerait presque devant sans l'apercevoir. Bâtiment en briques tout en hauteur, qui cache bien son jeu à l'intérieur, autour d'une cour et d'escaliers dans tous les sens, un vrai labyrinthe ! On vient ici pour la situation très centrale, au cœur de l'animation de Soho, et pour le rapport qualité-prix. Des chambres riquiqui, sans même parler des *single,* avec ou sans fenêtre, mais modernes et bien aménagées. Café-bar sur place.

De chic à très chic (100-150 £ et plus / 120-180 €)

Premier Inn Leicester Square (*centre 1, E4,* **151**) : *1 Leicester Pl, WC2H 7BP. ☎ 0871-527-9334 (0,13 £/mn + coût de l'opérateur). • premierinn.com • Chambres 140-230 £ pour 2 adultes et 2 enfants. Petit déj en sus.* On ne peut plus central, au cœur de l'animation populaire et tape à l'œil mais ultra-calme grâce au quadruple vitrage. Cet hôtel de chaîne dispose de plus de 80 chambres au confort standard, de différentes tailles. Parties communes modernes ; la réception est au 2nd étage (avec ascenseur). Un bon plan pour les familles. En réservant tôt, on peut profiter de prix assez avantageux.

Dean Street Townhouse (*centre 1, E3,* **55**) : *69-71 Dean St, W1D 3SE. ☎ 020-7434-1775. • deanstreettownhouse.com • Ⓜ Tottenham Court Rd. Doubles env 160-350 £ ; réduc sur le site internet.* En plein cœur de Soho, un boutique-hôtel établi dans un bâtiment d'architecture georgienne du XVIIIe s. Adresse idéale pour les amoureux (pas de *twin* ni de familiales, mais des *king size beds*), au style « vintage moderne », tellement anglais. Toutes les chambres ont une déco soignée et chaleureuse, des plus petites (les « placards à balais » ; ils ne manquent pas d'humour !) aux plus chères, terriblement décadentes avec baignoire sabot dans le salon et « *rain shower* ». On adore ! Plein de petites marques d'attention, produits *Cowshed,* biscuits maison et capotes... anglaises, *of course !* Resto très couru au rez-de-chaussée, au cadre de bistrot chic et rétro. Accueil très pro.

Hotel Henrietta (*centre 1, F4,* **81**) : *14-15 Henrietta St, WC2E 8QG. ☎ 020-3794-5313. • henriettahotel.com • Ⓜ Covent Garden. Doubles 250-450 £.* Une quarantaine de chambres réparties dans 2 bâtiments, dont la moitié accessible par le charmant bar-lobby-bistrot (bonnes spécialités italiennes). Déco très élégante aux teintes poudrées et aux lignes douces. Un vrai cocon, aux touches Art déco, en plein Covent Garden. Belles chambres, vastes et tout confort, naturellement. Accueil en français au restaurant, de surcroît très souriant. Bar à cocktails pour finir la soirée.

St Martin's Lane (*centre 1, F4,* **74**) : *45 St Martin's Lane, WC2N 4HX. ☎ 020-7300-5500. • sbe.com • Ⓜ Leicester Sq. Doubles et studios 280-320 £ (plus cher pour les studios). Petit déj 20 £.* Du grand luxe avec Starck aux manettes, que les fans d'architecture et de design apprécieront. Dans un bâtiment moderne à priori peu engageant, quelque 200 chambres ultra-confort et un véritable choc d'influences, entre baroque et esprit futuriste ! Une porte-tambour jaune fluo donne sur un surprenant hall où sièges « molaires » de Starck côtoient sans vergogne bergères Louis XV et pièces d'échec géantes. Larges baies vitrées du sol au plafond, certaines avec vue sur un microjardin, d'autres sur Londres, rien de moins ! Bar, resto, salle de sport complète...

Hazzlit's (*centre 1, E3,* **112**) : *6 Frith St, W1D 3JA. ☎ 020-7434-1771. • hazlittshotel.com • Ⓜ Tottenham Court Rd. Doubles 229-340 £. Petit déj en sus.* Fort élégante demeure en briques du XVIIIe s, avec dorures, boiseries et salons très cosy ; bref un esprit très « vieille Angleterre ». Une trentaine de chambres allant de la standard à la *junior suite,* plus ou moins grandes selon le prix, mais toutes baignées d'une atmosphère feutrée et dotées du confort moderne. *Room service* 24h/24. Bar. Excellent accueil.

Où manger ?

Sur le pouce (moins de 10 £ / 12 €)

Pas mal de petites adresses pour se restaurer sur le pouce et à moindre coût. Un intérêt : dans les boutiques à emporter, les prix sont nets.

Battersea Pie Station (centre 1, F4, **138**) : *28 Market Building, Piazza, WC2E 8RA. ☎ 020-7240-9566. Ⓜ Covent Garden. Tlj 11h-19h (19h30 sam, 18h30 dim). Plats env 4-7 £.* Au sous-sol des halles, une salle riquiqui et quelques tables sous la verrière pour déguster *pies, pasties* et *mash* vite faits bien faits. Une pause déj pratique et typique dans ce lieu ultra-touristique.

Chick'n'Sours – Seven Dials (centre 1, F3, **134**) : *1A Earlham St, WC2H 9LL. ☎ 020-3198-4814. Ⓜ Leicester Sq ou Covent Garden. Tlj 12h-22h (21h lun et 20h dim). Plats 10-12 £ ; lunch menu env 9-10 £.* Soit on commande au rez-de-chaussée et on file, soit on se pose au sous-sol de ce resto spécialisé dans... le poulet frit. Et sous toutes ses formes, avec des accompagnements tous plus exotiques les uns que les autres. Pas de la grande cuisine, mais de quoi se rassasier pour pas cher. Déco pop et sympa. *2 autres adresses à Londres, notamment à Islington (62 Upper St).*

Deliciously Ella (plan d'ensemble, D3, **238**) : *18-20 Weighhouse St, W1K 5LU. ☎ 020-8017-9888. Ⓜ Bond St. Lun-ven 7h30-19h, le w-e 9h-19h. Plats env 8,50-10 £.* Ella, elle l'a !, comme le chantait France Gall. Ce *deli* a en effet été créé par Ella Woodward, ex-mannequin devenue blogueuse, qui – à l'instar de Gwyneth Paltrow – s'est fait connaître avec ses recettes *veggie* saines répondant à toutes les intolérances (gluten, lactose...). Jolie déco lumineuse et moderne, avec fleurs fraîches sur les tables et comptoir en vitrine pour observer la rue, installé sur une chaise haute. 2 plats du jour, toujours frais, salades à composer et quelques autres snacks ou desserts savoureux. Choix de thés et jus de fruits frais dans l'esprit des lieux, 100 % bio et originaux. De quoi faire un bon petit déj aussi et, dans tous les cas, une pause agréable.

Govinda's (Rada Krishna Temple ; centre 1, E3, **155**) : *10 Soho St (à 20 m de l'angle avec Oxford St), W1D 3DL. ☎ 020-7437-3662. Ⓜ Tottenham Court Rd. Tlj 12h-21h. Formules 6,95-13,95 £.* Au rez-de-chaussée d'un temple qu'il ne faut pas manquer, un self végétarien bon marché, tenu par des Hare Krishna et qui ne désemplit pas. Ambiance un peu *Flower Power*, ça va de soi. Très bonne cuisine, notamment les fameux *thalis*, déclinés en plusieurs formules avantageuses. Sinon, *pies*, salades, soupes et *veggie burger*. Bref, une sympathique adresse, simple et sans prétention.

Shake Shack (centre 1, F4, **138**) : *24 Market Building, The Piazza, WC2E 8RD. Ⓜ Covent Garden. Tlj 11h-22h (21h dim). Burgers à partir de 7 £.* Une chaîne experte en burgers de qualité, avec produits locaux et carte assez courte (bon signe !). Propose quelques variantes, comme le hot dog ou sandwich à base de poulet. À emporter pour les pressés, sinon on profite volontiers de la terrasse sous la verrière du marché ou à l'extérieur.

Whole Foods Market (centre 1, E4, **163**) : *20 Glasshouse St, W1B 5AR. ☎ 020-7406-3100. Ⓜ Piccadilly Circus. Lun-sam 8h-22h, dim 12h-18h. Compter 4-10 £.* Grand supermarché, en partie bio, où tout est vendu au détail. Sandwichs, soupes, *burritos*, pizzas, sushis... à emporter ou à avaler sur place à l'étage. Y a même une terrasse. Jus de fruits accommodés de 1 000 manières, *pies*, fromages anglais et français, sans oublier la charcuterie. Une vraie caverne d'Ali Baba où l'on resterait des heures ! *D'autres adresses à Londres, notamment dans Kensington High St et à Camden.*

Mother Mash (centre 1, E3, **228**) : *26 Ganton St, WIF 7QZ. ☎ 020-7494-9644. Ⓜ Oxford Circus. Tlj 11h30-22h. Compter env 11-12 £.* À 2 pas de Carnaby Street, une petite adresse à garder en tête pour ses horaires non-stop, ses prix doux et ses délicieuses saucisses-purée. Certes, le décor, très fonctionnel, n'incite pas à s'attarder. Mais ici tout est préparé à la demande puisqu'on choisit d'abord sa purée (aux oignons, au cheddar...) jusqu'à sa texture, plus ou moins épaisse et, puis sa saucisse (nature ou non...) et enfin, sa sauce. Simple et savoureux. Bon choix de *pies* également.

Bon marché (10-20 £ / 12-24 €)

Golden Union *(centre 1, E3, **82**) : 38 Poland St, W1F 7LY. ☎ 020-7434-1933. Ⓜ Oxford Circus. Tlj sauf dim-lun 11h30-21h (20h mar-mer). Env 12-14 £.* Une adresse incontournable à Londres pour les fans de *fish & chips.* Tout le monde se retrouve dans la salle rougeoyante, façon *diner,* du balayeur à l'étudiant en passant par les cols blancs du quartier. Panure bien croustillante et bonne sélection de poissons. Avec une belle portion de frites, voilà de quoi se caler pour la journée ! Notez que c'est moins cher à emporter...

Taro *(centre 1, E4, **157**) : 61 Brewer St, W1F 9UW. ☎ 020-7734-5826. Ⓜ Piccadilly Circus. Lun-sam 12h-22h (22h30 ven-sam), dim 12h30-21h30. Plats env 7-12 £.* Un resto de cuisine japonaise établi dans le quartier depuis longtemps et apprécié pour ses bonnes spécialités : sushis, nouilles et riz sautés, soupe de nouilles, *ramen,* tout le monde y retrouve son plat préféré. Cuisine ouverte sur une petite salle simple tout en bois blond. Clientèle d'étudiants et de businessmen le midi. *Plusieurs adresses à Londres, notamment à Balham et Kennington Rd.*

Kiln *(centre 1, E4, **618**) : 58 Brewer St, W1F 9TL. Pas de tél. • bookings@kilnsoho.com • Ⓜ Piccadilly Circus. Lun-jeu 12h-15h, 17h-23h, ven-sam 12h-23h et dim 12h-21h. Compter 20 £.* On est bien content de trouver ce petit bistrot asiatique, pourtant tenu par de jeunes Anglais pure souche ! D'abord pour son cadre avec la cuisine ouverte comme là-bas, ses grills, ses fourneaux posés sur la braise, son comptoir en métal et ses hauts tabourets. Le service est très convivial et on peut discuter avec les cuistots des plats qu'on va déguster. Dans l'assiette, beaucoup d'épices (gare aux palais sensibles !) et beaucoup de saveurs en provenance de toute l'Asie. Les portions sont petites (prévoir une entrée et du riz), mais l'attente en vaut vraiment la peine. Souvent du monde, pensez à réserver.

Bone Daddies *(centre 1, E3, **140**) : 31 Peter St, W1F 0AR. ☎ 020-7287-8581. Ⓜ Piccadilly Circus. Tlj 11h30-22h (23h jeu-sam). Ramen 11-13 £.* Le créateur de cette enseigne, Ross Shonhan, ex-*Zuma* et *Nobu,* est un Anglais fou de cuisine japonaise ou la rencontre dans l'assiette du rock anglais et du zen japonais ! Cadre sobre et moderne, tables hautes en bois, musique à fond et tabourets en métal. On vient ici déguster des *ramen,* ces gros bols riches et savoureux. Porc, canard, crabe ou végétarien et bouillon délicieux, légumes tranchés à la main et nouilles maison. Un régal. Tout comme les *poke bowls,* les currys, les *buns* et les *mochis* en dessert. *D'autres adresses, notamment à Kensington (Whole Foods Market, 63-97 Kensington High St), à Shoreditch (211 Old St) et Bermondsey (24 Old Jamaica Rd).*

Homeslice *(centre 1, F3, **169**) : 13 Neal's Yard, WC2H 9DP. ☎ 020-3151-7488. Ⓜ Covent Garden ou Tottenham Court Rd. Tlj 12h-22h. Env 4,50 £ la part ou 20 £ la pizza à partager.* Le four à bois en terre cuite n'a guère le temps de refroidir dans cette petite échoppe toujours animée, où s'active une équipe dynamique tout sourire. Au coude à coude sur de grandes tables communes, la clientèle partage sans façons d'énormes pizzas dans une ambiance tonitruante. Seulement une dizaine au choix avec des *toppings* goûteux et originaux. On dévore le tout avec les doigts et on étanche sa soif avec du vin au compteur. L'une de nos adresses préférées ! *Autres adresses, notamment à Fitzrovia (52 Wells St), la City (69-71 Queen St) et Marylebone (50 James St).*

The Rock & Sole Plaice *(centre 1, F3, **182**) : 47 Endell St, WC2H 9AJ. ☎ 020-7836-3785.*

Ⓜ *Covent Garden. Tlj sauf dim 12h-20h.* Fish & chips *10-12 £,* sides *3-6 £.* Spécialiste du *fish & chips* depuis 1871, autant dire que ce *chippy* connaît son affaire. Choix d'une demi-douzaine de poissons (également *calamars & chips*). On s'assoit dans la toute petite salle carrelée, dans le sous-sol caverneux ou sur la terrasse ombragée. Typique et populaire, donc, même si les prix sont plutôt élevés pour cette catégorie, et tous les extras (frites, *mushy peas,* etc.) en supplément.

BiBimBap *(centre 1, E3,* **128***) : 11 Greek St, W1D 4DJ. ☎ 020-7287-3434.* Ⓜ *Leicester Sq. Lun-ven 12h-15h, 18h-23h, sam 12h-23h, dim 12h-22h30. Plats 10,50-16,50 £.* Petite salle moderne tout en longueur, tables en bois clair, murs blancs décorés des photos des clients et de quelques touches acidulées. Comme son nom l'indique, ce resto de cuisine coréenne est spécialisé dans les *bibimbap* : de grands bols de riz (blanc ou brun) garnis de viande (bœuf, porc, poulet) ou de légumes sautés. C'est frais, parfumé – voire épicé –, complet et très copieux. Également quelques plats de nouilles ou riz sauté et une courte carte de boissons bon marché. Service efficace.

Viet Pho Soho *(centre 1, E3,* **171***) : 34 Greek St, W1D 5DJ. ☎ 020-7494-9888.* Ⓜ *Leicester Sq. Tlj sauf dim 12h-22h. Soupes et plats env 10-11 £.* Ce resto vietnamien reste une des bonnes options en lisière de Chinatown. Dans une petite salle proprette, tentez la soupe *phó,* remarquable. Le bouillon n'est pas trop gras, et la pâte de riz est parfaitement cuite. Les *bo bun* sont aussi savoureux. La carte propose également quelques spécialités japonaises *(udon).* Service très aimable.

Banana Tree *(centre 1, E3,* **613***) : 103 Wardour St, W1F 0UG. ☎ 020-7437-1351.* Ⓜ *Leicester Sq. Tlj 12h-23h (1h ven-sam et 22h30 dim). Plats 12-17 £ ;* combo set *(avec riz, salade, chips) pour quelques* pounds *de plus.* Lunch menus *en sem à partir de 8,95 £.* Grandes tablées de béton brut, cuisine ouverte et décor industriel pour cette chaîne de restos dédiée aux marmites d'Asie du Sud-Est, de la Thaïlande avec son *pad thai* (nouilles sautées), à l'Indonésie avec son bœuf *rendang* cuit au lait de coco et curry, ou sa soupe *laksa* de Malaisie, sans oublier le Vietnam et ses *bo bun,* le Cambodge, le Laos, etc. Un vrai voyage ! Bruyant, mais revigorant. *D'autres adresses à Londres, notamment à Islington et Battersea.*

Kanada-Ya *(centre 1, E4,* **192***) : 3 Panton St, SW1Y 4DL. ☎ 020-7930-3511.* Ⓜ *Piccadilly Circus. Lun-ven 12h-15h, 16h-22h ; le w-e 12h-22h. Env 11-14 £.* Dans une toute petite pièce qui ne désemplit pas, au cadre épuré de brique et de bois blond. On grimpe sur des tabourets pour succomber aux *ramen* de Kanada-San, ancien champion de... cyclisme ! Il en a fait du chemin depuis et propose désormais ces gros bols de bouillons parfumés avec viandes, nouilles et autres légumes. Un régal pour pas trop cher.

Windmill Mayfair *(centre 1, D4,* **241***) : 6-8 Mill St, W1S 2AZ. ☎ 020-7491-8050. Lun-sam 11h30-23h, dim 12h-17h.* Ⓜ *Oxford Circus. Assiette de fromages 9,50 £ ; plats 14-20 £.* Ne boudons pas notre plaisir. Ce pub n'a rien des restos de chaîne qui fleurissent aux 4 coins de Londres. On peut y manger des *fish & chips,* des *pies* à la viande et même le traditionnel *roast dinner* du dimanche, le tout arrosé d'une bonne pinte de *Young's.* Cadre cosy et même assez coquet. On vient surtout pour la terrasse du *rooftop,* bien cachée, bien chauffée en hiver et ensoleillée en été. Un havre de paix à 2 pas du cœur trépidant de la capitale.

Honest Burgers *(Soho ; centre 1, E3,* **145***) : 4A Meard St, W1F 0EF. ☎ 020-8154-2090.* Ⓜ *Tottenham Court Rd ou Piccadilly Circus. Tlj 11h30-22h (21h dim). Compter 10-15 £.* On vient ici pour le seul plat à la carte : le burger, à composer de multiples façons. On choisit sa viande ou végétarien, puis son accompagnement (stilton, mozzarella, pesto, etc.). À accompagner d'une grosse portion de frites croustillantes. Cadre simple, carrelage blanc aux murs et mobilier en bois clair, musique pop-rock en fond sonore et un service adorable... C'est dire si la recette a du succès : on trouve maintenant plus d'une trentaine de *Honest Burgers* à Londres, notamment à Notting Hill, Piccadilly et Covent Garden !

🍽 **Le Bab** *(centre 1, E3-4,* ***229****) : dernier étage, Kingly Court, Carnaby St, W1B 5PW. ☎ 020-7439-9222. Ⓜ Oxford Circus. Lun-ven 12h-16h, 17h-22h (22h30 ven), sam 12h-22h30 et dim 12h30-21h. Plats 9-13 £.* Un décor méditerranéen, avec de belles céramiques d'Iznik, et des tables de bistrot à touche-touche. On sert ici un « kebab gourmet », dans une tortilla, avec des viandes marinées aux épices (attention, ça chauffe !), et des accompagnements variés (houmous, purée de betteraves, de panais, etc.). Loin du kebab traditionnel, mais pas mauvais du tout ! Desserts tout aussi gourmands. *Plusieurs adresses à Londres, notamment à Covent Garden (4 Mercer Walk).*

De bon marché à prix moyens (moins de 30 £ / env 36 €)

🍽 **Bill's** *(centre 1, E4,* ***223****) : 36-44 Brewer St, W1F 9TB. ☎ 020-4512-6666. Ⓜ Piccadilly Circus. Lun-jeu 8h-23h, ven-sam 8h30-minuit et dim 9h-22h. Menus 11,50-19,95 £ ; plats 10-22 £.* Ambiance maison de famille, avec vieux lustres et bougeoirs, tables dépareillées, canapés Chesterfield bien usés, sans oublier le parquet ni les piments pendus au plafond. Il règne une bonne atmosphère derrière les grandes baies vitrées, notamment lors des soirées avec musique live. Une adresse bienvenue pour de petits plats simples, servis généreusement (salades, burgers, *pies*, etc.). Service efficace. *Une dizaine d'adresses à Londres, notamment à Covent Garden et à Hammersmith.*

🍽 **Bodean's BBQ** *(centre 1, E3,* ***305****) : 10 Poland St, W1F 8PZ. ☎ 020-7287-7575. Ⓜ Oxford Circus. Lun-sam 12h-23h (22h30 dim). Combos 12-18 £ ; plats env 10-25 £.* Pas de chichis ici, on vient célébrer la bonne viande cuite au barbecue en direct des USA. Des *ribs*, du poulet, de la dinde ou du porc, comme le rappelle l'enseigne avec un petit cochon. Pour les gros mangeurs venus à deux, choisir la gargantuesque *pit boss platter*. Sinon, un sandwich, de préférence avec sauce et frites, servis dans une barquette en plastique. On commande au comptoir, on attend sur un tabouret que son numéro soit appelé et, ensuite, on mange avec les doigts, s'il vous plaît. Un régal ! Une autre salle au sous-sol, plus cosy. *Plusieurs autres adresses à Londres, notamment à Covent Garden (25 Catherine St).*

🍽 **Ceviche** *(centre 1, E3,* ***612****) : 17 Frith St, W1D 4RG. ☎ 020-7550-9364. Ⓜ Leicester Sq ou Tottenham Court Rd. Tlj 12h-15h30, 17h-23h30 (en continu jusqu'à 22h30 le w-e). Résa impérative. Plats 8-12 £.* C'est pas le Pérou, mais ça y ressemble ! Du moins, dans les assiettes et dans les verres... Au choix : grand comptoir en métal, tabourets, tôle ondulée au plafond, ou petite salle à l'arrière, presque intime. On vient ici pour déguster les spécialités à base de poisson cru, cuit dans une marinade de citron et autres condiments, herbes et épices, sous forme de tapas bien relevées. Avec un petit *pisco sour*, le cocktail national, pour faire passer... Un délice !

🍽 **Flat Iron** *(centre 1, F4,* ***188****) : 17-18 Henrietta St, WC2E 8QH. ☎ 020-3019-4212. Ⓜ Covent Garden ou Charing Cross. Tlj 12h-22h30 (23h ven-sam et 22h dim). Compter env 16-17 £ le steak et 1 side.* Du bœuf, du bœuf, du bœuf, ne cherchez pas, il n'y a que ça ! À la carte, un seul plat : le *Flat Iron steak*, découpé en lamelles et servi avec un bol de mâche. Par gourmandise, on y ajoute volontiers des frites maison ou des légumes (épinards à la crème, aubergine ou chou-fleur grillé). Quelques *specials* à l'ardoise (burger, filet de bœuf...) pour les fortes têtes qui bouderaient la spécialité maison. Déco industrielle épurée. Mais odeur de graillon tenace sur les vêtements ! *Une dizaine d'adresses à Londres.*

🍽 **Mildred's** *(centre 1, E3,* ***160****) : 45 Lexington St, WF1 9AN. ☎ 020-7494-1634. Ⓜ Piccadilly Circus. Tlj 9h-23h (22h dim). Plats 10-13 £.* En poussant la porte de cette adorable devanture rétro, on a l'impression de rendre visite à une vieille tante. Une aïeule un peu particulière, tendance végétarienne, bio et tout à fait dans l'air du temps. Salades, burgers, assiettes... Tout est délicieux, sain, pas trop cher et servi par un personnel aux petits oignons. Ambiance de cantine, à tel point qu'on ne s'entend plus parler, même dans la grande salle du fond ! *3 autres adresses à Londres, à Camden, King's Cross et Dalston.*

Paradise *(centre 1, E4, **172**) : 61 Rupert St, W1D 7PW. Pas de tél. Résas en ligne : • paradisesoho.com • Ⓜ Piccadilly Circus. Tlj sauf dim, lun et mar midi, 12h-14h30 (15h30 sam) et 17h30-23h. Plats 8-17 £.* Un resto sri lankais totalement contemporain, à la déco minimaliste, avec bois et béton brut. Au choix, on s'installe autour des quelques tables, au comptoir ou le long du mur. Dans l'assiette, on retrouve toute l'histoire du pays avec les influences indienne, malaisienne et hollandaise. Une cuisine fusion, végétarienne ou non, encore peu présente à Londres. Plats déclinés autour des légumes, des produits de la mer et de la terre. Des épices, des saveurs sucrées-salées... Attention, parfois ça pique vraiment !

Bao *(centre 1, E3, **137**) : 53 Lexington St, W1F 9AS. Ⓜ Oxford Circus ou Piccadilly Circus. Lun-jeu 12h-15h, 17h30-22h, ven-dim 12h-22h30 (17h dim).* Une échoppe grande comme un mouchoir de poche qui ne désemplit pas ! On s'assoit autour du bar de bois blond ou en vitrine, pour déguster le fameux *bao*, spécialité culinaire venue des marchés de rue chinois et taïwanais. Il s'agit d'un petit pain cuit à la vapeur, fourré au porc confit, au poulet, à l'agneau ou aux légumes. Tout est préparé sous vos yeux, et délicieux. Prévoir de l'attente, surtout le week-end. *Autre adresse à Fitzrovia (Windmill St).*

Prix moyens (20-30 £ / 24-36 €)

Barrafina *(centre 1, F4, **278**) : 10 Adelaide St, WC2N 4HZ. ☎ 020-7440-1486. Ⓜ Charing Cross. Ouv le soir mar-sam, plus le midi ven-sam. Tapas et plats 8-20 £.* Annexe plus confinée que son aînée de Dean Street (voir ci-après). Ambiance ensoleillée dans ce bar à tapas version londonienne où l'on s'aligne à touche-touche le long du comptoir. La chorégraphie des chefs met en appétit tandis qu'on lorgne sur la carte des vins espagnols. Cuisson parfaite des viandes, fraîcheur des produits de la mer, légumes de saison... Dilemme. Nous, on opte volontiers pour la tortilla, un régal !

Barrafina *(centre 1, E3, **216**) : 26-27 Dean St, W1D 3LL. ☎ 020-7813-8016. Ⓜ Tottenham Court Rd. Tlj 12h-15h, 17h-23h (22h dim). Pas de résa. Tapas 3-13 £. Plats 14-28 £.* La mode des bars à tapas a déferlé sur Londres... pour notre plus grand plaisir ! Ici, dans la maison mère de cette petite chaîne, on ne mange qu'autour du grand comptoir (pas de tables). Chaleureux comme tout, autant côté clients que serveurs. Pour l'apéro, quelques croquettes ou autres assiettes de charcuterie ibérique, et pour se sustenter, des plats en petite quantité, l'idéal pour goûter plusieurs spécialités (mais l'addition grimpe en conséquence !). *D'autres adresses dans Londres : à 2 pas et à Covent Garden.*

Polpo *(centre 1, E4, **231**) : 41 Beak St, W1F 9SB. ☎ 020-4537-4341. Ⓜ Oxford Circus. Lun-sam 12h-23h, dim 12h-18h. Pas de résa le soir (mieux vaut arriver tôt !). Carte 20-30 £.* Derrière sa façade saumon, dans une vieille bâtisse du XVIIIe s à peine redécorée où Canaletto aurait pu séjourner, une clientèle tendance vient célébrer la cuisine vénitienne. Les *cicchetti* (petites portions) et autres plats de poisson ou de viande font le succès de cette adresse qui ne désemplit pas. Service jeune et décontracté. Au sous-sol, *Campari Bar,* sous des voûtes sombres. *Autre adresse à Chelsea (81 Duke of York Sq.).*

Burger & Lobster *(plan d'ensemble, D4, **185**) : 29 Clarges St, W1J 7EF. ☎ 020-3205-8960. Ⓜ Green Park. Tlj 12h-22h (23h ven-sam et 22h30 dim). Plats et combos 15-39 £.* Burger ou homard, un point c'est tout, pour ne pas se prendre la tête. Les indécis opteront pour le homard en hot dog. Pas bête ! C'est copieux dans tous les cas, marrant, efficace, et on trifouille gaiement avec les doigts. Beaucoup de place, mais ça tombe bien, car il y a beaucoup de monde (pas de résa). Quant au niveau sonore, il est souvent digne d'un retour de criée. Staff jeune et frétillant. *D'autres adresses à Londres, dans Soho : 36 Dean St (☎ 020-7432-4800) ; ou à Leicester Sq, 10 Wardour St (☎ 020-3205-8963).*

|●| ***Sophie's Steakhouse*** *(centre 1, E4,* ***242****) : 42-44 Great Windmill St, W1D 7NB. ☎ 020-7836-8836. Ⓜ Piccadilly Circus. Tlj 12h-1h (23h lun-mer et 22h dim).* Theatre menu *(12h-19h) 15-18 £ ; burgers et plats à la carte env 16-32 £.* On aime beaucoup cette grande brasserie conviviale avec ses coins et recoins, son éclairage tamisé et sa cuisine d'un bon rapport qualité-prix. Ici la viande est à l'honneur, mais on n'oublie pas les plats traditionnels anglais comme le *cottage pie* ou le *fish & chips.* Si les « top morceaux », style chateaubriand, restent chers, en revanche tous les « *classics* » sont abordables. Excellent *Sunday roast* (de l'*Aberdeen angus* provenant de la ferme). Large choix de vins et cocktails. Autre avantage, des horaires étendus bien pratiques pour ceux qui envisagent de dîner après les spectacles.

|●| ***Berenjak*** *(centre 1, E3,* ***130****) : 27 Romilly St, W1D 5AL. ☎ 020-3319-8120. Ⓜ Tottenham Court Rd. Lun-jeu 17h30-23h, ven 12h-15h, 17h-23h, sam 12h-23h. Fermé dim. Plats 12-23 £ ; menu du ven midi 20 £.* Grand comptoir avec vue directe sur le four et banquettes style Orient-Express. Ici on célèbre la cuisine perse du proprio, sous sa forme rustique, à l'époque de son enfance à Téhéran. Sous forme d'assiettes *(2-3/pers)* ou de plats, on déguste viandes marinées, légumes et autres légumineuses (parfaites pour picorer à l'apéro !). Un beau voyage pour pas trop cher. Service sympa.

|●| ***Sofra Mayfair*** *(plan d'ensemble, D4,* ***178****) : 18 Shepherd St, W1J 7JG. ☎ 020-7493-3320. Ⓜ Green Park. Tlj 8h-23h. Plats 5-26 £.* Une belle aubaine que ce restaurant turco-british. Le cadre boisé, calme et feutré, les prix doux, la cuisine maison et le service aux petits soins ont suffi à fidéliser la clientèle chic du quartier. Résultat, ça fait le plein, mais l'on vous trouvera toujours une petite table, que ce soit dans la grande salle, le sous-sol ou la petite salle intime à l'arrière. À la carte, délicieux tajine d'agneau au riz pilaf, brochettes, moussaka...

|●| ***Bar Shu*** *(centre 1, E3,* ***360****) : 28 Frith St, Soho, W1D 5LF. ☎ 020-7287-8822. Ⓜ Leicester Sq. Tlj sauf lun 12h-22h (22h30 ven-sam). Plats 7-35 £.* La devise de ce resto chinois est une citation de Mao : « Si tu ne manges pas de piment, tu ne seras pas un révolutionnaire »... De fait, la carte de spécialités du Yunnan et Sichuan a de quoi prendre d'assaut votre palais ! Mais libre à vous de piocher dans les plats moins épicés, qui restent parfumés en diable. Le cadre, assez intime, et la déco mêlant objets traditionnels et affiches rétro apportent la petite note extrême-orientale.

|●| ⊤ ***Copita*** *(centre 1, E3,* ***167****) : 27 D'Arblay St, W1F 8EP. ☎ 020-7287-7797. Ⓜ Oxford Circus ou Tottenham Court Rd. Tlj sauf dim, 12h (16h lun)-22h. Tapas 4-16,50 £.* Ce resto est une réinterprétation gastronomique des bars à tapas. Cadre soigné, noir et métal, avec jambons suspendus, lampes de mineur et nombreux tabourets autour des tablées. 3-4 tapas suffisent, comme ces croquettes de morue, les crevettes au piment ou encore le poulet catalan sauce abricot et orange. Ambiance décontractée. Olé !

|●| ***Busaba Eathai*** *(centre 1, E3,* ***152****) : 106-110 Wardour St, W1F 0TR. ☎ 020-7255-8686. Ⓜ Oxford Circus ou Piccadilly Circus. Tlj 11h30-23h.* Rice bowl *ou pad thaï à 10 £ lun-ven jusqu'à 16h. Plats 12-19 £.* Une petite chaîne asiatique de qualité. Ici, la clientèle branchée se réunit autour de larges tables en bois de 10 personnes, sous des lumières tamisées. Aucune intimité et bruyant, mais une excellente cuisine thaïlandaise à base de viandes grillées, poisson et fruits. On y trouve tous les classiques du Siam plutôt bien tournés. Attention, certains plats sont vraiment très épicés, même pour les palais aguerris... Plus sympa en soirée qu'au déjeuner ; en revanche, il faut parfois faire la queue, surtout le week-end : pas de résa !

|●| ***L'Artiste Musclé*** *(plan d'ensemble, D4,* ***178****) : 1 Shepherd Market,*

W1J 7PA. ☎ 020-7493-6150. Ⓜ Green Park. Tlj sauf dim 12h-15h30, 17h-23h (22h30 sam). Fermé 25 déc-1er janv. Plats 14-24 £. Dans un quartier piéton bourré de charme, avec pléthore de pubs et de petits restos qui empiètent largement sur la rue aux beaux jours. La table est réputée pour sa cuisine honnête et ses additions pas si musclées que ça. Décor de vieux bistrot parisien, avec ses plaques émaillées du *Routard* en devanture, et une carte faisant la part belle aux grands classiques de l'Hexagone (bourguignon, moules marinières, crème brûlée, etc.). 2 petites salles, dont 1 au sous-sol (bruyante). Carte des vins honnête.

|●| ***Bocca di Lupo*** *(centre 1, E4, **277**) : 12 Archer St, W1D 7BB. ☎ 020-7734-2223. Ⓜ Piccadilly Circus. Tlj 12h-15h, 17h-23h (21h30 dim). Plats 10-27 £.* Avis aux gastronomes amateurs de cuisine italienne, voici une « gueule du loup » qui n'a rien de terrifiant, bien au contraire. Cadre élégant et soigné de brasserie moderne, long comptoir de marbre pour un plat rapide ou petite salle plus intime. Cuisine rustique et racée, célébrant la variété de produits et toutes les régions de la Botte. Possibilité de portions « tapas » pour multiplier les saveurs. Service de bon conseil. S'il vous reste une place pour une glace, cap sur *Gelupo,* juste en face en sortant, même maison.

|●| ***Yauatcha*** *(centre 1, E3, **144**) : 15-17 Broadwick St, W1F 0DL. ☎ 020-7494-8888. Ⓜ Leicester Sq. Tlj 11h-minuit (1h jeu-sam). Plats 12-35 £, 30 £ le midi et pour le pre-theatre menu.* Un resto de cuisine chinoise assez élaborée, qui joue ici la carte du design. Ambiance lounge assez surprenante dans la grande salle baignée de lumière bleue et aux murs couverts de pots à thé. Atmosphère plus classique et chaleureuse au sous-sol avec ses petites niches remplies de bougies. La cuisine y est fort réputée pour la fraîcheur des produits et le soin apporté à la présentation. Les « shoppeuses » y accourent aussi l'après-midi pour la version salon de thé et pâtisseries... de vraies œuvres d'art !

|●| ***Hawksmoor – Seven Dials*** *(centre 1, F3, **165**) : 11 Langley St, WC2H 9JG. ☎ 020-7420-9390. • thehawksmoor.com • Ⓜ Covent Garden. Tlj 12h-15h, 17h-21h30 (21h sam, 20h dim). Résa conseillée. Plats env 17-38 £ ;* express menus *(lun-sam jusqu'à 18h30 et après 22h) 22-25 £.* Si vous avez toujours voulu connaître le vrai bon goût du bœuf anglais, cette *steakhouse* chic et chère est pour vous ! On s'engouffre avec plaisir dans cette immense salle en sous-sol de style bistrot, une ancienne brasserie, avec longue banquette ou tables plus intimes. Entrecôte, filet, *T-bone,* etc., cuits à la braise et d'une grande tendreté. Également un service au bar (meilleur marché), avec une carte de snacks, sandwichs et délicieux burgers. Menus express intéressants avant ou après le spectacle. Et le dimanche, c'est le traditionnel *Sunday roast* ! *Plusieurs adresses à Londres.*

|●| ***Cecconi's*** *(centre 1, D4, **309**) : 5 Burlington Gardens, W1S 3EP. ☎ 020-7434-1500. Ⓜ Piccadilly Circus. Tlj 7h (8h le w-e)-minuit (23h dim). Plats 16-39 £.* Un italien chic qui fait le plein en permanence. Les serveurs s'affairent dans une joyeuse ambiance de cantine, mais pas vraiment romantique. Certains préfèrent s'installer à la bonne franquette autour du bar central mais, à vrai dire, le but du jeu est de trouver où s'asseoir quand on n'a pas réservé. Délicieux *cicchetti*, risotto, ravioles de crabe, *chicken paillard*, *veal milanese* et autres plats italianisés... Terrasse aux beaux jours. Pour les amateurs de pizza, **Cecconi's Pizza Bar** *(19-21 Old Compton St ; centre 1, E3, **233** ; service en continu tlj 11h30-2h, jusqu'à 3h ven-sam et 23h dim)* offre une alternative en plein cœur de Soho.

De prix moyens à très chic (20-40 £ et plus / 24-48 €)

|●| ***The Guinea Grill*** *(plan d'ensemble, D4, **166**) : 30 Bruton Pl, W1J 6NL. ☎ 020-7409-1728. Ⓜ Bond St. Resto tlj sauf dim soir, 11h30-23h. Résa indispensable. Plats 17-47 £ au resto ; plats de* pub grub *6-14 £ le midi.* Une brasserie chic qu'on transmet du bout

des lèvres, cachée dans un *mews,* une ruelle comme on dit ici. D'un côté, le petit bar pour se mettre en appétit ; de l'autre, les 2 salles du restaurant, au décor typiquement anglais avec ses vieux tableaux champêtres et ses nappes damassées. Au programme des réjouissances, un excellent *steak and kidney pie,* entre autres. La maison est fière de son appartenance au *Scotch Beef Club,* autant dire des viandes racées. Les fruits de mer ne sont pas mal non plus.

|●| ***Bentley's*** *(centre 1, E4,* ***162****) : 11-15 Swallow St, W1B 4DG. ☎ 020-7734-4756. Ⓜ Piccadilly Circus. Tlj ; service non-stop 11h30-23h (22h dim) à l'Oyster Bar ; plats 21-58 £. Au Grill, tlj sauf dim 12h-15h30, 17h-23h ; plats 22-58 £ et menus lunch lun-ven 30-36 £. Theater menus 25-30 £.* Dans une petite ruelle à laquelle on accède depuis Regent Street ou Piccadilly. Ouvert depuis 1916, c'est l'un des tout 1ers *Oyster Bar* de Londres. De cette époque, il a conservé son joli décor *Arts & Crafts.* L'une des meilleures adresses pour le poisson à Londres. Au resto *Grill,* plus guindé, nous préférons l'ambiance moins formelle du bar. Il permet de profiter du cadre feutré, d'un service impeccable et de plats anglais particulièrement soignés : *fish & chips* (absolument remarquable), poisson fumé et d'autres à partager... Pianiste certains soirs.

|●| ***Rules*** *(centre 1, F4,* ***196****) : 35 Maiden Lane, WC2E 7LB. ☎ 020-7836-5314. • rules.co.uk • Ⓜ Covent Garden. Tlj sauf lun-mar 12h-23h30 (17h dim). Résa conseillée, obligatoire le w-e. Plats 22-43 £.* Cette vénérable institution datant de 1798, soit l'un des plus anciens restaurants de Londres, a de tout temps reçu la visite des acteurs les plus célèbres (Clark Gable, Charlie Chaplin, Buster Keaton...) et de grands écrivains (Dickens, H.G. Wells, Graham Greene, John Le Carré...), autant pour son cadre immuable d'auberge cossue que pour l'accueil et son excellente cuisine *British,* arrosée de savantes sauces sucrées-salées. La maison possède ses propres terres où le gibier abonde et où elle élève son cheptel de bœufs Galloway... En saison, c'est-à-dire du 12 août au 10 décembre, ne ratez pas le gibier et, en particulier, la *grouse,* volatile typiquement écossais (et rare !) qui fait le délice des Britanniques depuis des lustres... et dont la maison a fait sa spécialité.

|●| ***Simpson's in the Strand*** *(centre 1, F4,* ***189****) : 100 Strand, WC2R 0EW. ☎ 020-7420-2111. Ⓜ Charing Cross ou Covent Garden. Tlj midi et soir, en continu sam-dim. Menus express et pré-théâtre (lun-ven jusqu'à 19h) 30-34 £ ; plats env 20-42 £.* Juste à côté du prestigieux *Hôtel Savoy,* à qui il appartient, une institution londonienne opérant depuis 1828, même s'il y a eu une longue interruption pendant le Covid. Fréquentée par de nombreuses personnalités, dont Dickens, Doyle et même... un certain Sherlock Holmes ! Cadre magnifique, tout en boiseries. Service irréprochable. La cuisine est à l'image des lieux, pétrie de tradition. Les trolleys, ces chariots de viande qui ont fait la réputation de la maison, sont toujours de rigueur. Un serveur les pousse de table en table et découpe avec maestria, qui de l'aloyau, qui de la dinde ou du gigot. L'ensemble a de l'allure, la qualité est indéniable mais, plus que la cuisine, ce sont le cadre et l'atmosphère hors du temps qui justifient le déplacement.

|●| ***Sarastro*** *(plan d'ensemble, F3,* ***282****) : 126 Drury Lane, WC2B 5SU. ☎ 020-7836-0101. • sarastro-restaurant.com • Ⓜ Covent Garden. Ouv lun-ven 15h-22h30 et le w-e 12h-22h30 (23h sam). Résa conseillée. Formules pré-théâtre (Tenor Menu) 21-25 £. Plats à la carte env 18-27 £ et menus 34,50-38,50 £.* Déco théâtrale délirante, baroco-rococo, composée d'un improbable patchwork de lustres, fresques et moulures façon crème Chantilly... On peut même manger sur les galeries ! Cuisines méditerranéenne et turque correctes. Mais ce qui fait le succès de la maison, ce sont ses extravagants spectacles d'« opéra » du dimanche (midi et soir). Spectacle garanti, assuré par des artistes de la Royal Opera House. Sinon, les jeudi, vendredi et samedi soir, l'ambiance est plutôt swing, latino et pop. Au fait, Sarastro est l'un des personnages de *La Flûte enchantée...*

Où prendre un petit déj ?

26 Grains *(centre 1, F3, **169**) : 1 Neal's Yard, WC2H 9DP. Ⓜ Covent Garden. Tlj 9h-19h (16h dim).* Cette minuscule adresse est un grand coup de cœur ! S'inspirant d'une tradition scandinave associant 26 graines et épices, la cuisine plutôt végétarienne (mais pas que), aussi originale que savoureuse, nous régale. Le porridge du matin nous a laissé un souvenir gourmand, ainsi que cet insolite et réconfortant lait d'avoine aux épices. Plaisir que l'on renouvelle au déjeuner avec des soupes épaisses et des tartines fraîches et colorées. Une mini-terrasse suffit à doubler le nombre de places assises.

Fabrique Bakery *(centre 1, F3, **111**) : 8 Earlham St, WC2H 9RY. ☎ 020-7240-1392. Ⓜ Covent Garden. Tlj 9h (9h30 le w-e)-17h30.* Cette jolie boulangerie suédoise propose, entre autres viennoiseries, de délicieux *buns* à la cardamome ou à la cannelle, que l'on peut déguster sur place si on a de la chance (peu de tables). Déco de briques agréable pour un réveil en douceur. Succès oblige, on en trouve plusieurs dans Londres *(Hoxton, Notting Hill et Goodge St).*

The Breakfast Club *(centre 1, E3, **176**) : 33 D'Arblay St, W1F 8EU. ☎ 020-7434-2571. Ⓜ Oxford Circus ou Tottenham Court Rd. Tlj 8h-15h (16h le w-e). Pas de résas. Plats, petit déj ou brunch 8-18 £.* La déco a beaucoup de légèreté avec sur les murs des polaroïds des habitués et des dessins. Il n'en fallait pas plus pour attirer les étudiants et les joyeux bobos. Et pour les fidéliser, cocktails de fruits délicieux, breakfasts copieux et variés ou gros sandwichs à la commande. Super ambiance, un rien délurée. Prévoir une grande attente le week-end, mais résa possible.

Où prendre le thé ou le café ?
Où faire une pause sucrée ?

Monmouth Coffee Company *(centre 1, F3, **255**) : 27 Monmouth St, WC2H 9EU. ☎ 020-7232-3010. Ⓜ Covent Garden ou Tottenham Court Rd. Tlj sauf dim-lun 8h-17h.* Comment ne pas succomber à l'odeur inimitable du grain de café fraîchement moulu dans cette charmante échoppe où le comptoir avec viennoiseries et autres douceurs est comme un coup de grâce pour les gourmands ? Au tableau noir, les crus de café du mois et du jour. Seulement quelques tables réparties dans des box au fond de la minuscule salle pour ceux qui souhaitent déguster sur place. Également une terrasse. Une autre adresse au Borough Market, plus grande et tout aussi sympa.

Le Sketch *(centre 1, D3, **272**) : 9 Conduit St, W1S 2XG. ☎ 020-7659-4500. Ⓜ Bond St. Lun-mar 9h-19h, mer-jeu 9h-minuit, ven-sam 9h-2h, dim 9h-minuit. Tea 11h30-16h30. Résa obligatoire (surtout pdt la Fashion Week !). Afternoon tea 62 £ (76-101 £ avec du champ' !).* C'est le *jet-set tea fashionable* par excellence, un salon de thé installé dans l'ancien siège social de Dior. Plus branché, tu meurs : les montages et les œuvres d'art exposés sont très design, la déco ambiance maison de poupée, à moins que ce ne soit celle d'un dessin animé. Baroque et décalé dans les moindres recoins, jusqu'aux toilettes qui méritent assurément une petite visite. Attention, réserver et ne pas venir en tongs.

Crosstown Doughnut & Coffee Bar *(centre 1, E3, **235**) : 4 Broadwick St. ☎ 020-7734-8873. Ⓜ Oxford Circus ou Tottenham Court Rd. Tlj 10h-20h (21h ven-sam).* Petite échoppe qui propose d'excellents beignets et donuts très colorés et bien remplis de confiture. Des parfums très surprenants pour certains (canneberge et matcha, beurre de cacahuète et cassis, vin chaud et crème de cointreau...), et d'autres plus classiques mais non moins délicieux. *Une dizaine d'autres adresses à Londres.*

Richoux (centre 1, E4, **364**) : 172 Piccadilly, W1J 9EJ. ☎ 020-7493-2204. Ⓜ Green Park ou Piccadilly Circus. Tlj 9h-22h30 (23h dim). Afternoon tea 25 £/pers. Moins cher à 2. Quoique récemment en grands travaux, c'est une institution in-dé-bou-lon-nable, française à l'origine, en 1909, mais devenue *so British* avec le temps. Décor d'époque avec tapisseries à fleurs, musique classique, lustres et alcôves pour se raconter des secrets. Pas donné quand même !

Maison Bertaux (centre 1, E3, **313**) : 28 Greek St, W1D 5DQ. ☎ 020-7437-6007. Ⓜ Tottenham Court Rd ou Leicester Sq. Tlj 9h30-18h. L'autre institution française du quartier, une des plus anciennes pâtisseries de Londres, établie en 1871 ! Les nostalgiques du café-croissant y trouveront leur bonheur, les pressés peuvent y avaler un snack et les plus gourmands un saint-honoré (spécialité maison) ou une tartelette aux fruits frais (pas donnés non plus)... Sublime *mixed fruit cheesecake !* Cadre franchement rétro, voire un brin kitsch ; petite salle à l'étage qui accueille des expos temporaires. Quelques tables en terrasse.

Triple Two (centre 1, E3, **376**) : 193 Wardour St, W1F 8ZF. Ⓜ Oxford Circus ou Tottenham Court Rd. Lun-ven 7h30-21h, sam 8h-21h et dim 10h-20h. Un petit café tout en longueur pour faire une pause dans le quartier. Sympa pour boire un café maison, à accompagner d'une bonne pâtisserie. Également des *small plates* et des pizzas. Photos noir et blanc aux murs et musique douce.

LE CENTRE TOURISTIQUE

Où boire un verre ?

Café pour... les enfants !

Rainforest Café (centre 1, E4, **183**) : 20 Shaftesbury Ave, W1D 7EU. ☎ 020-7434-3111. Ⓜ Piccadilly Circus. Tlj 11h (12h dim)-22h. Bienvenue dans l'univers impénétrable de la jungle ! Perroquets et animaux automates sont ici chez eux. Bruits mystérieux, fausse pluie, mare aux offrandes (pour les œuvres de charité !), chaises en forme de zèbre... Les enfants adorent. Parfait pour prendre un verre entre 2 boutiques. En revanche, éviter le resto au sous-sol.

Pubs

Lamb & Flag (centre 1, F4, **399**) : 33 Rose St, WC2E 9EB. ☎ 020-7497-9504. Ⓜ Covent Garden. Lun-sam 12h (11h ven-sam)-23h, dim 12h-22h30. Un must ! Construit en 1638, il connut sa 1re référence comme pub en 1772 sous le nom de *Coopers Arms*, et fut même le pub favori de Dickens. Il prit le nom de *Lamb & Flag* en 1833 et n'a jamais désempli depuis. Au XIXe s, il acquit le surnom de *The Bucket of Blood* (« Le Seau de Sang ») à cause des bagarres à poings nus qui s'y déroulaient. Les seules « bagarres » aujourd'hui, c'est pour réussir à commander sa pinte ! Chaleureuse atmosphère de vieille taverne, avec son parquet buriné, son comptoir patiné, ses vieilles boiseries et ses verres dépolis. En hiver, un bon feu crépite dans l'âtre. Propose un large choix de sandwichs, plats de pub et snacks à prix raisonnables. Aux beaux jours, tout le monde se retrouve dehors, un verre à la main !

The French House (centre 1, E3, **359**) : 49 Dean St, W1D 5BG. ☎ 020-7437-2477. Ⓜ Leicester Sq. Tlj 12h-23h (22h30 dim). Bar food lun-ven jusqu'à 15h30. Murs patinés de vieux bar de province mâtiné de pub à l'anglaise, parsemé de vieilles photos et totalement bondé à l'heure de l'apéro. Très chaleureux ! La devise du lieu ? « Si tu bois pour oublier, paie pour commencer ! » Même le général de Gaulle est venu trinquer ici (il s'agissait d'un lieu de réunion de la Résistance française pendant la Seconde Guerre mondiale). Aujourd'hui, on y côtoie l'étudiant qui paye en cash comme l'homme d'affaires qui règle avec son Apple Watch. Une valeur sûre à Soho depuis des décennies, plébiscitée par les locaux et les touristes de passage.

Sherlock Holmes (centre 1, F4, **352**) : 10 Northumberland St,

WC2N 5DB. ☎ 020-7930-2644. Ⓜ Charing Cross. Lun-sam 10h-23h (minuit ven-sam), dim 11h-23h. Sandwich env 7 £ et plats 11-17 £. Plus qu'un bar, plus qu'un musée, ce pub typique est un véritable lieu de pèlerinage pour les fans de Holmes. Plusieurs objets personnels de Conan Doyle ont été rapatriés dans les murs (dont un vieux revolver). Résultat, tout rappelle le célèbre détective, de la collection de dessins et gravures à la reconstitution amusante de son cabinet de travail au resto du 1er étage.

The Salisbury (centre 1, F4, **353**) : *90 St-Martin's Lane, WC2N 4AP. ☎ 020-7836-5863. Ⓜ Leicester Sq. Lun-sam 11h-23h30 (0h30 ven-sam, 22h30 dim). Sandwichs et snacks env 5-10 £ ; plats 10-16 £.* L'un des pubs victoriens les mieux préservés de Londres, bâti en 1898. Certes, l'atmosphère à la Oscar Wilde s'est dissipée depuis longtemps (on y propose désormais des *afternoon teas*), mais les vitres ciselées, les alcôves kitchounettes, les boiseries et plafonds sculptés n'ont guère bougé... Superbe façade ouvragée, l'une des plus belles de Londres, parfois utilisée comme décor de film. L'enseigne représente le marquis de Salisbury qui fut 3 fois 1er ministre de 1885 à 1902. On retrouve son blason entre 2 angelots au-dessus de la porte (sa famille fut un temps proprio du pub). Ici, pas d'écran télé (« *Official Sports Free Pub* ») ; seule invitée, la bonne humeur de rigueur, alimentée par les bières bien tirées et une cuisine honorable de pub.

Si l'envie vous prend de vous lancer dans un *pub crawl,* allez descendre quelques mousses juste en face, à la **Mr Fogg's Tavern.** Drapeaux, maquettes de bateaux, paniers et volaille empaillée décorent les murs de ce pub *typical,* au point d'être un peu kitsch. *Tlj jusqu'à 1h (23h dim-lun).*

The Toucan (centre 1, E3, **356**) : *19 Carlisle St, W1D 3BY. ☎ 020-7437-4123. Ⓜ Leicester Sq ou Tottenham Court Rd. Tlj sauf dim 13h (16h lun-jeu)-23h.* Quelques notes celtiques résonnent dans cette petite rue de Soho. Noir comme la *Guinness* et déjà patiné comme une vieille taverne, ce pub de poche n'a rien à envier à ses homologues irlandais. Les nombreux adeptes de la mousse celtique l'envahissent chaque soir, débordant largement dans la rue pour glaner un brin d'espace vital. Quand ce ne sont pas les amateurs de whisky venus écluser l'une des 30 sortes proposées... Et pour se sustenter, *Irish sausages* naturellement !

The Coal Hole (centre 1, F4, **354**) : *91-92 Strand, WC2R 0DW. ☎ 020-7379-9883. Ⓜ Charing Cross ou Covent Garden. Tlj 12h-23h (22h dimmer).* Fréquenté à l'origine par les rouleurs de charbon, il devint ensuite un *song and supper club,* pub où les clients étaient encouragés à chanter. Pub centenaire accueillant aujourd'hui les employés du quartier. Pas évident, dans ces conditions, de s'insérer dans la foule aux heures de pointe. Il conserve une bonne part de sa déco de 1904, à l'image d'une belle enseigne noire et dorée, d'une frise kitsch à souhait aux nymphes girondes, d'éléments Art nouveau et d'une cheminée ouvragée. Si la cuisine ne mérite pas qu'on s'y attarde, les nombreuses bières pression y possèdent en revanche une grande réputation.

Waxy O'Connor's (centre 1, E4, **363**) : *14-16 Rupert St, W1D 6DD. ☎ 020-7287-0255. Ⓜ Piccadilly Circus. Lun-jeu 17h-23h (23h30 jeu), ven 15h-minuit, sam 12h-minuit et dim 12h-22h30.* Plus on avance, plus on s'enfonce dans les entrailles de ce pub irlandais tentaculaire totalement insolite avec sa déco de chapelle gothique où on trouve même un arbre ! L'endroit ne manque pas de fidèles en tout cas, surtout les soirs de musique. À faire au moins une fois pour goûter le *craic* irlandais comme on dit sur l'île voisine (en décrypté, l'ambiance surchauffée). Prévoir de l'attente le week-end.

Brewdog (centre 1, E3, **357**) : *21 Poland St, W1F 8QG. ☎ 020-7287-8029. Ⓜ Oxford Circus. Tlj 12h-23h (minuit ven-sam, 22h dim). Bières à partir de 5,50 £.* Bienvenue chez les addicts de la mousse. Déco moderne, ambiance du tonnerre en fin de semaine. On y zyeute la sélection savante des 20 et quelques bières du moment affichées derrière le comptoir et servies à la tireuse. On peut goûter avant. Clientèle volubile qui sait ce qu'elle veut et vide les pintes en refaisant le monde. Au sous-sol, même topo !

Bars à vins et cocktails

🍸 ***Blame Gloria*** *(centre 1, F4,* ***200****) : 20 Bedford St, WC2E 9HP. ☎ 020-8191-7665. Ⓜ Covent Garden ou Leicester Sq. Lun-jeu 17h (16h jeu)-23h30, ven 16h-minuit, sam 20h-minuit, dim 18h30-22h30. Résa conseillée après 18h. Cocktails 10-14 £.* Un coup de cœur pour ce bar en sous-sol, à l'abri des regards indiscrets. Seuls les plus curieux (et nos lecteurs avertis !) descendent chez *Gloria* pour siroter un cocktail dans un décor *Flower Power* piqué de psychédélisme. Déco loufoque (jetez un œil aux toilettes !), playlist pop anglaise des années 1990, amusant shooting photo face caméras et cocktails renommés, tâchez de ne pas ressortir de là comme l'affiche à la sortie... les jambes en l'air !

🍸 ***Cahoots*** *(centre 1, E3,* ***229****) : 13 Kingly Court, W1B 5PG. Entrée plus facile au 19 Beaker St. ☎ 020-7352-6200. • cahoots-london.com • Ⓜ Oxford Circus ou Piccadilly Circus. Suivre les fléchages* « All the trains ». *Mar-jeu 15h-1h, ven 14h-2h, sam 12h-2h, dim 14h-minuit. Fermé lun. Cocktails env 10-16 £.* Un de ces bars cachés complètement loufoques. D'abord on s'inscrit par téléphone ou par mail, hé oui. Après, un chef de gare vous accueille sur place en haut des marches avant de vous conduire dans cette (fausse) station de métro d'après-guerre désaffectée, transformée en bar à cocktails. Très vite, vous voilà avec une feuille de chou en main, datée de l'époque : vous tenez la carte des (excellents) cocktails. Au bar, dans un vieux wagon ou sous des lustres brinquebalants. Super ambiance.

🍸 ***Opium*** *(centre 1, E4,* ***370****) : 15-16 Gerrard St, W1D 6JE. ☎ 020-7734-7276. Ⓜ Leicester Sq. Lun-mar 17h-1h, mer 17h-2h, jeu-sam 17h-3h, dim 17h-minuit. Fermé à Noël. Cocktails 11-15 £.* En plein cœur de Chinatown, un bar caché sur 2 étages. Montrez patte blanche ou réservez votre venue. Ambiance rougeoyante, lumières tamisées et carte des cocktails chère mais originale. Les habitués des lieux optent pour l'*Opium #8* : tequila, cactus, épices, gingembre et *darjeeling tea.* Le tout fumant, évidemment ! Pour se sustenter, des *dim sum,* des petites bouchées vapeur garnies à partager.

🍸 ☂ ***Gordon's Wine Bar*** *(centre 1, F4,* ***350****) : 47 Villiers St, WC2N 6NE. ☎ 020-7930-1408. Ⓜ Charing Cross. Lun-sam 11h-23h, dim 12h-22h. Planches charcuterie et fromages, salades 9-18 £ ; formules tapas le soir 11-19 £.* Amateurs de bons vins, cette adresse fondée en 1890 est un must ! Les boiseries séculaires et les briques ne mentent pas, ce dédale de caves voûtées très sombres et basses de plafond, éclairées à la bougie, a bien vieilli dans son jus, à l'instar des meilleurs crus. À l'ardoise, les vins de la vieille Europe et du Nouveau Monde. Il fut un temps où cette atmosphère intime stimulait Rudyard Kipling, à l'époque locataire de la maison, tandis que Vivien Leigh et sir Lawrence Olivier y puisaient quelques forces entre 2 représentations au *Player's Theatre* voisin... Bonne sélection de fromages et leur accord complice proposé avec le vin (le stilton avec du porto, un classique british !). Également une terrasse dans une ruelle piétonne pour les beaux jours.

🍸 ***Mr Fogg's Residence & Secret Garden*** *(plan d'ensemble, D4,* ***461****) : 15 Bruton Lane, W1J 6JD. ☎ 020-7036-0608. Lun-mer 17h01-1h01, jeu-ven 16h01-1h01, sam 13h01-2h01, dim 15h01-12h01. Résa obligatoire ! Boissons 9-28 £ ;* afternoon teas *le w-e à partir de 49 £ (avec gin ou champagne).* Bienvenue dans l'antre du fameux Phileas Fogg, aventurier et « bon viveur », comme l'annonce la devanture de cet immeuble sombre, dans une rue peu fréquentée. Car vous voici dans un *speakeasy,* l'un de ces bars prohibés, comme autrefois. Ici, il s'agit de montrer patte blanche, de faire sonner la cloche, d'attendre qu'on vous ouvre... d'avoir fait sa réservation au préalable... Une fois la porte franchie, c'est à un véritable voyage qu'on vous invite, avec cette montgolfière échouée dans un coin de ce grand et vaste club très privé, aux allures de cabinet de curiosités. Un rêve de gosse, loufoque à souhait. Des extraits des aventures du fameux Fogg jusque dans les toilettes !

🍸 ***Cellar Door*** *(plan d'ensemble, F4,* ***298****) : Zero Aldwych, Wellington St, WC2R 0HS. ☎ 020-7240-8848. • cellardoor.biz • Tlj 16h-1h. Résa indispensable. Cocktails env 11-15 £.* Très en vogue, ce petit bar intime est situé en sous-sol, dans d'anciennes toilettes publiques. Accès par un escalier sur le trottoir du Strand, qui mène à une jolie cave décorée dans les tons rouge et bordeaux, dans un esprit *speakeasy* new-yorkais. Malgré l'exiguïté des lieux, on ne se sent pas à l'étroit sur les banquettes et tabourets capitonnés de velours. Spectacles variés : burlesque, projection de films, piano-bar, DJs... Suivre la programmation en ligne.

🍸 ***Experimental Cocktail Club*** *(centre 1, E4,* ***370****) : 13A Gerrard St, W1D 5PS. Ⓜ Leicester Sq. Mer-sam 18h-3h (2h mer), dim 18h-minuit. Fermé lun-mar. Entrée : 5 £ après 23h. Cocktails à partir de 11 £. DJ mer-sam à partir de 21h,* live music *mar.* Ne cherchez pas d'enseigne, il n'y en a pas. On est à Chinatown, donc en plein mystère... Repérez juste les 2 petits restos chinois du rez-de-chaussée, *Far East* et *Little Four Seasons.* Une porte noire entre les 2. C'est le Graal pour accéder à l'un des bars les plus recherchés de la capitale. Encore faut-il avoir réservé par e-mail et passer le cerbère de l'entrée ! Mais caressez-le dans le sens du poil, il ne mord pas. Chaque soir, clientèle pour moitié réservée, pour moitié spontanée. Une fois à l'étage, vous êtes plongé dans un petit décor fait de miroirs, grands panneaux de scènes oniriques chinoises, vieux plafonds vermoulus et mur en brique. Vintage et moderne à la fois. Cocktails pas donnés mais excellents, avec certaines créations et infusions maison audacieuses. Pas facile d'y entrer, mais on comprend vite pourquoi !

🍸 ⛱ ***Antidote Wine Bar*** *(centre 1, E3,* ***367****) : 12 A Newburgh St, W1F 7RR. ☎ 020-7287-8488. Ⓜ Oxford Circus. Bar tlj sauf dim, 12h-23h non-stop. Plats 8-21 £ ; assiettes de fromages 13-20 £ ; tapas à partager 7-24 £.* Dans une petite rue perpendiculaire à Carnaby Street, un adorable troquet avec son comptoir pour écluser quelques gorgeons en bonne compagnie. Resto à l'étage pour une cuisine fraîche et de saison, à base de charcuteries et de fromages. Une carte des vins au verre pensée habilement, faisant la part belle à ceux de l'Hexagone et aux vins bio. Terrasse prise d'assaut le soir. Pas donné, cela dit !

Concerts rock, jazz, blues...

♩ ***Stations de métro Piccadilly Circus*** *(centre 1, E4)* ***et Tottenham Court Road*** *(centre 1, E3) : en bas de l'un des escalators, au 2e sous-sol de la station de métro.* L'administration du métro londonien met un point d'honneur à sélectionner les musiciens qui se produisent au pied de l'escalator. Ça vaut le coup de s'arrêter sur cette « micro-scène » alternative, car on peut y faire de belles découvertes, et en plus, l'acoustique est bonne ! Pop, rock, folk, classique, il y en aura pour tous les goûts. Et si l'artiste vous a plu, n'oubliez pas son chapeau !

♩ ***Ronnie Scott's Club*** *(centre 1, E3,* ***450****) : 47 Frith St, W1D 4HT. ☎ 020-7439-0747. • ronniescotts.co.uk • Ⓜ Leicester Sq ou Piccadilly Circus. Tlj à partir de 18h plus* Sunday lunch jazz *12h-16h. Résa conseillée.* Late show *le mer de 23h15 à 2h30 sans résa. Entrée : 12-25 £.* Attention pour les places les moins chères, on n'est vraiment pas bien placé... Malgré la mort de Ronnie Scott, grand saxophoniste et fondateur de ce temple du jazz, le lieu garde toute sa magie. C'est un club de jazz comme dans les films : tables rondes, lumière rase et une petite scène dans le fond. Malgré le prix des consommations, le succès est au rendez-vous. Même si le nom affiché dehors ne vous dit rien, on vous recommande vivement d'entrer. C'est là que Jimi Hendrix fit sa dernière apparition sur scène, juste avant sa mort. 3 shows chaque soir (sauf le dimanche) : le 1er vers 18h30, le 2e à 21h15 et le dernier à 23h30.

En principe, l'ambiance est vraiment à point vers 22h. Bars et resto pour patienter. Anecdote réconfortante : les physionomistes à l'entrée sont souvent des femmes.

♪ ***Ain't Nothin'But... The Blues Bar*** *(centre 1, E3,* ***228****) : 20 Kingly St, W1B 5PZ. ☎ 020-7287-0514. • aintnothinbut.co.uk • Ⓜ Oxford Circus. Dans une rue parallèle à Regent St, dans le prolongement d'Argyll St. Ouvre à 17h lun-mer, 13h jeu-dim. Droit d'entrée jeu-sam après 20h30 : env 6 £ (sinon c'est gratuit). Jam session en sem à partir de 18h30 et le w-e à partir de 15h30.* Arriver tôt pour une place assise. Un bar tout dédié au blues des origines. Les groupes s'enchaînent toutes les 2h. Difficile alors de se frayer un chemin dans la foule des fans. La bière coule à flots. Ambiance garantie.

♪ ***100 Club*** *(centre 1, E3,* ***451****) : 100 Oxford St, W1D 1LL. ☎ 020-7636-0933. • the100club.co.uk • Ⓜ Tottenham Court Rd. Souvent à partir de 19h30, mais horaires et programme variables. Entrée : env 8-20 £ selon groupe ; parfois moins cher (notamment sur Internet).* L'un des plus vieux clubs londoniens, longtemps réputé pour ses prestigieux concerts. On y croise moins de grosses pointures, mais ses concerts de jazz garantissent toujours de bonnes soirées. Ambiance chaleureuse et consos comme dans un pub.

♪ ***Jazz @ Pizza Express*** *(centre 1, E3,* ***485****) : 10 Dean St, W1D 3RW. ☎ 020-7437-9595. Programme en vitrine ou sur • pizzaexpresslive.com • Ⓜ Tottenham Court Rd. Pizzeria tlj 11h30-23h. Résa conseillée. Entrée : à partir de 10 £, pizza non comprise.* La célèbre chaîne est non seulement spécialisée dans les pizzas, mais aussi dans la musique ! Le club du sous-sol présente des groupes de jazz ou de blues tous les soirs de 20h à 3h du mat. Très bonne programmation ; des pointures mondiales sont venues y jouer comme Sting, Amy Winehouse, Gregory Porter... Eh oui, c'est aussi ça, Londres !

♪ ***Jazz After Dark*** *(centre 1, E3,* ***484****) : 9 Greek St, W1D 4DQ. ☎ 020-7734-0545. • jazzafterdark.co.uk • Ⓜ Tottenham Court Rd. Mar-sam 15h-2h (3h ven-sam). Musique à partir de 21h ou 22h30. Entrée : 10 £ en sem, et 15 £ ven-sam. Assiette à partager env 20 £.* Attention, petite scène mythique ! C'est ici qu'Amy Winehouse a fait ses débuts : une expo de peintures, signées du sympathique Sam, souvent présent d'ailleurs, lui est consacrée dans la salle et notamment dans l'alcôve où elle composait ses chansons. Et elle est désormais au menu, avec son « assiette » préférée ou encore « son » cocktail... *Back to Black !* Rien de très inventif sur le plan culinaire, mais l'ensemble est tout à fait honnête, et on ne vient pas vraiment pour ça. Concerts de jazz souvent de très bonne tenue.

Concerts classiques et théâtre

♪ ***English National Opera*** *(ENO ; centre 1, F4) : London Coliseum, St Martin's Lane, WC2N 4ES. ☎ 020-7845-9300. • eno.org • Ⓜ Charing Cross ou Leicester Sq.* L'*ENO* a une politique plus démocratique que son royal concurrent : les 1ers prix sont abordables et les mises en scène pas du tout élitistes. Petit *warning* pour les puristes : on y chante exclusivement en anglais ! Et on y danse aussi. Visite possible des coulisses (infos sur le site Internet).

♪ ***Royal Opera House*** *(centre 1, F3) : Bow St, WC2E 9DD. ☎ 020-7304-4000. • roh.org.uk • Ⓜ Covent Garden. Réserver 2-3 mois avt, pour avoir les meilleures places au meilleur prix (debout pour les moins chères). Compter env 30-250 £ la place !* LA salle prestigieuse de Londres où passent les vedettes internationales. Prix en conséquence. Demander les *returned tickets,* tickets du jour invendus. Organise des visites guidées de l'opéra, un vrai dédale ! Superbe foyer pour boire ou dîner avant le spectacle ou pendant l'entracte. En saison *(mai-juil),* certains opéras sont diffusés sur écrans géants à Trafalgar Square et autres lieux emblématiques du centre. Programme sur le site.

♩ Voir aussi les concerts donnés à ***St Martin-in-the-Fields Church*** *(centre 1, F4) : Trafalgar Sq, WC2.* • *stmartin-in-the-fields.org* • Ⓜ *Charing Cross ou Leicester Sq.* Lire le texte plus loin dans la rubrique « Monuments et balades ».

St Martin's Theatre *(centre 1, F3) : West St, Cambridge Circus, WC2H 9NZ.* ☎ *020-7836-1443.* • *themousetrap.co.uk* • Ⓜ *Leicester Sq ou Covent Garden.* Construit en 1916, il a conservé son cadre plein de charme. Un record à signaler : il joue la même pièce – *The Mousetrap (La Souricière),* d'Agatha Christie – depuis 1974. Un monument !

Soho Theatre *(centre 1, E3) : 21 Dean St, W1D 3NE.* ☎ *020-7478-0100.* • *sohotheatre.com* • Ⓜ *Leicester Sq.* L'avant-garde londonienne et théâtrale se retrouve sur cette scène expérimentale du *West End.* Comédies, tragédies, drames, tout y passe. Que de jeunes talents invités à résidence. Belle initiative. Au rez-de-chaussée, un café-bar-resto pour se sustenter entre 2 pièces.

Spécial noctambules

On estime à 100 000 le nombre de piétons arpentant les rues de Soho les vendredi et samedi soir ! Faut le voir pour le croire... Prévoir un gros budget, car même la vie nocturne à Londres est chère. Préférez les *venues* (mi-bars, mi-boîtes), plus sympa et où l'on fait d'agréables rencontres en musique.

100 Wardour Street *(centre 1, E3,* ***323****) : 100 Wardour St, W1F 0TN.* ☎ *020-7314-4000.* Ⓜ *Piccadilly Circus. Mer-ven 17h-3h, sam 11h30-3h, dim 11h30-20h. Fermé lun-mar.* En plein cœur de Soho, à l'emplacement du mythique *Marquee Club.* Un grand club pour écouter de la musique live (funk, Motown, dance, pop, etc., demander le programme), boire un verre et avaler une excellente cuisine (canapés Chesterfield très confortables, grand bar) et pour danser. Prévoir un peu d'attente le week-end.

Soho Residence *(centre 1, E3-4,* ***355****) : 83-85 Wardour St (à l'angle de Brewer St), W1D 6QE.* ☎ *020-7434-9413.* • *sohoresidence.co.uk* • Ⓜ *Piccadilly Circus ou Leicester Sq.* Situé en plein cœur de Soho, un vaste bar branché étiré sur 3 étages : piste de danse enflammée par un DJ au sous-sol, un *lounge bar* cosy à l'étage et le bar principal livré à un brouhaha permanent sous de jolies loupiotes en osier. Bondé le week-end. Clientèle assez trendy.

G-A-Y *(centre 1, E3,* ***328****) : 30 Old Compton St, W1D 4UR.* ☎ *020-7494-2756.* Ⓜ *Leicester Sq ou Covent Garden. Tlj 12h-minuit. Très fréquenté le w-e. Entrée payante ou non.* Un célèbre bar-club gay et lesbien branchouille qui embrase toujours la ville. De nombreuses stars de la pop s'y retrouvent encore. C'est vrai que ça pulse sec. En outre, tout le monde y est le bienvenu. C'est rose, c'est mauve, c'est tamisé comme il faut, et le niveau sonore... est proche de la rupture. Connu aussi pour ses *afters* endiablés !

The Village *(centre 1, E3-4,* ***355****) : 81 Wardour St, W1D 6QD.* ☎ *020-7478-0530.* • *village-soho.co.uk* • Ⓜ *Leicester Sq ou Piccadilly Circus. Tlj 16h-2h (3h jeu-sam, 23h30 dim).* L'un des principaux spots du circuit gay londonien. Ambiance tout ce qu'il y a de plus branché, avec DJs aux commandes et shows de *go-go dancers* les jeudi, vendredi et samedi soir. Cocktail bar à l'étage, sorte de boudoir tamisé pour se raconter des petits secrets, et club au sous-sol.

Proud Embankment *(plan d'ensemble, F-G4,* ***602****) : Waterloo Bridge, 8 Victoria Embankment, WC2R 2AB.* ☎ *020-7482-3867.* • *proudcabaret.com* • Ⓜ *Temple. Différents tarifs, avec repas et boissons, 45-75 £.* Ouvrez les rideaux pour assister à une soirée cabaret version West End, entre acrobaties et danses sensuelles millimétrées. C'est sûr, ça change des chœurs d'enfants de Westminster.

Bar Italia *(centre 1, E3,* ***328****) : 22 Frith St, W1D 4RF.* ☎ *020-7437-4520.* Ⓜ *Piccadilly Circus ou Leicester Sq. Tlj 7h-4h.* C'est au petit matin qu'il faut prendre un cappuccino dans ce minuscule snack indéboulonnable. Également des sandwichs, paninis, pizzas et pâtisseries pour les noctambules. Rendez-vous nocturne bien connu de tous les *clubbers* de Londres...

Shopping

Les grandes artères commerçantes

Même si l'on a tendance à lui préférer les quartiers de King's Road ou de High Kensington Street (plus tranquilles et plus charmants), *Oxford Street (centre 1, E-F3)* reste encore et toujours le centre névralgique et stratégique du shopping londonien. Allez donc rôder du côté de chez ***Marks & Spencer, Selfridges, House of Fraser, John Lewis.*** C'est dans ces grands magasins que vous trouverez votre bonheur. Tout autour de *Carnaby Street*, quelques créateurs aussi mobiles que la mode est versatile. Sans oublier quelques grandes marques franchisées (surtout fringues et chaussures). Et tout ce dont vous rêvez !

Vêtements et chaussures

Primark Marble Arch *(plan d'ensemble, C3,* ***606****) : 499-517 Oxford St, W1C 2QQ. ☎ 020-7495-0420. Ⓜ Marble Arch. Lun-sam 8h-22h, dim 12h-18h.* Sur 2 étages, mode femmes, hommes, enfants. Fringues, accessoires pas chers du tout et très sympa. Beaucoup de monde. Allez, on fait un pari : sûr que vous aussi vous repartirez avec votre sac en kraft et quelques achats dans votre besace !

Et comme vous en redemandez encore, à l'autre extrémité de la rue, ***Primark Tottenham Court Rd*** vous accueille dans un espace encore plus grand ! *14-28 Oxford St & 3 Tottenham Court Rd, W1D 1AU. ☎ 020-7580-5510. Ⓜ Tottenham Court Rd. Lun-sam 8h-22h, dim 12h-18h.* Mêmes recettes et mêmes sacs en kraft.

Burberry *(centre 1, E4,* ***378****) : 121 Regent St, W1B 4TB. ☎ 020-7806-8904. • burberry.com • Lun-sam 10h-20h, dim 12h-18h.* La marque fondée en 1856 par Thomas Burberry est devenue iconique, symbole de l'élégance britannique. Prisé des militaires, des aventuriers puis des fashionistas, le célèbre *trench coat* se décline désormais en plusieurs couleurs et même... en dentelle ! Cette boutique aménagée dans un ancien théâtre est la plus grande au monde. Hors de prix, cela va sans dire...

Abercrombie & Fitch *(centre 1, E4,* ***375****) : Chesham House, 150 Regent St, W1B 5SJ. ☎ 020-3692-7356. • abercrombie.com • Ⓜ Piccadilly Circus. Lun-sam 10h-20h, dim 12h-18h.* Le temple de la fringue américaine s'est établi dans un bâtiment cossu au cœur de Londres. Rayons hommes, femmes et enfants.

Anthropologie *(centre 1, E4,* ***319****) : 158 Regent St, W1B 5SW. ☎ 020-7529-9800. Ⓜ Piccadilly Circus. Lun-sam 11h-19h, dim 12h-18h.* Boutique « vintage moderne », très bobo. Pas donné, mais jolies pièces et décor extra. *Autres adresses à Londres, notamment aux 131-141 King's Rd, 33-34 Marylebone High St.*

Supreme *(centre 1, E3,* ***246****) : 2-3 Peter St, W1F 0AA. ☎ 020-7437-0493. • supremenewyork.com • Ⓜ Piccadilly Circus. Lun-sam 11h-19h, dim 12h-18h.* Les fans de *sneakers, streetwear* et tout simplement de la marque new-yorkaise font la queue des heures devant la seule adresse en Europe ! Casquettes, vestes, T-shirts et baskets.

Victoria's Secret *(plan d'ensemble, D4,* ***308****) : 111 New Bond St, W1S 1DP. ☎ 020-3148-1370. • victoriassecret.co.uk • Lun-sam 10h-20h, dim 12h-18h.* Pas moins de 3 étages de guêpières (qui ne piquent pas les yeux), dentelles aguichantes et autres dessous féminins. Avec toutes les nouveautés de la marque de lingerie anglaise.

Vivienne Westwood *(centre 1, D4,* ***290****) : 44 Conduit St, W1S 2YL. ☎ 020-7439-1109. Ⓜ Oxford Circus. Lun-sam*

10h-18h, dim 12h-17h. La vieille boutique *World's End* affiche toujours son horloge qui remonte le temps au 430 King's Road, mais c'est dans cette boutique de soldes que le faux-cul côtoie le T-shirt imprimé peinture et les chaussures à semelles insensées. Fins de séries à prix parfois très abordables. Boutique pour hommes au nº 18.

Agent Provocateur *(centre 1, E3,* ***283****) : 6 Broadwick St, W1F 8HL. ☎ 020-7439-0229. Ⓜ Oxford Circus ou Tottenham Court Rd. Lun-sam 11h-19h, dim 12h-18h.* Digne fils de sa maman, Vivienne Westwood, et de son papa, Malcolm McLaren, Joseph Corré a conçu une boutique de lingerie glamour, sexy-rétro (dessous des années 1950) où se bousculent les top models et le monde de la mode de passage à Londres. Pour voir et être vu. Rien de bien provocant toutefois, malgré une devanture rouge censée accrocher le regard.

Size? *(centre 1, E3,* ***286****) : 32-34 Carnaby St, W1F 7DW. ☎ 020-7287-4016. Ⓜ Oxford Circus. Lun-sam 10h-20h30, dim 12h-18h.* Des fringues branchées, mais surtout des chaussures de sport excentriques, souvent en série limitée. On a trouvé des baskets pour y brancher son iPod ! Pas donné mais sympa.

Irregular Choice *(centre 1, E3,* ***286****) : 35 Carnaby St, W1F 7DP. ☎ 020-7494-4811. Ⓜ Oxford Circus. Lun-sam 10h30-19h, dim 11h-18h.* Des chaussures que vous n'auriez même pas imaginées, aux formes et couleurs totalement déjantées. Boutique à mi-chemin entre le monde d'Alice au pays des Merveilles, celui d'un manga kitsch et d'un magasin de bonbons acidulés. Allez-y rien que pour la vitrine.

Disques et vinyles

Reckless Records *(centre 1, E3,* ***244****) : 30 Berwick St, W1F 8RH. ☎ 020-7437-4271. • reckless.co.uk • Ⓜ Oxford Circus. Tlj 10h-19h.* Une des bonnes adresses pour les occasions de CD et de vinyles. Vaste choix et tous les styles, du rock à la techno, sans oublier les incontournables classiques des *sixties* et des *seventies*.

Sister Ray *(centre 1, E3,* ***214****) : 75 Berwick St, W1F 8TG. ☎ 020-7734-3297. • sisterray.co.uk • Ⓜ Oxford Circus. Lun-sam 10h-19h, dim 12h-18h.* Immense boutique et très bonne sélection de CD et vinyles anciens et fraîchement arrivés dans les bacs.

Sounds of the Universe *(centre 1, E3,* ***193****) : 7 Broadwick St, W1F 0DA. ☎ 020-7734-3430. • soundsoftheuniverse.com • Ⓜ Oxford Circus. Lun-sam 10h-18h30, dim 11h-17h30.* Hip-hop, house et ethnique, à défaut d'être universel.

Livres

Hatchard's *(centre 1, E4) : 187 Piccadilly, W1J 9LE. ☎ 020-7439-9921. • hatchards.co.uk • Ⓜ Piccadilly Circus. À 200 m du métro. Lun-sam 9h30-20h, dim 12h-18h.* S'il n'y en a qu'une à voir, c'est celle-ci : LA librairie anglaise par excellence, sur plusieurs étages, ayant pignon sur rue depuis 1797. Une des plus belles du monde. Le nec plus ultra ? Repartir, pour le même prix, avec une édition signée *(signed copy)* par l'auteur de son bouquin préféré. Belle section complète d'ouvrages militaires (entre autres) et une autre de livres sur Churchill et la royauté ! Sans compter le jardinage, les chiens, etc. Et un rayon d'occasions au 4ᵉ étage. *Succursale à la gare de St-Pancras.*

Gosh ! *(centre 1, E3,* ***246****) : 1 Berwick St, W1F 0DR. ☎ 020-7437-0187. • goshlondon.com • Ⓜ Oxford Circus. Tlj 10h30-18h.* Pour les dingues de B.D. et *comics* américains. Excellent choix et nombreuses raretés. On y trouve aussi de la B.D. européenne, dans des éditions parfois introuvables chez nous.

Foyles *(centre 1, E3,* ***179****) : 107 Charing Cross Rd, WC2. ☎ 020-7434-1574. • foyles.co.uk • Ⓜ Leicester Sq. Lun-sam 9h-21h, dim 11h30-18h.* Dans un cadre moderne et lumineux, on trouve absolument tous les genres de livres, ainsi que des partitions. Une ville dans la ville. Café branché dans tous les sens du terme au 5ᵉ étage.

Waterstones Booksellers *(centre 1, E4) : The Grand Building, Trafalgar Sq, WC2N 5EJ. ☎ 020-7839-4411. • waterstones.com • Ⓜ Charing*

Cross. Sous les arcades à l'angle de Northumberland Ave et The Strand. Lun-sam 9h-20h, dim 12h-18h. Grande librairie de la célèbre chaîne, sur plusieurs niveaux, proposant un choix intéressant dans tous les domaines.

Stanfords *(centre 1, F3,* ***161****) : 7 Mercer Walk, en retrait de Long Acre, WC2E 9LP. ☎ 020-7836-1321. • stanfords.co.uk • Ⓜ Leicester Sq ou Covent Garden. Lun-sam 9h (10h sam)-18h, dim 12h-18h.* LA librairie spécialisée dans le voyage, établie ici depuis plus de 100 ans. Incroyable sélection de cartes du monde entier, ainsi que des guides et beaux livres. Petit café sympa sur place.

Fromage et autres douceurs

Neal's Yard Dairy *(centre 1, F3,* ***486****) : 17 Short's Gardens, WC2H 9AT. ☎ 020-7500-7520. • nealsyarddairy.co.uk • Ⓜ Covent Garden. Lun-sam 10h-19h, fermé dim.* C'est le fromager incontournable de Londres pour qui souhaite découvrir le meilleur des îles britanniques. On conseille aux sceptiques d'entrer dans cette magnifique boutique où les vieux cheddars s'affinent aux côtés de stiltons crémeux, à déguster avec un bon porto vintage... Sur une ardoise sont écrits l'âge et l'origine de ces joyaux, mais les fromagers prennent volontiers le temps de vous en expliquer les caractéristiques, et surtout de vous faire goûter ! *Autre adresse à Borough Market : lun-sam 9h (8h sam)-17h, dim 10h-16h.*

Prestat *(centre 1, E4,* ***153****) : 14 Princes Arcade, SW1Y 6DS. ☎ 020-8961-8555. • prestat.co.uk • Ⓜ Piccadilly Circus ou Green Park. Lun-ven 12h-17h, sam 10h-17h, dim 11h-16h30.* Le plus vieux chocolatier d'Angleterre, pas moins, fondé en 1902 par un... Français, Antoine Dufour. La boutique vaut déjà le coup d'œil : véritable bonbonnière rose et bleu, assortie aux chapeaux de la reine, une cliente fidèle ! Le packaging est kitsch et superbe, à l'image des lieux. Les chocolats sont aussi fameux, en particulier la spécialité, les truffes.

Charbonnel et Walker *(centre 1, D4,* ***135****) : 28 Old Bond St, à l'entrée de Royal Arcade. ☎ 020-7318-2075. • charbonnel.co.uk • Ⓜ Green Park. Lun-sam 11h-18h, dim 12h-17h.* Un autre fournisseur officiel de chocolats pour la reine, décidément bien gourmande. Emballages hyper classe et vitrine à croquer depuis 1875. En conséquence... c'est plutôt cher !

Les boutiques ultra-spécialisées

On trouve à Londres des magasins inimaginables ailleurs, spécialisés dans tout et n'importe quoi. Un régal. La plupart se trouvent dans le centre, notamment à Covent Garden. Neal Street et Shorts Gardens sont des rues pleines de magasins spécialisés.

Hamley's *(centre 1, E4,* ***607****) : 188-196 Regent St, W1B 5BT. ☎ 020-7479-7398. • hamleys.com • Ⓜ Oxford Circus. Lun-sam 10h-20h, dim 12h-18h.* Un fabuleux royaume de 7 étages, le plus grand du monde dans son genre, où les vendeurs rivalisent d'ingéniosité pour vous séduire et où vous trouverez les jouets les plus traditionnels (l'ours Paddington) comme les plus révolutionnaires, les plus chers comme les meilleur marché. Il y a même un rayon *Build a Bear workshop (• buildabear.co.uk •)*, au 3e étage, pour fabriquer le nounours de ses rêves, une section Lego au 5e étage et une collection de petites voitures à faire perdre la tête aux petits et aux grands enfants. Attention, les prix sont en général bien plus élevés qu'ailleurs. *Tte petite annexe à la gare de St Pancras.*

Cath Kidston *(centre 1, E4,* ***609****) : 178-180 Piccadilly, W1J 9ER. ☎ 020-7629-4204. • cathkidston.com • Ⓜ Piccadilly Circus. Lun-sam 10h-20h, dim 10h-18h.* Si Laura Ashley avait une petite fille, elle s'appellerait sans doute Cath Kidston ! Une boutique avec plein de fleurs partout, des mugs aux housses d'ordinateur portable en passant par les sacs et autres vêtements colorés. Très *British*, très *girly*.

M&M's World *(centre 1, E4,* ***109****) : 1 Swiss Court, WC2H 7DG. ☎ 020-7025-7184. Ⓜ Leicester Sq ou Piccadilly Circus. Lun-sam 10h-21h, dim 12h-18h. Fermé j. fériés.* Pas moins de 4 étages consacrés à la célèbre friandise chocolatée sur Leicester Sq ! Outre la variété de *M&M's* vendus au poids, moult produits dérivés, du mug au T-shirt en passant par le rideau de douche ou la laisse pour chien ! Du merchandising pur sucre, à prix salés.

Apple Store *(plan d'ensemble, D3) : 235 Regent St, W1B 2EL. ☎ 020-7153-9000. • apple.com/uk • Ⓜ Oxford Circus. Lun-ven 10h-21h, sam 10h-20h, dim 12h-18h.* Le bastion local tout blanc des adeptes du grand constructeur à la petite pomme. Des Mac du sol au plafond, sur différents niveaux, répartis selon différents secteurs : cinéma, musique, Internet (accès gratuit, notamment en wifi !)... et même un *I Pod Bar* et un espace conseils *(The Genius Bar)* pour résoudre les problèmes techniques. Car, même chez Apple, les petits pépins, c'est pas toujours de la tarte ! *Une autre adresse à Covent Garden, sous les arcades centrales (centre 1, F3) lun-sam 10h-20h, dim 12h-18h.*

Penhaligon's *(centre 1, E4, **378**) : 125 Regent St, W1B 4HT. ☎ 020-7434-2608. Lun-sam 10h-19h, dim 12h-18h.* William Henry Penhaligon était l'ancien barbier de la Cour et parfumeur de la reine Victoria. La 1re senteur de la maison est *Hammam Bouquet* (1872), toujours disponible. *D'autres boutiques ttes proches dans Burlington Arcade ou à Covent Garden.*

The Tea House *(centre 1, F3, **251**) : 15 Neal St, WC2H 9PU. ☎ 020-7240-7539. • theteahouseltd.com • Ⓜ Covent Garden. Tlj 11h-19h.* Des chinois aux indiens, des japonais aux russes, plus de 250 variétés de thés et tisanes à des prix raisonnables. Plein de théières originales, de belles boîtes métalliques et des mugs...

Neal's Yard Remedies *(centre 1, F3, **486**) : 15 Neal's Yard, WC2H 9DP. ☎ 020-7379-7222. Ⓜ Covent Garden. Lun-sam 10h-18h30, dim 11h-18h.* Sur cette placette confidentielle, accessible par Shorts Gardens ou Monmouth Street, ne manquez pas cette boutique de produits cosmétiques, diététiques et de médecine douce. Produits bio conditionnés dans de jolis flacons bleus. Bobo branchouille, à l'image du quartier.

Lillywhites *(centre 1, E4, **67**) : 24-36 Regent St, sur Piccadilly Circus, SW1Y 4QF. ☎ 0844-332-5602. • lillywhites.co.uk • Ⓜ Piccadilly Circus. Lun-sam 10h-20h, dim 12h-18h.* Considéré par certains comme le meilleur magasin d'articles de sport au monde.

Forbidden Planet *(centre 1, F3, **53**) : 179 Shaftesbury Ave, WC2H 8JR. ☎ 020-7420-3666. • forbiddenplanet.com • Ⓜ Tottenham Court Rd. À l'angle de Neal St. Lun-sam 10h-18h, dim 12h-18h.* Une boutique mythique pour les fans de Mr Spock, *Star Wars*, du *Seigneur des anneaux* ou des *super heros*. Figurines, vidéos, livres, collectors et objets divers tout droit sortis des séries cultes de la TV et du cinéma. Organise régulièrement des séances de dédicaces avec des comédiens ou des auteurs de romans S-F.

James Purdey & Sons *(plan d'ensemble, C-D4, **58**) : 57-58 South Audley St, W1K 2ED. ☎ 020-7499-1801. • purdey.com • Ⓜ Marble Arch ou Bond St. Tlj sauf dim et j. fériés 10h-17h30.* Tout l'art de la chasse, de l'arme à la tenue, pour hommes, femmes et enfants. Une institution londonienne depuis 1814 (1 an avant Waterloo !).

Benjamin Pollock's Toyshop *(centre 1, F4, **384**) : 44 The Market, Covent Garden, WC2E 8RF. ☎ 020-7379-7866. • pollocks-coventgarden.co.uk • Ⓜ Covent Garden. Tlj 11h-18h30 (17h dim-mar).* Dans une allée du marché couvert, repérez la porte discrète de cette échoppe cachée à l'étage de 2 boutiques chics. Plein de jouets rétro et une foultitude d'objets amusants. Minithéâtres en carton, kaléidoscopes, jouets en bois, services à thé en porcelaine, boîtes à musique, marionnettes... Un gros coup de cœur, délicieusement régressif !

Les boutiques chics et incontournables

Fortnum & Mason *(centre 1, E4) : 181 Piccadilly, W1A 1ER. ☎ 020-7734-8040. • fortnumandmason.com • Ⓜ Piccadilly Circus ou Green Park. Lun-sam 10h-20h, dim 11h30-18h.* Ce magasin de luxe est une véritable institution. D'atmosphère conviviale, il est décoré avec un goût et un raffinement poussés à l'extrême : lustres en cristal, rayonnages en bois à l'ancienne et moquettes épaisses. Quant aux vendeurs, ils portent fièrement leur uniforme. Faste inégalé au grand rayon alimentation et traiteur au sous-sol, qui fait depuis le XVIIIe s la réputation de cette épicerie fine. On y trouve (presque) de tout. Au rez-de-chaussée, thés en vrac et en sachets, considérés comme les meilleurs par des générations d'Anglais, marmelades fruitées, chocolats et pâtisseries pour les gourmets. Étages tout aussi précieux, consacrés aux arts de la table et autres plaisirs raffinés. À chaque niveau, son restaurant ou *tearoom,* où l'on peut prendre un *afternoon tea,* une glace ou un repas, mais en y mettant le prix... En sortant, coup d'œil à la façade : à chaque heure fixe, M. Fortnum et M. Mason sortent se saluer au son du carillon !

Liberty *(plan d'ensemble, D-E3) : Great Marlborough St, W1B 5AH (donne sur Regent St). ☎ 020-3893-3062. • libertylondon.com • Ⓜ Oxford Circus. Lun-sam 10h-20h, dim 12h-18h.* Tout le monde ou presque a entendu parler de ce grand magasin de luxe, sa superbe façade néo-Tudor hérissée de gargouilles, son bâti en bois, son escalier d'époque et surtout le style qu'il a imposé au monde entier. La créativité de son mobilier et de ses tissus a influencé le mouvement Art nouveau au début du siècle passé. Spécialisé dans les produits haut de gamme, ce magasin est évidemment hors de prix. Ça vaut en tout cas le coup d'y aller, en visant les soldes ou juste pour le plaisir des yeux. Une salle est consacrée aux fins de séries *(clearance).* En attendant, tous les créateurs se battent pour y accrocher ne serait-ce que quelques cintres. Vivienne Westwood, Dries Van Noten... avec souvent quelques pièces « collector » en Liberty, spécialement créées pour la maison. Au rayon ameublement, tout là-haut, on trouve des rideaux vraiment superbes. C'est l'occasion d'admirer la charpente de plus près.

Paul Smith *(centre 1, F3-4,* ***54****) : 40-44 Floral St, WC2E 9TB. ☎ 020-7379-7133. Ⓜ Covent Garden. Lun-sam 11h-18h, dim 12h-18h.* Paul Smith est connu pour ses étonnants mariages de chic britannique et d'imprimés colorés, presque kitsch. D'autres boutiques accolées sur Floral Street : femmes, hommes, chaussures et ***PS by Paul Smith*** *(9-11 Langley Ct ; ☎ 020-7257-8946),* si vous souhaitez faire customiser vos jeans. *So British !*

LE CENTRE TOURISTIQUE

Marché

Berwick Street Market *(centre 1, E3) : Berwick St, W1 (une petite rue descendant d'Oxford St). Ⓜ Oxford Circus. Lun-sam 8h-18h env.* Situé au cœur de Soho, cerné de boîtes de strip-tease et de boutiques de CD d'occasion, ce petit marché de fruits et légumes est très animé et pas cher. On y trouve aussi des baguettes de pain (oui, oui ! de vraies baguettes !) et de petites crêpes pour manger sur le pouce entre 2 boutiques.

Galeries et musées

National Gallery *(centre 1, E-F4) : Trafalgar Sq, WC2N 5DN. ☎ 020-7747-2885. • nationalgallery.org.uk • Ⓜ Charing Cross. Tlj 10h-18h (21h ven). Fermé 1er janv et 24-26 déc. GRATUIT (sauf expos temporaires), plan 2 £. Attention, pas de bagages volumineux au vestiaire (payant). Audioguides en français (4 £ ; réduc) et appli Smartify à télécharger (en anglais). Agréable cafétéria au sous-sol du bâtiment principal,* espresso bar *et 2 boutiques.*

L'un des plus beaux musées de peinture au monde, avec plus de 2 300 toiles du XIIIe au début du XXe s. Toutes les grandes écoles occidentales sont représentées, tandis que l'essentiel de la peinture moderne a été confié à la Tate Modern. Attention, certaines œuvres décrites ici peuvent ne pas être visibles, en prêt ou en roulement.

Conseils

– Prendre le plan du musée à l'entrée. ***Tout se trouve au même niveau, à savoir le level 2.*** Le plan indique 3 itinéraires de couleurs différentes de 25 à 35 mn, mais on n'est pas obligé de les suivre.

– Manque de temps ? Avant la visite, reportez-vous au site internet pour en savoir davantage sur 30 artistes ou 30 tableaux emblématiques. Possibilité de suivre les exposés éclair de 10 mn sur un tableau *(tlj à 16h)* ou l'aperçu général guidé et gratuit de 1h en anglais *(tlj à 11h30 et 14h30).* Rendez-vous dans le foyer de l'aile Sainsbury. Enfin, parcours téléchargeables gratuitement sur Internet.

– On peut également télécharger l'application en anglais *Smartify,* très visuelle.

Du XIIIe au XVe s, aile Sainsbury (Sainsbury Wing) : début de la Renaissance

Œuvres de l'école italienne du gothique tardif et du début de la Renaissance, notamment allemande et flamande.

– ***Salles 51 à 53 :*** nombreuses Vierges à l'Enfant et magnifique *diptyque de Wilton,* exécuté à la fin du XIVe s dans un style gothique très décoratif. Écoles de Sienne et de Florence.

– ***Salle 54 :*** consacrée à Mantegna et Crivelli.

– ***Salle 55 :*** de Bellini, le *Portrait du doge Loredan,* incarnation austère de la dignité du pouvoir.

– ***Salle 56 :*** voir le *Portrait d'un jeune homme*, du Titien.

– ***Salle 57 :*** écoles de Mantoue et Venise vers 1500 avec un intrigant monochrome de Mantegna (1505), *Introduction du culte de Cybèle à Rome.* Cette frise « à l'antique » donne l'illusion d'avoir été sculptée sur du marbre coloré.

– ***Salle 58 :*** remarquer *Vénus et Mars* de Botticelli (1485). Mars, dieu de la Guerre, est vaincu par l'Amour... La conque à son oreille symbolise la naissance de Vénus, issue de la mer.

– ***Salle 59 :*** Florence sous les Médicis, avec les frères del Pollaiulo et le martyr de saint Sébastien et un beau portrait de Vierge à l'Enfant de Verrochio.

– ***Salle 60 :*** petites œuvres de Fra Angelico.

– ***Salle 61 :*** nombreux tableaux de Raphaël *(Ansidei Madonna),* Michel-Ange *(Mise au tombeau)* et Le Pérugin.

– ***Salle 63 :*** on entre dans l'intimité des fameux époux Arnolfini de Jan Van Eyck (1434). Un rendu très précis des couleurs (joli vert de la robe de madame), lui permet par exemple de peindre le tableau en abyme dans le miroir du fond. Sur ce même miroir, on distingue 2 personnages, dont Van Eyck qui s'est probablement représenté. L'homme au turban serait l'autoportrait du peintre en personne.

– ***Salle 66 :*** consacrée à Léonard de Vinci, excusez du peu, avec le carton d'une *Vierge à l'Enfant* et une *Vierge aux rochers*.

XVIe s : haute Renaissance et maniérisme

Une section riche en œuvres de la Renaissance italienne (écoles florentine, vénitienne et de l'Italie du Nord), flamande et allemande.

– La ***salle 4,*** l'une des plus belles du musée, célèbre la Renaissance allemande, bien représentée avec Hans Holbein le Jeune, peintre officiel d'Henri VIII. On y trouve son tableau le plus connu, *Les Ambassadeurs* (1533), peint sur bois. Sur une étagère, des symboles des nouveaux savoirs de la Renaissance. Pourtant, quelque chose cloche : une des cordes du luth a sauté (signe de la discorde politique et religieuse en Europe), et, au pied des personnages, plane une menace sous la forme d'une tache incongrue. C'est une anamorphose : une forme tordue par l'élongation de la perspective. En se déplaçant sur les côtés, on découvre ce que l'on ne veut regarder en face : la Mort, représentée par un crâne... Quelques œuvres remarquables de Cranach l'Ancien, notamment l'étrange *Plainte de Cupidon à Vénus* (environ 1525) ou encore cette *Sainte Geneviève,* en vert éclatant, avec, à la main, la bougie qui se rallume, ainsi que les symboles de l'alpha et l'oméga sur son pendentif. Quant à *Sainte Apolline,* en rouge flamboyant, elle tient une tenaille, celle qui servit... à lui arracher les dents !

- *Salle 7 :* toute petite salle essentiellement consacrée au Florentin Jacopo Pontormo. Œuvres de palais représentant des scènes de l'Ancien Testament et de la vie de Joseph.
- *Salle 8 :* 2 toiles inachevées de Michel-Ange. De Bronzino, une *Allégorie de Vénus et Cupidon* (environ 1545), vraiment coquine, offerte par Côme de Médicis à François Ier.
- *Salles 9 à 12 :* l'école de Venise, avec une superbe *Famille de Darius devant Alexandre le Grand* (1565) de Véronèse, l'une de ses grandes toiles mythologiques. Également une *Adoration des rois* du maître vénitien, avec de belles perspectives. Voir aussi quelques compositions remarquables du Greco. La salle 10 célèbre Bronzino. La salle 11 est consacrée aux allégories de l'amour par Véronèse. Salle 12, galerie de portraits de Moroni, del Piombo et Lorenzo Lotto. Ne manquez pas *Les Ambassadeurs* de Holbein Le Jeune, représentant Jean de Dinteville et Goerges de Selve devant lesquels trône... un crâne complètement distordu. Ce symbole mortuaire se déchiffre beaucoup mieux en se positionnant à droite du tableau.
- *Salle 14 :* école flamande du XVIe s. *Adam et Eve,* de Jan Gossaert, un *Couple âgé,* empreint d'émotion et de résignation. Voir aussi l'*Adoration des mages* de Brueghel L'Ancien.

UNE FEMME BIEN LAIDE

On est surpris (salle 5) par ce portrait outrageusement hideux peint par l'artiste flamand Quentin Metsys en 1525. En fait, la difformité du modèle serait due à la maladie de Paget, qui provoque des excroissances osseuses. Cette œuvre devait être un diptyque avec le portrait du mari, à côté. Le peintre y a renoncé. On comprend pourquoi.

XVIIe s : l'époque baroque

- *Salle 15 (salle Pierre Bergé) :* salle consacrée aux *Quatre Eléments* de Beuckelaer (XVIe s).
- *Salle 18 (salle Yves Saint Laurent) :* on y trouve les œuvres de Rubens comme *Samson et Dalila, Minerve protège la paix* ou encore le tourbillonnant *Enlèvement des Sabines.*
- *Salle 20 :* nombreux et beaux portraits de Rubens.
- *Salle 21 :* Van Dyck.
- *Salle 22 :* portraits de Rembrandt dont un autoportrait à l'âge de 63 ans. Également un surprenant – car plus classique – *Frederick Rihel à cheval.*
- *Salle 23 :* portraits de l'école hollandaise.
- *Salle 24 :* on a apprécié le travail sur la lumière d'*Un astronome* de Ferdinand Bol.
- *Salle 25 :* consacrée aux peintres flamands. Voir notamment le *Jeune Homme tenant un crâne* de Frans Hals.
- *Salle 26 :* voir *L'Adoration des rois* de Brueghel L'Ancien.
- *Salle 27 :* ne pas manquer l'amusant tableau de Jan Steen intitulé *Les Effets de l'intempérance.* Très moralisateur sur la consommation d'alcool. Notez le sourire goguenard du jeune homme et le jeune couple attablé au fond du tableau...
- *Salle 29 :* on aime bien le beau drapé du portrait du cardinal de Richelieu par Philippe de Champaigne (1602-1674). Autres tableaux de Le Nain, Poussin ou encore Claude le Lorrain.
- *Salle 30 :* l'Âge d'or espagnol. Entre autres, délicate et charnelle toilette de Vénus par Velázquez et vibrant *Saint François en méditation* de Zurbaran.

Du XVIIIe au XXe s : le rococo et la peinture après 1800, l'impressionnisme et le postimpressionnisme

***Un florilège de chefs-d'œuvre, en finissant par un des clous du musée :* Les Tournesols *de* Van Gogh.**

- *Salle 32 :* ne pas manquer *Le Souper d'Emmaüs* du Caravage ni *L'Adoration des bergers* de Guido Reni.

– ***Salle 33 :*** peintres français du XVIIIe s. Autoportrait lumineux d'Élisabeth-Louise Vigée-Lebrun, et des œuvres de Pierre Peyron, Vernet... De Drouais, imposante *Madame de Pompadour à son métier à broder* et ses joues roses, accordées à son élégante robe fleurie.

– ***Salle 34 :*** plusieurs Turner qui annoncent de façon évidente l'impressionnisme, mais aussi l'abstraction. La lumière, décomposée à l'extrême, devient l'objet même du tableau. Toute l'Angleterre a défilé au moins une fois devant l'une de ses fameuses toiles. Paysages anglais par Constable, l'autre grand peintre anglais du XVIIIe s, dont l'élégant *Strattford Mill*. Citons aussi Joseph Wright of Derby *(An Experimentation on a Bird in the Air Pump),* George Stubbs (*Whistlejacket* avec son cheval à taille réelle) et puis encore Gainsborough et Reynolds.

– ***Salle 35 :*** plusieurs portraits des filles de Gainsborough (l'album photos de l'époque). Également Hogarth, Wilson, Juel...

– Dans la rotonde ***(salle 36)*** : portraits de la 2de moitié du XVIIIe s, dont des Turner et Claude Le Lorrain.

– ***Salle 38 :*** les Italiens du XVIIIe s, dont plusieurs Canaletto, avec, comme toujours, ses ravissantes vues de Venise, les fameuses *vedute* que les cours européennes s'arrachaient. D'autres Vénitiens comme Tiepolo et Guardi.

– ***Salles 41 à 46 :*** les foules se précipitent pour les légendaires *Tournesols* de Van Gogh (salle 41) et leurs jaunes en folie. Nombreux chefs-d'œuvre de Cézanne également, parmi lesquels se démarquent les fameuses *Grandes Baigneuses,* tableau peint au tournant du siècle. De Degas, gracieuses *Danseuses de ballet.*

Salle 44, les plus beaux impressionnistes et des chefs-d'œuvre à en perdre la tête ! Au programme, Daumier, Courbet, Degas, Delacroix, Monet, Pissarro, Cézanne, Sisley, Renoir, Manet, Berthe Morisot, etc. N'en jetez plus ! On est tout de suite attiré par cette *Exécution de Maximilien* par Manet, en 4 morceaux et toile apparente. À la mort du peintre, on la découpa ! Heureusement, Degas recolla les morceaux. Voir aussi *La Tamise à Westminster,* de Monet, qui séjourna à Londres pour fuir la guerre franco-prussienne et les célèbres *Baigneurs à Asnières* de Seurat, contraste saisissant entre nature bucolique et paysage industriel.

Salle 45, les peintres académiques et romantiques du XIXe s. *Portrait de Napoléon Ier*, de Vernet, *The Execution of Lady Jane Grey* (qui ne fut reine que 9 jours), de Delaroche, Goya, Delacroix, Caspar David Friedrich, etc.

– Pour découvrir la suite du XXe s, il faudra se rendre à la Tate Modern.

LE TUBE DU SIÈCLE

Autrefois, les paysagistes réalisaient des croquis sur le motif, mais finalisaient leur toile en atelier, faute de pouvoir conserver les couleurs (un mélange instable de pigments et de liants). Tout change au milieu du XIXe s avec l'invention du tube de peinture en étain. Les artistes peuvent enfin transporter les couleurs et réaliser leur œuvre en pleine nature en laissant libre cours à leur imagination. Une révolution qui favorisera la naissance de l'impressionnisme !

National Portrait Gallery *(centre 1, E-F4) : St Martin's Pl ; dans le prolongement de la National Gallery, à l'arrière. ☎ 020-7321-0055. • npg.org.uk • Ⓜ Charing Cross ou Leicester Sq.* ***Fermé jusqu'en 2023 pour rénovation.***

Avec en expo plus de 1 000 portraits (couvrant 500 ans) sur les 250 000 en réserve, cette galerie est l'une des plus complètes au monde. Tous les hommes et les femmes ayant compté dans l'histoire du royaume se doivent d'être représentés ici, sous quelque forme que ce soit : peinture, sculpture, photo et dessin (en incluant la caricature, dans laquelle les Britanniques excellent), sans oublier la vidéo ! Beaucoup de portraits des différentes familles royales (des Tudors à Kate), d'hommes et femmes politiques (Churchill, Margaret Thatcher...), d'artistes (les sœurs Brontë, Shakespeare, Helen Mirren, Judi Dench, la M de James Bond ou encore Ed Sheeran...), mais aussi de sportifs, de chercheurs et d'explorateurs, de musiciens ou d'architectes (Zaha Hadid par exemple). Idéal pour mettre un visage sur un nom célèbre ou vice versa, biographies à l'appui. Les portraitistes font également partie du gratin : Reynolds, Gainsborough, Graham Sutherland, David Hockney et même cet incorrigible mondain d'Andy Warhol, qui signe un superbe portrait de la reine. Si vous vous intéressez surtout au XXe s, rendez-vous à la *Contemporary Portraits* (niveau 1). Les amateurs de photo ne manqueront pas non plus les prestigieuses expos temporaires.

Somerset House *(plan d'ensemble, F-G4) : Somerset House, Strand, WC2R 1LA. ☎ 020-7845-4600. • somersethouse.org.uk • Ⓜ Temple.* Édifié à partir de 1775, ce vaste édifice georgien se déploie entre le Strand et la Tamise, à l'emplacement de l'ancien palais des ducs de Somerset. Ses ailes enserrent une belle cour intérieure restaurée avec goût, où les Londoniens aiment à flâner en paix parmi les jets d'eau... ou patiner allègrement à l'approche de Noël. Conçus à l'origine pour accueillir des bâtiments administratifs, les salons sont aujourd'hui entièrement dévolus à la culture. La Somerset House accueille des expositions temporaires, gratuites ou non, de grande envergure, mais abrite surtout la prestigieuse Courtauld Gallery.

Courtauld Gallery *(plan d'ensemble, F-G4) : Somerset House, Strand, WC2R 0RN. ☎ 020-3947-7777. • courtauld.ac.uk • Tlj 10h-18h. Entrée : 9 £ en sem et 11 £ le w-e ; réduc ; gratuit pour les étudiants. Expos temporaires gratuites ou payantes (env 18 £).*

Une **extraordinaire collection de peintures** provenant principalement de la donation Courtauld, enrichie par diverses donations.

– ***1er étage :*** consacré aux dessins du Moyen Âge et de la Renaissance.

– ***2e étage :*** dédié à l'art européen de 1400 à 1800. On y croise de nombreuses œuvres de Rubens, mais aussi Cranach, Brueghel L'Ancien et Goya.

– ***3e étage :*** le clou du musée. L'étage expose ***les impressionnistes et l'art du XXe s.*** Un régal pour les yeux et les sens. Y sont exposés Degas *(Après le bain, Deux danseuses sur scène)*, Renoir *(La Loge)*, Manet (étude du *Déjeuner sur l'herbe, Café aux Folies Bergères*), Boudin *(Deauville)*, Cézanne (*Montagne Sainte-Victoire, Lac d'Annecy* et surtout *Les Joueurs de cartes*). Également Toulouse Lautrec, Gauguin *(Le Rêve, Plus jamais)*, Daumier *(Don Quichotte et Sancho Panza)*, quelques petites œuvres de Seurat, un beau *Nu* de Modigliani et enfin un *Autoportrait* de Van Gogh avec son fameux bandage sur l'oreille.

Dans la partie moderne, une salle est consacrée au peintre expressionniste Kokoshka : *Le Mythe de Prométhée, L'Apocalypse* ou encore *Marché à Tunis*.

Royal Academy of Arts (centre 1, E4) : *Burlington House, Piccadilly, W1J 0BD. ☎ 020-7300-8090. • royalacademy.org.uk • Ⓜ Piccadilly Circus ou Green Park. Tlj 10h-18h pour les expos ;* John Madejski Fine Rooms *seulement en visite guidée (jeu-sam à 12h, GRATUIT, compter 1h). Entrée payante pour certaines expos (env 17-22 £).* ***Bon plan :*** *2 entrées pour le prix d'une aux expos temporaires sur présentation de votre billet d'Eurostar.*

Prestigieuse institution fondée en 1768 pour favoriser le développement des arts plastiques, la Royal Academy of Arts a acquis une réputation internationale et est installée dans un bâtiment à sa mesure, une énorme bâtisse de style palladien.

L'académie possède une école d'art renommée, qui fut créée sur le modèle de l'École française des Beaux-Arts. Elle est soumise à l'autorité de la reine et gérée par un comité de 50 académiciens,

C'EST LE « K2 » LE DIRE

Giles Gilbert Scott (1880-1960), à qui l'on doit l'édifice de la Tate Modern, est aussi l'inventeur de la fameuse cabine téléphonique rouge, dite « K2 », durant l'entre-deux-guerres. Le prototype en bois est visible sous les arches à l'entrée de la Royal Academy of Arts, derrière les grilles, face à l'une des copies (il n'en reste que quelques dizaines aujourd'hui). Elles fonctionnent toujours.

tous peintres, sculpteurs, graveurs ou architectes. Le peintre Reynolds en fut le 1er président, et Gainsborough l'un des membres fondateurs. Appartenir à cette académie était un privilège rare et de nombreux artistes anglais ont ainsi accédé à l'*Establishment.*

L'accès à la ***Collection Gallery*** (collection permanente), au 1er étage, est gratuit, mais assez vite vue. Après une galerie remplie de jolies statues, on admire surtout de grandes scènes religieuses.

En revanche, l'académie accueille le reste de l'année des expositions temporaires de grande qualité. Il est également possible de voir une sélection des ***diploma works*** exposée dans les superbes *Fine Rooms* du XVIIIe s. Car depuis l'origine, les académiciens doivent faire don de l'une de leurs œuvres, condition nécessaire à l'obtention du diplôme. Toiles de Turner, Constable, Gainsborough, Reynolds, Waterhouse, etc. Profitez-en pour jeter un coup d'œil au bâtiment : les plafonds ornés de fresques valent le détour.

Enfin, notez que le grand événement estival qui ponctue, depuis plus de 2 siècles, la vie culturelle de la capitale est la ***Summer Exhibition,*** le grand salon d'art contemporain.

Côté café et restauration, l'édifice abrite une cafétéria *(The RA Grand Café)*, le *Poster Bar* (sandwichs et en-cas) et le restaurant espagnol de José Pizzaro.

London Transport Museum *(centre 1, F4)* **:** *The Piazza, Covent Garden, WC2E 7BB. ☎ 0343-222-5000. • ltmuseum.co.uk • Ⓜ Covent Garden. Juste derrière le marché central. Tlj 10h-18h (dernière entrée à 17h15). Entrée : 18,50 £ ; réduc ; gratuit moins de 18 ans. Café et boutique sur place.* On est accueilli par les plans de métro de grandes villes, connectées les unes aux autres selon un réseau imaginaire. Direction le 2e étage pour redescendre progressivement en suivant un parcours chronologique dans ce vaste musée qui a pour vocation de retracer l'histoire des moyens de transport londoniens depuis 1800 avec un agréable fond sonore à la clé. Voitures à cheval, omnibus (on peut même monter dans certains !), tramways, trains à vapeur, *Tube* et vélos y sont présentés tour à tour jusqu'aux *commuters* d'aujourd'hui (les banlieusards qui font la navette matin et soir) et la fameuse *Oyster Card,* mise en service en 2003 et toujours plus connectée. Notez que Londres fut la 1re ville à se doter en 2016 d'un bus *double-deck* électrique et, en 2021, d'un bus identique à hydrogène. Au 1er étage, des trains à vapeur grandeur nature et toute l'épopée du 1er métro à vapeur du monde (mis en service en 1863 à Londres) avec le témoignage du conducteur : « On suffoquait là-dedans ». Au rez-de-chaussée, on débarque dans le Londres moderne, avec l'installation des 1ers escalators, une section sur le design du métro (affiches, tissus des fauteuils), un simulateur de train et un espace consacré au futur de la ville destination 2030... La visite se termine sur une superbe collection de bus à impériale, si typiques de la carte postale londonienne. Espace pour les petits. Un musée interactif et ludique !

The Photographers' Gallery *(centre 1, E3)* **:** *16-18 Ramillies St, W1F 7LW. ☎ 020-7087-9300. • thephotographersgallery.org.uk • Ⓜ Oxford St. Mar-mer et sam 10h-18h, jeu-ven 10h-20h, dim 11h-18h. Entrée : 5 £ ; gratuit le ven après 18h.* Une jolie galerie sur 4 niveaux proposant des expos temporaires de photos de bonne tenue. Accueille également une librairie spécialisée (plein de cartes postales) et un café-galerie agréable. Agréable halte culturelle en plein cœur de Soho, le lieu organise fréquemment des événements avec des photographes (consulter le programme en ligne).

Handel & Hendrix in London *(plan d'ensemble, D3)* **:** *25 Brook St, W1K 4HB. ☎ 020-7495-1685. • handelhendrix.org • Ⓜ Bond St. Mar-sam 11h-18h (dernière entrée à 17h).* ***Fermé en période de Covid ; se renseigner en ligne ou sur place.*** *Entrée : Handel et Hendrix 10 £ ; réduc. Réserver pour l'appartement de Hendrix (visites par petits groupes).*

Un duo peu banal puisque ces 2 musiciens ont vécu dans cette modeste maison georgienne, mais pas en même temps, que les choses soient claires ! Georg Friedrich Haendel, le plus anglais des Allemands, y passa 36 ans de 1723 à sa mort. On se demande comment il a pu y composer, quasiment dans la pénombre et sans luxe débordant, *Le Messie, Water Music* et la plupart de ses autres chefs-d'œuvre. Plus guère de mobilier sur les 2 étages, mais beaucoup à écouter, des concerts réguliers, des manuscrits et des expos temporaires.

Passons par-dessus les siècles et retrouvons, dans un tout autre registre, le génie de la gratte qui emménagea un étage encore au-dessus à la fin des années 1960. On peut visiter les 3 pièces de l'appartement de ***Jimi Hendrix,*** au grand bonheur de ses fans.

LE CLUB DES 27

Entre 1969 et 1971, plusieurs idoles du rock et du jazz sont mortes à l'âge de 27 ans : Brian Jones, Janis Joplin, Jim Morrison... Jimi Hendrix, décédé à Londres en 1970, fait partie du triste palmarès. Quand Kurt Cobain cassa sa pipe au même âge en 1994, on commença à parler du « club des 27 », que viendra rejoindre Amy Winehouse en 2011. Un curieux coup du sort !

Monuments et balades

Le Londres commerçant : Piccadilly, Mayfair et Oxford Street

Cette balade décevra les fanas de bonnes affaires et réjouira les lécheurs de vitrines. Dans la plupart des boutiques de Piccadilly et Mayfair, le moindre petit plaisir est une grande folie ! Autant se contenter d'un regard de sociologue devant ces devantures luxueuses.

Piccadilly Circus *(centre 1, E4)* **:** il suffit d'y passer, comme des millions de piétons à l'année, pour dire que l'on a vu Londres. Cette place bruyante aux panneaux publicitaires tapageurs est connue dans le monde entier. On est loin de l'œuvre initiale de l'architecte John Nash, qui conçut au début du XIXe s, à la demande du prince-régent et futur George IV, l'aménagement d'un axe triomphal reliant du sud au nord le Mall à Regent's Park en passant par Piccadilly Circus et Regent Street. Aujourd'hui, les néons des centres commerciaux, le brouhaha des taxis et des autobus, parfois les échafaudages des rénovations en cours brouillent un peu l'élégance des façades de stuc blanc. Mais la nuit, la magie opère vraiment ! L'ange d'aluminium surplombant la fontaine a été baptisé « Éros » par les Londoniens. Il symbolise, en fait, l'ange de la charité chrétienne, en souvenir du comte de Shaftesbury, qui se préoccupa au siècle dernier du sort de la classe ouvrière. Autrefois pointé vers Shaftesbury Avenue, où habitait le fameux comte, Éros a été déplacé pendant la Seconde Guerre mondiale carrément dans l'autre sens. Tout simplement pour indiquer le Dorset où habitait sur la fin de sa vie le pieux homme ! Ne manquez pas non plus l'autre fontaine emblématique de la place avec ses 4 chevaux en pleine course et son traditionnel *Hard Rock Cafe.*

HAUT LES COLS

Saviez-vous que Piccadilly vient du mot pickadil, *qui désignait au XVIIe s une sorte de col amidonné, assez haut, en vogue chez les jeunes aristocrates ? Un maître tailleur du coin, Robert Baker, s'en était fait une spécialité dans sa demeure appelée Piccadilly Hall, bien sûr ! Le nom est resté.*

The Quadrant *(centre 1, E4)* **:** cette grande courbe élégante dans **Regent Street** part de Piccadilly Circus et fut construite par Nash pour séparer l'aristocratie de Mayfair de la plèbe de Soho. La galerie du même nom et l'ensemble de la rue abritent des boutiques de mode chics et clinquantes comme le fameux grand magasin *Liberty* et sa façade Tudor. Les belles façades blanches de 1820 ont été refaites au début du XXe s de manière fidèle.

Sur Piccadilly (la rue qui part du *Circus*), ne manquez pas **Hatchard's** *(centre 1, E4),* la plus belle librairie de Londres et aussi la plus ancienne (ouverte en 1797). Lord Byron fréquenta cet ancien club littéraire, et tous les grands auteurs viennent encore y dédicacer leurs opus. Ne ratez pas non plus **Fortnum & Mason,** la porte à côté, qu'il faut avoir vu au moins une fois dans sa vie de consommateur (voir la rubrique « Shopping »). Toutes les heures fixes, M. Fortnum et M. Mason sortent de l'horloge au-dessus de la porte pour se saluer fort cordialement...

St James's Church *(centre 1, E4)* **:** *197 Piccadilly, W1.* • *sjp.org.uk* • Ⓜ *Piccadilly Circus. Église ouv tlj 11h-15h en hiver, un peu plus en été. Petit marché de* street food *les mar et jeu 9h-15h.* Petite église anglicane à l'arrière d'un jardin accueillant. Bien qu'elle ait été en partie reconstruite après la Seconde Guerre mondiale, vous aurez reconnu la touche inimitable de notre ami Christopher Wren (1684), l'architecte de St Paul's Cathedral. Nef à voûte large en berceau sur des colonnes corinthiennes. Autel sculpté par Gibbons. Au-dessus des tribunes, buffet d'orgue résolument baroque.

Les façades de Piccadilly *(centre 1, E4)* **:** au nº 203, immeuble moderne de la librairie *Waterstones* où l'emploi du verre tranche avec les autres édifices de l'avenue. Non loin, *Burlington House,* le plus vieil édifice de Piccadilly, bâti au XVIIe s et remanié au XVIIIe s à la mode palladienne, redécouverte un siècle plus tard après que l'architecte Inigo Jones a importé le style néoclassique d'Italie. Propriété du gouvernement britannique, il fut loué au siècle dernier à la fameuse Royal Academy of Arts pour une durée de 999 ans et un loyer symbolique (voir plus haut « Galeries et musées »).

Au nº 173 de Piccadilly, **Burlington Arcade,** prolongée en face par **Piccadilly Arcade,** est un superbe passage du XIXe s bordé de petites boutiques chics et personnalisées, qui perpétuent le bon goût *British.*

En sortant de Burlington Arcade, prendre à gauche **Old Bond Street** *(plan d'ensemble, D-E4)* suivie par **New Bond Street,** l'artère principale de Mayfair. Voici le cœur de l'un des quartiers les plus chics de Londres, si ce n'est LE plus chic. Rien à envier à l'élégance parisienne du faubourg Saint-Honoré ! Son nom vient du propriétaire des terres au XVIe s, sir Thomas Bond.
Boutiques de l'époque victorienne, parmi lesquelles antiquaires, galeries d'art, bijoutiers et magasins de mode. Au niveau du nº 15, statues originales de Churchill et Roosevelt devisant tout simplement... sur un banc. Ces statues ont été offertes en 1995 par les commerçants de la rue pour célébrer les 50 ans de paix en Europe.

LES BEADLES N'AIMENT PAS LA MUSIQUE !

Lord George Cavendish aimait passer du temps dans son jardin. Oui mais voilà, on lui jetait toutes sortes de détritus par-dessus les murs, des coquilles d'huîtres aux bouteilles vides en passant par... des chats morts. Il décida donc de construire Burlington Arcade, une voie privée de petites échoppes chics qui soumet les piétons à un règlement strict, datant du XIXe s. L'application est surveillée par les Beadles, *la plus vieille patrouille de police d'Angleterre. Aujourd'hui encore, il y est interdit de siffler, de chanter et de jouer de la musique !*

LE CENTRE TOURISTIQUE

Au nº 35, ***Sotheby's,*** l'une des salles des ventes les plus célèbres du monde. Londres est devenue ces dernières années la capitale mondiale de l'art, tant pour le volume que pour le montant des ventes qui battent à chaque fois de nouveaux records et atteignent des prix astronomiques, bien loin de toute considération artistique.

ROOFTOP

Les fans des Beatles ne manqueront pas de faire un détour jusqu'au 3 Savile Row. C'est sur le toit de cet immeuble – qui abrite dorénavant une boutique Abercrombie & Fitch *– que les rois de la pop donnèrent leur tout dernier concert. Il durent arrêter ce concert suite aux plaintes des voisins ! Le mieux est encore de voir le documentaire* Get Back ! *consacré à l'événement.*

Possibilité de prolonger vers l'ouest de Piccadilly, direction ***Green Park*** *(plan d'ensemble D-4-5),* couvert de jonquilles aux beaux jours, pour le très luxueux ***London Ritz.*** Ouvert en 1906, cet hôtel fut le 1er où les femmes célibataires pouvaient venir se loger ou tout simplement prendre un thé sans être accompagnées. Il fut construit par les mêmes architectes que son homologue parisien. Le salon de thé reste toujours très prisé mais hors de prix. On continue avec l'une de nos places préférées, ***Shepherd Market.*** Placettes, rue marchande, vieux cordonnier, fleuriste, chocolatier et une ambiance à la *Oliver Twist. So cute !*

OBJET BIEN TROUVÉ

Si vous vous placez devant la devanture de Sotheby's, *au 35 New Bond Street, vous verrez en façade une sculpture égyptienne. Il s'agit de Sekhmet, une représentation de la déesse égyptienne à tête de lion. C'est une statue originale, qui date de 1320 av. J.-C., devenue l'emblème de la maison Sotheby's en 1880. Elle avait été vendue aux enchères 40 £...*

Vers le nord, New Bond Street débouche sur ***Oxford Street*** *(plan d'ensemble, D-E3),* la rue commerçante la plus longue de Londres. Faites vos emplettes le long des 2,5 km de magasins ; plus abordable que tout ce que vous venez de voir. Vous y trouverez *Marks & Spencer* et les grandes chaînes anglaises, comme *Primark, River Island, TopShop, The Body Shop, Urban Outfitters* et d'autres qu'on ne trouve pas encore en France comme l'incontournable *Ann Summer,* célèbre pour sa lingerie coquine. De manière générale, la confection hommes et femmes est bien représentée. Au niveau d'Orchard Street, voir la grande façade du début du XXe s de *Selfridges,* plus haut de gamme. Le samedi, grande cohue sur les trottoirs.

Le Londres branché : Soho et Covent Garden

Avant-gardistes, tribus alternatives et bobos hipster désertent ces quartiers pour d'autres (Islington, Shoreditch et Hackney, etc.). Toujours est-il que Soho, Covent Garden et leur périphérie attirent encore, et depuis belle lurette, foule de noctambules. Normal, puisqu'on y trouve une concentration étonnante de théâtres (ceux du fameux West End), de cinémas, de restos et pubs historiques, ainsi que bon nombre de clubs et de boîtes de nuit toujours en vogue. Pour

LE MARCHÉ DU COUVENT

Covent Garden est un lieu chargé d'histoire : comme son nom l'indique, ici se trouvaient les jardins d'un couvent. Les moines, pour se faire un peu d'argent de poche, vendaient les produits de leur potager : d'où l'habitude que prirent les Londoniens de venir y acheter leurs légumes...

le touriste, le choc principal d'une balade dans ces quartiers bondés est bien souvent occasionné par l'incroyable contraste des genres qui se côtoient ici : du jeune bourgeois aux rabatteurs de cabarets, les yuppies sortant du théâtre, les groupes d'amis en goguette le samedi soir, les gays excentriques d'Old Compton Street, les Chinois de Gerrard Street, etc.
Un joyeux mélange et une animation qui créent une ambiance électrique, diablement dynamisante !

TAÏAUT !

Contrairement au quartier de SoHo, à New York, qui vient de l'abréviation « South of Houston Street », le terme qui désigne ce quartier londonien dès le XVIIe s serait dérivé d'un cri de chasseur, utilisé par le Duke de Monmouth pour rallier ses hommes pendant la bataille de Sedgemoor (1685). Nobody's perfect...

Soho (centre 1, E3-4) **:** c'est l'un des plus petits quartiers de Londres, délimité au nord par Oxford Street, au sud par Shaftesbury Avenue, à l'ouest par Regent Street et à l'est par Charing Cross Road. Il y a 300 ans débarquèrent des réfugiés venus de toute l'Europe, dont pas mal de protestants français, puis des royalistes chassés par la Révolution. La plupart d'entre eux firent ce que font en général les expatriés : ouvrir des bars, des cafés et des restaurants. Parmi les plus célèbres exilés à Soho : Karl Marx, qui échoua dans Dean Street et y resta 5 ans. Mozart y passa aussi un petit moment, très exactement au 21 Frith Street, ainsi que Canaletto (Beak Street). Le quartier regroupe quelques sex-shops et les bars gays (Old Compton Street). Mais s'assagirait-il ? Les boutiques de mode tendance grappillent ruelle après ruelle. C'est là l'autre pendant de Soho, qui s'est rendu célèbre grâce à la mode : à l'ouest du quartier se trouve ***Carnaby Street,*** associée dans la mythologie des sixties au *swinging London,* puisqu'ici furent lancées les modes vestimentaires qui fascinèrent nos mamans. Carnaby Street est aujourd'hui très touristique : les grandes marques de mode s'y précipitent, et ***Kingly Court,*** au centre, avec ses restos, attire les foules. Tout près, au 7 Broadwick Street, Brian Jones recruta 2 jeunes gars, Mick Jagger et Keith Richards, pour « monter » un petit groupe qui allait devenir grand, *The Rolling Stones.* Plus à l'est, le Soho des musiciens, avec ses clubs de rock mythiques (voir « Concerts rock, jazz, blues... »), ses soldeurs de disques, ses vendeurs d'instruments et les bureaux de quelques éditeurs de musique.
À voir aussi, ***Leicester Square*** et ***Leicester Place*** (angle nord-est). Autour de cette place et dans les rues voisines, souvent animée par des fêtes foraines et repaire des cinévores, vécurent, entre autres, Newton et Charlie Chaplin (sur Leicester Place). Au centre, on peut voir la statue de Shakespeare. À l'un des angles, au nord-ouest, superbe hôtel *W,* imaginé par le studio Concrete. Au niveau du n° 5 de Leicester Place, pénétrez dans la petite église toute ronde de Notre-Dame-de-France. Au fond, à gauche, vous apercevrez des fresques de l'Annonciation, de la Crucifixion et de l'Assomption à la sensualité prononcée : elles sont l'œuvre de Jean Cocteau, qui les exécuta en 1960 en une semaine. Et, dit-on, en parlant à voix haute à ses personnages...
Enfin, n'oublions pas le quartier des théâtres, le ***West End,*** passage obligé pour tout artiste anglais, dans le secteur Shaftesbury-Charing Cross. Quelques beaux spécimens de bâtiments typiquement victoriens.

Vous voudrez, bien évidemment, voir à quoi ressemble ***Chinatown*** *(centre 1, E4 ; Ⓜ Leicester Sq),* célèbre enclave chinoise qui mérite assurément le détour. Quelques rues à peine, en bas de Wardour Street, autour de Gerrard Street. Le grand portail un peu kitsch qui marque la frontière vient tout droit de Shanghai et les lampions rouges qui ornent les rues manifestent de cette volonté farouche de maintenir quoi qu'il arrive la culture et les traditions chinoises. Les inscriptions, y compris les noms de rues, sont en chinois. Depuis 1973, le Nouvel An chinois y est fêté en grande pompe, attirant les touristes plus nombreux chaque année. On est loin du ghetto sordide de la première heure. L'arrivée en « nombre » au début du siècle dernier (imaginez, ils étaient 400 à 500 Chinois en 1913 !) alimenta les pires fantasmes et rumeurs, tous liés à l'opium, au crime... Au lendemain du grand *Blitz,* on relogea la communauté chinoise dans ce petit coin de Soho traditionnellement dévolu aux Italiens. En 1984, le sud de Soho devint officiellement Chinatown et se vit reconnaître une existence juridique et administrative propre. C'est aujourd'hui l'un des quartiers les plus visités. Y venir surtout le matin, au moment des livraisons de marchandises : on se croirait (presque) au cœur de Pékin.

Covent Garden** (centre 1, F4) :* ● *coventgarden.london* ● Si Soho évoque quelque peu Pigalle, Covent Garden ferait plutôt penser aux anciennes Halles de Paris. Ça tombe bien : l'histoire est identique ! Au XVIIe s, le comte Russell, nouveau propriétaire du terrain, décida d'en confier le réaménagement à un grand architecte. S'inspirant, entre autres, de la place Royale de Paris (actuelle place des Vosges), celui-ci créa ainsi le 1er square londonien. Mais le Grand Incendie de 1666 fit disparaître la ***piazza et ses beaux bâtiments, qui influencèrent tant l'architecture de la ville. Le marché ayant prospéré, on construisit la halle au début du XIXe s.

UN COUVENT DEVENU « SQUARE DE VÉNUS »

Après le Grand Incendie de Londres en 1666, les vendeurs de rue furent concentrés sur la piazza de Covent Garden, qui devint la plus importante place commerciale du pays. Les tavernes et cafés se développèrent très vite autour du marché, tout comme le commerce sexuel... On dit que chaque maison – ou presque – abritait une maison close. Covent Garden était alors appelé le « square de Vénus ».

Les halles de Covent Garden, devenues trop petites, ont dû déménager à la fin des années 1970. Les Anglais ont eu la bonne idée de conserver la structure, à savoir la grande verrière qui faisait tout le charme des lieux. On y a installé, sur 2 niveaux, des artisans, des petits commerces et des restaurateurs. C'est sûr, c'est moins pittoresque que le marché aux fruits et légumes d'antan, immortalisé à l'écran dans *My Fair Lady.* Hyper touristique, il avait perdu beaucoup de son attrait tant les boutiques et les étals offraient aux yeux des marchandises bidons et bas de gamme.

Des boutiques de luxe ont investi les lieux, ce que l'on peut tout aussi bien regretter ; il n'empêche que cette montée en gamme redonne élégance et cachet à ce beau bâtiment de pierre et de verre. Et avec un peu de chance, vous aurez droit à un petit récital gratuit, car il n'est pas rare que des chanteurs lyriques viennent pousser la voix dans les allées inférieures du marché. Il est vrai que la célèbre ***Royal Opera House*** se cache dans un recoin de la place (voir précédemment « Concerts classiques et théâtre »)...

Le marché aux fleurs, lui, a cédé la place au ***London Transport Museum*** (voir précédemment « Galeries et musées »). Et tout le quartier conserve en fait une atmosphère plaisante et très animée, jusque dans ses rues commerçantes.

***Seven Dials** (centre 1, F3) :* de ce rond-point au nord de Covent Garden partent en étoile des rues animées à toute heure, comme Short's Gardens, Monmouth Street, Earlham Street, etc. Ne manquez pas la discrète *Neal's Yard,* une placette colorée, accessible notamment par Monmouth Street. En passant, remarquez le graffiti (œuvre de l'artiste Bambi) représentant Lady Di en Mary Poppins, accompagnée de George et Charlotte, les enfants de Kate et William. Cette œuvre a été réalisée en 2017, pour célébrer les 20 ans de la mort de la princesse.

***Savoy Hotel** (centre 1, F4) : Strand, WC2R 0EZ.* Ⓜ *Temple ou Embankment.* L'un des palaces mythiques d'Europe, temple du style édouardien et Art déco.

Construit en 1889 pour le compte de l'agent de théâtre Richard d'Oyly Carte afin d'y loger ses stars de la scène, ce palace a été le témoin d'instants de vie culturelle. Pensez donc : Monet y a peint de sa chambre certaines vues sur la Tamise ; Oscar Wilde y retrouvait son amant ; Marlene Dietrich exigeait d'être accueillie avec 12 roses et une bouteille de Dom Pérignon ; Queen Mum avait toujours sa bouteille de champagne doux au frais ; Lady Di venait y prendre le thé ; y furent inventées la pêche Melba pour la célèbre cantatrice Nelly Melba et la boisson *dry martini* à l'***American Bar*** *(tlj sauf mar-mer 16h-minuit),* où venait jouer Frank Sinatra. On peut aujourd'hui encore y boire un cocktail dans un cadre Art déco ou juste pousser le tambour de la porte d'entrée pour le plaisir des yeux...

CHAT ALORS !

En 1898, un riche magnat sud-africain donna un repas au Savoy. Au dernier moment, un convive annula, et l'assemblée se retrouva 13 à table. Quelques jours plus tard, on retrouva l'hôte mort ! Pour éviter que cela ne se reproduise, la direction du Savoy commanda un chat noir (!), Kaspar, dans le style Art déco, « invité » à siéger lors de tels repas placés sous le coup du sort. Il existe toujours.

Cleopatra's Needle *(centre 1, F4)* **:** *Victoria Embankment.* Ⓜ *Charing Cross.* Au bord de la Tamise, le long des jardins de Victoria Embankment, c'est le plus vieux monument de Londres ! Un obélisque de granit datant de 1485 av. J.-C., dont le frère jumeau se trouve à Central Park, à New York. Il fut offert à l'Angleterre par le vice-roi d'Égypte en 1819, mais il fallut attendre près de 60 ans avant de lui trouver une place de choix à Londres.

St Martin-in-the-Fields Church *(centre 1, F4)* **:** *Trafalgar Sq, WC2.* • *stmartin-in-the-fields.org* • Ⓜ *Charing Cross. Lun-ven 8h30-18h, le w-e 9h-18h.* Église baroque construite en 1726, donnant directement sur la place la plus célèbre de Londres. Portique corinthien particulièrement pesant et clocher effilé à base carrée. À l'intérieur, péristyle corinthien sous un plafond en ellipse orné de stucs. Au-dessus du chœur, les armes royales rappellent que nous sommes dans l'église paroissiale de Buckingham Palace. Aujourd'hui, elle sert également de centre d'accueil pour les SDF *(homeless).*

L'Academy of St Martin-in-the-Fields est réputée mondialement pour son orchestre et sa chorale d'une grande qualité. On peut voir répéter le chœur et écouter des chants liturgiques, en principe les mercredi matin et dimanche après-midi (sauf en août). Régulièrement, le soir à 19h30, ***concerts*** payants de musique classique ou baroque (large répertoire). L'église est alors éclairée à la bougie ! Sinon, des concerts gratuits à 13h certains jours (voir programmation en ligne).

ST JAMES'S PARK, WESTMINSTER ET PIMLICO (VICTORIA)

• Pour se repérer, voir le plan d'ensemble et le centre 1 détachables en fin de guide.

Les quartiers de St James's Park, Westminster et Pimlico appartiennent au district de la City of Westminster, berceau de l'aristocratie et des institutions britanniques. La reine y réside, et c'est un peu plus à l'est de son palais que se trouve l'abbaye de Westminster, haut lieu religieux où les monarques reposent et se transmettent la couronne royale.

Ce n'est évidemment pas dans ces quartiers que vous assouvirez vos pulsions festives. En caricaturant, on pourrait résumer l'animation au trafic de cars touristiques, à la relève de la garde et aux quintes de toux de la famille royale. Toutefois, l'architecture se prête bien à une balade au gré de ses rues et ruelles, et quelques étapes incontournables d'un voyage à Londres vous y mèneront forcément, de Trafalgar Square à Big Ben, en passant par Westminster Abbaye et la Tate Britain. La partie la plus résidentielle du quartier, autour d'Ebury Street, abrite par ailleurs de nombreuses demeures de stars de l'écran et de la littérature. C'est aussi dans cette rue que Mozart a vécu, au n° 180, et a composé sa 1re symphonie.

POURQUOI « WESTMINSTER » ?

Le nom de Westminster trouve ses racines chez des Normands francophones qui nommèrent le lieu Ouest-Moutier, c'est-à-dire le « monastère de l'Ouest ». Ce qui donna Westminster.

Où dormir ?

La plupart des adresses sont situées autour des stations de métro Pimlico, Victoria et Sloane Square. Quant à Ebury Street, elle est connue pour regrouper en enfilade de nombreux hôtels assez bon marché. Rien de vraiment remarquable dans cette catégorie, mais le quartier est central et tranquille.

Studios et appartements

The Studios @82 et B & B Belgravia *(plan d'ensemble, D6,* ***59****) : 82 Ebury St (réception au n° 64-66), SW1W 9QD. ☎ 020-7259-8570. • bb-belgravia.com • Ⓜ Victoria. À partir de 150 £ la nuit pour 2, petit déj continental compris. Réduc sur le site internet.* Dans une jolie petite rue, studios bien équipés et bien décorés, avec micro-ondes et frigo. Possibilité de louer des vélos.

The Georgian House Hotel *(plan d'ensemble, D6,* ***52****) : 35-39 St George's Dr, SW1V 4DG. ☎ 020-7834-1438. • georgianhousehotel.co.uk • Appartements pour 6 pers env 180-350 £.* Voir dans la rubrique « Très chic ».

De bon marché à prix moyens (de 40 à 100 £ / 48-120 €)

Easy Hotel *(plan d'ensemble, D6,* ***56****) : 34-40 Belgrave Rd, SWIV 1RG. ☎ 020-7834-1379. • easyhotel.com • Ⓜ Victoria. Résas sur Internet, mais* *rien ne vous empêche de passer directement. Doubles 45-200 £ avec ou sans fenêtre ; familiales.* Vous connaissez la compagnie aérienne Easy Jet ? C'est le même principe : plus vous réservez tôt, moins c'est cher ! Le prix d'appel est censé vous faire tourner la tête et oublier quantité de petits détails qui, en temps normal, vous chiffonneraient. Comme l'absence de fenêtre dans certaines chambres ou leur surface, réduite au strict minimum. Confort rudimentaire, donc, déco minimaliste dans les tons orange, cabines de douche compactes et intégrées... Pour finir, attention aux suppléments payants : TV, wifi, ménage, etc. Accueil en supplément également !

Z Hotel Victoria *(plan d'ensemble, D6, **61**) : 5 Lower Belgrave St, SW1W 0NR. ☎ 020-3589-3990. • thezhotels.com/hotels/victoria • Doubles 50-150 £.* Cette petite chaîne d'hôtels, très présente à Londres, a l'avantage de proposer des chambres fonctionnelles, propres et confortables. Les moins chères n'ont pas de fenêtre, préférer celles avec lit *queen*, nettement plus agréables et d'un excellent rapport qualité-prix. Cafétéria sur place pour le petit déj (non inclus) avec grandes tables à partager. Une de nos meilleures adresses dans le coin.

De prix moyens à chic (60-150 £ / 72-180 €)

Luna Simone Hotel *(plan d'ensemble, E6, **57**) : 47-49 Belgrave Rd, SW1V 2BB. ☎ 020-7834-5897. • lunasimonehotel.com • Ⓜ Pimlico. Fermé 25 déc-1er janv. Doubles env 99-159 £,* English breakfast *inclus (jusqu'à 9h) ; familiales.* Tenu par la même famille depuis 3 générations, cet hôtel à l'élégante façade blanche d'une quarantaine de chambres possède beaucoup de caractère et est situé sur un large boulevard qui n'en manque pas non plus. Excellent accueil souriant et pro, petites chambres agréables et hyper fonctionnelles, avec moquettes épaisses, à la déco fraîche et très standard. Entretien impeccable.

Premier Inn Victoria *(plan d'ensemble, D6, **42**) : 82-83 Eccleston Sq (accès par le 55 Gillingham St), SW1V 1PS. ☎ 0333-321-1276. • premierinn.com • Ⓜ Victoria. ♿ Chambres 70-210 £, sans ou avec petit déj.* Une centaine de chambres dans un imposant immeuble en brique rouge. Toutes les chambres de cette chaîne sont identiques, confortables, avec literie digne de ce nom et propreté assurée. Sofa pour les enfants. Réserver à l'avance pour bénéficier des promos.

B & B Belgravia *(plan d'ensemble, D6, **59**) : 64-66 Ebury St, SW1W 9QD. ☎ 020-7259-8570. • bb-belgravia.com • Ⓜ Victoria. Doubles 95-170 £ ; familiales ; petit déj anglais compris.* Dans une rue résidentielle, un *B & B* à la déco très contemporaine, où les architectes d'intérieur se sont manifestement fait plaisir. Salon équipé de matériel high-tech, insolite passerelle en verre pour rejoindre la salle du petit déj. Une vingtaine de chambres spacieuses et claires, et des familiales. Cela dit, éviter les appartements du sous-sol, si possible, moins charmants. L'ensemble est très agréable malgré quelques petits problèmes d'insonorisation entre les chambres. Petite cour-jardin à l'arrière et, pour ne rien gâcher, vélos en libre-service. Une belle adresse.

The Belgrave *(plan d'ensemble, E6, **85**) : 80-86 Belgrave Rd, SW1V 2BJ. ☎ 020-7828-8661. • info@the-belgrave.com • the-belgrave.com • Ⓜ Pimlico. À mi-chemin entre la Tate et Victoria Station. Doubles 100-180 £, petit déj compris.* La réception tape-à-l'œil donne le ton avec son comptoir lumineux. Ici, on fait dans les tons rouge, vert et pourpre. Style moderne et confortable, malgré les défauts d'insonorisation parfois. Plus de 70 chambres de toutes tailles avec frigo, même dans les standards, et machine à expresso à disposition. Accueil pro.

De chic à très chic (100-150 £ et plus / 120-180 €)

The Resident Victoria Hotel *(plan d'ensemble, D5, **106**) : 10 Palace Pl, SW1E 5BW. ☎ 020-3540-8800. • residenthotels.com • Ⓜ Victoria ou*

St James's Park. Doubles 140-300 £, petit déj en sus. Une excellente adresse à 2 pas de Buckingham. Des chambres tout confort et minimalistes, des tonalités douces (inspirées d'une boîte à cigares !), et surtout toutes sortes d'attentions comme les kitchenettes et machines à expresso partout. Tout ce qu'il faut pour se restaurer aussi à proximité. Le petit déj avec la reine n'est pas inclus dans la prestation, mais vous êtes aux 1res loges pour la relève de la garde !

The Georgian House Hotel *(plan d'ensemble, D6,* ***52****) : 35-39 St George's Dr, SW1V 4DG. ☎ 020-7834-1438. • georgianhousehotel.co.uk • Ⓜ Victoria ou Pimlico. Doubles env 100-340 £, familiales ; petit déj complet inclus. Réduc sur le site internet.* Un hôtel tout confort à la déco joyeusement contemporaine, où la toile de Jouy côtoie allègrement des lignes graphiques noires, blanches et grises. Les chambres sont soignées, le plancher craque comme une vénérable ossature. Salle de petit déj toute pimpante. Les fans de Harry Potter ne manqueront pas de dormir dans l'une des 7 *Wizard Chambers,* à l'ambiance résolument poudlardienne, un poil sombres mais amusantes... L'équipe de l'hôtel est très sympathique. Notre meilleur rapport qualité-prix dans le quartier.

Eccleston Square Hotel *(plan d'ensemble, D6,* ***40****) : 37 Eccleston Sq, SW1V 1PB. ☎ 020-3489-1000. • ecclestonsquarehotel.com • Ⓜ Victoria. Doubles 150-250 £, petit déj en sus.* À 5 mn à pied de la station Victoria, cette demeure georgienne transformée en hôtel high-tech sans rompre le charme de l'ancien est un vrai cocon urbain. À dispo dans les chambres, tablettes, Netflix, enceintes dernier cri, connectique à gogo et gadgets à tous les étages, comme les vitres de la salle de bains qui s'opacifient. La maison n'a pas lésiné non plus sur la décoration, avec ce lustre de Murano dès l'accueil et les chambres douillettes et confortables, jusqu'au petit spray sur l'oreiller pour faire de beaux rêves. Avec le bar et le resto, l'ensemble est cosy et classe à la fois.

Où manger ?

Outre les adresses mentionnées dans cette rubrique, les pubs cités dans la catégorie suivante (« Où boire un verre ? Où sortir ? ») offrent aussi une bonne alternative pour un repas dans le quartier.

Sur le pouce (moins de 10 £ / 12 €)

Relish the Sandwich Shop *(plan d'ensemble, E-F6,* ***181****) : 8 John Islip St, SW1P 4PY. ☎ 020-7828-0628. Ⓜ Pimlico. Lun-ven 7h-16h. Sandwichs et bagels env 4-5 £.* Petite boutique à l'angle de Ponsonby et John Islip, grande comme un mouchoir de poche... mais plus active qu'une ruche. Chaque midi, la foule assiège cette échoppe pour ses énormes sandwichs préparés à la commande avec toutes sortes de pains et de bons produits frais appétissants. Bons petits déj variés. Idéal pour se restaurer avant ou après la Tate Britain.

Pret A Manger *(centre 1, F4,* ***150****) : 62-65 Trafalgare Sq, WC2N 5DS. ☎ 020-7932-5350. Ⓜ Charing Cross. Tlj 6h30 (7h dim)-19h30 (21h30 sam et 20h dim).* Sandwichs aux recettes originales, frais, avec des produits de qualité et à prix honnêtes. Également de bonnes soupes, des salades, des porridges pour le petit déj et du café bio. Plus de 100 autres *Pret* (prononcer « Prèt' » à l'anglaise) dans Londres *(dont la succursale de St Martin's Pl, juste derrière Trafalgar Sq, avec terrasse).*

Bon marché (10-20 £ / env 12-24 €)

Seafresh Restaurant *(plan d'ensemble, E6,* ***207****) : 80-81 Wilton Rd, SW1V 1DL. ☎ 020-7828-0747. Ⓜ Victoria. Lun-ven 11h30-15h, 17h-22h30 ;*

le w-e 11h30-22h30. Fish & chips 16-18 £. Derrière ce cadre de brasserie marine conventionnel se cache l'une des plus vieilles enseignes de la capitale londonienne. C'est l'as du *fish & chips* depuis 1965, réalisé dans les règles de l'art et toujours à partir de produits de grande fraîcheur, mais aussi selon l'arrivage des crabes, calamars, gambas, crevettes, etc. Simple et sans esbroufe.

The Morpeth Arms *(plan d'ensemble, F6,* ***143****) : 58 Millbank, SW1P 4RW. ☎ 020-7834-6442. Ⓜ Pimlico ou Vauxhall. Lun-sam 11h-23h, dim 12h-22h30. Sandwichs 8-9 £ (jusqu'à 16h), plats env 14-20 £.* À 2 pas de la Tate Britain. Un pub anglais construit au-dessus des couloirs qui menaient au cachot de Millbank. Bonnes bières, cadre sympa. Pas la peine de se faire prier pour un plat anglais traditionnel (*fish & chips,* saucisses, *pies*) ou plus classique (burgers, salades, sandwichs). Bien aussi pour un brunch ou le traditionnel *Sunday roast* du dimanche.

De prix moyens à très chic (à partir de 20 £ / 24 €)

Boisdale of Belgravia *(plan d'ensemble, D6,* ***411****) : 15 Eccleston St, SW1W 9LX. ☎ 020-7730-6922. Ⓜ Victoria. Lun-ven 12h (17h lun)-1h, sam 17h-minuit. Fermé dim. Plats env 13-22 £ au bar, 17-40 £ au resto.* On roule les « r » dans ce pub écossais à la façade bien saignante, pur jus et très chic, où les clients sont souvent des *members.* Tartan sur les chaises, vieux tapis et parquets cirés confèrent aux lieux une atmosphère chaleureuse. Bar et menu de bonne tenue (*haggis,* hareng, gibier, saumon des Highlands, bœuf d'Aberdeen, etc.). Mais on vient surtout le soir pour les concerts de jazz des années 1930-1950 (petit supplément à partir de 21h-22h)... Sélection savante de *single malt,* cela va de soi, cigares au menu et une terrasse tout là-haut pour déguster son barreau de chaise. *3 autres Boisdale à Londres, notamment à Mayfair et Canary Wharf.*

Hard Rock Cafe *(plan d'ensemble, D5,* ***149****) : 150 Old Park Lane, W1K 1QZ. ☎ 020-7514-1700. Ⓜ Hyde Park Corner. Tlj 12h-22h (23h sam).* Les *rock addicts* ne manqueront pas le pèlerinage au 1er *Hard Rock Cafe* du monde (1971). Registre grosse batterie à la carte avec des hamburgers et steaks américains pas mauvais, en portions de cow-boys. Boutique en face dans une ancienne banque et *the vaults,* un musée (gratuit) de poche dont les coffres-forts abritent la dernière guitare de Jimi Hendrix ou les dessous de Madonna. *Une autre adresse à Piccadilly Circus.*

Où boire un verre ? Où sortir ?

The Clarence *(plan d'ensemble, F4,* ***315****) : 53 Whitehall, SW1A 2HP. ☎ 020-7930-4808. Ⓜ Charing Cross. Tlj 11h-23h (21h pour la cuisine). Snacks et plats 5-17 £.* Vieux pub admirable avec ses bow-windows et ses vénérables boiseries, relooké avec une vieille carte du monde au plafond et des chapeaux melon en guise d'éclairage ! Ambiance du tonnerre à l'heure de l'apéro ou des matchs de foot/rugby : une bonne halte dans ce quartier pauvre en adresses pour boire un verre, mais aussi pour se requinquer : menu de saison et carte de snacks, planches et autres *pub grub* à partager dans une atmosphère chaleureuse.

St Stephen's Tavern *(plan d'ensemble, F5,* ***314****) : 10 Bridge St, SW1A 2JR. ☎ 020-7925-2286. Ⓜ Westminster. Tlj 12h-22h.* Un pub traditionnel datant de 1875, le plus proche situé juste en face du Parlement. Il distille une bière renommée du Dorset, la *Hall & Woodhouse,* et a vu passer tous les grands noms de la politique britannique. Aujourd'hui encore, les députés et journalistes en ont fait leur QG, d'autant que la cuisine y est de qualité. Aux heures stratégiques, l'ambiance est surchauffée et vraiment conviviale. Salle à l'étage. Et si vous entendez la cloche sonner, c'est pour signaler à l'assemblée l'heure des votes, 8 mn avant !

The Red Lion *(plan d'ensemble, F5,* ***204****) : 48 Parliament St, SW1A 2NH. ☎ 020-7930-5826. Ⓜ Westminster.*

Tlj 11h-23h (21h sam et 20h dim). Voici un de ces pubs historiques du quartier de Westminster, déjà fréquenté au XVe s, dont nombre de parlementaires et 1ers ministres ont poussé la porte jusqu'à aujourd'hui. Même Dickens figure au palmarès. *Pies* maison et classique cuisine de pub en cas de fringale.

Boisdale of Belgravia *(plan d'ensemble, D6,* **411***) : 15 Eccleston St, SW1W 9LX. ☎ 020-7730-6922. • boisdale.co.uk/belgravia • Voir « Où manger ? ». Concerts ts les soirs sauf dim, à partir de 22h (et piano lun-ven 18h30-21h30) ; compter 6 £ (avt 22h et sur* guest list*), 12 £ après 22h.* Concerts de jazz des années 1930, 1940, 1950...

Galeries et musées

Tate Britain *(plan d'ensemble, F6) : Millbank, SW1P 4RG. ☎ 020-7887-8888. • tate.org.uk • Ⓜ Pimlico. Musée tlj 10h-18h. Fermé 24-26 déc. GRATUIT (expos temporaires payantes, env 20 £). Hors période de Covid, visites guidées gratuites et thématiques en anglais (à 11h, 12h, 14h et 15h), plus des* 10 mn walks *autour d'une œuvre à 13h ven et dim. « Tate App » à télécharger sur votre smartphone. Sur place, grande cafétéria et resto.*

***Bon plan :** un bateau (le* Tate Boat*) relie la Tate Britain à la Tate Modern. Départs tlj, ttes les 20-30 mn ; 1er vers 10h, dernier vers 17h (19h le w-e). Prix : 9 £ ; forfait famille et réduc (notamment avec l'*Oyster Card*).*

L'un des grands musées d'art de Londres. Sa particularité est de regrouper plus de 500 ans de créations britanniques, de 1500 à nos jours, présentées sur le même niveau avec des salles chronologiques. La Tate Britain consacre ses galeries à des artistes comme ***Turner, Gainsborough, Constable, John Singer Sargent, Dante Gabriel Rossetti, Henry Moore, Hockney...*** On y verra également des artistes moins emblématiques mais qui remportent un franc succès pour leurs compositions éminemment britanniques. Les collections tournent très régulièrement, et ce qui est exposé ne représente qu'une partie du fonds du musée. Lors de votre visite, munissez-vous du plan *(1 £)* ou photographiez-le s'il n'est plus disponible. Expositions temporaires toujours très populaires et d'excellente qualité.

– ***Turner Collection :*** dans une aile dédiée, plusieurs salles sont réservées à Joseph Mallord William Turner (1775-1851), l'un des plus grands et prolifiques peintres anglais (né et mort à Londres). Le musée possède près de 300 huiles, aquarelles et dessins (sans compter les 300 carnets de voyage), exposés par roulement, qui illustrent l'immense talent de ce maître de la lumière, largement précurseur des impressionnistes. En 1843, avec ses personnages effacés, ses jets de couleurs pastel, ses taches jaunes et bleues qui semblent gommer toute réalité, Turner est indiscutablement visionnaire. Quelle révolution après l'académisme de ses périodes anglaise et romaine ! On peut également apprécier toute la fougue romantique des débuts de ce peintre obsédé par les ciels torturés et les soleils éclatants : scènes mythologiques, paysages fantastiques et grandioses, où l'orage gronde, la mer est déchaînée et l'homme menacé. À l'âge de 30 ans, il possédait sa propre galerie et, dans son atelier, passait d'une toile à l'autre avec un même pinceau pour n'utiliser qu'une couleur à la fois ! À sa mort, il laissa ainsi quantité de toiles inachevées. Mais il finit isolé de ses contemporains, livrant des œuvres aussi belles que dépouillées, incomprises des critiques.

Ne pas manquer de visiter la salle consacrée aux ***préraphaélites*** (1840-1890), avec une scénographie typique de l'époque victorienne (murs couverts de toiles). Dans un registre beaucoup plus contemporain, 2 salles sont dévolues à l'œuvre du sculpteur ***Henry Moore,*** avec une riche collection de dessins, photos, films et sculptures, notamment *Recumbent Figure 1938,* la 1re de ses œuvres exposées à la Tate. Également des salles consacrées à ***John Singer Sargent, Heather Phillipson, Stanley Spencer, Ima-Abasi Okon*** ou encore ***Kim Lim***...

Boutique du musée : *tlj 10h-18h.* Cadeaux estampillés « Tate », du sac à la tasse en passant par des bouquins et de la papeterie.

En sortant, si vous longez la Tamise vers l'est, vous verrez de l'autre côté un immense bâtiment des années 1990, près du Vauxhall Bridge, qui ressemble terriblement à un Lego géant, en brique et verre. Ce n'est rien moins que le ***siège du MI6,*** le temple du renseignement secret britannique. Revoyez tous les *James Bond* !

The Queen's Gallery *(plan d'ensemble, D5)* **:** *à Buckingham Palace, Buckingham Palace Rd, SW1A 1AA. ☎ 030-3123-7300. ● rct.uk/visit/the-queens-gallery-buckingham-palace ● Ⓜ Victoria, Green Park ou Hyde Park Corner. ♿ Entrée à gauche du palais. Tlj sauf mar-mer 10h-17h30 ; dernière admission à 16h15. Fermé entre chaque expo (vérifier sur le site internet) et 25-26 déc. Entrée : 16 £ ; réduc. Audioguide.* Ne vous attendez pas à visiter le palais de Buckingham. Seuls les gardiens en livrée, disponibles et courtois, vous rappelleront que vous êtes chez la reine. La galerie, à taille humaine, est située dans l'ancienne chapelle privée, qui fut gravement endommagée par les bombardements allemands de 1940 à 1944. Elle présente les ***œuvres d'art de la vaste collection royale*** selon des expositions thématiques, renouvelées régulièrement. Chaque jour, hors période de Covid, présentation gratuite (10 mn) d'une œuvre à 12h et 15h.

The Royal Mews *(plan d'ensemble, D5)* **:** *à Buckingham Palace, Buckingham Palace Rd, SW1A 1AA. ☎ 020-7766-7300. ● rct.uk/visit/the-royal-mews-buckingham-palace ● Ⓜ Victoria, Green Park ou Hyde Park Corner. À côté de la Queen's Gallery. Tlj sauf mar-mer 11h-17h (dernière admission à 16h). Fermé oct-début mai et j. fériés en mai et juin (et en cas de visite officielle). Entrée : 14 £ ; réduc.* Tous ces carrosses rutilants que l'on sort les jours de flonflon officiel et ces voitures à larges vitres derrière lesquelles la reine salue gracieusement de la main, il leur faut bien un entrepôt. C'est ici, dans les écuries royales, qu'ils sont bichonnés. Il est vrai que le « Gold State Coach » de 1762, tiré par 8 chevaux, a fière allure, même si, paraît-il, on n'y est pas trop à son aise. Sachez que 2 fois par jour le postier délivre le courrier à Buckingham, St James's Palace et Clarence House... en calèche. La grande classe, sans parler du bilan carbone quasi nul !

Churchill War Rooms & Churchill Museum *(plan d'ensemble, E-F5)* **:** *Clive Steps, King Charles St, SW1A 2AQ. ☎ 020-7416-5000. ● iwm.org.uk ● Ⓜ Westminster. En période de Covid, mer-dim 9h30-17h (dernière admission à 16h). En temps normal, tlj 9h30-18h (dernière admission à 17h). Fermé 24-26 déc. Entrée : 25 £ ; réduc. Audioguide en français compris. Pour des raisons de sécurité, pas de vestiaire. Compter au moins 2h de visite. Cafétéria. Librairie.*

Un 10 Downing Street underground !
Cachée sous des bâtiments administratifs et protégée des bombes par une couche de béton et de métal, cette casemate inattendue, de dimension impressionnante, servit de PC à Churchill et à ses conseillers militaires. Ce labyrinthe d'une trentaine de salles surprend avant tout par son confort simple. D'autant qu'ils vinrent s'enterrer ici pendant près de 5 ans, du grand *Blitz* d'août 1940 à la reddition japonaise en 1945. Dès l'entrée, au sous-sol, les informations projetées sur une bombe allemande de 250 kg resituent le contexte : Londres reçut 18 000 tonnes de bombes qui firent 29 000 morts. Ce n'était donc pas virtuel !

POMME DE DISCORDE

Alan Turing, mathématicien de génie longtemps trop méconnu et mis à l'honneur dans le film Imitation Game*, eut un rôle décisif dans la victoire sur les nazis : il cassa le code secret Enigma, la machine qui cryptait les messages allemands. Il est le père de l'informatique moderne. Mais Alan était homosexuel, et on le condamna en 1952 à un traitement aux hormones féminines. Il devint impuissant et se suicida en avalant une pomme empoisonnée au cyanure. La pomme croquée, logo d'Apple, serait d'après la légende un hommage au grand homme.*

Comme certains ne remontaient que très rarement à la surface, il fallait bien que la vie s'organise. C'est ainsi que l'on visite les fameux cabinets de guerre, notamment celui d'où Churchill déclara la guerre à l'Allemagne, mais aussi le *Transatlantic Telephone Room* d'où Churchill communiquait directement avec Roosevelt, les salles des cartes *(maps rooms)* où l'on suivait les opérations sur tous les fronts à l'aide d'épingles et de fils de laine colorés, où trône une caricature d'Hitler, les salles de radio, les postes de garde, etc. Notez qu'un système interne permettait d'avoir de l'électricité de manière totalement indépendante. Le gouvernement de coalition, restreint, ne comptait alors que 8 membres. Mais on découvre surtout le volet plus intime de ce bunker, avec la chambre de Churchill, où il ne passa en fait que 3 nuits (il préférait y faire la sieste), celle de sa femme Clementine juste à côté de la salle de réunion, la cuisine, la salle à manger... On a presque l'impression qu'ils vont bientôt revenir. Pas mal de détails amusants, comme la petite phrase de la reine Victoria, affichée dans la salle du Conseil : « Les possibilités de défaite ne nous intéressent pas. Elles n'existent pas ! » Des mannequins prêtent vie à l'ensemble et un audioguide fort bien fait nous conte 1 000 anecdotes.

Churchill Museum

Au cœur de la visite, ce musée dans le musée s'intéresse à ce personnage décidément hors du commun. Churchill connut toutes les grandes mutations de la fin du XIXe et du XXe s, du 1er téléphone à la conquête spatiale, et fut tout à la fois officier de l'armée, journaliste, historien, politicien, peintre, écrivain nobélisé... Si le musée a tendance à lui donner le beau rôle, au fil des écrans tactiles et des vitrines d'une grande richesse iconographique, on découvre un personnage fascinant, tout en nuances, contradictions et paradoxes (un Anglais, quoi !).

EXCENTRICITÉ BRITANNIQUE ?

Churchill gérait son image avec un génie rare. Son cigare (qu'il mâchonnait !), ses tenues excentriques et ses peignoirs exotiques font désormais partie du mythe, tout comme son incorrigible habitude de recevoir ses collaborateurs au lit ou son penchant pour le champagne Pol Roger. Il alla même jusqu'à organiser ses propres funérailles nationales, sous le nom de code « Operation Hope Not ». Et apprit à son perroquet à insulter... Adolf Hitler !

Sir Winston Leonard Spencer-Churchill (1874-1965) était fils d'un lord anglais et d'une riche héritière américaine. Il fut fait prisonnier en 1899 lors de la seconde guerre des Boers. Son évasion le rendit mondialement célèbre et lui permit de se faire élire député. Voilà pour le côté rocambolesque. Mais ce conservateur radical, qui prêchait l'ordre public, est aussi à l'origine de nombreuses lois sociales visant à diminuer la précarité, tout en s'opposant fermement au démantèlement des colonies.

On lui reprochait souvent de jouer les Cassandre. Ainsi, il fut l'un des rares à alerter le monde du danger que représentait Hitler. Malheureusement, la suite des événements lui donna raison, et Neville Chamberlain, le 1er ministre anglais, dut se résigner à l'appeler au gouvernement comme 1er lord de l'Amirauté. Quelques jours plus tard, il lui céda même sa place ! L'Histoire fit de cet homme providentiel un héros de légende. « *I am a war person* », je suis un homme de guerre, n'arrêtait-il pas de dire.

Cette immense popularité ne l'empêcha pas de perdre les élections en 1945. Personnage extrêmement controversé, il connut ensuite une longue traversée du désert, qu'il consacra à la littérature (prix Nobel pour son œuvre en 1953). Mais il continua à prendre ouvertement position et à jouer les agitateurs publics, tout en continuant à boire du champagne Pol Roger et à peindre à Madère. Il fut finalement réélu en 1951. Il consacra la fin de sa vie à vouloir mettre un terme à la guerre froide. Il mourut le 24 janvier 1965, laissant une Europe plus divisée que jamais. Les vidéos de la cérémonie de transfert de son cercueil par la Tamise devant une

foule silencieuse rappellent l'attachement du peuple à son héros.
– La porte à côté du musée est le *HM Treasury,* l'équivalent de notre ministère de l'Économie et des Finances. Bien gardé !

LA GUERRE ET LE DÉSHONNEUR

On prête souvent à Churchill cette phrase piquante à propos de Chamberlain après la conférence de Munich en 1938 : « Le gouvernement avait le choix entre la guerre et le déshonneur ; il a choisi le déshonneur et il aura la guerre ». En fait, la phrase exacte fut adressée par lettre à son mentor Lloyd George avant la conférence : « J'ai l'impression que nous allons devoir choisir entre la guerre et le déshonneur, et j'ai assez peu de doute sur l'issue de ce choix ».

Household Cavalry Museum *(plan d'ensemble, F4)* **:** *Horse Guards, Whitehall, SW1A 2AX. ☎ 020-7930-3070. • householdcavalrymuseum.co.uk • Ⓜ Westminster. En période de Covid, ven-dim 11h-16h. En temps normal, tlj 10h-18h (17h nov-mars). Dernière admission 45 mn avt fermeture. Fermé 24-26 déc. Entrée : 9,50 £, audioguide en français compris ; réduc.* En complément des changements de la garde qui se déroulent sur le terre-plein, ce modeste musée rappelle le rôle de la cavalerie dans l'histoire de la Grande-Bretagne, depuis sa création en 1660 par Charles II. Costumes, écrans tactiles et film sur la revue des troupes par la reine en juin *(Trooping the colour).* Mais le petit plus, ce sont ces box aux parois de verre, par lesquelles on peut voir les chevaux en live, dans leur élément ! Venir si possible après 16h, quand ils rentrent au bercail.

Monuments et balades

Le Londres politique : Trafalgar Square, Whitehall et Westminster

Cette balade rassemble quelques incontournables du tourisme londonien. Été comme hiver, vous ne serez pas seul à vous extasier devant l'uniforme des *Horse Guards* ou les sculptures funéraires de l'abbaye de Westminster. Quartier des ministères, du Parlement et de la résidence du 1er ministre, son importance dans le fonctionnement des institutions de la monarchie britannique se retrouve dans la solennité de l'architecture, presque exclusivement composée d'imposantes façades blanches à l'antique, agrémentées de tourelles dans le meilleur des cas.

Trafalgar Square *(centre 1, E-F4)* **:** en plein milieu de Trafalgar Square se dresse la ***célèbre colonne de Nelson,*** élevée à la mémoire du plus grand amiral de l'histoire britannique. Ce marin génial fit boire la tasse à l'armada franco-espagnole lors de la bataille navale de Trafalgar en 1805, au large des côtes espagnoles. Cette défaite napoléonienne mémorable sauva l'Angleterre et lui laissa la suprématie sur les mers. La mort de Nelson à l'issue des combats en fit à tout jamais un héros de légende. Les bas-reliefs du piédestal ont été coulés dans le bronze des canons français. Les ***lions au pied de la colonne de Nelson*** sont l'œuvre d'Edwin Landseer, qui était le peintre préféré de la reine Victoria. Un peintre ? Pour des sculptures ? Eh oui, Landseer ne pouvait rien refuser à la reine. On attendit donc que des lions du zoo meurent pour que Landseer apprenne la sculpture d'après ces modèles grandeur nature. Bientôt, ses voisins commencèrent à se plaindre de l'odeur des bêtes en putréfaction. C'est qu'il faut du temps pour réaliser de telles œuvres... À sa mort, Landseer demanda à être enterré avec une des peaux en souvenir. À croire qu'il avait aimé ça !

La renommée de la place lui vient non pas de sa beauté, avec sa colonne, ses lions et ses fontaines (certaines à eau potable, pratique pour remplir sa gourde), mais plutôt en raison de sa situation centrale, à l'intersection du Mall royal, du quartier des ministères et des centres culturels de West End. La place est prise d'assaut par les touristes, et les manifestants les jours de revendication. À Noël, la Norvège offre un gigantesque sapin pour remercier la Grande-Bretagne de son aide contre l'ennemi nazi pendant la guerre. Si vous y êtes autour de la 1re semaine de décembre, ne pas manquer la cérémonie d'illumination du sapin (voir « Fêtes et jours fériés » dans « Londres utile »).

ON N'EST PAS DES PIGEONS !

Un décret de la mairie interdit depuis 2003 de nourrir les pigeons à Trafalgar Square. La place était alors tellement envahie de ces volatiles qu'on utilisa les services d'un faucon pour les chasser, avec succès !

La place fut construite entre 1820 et 1840 selon les plans de l'architecte ***John Nash,*** qui aménagea le vaste quartier résidentiel s'étendant au nord jusqu'à Regent's Park. Plus que tout, la façade antique de la National Gallery, qui borde la place au nord, lui donne de l'allure. Beau point photo sous le portique du musée avec vue sur Big Ben. Au départ de la place, la 1re façade bordant Whitehall est l'ancienne Amirauté, du XVIIIe s.

GARDE À (TOUTE PETITE) VUE

Sur la place de Trafalgar Square, à l'angle sud-est, au pied de la statue de sir Henry Havelock, vous remarquerez une petite guérite sans personne à l'intérieur. Il s'agit du plus petit commissariat (ou de la plus petite prison) d'Angleterre. On y tient à peine à 2 ! À l'intérieur, une ligne téléphonique permet de contacter Scotland Yard !

En face, ***Great Scotland Yard*** donna son surnom à la fameuse police londonienne. Son état-major y résida jusqu'à la fin du siècle dernier, avant d'emménager sur Victoria Street, dans un bâtiment moderne. Une rue plus loin, énorme masse blanche du *ministère de la Défense,* terminée par de multiples tourelles et coupoles.

Au sud, la statue de Charles Ier, qui marque aussi le ***mile 0,*** point de départ des différents kilométrages à travers le pays. Pourquoi ici ? L'origine remonte à la fin du XIIIe s, à la mort de la reine Eleonor, femme du roi Edward, terrassée par une grippe en cours de voyage ; le roi fit élever 12 croix pour marquer les étapes du transfert de sa dépouille jusqu'à Westminster. Seules 3 croix ont résisté au temps. Charing Cross marquait la dernière étape et fut retrouvée à l'emplacement actuel de la statue de Charles Ier. Une réplique de la croix est située devant Charing Cross Station.

Banqueting House *(plan d'ensemble, F4) :* *Whitehall, SW1A 2ER.* ☎ *020-3166-6154.* • *hrp.org.uk/banqueting-house* • Ⓜ *Westminster, Embankment ou Charing Cross. En face de la caserne des Horse Guards.* ***Fermé en période de Covid ; se renseigner en ligne ou sur place.*** *Tlj 10h-17h (dernière admission à 16h30) ; ouv jusqu'à 13h en cas d'événement spécial (assez fréquent, consulter le site internet). Fermé j. fériés, ainsi que 24 déc-1er janv. Entrée : 7,50 £ avec donation ; réduc sur le site ; gratuit moins de 16 ans. Audioguide de 20 mn en anglais inclus et film d'introduction à la visite.* La visite se résume à la splendide salle de banquets du 1er étage, seule rescapée de l'incendie de 1698 qui détruisit le palais royal de Whitehall. Cette immense résidence royale s'étendait alors de St James's Park à la Tamise et de Charing Cross à Westminster Bridge. Le rôle initial de la Banqueting House a été maintenu, puisqu'elle sert aujourd'hui encore de lieu de réceptions. L'endroit est chargé d'histoire et intimement lié à la monarchie anglaise. Henri VIII y mourut, Elizabeth Ire y résida avant d'être emprisonnée à la Tour de Londres, puis James Ier (Jacques Ier), roi absolutiste à l'origine de l'union des couronnes d'Écosse et d'Angleterre, y festoya. Dans un autre registre, son fils Charles Ier monta sur l'échafaud dressé pour l'occasion près de la porte d'entrée de la salle, et avec lui, 6 siècles de monarchie furent décapités. Vive la République ! Mais pas pour longtemps...

L'architecture du début du XVIIe s dans le style palladien est due à Inigo Jones, inspiré par un voyage en Italie. Superposition de 2 ordres, comme sur la façade extérieure : ionique au 1er niveau et corinthien au-dessus. Les colonnes sont encastrées dans les murs pour gagner de l'espace, et la galerie est soutenue par des corbeaux. Mais le clou de la visite est bien sûr le plafond à caissons, peint par Rubens en 1629, qui tranche dans cet intérieur plutôt classique. Des scènes allégoriques hautes en couleur rendent un hommage complaisant au règne de James Ier et à sa sagesse.

Institute of Contemporary Arts *(ICA ; plan d'ensemble, E4)* **:** *The Mall, SW1Y 5AH. ☎ 020-7930-3647. • ica.art • Ⓜ Charing Cross ou Piccadilly Circus. Entrée discrète sur la droite du Mall, avec Trafalgar Sq dans le dos. Expos tlj sauf lun, 12h-21h. Entrée : 5 £.* Galeries d'expositions temporaires d'art contemporain. Cinémathèque, théâtre, librairie et conférences. À la pointe de l'avant-garde artistique anglaise et internationale. Le bâtiment abrite aussi un bar-resto en mezzanine, annexe de *Rochelle Canteen* (dont on parle dans le quartier de Shoreditch), pour un bon repas ou juste un verre *(ouv jusqu'à 21h30).*

La caserne des Horse Guards *(plan d'ensemble, F4)* **:** caserne de la cavalerie royale avec sa façade du XVIIIe s dans le style palladien. Côté Whitehall, l'entrée est gardée par 2 beaux spécimens d'une impassibilité exemplaire. Petite cérémonie pour la fermeture des box des chevaux *(à 16h)* et remplacement de 2 chevaux toutes les heures *(10h-15h),* mais le plus intéressant est la relève de la garde, de l'autre côté du porche, sur le terre-plein *(tlj à 11h, dim à 10h ; y être un peu avt et vérifier les horaires, soumis à changements).* Toutefois, spectacle franchement longuet et action limitée, même si ça se passe avec des chevaux. L'essentiel des opérations se résume à un dialogue (inaudible) entre les 2 officiers. Bref, beaucoup moins spectaculaire que le *Changing of the Guard* à Buckingham Palace. Le 2e samedi de juin, après l'anniversaire... officiel de la reine (le 6 juin), célébration en grande pompe de cet événement *(Trooping the Colour),* visible le long du Mall. Pour en savoir plus, vous pouvez rendre visite au ***Household Cavalry Museum,*** sur le terre-plein (voir précédemment « Galeries et musées »).

VIVE LE SYNTHÉTIQUE !

Les bonnets de la garde royale sont faits de poils d'ours canadien. Il faut d'ailleurs un ours entier pour fabriquer un seul bonnet. Pas très correct. Les amis des animaux ont beau manifester, rien n'y fait. Et la reine qui prétend aimer les animaux...

Attenante à la caserne des *Horse Guards,* la façade palladienne du ***Cabinet Office*** longe fièrement Whitehall. Derrière siègent les ministères des Finances, du Commonwealth, des Affaires étrangères et de l'Intérieur. Dans les sous-sols, le *Churchill War Rooms* (voir précédemment « Galeries et musées »). Devant l'entrée du musée, monument en hommage aux 202 victimes des attentats à Bali (Indonésie) en 2002. Bordant le Cabinet Office, ***Downing Street*** *(plan d'ensemble, F5)* n'aurait été qu'une triste impasse bordée de maisons georgiennes si George II

ÉCHEC ET MAT

Le ministre de l'Économie est appelé en Angleterre « chancelier de l'Échiquier » car, au Xe s, les rois de Normandie faisaient leurs comptes sur une table à carreaux noirs et blancs. La table ressemblait effectivement à celle d'un jeu d'échecs. L'expression est restée.

n'avait pas décidé en 1735 d'en faire le « Matignon anglais ». Le 1er ministre habite au no 10 et le chancelier de l'Échiquier au no 11. L'accès est interdit au public et surveillé en permanence par des *bobbies* (agents de police). Plus bas, les voitures contournent le ***Cénotaphe*** érigé au milieu de la chaussée à la mémoire des victimes des 2 dernières guerres. Le 2e dimanche de novembre, le jour du Souvenir, la reine le fleurit.

Vue mythique sur la longue façade jaune du Parlement depuis ***Westminster Bridge*** *(plan d'ensemble, F5)*. Magnifique de nuit. Par temps de brouillard, vous retrouverez la lumière que Monet a décomposée dans sa série de toiles ayant pour thème la Tamise, dont le fameux *Westminster Bridge* et le *London Parliament*.

Houses of Parliament et l'horloge Big Ben *(plan d'ensemble, F5)* **:** *Bridge St. ☎ 020-7219-4114. • visitparliament@parliament.uk • parliament.uk • Ⓜ Westminster. Lun-jeu, en principe possibilité d'accéder aux débats des chambres (celle des Communes est plus intéressante). GRATUIT. Pour assister aux autres débats, faire la queue (prévoir 1-2h d'attente). Sinon, visites guidées payantes (1h20) 28 £ ou avec audioguide 22 £ ; réduc.* ***Résa obligatoire sur le site internet.***
Appelé aussi pour des raisons historiques le palais de Westminster, c'est une preuve flagrante du goût de l'architecture victorienne pour l'art du pastiche. Cette énorme bâtisse de style néogothique n'en est pas moins un chef-d'œuvre. Les mêmes motifs architecturaux sont répétés sur chaque fenêtre, tandis que les tours coupent, de-ci, de-là, l'horizontalité de la longue façade côté Tamise. L'architecte s'est inspiré de la chapelle Henri-VII de l'abbaye de Westminster, qui a sublimé en Angleterre le gothique flamboyant. L'histoire du palais de Westminster est liée à la monarchie anglaise et aux incendies qui l'ont ravagé. Avant de devenir le siège du Parlement, il fut la résidence royale principale à partir du XIe s jusqu'à ce qu'il brûle presque entièrement en 1513. Plutôt que d'entreprendre des travaux coûteux, Henri VIII le rénova sommairement et préféra l'abandonner pour s'installer non loin de là, dans le palais de Whitehall. En 1605, Guy Fawkes, partisan catholique adepte des méthodes expéditives, projeta de faire sauter le Parlement et, avec lui, le roi Jacques Ier, lors de la cérémonie d'ouverture de la session. La *conspiration des Poudres* fut démasquée à temps. Aujourd'hui, plus par tradition que par peur d'un régicide, on fouille solennellement les sous-sols du palais avant chaque début de session, et dans les rues, on brûle une poupée à son effigie tous les 5 novembre. C'est ce même Guy Fawkes qui inspira le masque de V dans *V pour Vendetta,* porté aujourd'hui par les Indignés du monde entier !
Après un vaste incendie en 1834, le Parlement fut reconstruit dans un style Tudor médiéval où le classique se mêle au tarabiscoté. En tout cas, la pierre possède une superbe couleur jaune orangé. L'image la plus célèbre est la tour de ***Big Ben,*** évidemment, autrement nommée *The Clock Tower* puisque le nom de *Big Ben* désigne en fait la cloche. ***La tour est en travaux de rénovation, et la cloche sonnera à nouveau à chaque heure tapante seulement courant 2022...***

ÇA VAUT UN PENNY

Big Ben ne désigne pas la tour mais la grosse cloche de 13 t qui sonne toutes les 15 mn. Elle se règle chaque année en posant un penny sur le mécanisme si elle avance et en en enlevant un si elle retarde ! Technique ô combien efficace, puisque le système ne connut sa 1re (petite) panne qu'en 1976... soit près de 120 ans après sa mise en service. Quant à son nom, il viendrait de l'ingénieur qui ordonnna la fonte de la cloche, le désormais célèbre Benjamin Hall.

À l'opposé, ***Victoria Tower,*** bien plus imposante, qui abrite les Archives nationales. Le drapeau britannique flotte au sommet lorsque le Parlement est en séance. Chaque année, mi-octobre, Sa Majesté la reine entre par cette tour pour prononcer son discours d'ouverture.

Si vous avez la chance de pouvoir entrer dans le Parlement, voici ce que vous pourrez voir :

Westminster Hall

Partie la plus ancienne du palais, datant de l'époque de Guillaume le Conquérant (XIe s), épargnée par les incendies. Superbe charpente en chêne du XIVe s. Entre les XIIIe et XIXe s siégèrent dans cette salle la Cour de justice et les tribunaux. Charles Ier y fut condamné à mort, tandis que Cromwell y fut proclamé lord-protecteur. Après la Restauration, la tête de Charles Ier se balança pendant 23 ans au bout d'une pique sur le toit de la salle. On y condamna également Guy Fawkes pour son coup manqué et Thomas More, lord-chancelier sous Henri VIII, qui refusa de reconnaître son roi comme chef de l'Église anglicane.

PRIVATE ACCESS

Le palais de Westminster compte pas moins de 8 bars (où les prix sont bon marché !), 6 restaurants, 1 000 chambres, 100 escaliers, un salon de coiffure et un champ de tir à la carabine. Only for the happy few !

Chambre des communes

Elle accueille sur ses bancs capitonnés de cuir vert les *members of Parliament,* les membres du gouvernement à droite et l'opposition à gauche. Elle fut reconstruite en l'état dans l'après-guerre, après sa destruction par une bombe allemande. Lors des séances, la masse d'armes du président du Parlement est posée sur la table entre les 2 tribunes, comme symbole du pouvoir parlementaire. La ligne rouge entre les 2 parties ne doit pas être franchie. Elle aurait été tracée à l'origine à... coups d'épée !

Chambre des lords

Somptueuse salle lambrissée construite dans le style gothique en même temps que le bâtiment. Dans la 2de chambre du Parlement, qui sert également de Cour suprême de justice, siègent les pairs, qui disposent d'un titre de noblesse. Elle est présidée par le fameux lord-chancelier, également ministre de la Justice. La reine s'assoit une fois par an sur le trône pour annoncer dans son discours les directives politiques, qui lui ont d'ailleurs été dictées par le 1er ministre.

Les Bourgeois de Calais *(plan d'ensemble, F5)* : statues au pied de la House of Parliament, dans les ***Victoria Tower Gardens,*** le long de la Tamise. Les toits végétalisés et la pierre claire du Parlement forment une toile de fond idéale, sur laquelle se détache parfaitement ce tirage original (l'un des 12) des *Bourgeois de Calais.* Le contraste est saisissant, et on ressent bien toute la pesanteur de l'emplacement de cette pièce monumentale de Rodin.

En 1347, afin de sauver la vie des Calaisiens alors assiégés, 6 notables de la ville se rendirent à Édouard III pour être exécutés. La corde au cou et les clés de la ville à la main, ils se présentèrent devant le monarque. L'histoire raconte que l'épouse de ce dernier (une Française) le supplia de leur laisser la vie sauve. Il se plia aux doléances de sa femme, mais Calais passa bel et bien à la couronne d'Angleterre, et ce jusqu'au XVIe s.

Westminster Abbey *(plan d'ensemble, F5)* **:** *20 Dean's Yd, SW1P 3PA. ☎ 020-7222-5152. • westminster-abbey.org • Ⓜ Westminster. Entrée par la porte nord.* ***Attention,*** *longue attente en période d'affluence (opter pour les paiements par CB, plus rapides) et horaires très changeants selon l'activité de l'abbaye* ***(vérifier avant de venir).*** *En théorie, lun-ven 9h30-15h30, sam 9h-15h mai-août ; 9h-13h sept-avr. Dernier ticket 1h avt fermeture. Fermé aux touristes dim et fêtes, mais entrée gratuite pour la messe* (evensong) *de 15h le w-e et 17h en sem : dans ce cas, tenue – ultra – correcte exigée. Entrée : 24 £ ; réduc ; forfait famille.* ***Bon à savoir : réserver sur Internet, car plus rapide une fois sur place.*** *Audioguide (bien conçu, 1h) et brochure en français inclus.*

Pour manger, ***The Cellarium*** *(juste à côté à la sortie).*

Un peu d'histoire

Magnifique abbaye où sont enterrés plus de 3 300 des hommes et femmes les plus illustres d'Angleterre et où se font couronner les rois et les reines depuis Guillaume le Conquérant (XIe s). Les derniers monarques à y avoir été enterrés sont George II et son épouse, en 1760. Depuis, les membres de la famille royale sont inhumés à Windsor. On dénombre environ 600 sculptures, plaques commémoratives, gisants et sépultures royales (ces dernières se trouvant derrière le maître-autel) qui résument en quelque sorte l'histoire du pays. Le nombre de pierres tombales est tel qu'il est impossible de ne pas marcher dessus. En résumé, la basilique Saint-Denis (avant la Révolution !), Notre-Dame de Paris et le Panthéon réunis. L'église originelle fut fondée au XIe s sur les restes d'un monastère bénédictin, le « monastère de l'Ouest ». Elle fut reconstruite 2 siècles plus tard par Henri III et remaniée maintes fois. Il serait difficile de s'extasier devant la façade principale, pas vraiment élégante. La plus belle façade est celle du transept nord, près de St Margaret's Church, avec sa grande rosace et ses nombreux arcs-boutants. Sachez qu'on donne à Westminster 28 offices par semaine, dont 8 agrémentés d'un chœur. C'est bien sûr l'église de toutes les grandes commémorations, des grands mariages royaux et des grandes funérailles (la mère d'Elizabeth II et Lady Diana y furent honorées). Le lien avec la famille royale est si fort que l'abbaye est d'ailleurs dirigée par la royauté et non par le clergé anglais.

DÉSHABILLER PIERRE POUR HABILLER PAUL

Le nom exact de l'abbaye de Westminster est « église collégiale de Saint-Pierre ». La tradition veut qu'une fois le diocèse de Westminster fusionné avec celui de Londres (1550), le droit de prélever la dîme ait été transférée à la cathédrale Saint-Paul. D'où l'expression !

Le transept nord (entrée)

Le « coin des hommes d'État », rempli de statues pompeuses de politiciens célèbres. Puis, en remontant vers la nef, une pensée pour les musiciens (Purcell, Elgar, Britten...) et les scientifiques (Newton, Darwin, entre autres !).

La nef (nave)

Commencée sous Henri III au XIIIe s et achevée 5 siècles plus tard, elle est grandiose, dans le style gothique flamboyant (d'ailleurs en partie inspiré du gothique français), avec de hautes voûtes nervurées et des piliers en marbre. La perspective est coupée par un beau jubé doré, mais la longueur et surtout la hauteur de l'édifice sont impressionnantes. Dans l'alignement, tombe du Soldat inconnu, entourée de coquelicots en plastique *(poppies)*, soit la dépouille d'un soldat britannique inconnu ramenée des champs de bataille de la Première Guerre mondiale en France pour être symboliquement inhumé parmi les rois, les reines et les hautes personnalités. Notez que c'est la seule tombe sur laquelle il est interdit de marcher. Derrière, côté portail, on rend hommage aux 1ers ministres. Vous noterez la plaque commémorative en l'honneur de Sir Winston Churchill. Côté chœur, repérez également la tombe du fameux David Livingstone *(I presume ?)*, « missionnaire, voyageur et philanthrope ».

Le sanctuaire (sacrarium)

Au-delà du chœur *(quire)*, entre les transepts, s'ouvre le sanctuaire, lieu des couronnements (une quarantaine en tout) et funérailles royales, orné de stalles en bois, d'un dallage du XIIIe s dit « de Cosmati » (mosaïques, verre coloré et marbre) et d'un spectaculaire maître-autel doré du XIXe s. Songez qu'en 1953, 8 200 invités assistèrent au couronnement d'Elizabeth II. Celle-ci a d'ailleurs sa stalle personnelle, chacune d'entre elles étant attribuée par une plaque nominative. Comme c'est aussi l'église du Commonwealth, chaque pays membre a sa propre stalle. Quant au chœur du chœur, si l'on ose dire, il se compose de 12 chanteurs accompagnés par un groupe d'enfants et 3 organistes.

Le déambulatoire

En faisant le tour du sanctuaire par la gauche, on trouve une profusion de chapelles et de gisants, certains dans leurs couleurs d'origine. Vous croiserez notamment les tombeaux d'Henri III (reconstructeur de l'abbaye) et d'Henri V (vainqueur de la bataille d'Azincourt en 1415)...

La chapelle Henri-VII (Lady Chapel)

Une véritable église dans l'église. Tournez tout de suite à gauche pour admirer le bas-côté droit où reposent, sous un seul gisant, les demi-sœurs ennemies Elizabeth Ire et Marie Tudor (Mary Ire). Au fond, dans le « coin des Innocents », tombeaux disposés à l'envers des 2 enfants d'Édouard IV, assassinés par leur oncle Richard III dans la Tour de Londres. Par un jeu de miroirs, on aperçoit le visage sépulcral de l'un des enfants. Brrr... On revient sur ses pas et on pénètre ensuite dans la nef de la chapelle (le clou de la visite) par des portes en bronze. Quel plafond extraordinaire ! Les voûtes à pendentifs semblent confectionnées dans de la dentelle et sont le plus bel exemple du style gothique perpendiculaire, qui s'est développé au cours du XVe s à partir du gothique flamboyant, uniquement en Angleterre. Les lignes verticales et horizontales sont mises en relief : les nervures des hauts piliers éclatent en éventail au niveau des voûtes et se ramifient pour se rejoindre en de lourdes clés pendantes. Les étendards et les casques finissent de nous éblouir. Voir aussi la statuaire des saints. Heureusement, des miroirs permettent d'admirer tout cela sans tomber à la renverse ! Les stalles sont réservées aux membres de l'ordre du Bain, en général de hauts fonctionnaires et des militaires haut gradés. Derrière l'autel, tombeau d'Henri VII et d'Elizabeth d'York (bien protégé). Dans les chapelles rayonnantes, tombes des souverains Tudor et Stuart, notamment celle de la fameuse Mary Stuart, reine d'Écosse. La chapelle centrale est dédiée aux morts de la *Royal Air Force* en 1940. Notez les vitraux représentant les pilotes britanniques et américains. À son entrée, une dalle rappelle qu'à l'origine Cromwell fut enterré à cet endroit. Son corps fut exhumé, pendu, décapité et dispersé aux quatre vents au moment de la Restauration, 2 ans plus tard.

LE COMBAT DES SŒURS

Marie Ire Tudor succéda à son père Henri VIII, qui eut une autre fille, Elizabeth, de son mariage avec la fameuse Ann Boleyn. Convoitant le même trône, ne partageant pas la même religion, leurs relations furent tendues : complots présumés et emprisonnements résument leurs relations. Elizabeth finit par succéder à Marie. Les gisants des sœurs rivales se retrouvent aujourd'hui face à face dans la chapelle Henri-VII. Cocasse !

Le tombeau d'Édouard le Confesseur (shrine of St Edward the Confessor)

Il ne se visite pas. Célèbre pour la châsse en bois du XIIIe s contenant les cendres d'Édouard le Confesseur, avant-dernier roi anglo-saxon (1043-1065) canonisé au XIIe s, sur laquelle il reste des fragments de mosaïque, côté intérieur (non visibles donc). Vous noterez également la tombe d'Edouard III, qui établit le fameux ordre de la Jarretière, toujours en vigueur, et celle de Richard II, couronné à l'âge de 10 ans.

Le transept sud et le coin des poètes (Poets' Corner)

Dédié aux poètes et aux écrivains anglais (et aussi à quelques musiciens, dont Haendel) : 40 sont enterrés ici, en plus des 60 plaques commémoratives. Sous vos pieds, Charles Dickens, Rudyard Kipling, Thomas Hardy, Jane Austen... Laurence Olivier est enterré juste à côté du mémorial à William Shakespeare.

OSCAR *WILD*

Pour l'anecdote, sachez qu'Oscar Wilde, longtemps persécuté pour son homosexualité, a enfin eu droit à un hommage en 1995... mais sous la forme d'un vitrail !

Galeries du jubilé de diamant de la reine (triforium ; entrée : 5 £)
Pour célébrer les 60 ans de règne d'Elizabeth II, des galeries à 20 m du sol, jamais ouvertes depuis 700 ans, présentent au public quelques trésors de l'abbaye. Pour ceux qui n'auraient pas vu assez de trésors dans la nef principale...

Le cloître de Westminster Abbey (The Cloisters)
Il date du XIe s et des plaques commémoratives recouvrent les murs. La plus curieuse fut apposée en 1986 par *British Aerospace* à la mémoire d'Edmund Halley pour le retour de sa fameuse comète. Un peu plus loin, au sol, voir celle dédiée à Muzio Clementi, l'inventeur du piano-forte.

La salle capitulaire (Chapter House)
En passant, admirez la plus vieille porte répertoriée de Grande-Bretagne (XIe s). Belle salle octogonale de 20 m de diamètre, construite au XIIIe s. On peut y admirer des vestiges de fresques datant de 1400, bien mal en point, ainsi qu'un petit échantillon de pavements médiévaux sous le tapis. Mais le must reste le pilier central d'où partent les nervures des voûtes.

La chambre de la Pyxide (Pyx Chamber)
Située dans l'ancienne sacristie d'Édouard le Confesseur. Au XIIIe s, elle devint salle du trésor royal (la pyxide est un réceptacle dans lequel est conservé l'argent). La lourde double porte à l'entrée date de 1303. Un peu plus loin, jeter un œil au *College Garden* et son minicloître, bien paisible avec sa fontaine centrale.

Traverser Lambeth Bridge. En face, les 2 tours crénelées en brique rouge marquent l'entrée de ***Lambeth Palace*** *(plan d'ensemble, F6),* résidence des archevêques de Canterbury depuis le XIIIe s, construit en face du palais de Westminster. Il a gardé de l'époque son aspect Tudor médiéval. Il ne se visite pas, mais on peut le contourner et flâner dans les superbes jardins archiépiscopaux. Ou alors, suivre les berges de la Tamise.

PIERRE DE DISCORDE

En sortant, sous le trône du couronnement (Coronation Chair), *toujours utilisé depuis 1308, repérez l'emplacement – vide – de la pierre de Scone rapportée d'Écosse en 1296 pour marquer la domination anglaise sur cette partie du royaume. Cette pierre (de 150 kg tout de même) fut volée par 4 étudiants écossais en 1950 et rapatriée à Londres 1 an plus tard. Mais elle fut restituée à l'Écosse, officiellement cette fois-ci, en 1996, à la condition qu'elle soit renvoyée symboliquement pour le prochain couronnement !*

Le Londres royal : St James's

Le quartier aristocratique de St James's s'est épanoui pendant la Restauration, lorsque Charles II s'installa à St James's Palace avec tout le faste de sa cour. Les courtisans ont suivi le roi et se sont fait bâtir de belles demeures. Nombre d'entre elles ont été reconstruites au XIXe s, mais l'élégance de ces rues tranquilles a traversé les siècles et les crises, maintenue entre autres par les fameux clubs si fermés qui font la solidité des traditions anglaises.

De Trafalgar Square, passer sous l'***Admiralty Arch,*** un monument triomphal en arc de cercle, à la gloire de la reine Victoria. Ici débute le ***Mall*** *(plan d'ensemble, E4-5).* Les processions royales passent inévitablement par cette avenue rectiligne, en partant de Buckingham Palace. À gauche, longue façade néoclassique de *Carlton House Terrace,* construite par John Nash au début du XIXe s. Aussi austère que le Mall. Il créa ce nouveau style d'habitation formée d'un ensemble de maisons juxtaposées et unifiées par une couche de stuc. Trop blanc à notre goût ! Cet édifice comprenait à l'origine le palais du prince régent. Ne pas manquer non plus cette excroissance architecturale tout en rondeurs, au début de Horse Guards Parade : la ***citadelle de l'Old Admiralty,*** construite durant la Seconde Guerre mondiale. Ses fondations iraient à plus de 9 m sous terre. Le toit, lui, ferait plus de 6 m d'épaisseur. C'est ici que devait se replier le gouvernement en cas d'assaut allemand. Top secret !

Entre les bâtiments du Mall, un escalier conduit à *Waterloo Place,* ornée de la ***colonne du duc d'York*** et de la ***statue d'Édouard VII,*** fils de Victoria qui attendit longtemps pour régner sur le pays. Au pied de la statue du duc d'York, au niveau du nº 9 de Carlton House, se trouve un arbre. À son pied, une petite sépulture blanche, où il est écrit « *Giro, ein treuer Begleiter, Februar 1934* » : un « compagnon fidèle » qui n'était autre que le chien de Léopold von Hoesh, ambassadeur d'Allemagne à l'heure où le nazisme gagnait l'Europe, contre lequel von Hoesh cherchait à lutter en vain. Il mourut en 1936 et fut remplacé par Ribbentrop. La tombe du chien est toujours là !

Voici le début de l'axe triomphal dessiné par Nash, qui relie Carlton House à Regent's Park. À gauche, au nº 4 de Carlton Gardens, le général de Gaulle organisa le mouvement de résistance des Forces françaises libres et lança, le 18 juin 1940, son célèbre appel diffusé sur la BBC. En face, la ***statue en bronze du général*** rappelle l'événement. Chaque année à cette date, les représentants diplomatiques français se réunissent pour lire le texte intégral du général.

MIEUX VAUT 2 FOIS QU'UNE

Souvent, on parle de l'appel du 18 juin 1940 du général de Gaulle. Sauf qu'il n'y a pas eu d'enregistrement de l'appel du 18 Juin, contrairement au texte du 22 juin, avec lequel on le confond souvent... Peu entendu sur le moment, l'appel du 18 Juin eut droit à une retranscription dans les journaux. L'appel du 22, légèrement différent du 18, sera multidiffusé et... enregistré. C'est celui du 22 auquel on fait le plus souvent référence et qu'on entend tout le temps.

Retour un peu plus haut sur ***Pall Mall*** *(centre 1, E-F4),* la rue des clubs privés les plus sélects de Londres. Il en existe une trentaine aujourd'hui. Les plus célèbres sont l'*Athenaeum Club* à l'angle de Waterloo Place, le *Traveller's Club* au nº 106 et le *Royal Automobile Club* au nº 89. Inutile de préciser que l'admission est réservée aux « gentlemen » et souvent très sélective. Mais on peut quand même en visiter quelques-uns : n'hésitez pas à frapper à la porte, on ne sait jamais... *Pall Mall* dérive de « paille maille », l'ancêtre du croquet, auquel jouait ici la cour de Charles II. Les *coffee houses* et les *chocolate houses,* qui sont apparues au XVIIe s avec l'importation des 1ers grains de café et de cacao, sont les ancêtres de ces clubs où l'on parle politique, art, littérature et où l'on échange des potins dans un confort extrême.

Dans ***Mason's Yard.*** C'est dans cette rue, à l'*Indian Art Gallery,* qu'un couple célèbre s'est rencontré : John et Yoko, bien sûr !

Prendre en face *Duke of York Street* et tourner à gauche dans ***Jermyn Street*** *(centre 1, E4),* bordée de boutiques raffinées. Des magasins de mode pour hommes, des antiquaires, le célèbre fromager *Paxton and Whitfield* (nº 93), où l'on trouve aussi bien le meilleur des stiltons qu'un bon munster vosgien fait à point, le parfumeur *Floris* avec son décor d'herboristerie et le maître ès cigares *Davidoff* (nº 35), à l'angle de St James's Street. Piccadilly est tout près, pour les lécheurs de vitrines. Tourner à gauche dans ***St James's Street*** *(centre 1, D-E4),* une autre rue distinguée du quartier. Elle abrite les plus vieilles boutiques de Londres, qui se sont fait une solide réputation depuis le XVIIe s en fournissant la Cour. La plupart ont gardé leur allure de vieille échoppe, comme la cave à vins *Berry Brothers & Rudd* au nº 3 (depuis le XVIIe s !), le chapelier *Lock* (nº 6), le vendeur de cigares *Dunhill's* (nº 48) ou le bottier *Lobb* (nº 88). Également quelques clubs très sélects.

À gauche, au nº 8 de King's Street, ***Christie's*** *(● christies.com ●)*. L'une des 3 salles des ventes aux enchères les plus renommées, avec *Sotheby's* et *Drouot*. C'est là qu'il faut acheter votre Rubens...

St James's Palace et Clarence House *(plan d'ensemble, E4) : au bout de St James's St.* Ⓜ *St James's Park.* Façade anachronique de St James's Palace *(ne se visite pas)* avec ses tours octogonales crénelées et son horloge. Henri VIII fit construire ce palais pour sa 2e femme, Ann Boleyn, au milieu du XVIe s. C'est l'un des derniers représentants du style Tudor, et sa proximité avec des édifices plus récents ajoute au pittoresque de son allure médiévale. Après la destruction du palais de Whitehall lors de l'incendie de 1698, St James's Palace devint la résidence officielle du souverain jusqu'à ce que Victoria emménageât à Buckingham en 1820. Il fut maintes fois agrandi au cours des règnes. Contournez-le en prenant à gauche la tranquille Cleveland Row, puis Queen's Walk à gauche, qui longe Green Park. Les résidences du XIXe s qui bordent le Mall et appartiennent au palais sont *Lancaster House,* servant de résidence officielle aux invités du gouvernement, et *Clarence House,* encore une œuvre de Nash. Autrefois habitée par la reine mère, c'est aujourd'hui la résidence du prince Charles et de Camilla.
Visite guidée possible en août seulement *(45 mn ; 11,30 £/pers ; ● rct.uk/visit/clarence-house ●).*

Buckingham Palace *(plan d'ensemble, D5) :* Ⓜ *Victoria.* Devant le mémorial dédié à la reine Victoria s'étend l'immense palais servant de résidence officielle au souverain. Victoria fut la 1re reine à y dormir. L'édifice date du XVIIIe s et fut remanié par Nash dans le style néoclassique. Le drapeau royal au-dessus de la façade vous informe de la présence de la reine dans le palais. La bannière personnelle de Sa Gracieuse Majesté est divisée en 3 : une harpe pour l'Irlande, un lion rampant pour l'Écosse et, sur l'autre moitié, 3 lions d'or sur fond rouge symbolisant l'Angleterre. Pour les grandes occasions, la reine salue le peuple du balcon central. *Visite (avec audioguide) seulement fin juil-début oct, tlj 9h30-17h15 (16h15 en sept-oct), et à certaines dates le reste de l'année. Entrée : 30 £. Prévoir 2h30. Billet jumelé avec le Royal Day Out : 55 £ ; réduc pour les familles en ligne. Résas sur le site ● rct.uk/visit/the-state-rooms-buckingham-palace ●*
Pas question de voir les 600 pièces, dont seulement quelques-unes sont dévolues à l'usage personnel de la famille royale. Seules une vingtaine d'entre elles (les *State Rooms*) sont ouvertes au public, ainsi qu'une petite partie des jardins *(accès aux jardins privés de la reine lors des* garden highlights tours, *sur résa, voir plus haut).* La *Queen's Gallery* et les écuries royales se visitent aussi, lire précédemment « Galeries et musées ». Le prix d'entrée est exorbitant, car il doit servir à la restauration du château de Windsor... La valeur architecturale du palais n'étant pas proportionnelle à son prestige, autant combiner la balade pour arriver à 11h30 et assister à la relève de la garde *(Changing of the Guard). Tlj mai-fin juil, puis en principe les j. impairs et le dim le reste de l'année... sauf en période de Covid !*
– *À noter :* la relève n'a pas lieu les jours de trèèèèès mauvais temps. Cérémonie longuette (environ 45 mn)... mais en musique ! Très folklorique et pas franchement palpitant, même si le répertoire a été remis au goût du jour (on peut reconnaître certains morceaux des Beatles !).
Pour connaître les horaires soumis à de sérieuses variations, consultez *● changing-the-guard.com ●*

St James's Park *(plan d'ensemble, E4-5) : ☎ 0300-061-2000. ● royalparks.org.uk ●* Le plus ancien des parcs royaux, puisqu'il date d'Henri VIII. Il fut aménagé sur un terrain marécageux. Au XVIIIe s, Le Nôtre, le jardinier de Versailles, en fit un jardin à la française selon les vœux de Charles II. Le concept passa de mode dans l'Angleterre romantique du XIXe s, et l'inévitable Nash le remania à l'anglaise, tel qu'il est aujourd'hui. Voir les berges bucoliques du lac artificiel peuplé de palmipèdes, dont des pélicans (depuis 1664 !) nourris tous les jours à 14h30. On les a toutefois vus gober des pigeons en plein vol ! Aux abords, les

conifères se mêlent aux feuillus. Des dizaines d'écureuils batifolent. Du pont, vous aurez la meilleure vue possible sur Buckingham Palace. *Queen Anne's Gate* rappelle cette jeune reine qui fut 17 fois enceinte au XVIIIe s, sans pour autant avoir de descendants. Pour les enfants, juste à l'angle droit du jardin en venant de Buckingham Palace, petite aire de jeux avec des balançoires et un bac à sable.
Pour couronner le tout, café bien agréable, le ***St James's Park.***

Westminster Cathedral *(plan d'ensemble, E5-6)* **:** *42 Francis St, SW1P 1QW.* ☎ *020-7798-9055.* • *westminstercathedral.org.uk* • Ⓜ *Victoria. Tlj 8h-18h,* ***accès restreint pdt les services le w-e.***
En 1829, le *Catholic Emancipation Act* rétablit la hiérarchie cléricale de l'Église catholique romaine. Il fallait donc une cathédrale pour l'évêque de Westminster. Sa construction commença en 1895 dans un style byzantin primitif, plus rentable et rapide que le néogothique. Le résultat est pour le moins imposant : le colossal édifice en appareillage de brique et de pierre est surmonté d'un campanile de 100 m de haut, tandis que la nef est à ce jour la plus large de Grande-Bretagne et arbore un *Christ en Croix* impressionnant de grandeur et de majesté. Des variétés de marbre du monde entier recouvrent les murs intérieurs, comme dans la nef centrale, où le marbre provient des mêmes carrières que celui de la basilique Sainte-Sophie à Istanbul. Cette teinte bleutée et les voûtes sombres forcent le respect, tandis que les luminaires invitent à un certain recueillement.
Belles mosaïques dans les *chapelles du Saint-Sacrement* et *de Sainte-Marie.* Jeanne d'Arc est représentée dans le transept nord (pas banal en Angleterre !).
À noter qu'il est possible de grimper dans le campanile pour admirer les toits de Londres *(tlj 9h30-17h, jusqu'à 18h w-e et j. fériés ; 6 £, réduc)* ou d'accéder à la salle du trésor *(5 £, réduc).* Au sous-sol, on peut aussi déjeuner pour quelques *pounds (mar-sam 10h-16h).* Juste en face, un centre commercial et d'affaires futuriste qui tranche avec l'ensemble. C'est ça aussi Londres !

BROMPTON, CHELSEA ET SOUTH KENSINGTON

● Pour se repérer, voir le plan d'ensemble et le centre 2 détachables en fin de guide.

Résidentiel, commerçant, luxueux, snob et « bohème-chic », autant d'adjectifs qui collent parfaitement à ces quartiers situés entre Hyde Park et la Tamise. La balade ravira aussi bien les fanas d'architectures georgienne et victorienne, les amateurs de musées mastodontes que les adeptes du lèche-vitrines et autres flâneurs en tout genre. Nous, on a un petit faible pour Chelsea, ses petites rues aux maisons basses et parfois colorées et ses boutiques branchées.
South Kensington est aussi le quartier surnommé « Froggies Valley », ou le coin des « mangeurs de cuisses de grenouilles » ! En effet, vous entendrez très souvent parler français, autour du lycée français Charles-de-Gaulle. On trouve même quelques librairies françaises.

ET L'ANGLETERRE INVENTA LA MINIJUPE

Au tout début des années 60, Mary Quant imagina la minijupe... pour courir plus facilement après le bus, disait-elle. Sa boutique Bazaar, à Chelsea, fut vite célèbre dans le monde entier.

Où dormir ?

Location d'appartements privés

Guest Ready est une société de conciergerie (sur *Airbnb, Booking* et *HomeAway*) proposant une centaine d'appartements à louer dans toute la capitale et donc le centre touristique. Équipe sympa, francophone, à votre écoute pendant tout votre séjour. (+ 33) 1-76-44-04-31 (en France) ou 020-3868-3401 (sur place). ● guestready.com/fr/ ●

Studios et appartements

Citadines South Kensington (centre 2, M11, **136**) **:** *25-35 A Gloucester Rd, SW7 4PQ. ☎ 020-7543-7878. ● citadines.com ● Ⓜ Gloucester Rd. Petits studios 160-360 £ la nuit pour 2 pers et 200-450 £ pour 4. Réduc sur le site internet.* Logement en studios de 25 m² et mini-appartements de 45 m² *(changement de draps 1 fois/sem)* confortables et bien équipés ; idéal si vous voyagez en famille. Déco agréable, avec mobilier en bois clair et tonalités chaleureuses. Salle de sport, laverie *(payante)*, réception 24h/24. Une adresse bien située (notamment pour les grands musées de l'Ouest londonien), qui présente un très bon rapport qualité-prix.

The Exhibitionist (*plan d'ensemble, A6,* **62**) **:** *8-10 Queensberry Pl, SW7 2EA. ☎ 020-7915-0000. ● theexhibitionisthotel.com ● Compter 300 £. Réduc de 10 % sur Internet. Propose des penthouses 2-4 pers. Voir « Très chic »*

Très bon marché (moins de 35 £ / 42 €)

LHA Halpin House (*plan d'ensemble, A6,* **131**) **:** *97 Queen's*

Gate, SW7 5AB. ☎ 020-3911-5645. • lhalondon.com/halpin-house/ • Ⓜ South Kensington ou Gloucester Rd. Résa conseillée. Lits en dortoirs 2-4 pers (non mixtes) env 20-30 £. Pas de petit déj. Une résidence étudiante pas très pimpante de l'extérieur, mais le confort général est correct. Cette vaste pension a bien choisi son emplacement, dans une rue victorienne très cossue à 2 pas des grands musées. Très fonctionnelle, elle aligne plusieurs dizaines de chambres basiques, traditionnellement louées aux étudiants au long cours... mais qui se révèlent impeccables pour de courts séjours. Sanitaires communs bien tenus. Cuisine, laverie, salle de sport. Accueil francophone.

Chic (100-150 £ / 120-180 €)

The Gainsborough Hotel *(plan d'ensemble, A6,* ***62****) : 7-11 Queensberry Pl, SW7 2DL. ☎ 020-8159-2773. • thegainsboroughhotel.co.uk • Ⓜ Gloucester Rd ou South Kensington. Doubles env 100-200 £ ; petit déj en sus.* Derrière la traditionnelle façade à colonnes blanches, une belle réception contemporaine avec marbre blanc et fausse cheminée design. On y trouve une quarantaine de chambres hautes de plafond, pour une fois plutôt grandes. Le tout a été fraîchement rénové et propose tout le confort attendu. Un excellent rapport qualité-prix dans le quartier.

Très chic (plus de 150 £ / 180 €)

Number Sixteen *(plan d'ensemble, A-B6,* ***111****) : 16 Sumner Pl, SW7 3EG. ☎ 020-7589-5232. • numbersixteenhotel.co.uk • Ⓜ South Kensington. Doubles 290-500 £ ; sans ou avec petit déj.* Une quarantaine de superbes chambres à la déco contemporaine, réparties dans 4 maisons réunies. Pas la moindre faute de goût, le décor, réalisé avec finesse et intelligence par l'architecte d'intérieur Kit Kemp, change dans chaque chambre. Mais la vraie cerise sur le gâteau, c'est la véranda pour le breakfast, le repas, voire l'*afternoon tea (32,50 £),* donnant sur un jardin luxuriant. Très bon accueil. Une adresse de charme pour un moment unique.

The Exhibitionist *(plan d'ensemble, A6,* ***62****) : 8-10 Queensberry Pl, SW7 2EA. ☎ 020-7915-0000. • theexhibitionisthotel.com • Doubles 150-300 £, réduc sur Internet ; propose aussi des* penthouses *(voir précédemment).* Dès le hall d'entrée, une vraie galerie d'art avec œuvres d'artistes à tous les étages, autour d'une couleur. Les chambres, bien que tout confort, sont petites, mais toutes différentes (demander à visiter avant) avec une déco toujours aussi loufoque. Même l'ascenseur est original. Bar. Accueil sympa.

Aster House *(plan d'ensemble, A-B6,* ***111****) : 3 Sumner Pl, SW7 3EE. ☎ 020-7581-5888. • asterhouse.com • Ⓜ South Kensington. Doubles 120-350 £, petit déj-buffet compris.* Ce *B & B* de charme d'une dizaine de chambres et suites cache bien son jeu. De l'extérieur, cossu, on ne s'attend pas à la délicieuse « orangerie » (en français dans le texte) envahie de plantes vertes, où est servi le breakfast. Et derrière la maison se cache un adorable jardinet, où il fait bon lézarder en surveillant les canards du bassin. Quant aux chambres, elles sont à l'image de la maison : cosy, élégantes, fleuries, bref, britanniques ! Excellent accueil.

The Beaufort *(plan d'ensemble, B5,* ***63****) : 33 Beaufort Gardens, Knightsbridge, SW3 1PP. ☎ 020-7584-5252. • thebeaufort.co.uk • Ⓜ Knightsbridge. Doubles 200-340 £ ; suites également. Petit déj non inclus mais afternoon cream tea offert.* Pour les routards les plus exigeants. Une trentaine de chambres joliment meublées, quoique assez petites. Ambiance résolument moderne dans les tons crème et noir. Le tout dans une rue cossue très calme. Point de chute idéal pour ceux qui envisagent de dévaliser les rayons de Harrods, juste à côté. Accueil attentionné.

Où manger ? Où prendre un petit déj ?

Dans ces quartiers, pas mal de pubs, de restos étrangers, et quelques snacks qui proposent des lunchs de qualité à prix très raisonnables. Les adresses chics se concentrent autour de South Kensington et du *V & A Museum,* tandis qu'à Chelsea les petits bars et les restos animés jouent au coude à coude sur King's Road. On y trouve aussi la plupart des franchises, bien pratiques à l'heure du breakfast ou du lunch.

Sur le pouce (moins de 10 £ / 12 €)

Partridges of Sloane Square *(plan d'ensemble, C6,* ***551****) : 2-5 Duke of York Sq, SW3 4RY. ☎ 020-7730-0651. • partridges.co.uk • Ⓜ Sloane Sq. Tlj 8h-22h.* Cette épicerie fine (voir « Shopping. Épicerie » plus loin) propose quelques tables pour une sélection de produits frais à consommer sur place ou à emporter. *So British !*

Harrods Roast and Bake *(plan d'ensemble, C5,* ***175****) : Basil St, SW1X 7XL. ☎ 020-7225-6800. Ⓜ Knightsbridge. Juste derrière le célèbre magasin. Lun-sam 7h30-17h, dim 9h-17h.* Pour un café *Harrods* maison *(Knightsbridge roast),* un croissant, une salade ou un sandwich. À emporter. Quelques tables.

Duke of York Fine Square Food Market *(plan d'ensemble, C6,* ***551****) : 80 Duke of York Sq. Ⓜ Sloane Sq. Sam 10h-16h.* Créé à l'origine par la fameuse épicerie *Partridges* (voir « Shopping »). Un marché haut de gamme, biologique et fermier, avec quantité de stands proposant des plats à emporter. *Pies,* fromages, charcuterie, crêpes, cuisine asiatique, etc. On emballe le tout et on file manger autour de la Saatchi Gallery !

Jakobs *(centre 2, M10,* ***243****) : 20 Gloucester Rd, SW7 4RB. ☎ 020-7581-9292. Ⓜ Gloucester Rd. Tlj sauf dim-lun 8h-23h. Plats env 5-14 £ ; moins cher en take-away. En fin de sem, dîners-concerts live en fin de journée.* Petit resto végétarien et bio d'excellente qualité, tendance cuisine méditerranéenne (falafels, *mezze*). À déguster dans l'une des petites salles joliment décorées, ou dans le fond sous l'agréable verrière, avec un jus de fruits frais (*yummy,* le pomme-betterave !) ou un thé oriental. Et si c'est complet, on peut emporter le tout au Kensington Park voisin...

Carluccio's *(plan d'ensemble, B6,* ***212****) : voir la rubrique suivante. Compter 4-6 £.* Une grande épicerie italienne qui propose de généreux sandwichs bien garnis. Si vous mangez sur place, attention, c'est très bruyant aux heures de pointe.

Ceru *(plan d'ensemble, A6,* ***284****) : 7-9 Bute St, SW7 3EY. ☎ 020-3195-3001. Ⓜ South Kensington. Lun-ven 12h-23h, sam 11h-23h, dim 11h-22h. Plats 7-18 £ ; lunch en sem 11 £ ; brunch le w-e 11h-17h.* Un kaléidoscope de couleurs pour célébrer la cuisine du Levant, de la Turquie à Israël en passant par Chypre et le Liban. Décor moderne et pimpant, sur tabourets ou autour de petites tablées pour déguster des plats copieux dans l'assiette qui fleurent bon la Méditerranée. On vous conseille le *Three in one* pour goûter un peu à tout en entrée. Le midi, assiettes variées. Sinon, des légumes à foison, des viandes marinées et épicées (plus de 20 sortes !), mais aussi des boissons maison (la limonade change tous les jours). Vins méditerranéens assez chers, en revanche.

My Old Dutch *(plan d'ensemble, B7,* ***280****) : 221 King's Rd, SW3 5EJ. ☎ 020-7376-5650. Ⓜ South Kensington. Tlj 10h-22h30 (22h dim). Petit déj jusqu'à 13h à partir de 5,95 £. Crêpes 5-15 £, ttes les classiques à 5 £ lun ; réduc de 10 % pour les étudiants (sauf lun, bien sûr).* Une chaîne hollandaise de pancakes et de crêpes. Oh, elles ne sont pas craquantes comme en Bretagne, mais bien épaisses et nourrissantes. Et servies dans de larges plats, façon porcelaine de Delft. De quoi se remplir l'estomac à bon marché. Sympathique service qui ne traîne pas. Et pour ceux qui ne veulent pas de crêpes, il y a tout ce qu'il faut (curry, chili, etc.). Même les végétariens y trouvent leur compte.

Bon marché (10-20 £ / 12-24 €)

Muriel's Kitchen (*plan d'ensemble, B6,* **174**) *: 1-3 Pelham St, SW7 2ND. ☎ 020-7583-3511. Ⓜ South Kensington. Tlj 8h-17h. Petit déj et lunch 10-14 £.* Toujours beaucoup de monde derrière la baie vitrée de Muriel ! À l'intérieur, sous les bouquets de fleurs séchées, on se rassasie dès le matin d'un bon petit déj ou d'un brunch. Viennoiseries, omelettes, *eggs royale* et jus *healthy* font l'affaire pour bien démarrer la journée. Le midi, salades et petits plats du jour complètent l'offre. Un bon plan dans le quartier.

Bluebird Café (*plan d'ensemble, A-B7,* **374**) *: 350 King's Rd, SW3 5UU. ☎ 020-7559-1000. Ⓜ Sloane Sq (puis 15 mn à pied). Lun-ven 10h-14h30, sam 11h-15h30, dim 12h-15h30. Bar tlj 12h (11h sam)-minuit (1h ven-sam, 22h30 dim). Petits déj env 7-22 £.* Encadrant une boutique de créateurs, un café, un bar-resto et une épicerie fine que l'on a plaisir à fréquenter pour un bon petit déjeuner, un *afternoon tea (29,50 £)* ou un brunch le week-end. Grande terrasse illuminée. Fait aussi resto et *cocktail bar.* Un lieu chic et décontracté, *so* Chelsea !

Queen's Arms (*plan d'ensemble, A5,* **554**) *: 130 Queen's Gate Mews, SW7 5QL. ☎ 020-7823-9293. Ⓜ South Kensington. Tlj à partir de 12h. Plats, sandwichs et burgers 12-19 £. Lun-ven avt 18h, 2 plats env 13 £.* Notre adresse chouchoute dans le coin ! Dans une jolie ruelle pavée, un pub pas si ancien qu'il en a l'air, avec son beau comptoir et ses canapés Chesterfield, mais situé dans un paisible quartier résidentiel dépourvu en adresses pour se restaurer. L'avantage : pas loin des musées et à l'écart des grands axes. Les musiciens du conservatoire royal voisin connaissent bien le filon ! Vite bondé en fin de journée. Bières extra et cuisine traditionnelle soignée.

Le Comptoir Libanais (*plan d'ensemble, B6,* **210**) *: 1-3 Exhibition Rd, SW7 2HE. ☎ 020-7225-5006. Ⓜ South Kensington. Tlj 11h30-22h. Plats 11-14 £.* Déco chaleureuse, très colorée, avec mosaïques, fez orientaux sur les murs, boîtes de harissa détournées et belles rangées de théières orientales bien alignées. Et au milieu, grandes tablées à partager avec vue directe sur la cuisine. Tous les classiques sont à la carte : délicieux *mezze platter,* tajines, burgers libanais, pâtisseries, infusions à l'orange ou encore limonade maison. C'est une chaîne, mais les saveurs sont vraiment au rendez-vous. Terrasse. *Plein d'autres adresses à Londres, notamment derrière la Saatchi Gallery à Sloane Sq.*

Carluccio's (*plan d'ensemble, B6,* **212**) *: 1 Old Brompton Rd, SW7 3HZ. ☎ 020-7581-8101. Ⓜ South Kensington. Tlj sauf lun 9h-22h. Colazione (petit déj) 7-10 £ ; menus à partir de 12,95 £ ; plats 12-18 £.* Une chaîne d'épiceries-restaurants à l'italienne qui sort un peu du lot. Grande salle blanche avec beaucoup de tables. Les rayonnages de bouteilles et les produits de la Botte tiennent lieu de décor. Quelques plats à emporter. Accueil sympathique et pro. Attention, c'est bruyant !

Chelsea Potter (*plan d'ensemble, B6,* **148**) *: 119 King's Rd, SW3 4PL. ☎ 020-7352-9479. Ⓜ Sloane Sq. Tlj 11h-23h (22h30 dim) ; service jusqu'à 22h. Plats 10-16 £ ; sandwichs env 7-10 £.* Non, ce n'est pas le pub de la sœur cachée de Harry, mais un bon pub de quartier à l'ancienne avec ses boiseries noires, animé et chaleureux. Idéal pour se restaurer très correctement d'un sandwich, d'un *fish & chips* ou d'un burger, si vous êtes de passage à la Saatchi Gallery. Quelques tables en terrasse.

New Culture Revolution (*plan d'ensemble, B7,* **202**) *: 305 King's Rd, SW3 5EP. ☎ 020-7352-9281. Ⓜ Sloane Sq. Tlj 12h-23h. Plats 7-17 £.* Cuisine asiatique bien faite à avaler dans un décor moderne. On craque pour les savoureux *dim sum* (sorte de raviolis) de la maison. Fourrées au poisson, aux légumes, à la viande, ces petites bouchées vantent l'équilibre naturel de la cuisine de la Chine du Nord. Que des produits bio, cela va de soi.

|●| 🚸 ***The Jam*** *(plan d'ensemble, B7,* ***217****) : 289 A King's Rd, SW3 5EW. ☎ 020-7352-8827. Ⓜ Sloane Sq. Tlj sauf lun 12h-minuit.* Bruschetta, *pizza 7-16 £ ; plats 9-21 £.* On y va autant pour la déco fantaisiste que pour la cuisine, une carte de spécialités italiennes agréable mais sans génie non plus. Cela dit, c'est souvent plein. Pourquoi ? Parce que le patron italien a eu une idée lumineuse : au lieu de pousser les murs, il a simplement monté les tables les unes sur les autres pour augmenter sa capacité d'accueil. C'est donc un Meccano géant : on accède aux tables du haut par de petites échelles de bois. Rigolo pour les clients, rentable pour le patron, mais peu pratique pour les serveurs !

De bon marché à prix moyens (10-30 £ / 12-36 €)

|●| ⛱ ***The Marketplace Restaurant*** *(plan d'ensemble, B7,* ***206****) : 125 Sydney St, SW3 6NR. ☎ 020-7352-5600. Ⓜ Sloane Sq. Lun-ven 9h30-18h, le w-e 9h30-20h. Happy hours en sem 15h-19h. Plats 8-16 £.* Au cœur du *Chelsea farmers market,* dans cette petite enclave bucolique que l'on devine à peine depuis King's Road, on trouve un super marché bio, une librairie, un fleuriste, une adorable jardinerie et plusieurs petits restos dont les terrasses chauffées font le plein aux 1ers rayons de soleil, notamment une pizzeria. Le week-end, c'est évidemment bondé. De toutes les terrasses, c'est celle du *Marketplace Restaurant* que l'on préfère pour ses bons petits déj revigorants et son atmosphère un rien bohème.

|●| ***Daquise*** *(plan d'ensemble, B6,* ***220****) : 20 Thurloe St, SW7 2LT. ☎ 020-7589-6117. Ⓜ South Kensington. Tlj 12h-23h. Plats 15-24 £.* Immuable et sans façons, ce vieux bistrot polonais avec serveurs en livrée et nappes blanches bien repassées fait le plein midi et soir. Sa cuisine traditionnelle est richement préparée et bien faite. Et ça dure depuis plusieurs décennies ! *Kotleciki, eskalopki, goulash,* boulettes de viande, galettes de pommes de terre ou choux farcis n'ont rien de franchement diététique, mais la mixture revigore son homme les jours de frimas... sans compter l'alléchante sélection de vodkas au verre pour tasser le tout. Prévoir un temps de digestion au moins égal à celui du repas !

|●| ***Harrods Food Court*** *(plan d'ensemble, B-C5) : Hans Rd, entrée 11. Ⓜ Knightsbridge. Mêmes horaires que le magasin (voir plus loin).* Des sandwichs frais, des pizzas à la coupe, de la charcutaille en veux-tu en voilà, mais aussi un bar à huîtres, du caviar (!), un stand japonais, un autre pour les tapas... tels sont les trésors de cette section du grand magasin qui permettent de se rassasier en faisant un petit tour du monde culinaire. Quelques tables également pour se poser. Attention, l'addition peut vite grimper, et il y a souvent foule !

|●| 🚸 ***The Alfred Tennyson*** *(plan d'ensemble, C5,* ***312****) : 10 Motcomb St, SW1X 8LA. ☎ 020-7730-6074. Ⓜ Knigthsbridge. Lun-jeu 12h-23h30, ven-sam 12h-minuit, dim 12h-22h30. Plats 14-28 £.* Pub moderne, un rien chicos, mais atmosphère chaleureuse, avec enfants et habitués. Tout le quartier s'y retrouve pour un délicieux *fish & chips* ou un bon *beef burger.* Les doigts délicieusement graisseux, vous voilà d'attaque pour reprendre votre shopping là où il s'était arrêté, du côté de chez *Harrods.*

|●| 🍸 ⛱ ***Ognisko « Polish Club »*** *(plan d'ensemble, B5,* ***224****) : 55 Exhibition Rd, SW7 2PN. ☎ 020-7589-0101. Ⓜ South Kensington. Tlj 12h-23h. Plats 14-21 £ ; lunch 23 £.* Une adresse confidentielle, établie dans le quartier depuis des lustres. Ce club chic a eu l'idée d'ouvrir son bar et son restaurant dans une élégante maison à colonnades blanches. La cravate n'est pas nécessaire, toutefois évitez bermudas et chemises à fleurs. Service discret et très courtois, à l'image des lieux. La salle à manger est cossue, prolongée par une agréable terrasse. Carte d'inspiration polonaise et internationale. Au bar, possibilité de se jeter une vodka derrière la cravate...

|●| ***Apero*** *(plan d'ensemble, A6,* ***12****) : 2 Harrington Rd, SW7 3ER.*

☎ *020-7591-4410.* Ⓜ *South Kensington. Tlj 7h30 (7h le w-e)-minuit (23h dim) ; service jusqu'à 21h45. Menus le midi 13,95-16,50 £ ; le soir plats 14-25 £.* Au sous-sol du très chic *Ampersand Hotel,* juste à côté du lycée français, *French is spoken* dans ce repaire de la communauté hexagonale. Il faut dire que le cadre moderno-propret en sous-sol, entre bistrot et rétro, est particulièrement convivial, et la cuisine, concoctée avec talent sous forme de jolies assiettes à partager. Menus défiant toute concurrence le midi, alors que les viennoiseries sous cloche n'attendent que d'accompagner une tasse de thé l'après-midi. Bon choix aussi pour le petit déj ou un brunch le week-end *(11h30-15h).* Un endroit reposant entre 2 musées.

De prix moyens à chic (plus de 20 £ / 24 €)

🍽 ***Rabbit*** *(plan d'ensemble, B6,* ***173****) : 172 King's Rd, SW3 4UP.* ☎ *020-3750-0172.* Ⓜ *Sloane Sq. Lun 18h-23h, mar-sam 12h-minuit, dim 12h-18h. Résa conseillée. Plats env 9-22 £, assiettes à partager 15-21 £. Un peu moins cher le midi.* Le décor est bistrot et les produits authentiquement fermiers, en direct le plus souvent de l'exploitation familiale du West Sussex. Décliné sur le principe des tapas, le concept est franchement séduisant. On se partage plusieurs petites portions, aux saveurs fines et surprenantes... Pour éviter que l'addition ne grimpe trop vite, vous pouvez vous dispenser des mises en bouche pour mieux vous concentrer sur les *slow* et *fast cooking* (cuisson lente et rapide)...

🍽 ***Signor Sassi*** *(plan d'ensemble, C5,* ***219****) : 14 Knightsbridge Green, SW1X 7QL.* ☎ *020-7584-2277.* Ⓜ *Knightsbridge. Tlj 12h-23h30 (22h30 dim) ; service en continu. Résa conseillée le w-e. Pâtes 13-22 £ ; plats 18-35 £.* Vieille enseigne italienne qui compte de nombreux fidèles. La devanture d'un bleu pétant, baignée de plantes vertes, cache une salle beaucoup plus sobre. Cadre traditionnel chic assez élégant, avec quelques clins d'œil aux années 1920. Petites tables, nappes blanches, bougies le soir. Mais l'essentiel est dans l'assiette. Savoureux plats de pâtes fraîches, viande et poisson finement cuisinés. Atmosphère agréable, mais tenue correcte exigée.

Où faire une pause sucrée ?

☕ 🚸 ***The Hummingbird Bakery*** *(plan d'ensemble, A-B6,* ***236****) : 47 Old Brompton Rd, SW7 3PJ.* Ⓜ *South Kensington. Tlj 10h-19h.* On y retrouve tout ce qui fait le succès de la maison, américaine, à savoir des *cupcakes* aux couleurs délirantes ! Terrasse et 4 tables à peine pour consommer sur place. *Absolutely gorgeous ! D'autres adresses à Londres, notamment à Notting Hill (133 Portobello Rd) et Spitafields (11 Frying Pan Alley).*

☕ 🚸 ***Aux Merveilleux de Fred*** *(plan d'ensemble, A6,* ***205****) : 88 Old Brompton Rd, SW7 3LQ.* ☎ *020-7584-4249.* Ⓜ *South Kensington. Tlj 8h-17h.* Quelle ne fut pas notre surprise de découvrir ici la succursale anglaise des *Merveilleux* de Lille ! Comme dans le ch'nord de la France, on se délecte ici des *merveilleux* et autres *incroyables,* toujours aussi aériens avec leur meringue et leur crème fouettée. À accompagner d'un bon chocolat chaud ! Quelques tables pour manger sur place.

Où boire un verre ?

🍸 ***The Grenadier*** *(plan d'ensemble, C5,* ***366****) : 18 Wilton Row, SW1X 7NR.* ☎ *020-7235-3074.* Ⓜ *Hyde Park Corner. Dans Knightsbridge, prendre Old Barrack Yard (petit passage juste après Wilton Pl) ; au bout, tourner à gauche, passer sous l'arche d'un immeuble (« private mews »), pousser la porte rouge, le pub est à droite. Tlj 12h-23h (22h dim).* Une de nos adresses préférées ! La façade colorée est recouverte de plantes et de fleurs. À l'intérieur, le plafond est tapissé de billets de banque du monde entier. C'était originellement la cantine des soldats du duc de Wellington. Difficile de ne pas s'en apercevoir : une guérite rouge veille à l'extérieur et toute la panoplie du militaire est suspendue aux 4 coins de la petite salle. En revanche, l'ambiance donne plus dans le chicos, façon carré des officiers, que dans la cacophonie enfumée des tavernes de troupiers. Chaleureux et convivial malgré tout.

Kevin Moran, The Nag's Head *(plan d'ensemble, C5,* ***365****) :* *53 Kinnerton St, SW1X 8ED. ☎ 020-7235-1135. Ⓜ Knightsbridge. Petite rue à laquelle on accède par Motcomb St. Tlj 9h-23h (minuit ven-sam). Jazz live le 1er dim du mois à 14h30.* Atmosphère, atmosphère... Amateurs de pubs, ne manquez pas cette taverne de poche comme on n'en fait plus ! Peu de fenêtres, pour garder le secret mais aussi la chaleur du lieu, une 1re salle bancale, racornie par les ans mais tout en authenticité, puis un genre de cambuse en sous-sol, grossièrement dallée, lambrissée et propice aux rendez-vous pour échafauder quelque mauvais coup. Un lieu de perdition où l'on s'échoue avec délectation ! Usage du téléphone portable interdit, c'est un signe et un bon !

Barts *(plan d'ensemble, B6,* ***203****) :* *Chelsea Cloisters, 87 Sloane Ave, SW3 3DW. ☎ 020-7581-3355. Ⓜ South Kensington. Dim-mar 18h-minuit, mer-ven 17h-1h, sam 14h-1h. Cocktails 11-21 £.* Dans le hall d'une résidence assez classe. Trouvez la porte noire sur la gauche puis, derrière, le faux mur de briques, toquez fort. Le portier vous demande le mot de passe... Susurrez-le (il change tous les mois, checkez le site internet). Et vous voici télétransporté chez oncle Barts, dans son petit salon, en 1920, débarqué tout droit de Chicago au temps de la prohibition. Ici, on sert des cocktails « secrets » à partager dans de bien drôles d'outres. Chut ! On pourrait nous entendre. Déco extra : papier peint rouge à ramages, têtes de cerf empaillées, et carte des cocktails cachée dans un vieux livre. Petite terrasse pour prendre l'air.

Anglesea Arms *(plan d'ensemble, A6,* ***558****) :* *15 Selwood Terrace, SW7 3QG. ☎ 020-7373-7960. Ⓜ South Kensington. Lun-sam 11h-23h, dim 12h-22h30.* L'*Anglesea Arms*, c'est le refuge secret et fleuri de tous ceux qui tentent d'échapper au trafic enfiévré de South Kensington. En terrasse, adossé à un vieux lampadaire, on savoure la quiétude de cette rue résidentielle. Bon, le soir, c'est noir de monde quand même : on n'est pas les seuls à connaître ce secret bien gardé. Dans la salle à l'ancienne, ornée de vieilles gravures et d'une odalisque au-dessus de la cheminée, on partage sans façons sa pinte avec les habitués. Et comme la maison sert quelques plats classiques, c'est décidément l'endroit idéal pour se refaire une santé. Très chaleureux !

The Cadogan Arms *(plan d'ensemble, B7,* ***455****) :* *298 King's Rd, SW3 5UG. ☎ 020-3148-2630. Ⓜ South Kensington. Lun-sam 12h-23h (minuit ven-sam), dim 12h-21h avec live music à 16h30.* Ce pub traditionnel ne désemplit pas à la sortie des bureaux. Ambiance très revigorante autour d'une pinte d'IPA, entre autres. On peut même y casser la croûte avec le *bar menu (fish & chips, cheeseburger...).* Musique *live* le dimanche après-midi.

Ognisko « Polish Club » *(plan d'ensemble, B5,* ***224****) :* *voir précédemment « Où manger ? ».* Pour boire une vodka au cercle polonais de Londres.

Concerts classiques

Royal Albert Hall *(plan d'ensemble, A5) :* *Kensington Gore, SW7 2AP. ☎ 0845-401-5034 (box-office). • royalalberthall.com • Ⓜ Knightsbridge, High St Kensington ou South Kensington.* Très populaire surtout lors des Proms en été, organisés par la BBC. Un concert est donné à cette

occasion chaque soir de mi-juillet à mi-septembre, retransmis en direct sur la station « BBC Radio 3 ». On précise aux fauchés que la queue pour les places les moins chères (debout dans la fosse !) se fait derrière l'édifice et non pas devant, le soir même du concert. Assister à un concert, découvrir la fosse centrale monumentale reste un grand moment.
Organise aussi des visites guidées (voir « Monuments et balades » plus loin). À l'étage, cafétéria très agréable *(réduc de 20 % pour les étudiants et concerts gratuits certains midis en été).*

Spécial noctambules

Maggie's *(plan d'ensemble, A7,* ***213****) : 329 Fulham Rd, SW10 9QL. ☎ 020-7352-8512. • maggies-club.com • Ⓜ South Kensington ou Gloucester Rd. Tlj 22h (23h mer et 22h30 jeu)-3h (4h ven-sam).* Cette boîte de nuit s'amuse à remettre au goût du jour les années 1980. Mais pas n'importe comment : en mettant à l'honneur Margaret Thatcher, l'iconique Dame de fer qui régna sur le pays pendant 11 ans ces années-là. Ah, ces années-là... D'ailleurs, on peut entendre ses discours... dans les toilettes ! Et boire dans des mugs à son effigie ! Les serveurs sont tous habillés comme Tom Cruise dans *Top Gun* et les filles ont ressorti les collants colorés au son de *Vogue* ou autres classiques de l'époque. Ambiance assurée !

Shopping

À vous les boutiques ! King's Road, avec ses magasins de fringues, d'accessoires, de téléphones portables, de chaussures et autres marchands de beauté, vous ravira. Sur Brompton Road, on trouve des boutiques plus luxueuses, dont le très célèbre *Harrods.*

Boutiques de musées

On recommande de pousser la porte des 3 grands musées qui possèdent chacun leurs boutiques thématiques, en accès libre. L'idéal pour faire un cadeau original ! Mêmes horaires que les musées (se reporter à « Galeries et musées ») :
– Au ***Victoria and Albert Museum*** *(plan d'ensemble, B5-6),* superbe boutique où l'on trouve pas mal de bijoux, inspirés des collections et des expositions du moment, des fringues rigolotes et autres objets introuvables ailleurs.
– Au ***Science Museum*** *(plan d'ensemble, A-B5),* boutique assez délirante, avec objets pour apprentis chimistes ou pour faire des blagues dans la cour de récré.
– Au ***Natural History Museum*** *(plan d'ensemble, A-B5-6),* des peluches, des jeux éducatifs, mais aussi des gravures anciennes d'animaux et de plantes, des vêtements chics naturalistes, des bijoux, etc.

Épicerie

Partridges of Sloane Square *(plan d'ensemble, C6,* ***551****) : 2-5 Duke of York Sq, SW3 4RY. ☎ 020-7730-0651. • partridges.co.uk • Ⓜ Sloane Sq. Tlj 8h-22h.* L'une des épiceries fines qui ont l'honneur de figurer au rang des fournisseurs officiels de Sa Royale Majesté (il y en a 800 en tout) ! Plus intime que *Fortnum & Mason* ou *Harrods,* plus petit aussi, on n'y déniche pas moins des produits anglais d'exception (belle collection de miels du monde entier). Petite cafétéria pour grignoter, et même quelques places en terrasse.

Boutiques spécialisées

La Page *(plan d'ensemble, A-B6,* ***12****) : 7 Harrington Rd, SW7. ☎ 020-7589-5991. • librairielapage.com • Ⓜ South Kensington. Tlj sauf dim 9h15-18h.* Une librairie française très bien fournie, avec tous les classiques et les nouveautés. Mais aussi de la presse, des B.D., etc. Et même le *Routard* !

Anthropologie *(plan d'ensemble, B6-7) : 131-141 King's Rd, SW3 4PW. ☎ 020-7349-3110. • anthropologie.eu • Lun-sam 10h-19h, dim 12h-18h.* Une adresse tellement anglaise, essentiellement pour les femmes. On y « shoppe » fringues, boutons de portes, tasses, livres de cuisine et 1 001 autres merveilles. *Autre adresse au 158 Regent St.*

British Red Cross *(plan d'ensemble, B7) : 69-71 Old Church St, SW3 5BS. ☎ 020-7376-7300. Ⓜ Sloane Sq ou South Kensington. À l'angle avec King's Rd. Lun-sam 10h-18h, dim 12h-17h.* Pour faire des affaires tout en faisant sa B.A. ! Des vêtements dégriffés à prix sacrifiés, mais aussi des bijoux, des sacs, des chaussures, etc. Tout dépend des arrivages, bien sûr, mais le turn-over se fait assez bien... Il faut dire que certaines ladies du quartier se débarrassent de leur robe feu Alexander McQueen ou Vivienne Westwood après le 1er cocktail ! Un vrai bon plan, on vous dit... Et tout ça au profit de la Croix-Rouge !

Mungo & Maud *(plan d'ensemble, D6) : 79 Elizabeth St, SW1W 9PJ. ☎ 020-7467-0820. • mungoandmaud.com • Ⓜ Sloane Sq. Lun-sam 10h-18h, dim 12h-18h. Également une boutique chez* Harrods. Les Anglais sont fous de leurs *pets* (animaux de compagnie). Voici le genre de boutique introuvable ailleurs : une boutique design et chic pour le confort de Médor ou le doux ronron du chaton, de la couverture brodée au petit manteau tricoté pour les hivers rigoureux ! Hors de prix et quelque peu indécent...

Les grands magasins historiques

Harrods *(plan d'ensemble, B-C5) : 87-135 Brompton Rd, SW1X 7XL. ☎ 020-7730-1234. • harrods.com • Ⓜ Knightsbridge. Lun-sam 11h-19h (20h jeu-sam), dim 11h30-18h. Horaires étendus en déc (Noël oblige) et pour les soldes. Fermé jour de Pâques et 25 déc.* ***Les fameuses soldes commencent fin déc et la 1re sem de juil*** *; également des soldes d'intersaison début mai. À Noël, les décorations sont souvent spectaculaires. On ne porte ni short ni jean déchiré pour entrer. Les sacs de voyage doivent être déposés à la consigne, les petits sacs à dos portés à la main. Ça ne rigole pas ! Plan du magasin disponible à l'entrée principale (et en ligne).* Tout a commencé avec Henry Charles Harrod, un négociant en thés, savons et bougies, qui ouvrit son magasin en 1849. Aujourd'hui, *Harrods* compte 15 millions de clients par an, 4 000 employés, et a été vendu à une société d'investissement du Qatar en 2010, après avoir été la propriété du milliardaire Mohammed al-Fayed pendant 25 ans. Celui-ci a toujours refusé la nationalité britannique. La devise du célèbre magasin est : *Omnia, omnibus, ubique* (« Tout, pour tout le monde, de partout »). Ainsi, jusqu'en 1976 on y vendait encore des ceintures de chasteté. Devenu monument à part entière, *Harrods* possède des rayons qui sont des chefs-d'œuvre de décoration et de bon goût. Avant d'entrer, n'oubliez pas de jeter un coup d'œil à la majestueuse façade ouvragée, entièrement recouverte de terre cuite en 1901. Les éclairages de nuit sont totalement réussis. Poussons la porte...

– L'***Egyptian Hall*** occupe tout un pan du magasin, sur plusieurs étages. Un chef-d'œuvre de l'Art nouveau. Chargé, certes, mais féerique ! L'escalator (électrique) fut le 1er installé en Europe.

– Les ***Food Halls*** (rayons alimentaires), au rez-de-chaussée, sont célèbres pour leurs somptueuses céramiques Art nouveau. Chaque rayon bénéficie d'une décoration chatoyante et fastueuse. Ne ratez pas les rayons boucherie, poissonnerie, de loin les plus impressionnants. Mais ne boudez pas les autres rayons, riches en produits rares (du haut de gamme qui justifie les prix, mais qui reste malgré tout abordable) : thés, biscuits, confitures, charcuteries... Plusieurs stands pour grignoter sans trop se ruiner (voir « Où manger ? »).

– Le 1er étage, très chic et feutré, est consacré aux designers de luxe, vêtements, chaussures, robes de mariée et lingerie...

– Au 2e étage, tout pour la maison, bouquins et une galerie d'art.
– Avis aux parents accompagnés de jeunes routards : les 3e et 4e étages abritent le ***Toy Kingdom,*** littéralement le « royaume des jouets », pas moins ! Heureusement, il y a aussi un bar à champagne pour patienter !

Harvey Nichols *(plan d'ensemble, C5) : 109-125 Knightsbridge, SW1X 7RJ. ☎ 0207-235-5000. • harveynichols.com • Ⓜ Knightsbridge. Lun-sam 10h-20h, dim 11h30-18h.* Un des plus chics et chers des grands magasins de Londres. La déco n'a rien d'exceptionnel, mais jetez-y un coup d'œil si vous êtes dans le coin pour connaître les dernières tendances. On y trouve également un salon de beauté et de coiffure très apprécié des filles chics... et riches. Le champagne est compris dans le prix de la manucure, c'est cool, non ? Au 5e étage, resto, cafétéria et bar, avec notamment une belle terrasse en plein air *(roof terrace)* et un vaste rayon alimentaire.

Dans le triangle de Sloane Avenue, Fulham Road et Brompton Road, on trouve entre autres ***Chanel, Gucci, Paul Smith,*** mais aussi ***Joseph*** et, en face, le ***Conran Shop*** derrière le Michelin Building, sur Fulham Road *(plan d'ensemble, A-B6-7).* Des adresses pour ceux qui ont envie de faire pousser des ailes à leurs billets de banque (et des cris à leur banquier !).

Galeries et musées

Victoria and Albert Museum *(plan d'ensemble, B5-6)*

Cromwell Rd, SW7 2RL. ☎ 020-7942-2000. • vam.ac.uk • Ⓜ South Kensington, accès direct depuis le métro. Nouvelle entrée très architecturale sur Exhibition Rd et le Sackler Courtyard. Tlj 10h-17h45 ; nocturne ven jusqu'à 22h. Fermé 24-26 déc. GRATUIT mais expos temporaires payantes. Plan indispensable, à dispo dans le hall principal (donation de 1 £ suggérée). Visites guidées et thématiques gratuites, y compris pour les personnes handicapées. En principe, plusieurs départs/j. ttes les 30 mn 10h30-15h30 au meeting point dans le grand hall. Programme à l'accueil et sur le site internet. Durée : env 1h. Télécharger aussi l'application pour smartphone du V & A, utile et bon complément d'infos.

Nos conseils

– Le V & A est l'un des plus grands musées de Londres, vous ne pourrez pas tout voir en une seule fois. Le V & A est gratuit, profitez-en pour revenir !
– C'est aussi un musée vivant, certaines pièces migrent des salles d'exposition aux réserves et vice versa. De même, certaines salles peuvent être temporairement fermées.
– Pour vous y retrouver, procurez-vous absolument le plan et n'hésitez pas à demander conseil aux nombreux médiateurs, très bien renseignés et fort courtois.
– Les enfants ont droit à des attentions particulières, demander à l'accueil.

Cafétéria du musée : *au rdc. Un comptoir propose des plats chauds de bonne qualité, compter 7-16 £. Sandwichs et menus-enfants à partir de 7 £ env.* Le V & A fut le 1er musée à prévoir un espace de restauration dans son enceinte dès sa création. Attention : il faut refaire la queue pour payer. Installez-vous dans les ***superbes salles Morris, Gamble et Poynter de style victorien*** ou dans la salle à manger moderne. En été, on peut aussi profiter de la belle cour intérieure qui permet d'admirer la structure et le style du V & A, et le Quadrangle, dont la décoration est inspirée de la Renaissance italienne (brique et terre cuite).

Un peu d'histoire

Le prince Albert, mari de Victoria, fit de la qualité esthétique l'un de ses défis culturels. Il présida en 1856 à la création d'un musée original : présenter un historique des beaux-arts et arts décoratifs de tous les pays occidentaux et orientaux, dans le but de stimuler l'inspiration des créateurs, former le goût du public et dynamiser la production industrielle...

Les collections se sont enrichies et comptent aujourd'hui 4 millions d'objets, répartis sur un immense espace d'environ 50 000 m². Le V & A, comme l'appellent affectueusement les Londoniens, se révèle d'une exceptionnelle variété. Il navigue intelligemment entre tradition et modernité, l'ensemble est savamment orchestré, et la réussite est totale. Dès le hall d'accueil, levez les yeux vers l'impressionnante sculpture de verre dans le style Murano. Autant dire qu'il y en a pour tous les goûts et pour tous les appétits. Pour continuer à faire vivre ce formidable savoir encyclopédique, le V & A s'est lancé depuis 2001 dans un ambitieux programme de rénovation. En 2021, le musée s'est enrichi d'une section consacrée au ***design,*** ainsi que d'une autre dédiée à la ***photographie.*** Quand on vous dit qu'il déborde d'énergie !

À ne pas manquer

Salles médiévales et de la Renaissance (1350-1600)

Accessible par le rez-de-chaussée, un musée dans le musée, sur plusieurs étages ! Une dizaine de salles chronologiques débutent avec la chute de l'Empire romain pour se terminer à la Renaissance (du Vᵉ au XVIᵉ s). Plus de 1 800 chefs-d'œuvre, du minuscule au gigantesque, savamment mis en scène comme ces vitraux éclairés par l'arrière ou ce « jardin » de sculptures.

Sous-sol (level -1), salles 8 à 10c

Parmi les œuvres du Moyen Âge, voir entre autres, ***salle 8,*** le magnifique coffret en émaux de Limoges ayant probablement contenu les reliques de Thomas Becket (1180-1190). Poignant *Christ en Croix* (vers 1300) en bois. Au fond, rare tapisserie datant de 1425-1430, *The Boar and bear hunt* et triptyque allemand de 1380 représentant l'Apocalypse. ***Salle 8c,*** voir les belles colonnes en bois à chapiteaux sculptés du XIIIᵉ s (Italie).

Au rez-de-chaussée (level 0)

Dans les ***salles 50,*** on se concentre sur la ville à la Renaissance (1350-1600). Presque immanquable, le dramatique *Samson tuant une Philistine,* sculpture en marbre de Jean de Bologne (1562), située à l'entrée. Superbes bas-reliefs et ornementations murales, notamment 2 frontons de porte sculptés, du Génois Giovanni Gaggini, ou ce *monument à Marchese Spinetta Malaspina,* porche d'église en marbre et stuc avec statue équestre. Beaux retables et vitraux européens.

Au 1ᵉʳ étage (level 1)

Dans la section consacrée à l'art gothique tardif, ***salle 62,*** accessible au fond des salles 50 par les marches, ne manquez pas l'incontournable nef de Burghley, conçue à Paris vers 1527-1528. C'est une petite maquette de bateau en argent doré ; une salière en vérité ! Certains détails montrent le talent de l'orfèvre : la coque est en fait un coquillage... ***Dans la courette de la salle 64b,*** la façade en bois ouvragé de la maison de sir Paul Pindar, l'une des rares rescapées de l'incendie de Londres en 1666, surprend par sa taille. Mais comment a-t-elle pu parvenir intacte ici ? De même, splendide escalier hélicoïdal de Morlaix (1522-1530) avec, toujours conservés, les différents paliers !

Salles 1 à 7 : Europe, 1600-1815 (level -1)

Autre musée dans le musée, cette récente section s'intéresse à toutes les formes d'art et d'artisanat en Europe, principalement en Italie puis en France, à une période si féconde culturellement et en évolution constante, sur fond d'émulation entre pays. Noter l'appli gratuite qui permet de scanner certaines des 1 100 œuvres exposées dans les 7 salles pour en obtenir plus de détails sur son smartphone *(• vam.ac.uk/page/e/europe-1600-1815/ •).* De la ***période baroque*** et ses rivalités religieuses, territoriales ou musicales notamment, on retient par exemple cette statue du Bernin *(Neptune et Triton)* et ce buffet de 1693 aux panneaux de bois peints éclatants de bleu (salle 7). Ou encore la *panelled room* (salle 5), une chambre à coucher française (1682) en partie reconstituée avec ses peintures et dorures. Au XVIIIe s, le ***classicisme*** rayonne à la cour française avec ses instruments de musique, ses meubles marquetés et sa *mirrored room* (1789) ovale (salle 2a). Que de chemin parcouru jusqu'à la ***période napoléonienne*** et le néoclassicisme, transition judicieusement mise en scène dans les modes vestimentaires par exemple. En évoluant de salle en salle, on a le sentiment de parcourir les différentes pièces d'un château.

Les autres collections majeures

Niveau 0 (rez-de-chaussée)

Art chinois (salles 44 et 47)

Les collections chinoises du musée sont un véritable trésor, certaines pièces datent de - 3000 avant notre ère. Les galeries sont organisées autour de l'idée du quotidien, depuis le repas jusqu'au culte en passant par l'art et l'habillement. L'élégance des lignes ancestrales frappe immédiatement l'observateur. Regardez dans les objets de notre société comme ces formes sont encore présentes ! D'ailleurs, dans la salle, des œuvres d'art contemporain s'amusent à réinterpréter ces formes millénaires. Sculptures en jade très anciennes, comme ces disques uniformes, symboles du ciel sur la terre. Le jade est une pierre impossible à tailler, qu'on ne façonne lentement qu'à force d'usure. Également de superbes meubles en laque rouge des dynasties Ming et Qing, sculptés avec de précieux détails, dont un trône impérial. Statues du bodhisattva Guanyin (bois doré, de 1200, dynastie Jin), figure sainte du bouddhisme. Sculptures en ivoire, porcelaines, statuettes et même du papier peint... Ne manquez pas la reproduction en papier d'encre du VIe s des peintures rupestres de la vallée de Sutra.

Art japonais (salle 45)

Dimensions et simplicité toutes japonaises... Superbes paravents et boîtes en laque (la plus belle collection hors du Japon !), vitrine de tabatières sculptées, palanquin en bois laqué du XVIIIe s... et jolie sélection de pipes à opium. Masques du théâtre nô et kimonos, bien sûr. Quelques sabres ouvragés, de magnifiques armures, des tenues de samouraïs spectaculaires (les enfants adorent) et un brûleur d'encens sur trépied avec 2 paons monumentaux présenté à l'Exposition universelle de Paris en 1878. Notez cette admirable collection de *netsuke,* objets ciselés comme de vrais bijoux, qui permettaient de tenir les ceintures des kimonos, sans oublier les nombreux *inros,* petites bourses en bois laqué qui faisaient office de poche pour la menue monnaie, le tabac, les clés... Également des œuvres contemporaines.

Art islamique (salle 42)

Cette section est consacrée à l'évolution de l'art islamique au Moyen-Orient à partir du VIIIe s. Parmi les plus belles pièces, le *tapis iranien d'Ardabil* (au sol, mais sous vitre et éclairé par sessions de 10 mn ttes les 30 mn pour le protéger) doit sa célébrité à son âge, sa taille et sa finesse ; c'est en effet l'un des plus vieux tapis du monde. Il fut achevé en 1540 et acheté par un marchand anglais de Manchester suite au tremblement de terre de 1843. Plus de 5 000 nœuds pour 10 cm², un exploit, vu la taille impressionnante de l'ouvrage (10,50 m x 5 m !). Comparer avec le superbe *tapis de Chelsea* (XVIe s) à proximité. Ils sont tous 2 persans. Étonnante chaire (minbar) du XVe s en bois incrusté d'ivoire, provenant d'une mosquée cairote. Jolies frises des tombeaux des descendants de Gengis Khan (XIVe s, Ouzbékistan). Immense barre de porte de mosquée en fer avec des incrustations en argent (Bursa, Turquie, fin XIVe s). De très belles céramiques également et une cheminée en céramique du XVIIIe s portant les noms des Sept Dormeurs d'Hefez.

Asie du Sud et du Sud-Est (salles 41 et 47)

Riche collection compte tenu de la place importante occupée par l'Inde dans l'Empire britannique. Représentation des arts hindouistes de l'Inde pré-moghole à travers de nombreux bouddhas. Exemples remarquables de l'essor que connut l'art indien après l'invasion des Moghols et l'établissement de leur empire au XVIe s : peintures, ivoires sculptés, jades... Superbe coupe à vin blanche en jade sculpté d'une finesse remarquable (1657), avec une tête de bouquetin ayant appartenu au grand shah Jahan. Au début du XIXe s, l'arrivée des colons britanniques apporta aux artistes indiens son lot de réalisme et de complaisance, traduit en peinture dans le style « Compagnie ». Nombreux textiles, subtils et fleuris. Tapis et robes des XVIIIe-XIXe s combinant les traditions musulmane et hindoue. Superbes épées, instruments de musique, broches à turbans en or et diamants ou encore un secrétaire indien en bois et ivoire du XVIIIe s.

TIGRE ET CHÂTIMENTS

Un des objets les plus célèbres du musée, issu de la collection des arts indiens, est Tippoo's Tiger, *un automate en bois peint datant de 1793. La scène est cocasse : un colon anglais se fait dévorer par un tigre.* Tippoo's Tiger *fut offert par les Français au sultan du même nom, lui aussi ennemi déclaré des Anglais ! Élégant...*

Mode (Fashion ; salle 40)

Cette salle accueille des expos temporaires, toujours sur le thème de la mode. Tout autour, des vitrines retracent l'histoire de la mode des origines à nos jours, avec une prédilection pour la mode européenne depuis 1750.

Sculptures

Dans la grande galerie longeant la cour intérieure, ***salles 21 à 24,*** on pourra comparer le coup de ciseau d'artistes comme Canova (XVIIIe s) avec son *Thésée et le Minotaure*. Nombreux Rodin, tels que *L'Âge de bronze, Cupide et Psyché* ainsi qu'un beau buste préparatoire de Balzac. Ces pièces furent choisies et données au musée par le maître en personne.

FAUT-IL SUIVRE LA MODE ?

George Brummel naquit à Londres en 1778. Héritier mais non aristocrate, il gaspilla sa fortune dans les habits et le jeu. Il lança la mode de la cravate et des costumes sombres pour les hommes. Son dandysme l'obligeait à mettre 5h pour s'habiller. Il lustrait ses bottes au champagne. Sa notoriété n'était fondée sur aucun talent. Il mourut à Caen, ruiné, obèse et syphilitique. Ça ne donne pas envie de suivre la mode !

Toujours au rez-de-chaussée, ne pas manquer les *Cast Courts,* ***salles 46a et 46b,*** fabuleuses salles conçues pour accueillir les moulages du musée, notamment des copies en plâtre gigantesques d'éléments de monuments célèbres. À voir ou à revoir, donc : les 2 monumentales colonnes Trajan et les croix monumentales d'Angleterre et d'Irlande. Sans oublier la réplique du *David* de Michel-Ange. Très impressionnant ! N'oublions pas que la mission du musée était à l'origine éducative : ces copies servaient au XIXe s (et encore aujourd'hui) à l'enseignement de l'histoire de l'art et du dessin.

Cartons de Raphaël (salle 48a)

L'une des gloires du musée. Honneur à la Renaissance italienne avec ces 7 cartons peints par Raphaël. Ils ont servi de modèles pour une série de tapisseries et de fresques que le pape Léon X avait commandées en 1515. Elles étaient supposées décorer la chapelle Sixtine pour les grandes occasions et sont aujourd'hui conservées au Vatican. L'artiste a choisi de représenter des scènes de la vie de saint Pierre et de saint Paul. Regardez bien la seule tapisserie, son modèle en carton en face est inversé. En effet ceux-ci étaient ensuite appliqués comme un calque pour exécuter le tissage.

Niveaux 1 (1500-1760) et 3 (1760-1900)

Les British Galleries (salles 52 à 54a, 56 à 58b puis 118 à 125c)

Encore un musée dans le musée ! Immense section, dont les nombreuses salles détaillent l'histoire culturelle, artistique et sociale de l'Angleterre, des Tudors à l'époque victorienne. Certains meubles, sculptures, dessins ou autres pièces d'argenterie font l'objet d'une étude aussi poussée qu'intelligente, au travers de montages vidéo, guides audio et animations informatiques, sans compter les différents courts-métrages thématiques projetés dans de petites salles annexes et la salle de lecture. Mais le plus impressionnant, ce sont sans doute les reconstitutions d'intérieurs d'époque, comme la chambre lambrissée du château de *Sizergh,* décorée de motifs mauresques, celle du *palais de Bromley-by-Bow,* ou le superbe salon de musique de *Norfolk House* (1756). Un des chefs-d'œuvre de la collection, *The Melville Bed,* est un spectaculaire lit à baldaquin en bois rouge ouvragé, dont le velours et la soie sont d'origine ! On rêverait de se glisser entre les draps.

LIT « KING SIZE »

Dans la salle 57, on découvre le « Grand Lit de Ware », un lit à baldaquin de plus de 3 m de large, avec possibilité d'y coucher à 8 sur 4 matelas ! Il avait été conçu pour une auberge de Ware, une ville à 1h de route au nord de Londres. Les personnes qui dormaient dedans gravaient leurs initiales, encore bien visibles, très impressionnés par sa taille (size). Il a été rendu célèbre grâce à Shakespeare qui l'évoque dans La Nuit des rois, « king » *en anglais. L'expression* « king size » *est restée pour désigner des grands lits.*

Au niveau 3, consacré à l'architecture anglaise et au *glass art* (1760-1900), quelques salles parmi les plus emblématiques du musée, dédiées entre autres à la fameuse Exposition de 1851, aux artistes de l'époque victorienne et aux mouvements *Arts & Crafts* et préraphaélite (William Morris, Edward Burne-Jones, Rennie Mac Intosh...). On traverse au passage des salles présentant les différents « styles » : élisabéthain, Régence, palladien, néoclassique ou chippendale (2de partie du XVIIIe s). Ce style typiquement britannique est plein de fantaisie, une sorte de réaction aux styles français et italien de l'époque.

Niveau 2

Photographie

Encore une fois, le V & A allie histoire et création contemporaine, en mélangeant habilement les images de son fonds (500 000, tout de même !). Le musée ayant commencé ses acquisitions photographiques dès 1852, sa collection est aujourd'hui remarquable de par sa diversité. ***Salles 100 et 101,*** notamment la Sir Elton John Gallery, la petite galerie de photographies présente par roulement ses trésors, faisant preuve d'une grande ouverture d'esprit, des photos industrielles aux classiques portraits de l'époque victorienne en passant par les travaux de Cartier-Bresson, Brassaï, Man Ray, Alfred Stieglitz... Elle s'apprête à accueillir une section en 2023 sur l'histoire de la photographie, du daguerréotype au digital.

À voir également

Niveau 2

Jewellery – The William & Judith Bollinger Gallery (salles 91 à 93)

La richissime collection de bijoux des 1ers rois saxons jusqu'à Victoria émerveillera les amateurs de joyaux. Sur 2 niveaux (escalier hélicoïdal transparent), plus de

3 000 bijoux et joyaux retraçant l'histoire de la joaillerie sur 800 ans, avec également des créations contemporaines. La plus belle pièce de la Renaissance est un pendentif en or, diamant et rubis à l'effigie d'Elizabeth Ire. On peut y admirer aussi de magnifiques pièces du Premier Empire français ainsi qu'une belle collection de bijoux de Lalique. Et, bien sûr, comme dans toutes les autres sections du musée, des vidéos et des documents interactifs pour s'informer sur les techniques et l'histoire de la spécialité en question.

Silver – The Whiteley Galleries (salles 65 à 69, 70a et 89)
Dans le même registre que le précédent. À voir autant pour ses collections que pour la salle elle-même, une immense galerie dans les tons bleus de style victorien avec des plafonds décorés à la manière des palais Renaissance. Les noms de grands céramistes et de grands peintres sont inscrits sur les frises. Dans les vitrines, alignements de trésors brillant de mille feux pour illustrer l'histoire de l'argenterie, principalement de 1400 et 1800. Multitude de pièces richement travaillées. On y verra notamment des objets religieux, mais aussi des armes, de la vaisselle, les copies de 3 lions du château de Rosenborg au Danemark... Une *study area* avec ordinateur permet d'approfondir le sujet (fabrication, histoire, biographie), mais aussi d'explorer les nouvelles tendances (créateurs contemporains, nouveaux matériaux).

Salles de peinture (salles 81, 82, 87, 88 et 90), Edwin and Susan Davies Galleries
Quelques salles consacrées à la peinture, mais particulièrement surchargées ! Petites huiles de *John Constable,* paysagiste anglais de la fin du XVIIIe s et digne représentant de l'école anglaise. *La Cathédrale de Salisbury* et *Le Moulin de Dedham* sont particulièrement réussis. Ce n'est pas étonnant qu'il ait influencé les peintres de Barbizon. Voir également quelques beaux paysages de Turner et de Gainsborough. ***Salle 81,*** la *collection Ionides* présente des tableaux français de différentes époques, dont *Les Scieurs de bois* de Millet et quelques œuvres de Degas, Ingres et Courbet.

Theatre and performance (salles 103 à 106)
Moins fréquentées et pourtant passionnantes, des salles consacrées à la scène. Costumes de célébrités, affiches, décors miniatures, marionnettes... On pénètre dans l'intimité du monde du spectacle : loge, répétitions et photos des artistes durant les 35 mn (appelées *the half*) qui précèdent la levée du rideau. La section des costumes, ***salle 105,*** présente notamment les tenues de scène de Charlie Chaplin, de Richard Burton dans le rôle d'Henri V, la robe et le chapeau confectionnés par Dior pour Vivien Leigh, ou encore les costumes de la comédie musicale *Le Roi Lion*.

20th Century (salles 74 et 76)
Cette section consacrée au design de 1900 à nos jours présente des objets contemporains sur fond de livres anciens. Plutôt vite vu...

Portraits miniatures (salle 90a)
Dans un autre genre, les miniatures exposées ici acquirent leurs lettres de noblesse avec des artistes comme Hilliard, Smart ou Cooper. Très délicats et précis, ces mini-portraits étaient l'équivalent des « photos de famille » du XVIe s au milieu du XIXe s.

Ironwork (salles 113 et 114e)
Plus rustique, tout ce qu'il est possible de réaliser en fer forgé : cloches, mortiers, grilles...

Niveau 4

Furniture Galleries (salles 133 à 135)
Les amateurs de meubles de confection ne manqueront pas de visiter ces 3 salles. Des pièces maîtresses de la riche collection du musée y sont présentées selon leur fonction, la technique utilisée et l'ornementation, depuis le XVe s jusqu'à nos jours. On y découvre les différentes manières d'utiliser les meubles au quotidien. On s'arrête sur des artistes particuliers (F. Lloyd Wright, Eileen Gray, par exemple), sur des techniques, comme les meubles liquides devenus solides (des chaises en plastique en

somme !), mais aussi sur le travail de la marqueterie, des matières animales, ou encore la laque, etc.

Ceramics (salles 136 à 146)
Comment mettre le plus d'objets possible dans un minimum d'espace ? La réponse est dans cette galerie complètement ahurissante et riche en surprises. On découvre notamment le parcours de création des céramiques en Europe après 1900. La collection est divisée en 4 quarts du XXe s, puis aux années depuis 2000. Objets usuels ou décoratifs, voire ni l'un ni l'autre pour les plus biscornus ! Évocation des techniques de la céramique, qui remontent à 5 000 ans. On aime beaucoup 2 vases de Picasso, conçus à Vallauris : *Cavalier sur sa monture* (pièce n° 6, ***salle 142***) et le vase vert et noir, *Artist at His Easel* (pièce n° 109, ***salle 145***). Puis une section consacrée au reste du monde, principalement l'Asie (Chine, Japon, Corée), dont le V & A possède l'une des plus importantes collections dans le monde, superbement présentée sous une verrière.

> **BAIN, ÇA ALORS !**
>
> *Eileen Gray, artiste anglaise installée à Paris au XXe s, importe la technique de la laque en France grâce à son maître japonais, venu, lui, à Paris, pour l'Exposition universelle. La laque est une matière naturelle qui exsude des arbres et sèche à l'air. Le secret des Japonais ? La travailler sur des bateaux au large, en mer, pour profiter de l'humidité. Mais comment fit donc Eileen Gray à Paris ? Dans sa salle de bains, au-dessus de sa baignoire, tout simplement.*

Natural History Museum *(plan d'ensemble, A-B5-6)*

Cromwell Rd, SW7 5BD. ☎ 020-7942-5000. • nhm.ac.uk • Ⓜ South Kensington. ***Autre entrée*** *sur Exhibition Rd, avec accès direct au Earth Hall et à la Zone rouge (plus rapide). Tlj 10h-17h50 (dernière admission à 17h) ; nocturne jusqu'à 22h le dernier ven du mois (sauf en déc). Fermé 24-26 déc. GRATUIT (mais donation suggérée ; consigne et visites guidées payantes). Expos et attractions temporaires payantes. Prévoir ½ journée. Boutique, resto et cafétérias sur place (celle au Darwin Centre est plus calme).*
Le musée est divisé en 4 vastes sections allant de la minéralogie à la biologie humaine, repérées par des couleurs. Évidemment, beaucoup de salles consacrées au règne animal, au travers d'espèces naturalisées et mises en scène, de toutes tailles et de tous poils. Les collections comptant près de 70 millions de pièces différentes, on conseille vivement de se munir d'un plan *(donation 1 £)*. Pas toujours facile de s'y retrouver, d'autant qu'en fonction des travaux permanents, certaines sections peuvent être fermées. Incontournable en tout cas, pour les petits comme pour les grands.

Un peu d'histoire

L'histoire naturelle fut le centre d'intérêt principal du British Museum jusqu'au milieu du XIXe s. La collection privée de sir Hans Sloane, médecin naturaliste du XVIIe s, était à l'origine de sa création. Mais l'archéologie prenant une place de plus en plus importante, on décida de transférer ici les collections d'histoire naturelle en 1860. La construction du nouvel édifice fut confiée à l'architecte Alfred Waterhouse, qui conçut un superbe bâtiment

> **UNE NUIT AU MUSÉE**
>
> *Une fois par mois, il est possible de dormir au milieu des dinosaures (programme* Dino Snores, *« ronflements des dinosaures »). Apportez votre sac de couchage et vous profiterez d'un dîner + petit déj + film d'horreur dans une atmosphère... Cro-Magnon. 67 £ par enfant et 185 £ par adulte, quand même ! Réservez plusieurs mois à l'avance sur* • nhm.ac.uk • *rubrique* « Dino Snores ».

de style néoroman, aux fenêtres géminées et recouvert de reliefs animaliers en terre cuite (à vous de les trouver !). D'ailleurs, les spécimens bizarres ne sont pas l'œuvre d'un sculpteur fantasque mais rappellent les espèces aujourd'hui disparues.

Par ici la visite

Zone bleue : dinosaures, poissons, amphibiens, reptiles, invertébrés marins, mammifères, biologie humaine...

– Le superbe ***Hintze Hall*** accueille les visiteurs depuis plus de 100 ans avec un ***squelette de baleine*** de 25 m de long suspendu dans les airs sous l'œil bienveillant de la statue de Darwin. Notez aussi, dans une vitrine, celui d'un *mantellisaurus*, le plus complet des fossiles de dinosaures trouvé sur l'île de Wight en 1914. Il aurait 125 millions d'années ! Dans la galerie, à l'étage, jolie collection de pierres précieuses et d'oiseaux de toutes les couleurs, sans oublier une coupe de ***séquoia*** vieille de plus de 1 300 ans ! À la gauche du hall, passionnantes ***galeries des dinosaures*** justement, à la scénographie soignée. On circule sur une passerelle au milieu de spécimens particulièrement bien représentés (ça pourrait effrayer les plus jeunes). Squelettes formidables, mannequins automates à faire frémir et vidéos. Sans oublier l'animation du *T. rex*, plus réaliste que nature et pour le moins saisissant ! Amusant d'observer le silence s'installer parmi les enfants quand il penche la tête vers eux. Saviez-vous que malgré sa taille (le *T. rex* était plus haut et plus large qu'un bus à impériale), ses bras étaient si petits qu'il n'aurait même pas pu se laver les dents ? C'est peut-être un début de réponse à cette question existentielle posée à la fin de la visite : comment les dinosaures ont-ils disparu ?

– La section ***Mammals***, destinée surtout aux enfants, présente la reconstitution d'un squelette de baleine, d'un hippopotame, d'un éléphant et de bien d'autres squelettes de mammifères...

Zone verte : oiseaux, insectes, fossiles de reptiles marins, minéraux, primates...

– Dans la section consacrée au ***règne animal***, petite pensée pour les 2 exemplaires de dodos (rares) et le *giant sloth* (le paresseux géant), des espèces aujourd'hui disparues. On peut admirer une vitrine de centaines de colibris *(hummingbirds)*. Dans la section ***Creepy Crawlies***, d'autres bébêtes sont à l'honneur : les toutes petites, celles qui font bzzzz, zzzz, et crap-crap-crap ou qu'on n'entend pas ! Scorpions, abeilles, crabes, etc.

– La ***météorite de Cranbourne*** est visible depuis la boutique du rez-de-chaussée.

– À l'étage, la section des ***Minerals*** se trouve dans une jolie salle dotée de piliers aux sculptures animalières. On y découvre, entre autres, une météorite, un grand topaze du Brésil, un morceau d'ambre de 15 kg de Birmanie et *The Vault*, un espace où trônent une pierre de Mars et des pierres précieuses présentées comme des bijoux.

Zone rouge : fossiles, trésors de la Terre, vulcanologie, énergies renouvelables

– Changement de registre. Dans un vaste hall, un escalator entraîne littéralement les visiteurs au centre de la Terre pour redescendre progressivement les étages... Effets spéciaux et lumières tamisées pour évoquer l'évolution depuis le big bang, avec les mouvements des plaques tectoniques et les catastrophes qu'ils engendrent, les volcans, etc. *(Volcanoes and earthquakes)* et force détails sur l'érosion des sols *(Restless Surface)*. On peut même vivre en direct les effets d'un tremblement de terre dans une boutique japonaise !

– Dans la section *Earth's Treasury*, une muséographie moderne et dynamique présente toutes les variétés de ***minerais*** (ce sont les minéraux exploités), dont de sublimes pierres précieuses.

– Sections *From the beginning* et *Human Evolution* sur les ***origines de la vie*** (un incroyable concours de circonstances pour mener à la « soupe originelle ») et sur des ***fossiles*** ou ***squelettes*** qu'on n'aurait jamais imaginés *(Lasting Impressions).*

Zone orange : Darwin Centre

Aile la plus récente du musée où plus d'une centaine de scientifiques de la maison font un formidable travail de sauvegarde des espèces. Accrochez-vous ! La ***Zoology Spirit Collection*** comprend 27 km de rayonnages (7 km rien que pour les poissons) où s'alignent environ 450 000 bocaux de tous diamètres, héritage de l'ancien musée remis en valeur dans une muséographie plus moderne. Sachez qu'il est possible de voir sur réservation la collection entière ! Puis pénétrez dans le gigantesque ***Cocon*** (une réussite architecturale en soi), à l'intérieur assez dépouillé mais ô combien didactique. On grimpe au sommet, et on redescend pour une initiation interactive aux mondes des insectes et des plantes, avec des ateliers animés par des scientifiques (quand on ne les regarde pas travailler derrière des vitres). Décodage de l'ADN, taxonomie, collecte d'échantillons... Un petit bain dans le monde de la recherche, où les spécialistes sortent de leur bocal. Conférences régulières à l'*Attenborough Studio,* du nom du présentateur naturaliste vedette de la BBC, avec des spécialistes de la question posée. Et rien ne vous empêche de vous balader dans le *Wildlife Garden* si le ciel est de la partie.

Science Museum *(plan d'ensemble, A-B5)* **:** *Exhibition Rd, SW7 2DD. ☎ 020-7942-4000. • sciencemuseum.org.uk • Ⓜ South Kensington. ♿ Tlj 10h-18h (dernière admission à 17h15) ; ouv jusqu'à 19h pdt les vac scol. Nocturne le dernier mer du mois (hors déc), jusqu'à 22h. GRATUIT (consigne payante), donation de 5 £ suggérée. Expos temporaires et activités dans l'espace interactif (cinémas 3D ou 4D, simulateurs) payantes. Visites guidées en anglais plusieurs fois/j. (durée 40 mn-1h). Fléchage à destination des enfants. Prévoir 3-4h. Plusieurs cafétérias ludiques et bon marché. Espace pique-nique au sous-sol. Boutique.*

Fondé en 1856, le Science Museum est une véritable mine de savoir. Avec plus de 10 000 pièces réparties sur 7 niveaux, ses collections couvrent à peu près toutes les activités scientifiques, technologiques et médicales qui ont contribué au progrès. Mais le vrai tour de force, c'est d'avoir réussi à rendre ludiques et attrayants des univers réputés obscurs. On s'y perd parfois entre les expos, les thèmes et les étages, et l'ambiance est franchement bruyante tant les enfants se prennent au jeu, sur fond de bruitages et autres musiques. Peu importe ! Ici, c'est le monumental et le merveilleux qui l'emportent, réjouissant aussi bien petits (mais pas trop) et grands ! Divers circuits de visite composés par tranches d'âge : moins de 5 ans, 5-7 ans, 8-11 ans, 12-16 ans et adultes ! Voici un aperçu non exhaustif des expos principales :

– Le ***rez-de-chaussée*** *(ground floor, « G » sur le plan)* abrite des pièces monumentales, avec une impressionnante section sur la « construction du monde moderne », des années 1750 à... 3000 ! La révolution industrielle est bien sûr à l'honneur, offrant dans l'***Energy Hall*** un festival de machines à vapeur, hydrauliques ou diesel, ambiance *Les Temps modernes* de Chaplin. La conquête spatiale est aussi à l'honneur dans *Exploring Space,* avec la ***capsule Apollo 10*** (vous iriez sur la Lune avec ça ?), une petite fusée, une brochette de satellites et une petite pierre de Lune. Dans la cage d'escalier juste à droite d'*Exploring Space,* ne manquez pas le pendule de Foucault. Son observation permet de mettre en évidence la rotation de la Terre. Dans *Making the Modern World,* belle collection de voitures du début du XXᵉ s jusqu'à 1950 (dont une 2CV), des avions, des locomotives, des phares, *Puffing Billy,* la 1ʳᵉ locomotive à adhérence roue-rail datant de 1814 ou encore le plus grand pneu du monde !

– Au ***1er étage,*** une section consacrée à la ***médecine.*** Images, matériel et machines pour explorer le corps humain, vieille pharmacie, topos sur les médecines asiatiques, etc. Pas la section la plus fun.

– Au ***2e étage,*** après la section *Mathematics*, ne ratez pas, dans la partie ***Information age,*** les machines à calculer et les 1ers *computers* des années 1960, qui ont

déjà l'air d'antiquités ! Section sur les codes secrets et histoire des télécommunications, depuis le télégraphe jusqu'aux liaisons satellitaires qui ont, en moins de 200 ans, complètement modifié notre rapport au temps et à l'espace. On y verra aussi bien une *call box* africaine en tôle que la vélostation de Google Maps.
L'exposition ***Science City*** relate les progrès de la science dans la capitale anglaise du XVIe au XIXe s. Portraits de scientifiques, beaux instruments comme *The Grand Orrery* (XVIIIe s), qui illustre le mouvement des planètes, ou encore la table philosophique du roi George III représentant les grands principes mécaniques. Également de vieux compas et télescopes. La section consacrée aux ***horlogers londoniens*** dévoile une belle collection, l'une des plus anciennes au monde, d'horloges, montres à gousset et divers mécanismes d'une grande précision.
Une salle imaginée par les ateliers de Zaha Hadid consacrée aux ***mathématiques*** dans la Winton Gallery. Comment les outils et les idées de mathématiciens ont façonné le monde, de la perspective et des formes (notamment avec les jardins de Versailles) au commerce, les voyages, la monnaie, etc.
– Au ***3e étage,*** vaste espace consacré à l'aviation, avec une belle sélection de modèles anciens en parfait état (du biplan à l'avion à réaction), différents moteurs et maquettes et plusieurs simulateurs de vol payants *(motionrides)* dans la section *Fly Zone,* pour les amateurs de sensations fortes (et parfois nauséeuses !). Mais on vient surtout pour l'attraction ***Wonderlab*** *(payante).* Prévoir de l'attente. Une cinquantaine d'expériences à réaliser pour comprendre la beauté de la science.
– ***Le sous-sol*** *(basement, « B » sur le plan)* **:** une grande aire de jeux pour que les enfants se défoulent. C'est aussi là que se trouve l'IMAX.

Autres musées

Saatchi Gallery *(plan d'ensemble, C6)* **:** *Duke of York's HQ, SW3 4RY. • saatchi-gallery.co.uk • Ⓜ Sloane Sq. Tlj 10h-18h (dernière entrée à 17h30).* ***Attention,*** *fermé 10-25 j. entre chaque exposition ; renseignez-vous au préalable. En général, les expos du rdc sont gratuites et celles dans les étages autour de 8 £.*
Installée dans un ancien bâtiment militaire, la Saatchi Gallery est à la pointe de l'art contemporain. Les expositions sont généralement d'excellente qualité, parmi les plus visitées de la capitale. Si Charles Saatchi a fait fortune dans la publicité et comme conseiller de Margaret Thatcher, il est aujourd'hui le grand mécène de l'art contemporain britannique, et il le prouve à chaque nouvelle exposition. On lui doit, par exemple, la promotion de Damien Hirst, l'artiste réputé comme le plus riche du monde de nos jours. Une visite immanquable pour tous les amateurs. Pour souffler un peu, joli parc juste à l'extérieur de la galerie...

National Army Museum *(plan d'ensemble, C7)* **:** *Royal Hospital Rd, SW3 4HT. ☎ 020-7730-0717. • nam.ac.uk • Ⓜ Sloane Sq. Tlj 10h-17h30 (20h le 1er mer du mois). Fermé 1er janv et 25-26 déc. GRATUIT. Café sur place.*
L'histoire de l'armée britannique depuis la création des *Yeomen of the Guards* en 1066, dans un musée qui a fait peau neuve, où sont exposés plus de 2 500 objets. Une galerie est dédiée au soldat *(Soldier Gallery),* de son engagement, ses entraînements, à ses missions, à travers des centaines d'objets depuis 400 ans. Notez la présence de Crimean Tom, un chat ramené de la guerre de Crimée ! Il survécut aux combats, à la

COQUELICOT, ROUGE SANG

De fin octobre au 11 novembre, jour de l'armistice, les Britanniques portent un coquelicot en papier (poppie) *au revers de leur veste. Cette tradition est née en souvenir des soldats anglais morts au combat dans les champs de coquelicots des Flandres et de Somme. Vendus à partir de 1921 pour aider les familles d'anciens combattants, ils permettent d'entretenir les tombes.*

famine, et... mourut 1 an après, une fois en Angleterre. Une autre section met en avant l'armée *(Army Gallery)*, des origines à nos jours, sa façon de s'adapter aux demandes et à la société, à laquelle une autre section est également consacrée *(Society Gallery)*. L'armée est une force militaire mais aussi culturelle. On le voit à travers les jouets des enfants, comme *Action Man*. On découvre aussi son influence dans la mode, par exemple avec le *Burberry trench coat*, un manteau pour les tranchées. On y découvre aussi l'origine des *poppies*, les fameux coquelicots. Dans la section *Battle*, les grandes batailles de l'armée anglaise du XVIIe s, sont détaillées, et dans l'*Insight Gallery*, on s'intéresse à leur influence sur le cours du temps.

Monuments et balades

Le Londres résidentiel : South Kensington, Brompton, Knightsbridge et Belgravia

Au menu de cette longue balade entre Hyde Park et Chelsea : palais royal, parcs, musées, boutiques de luxe et les plus beaux représentants des architectures georgienne et victorienne. De quoi entraîner les plus récalcitrants aux averses londoniennes dans une découverte des quartiers résidentiels les plus chics de la capitale : South Kensington, le quartier victorien dans le style et dans l'esprit ; Knightsbridge, le quartier animé des commerces de luxe ; Brompton, quadrillé de *crescents*, ces rues en croissant de lune, et de *mews*, les ruelles typiquement londoniennes. Et, enfin Belgravia, à l'est de Brompton, dont le niveau des loyers n'attire plus que les ambassades.

🔭 ***South Kensington*** est le résultat du vaste projet d'urbanisation entrepris dans la 2de moitié du XIXe s par le prince Albert, l'époux de la reine Victoria. Les rues bordant le quadrilatère formé de grands musées et d'écoles élitistes, comme Prince Consort Road, Queen's Gate ou Exhibition Road, sont à la gloire de l'Empire victorien et de sa *foi* en l'élévation de l'esprit par les arts et le progrès scientifique. Le prince consort fut à l'origine de la fameuse Exposition universelle, la 1re du genre, qui se tint durant le printemps et l'été 1851 dans le *Crystal Palace*. Cette gigantesque serre futuriste de verre et d'acier, construite au sud de Hyde Park, fut remontée ensuite dans le sud de Londres et finalement détruite lors d'un incendie en 1936. Grâce aux recettes considérables de l'Exposition, le prince Albert fit aménager le quartier pour en faire un lieu consacré aux arts, aux techniques et à l'éducation.

> **UN P'TIT REMONTANT ?**
>
> *C'est au Crystal Palace, en 1898, que fut mis en place pour la 1re fois un escalier mécanique, ou escalator... Au début, rien de très pratique, c'était juste une attraction, et on payait 1 penny pour grimper dessus. Par la suite, il fut installé chez* Harrods, *le célèbre magasin. Les clients qui se risquaient à prendre cet escalier roulant étaient récompensés au sommet par un majordome avec... un verre de brandy. Pour se remonter le moral.*

🔭🔭 **Kensington Palace** (centre 2, M10) : *en bordure est de Kensington Gardens, W8 4PX.* ☎ *033-3320-6000.* • *hrp.org.uk* • Ⓜ *Queensway ou High St Kensington. Tlj 10h-18h (16h nov-fév). Dernière admission 1h30 avt fermeture. Entrée : 19,50 £ (réduc en ligne) ; réduc ; gratuit moins de 15 ans.* ***Bon plan :*** *un* member pass *permet un accès illimité pdt 1 an aux sites de Kensington Palace, Hampton Court Palace, Tower of London, Banqueting House et Hillsborough Castle : 59 £/adulte ; forfait famille. Boutique et cafétéria.*

Le seul palais royal que l'on puisse visiter dans le centre, devenu le palais où résident les jeunes princes de la couronne d'Angleterre. Pas aussi fastueux que Hampton Court ni Buckingham, bien sûr, mais dans un cadre très agréable, accolé à Hyde Park. Guillaume d'Orange acheta une belle demeure aristocratique à la fin du XVIIe s et confia son réaménagement à l'architecte baroque Christopher Wren. Elle servit de résidence royale pendant la 1re partie du XVIIIe s, jusqu'à l'installation de George III à Buckingham. La reine Victoria y naquit. Les princesses Diana et Margaret (la sœur d'Elizabeth II) y vécurent avant que Kate et William n'occupent les lieux à leur mariage. Meghan Markle et le prince Harry y vécurent aussi avant de filer à l'anglaise en Californie...

SACRÉE VICTORIA !

Malgré son image rigoriste, la reine s'entícha, à la mort de son mari, d'un serviteur nommé John Brown. Devenu son confident, il eut une importance considérable dans les affaires du royaume. Victoria fut enterrée avec une mèche de ses cheveux. On s'interroge encore...

La visite donne accès à 3 appartements royaux (mais pas ceux de Kate et William !), à explorer dans l'ordre que l'on souhaite, sur fond de musique de circonstance. Mise en scène d'objets du quotidien et de tableaux, quelques anecdotes, les joies, les peines, les décès (toujours plus théâtraux chez les couronnés, allez savoir pourquoi), mais rien de très emballant au final. À croire que les souverains mènent une vie plutôt ennuyeuse. Expositions temporaires en lien avec la famille royale aujourd'hui.

– *The Queen's state apartments :* les appartements de la reine Anne, notamment la pièce où elle eut une célèbre dispute avec sa meilleure amie, la duchesse de Marlborough en 1710. L'indélicate colérique fut reniée jusqu'à la fin de sa vie. Pas malin !

– *The King's state apartments :* décorés luxueusement en 1722 par le peintre William Kent, à la demande de George Ier. La comtesse de Deloraine y perdit son titre de maîtresse officielle de George II après avoir retiré la chaise du souverain au moment où il allait s'asseoir. On n'a pas idée aussi ! Ne pas manquer l'escalier du roi, ni la superbe *Cupola Room*.

– *Les appartements de Victoria (Victoria : a royal childhood) :* tout sur la vie et l'histoire de la future reine Victoria avec notamment sa maison de poupées et les carnets de sa gouvernante.

Kensington Gardens *(centre 2, M10)* **:** face au Kensington Palace, dans le prolongement de Hyde Park. C'était, aux XVIIIe et XIXe s, le jardin privé de Kensington Palace. Il est toujours aussi propret avec ses allées apprêtées, ses bassins à l'italienne et sa grande quiétude. Allez dire un petit bonjour aux dizaines d'écureuils qui vivent par ici. Ils sont gras et bien nourris, pas farouches pour un cookie. Il vous faudra pourtant résister à l'envie de partager votre quatre-heures, chacun son régime alimentaire ! Près du Serpentine, on trouve la statue de Peter Pan, installée en 1912 par l'auteur du célèbre conte J. M. Barrie. C'est ici précisément qu'il eut l'idée de l'histoire et qu'il fit atterrir son petit personnage dans le conte.

PRISE DE BEC

S'il vous arrive d'apercevoir ou d'entendre des perroquets verts en liberté dans les parcs londoniens, vous ne rêvez pas ! Il s'agit en fait d'exotiques perruches à collier rose, originaires d'Inde et qui ont été relâchées par leurs propriétaires au fil des années. Résistantes au froid et très invasives, elles sont aujourd'hui plusieurs milliers à avoir colonisé les parcs du centre, mais surtout ceux de Richmond, Kew, Windsor... Elles ne se gênent pas pour piquer les cacahuètes destinées aux petites mésanges.

Si vous avez des enfants, filez au ***Diana Memorial Playground*** *(accès par le coin nord-ouest ; centre 2, M9-10 ; tlj à partir de 10h ; GRATUIT),* une luxueuse aire de jeux réservée aux moins de 12 ans, créée après la mort de la princesse Diana. Pas de doute, le lieu est à la hauteur ! Tout en bois (il y a un bateau de pirates échoué sur un banc de sable fin), joliment paysagée, l'aire est surveillée.

Le *Serpentine,* un bassin d'eau tout en longueur, marque la limite avec Hyde Park. On trouve dans le parc au sud la ***Serpentine Gallery*** *(plan d'ensemble, A5),* une galerie d'art contemporain aux expositions résolument déconcertantes *(• serpentinegalleries.org • ; lors des expositions, ouv mar-dim 10h-18h ; GRATUIT).* À 7 mn de marche (c'est précis !), autre espace, la ***Serpentine Sackler Gallery*** *(plan d'ensemble, B4),* dédiée également aux expositions d'art contemporain *(doit rouvrir en 2022).* L'originalité de cette bâtisse, qui servait autrefois à stocker la poudre à canon, est le bâtiment contemporain construit par feue Dame Zaha Hadid, « starchitecte » irakienne anoblie par la reine. Une sorte de pieuvre de résine blanche coiffe la structure de pierre d'autrefois. Contraste saisissant ! Cette structure abrite aujourd'hui un restaurant.

En suivant Broad Walk, puis Flower Walk, on arrive devant l'***Albert Memorial*** *(plan d'ensemble, A5),* en bordure sud du parc, érigé par la reine Victoria après la mort de son époux en 1861. Sous un baldaquin à l'architecture néogothique particulièrement indigeste, une statue en bronze à son effigie tient le catalogue de l'Exposition universelle, comme Moïse tiendrait les Tables de la Loi. Frontons, flèches dorées et mosaïques témoignent du goût victorien, carrément excessif, pour le Moyen Âge.

JUST A GIGOLO

Jusqu'au XIXe s, se promener dans Kensington Gardens au bras d'un beau jeune homme était réservé aux gens de la noblesse. Les filles de peu de vertu et autres cocottes se rabattaient sur Hyde Park, moins chic mais tout proche. Elles louaient les services des militaires qui se faisaient payer pour redorer leur blason : 9 pence pour un artilleur !

Le prince Albert trône fièrement devant ses dernières créations, parmi lesquelles le ***Royal Albert Hall*** *(plan d'ensemble, A5),* une immense rotonde de plus de 5 000 places. Sa façade en brique rouge est ornée d'une frise représentant l'histoire des arts et des civilisations. Ce haut lieu de la vie culturelle londonienne (malgré ses qualités acoustiques discutables) est surtout célèbre pour ses « concerts-promenades » (les fameux *Proms*) de grande qualité, qui animent les soirées d'été depuis un siècle. Le nom vient de la galerie supérieure de la salle, appelée « promenade ». *Visites payantes de 1h (env 17 £) tlj sauf mer 10h-16h en hiver et 9h30-16h30 en été (téléphoner, car en cas de représentation, les visites peuvent être annulées l'ap-m). ☎ 020-7589-8212. • royalalberthall.com/your-visit/tours/ •* À côté, l'immeuble cossu et tout en arrondi, en brique rouge et aux fenêtres blanches, ***Albert Hall Mansions,*** abrite de luxueux appartements au vu de leur taille et de leur situation. En face du Royal Albert Hall (porte sud), belle façade néogothique du ***Royal College of Music,*** ornée de tours et de poivrières. Contourner le bâtiment sur la gauche et descendre Exhibition Road jusqu'à Cromwell Road. Voici le quartier des musées. À droite, ne manquez pas la longue façade néoromane du ***Natural History Museum,*** décorée d'animaux en terre cuite (voir précédemment « Galeries et musées »). En revenant sur ses pas dans Cromwell Road, on passe devant la façade imposante du ***Victoria & Albert Museum,*** musée exceptionnel à la gloire de toutes les techniques, toutes les civilisations et toutes les époques (voir précédemment « Galeries et musées »).

Au beau milieu du boulevard (Thurloe Place), devant le V & A *(plan d'ensemble, B5-6),* on ne résiste pas à vous signaler la vieille bicoque en bois vert, totalement incongrue. Ce ***cabbies' shelter*** servait autrefois à abriter les conducteurs de fiacre. Le maigre édifice n'était guère plus long qu'un cheval et sa voiture.

Il en reste seulement une douzaine dans la ville, tous classés. Rien que pour le fun, n'hésitez pas à hisser la tête par la toute petite lucarne. On y sert toujours boissons et sandwichs *(lun-sam 7h-22h).* Un saut de 100 ans en arrière qui vous coûtera 0,50 £ le thé ou le café !

♥ ***Brompton Oratory*** *(plan d'ensemble, B5-6)* **:** *sur Brompton Rd, jouxtant le Victoria and Albert Museum. Ⓜ South Kensington. Tlj. GRATUIT.* 1re église catholique à avoir été érigée après la Réforme anglicane (1531). Elle fut construite à la fin du XIXe s dans un pastiche du baroque italien qui n'aurait pas déplu à Christopher Wren. Nef ample et imposante, bordée des 2 côtés de chapelles et décorée de manière somptueuse. Pour faire plus vrai, des œuvres d'art datant de la Renaissance italienne ont été ajoutées, comme les statues des 12 apôtres, du sculpteur siennois Mazzuoli, qui ornent les pilastres. Dans la dernière chapelle de droite, autel de la Vierge en marbre polychrome très chargé, provenant de l'église de Brescia.

♥ ***Brompton Road*** borde à l'ouest le quartier du même nom. Jolies demeures bourgeoises dans le quartier, avec le jardin côté rue. Egerton Crescent, notamment, présente les façades homogènes et à l'antique de ces maisons bourgeoises construites au XVIIIe s dans un style élégant quoiqu'un peu austère. Les fossés séparés du trottoir par une grille en fer, sur lesquels s'ouvrent les pièces réservées aux domestiques, datent de cette époque.

♥♥ Plus du côté des musées, Brompton Road fait place à Fulham Road, plus animée et moins sérieuse. À l'angle de Sloane Avenue, superbe entrée Art nouveau tardif (1911) de la ***Michelin House*** *(plan d'ensemble, B6).* L'immeuble abrite un resto et un *oyster bar* et, à l'arrière, le grand magasin *Conran.*

♥♥ Faisons un crochet dans les rues chics et tranquilles du quartier de Brompton, en prenant Draycott Avenue, parallèle à Sloane Avenue ou ***Walton Street*** *(plan d'ensemble, B6),* bordée de petites boutiques plus huppées les unes que les autres, de la bijouterie à l'orfèvrerie en passant par les tissus d'ameublement. Regagner Brompton Road par ***Beauchamp Place*** – on prononce « Bitcham » –, repaire de restos chics, de boutiques de mode anglaise et d'antiquaires. Hors de prix, *of course !*

♥♥ Brompton Road, moins intimiste puisque très commerçante, dans le quartier de ***Knightsbridge,*** n'abrite pas n'importe quels commerces. Voyez plutôt aux nos 87 à 135 le magasin ***Harrods*** *(plan d'ensemble, B-C5)* qui occupe tout le pâté de maisons. Dire qu'au XIXe s ce n'était qu'une petite épicerie de quartier ! Visitez-le comme le musée du commerce de luxe (voir « Shopping. Les magasins mythiques et chers »).

♥♥ Poursuivons dans le huppé bien ordonné en flânant dans les rues de ***Belgravia,*** le quartier des *squares* et des *terraces* aristocratiques, aménagé dans la 1re moitié du XIXe s par la famille Grosvenor. Architecture typique des *terraces,* ces rangées monotones de maisons georgiennes en brique blanche ou crème ornées d'une colonnade et de frontons à l'antique. Prendre Hans Crescent, puis Sloane Street à droite et tourner à gauche dans Cadogan Street prolongée par Halkin Street, qui débouche sur ***Belgrave Square*** *(plan d'ensemble, C5),* une réplique en miniature des grands exemples que créa l'architecte John Nash à la même époque autour de Regent's Park.

♥♥♥ ***Hyde Park*** *(plan d'ensemble, A-B-C4-5)* **:** profitez d'une éclaircie pour faire une pause sur les pelouses de ce parc qui forme avec les *Kensington Gardens* attenants le plus grand espace vert de la ville. À moins que vous ne préfériez canoter sur le Serpentine ou plonger dans l'unique piscine du centre de Londres. Les nostalgiques ne manqueront pas la *Diana Memorial Fountain (plan d'ensemble, B5),* un vaste cercle de granit le long duquel s'écoule de l'eau et où les Londoniens n'hésitent pas à faire trempette l'été (attention à ne pas glisser !).

Les amateurs d'insolite dénicheront le cimetière d'animaux domestiques *(pets cemetery)*, très peu connu des Londoniens eux-mêmes car caché derrière les grilles au niveau de Victoria Gate Lodge sur Bayswater Road *(plan d'ensemble, C4)*. Il date de 1881 et abrite plusieurs centaines de tombes aux épitaphes parfois surprenantes.
Le parc constitue en tout cas un lieu rêvé pour un pique-nique. Plusieurs terrasses accueillantes pour déjeuner au bord de l'eau, notamment à l'extrémité est de la Serpentine. L'ex-terrain de chasse d'Henri VIII devint jardin public en 1635 sous le règne de Charles Ier. Mais les détrousseurs remplacèrent les bêtes sauvages. La sécurité n'était assurée que sur *Rotten Row* (« la rue Pourrie »), l'ex-« route du Roi » qui subit une malheureuse déformation de langage. Alors seule route éclairée de Londres, elle permettait au roi de se déplacer sûrement entre les palais de Kensington et de St James. Aujourd'hui, vous y croiserez vers 10h30 la garde à cheval montante, qui se dirige vers le quartier des *Horse Guards* près de Whitehall pour la relève quotidienne. Le reste du temps, ce sont les *posh girls* (les filles B.C.B.G. en v.f.) et leur progéniture qui caracolent sur les sentiers. À l'angle nord-est, ***Speaker's Corner*** *(plan d'ensemble, C4)*, le « coin des Orateurs ». Tout Britannique ayant un message à apporter au monde peut l'exposer devant une masse d'auditeurs anonymes. On peut dire n'importe quoi, n'importe comment, le plus souvent avec humour, mais le dimanche seulement.
– Super festival de musique fin juin-début juillet, le *Wireless Festival*, avec plein d'artistes rock, pop et de variétés *(● wirelessfestival.co.uk ●)*.
– ***Balade à cheval dans Hyde Park*** *(plan d'ensemble, A-B3)* **:** *Hyde Park Stables, 63 Bathurst Mews, W2 2SB. ☎ 020-7723-2813. ● hydeparkstables.com ● Ⓜ Lancaster Gate ou Paddington. Balades à partir de 115 £/h par pers en groupe (145 £ seul).* Expérience unique mais hors de prix !

Toujours à l'angle nord-est du parc, ***Marble Arch*** *(plan d'ensemble, C3)*, un arc de triomphe en marbre blanc du début du XIXe s qui fit office à l'origine de porte d'honneur à l'entrée de Buckingham Palace. Non loin de là, sur le terre-plein triangulaire à l'entrée d'Edgware Road, une plaque ronde en pierre dans la chaussée rappelle qu'à cet endroit était jadis dressé le *gibet de Tyburn* ***(Tyburn tree)***, là où les pauvres gens étaient exécutés, ceux du moins dont la condition n'autorisait pas une mort illustre à la Tour de Londres. Arrêtez-vous 2 secondes pour ressourcer vos chakras devant l'élégante sculpture de Nic Fiddian-Green (2011), empreinte de sérénité, au milieu de la circulation : ***Still water***, une tête de cheval de 10 m de haut, penchée délicatement pour boire une eau imaginaire.

AUX HÉROS DE LA NATION

On déniche sur Park Lane, au niveau de Brook Street (plan d'ensemble, C4), un mémorial de bonne taille en hommage aux... animaux qui ont servi pendant les guerres. Ils y sont tous : mulets pour le transport, chevaux pour les assauts, chiens de garde... et même les pigeons voyageurs ! L'amour des Anglais pour leurs pets *est décidément le plus fort.*

Le Londres des artistes : Chelsea

Pendant des siècles modeste village de pêcheurs loin de la capitale, Chelsea apparaît dans l'histoire de Londres au XVIe s sous l'impulsion de 2 personnages : Henri VIII, qui s'y fit construire un manoir d'été, et Thomas More, un humaniste qui reçut nombre d'intellectuels et d'artistes de l'époque. Au XVIIIe s, l'installation de sir Hans Sloane, l'un des fondateurs du British Museum, et la construction du Royal Hospital contribuèrent à populariser Chelsea. L'endroit devint un lieu de promenade prisé des Londoniens qui fuyaient la vie (déjà) trépidante de la capitale. Véritable havre de paix, l'engouement s'amplifia encore au XIXe s, lorsque quelques artistes, comme le peintre Turner, le poète Percy Shelley, les écrivains Henry James et Oscar Wilde vinrent s'installer ici, suivis de George Bernard Shaw et de Virginia Woolf. Chelsea devint une sorte de refuge pour toute une série d'artistes maudits. Les stars de la musique (Mick Jagger), de la TV, du cinéma et de la politique (Margaret Thatcher y habitait) ont aujourd'hui remplacé les écrivains. Chelsea a conservé son côté chic et charmant mais toujours avant-gardiste. Il suffit de se promener sur King's Road pour s'en apercevoir.

Sloane Square *(plan d'ensemble, C6)* **:** Chelsea commence sur cette place bordée d'arbres, ornée d'une fontaine (l'une des rares de la ville, Londres n'est pas Rome !) et grouillante de circulation. Profitez de la station de métro, vous n'en reverrez plus dans ce quartier. Les habitants en ont empêché la construction pour être tranquilles. Du coup, il faut tout faire à pied ou en bus. On trouve aux alentours quelques belles enseignes de prêt-à-porter. Mais surtout, la ***Saatchi Gallery,*** réputée internationalement pour la qualité de ses expositions temporaires. Voir précédemment « Galeries et musées ».

MÉTRO SUBMARINE

La station de métro Sloane Square est unique en son genre : au-dessus de ses rails coule une rivière. Il s'agit de la Westbourne, qui débute son cours à Hampstead Heath jusqu'au Serpentine pour traverser Sloane Square (l'eau de la fontaine) et se déverser dans la Tamise.

Holy Trinity Church *(plan d'ensemble, C6)* **:** *sur Sloane St.* Église sans grand intérêt architectural mais, à l'intérieur, vitraux de William Morris et d'Edward Burne Jones représentant des scènes de l'Ancien et du Nouveau Testament, entourées d'une kyrielle de saints. Œuvre grandiose des 2 artistes les plus emblématiques du mouvement préraphaélite, partis en guerre contre l'académisme victorien et les maux de la société industrielle. Au fond, orgue romantique du XIXe s que l'on peut entendre presque tous les jours. Traverser Sloane Square et descendre Lower Sloane Street jusqu'à Royal Hospital Road.

Royal Hospital Chelsea *(plan d'ensemble, C6-7)* **:** *Royal Hospital Rd, SW3 4SR. ☎ 020-7881-5200. • chelsea-pensioners.co.uk • Ⓜ Sloane Sq.* ***Fermé en période de Covid.*** *Tlj 10h-17h, chapelle fermée dim. Fermé 25-26 déc ; musée fermé 22 déc-6 janv. GRATUIT.* Bâtiment de brique rouge et de pierre blanche construit par Wren en 1682 sur le modèle des Invalides à Paris. Charles II voulait, comme Louis XIV, un hôpital destiné aux anciens de l'armée royale qu'il venait de reconstituer. Aujourd'hui encore, l'hôpital accueille plus de 350 pensionnaires. Dans la cour, statue toute dorée de Charles II en empereur romain par Gibbons. Le réfectoire *(Great Hall),* imposant et lourd, célèbre la royauté et ne manque pas de panache. En face, visiter la chapelle en marbre blanc et noir, ornée de boiseries sculptées par Gibbons. Dans la poste (dans la ruelle prolongeant l'entrée nord de l'hôpital), petit musée rempli de photos, de médailles, d'uniformes, etc.

Bordant le Royal Hospital, les ***Ranelagh Gardens*** furent le siège de fêtes insensées au XVIIIe s, où l'aristocratie se donnait rendez-vous en masse. Au centre, une rotonde immortalisée par une toile de Canaletto accueillit Haendel, qui créa *The Water Music,* ainsi que Mozart. C'est ici qu'a lieu, chaque année, le ***Chelsea Flower Show.*** Durant 4 jours, la 3e semaine de mai, la reine inaugure ces floralies qui attirent une foule imposante. Infos : *• rhs.org.uk/chelsea •*

Sur Embankment, point de vue idéal sur la ***Peace Pagoda*** (pagode de la Paix), de l'autre côté de la Tamise, dans Battersea Park. Le bouddha d'or et de bronze de plus de 3 m fut construit en 11 mois par 50 moines venus du Japon en 1985. Prendre *Swan Walk.*

Chelsea Physic Garden *(plan d'ensemble, C7)* **:** *66 Royal Hospital Rd, SW3 4HS (entrée sur Swan Walk l'été). ☎ 020-7352-5646. • chelseaphysicgarden.*

co.uk • Ⓜ *Sloane Sq.* ♿ *Mars-oct, lun-ven et dim 11h-18h ; nov-fév, lun-ven 11h-16h (café et boutique fermés en hiver). Visites guidées gratuites. Entrée : 13,50 £ ; réduc et moins cher (9,50 £) hors saison.* Fondé en 1673, le plus vieux jardin botanique d'Angleterre (voire d'Europe, mais c'est un pléonasme !) fut sauvé puis offert à la Société des apothicaires de Londres par le célèbre médecin naturaliste sir Hans Sloane. On y planta les 1ers cèdres de Grande-Bretagne. Les plants de coton introduits aux Amériques transitèrent par ce jardin de 4 ha, tout comme les plants de thé de Chine qu'on envoya en Inde. C'est vrai que Pékin-Delhi via Londres, au XVIIIe s, c'était direct ! Aujourd'hui, on trouve des centaines d'essences, des milliers de plantes aromatiques, de fruits, de légumes, des serres, des bancs, des coins et des recoins... Une bouffée d'oxygène.

Prendre Old Church Street pour remonter vers King's Road. Vous passerez à côté de ***Chelsea Old Church*** *(plan d'ensemble, B7),* l'ancienne église de Chelsea datant en partie du XIIe s. Thomas More y serait enterré dans la chapelle sud reconstruite au XVIe s (mais sa tête se trouve à Canterbury, pour faire simple !).

King's Road *(plan d'ensemble, A-B-C6-7)* **:** en remontant vers Sloane Square, vous découvrirez l'exubérance et l'insolence de Chelsea. Toutes les modes de l'après-guerre sont nées ici, et le contraste est étonnant entre cette artère de folie et les petites rues, au sud, qui font figure de chics banlieues isolées. C'est aussi un coin couru pour faire du shopping, notamment les dernières fringues tendance, pas vraiment bon marché...

De l'autre côté de la Tamise

Empruntez l'***Albert Bridge*** *(plan d'ensemble, B7),* un pont en suspension de style victorien élégant et pimpant dans ses tons jaune et bleu. Les armées doivent rompre le pas pour le traverser, c'est indiqué à chaque extrémité. Repérez la dernière cabine de péage de Londres à l'entrée du pont (mais elle n'est plus en service !).

Juste de l'autre côté de la Tamise, on ne peut pas manquer les 4 tours de ***Battersea Power Station,*** l'usine électrique de Battersea *(plan d'ensemble, D7).* Célèbre, car figure sur la pochette de l'album *Animals* des Pink Floyd. Elle fut construite en 1932, par Giles Gilbert Scott, le même architecte qui construisit quelques années plus tard l'usine électrique de Southwark, à savoir l'actuelle Tate Modern. Bel exemple d'architecture industrielle de l'époque Art déco, elle est à ce titre classée Monument historique. Le lieu a été entièrement rénové et abrite dorénavant, outre des appartements luxueux (avec *rooftop garden*), divers restos, bars et magasins avec animations culturelles au cours de l'année. Infos : • *batterseapowerstation.co.uk* •

Le long de la Tamise, agréable ***Battersea Park,*** le « poumon vert » du sud de Londres, avec lac, terrain de cricket et multisports, aire de jeux pour les enfants, kiosque (concerts au cours de l'année) et une curiosité, la *Peace Pagoda.* Il abrite également un ***zoo,*** doublé d'un centre de conservation des espèces. ☎ *020-7924-5826.* • *batterseaparkzoo.co.uk* • *Tlj 10h-17h30 (16h30 l'hiver). Fermé 25-26 déc. Entrée : 10,95 £ ; réduc.* Et, tout près, *petit lac* pour pagayer un peu et conter fleurette. Location des barques auprès du *Millenium Arena,* centre de sport situé à côté du zoo.

Wimbledon Lawn Tennis Museum *(hors plan d'ensemble par B-C8)* **:** *The Museum Building, All England Lawn Tennis & Croquet Club, Church Rd, Wimbledon, SW19 5AE.* ☎ *020-8946-6131.* • *wimbledon.org/museum* • Ⓜ *Southfields, puis bus n° 493 ; ou Tooting Broadway, puis bus n° 493. Assez excentré. En train, station Wimbledon Station depuis Waterloo, puis bus n° 493. Tlj 10h-17h (dernier accès à 16h30). Fermé pdt les compétitions (sauf pour les spectateurs* *munis de billets). Entrée : 13 £ ; réduc. Possibilité de visites guidées du site, qui incluent notamment le court central et les salles de presse : 25 £, entrée du musée comprise.* Joueurs de fond de court ou volleyeurs, spectateurs ou ramasseurs de balles, voici un musée qui s'adresse aux fans du petit monde de la raquette. Attractions interactives de haut niveau : visite des vestiaires avec McEnroe, extraits de matchs en 3D... sans oublier, bien sûr, une collection de trophées, de matériel, et un panorama complet de l'histoire du tennis (qui remonterait à 1555).

Dog & Fox *(hors plan d'ensemble par B-C8)* **:** *24 High St, Wimbledon, SW19 5EA. ☎ 020-8946-6565. • dogandfoxwimbledon.co.uk • Ⓜ Wimbledon Park. Doubles à partir de 100 £, petit déj en sus.* Authentique pub du XIXe s situé au cœur du « village » de Wimbledon. L'ensemble a été joliment reconverti en un bar moderne et un resto qui dispense une savoureuse cuisine 100 % *British.* En prime, des chambres cosy et contemporaines, dotées de tout le confort. Personnel souriant et service pro. Un beau point de chute si vous êtes dans le quartier, que ce soit pour y passer la nuit, faire un bon repas, s'offrir un classique breakfast ou siroter une bonne bière.

EARL'S COURT, WEST BROMPTON, HAMMERSMITH ET SHEPHERD'S BUSH

• Pour se repérer, voir le centre 2 détachable en fin de guide.

Earl's Court se révèle un quartier animé autour de 2 grandes rues commerçantes qui se croisent : Earl's Court Road et Old Brompton Road. On y trouve le siège du club de foot de Chelsea. Autant dire que les soirées peuvent être très électriques les jours de match. Sinon, rien de vraiment palpitant, mais le quartier est bien desservi par les transports en commun, et c'est un bon point de chute pas trop cher pour rayonner dans tout le centre de Londres.
En outre, les rues résidentielles sont agréables, avec de belles maisons cossues de style édouardien. De là, on rejoint facilement Holland Park et Notting Hill, les grands musées de South Kensington et le quartier de Chelsea ou encore Hammersmith et Shepherd's Bush en seulement 10 à 15 mn à pied, en bus ou en métro.

Où dormir ?

De bon marché à prix moyens (moins de 100 £ / 120 €)

Barmy Badger Backpackers *(centre 2, L11,* ***76****)* **:** *17 Longridge Rd, SW5 9SB. ☎ 020-7370-5213. • barmybadger.com • Ⓜ Earl's Court. Dortoirs mixtes (ou pas) 4-6 lits 22-32 £ ; doubles env 65-85 £ sans ou avec sdb ; petit déj continental inclus.* Cette auberge de poche est installée dans une maison édouardienne tout en hauteur, à taille humaine, au calme et proche du métro. Un minisalon TV avec ses canapés épais, une cuisine sympa et lumineuse, une laverie, des grands casiers, des coffres-forts et des dortoirs corrects – dont certains avec salle de bains – et des prises USB. Les chambres privatives comme les dortoirs sont petits, mais propres et confortables (liseuses et prises perso). Petit jardin à l'arrière pour les barbecues en été. Informations pratiques. Bon accueil et atmosphère chaleureuse qui plaira sans doute aux routards bohèmes.

Earl's Court Youth Hostel *(YHA ; centre 2, M11,* ***66****)* **:** *38 Bolton Gardens, SW5 0AQ. ☎ 034-5371-9114. • yha.org.uk • Ⓜ Earl's Court. Dortoirs 4-10 pers env 15-35 £ (moins cher le dim) ; doubles env 49-110 £ (réduc de 10 % avec la carte HI). Petit déj-buffet 5,50 £.* Vaste AJ moderne et bien située, avec des dortoirs non mixtes impeccables (certains avec salle de bains) et des espaces communs confortables. C'est l'un des fleurons de la chaîne : la rue résidentielle est agréable, la maison à bow-windows ne manque pas de caractère, et les prestations sont à la hauteur (jardin, *coffee bar* 24h/24, casiers, location de serviettes, laverie, cuisine), des sous-sols aux combles. Accueil pro et sympathique du directeur suisse.

Saint James Backpackers *(centre 2, L11,* ***76****)* **:** *21 Longridge Rd,*

SW5 9SB. ☎ 074-5064-55-73. • saint-james-hostel.co.uk • Ⓜ Earl's Court. Dortoirs 4-8 pers env 24-30 £ (moins cher en sem) ; doubles env 89-168 £ (sans ou avec sdb). Encore une façade victorienne à colonnades derrière laquelle se cachent une douzaine de dortoirs mixtes et non mixtes, ainsi qu'une dizaine de chambres doubles. Pour les dortoirs, sanitaires et casiers à l'extérieur. Les chambres ont un minifrigo et la TV. Petite cuisine et salon TV également. Jardin à l'arrière très sympa, avec barbecue, canapés et fresques. Une bonne adresse.

LHA London – Belvedere House *(centre 2, M11,* ***71****) : 6 Grenville Pl, SW7 4RT. ☎ 020-3911-5641. • lhalondon.com/belvedere-house/ • Ⓜ Gloucester Rd. Lits en chambre ou dortoir 1-4 pers (non mixte) 25-40 £. Prix dégressifs à partir de 2 sem. Pas de petit déj, cuisine à dispo, mais il faut avoir ses gamelles.* Ancien hôtel particulier de 5 étages (ascenseur), proche de Kensington Gardens. Il abrite aujourd'hui une résidence étudiante d'environ 130 places. Propre et bien tenue, sûre (badge partout), avec les sanitaires sur le palier, pas moins de 2 cuisines équipées par étage, une salle TV et une laverie. L'ensemble est fonctionnel, avec quelques touches de couleur et du parquet dans toutes les chambres. Ambiance pension de famille très agréable ; la plupart des chambres sont louées à l'année par les expats.

De prix moyens à chic (60-150 £ / 72-180 €)

Ibis Styles London Kensington *(centre 2, L-M11,* ***330****) : 15-25 Hogarth Rd, SW5 0QJ. ☎ 020-7373-4502. • ibis.com • Ⓜ Earl's Court. Doubles env 80-200 £.* Cet *Ibis*-là nous a séduits par sa situation, sa déco contemporaine, son excellent confort et son intéressant rapport qualité-prix en cas de promo. On apprécie sa façade victorienne à colonnes et la grande fresque du hall célébrant joyeusement les musées du quartier. Près de 120 chambres (ascenseur) avec moquette, plus ou moins chères selon la taille, celles à l'étage plus lumineuses.

Premier Inn London Kensington *(centre 2, M11,* ***133****) : 11 Knaresborough Pl, SW5 0TJ. ☎ 0871-527-8666. • premierinn.com • Ⓜ Gloucester Rd ou Earl's Court. Chambres env 80-170 £. Petit déj en sus, gratuit pour un enfant de moins de 16 ans/adulte.* Un hôtel de chaîne central et de bon confort, tout indiqué pour les familles (prix par chambre, de 1 à 4 personnes). 2 bâtiments modernes, assez laids, reliés par une curieuse passerelle, 180 chambres et une déco très corporative, dans les tons mauves, couleur emblème de la société. L'ensemble reste impeccable et d'un bon rapport qualité-prix. *Check in* automatique en dehors des horaires de la réception.

The Rockwell Hotel *(centre 2, L11,* ***72****) : 181-183 Cromwell Rd, SW5 0SF. ☎ 020-7244-2000. • therockwell.com • Ⓜ Gloucester Rd ou Earl's Court. Doubles env 50-150 £ (petit déj en sus).* Un hôtel très cosy d'une quarantaine de chambres, à 2 pas des musées. On pousse la lourde porte en bois et on est charmé par les grands volumes, l'élégance des matières claires et de la déco anglaise. L'ensemble est tout confort, *of course*, même dans les chambres sur rue (double vitrage efficace). Bar, resto et jardin avec terrasse à l'arrière. Une adresse tout indiquée pour un week-end en amoureux.

Twenty Nevern Hotel *(centre 2, L11,* ***60****) : 20 Nevern Sq, SW5 9PD. ☎ 020-7565-9555. • 20neversquare.com • Ⓜ Earl's Court. Doubles env 50-150 £, petit déj inclus ; réduc sur le site.* Dans ce calme square qui concentre les hôtels et *B & B*, répartis autour d'un vaste *green*, voici un bel édifice en brique arborant le genre boutique-hôtel. Déco de style oriental dès la réception, et toutes les chambres (une vingtaine) ont leur ambiance exotique, la plupart avec lits à baldaquin. Certaines pas bien grandes, mais toutes très confortables, soignées et résolument dépaysantes. Plusieurs niveaux de confort jusqu'au studio et à la vaste suite, avec un petit coup de cœur pour la chambre double avec terrasse privative, *absolutely charming* !

London Town Hotel *(centre 2, L11,* ***78****) : 15 Penywern Rd, SW5 9TY. ☎ 020-7370-4356. • londontownhotel.co.uk • Ⓜ Earl's Court. Fermé 23-26 déc. Doubles 99-130 £ ; triples et family rooms ; petit déj-buffet continental inclus. Résa à l'avance conseillée.* Dans une maison victorienne au calme, avec ascenseur. Une trentaine de chambres sans grand charme, mais propres et confortables (bonne literie). Au 1er étage, surplombant le jardin, salon TV avec thé et café à disposition. Déco classique, compensée par un accueil familial et un service irréprochable. Une bonne adresse centrale.

De chic à très chic (100-150 £ et plus / 120-180 €)

Henley House Hotel *(centre 2, L-M11,* ***79****) : 30 Barkston Gardens, SW5 0EN. ☎ 020-7370-4111. • henleyhousehotel.com • Ⓜ Earl's Court. Doubles env 80-189 £, petit déj continental inclus ; réduc jusqu'à 25 % si résa en direct sur le site de l'hôtel avec code MYHOTEL.* Dans une belle maison victorienne en briques, en face d'un vaste square très paisible, un hôtel de charme doté d'une vingtaine de chambres entièrement rénovées dans un style *British new age* très réussi, mêlant design, connectique et tradition. Confort et propreté irréprochables. Certaines chambres ont un petit balcon avec vue sur le parc, toutes sont très agréables et soigneusement décorées. Petit déj-buffet continental servi dans une grande salle avec verrière. Accueil très sympa. Une de nos meilleures adresses dans le coin.

K West Hotel & Spa *(centre 2, K10,* ***68****) : Richmond Way, W14 0AX. ☎ 020-8008-6600. • k-west.co.uk • Doubles et studios 105-350 £.* Une adresse dans l'air du temps, en plein cœur du quartier de Shepherd's Bush. Cet hôtel à la structure en verre et acier affiche une architecture résolument contemporaine. À l'intérieur, de vastes espaces communs modernes et très lumineux, agréables pour finir la journée au bar ou prendre le petit déjeuner (continental ou anglais), varié et copieux. Les chambres sont à l'image des lieux, dotées de tout le confort avec de belles salles de bains. Seul bémol : l'insonorisation, parfois insuffisante selon les chambres. Le vrai plus : un spa luxueux avec piscine, sauna, soins et massages. Salle de sport tout équipée. Accueil et service impeccables.

« Spécial coup de folie » (plus de 150 £ / 180 €)

The Resident Kensington *(centre 2, M11,* ***70****) : 25 Courtfield Gardens, SW5 0PG. ☎ 020-7244-2255. • residenthotels.com • Ⓜ Earl's Court ou Gloucester Rd. Doubles env 165-250 £ selon confort, petit déj en sus.* Un hôtel de style édouardien décoré dans un style contemporain sobre et agréable, jusqu'aux moquettes, avec quelques vestiges historiques comme cet escalier en fer forgé. Confort assuré et plein de petits équipements comme cette kitchenette d'appoint (frigo et micro-ondes), la machine à expresso et les nombreuses réducs dans les restos du quartier. Privilégier les chambres avec un petit patio. Sans conteste un bon camp de base.

K + K Hotel George Kensington *(centre 2, L11,* ***69****) : 1-15 Templeton Pl, SW5 9NB. ☎ 020-7598-8700. • kkhotels.com • Doubles env 150-350 £.* À 2 pas du métro et de la rue principale d'Earl's Court, plusieurs maisons de style édouardien rassemblées en un même établissement hôtelier de catégorie supérieure. L'ensemble a beaucoup d'allure. Passé le porche à colonnades, on découvre un vaste lobby-bar décoré dans un style contemporain et, à l'arrière, un vrai grand jardin, très agréable aux beaux jours. Chambres tout confort, plus ou moins spacieuses selon le prix, vue sur le jardin (un must) ou sur la rue (calme). L'ensemble est très bien tenu et assez cosy. Bon petit déj-buffet, copieux et varié. On apprécie ici l'excellent niveau de services et l'accueil, très pro et disponible.

Hotel Indigo London Kensington *(centre 2, L-M11,* ***79****) : 34-44 Barkston Gardens, SW5 0EW. ☎ 020-7373-7851. • hotelindigo.com/kensington • Ⓜ Earl's Court. Doubles env 140-210 £, sans ou avec petit déj.* Dans un ancien hôtel victorien, totalement rénové. Une centaine de chambres, toutes dans des tonalités acidulées et chaleureuses. Avec les luminaires rose bonbon ou vert anis, la déco est résolument colorée pour ce boutique-hôtel tout confort. Certaines chambres ont la vue sur le parc (balcon non accessible). Bar au rez-de-chaussée. Restaurant en projet pour 2022.

Où manger ?

De très bon marché à bon marché (moins de 20 £ / 24 €)

🍴 ***Esarn Kheaw*** *(centre 2, K10,* ***263****) : 314 Uxbridge Rd, W12 7LJ. ☎ 020-8743-8930. Ⓜ Shepherd's Bush Market. Lun-sam 17h-22h. Fermé le midi et dim. Plats env 5-12 £.* Un petit resto familial de cuisine thaïe, fréquenté par les gens du quartier depuis plus de 20 ans. Cadre tout simple, franchement vieillot, on est très loin des restos de chaîne qui abondent à Londres avec leur déco moderne formatée. Authentique cuisine du nord-est de la Thaïlande, fraîche, relevée et parfumée à souhait... Essayer par exemple le *laab seabass,* un bar aux saveurs bien relevées. Porc décevant, en revanche. Accueil charmant mais service lent. Cela dit, on en fait vite sa cantine à Shepherd's Bush.

🍴 ☕ ***La Petite Bretagne*** *(centre 2, K11,* ***164****) : 5-7 Beadon Rd, à Hammersmith, W6 0EA. ☎ 020-8127-5530. Ⓜ Hammersmith. Tlj 8h-22h. Menu bigouden 14,95 £. Crêpes et galettes env 8-13 £ (moins cher à emporter).* Une poche de résistance chez la perfide Albion ! Dans un décor chaleureux de cantine délicieusement rétro, de bonnes crêpes faites sous vos yeux, avec les traditionnelles « complète », « océane » et « carnacoise ». Crêpes du mois pas mauvaises du tout, où parfois les fromages anglais s'invitent. Sans oublier le kouign-amann maison. Du jamais-vu à Londres ! Bon accueil.

🍴 ⛱ ***Coco Momo*** *(centre 2, M11,* ***136****) : 25 Gloucester Rd, SW7 4PL. ☎ 020-3985-9415. Ⓜ Gloucester Rd. Tlj 9h-23h (22h30 dim) ; service jusqu'à 21h30 (20h dim). Plats 9-18 £ ; petits déj à partir de 4 £.* Grande et belle salle de bistrot lumineuse, avec banquettes, petits recoins pour dîner et cuisine ouverte avec verrière à l'arrière. Petits plats bien troussés, copieux, réalisés en partie à partir de produits bio locaux. Sans oublier une jolie carte de vins, bières artisanales, et des cocktails, tout aussi savoureux et joliment présentés. À siroter en terrasse aux beaux jours. Ambiance chaleureuse et conviviale due à la faconde de Giovanni. Une halte bienvenue dans le quartier.

🍴 ***Wagamama*** *(centre 2, K11,* ***170****) : The Old Firestation, 244 Shepherds Bush Rd, W6 7NN. ☎ 020-8741-9814. Ⓜ Hammersmith. Tlj 11h-22h (23h ven-sam). Plats env 11-15 £.* Comme ses consœurs partout à Londres, la célèbre enseigne arbore une déco minimaliste, de grandes tablées, une cuisine apparente et aligne tous les petits plats japonais qui font son succès. *Ramen, steamed buns, curries, teppanyaki, bowls*, etc. Celui-ci est établi dans une historique caserne de pompiers. Portions copieuses et prix doux, la formule plaît. *Wagamania* !

De bon marché à prix moyens (10-30 £ / 12-36 €)

🍴 ⛱ ***The Pembroke*** *(centre 2, M11,* ***405****) : 261 Old Brompton Rd, SW5 9JA. ☎ 020-7373-8337. Ⓜ West Brompton ou Earl's Court. Tlj 12h-23h (minuit jeu-sam) ; service non-stop. Plats env 13-17 £ ; lunch env 10 £.* Un *gastropub* à la déco contemporaine avec ce « je ne sais quoi » de britannique. Les lustres diffusent une douce lumière, et l'ensemble est très réussi, cosy en diable. La cuisine est réalisée avec soin, à base de nobles produits anglais : porc du Hampshire, agneau du Devonshire... Sandwichs et snacks variés également, pour un en-cas. À déguster côté bar, où l'ambiance est parfois très festive, ou côté resto, où elle est plus feutrée. Sans oublier, cerise sur le gâteau – ou plutôt sur le toit – un *roof garden* pour dîner ou siroter un verre à la belle étoile... Service souriant et remarquable. Une de nos adresses préférées dans les parages !

Troubadour (centre 2, M11, **405**) : 263-267 Old Brompton Rd, SW5 9JA. ☎ 020-7341-6333. Pour ceux qui préféreraient tomber amoureux du pub voisin où jouèrent Bob Dylan et Jimmy Hendrix, sachez qu'on s'y restaure plus qu'honorablement à base de houmous et de burger bien *juicy*. Voir ci-après...

Où boire un verre ? Où danser ? Où voir un spectacle ?

Troubadour (centre 2, M11, **405**) : *263-267 Old Brompton Rd, SW5 9JA. ☎ 020-7341-6333. • troubadourlondon.com • Ⓜ West Brompton. Tlj 11h-minuit (2h jeu-sam). Les soirs de spectacle ou de club (à partir de 20h jusqu'à 2h), parfois un petit supplément.* Vous ne pourrez pas rater son plafond constellé de vieux banjos et de vieilles guitares, ni sa porte sculptée extravagante. Un tout petit pub *coffee house* de charme, où se produisirent tout de même Bob Dylan, Jimmy Hendrix et Paul Simon, avec 2 petites salles très bohèmes à l'atmosphère chaleureuse. Sans oublier, à l'arrière, une courette verdoyante tout aussi charmante. Spectacles certains soirs (poésie, concerts jazz, rock...), expos temporaires et petite boîte de nuit en fin de semaine. Quelques plats dont un excellent houmous, de bonnes *pies*, un hamburger extra, des cocktails et des petits déj. Un de nos coups de cœur !

Evans & Peel (centre 2, M11, **402**) : *310c Earl's Court Rd, SW5 9BA. ☎ 020-7373-3573. • evansandpeel.com • Ⓜ Earl's Court. Jeu à partir de 20h30 et ven-sam à partir de 21h30 ; résa fortement conseillée. Cocktails env 11-15 £. Droit d'entrée : 3 £.* Rien à voir avec Emma Peel de *Chapeau melon et bottes de cuir* et pourtant... Repérez, sur Earl's Court Square, la 3e porte surmontée d'une loupiote avec écrit « Evans & Peel Detective Agency » et sonnez. La condition pour accéder à ce *speakeasy* ? Un détective vous attend en bas de l'escalier et ne fera pivoter la bibliothèque que si vous lui soumettez une affaire à élucider. À court d'idée ? Pour « belle-mère » c'est *mother-in-law...* Et vous voici délicieusement séquestré dans un bar à cocktails avec vos complices d'une soirée. On conseille le « *Better have my honey* », un délice ! Attention, souvent pris d'assaut le week-end.

Capote y Toros (centre 2, M11, **555**) : *157 Old Brampton Rd, SW5 0LJ. ☎ 020-7373-0567. Ⓜ Gloucester Rd. Mar-sam 18h-23h30. Fermé dim-lun. Tapas et assiettes à partager env 6-34 £.* Chez ce rejeton d'une fratrie hispanique (*Cambio de Tercio* et *Tendido Cero,* dans la même rue), ambiance andalouse tous les soirs avec flamenco et tapas au menu (optez pour les miniburgers à la saucisse maison). Le tout sous l'œil de toreros inspirés et de tonneaux qui tapissent les murs. Et arrosé de *sherry,* la traduction du fameux xérès produit par les Espagnols, tant apprécié des Grands-Bretons. Il y en a plus de 125 à la carte.

Voir aussi **Coco Momo** (centre 2, M11, **136**) et **The Pembroke** (centre 2, M11, **405**), décrits dans « Où manger ? ».

Marché

New Shepherd's Bush Market (centre 2, K10) : *dans la ruelle étroite derrière la station de métro, entre Uxbridge Rd et Goldhaw Rd. • shepherdsbushmarket.co.uk • Tlj sauf dim 9h-18h.* Quelques stands de fruits et légumes, parfois exotiques, mais surtout beaucoup de babioles, de vêtements, de disques et jouets bon marché. Très populaire, surtout auprès des communautés irlandaise et afro-caribéenne. Depuis la station de métro Shepherd's Bush, au nord-ouest, on peut aussi faire un petit tour dans *Uxbridge Road (centre 2, K10)*, qui abrite quelques épiceries exotiques.

À voir

Brompton Cemetery *(centre 2, L11)* **:** *2 entrées, soit Fulham Rd, soit Old Brompton Rd. ☎ 020-3876-4278. • brompton-cemetery.org.uk • Ⓜ West Brompton ou Earl's Court. Ouv du lever à la tombée du jour. Possibilité de visite guidée (donation suggérée 10 £), calendrier en ligne.* Il date du XIXe s et compte plus de 200 000 sépultures, sur 16 ha. C'est aujourd'hui un lieu de promenade paisible au milieu des pierres tombales qui se dressent dans l'herbe. Les vélos sont même admis. On y croise des écureuils et des corneilles assez lugubres, qui ont l'air de garder l'endroit. Beatrix Potter, célèbre autrice d'albums pour enfants, qui vivait dans les parages, s'est inspirée de noms gravés sur les tombes pour baptiser ses personnages.

HOLLAND PARK ET KENSINGTON

• Pour se repérer, voir le centre 2 détachable en fin de guide.

Au XIXe s, les environs de Holland Park étaient encore très campagnards, avec de grands espaces verts. Puis les propriétés se sont morcelées pour donner naissance à un quartier résidentiel où se sont installés de nombreux artistes aux XIXe et XXe s. C'est aujourd'hui l'un des quartiers les plus chers de Londres, mais aussi de la planète ! Sir Terence Conran, le pape du design anglais, en a aussi fait l'un des fleurons du design mondial, en y installant le Design Museum. Il n'en demeure pas moins qu'il reste encore l'esprit « village » par endroits, mais avec ce petit quelque chose en plus de chic et d'un peu compassé. Ne pas manquer de faire une balade dans Holland Park et dans les ruelles autour de l'église St Mary Abbots.

Où dormir ?

De très bon marché à chic (jusqu'à 150 £ / 180 €)

Astor Hyde Park Hostel *(centre 2, M10, **73**) : 191 Queen's Gate, SW7 5EU. ☎ 020-7581-0103. • astorhostels.com/hostels/hyde-park/ • Ⓜ High St Kensington. Selon saison, dortoirs 4-15 lits env 15,50-25 £/pers.* Dans un bel édifice victorien, 165 lits répartis dans des dortoirs de 4 à 15 lits, mixtes ou non, que l'on atteint par un bel escalier en bois. La plupart des dortoirs sont très lumineux. Lits métalliques superposés et casiers sous les lits. Bonne propreté. *Luggage room* (payante). Cuisine, lounge, *TV room*, laverie, beau salon parqueté et grande salle à manger en sous-sol. Accueil un peu nonchalant mais, somme toute, un bon rapport qualité-prix dans le quartier.

London Kensington Holland Park Hostel *(centre 2, L10, **88**) : Holland Walk, W8 7QU. ☎ 020-7870-9629. • safestay.com • Ⓜ Holland Park ou High St Kensington. Selon saison, dortoirs 4-21 lits env 10-45 £/pers ; doubles sans ou avec sdb env 125-145 £ ; triples et familiales. Réduc en ligne.* Au cœur du charmant Holland Park, 3 corps de bâtiment, dont l'un historique datant du XVIIe s. Les chambres doubles ou familiales *en suite* ne sont pas données, mais se révèlent assez sympa, certaines avec terrasse privative. Les plus grands dortoirs ont de nombreux recoins, rideaux et prises individuels. Cela dit, la propreté n'est pas toujours au rendez-vous, alors vérifiez la chambre avant de vous installer. Espaces communs plutôt lumineux, décorés avec humour et originalité. Billard. Très calme. Petit déj possible, laverie, distributeur de billets. Attention, le soir, en hiver, l'entrée est très sombre. Essayez de vous y rendre de jour. Bref, un rapport qualité-prix moyen.

Où manger ? Où boire un verre ?

Sur le pouce (moins de 10 £ / 12 €)

Café de Fred *(centre 2, L10, **294**) : 10 A Earl's Court Rd, SW8 6EA. ☎ 020-7960-. Ⓜ High St Kensington. Tlj sauf dim 7h-17h. Plats 4-8 £.* Un petit snack tout simple et propret à 2 pas de Holland Park. Large choix de *jacket potatoes*, de lasagnes végétariennes, de bons *breakfast sandwiches* et tous les classiques pour un authentique petit déj anglais, ainsi que quelques plats du jour *(today's specials)* à prix démocratiques. À manger sur place (petite majoration) ou à emporter. Bon accueil en français.

De bon marché à prix moyens (10-30 £ / 12-36 €)

Ffionas *(centre 2, L10,* ***404****) : 51 Kensington Church St, W8 4BA. ☎ 020-7937-4152. Ⓜ High St Kensington. Mar-sam 18h-23h, dim 19h-22h ; sam-dim brunch 9h-15h. Fermé lun. Résa conseillée. Brunch et breakfast env 6-22 £ ; le soir, plats env 14-23 £ ;* Sunday roast *23,50-27 £.* Une adresse comme on n'en trouve plus ! Derrière la façade discrète de ce resto niché dans une rue passante, une petite salle décorée de partitions de musique, tables en bois brut et bouquets de fleurs fraîches, passion de la généreuse propriétaire. Avec son sourire et sa cuisine de saison, simple et goûteuse, elle a conquis sa grande famille d'habitués, venus se régaler de bons produits et de grands classiques britanniques : œufs Bénédicte, *fish & chips, Yorkshire pudding...* Soupe du jour et plats d'un excellent rapport qualité-prix le soir, la carte variant au gré des saisons. Également un brunch le week-end et le *Sunday roast* du dimanche. Définitivement l'un de nos coups de cœur dans le quartier.

The Scarsdale Tavern *(centre 2, L11,* ***225****) : 23A Edwardes Sq, W8 6HE. ☎ 020-7937-1811. Ⓜ High St Kensington. Tlj 12h-23h (22h30 dim) ; service jusqu'à 22h (21h dim). Plats env 14-28 £.* Avec son joli bout de terrasse égayé par des fleurs aux beaux jours et son cadre chaleureux tout de boiseries, ce pub traditionnel (appartenant à l'incontournable firme *Fuller's Brewery*) draine une clientèle fidèle. Celle-ci apprécie autant la *real ale* tirée ici que le feu dans la cheminée ou encore les spécialités affichées au tableau, à base de produits de saison, à déguster au pub ou dans la jolie salle avec cuisine ouverte et belle vaisselle. On s'y sent bien, on y mange bien, l'ambiance y est authentique ; bref, un autre coup de cœur dans les parages !

Maggie Jones's *(centre 2, M10,* ***230****) : 6 Old Court Pl, W8 4PL. ☎ 020-7937-6462. Ⓜ High St Kensington. Tlj 12h-14h30, 18h-22h30 (en continu jusqu'à 23h le w-e). Résa conseillée. Menus 24-28 £, plats 18-30 £ ;* Sunday roasts *env 18-25 £.* On a l'impression d'entrer dans une vieille maison de campagne, avec plein d'objets suspendus ici ou là, des vieux bouquets séchés, des bougies consumées dans des culs de bouteilles, des coins et petits recoins et, surtout, des plats qui font la part belle au terroir anglais. Du gibier en saison, mais aussi de délicieuses *pies,* stilton et autre *bread and butter pudding* (notamment pour le *Sunday lunch*). L'adresse idéale pour un classique repas *British* dans une atmosphère très cosy.

The Elephant & Castle *(centre 2, L10,* ***371****) : 40 Holland St, W8 4LT. ☎ 020-7937-6382. Ⓜ High St Kensington. Tlj 11h-23h (12h-22h dim). Plats env 11-19 £.* Un adorable petit pub de quartier, dont la terrasse empiète sur le croisement de rues résidentielles. À l'intérieur, que des réguliers, accoudés au comptoir le temps de commenter les derniers cancans du voisinage. Un peu hors du temps, un peu loin de tout, un havre de paix pittoresque et authentique. *Pub grub* classique avec *pies* et burgers, entre autres.

Où prendre le thé ? Où faire une pause sucrée ?

Candella Tea Room *(centre 2, L-M10,* ***331****) : 34 Kensington Church St, W8 4HA. ☎ 020-7937-4161. Ⓜ High St Kensington. Mar-ven 12h-18h, le w-e 10h-18h. Fermé lun.* Afternoon tea *9,95-18,95 £.* Un salon de thé installé dans une véritable bonbonnière avec ses meubles d'antiquaire (seulement quelques tables), son plafond orné d'une fresque, les lustres et le piano dans un coin. Rien de snob pour autant, l'accueil y est chaleureux et l'atmosphère très cosy. Quelques snacks pour le petit déj, des sandwichs et salades, mais surtout le *traditional afternoon tea,* avec des *scones* et un thé à se damner, servis dans un joli service pour compléter le tableau. Le must pour se requinquer !

À voir. À faire

Holland Park (centre 2, L10) **:** *accès tlj, de 7h30 jusqu'à 30 mn avt la tombée du jour.* Le plus grand parc du Royal Borough of Kensington and Chelsea (22,5 ha) est une halte bienvenue avec ses espaces paysagés et doucement vallonnés, son petit jardin japonais – le ***Kyoto Garden*** – (à l'extrémité nord), ses joueurs d'échecs, ses paons, ses terrains de sport (gratuits). Les enfants seront aussi ravis de s'égailler sur l'immense aire de jeux qui leur est dévolue. Enfin, les mélomanes ne manqueront pas d'assister aux représentations d'opéra en plein air, durant l'été (juin-août) : ● *operahollandpark.com* ●

Design Museum (centre 2, L10) **:** *224-238 Kensington High St. ☎ 020-3862-5900. ● designmuseum.org ● Dans l'ancien Commonwealth Institute, à l'entrée sud de Holland Park. Tlj 10h-18h (21h ven-sam), dernière entrée à 17h. Fermé 24-26 déc. GRATUIT ; expos temporaires payantes.* Dans un bâtiment contemporain réaménagé par l'architecte John Pawson, aidé en cela par sir Terence Conran, l'un des généreux donateurs. La forme s'inspire d'une... tente, comme une vague de béton, avec un bel escalier-forum central de bois blond. Collection permanente au dernier étage, qui donne à réfléchir sur la manière de créer, d'utiliser et d'imaginer le design d'hier à aujourd'hui à travers l'évolution de nombreux objets du quotidien présentés de façon ludique. En prime, des expositions temporaires intéressantes, des conférences et ateliers gratuits, ainsi qu'une boutique au rez-de-chaussée.

Leighton House Museum (centre 2, L10) **:** *12 Holland Park Rd, W14 8LZ. ☎ 020-7471-9160 (le w-e). ● rbkc.gov.uk/museums/ ●* ***Fermé pour rénovation ; réouverture prévue au printemps 2022.*** *Le w-e seulement, 10h-17h30 (dernière entrée à 16h30). Visite guidée dim à 15h. Entrée : env 9 £ (plus cher pdt les expos temporaires) ; réduc.* Maison fastueuse du peintre victorien Frederic Leighton (1830-1896), ancien membre de la Royal Academy of Arts, féru de mythologie grecque et romaine. La construction de sa maison, commencée en 1864, et son aménagement ont duré plus de 30 ans et témoignent de sa fascination pour l'Orient. Au fil des pièces, on découvre de superbes marqueteries, des céramiques, des tentures, de la poterie, mais aussi de nombreux tableaux, dessins et esquisses. Accès également au jardin, un havre de paix en plein cœur de Londres.

Ne pas manquer de se balader dans les petites ruelles entre la sortie du métro High Street Kensington et le parc, autour de St Mary Abbots. Petites échoppes hors d'âge, notamment sur ***Kensington Church Walk,*** avec boutique de fripes d'un genre unique : que des classiques anglais, du *trilby* au gilet de cricket en passant par le bibi à dentelles. L'idéal avant les fameuses courses de chevaux d'Epsom !

– Voir aussi la partie sur le ***Londres résidentiel*** dans le chapitre « Brompton, Chelsea et South Kensington. Monuments et balades », en particulier pour Kensington Palace et les jardins attenants.

NOTTING HILL (PORTOBELLO ROAD) ET BAYSWATER

• Pour se repérer, voir le centre 2 détachable en fin de guide.

L'un des coins les plus connus de Londres avec son ambiance de village tranquille, son petit côté populaire à la lisière nord, qui devient hyper branché et qui tranche avec sa partie sud, très largement embourgeoisée. Les rues sont alors bordées d'élégantes demeures aux façades en stuc, ce qui contribue amplement à son charme. L'architecte qui en traça les plans décida de placer les habitations autour de jardins cachés aux yeux des promeneurs (et non l'inverse, comme souvent ailleurs). Au début du XIXe s, le quartier, alors insalubre, abritait les briqueteries et tuileries qui contribuèrent à la construction de Londres. On y vient aujourd'hui pour le shopping, entre les boutiques tendance, les antiquaires et les magasins d'occasion *(second hand shops)*.
À NE PAS MANQUER : le très populaire marché aux puces de Portobello Road le samedi et, bien sûr, le carnaval de Notting Hill le dernier week-end d'août, l'un des rassemblements de rue les plus importants d'Europe.

Où dormir ?

Bayswater, la partie est de Notting Hill, est un quartier bourré d'hôtels (plus ou moins chers mais de qualité médiocre en général), bordé au sud par Hyde Park et Kensington Gardens. Pas mal d'AJ également, parmi lesquelles on a sélectionné les meilleures.

Location d'appartements

☗ ***Grand Plaza*** *(centre 2, L9,* ***86****) : 42 Prince's Sq, W2 4AD. ☎ 020-7985-8000. • grand-plaza.co.uk • Ⓜ Bayswater. ♿ Studettes 2 pers à partir de 124 £, lit supplémentaire 20 £ ; apparts 3-6 pers 149-380 £. Petit déj 15 £.* Une adresse de standing proposant tout le confort souhaité pour séjourner en famille. Les 200 studettes et appartements, modernes et élégants, sont bien équipés (kitchenette, TV, clim, wifi, etc.), draps changés toutes les 3 nuits et service de laverie. Choisissez bien en fonction de vos besoins : les studios sont parfois plus spacieux que les appartements (superficies sur le site) ! Accueil pas forcément très aimable. Réception ouverte 24h/24 et service de restauration.

Auberges de jeunesse et *student halls* (moins de 35 £ / 42 €)

☗ ***LHA Bowden Court*** *(centre 2, L9,* ***89****) : 24 Ladbroke Rd, W11 3NN. ☎ 020-3911-5462. • lhalondon.com • Ⓜ Notting Hill Gate. Compter env 23-35 £/pers en dortoir ; chambres simples, doubles ou triples 33-60 £/pers ; tarif à la sem avantageux et réduc pour les étudiants 18-29 ans. Petit déj et 1 repas au self inclus.* Cette grande résidence étudiante (plus de 260 places) est installée dans un bel immeuble de style moderniste, en brique rouge, typique des années 1940. Les chambres sont sobres et fonctionnelles, toutes avec salle de bains à partager. Salle de sport, laverie, baby-foot, salon avec grand écran TV, etc. Plutôt fréquenté par des pensionnaires au long cours (nombreux Français). On peut même y travailler pour réduire la note ! Les lits vacants sont attribués 1 ou 2 semaines avant en fonction des disponibilités. Accueil chaleureux et serviable. En revanche, alcool interdit.

LHA Sandeman-Allen House *(centre 2, M9,* ***95****) : 40 Inverness Terrace, W2 3JB. ☎ 020-3911-5661. • lhalondon.com • Ⓜ Bayswater. Dortoirs et chambres single (1-6 pers) 26,50-50 £/pers ; tarif à la sem avantageux et réduc pour les étudiants 18-29 ans. Petit déj et 1 repas au self inclus (dîner en sem et déj le w-e).* Derrière une façade à colonnes, une autre résidence étudiante qui occupe 4 bâtisses de caractère dans une rue agréable. Un vrai labyrinthe ! Charme des plus fonctionnel, pour ne pas dire monacal, mais le tout est clair, bien conçu et très bien tenu, à l'image de la salle à manger qui fait très cafétéria. Quelques dortoirs et une trentaine de chambres privées, mais toutes *single*. Douches et w-c en commun, casiers, laverie, salle de sport, frigo et coffre-fort dans chaque chambre. Réserver 1 à 2 semaines avant pour profiter de tarifs avantageux. Bon accueil du manager français.

Astor Kensington *(centre 2, M9,* ***93****) : 45 Queensborough Terrace, W2 3SY. ☎ 020-7229-7782. • astorhostels.com • Ⓜ Queensway ou Bayswater. À 2 mn à pied de Kensington Gardens. Dortoirs 4-8 lits 15-25 £/pers, twins à partir de 65 £. Prix selon saison. Petit déj en sus.* Une petite chaîne d'AJ conviviales. La réception est un gentil bazar d'objets hétéroclites. Dortoirs basiques (parquet clair et lits superposés en métal rouge) et sanitaires ornés de fresques, le tout peuplé de jeunes routards plutôt fêtards (programme des festivités à l'entrée et activités gratos quotidiennes). Cuisine à disposition, lave-linge, coffre-fort dans les chambres et petite salle TV avec Netflix. *3 autres adresses à Londres, dans le même esprit.*

De prix moyens à chic (60-150 £ / 72-180 €)

London House Hotel *(centre 2, M9,* ***96****) : 81 Kensington Gardens Sq, W2 4DJ. ☎ 020-7243-1810. • londonhousehotels.com • Ⓜ Bayswater. Doubles env 60-95 £ ; family rooms 90-200 £ ; promos sur Internet. Petit déj 14 £.* Le hall d'entrée tout blanc et design ne trompe pas sur la marchandise. Il s'agit d'un confortable hôtel doté d'une centaine de chambres fonctionnelles et agréables, qu'on jugerait presque grandes pour Londres et donnant pour certaines sur un jardin verdoyant (plus chères). L'ensemble est lumineux et tout confort (salles de bains nickel, ascenseur...). Question déco, l'adresse joue la sobriété. Un bon rapport qualité-prix, surtout en basse saison. Accueil et service très pro.

The Byron Hotel *(centre 2, M9,* ***90****) : 36-38 Queensborough Terrace, W2 3SH. ☎ 020-7243-0987. • capricornhotels.co.uk/hotel_byron/ • Ⓜ Bayswater. Doubles env 60-200 £, petit déj continental inclus.* Récemment rénové, l'hôtel occupe 2 élégantes maisons victoriennes de 5 étages (ascenseur). Une quarantaine de chambres pas bien grandes, mais confortables, agréablement aménagées avec du mobilier en bois clair. On prend son petit déj dans une salle à manger plaisante. Cher en saison, certes, mais l'adresse se défend dans sa catégorie (et promos intéressantes sur le site internet).

New Linden Hotel *(centre 2, L9,* ***401****) : 58-60 Leinster Sq, W2 4PS. ☎ 020-7221-4321. • newlinden.co.uk • Ⓜ Bayswater. Doubles env 80-160 £, petit déj continental inclus ; familiales. Réduc sur le site internet.* Cette maison édouardienne a été entièrement rénovée et se distingue par son excellent rapport qualité-prix dans ce quartier qui foisonne d'hôtels. Un vrai effort de déco, dans un esprit oriental (couleurs chaudes, bois exotique) dès l'accueil, et une cinquantaine de chambres tout confort, même si les plus grands se sentiront peut-être à l'étroit. Accueil aimable.

De chic à très chic (plus de 100 £ / 120 €)

The Caesar Hotel *(centre 2, M9,* ***46****) : 26-33 Queens Gardens, Hyde*

Park, W2 3BE. ☎ *020-7262-0022.* • *derbyhotelshotels.com* • Ⓜ *Bayswater, Queensway ou Paddington. Doubles env 100-200 £, petit déj-buffet inclus.* Encore un hôtel à colonnades tout blanc et plutôt classe. Les chambres standard ne sont pas bien grandes et les fenêtres (sans double vitrage) ne s'ouvrent pas toujours, mais elles sont globalement impeccables et tout confort. Évitez quand même celles du rez-de-chaussée, plus bruyantes. Les grands plus de l'adresse : l'accueil très pro, l'excellent buffet du petit déj et son *full english breakfast* ; enfin, la salle de sport et le sauna inclus dans les prestations.

The Portobello Hotel (centre 2, L9, **127**) : *22 Stanley Gardens, W11 2NG.* ☎ *020-7727-2777.* • *portobellohotel.com* • Ⓜ *Notting Hill Gate ou Ladbroke Grove. Doubles à partir de 185 £, petit déj continental inclus.* L'entrée de ce boutique-hôtel de charme est discrète, mais facilement identifiable grâce à ses 2 buis taillés en pointe. Bon, ce n'est pas donné, d'autant que les standard n'ont pas le charme des plus chères. Mais toutes les chambres sont cosy, tout confort, à la déco personnalisée. Lits à baldaquin victoriens, couleurs chaleureuses des boiseries et des tentures, vue sur le parc tellement romantique ou sur la rue (très calme)... Il y en a même une avec une vieille baignoire au cœur de la chambre *(so romantic !)* et un lit circulaire. L'ensemble est très élégant. Salon chaleureux pour le *teatime,* et prestations à la hauteur des prix. Sans oublier le spa... Accueil délicieux sans être pompeux.

Où manger ? Où prendre un petit déj ?

De très bon marché à bon marché (moins de 20 £ / 24 €)

Gail's (centre 2, L9, **300**) : *138 Portobello Rd, W11 2DZ.* ☎ *020-7792-8715.* Ⓜ *Notting Hill Gate. Lun-ven 7h-18h30, le w-e 7h-18h. Env 4-5 £.* Une vraie grande boulangerie pour croquer dans une tarte salée, sucrée, un petit pain garni ou des sucreries. Parfait aussi pour un sandwich, une salade, un goûter, à l'intérieur comme à l'extérieur, avant d'aller arpenter les étals de Portobello. *Plein d'autres adresses à Londres.*

Honest Burgers (centre 2, L9, **458**) : *189 Portobello Rd, W11 2ED.* ☎ *020-8154-2095.* Ⓜ *Ladbroke Grove. Tlj 11h30-22h. Plats env 10-15 £.* C'est un des maillons de la chaîne, mais une bonne valeur pour ceux qui voudraient s'engloutir un bon burger pas trop cher, dans un quartier pas toujours donné. Petit décor de bistrot et tables en bois blond. Situé juste à côté de l'*Electric Cinema,* pratique avant ou après une bonne toile.

Durbar (centre 2, L9, **147**) : *24 Hereford Rd, W2 4AA.* ☎ *020-7727-1947.* • *durbartandoori.co.uk* • Ⓜ *Bayswater. Tlj 15h-23h30. Plats env 10-19 £.* À l'écart des foules branchées de Notting Hill, ce restaurant indien d'habitués arbore un décor qui évoque un wagon de l'Orient-Express avec ses banquettes et son mur arrondi. Bonnes spécialités comme le *Lorient Special Chicken* (pas express, cela dit, il faut être patient !) et des plats cuits au four tandoori. Bons naans et chapatis. Le tout à arroser d'un lassi salé. Pas d'alcool ici, mais on peut apporter sa bouteille (pas de supplément). Accueil et service tout en rondeur.

The Tabernacle (centre 2, L9, **373**) : *35 Powis Sq, W11 2AY.* ☎ *020-7221-9700.* • *tabernaclew11.com* • Ⓜ *Westbourne Park ou Ladbroke Grove. Tlj 9h-22h30 (23h jeu, 23h30 ven-sam, 22h dim). Breakfasts (jusqu'à 12h) 6-12 £ ; plats 9-15 £.* Un lieu splendide, ancien temple protestant, construit en brique rouge à la fin du XIXe s. C'est aujourd'hui un vrai lieu de vie, à la fois salle de concerts et de spectacle, galerie d'art, école de danse, et enfin resto et bistrot. Grands canapés, tables en terrasse ou sous la verrière au fond à droite. L'idéal pour apprécier un petit déj, un curry caribéen, croquer dans un burger, déguster un risotto ou la soupe du jour.

Ottolenghi Notting Hill *(centre 2, L9,* ***408****) : 63 Ledbury Rd, W11 2AD. ☎ 020-7727-1121. Ⓜ Notting Hill Gate. Lun-sam 8h-19h, dim 8h-18h. Petits déj env 7-14 £ ; formules déj env 19,50-22,50 £.* Le 1er *deli* ouvert par le chef-cuisinier de renom, avec une jolie vitrine remplie de gâteaux appétissants... On y sert le midi de belles salades à composer au choix, ainsi qu'une douzaine de petits plats à commander au comptoir. Jolie sélection de viennoiseries et snacks pour le petit déj ou le goûter. Qualité et fraîcheur garanties ! L'occasion de goûter à moindres frais la cuisine savoureuse et parfumée d'Ottolenghi. À consommer sur place, dans la petite salle avec table commune (mais pas de w-c !), ou à emporter.

Granger & Co *(centre 2, L9,* ***310****) : 175 Westbourne Grove, W11 2SB. ☎ 020-7229-9111. Ⓜ Notting Hill Gate. Lun-sam 7h-22h30, dim 8h-21h30. Breakfasts env 6-14 £ ; plats env 10-20 £ le midi, 14-20 £ le soir.* Une immense salle aux couleurs chaudes et baignée de lumière où l'on vient grignoter à toute heure, souvent entre 2 séances de shopping... Originaire d'Australie, le concept repose sur la fusion et la fraîcheur. Résultat, de jolies assiettes pleines de saveurs, de couleurs et de vitamines. Ambiance chic et décontractée, service alerte et souriant, et terrasse. *3 autres adresses à Londres, notamment dans King's Rd.*

Churchill Arms *(centre 2, L10,* ***383****) : 119 Kensington Church St, W8 7LN. ☎ 020-7727-4242. Ⓜ Notting Hill Gate. Tlj 12h-21h30.* Pub fidèle au poste depuis des décennies, avec sa devanture en pots de fleurs (mais comment diable font-ils pour tout arroser ?), flanqué d'une véranda et réputé pour son incroyable collection d'objets divers pendus au plafond : des pots de chambre aux portraits de la reine sous forme de torchons. Ajoutez à cela une moquette bien épaisse et une cheminée assoupie, vous obtenez un cocon des plus chaleureux, plébiscité par une joyeuse clientèle d'habitués et de touristes. Peut-être un poil trop touristique d'ailleurs... Côté cuisine, on vient pour le resto thaï, honorable, caché au fond des lieux à prix corrects.

The Windsor Castle *(centre 2, L10,* ***369****) : 114 Campden Hill Rd, W8 7AR. ☎ 020-7243-8797. Ⓜ Notting Hill Gate. Ouv le soir mar-sam 18h-22h, plus le midi ven-dim. Plats env 12,50-26 £ ; Sunday roasts 16-25 £.* Les grosses lanternes éclairent une vieille enseigne et une façade blanche, dont les huisseries noires laissent deviner un intérieur sombre comme une cave. On y voit à peine plus que dans un verre de *Guinness* en pleine décantation ! Du bois, des fauteuils en cuir, un long comptoir et des portes très basses à déconseiller aux étourdis... La cerise sur le gâteau : une cour intérieure des plus charmante, chauffée en hiver ! Cuisine traditionnelle de pub très correcte, à prix modérés

Hereford Road *(centre 2, L9,* ***240****) : 3 Hereford Rd, W2 4AB. ☎ 020-7727-1144. Ⓜ Bayswater. Ouv 12h-14h30 (16h dim), 18h-22h. Fermé lun-mer midi. Plats env 15-19,50 £.* Le chef est aux fourneaux dès 9h le matin, épluchant gaiement les légumes du jour dans sa cuisine grande ouverte... Dès lors, rien d'étonnant à ce que l'on se régale en salle dans un cadre élégant ou en terrasse, de plats de saison glorifiant l'Angleterre dans ce qu'elle produit de meilleur : porc de Blythburgh, légumes oubliés et produits fermiers... Desserts à l'avenant. Et si la cuisine est gastronomique, les prix n'ont rien d'astronomique.

Jusu Brothers *(centre 2, L9,* ***195****) : 147-149 Westbourne Grove. 077-0226-1124. Ⓜ Notting Hill Gate. Tlj 8h-21h (17h hors saison). Plats env 11-14 £.* Une de ces adresses tendance dont le quartier raffole. Grande salle dépouillée, béton ciré, objets de récup', fleurs et macramé au mur. Ici on célèbre la cuisine japonaise bio. Assiettes joliment colorées et saines. Au menu, *poke bowls* de légumes, pâtes fraîches et *okonomiyaki* (grosse omelette garnie) bien épaisses. Également des petits déj servis toute la journée. *Shots, shakes* et jus de légumes, de fruits et de protéines. Clientèle de créatifs en tout genre les yeux rivés sur leurs ordinateurs. Zen, soyons zen.

Taqueria *(centre 2, L9,* ***234****) : 141-145 Westbourne Grove, W11 2RS. ☎ 020-7229-4734. Ⓜ Bayswater ou Royal Oak. Tlj 12h-23h (23h30 ven-sam, 22h30 dim). Tacos et plats env*

8-11 £. 2 salles toutes simples pour cette cantine mexicaine qui trie ses fournisseurs sur le volet. À la carte, *quesadillas,* guacamole, tacos et autre délicieux chorizo maison. Les plats sont assez relevés, mais rien de tel qu'une coupe de margarita ou un bon cocktail pour vous rafraîchir le gosier. Tout cela sous l'œil peu rigolard du révolutionnaire Zapata. On peut aussi se contenter d'un *Mexican hot chocolate,* à base de cannelle et d'amande, une des spécialités de la maison. Service *rápido,* ce qui ne gâche rien.

Pizza East *(hors centre 2 par L9,* ***327****) : 310 Portobello Rd, W10 5TA. ☎ 020-8969-4500. Ⓜ Ladbroke Grove ou Westbourne Park. Suivre Portobello Rd jusqu'au bout, à l'angle avec Golborne Rd. Lun-ven 12h-23h, sam 9h-23h, dim 10h-22h. Plats env 8-18 £ ; pizzas 12-15 £.* Non, ce n'est pas une énième pizzeria impersonnelle ! Nous voilà dans un ancien pub georgien, complètement réhabilité mais qui laisse apparaître quelques traces de son passé. On s'installe dans un joyeux brouhaha, soit le long du comptoir en zinc, pour siffler une *Peroni,* soit en salle, autour de tablées conviviales, mais toujours proche du four à bois. Les plats sont généreux, avec une touche méditerranéenne, et les pizzas ne sont pas en reste : le chef a fait ses classes dans les meilleurs restos italiens de la capitale.

Electric Diner *(centre 2, L9,* ***458****) : 191 Portobello Rd, W11 2ED. ☎ 020-7908-9696. Ⓜ Ladbroke Grove. Lun-mer 8h-23h, jeu-sam 8h-2h (1h jeu), dim 8h-23h. Sandwichs, brunch et plats 8-18 £. Réduc de 50 % avec le ticket de ciné du jour lun-ven 17h-18h.* Accolée au cinéma du même nom, cette version londonienne du *diner* à l'américaine ne désemplit pas ! Une grande salle tout en longueur avec tables bistrot, longues banquettes et cuisine ouverte. Carte classique avec sandwichs, steaks et autres salades, copieux et bien tournés. Bon plan aussi pour le petit déj ou le brunch.

Hafez *(centre 2, L9,* ***240****) : 5 Hereford Rd, W2 4AB. ☎ 020-7221-3167. Ⓜ Bayswater. Tlj 12h-minuit. Plats 11-18 £.* Petit resto iranien au décor assez branché, planté de couverts partout sur les murs, proposant de bonnes spécialités de viandes grillées marinées, dont les classiques kebabs. Les plats, végétariens ou non, sont bons et l'accueil est très aimable. Quelques tables sur la rue pour les jours ensoleillés, plats à emporter pour les plus pressés. Pas d'alcool. Vite complet, mieux vaut réserver.

De bon marché à prix moyens (jusqu'à 30 £ / 36 €)

Gold *(centre 2, L9,* ***372****) : 95-97 Portobello Rd, W11 2QB. ☎ 020-3146-0747. • goldnottinghill.com • Ⓜ Notting Hill Gate. Lun-jeu 12h-0h30, ven-sam 12h-1h, dim 11h-22h. Plats 10-25 £.* On passerait presque devant sans l'apercevoir. Cadre chic et cosy, avec un long comptoir qui mène à une superbe salle sous une verrière. Cuisine ouverte où une escouade de marmitons s'agite sous les yeux du chef, pour préparer des petits plats à partager. Au menu, légumes, salades, viandes au gril et autres fruits de mer. Tout le monde y trouve son compte. Bonne ambiance, service enlevé et clientèle ravie à toute heure de la journée. Mieux vaut réserver.

The Shed *(centre 2, L9,* ***615****) : 122 Palace Gardens Terrace, W8 4RT. ☎ 020-7229-4024. Ⓜ Notting Hill Gate. Lun 17h-23h, mar-ven 12h-15h, 17h-23h, sam 12h-minuit. Fermé dim et lun midi. Menu 22 £, plats env 12-22 £.* Bois brut, tables posées sur des bidons, joyeuse ambiance de basse-cour... On a vraiment l'impression de pénétrer dans une grange retapée, un « hangar » en l'occurrence, pour apprécier ce que la *countryside* anglaise peut offrir de mieux, jusqu'au vin de pays. Ici tout vient de fermes soigneusement choisies, et cela se ressent dans l'assiette, sous la forme de tapas goûteuses, aux mariages de saveurs parfois originaux, avec bien sûr pas mal de légumes aussi. Service en chemise à carreaux et à la vitesse d'un John Deere dernier cri. Et pour clore le tout, on ne vous plume pas ! Un coup de cœur.

Farmacy *(centre 2, L9,* ***616****) : 74 Westbourne Grove, W2 5SH.*

☎ 020-7221-0705. Ⓜ Bayswater. Lun-ven 9h-17h, 18h-22h ; sam 9h-16h, 18h-22h ; dim 9h-16h, 18h-21h30. Plats 11-17 £. Une bien drôle d'officine que cette *farmacy*-là ! Autour d'un grand comptoir central, surmonté de plantes et de bien étranges potions, on s'installe sur de hauts tabourets, ou sur les banquettes en salle. Au menu, impossible d'échapper à la mode des « bols », au choix : mexicain, oriental, macrobiotique, etc. Propose aussi des soupes, des pizzas véganes et des burgers biodynamiques ! Terriblement tendance, comme la clientèle. Bons cocktails, bonne ambiance. Parfait pour se requinquer !

The Ladbroke Arms *(centre 2, L9,* ***250****) : 54 Ladbroke Rd, W11 3NW.* ☎ 020-7727-6648. Ⓜ Notting Hill Gate. Lun-sam 12h-15h (16h sam), 19h-22h; dim 12h-17h (Sunday roast). Plats 17-38 £. Un très joli *gastropub* de quartier qui vaut le détour au propre et au figuré. Cuisine chère mais soignée et imaginative à base de produits frais et de qualité mis en valeur par des cuissons bien maîtrisées. Le cadre à l'ancienne est agréable, confortable et lumineux, avec de nombreuses gravures. Terrasse fleurie et chauffée aux beaux jours. Bonne ambiance où les rires fusent en fin de journée. On adore !

Mazi *(centre 2, L10,* ***307****) : 12-14 Hillgate St, Kensington, W8 7SR.* ☎ 020-7229-3794. Ⓜ Notting Hill Gate. Lun 18h30-22h30, mar-dim 12h-15h, 18h30-22h30 (22h dim). Fermé lun midi. Résa indispensable. Plats 10-25 £. Une adresse contemporaine qui célèbre la cuisine grecque moderne, voilà qui mérite une halte. Déco patinée en bois et brique blanche, très romantique le soir avec les petites bougies, et sympa l'été en terrasse. Produits importés ou sélectionnés aux alentours de la capitale. Carte originale et bien tournée travaillant aussi bien poisson, viande et légumes. Fin et délicat. Ne pas manquer de passer par la case « *toilet* » pour réviser ses classiques grecs ! La maison a ouvert une annexe un peu moins chère à côté qui met à l'honneur la cuisine des îles (grecques, il va sans dire !).

Aphrodite Taverna *(centre 2, L9,* ***240****) : 15 Hereford Rd, W2 4AB.* ☎ 020-7229-2206. Ⓜ Bayswater. Tlj sauf dim, 12h-23h45. Plats 14-25 £. Taverne hyper kitsch pour passer une soirée chaleureuse, ainsi qu'une petite terrasse à partager aux beaux jours. Plein de petits grignotages (olives, piments, pita...) pour patienter en attendant son plat. Dans l'assiette, cuisine grecque savoureuse, à tel point que les fourchettes frétillent au rythme du sirtaki. Énorme *kalifto* (jarret d'agneau), entre autres. Accueil agréable et service très efficace.

Voir aussi **The Westbourne** *(centre 2, L9,* ***380****)* dans « Où boire un verre ?... ».

Où prendre le thé ? Où faire une pause sucrée ?

Lisboa Patisserie *(hors centre 2 par L9,* ***327****) : 57 Golborne Rd, W10 5NR.* ☎ 020-8968-5242. Ⓜ Ladbroke Grove ou Westbourne Park. Tlj sauf lun 7h-19h (18h dim). Gâteaux env 2 £. On ne vient pas ici par hasard. Dans une rue d'antiquaires, voici une pâtisserie historique, dans son jus, avec azulejos aux murs, et habitués attablés sur les quelques tables de fortune. Au choix, gâteaux aux amandes, à la noix de coco et d'autres encore, mais aussi *pasteis de nata,* ces petits flans crémeux typiquement portugais. Un régal ! Quelques tables en terrasse aux beaux jours.

The Hummingbird Bakery *(centre 2, L9,* ***236****) : 133 Portobello Rd, W11 2DY.* Ⓜ Notting Hill Gate. Tlj 10h-17h. Une petite maison de poupée où l'on mange des gâteaux tout colorés. Ses *American cupcakes* sont célèbres pour leur fraîcheur et leur qualité. Tellement tendance qu'on trouve même des collections particulières pendant les événements comme la Fashion Week ! Niveau quantité, on en a pour ses *pounds.* Signe de son succès, l'adresse compte d'autres adresses dans tt Londres.

Voir aussi **Ottolenghi Notting Hill** *(centre 2, L9,* ***408****)*, décrit précédemment dans « Où manger ? ».

Où boire un verre ? Où sortir ?

Churchill Arms (centre 2, L10, **383**) : *119 Kensington Church St, W8 7LN. ☎ 020-7727-4242. Ⓜ Notting Hill Gate. Tlj 11h-23h.* Voir « Où manger ? ». Un de nos spots préférés dans le quartier.

The Westbourne (centre 2, L9, **380**) : *101 Westbourne Park Villas, W2 5ED. ☎ 020-7221-1332. Ⓜ Royal Oak ou Westbourne Park. Lun 17h-23h, mar-sam 11h-23h, dim 12h-22h30. Plats 8-16 £.* Un autre pub pas prétentieux pour un sou, un peu dans le style vieille brasserie avec son parquet usé, ses tables disparates et ses affiches anciennes. L'idéal pour une mousse ou un *Pimm's* bien rafraîchissants. Fait aussi resto et tapas. Cheminée ou immense terrasse. Ambiance sans façons, très décontractée.

The Kensington Wine Rooms (centre 2, L10, **410**) : *127-129 Kensington Church St, W8 7LP. ☎ 020-7727-8142. • winerooms.london • Ⓜ Notting Hill Gate. Tlj 12h-23h (21h dim).* Vieille Europe et *New World* se disputent la vedette dans ce bar à vins chic (seuls absents, les vins anglais !). Des bouteilles du sol au plafond et d'énigmatiques *enomatics* avec un système de carte rechargeable, pour se servir soi-même au verre. Plus de 40 vins à goûter. Attention aux mélanges tout de même... et à l'addition. Possibilité d'accompagner sa dégustation de quelques tapas ou d'un repas.

Voir aussi précédemment dans « Où manger ? » le pub traditionnel **The Windsor Castle** (centre 2, L10, **369**), ou encore **Electric Diner** (centre 2, L9, **458**), une halte sympa pour prendre un verre avant ou après une toile, ou encore **The Tabernacle** (centre 2, L9, **373**), avant un spectacle ou pour la terrasse en été.

Cinéma

Electric Cinema (centre 2, L9, **458**) : *191 Portobello Rd, W11 2ED. ☎ 020-7908-9696. • electriccinema.co.uk • Ⓜ Ladbroke Grove. Compter env 36-45 £ pour un canapé pour 2.* Programmation éclectique pour ce cinéma de 1910 qui ne ressemble pas aux autres avec ses moulures d'antan et surtout de confortables canapés pour s'affaler, comme dans son salon. Idéal pour piocher dans une boîte à bonbons que l'on a pris le soin de remplir en self-service. Les cinéphiles roucouleurs du 1er rang choisiront quant à eux l'option lit. La palme de l'originalité !

Spécial noctambules

Notting Hill Arts Club (centre 2, L9-10, **601**) : *21 Notting Hill Gate, W11 3JQ. ☎ 020-7460-4459. • nottinghillartsclub.com • Ⓜ Notting Hill Gate. Ven-sam 19h30-2h. Horaires et tarifs variables, paiement par CB uniquement.* L'une des rares boîtes dignes de ce nom dans le quartier, idéale pour découvrir de nouveaux talents. Programmation très large, concerts live et DJs remontés à bloc, dans une ambiance très sympa. Consulter la programmation – éclectique – sur leur site.

Shopping

The Notting Hill Bookshop (centre 2, L9, **245**) : *13 Blenheim Crescent, W11 2EE. ☎ 020-7229-5260. • thenottinghillbookshop.co.uk • Ⓜ Ladbroke Grove. Lun-ven et dim 9h-18h, sam 9h-19h.* Incontournable pour les fans de *Coup de foudre à Notting Hill* ! C'est la devanture de la librairie que tient Hugh Grant dans le film.

DVD, disques et vidéos

Plusieurs disquaires autour du métro Notting Hill Gate et de Portobello's Market. On peut citer :

Music and Video Exchange *(centre 2, L9,* ***608****) : 38 Notting Hill Gate, W11 3HX. ☎ 020-7243-8573. • mgeshops.com • Ⓜ Notting Hill Gate. Tlj 10h-20h.* Le temple local du troc et de l'occase, l'un des rares à Londres désormais. Un disquaire où l'on trouve aussi bien des titres de house, soul, jazz, hip-hop, reggae et R'n'B, mais aussi de rock, indie, folk et blues. Y a même du classique ! Le tout sous forme de CD, vinyles, vidéos et DVD. *Une autre boutique à Greenwich.*

Rough Trade *(centre 2, L9) : 130 Talbot Rd, W11 1JA. ☎ 020-7229-8541. • roughtrade.com • Ⓜ Ladbroke Grove. À l'angle avec Portobello Rd. Lun-sam 10h-19h, dim 11h-17h.* Incontournable label de musique fondé à Londres dans les années 1970. CD et vinyles, disco, techno, *dubstep*, house... *Une autre boutique à Brick Lane.*

À voir

Portobello Road Market *(centre 2, L9) : • portobelloroad.co.uk • Ⓜ Notting Hill Gate ou Ladbroke Grove. Boutiques ouv lun-sam ; antiquaires sam 9h-19h.*
Un des marchés aux puces les plus célèbres de Londres et le plus fréquenté par les touristes. Il s'étale sur toute la longueur de Portobello Road. On y trouve le samedi des antiquités et des objets de collection, mais chers. Beaucoup de copies aussi, malheureusement vendues souvent comme authentiques. Le reste de la semaine, l'endroit perd un peu de son charme, et toutes les boutiques n'ouvrent pas forcément.
Si vous êtes un chineur invétéré, allez plutôt dans les marchés de l'East End ou, encore mieux, dans les *car boot sales* (les vide-greniers anglais). D'ailleurs, on préfère l'extravagance de Camden ou l'authenticité des marchés de Brick Lane ou Spitalfields. Sinon, attendre sagement la fin de la journée, heure fatidique à laquelle les camelots se laissent plus facilement fléchir.

Museum of Brands, Packaging and Advertising *(musée des Marques, des Emballages et de la Publicité ; centre 2, K9) : 111-117 Lancaster Rd, W11 1QT. ☎ 020-7243-9611. • museumofbrands.com • Ⓜ Notting Hill Gate, Westbourne Park ou Ladbroke Grove. Lun-sam 10h-18h, dim et j. fériés 11h-17h (dernière entrée 45 mn avt fermeture). Entrée : 9 £ ; réduc. Café et jardin. Boutique.*
Un musée original, qui sans explications parvient à retracer l'histoire de l'Angleterre de 1800 à nos jours à travers des publicités, des emballages et autres supports publicitaires. Cette collection privée réalisée sur plus de 50 ans compte pas moins de 15 000 pièces, réparties chronologiquement dans des vitrines.
Les diabolos sous Édouard VII (1901-1910), les fameux crackers *Jacobs*, puis les années « Titanic » qui envahissent les boutiques, et, bien sûr, la Première Guerre mondiale et toutes les boîtes emportées au front. Dans les années 1930 naît le fameux *Monopoly*, qui n'a pas pris une ride ! Puis c'est Disney et le couronnement de la reine, qui déjà apparaît sur les tasses et les boîtes de thé. On découvre aussi que les logos des corn-flakes *Kellog's* ou du *Toblerone* n'ont guère changé. Puis c'est le 1er homme sur la Lune, *Star Wars*, *Star Trek*, etc. Sans oublier les napperons consacrés au mariage de Charles et Diana, Margaret Thatcher, le *Muppet Show*, le phénomène One Direction et le mariage de William avec Kate, et sa flopée de tasses, vaisselle en tout genre. On trouve même pour l'occasion une crème glacée vendue chez *Sainsbury's*. Une façon originale de revisiter l'histoire d'Angleterre !

Festival

Le carnaval de Notting Hill *: dim-lun du dernier w-e d'août. Infos : • nhcarnival.org •* Initié à l'origine par la communauté caribéenne de Londres, en 1959. Si aujourd'hui, l'ambiance est festive et symbolise le visage multiracial de Londres, le

carnaval a failli être annulé de nombreuses fois dans les années 1970, suite à des échauffourées entre jeunes issus de l'immigration et police. Toujours est-il que le défilé, sur un parcours de 5 km, figure parmi les rassemblements de rue les plus importants d'Europe.
Grosse procession avec une centaine de camions *sound system.* La soul domine, mais on peut aussi entendre reggae, ragga, funk, house... Une expérience assez décoiffante et la grosse artillerie niveau sécurité !

PADDINGTON, MARYLEBONE ET FITZROVIA

• Pour se repérer, voir le plan d'ensemble et le centre 1 détachables en fin de guide.

On aime bien Paddington. Un quartier adoré des Français. Le quartier respire plutôt l'ambiance tranquille d'un grand quartier bourgeois avec ses immeubles somptueux (vers Regent's Park) ou de brique rouge (vers Marylebone, prononcer « Méri-li-bourne »). Au nord, un des parcs les plus élégants de Londres, Regent's Park et, au sud, Hyde Park, idéal pour le footing matinal. Les zones les plus commerçantes cultivent toujours une sympathique vie de quartier. On y trouve aussi une forte concentration de *mews,* ces ruelles sans issue, bordées de petites maisons – autrefois ouvrières – qui menaient aux écuries. Ces maisonnettes, aujourd'hui coquettement rénovées, se comptent par centaines tout autour de Sussex Gardens et de Norfolk Square, et sont devenues un lieu de résidence très privilégié... Le quartier dispose, par ailleurs, d'hébergements plus abordables qu'ailleurs.

Où dormir ?

Studios et appartements

☗ ***Stylotel*** *(plan d'ensemble, B3,* ***104****)* ***:*** *160-162 Sussex Gardens, W2 1UD. ☎ 020-7723-1026. • stylotel.com • Ⓜ Paddington. Studios et apparts 2-4 pers 140-258 £ la nuit.* On est très loin du style traditionnel britannique. Plutôt dans un décor de film futuriste où dominent les écrans, l'aluminium, le verre, les teintes tranchantes ! Un vrai soin a été apporté à chaque pièce, y compris aux salles d'eau. Chambres pas immenses mais très bien équipées, avec kitchenette. Accueil extra. On aime beaucoup ! Boissons à volonté et, au rez-de-chaussée des studios, le pub de la maison, le *Sussex Arms* (ne sert pas de repas), entièrement rénové sur le thème de l'aviation. Loue aussi des chambres standard (voir plus loin).

De très bon marché à prix moyens (35-100 £ / 42-120 €)

☗ ***Easy Hotel Paddington*** *(plan d'ensemble, B3,* ***221****)* ***:*** *10 Norfolk Pl, W2 1QL. ☎ 020-7706-9911. • easyhotel.com • Ⓜ Paddington. Chambres 29-120 £ sans ou avec fenêtre ; triples également.* Le même système que pour les autres prestations *low-cost* de la maison : plus vous réservez tôt, moins c'est cher. Et tous les petits plus sont facturés (wifi, ménage, *check-out* tardif, etc.). Une cinquantaine de chambres doubles, et vraiment pas beaucoup de place. Cabine de douche rudimentaire dans chaque chambre, mais clean, comme l'ensemble de la maison.

☗ ***LHA New Mansion House*** *(plan d'ensemble, A4,* ***129****)* ***:*** *38-39 Lancaster Gate, W2 3NA. ☎ 020-3911-5648.*

• *lhalondon.com* • Ⓜ *Lancaster ou Queen's Way. Compter 25,50-35 £ en chambre 2-6 pers ; tarif avantageux à la semaine et pour les étudiants jusqu'à 29 ans. Petit déj et lunch le w-e inclus.* Ce rejeton de la chaîne londonienne de résidences étudiantes, logé dans une ancienne demeure victorienne, ouvre ses portes à tous, mais en privilégiant les longs séjours. Une cinquantaine de chambres fonctionnelles et bien tenues, certaines avec du charme et même une salle de bains privée. Donne sur une place cossue et très calme. Salle TV et laverie. Assez petite (moins de 100 résidents) en comparaison de ses homologues.

YHA London Central (*plan d'ensemble, D3,* ***77***) : *104 Bolsover St, W1W 5NU.* ☎ *020-7580-1173.* • *yha.org.uk* • Ⓜ *Great Portland St. Dortoirs 4-8 pers 18-35 £/pers selon confort et période ; doubles à partir de 90 £. Réduc pour les membres et sur Internet.* Immense AJ moderne située au cœur de Londres, proche des gares de Pancras et King's Road et à 5 mn du métro. Plus de 300 lits (en lits superposés). Réception vaste et colorée, plutôt accueillante. Ensemble confortable et assez bien tenu. Certains dortoirs pour 4 personnes possèdent leur salle de bains privée. Pas de dortoirs mixtes. Également des chambres familiales et des lits bébé à dispo pour les routards en herbe. Bar-cafétéria convivial, cuisine à dispo et plusieurs salles communes (salon TV et salle Internet), laverie, etc.

De prix moyens à chic (60-150 £ / 72-180 €)

The Pilgrm (*plan d'ensemble, A-B3,* ***87***) : *25 London St, W2 1HH.* ☎ *020-7667-6000.* • *thepilgrm.com* • Ⓜ *Paddington. Doubles 100-250 £.* À 2 pas de la gare. Un boutique-hôtel plein de charme qui accueille les visiteurs au comptoir, avec un café, à côté du vieux tourne-disque et d'un mobilier rétro-chic. Un grand escalier mène aux chambres, petites mais pleines de charme, avec parquets centenaires, déco cosy industrielle des salles de bains, et lits bien moelleux, parfois encastrés entre 2 murs, comme un cocon. On s'y sent bien ! Certaines chambres avec lits superposés. Au 1er étage, café aux allures de lounge pour un dernier verre ou un petit déj bien fourni. Accueil formidable. Notre coup de cœur dans les parages.

Z Hotel Gloucester Place (*plan d'ensemble, C3,* ***92***) : *51 Gloucester Pl, W1U 8JF.* ☎ *020-3551-3719.* • *thezhotels.com/gloucesterplace* • *Doubles 65-85 £ selon niveau de confort ;* junior suites *100-150 £. Petit déj en sus.* Une centaine de chambres dans ce *Z Hotel* installé dans un beau bâtiment de style georgien. On retrouve le même type de déco contemporaine dans les chambres, et le même niveau de confort (bonne literie, TV HD, salle de bains tout équipée) que dans les autres maillons de la chaîne. Les plus chères sont vraiment spacieuses et très lumineuses. Pas de petit déj inclus, mais une jolie cafétéria sur place et une courette pour prendre l'air et de bons snacks servis à toute heure.

Point A Hotel Paddington (*plan d'ensemble, B3,* ***100***) : *41 Praed St, W2 1NR.* ☎ *020-7258-3140.* • *pointahotels.com* • Ⓜ *Paddington ou Edgware Rd. Doubles à partir de 60 £ ; réduc en réservant à l'avance sur le site.* Encore un établissement de chaîne qui tient bien la route, avec des chambres petites mais confortables et bien équipées (clim, sèche-cheveux, TV, etc.). Ici on mise aussi sur la qualité de l'accueil et du service.

Stylotel (*plan d'ensemble, B3,* ***104***) : *160-162 Sussex Gardens, W2 1UD.* ☎ *020-7723-1026.* • *stylotel.com* • Ⓜ *Paddington. Doubles à partir de 95 £ ; familiales 120-135 £, petit déj inclus.* Une adresse pour le moins originale. L'hôtel est bleu canard du sol au plafond, rehaussé de tôle d'alu, histoire d'avoir un look plus sidéral. On s'attend à croiser Spock et son pote, le cap'tain Kirk. Une quarantaine de chambres tout confort avec cabines de douche pratiques même si elles sont un peu riquiqui. À 2 pas, dans la rue perpendiculaire, des studios ou appartements dans le même ton (voir plus haut) et un pub maison. Boissons à volonté.

Nox Hotel (*plan d'ensemble, A3,* ***132***) : *25-27 Craven Rd, W2 3BU.*

☎ 020-7706-9994. • noxhotels.co.uk • Ⓜ Lancaster Gate. Doubles 39-158 £. Pas de petit déj. Une petite adresse de poche, assez bon marché, avec une bonne vingtaine de chambres pas bien grandes, mais joliment rénovées et décorées au goût du jour. Fonctionnelles et tout confort. Certaines en demi-sous-sol, mais pas sombres pour autant. Les plus grandes avec micro-ondes et frigo. Toutes avec clim et TV. Accueil sympathique.

Travelodge Marylebone *(plan d'ensemble, B2, **91**) : Harewood Row, NW1 6SE. ☎ 020-3195-4555. • travelodge.co.uk • Ⓜ Marylebone. Doubles 40-260 £, petit déj frugal en sus ; parfois plus avantageux sur Internet à l'avance.* En sortant de la gare, sur la droite, dans un grand bâtiment d'angle, en brique rouge. Environ 90 chambres, sans surprise niveau déco mais conformes aux hôtels de la chaîne : modernes, confortables et bien tenues. Noter qu'il y a également des triples pour les familles.

Elysee Hyde Park Hotel *(plan d'ensemble, A4, **99**) : 25-26 Craven Terrace, W2 3EL. ☎ 020-7402-7633. • elyseehydepark.uk • Ⓜ Paddington ou Lancaster Gate. Doubles 80-200 £.* Un petit hôtel à 2 pas de Hyde Park, situé dans une rue agréable, vivante mais calme. Chambres fonctionnelles, pas bien grandes, sans grand charme, mais relativement spacieuses et de bon confort. Pour le petit déj, le *Sheila's Café*, très sympa, est juste en face ou *Les Filles*, à droite en sortant.

Très chic (plus de 150 £ / 180 £)

Bellevue Hotel *(plan d'ensemble, B3, **51**) : 25-27 Norfolk Sq, Tyburnia, W2 1RX. • bellevuehotel.co.uk/fr/ • Ⓜ Paddington. Ouverture en déc 2022. Double à partir de 140 £. Petit déj offert sur présentation de ce guide.* Une superbe adresse établie dans 2 immeubles victoriens datant de 1800, en face du charmant Norfolk Square, un petit parc très tranquille, et à moins de 5 mn de Hyde Park, paradis des joggeurs ! L'hôtel offre, comme son nom l'indique, une jolie vue. Ses 60 chambres, fraîchement rénovées par le designer Fabrizio Casiraghi, comprennent des « cabines », des chambres supérieures, *deluxe*, *executive* et une suite, toutes dotées du confort dernier cri et labellisées 4 étoiles. Également une salle de fitness, mais aussi un bar à cocktails en guise de réconfort après l'effort ! Excellent accueil francophone.

« Spécial coup de folie » (plus de 250 £ / 300 €)

Charlotte Street Hotel *(centre 1, E3, **48**) : 15-17 Charlotte St, W1T IRJ. ☎ 020-7806-2000. • charlottestreethotel.com • Ⓜ Goodge St ou Tottenham Court Rd. Doubles env 245-530 £, sans petit déj. Packages et réduc sur Internet.* Cet hôtel reprend tous les codes de la déco anglaise selon Kit Kemp, tout en les mettant au goût du jour. Déco unique dans chaque chambre, style Bloomsbury, très coloré, à dominante bleutée, avec rayures et fleurs à l'unisson. Certains trouveront cela un peu chargé, d'autres y verront une tradition toute britannique. Grand confort. Salle de projection privée, œuvres d'art et objets design, bar et restaurant *Oscar* pour prendre l'*afternoon tea* ou profiter des week-ends *film club*. Vous n'aurez plus envie de sortir !

Où manger ? Où prendre un petit déj ?

Sur le pouce (moins de 10 £ / 12 €)

Chik'n *(plan d'ensemble, C2, **393**) : 134 Baker St, W1U 6SH. Ⓜ Baker St. Tlj 11h30-22h30 (23h ven-sam). Sandwichs 6-8 £.* Même principe que *Chick'n'Sours*, dont on vous parle dans le quartier de Soho. On sert ici du *fried chicken* à toutes les sauces (maison) sous forme de sandwich, *wings* ou *tenders*, nature ou épicé, et même en burger. Grosses portions de frites aux recettes originales, à l'instar des *gunpowder fries*, assaisonnées au curry, ketchup de tamarin, menthe et *buttermilk*... Parfait en cas de fringale !

Pret A Manger *(plan d'ensemble, C3,* ***279****) : 556 Oxford St, W1C 1LZ. ☎ 020-7932-5240. Ⓜ Marble Arch. Presque en face du Speaker's Corner. Tlj 5h30 (6h le w-e)-23h. Env 10 £.* Une des dizaines d'annexes de cette chaîne de snacks, salades, sandwichs, yaourts au muesli, barres chocolatées, etc. Fraîcheur garantie. Idéal pour s'offrir un pique-nique dans Hyde Park. En cas de pluie, quelques tables.

Roti Chai *(plan d'ensemble, C3,* ***211****) : 3 Portman Mews South, W1H 6AY. ☎ 020-7408-0101. Ⓜ Marble Arch. À 2 pas de Marble Arch et d'Oxford St, dans une ruelle bien cachée. Tlj 12h-21h45 (20h45 dim). Fermé 23-25 déc. Plats 8-17 £.* Déco contemporaine industrielle, avec affiches publicitaires indiennes très colorées, à l'image de la cuisine. Le soir, salle au sous-sol plus intime. Le midi, ce resto indien moderne met à l'honneur la *street food* des vendeurs ambulants d'Inde. On aime bien le *chicken kari* ou l'*aloo papri chaat* (pommes de terre, yaourt, chutney). On peut aussi opter pour un *bun* (petit pain) bien rempli ! Attention c'est épicé, mais bien précisé. Le soir, grillades et plats en sauce tout aussi savoureux. Les végétariens y trouveront aussi leur bonheur.

The Attendant *(centre 1, D3,* ***184****) : 27A Foley St, W1W 6DY. ☎ 020-7580-3413. Ⓜ Goodge St. Tlj 8h (9h sam-dim)-16h.* Envie d'une pause-café après avoir vidé les boutiques ? Descendez dans ces anciennes toilettes victoriennes qui ont trouvé un nouvel usage postérieur : un café on ne peut plus original où l'on s'attable aux antiques ex-urinoirs et où les serveurs ont remplacé les dames-pipi ! Le plus drôle, enfin presque, c'est... qu'il n'y a pas de vrais w-c. ! Suffisant pour un café, un *tea*, un *cake* ou une petite salade *healthy*.

Paul Rothe & Son Delicatessen *(plan d'ensemble, D3,* ***349****) : 35 Marylebone Lane, W1U 2NN. ☎ 020-7935-6783. Ⓜ Bond St. Lun-ven 8h-18h, sam 11h30-17h30. Fermé dim. Plats 4-7 £.* Une épicerie d'antan, ouverte en 1900, avec ses employés en blouse blanche et ses drapeaux anglais. Déco de confitures et marmelades *typically british* du sol au plafond, et le comptoir, avec sa vitrine de produits frais, son tableau noir et ses sandwichs à n'en plus finir. On ne sait que choisir tant tout est appétissant, fait sous vos yeux, avec pain au choix (de mie, aux graines, entier, etc.). Saucisses de Francfort, pâté, fromages anglais, soupes du jour très revigorantes, plats mijotés, gourmandises et chocolat chaud. On adore. Quelques tables.

Bon marché (moins de 20 £ / 24 €)

Ranoush Juice Bar *(plan d'ensemble, B-C3,* ***198****) : 43 Edgware Rd, W2 2JE. ☎ 020-7723-5929. Ⓜ Marble Arch ou Edgware Rd. Tlj 9h-3h. Mezze 5-8 £ ; plats env 10-16 £. CB refusées.* Tous les Libanais de Londres connaissent ce petit snack clinquant, où ils avalent entre 2 rendez-vous de délicieux *shawarmas* (viandes extra) et jus de fruits frais. Quelques tables. Terrasse.

Le Comptoir Libanais *(plan d'ensemble, D3,* ***610****) : 65 Wigmore St, W1U 1JT. ☎ 020-7935-1110. Ⓜ Bond St. Lun-sam 10h-23h, dim 10h-21h30. Plats env 10-16 £.* Un *deli* libanais de chaîne mais de qualité, avec un cadre joyeux et riche en couleurs, comme la cuisine. Salade, *mezze*, kebabs, falafels, tajines, *wraps* et couscous. Tout le Sud pour un en-cas rapide et copieux. Jus de fruits, limonades maison et petits déj. De quoi vous caler pour la journée ! *D'autres adresses dans le centre de Londres.*

La Fromagerie *(plan d'ensemble, C3,* ***611****) : 2-6 Moxon St, W1U 4EW. ☎ 020-7935-0341. Ⓜ Baker St. Sur la place du marché fermier (ts les dim). Lun-sam 9h-19h (22h ven), dim 10h-18h. Breakfasts, sandwichs, soupes à partir de 6 £ ; plats 9-16 £.* Un endroit insolite, genre d'épicerie chic avec ses étals de fruits et de légumes, mais surtout ses quelques tables au milieu des cheddars et autres tommes bien fraîches. Ambiance tamisée avec musique jazzy, très agréable. Sert d'excellents toasts mais aussi des petits plats au déj, et des goûters à s'en lécher les babines et même des fondues et raclettes en hiver. Quelques tables en terrasse. Service adorable.

Satay House *(plan d'ensemble, B3,* ***249****)* **:** *13 Sale Pl, W2 1PX. ☎ 020-7723-6763. Ⓜ Edgware Rd. Tlj 12h-15h30, 17h30-22h (21h30 sam et lun). Fermé 24-26 déc. Résa conseillée. Plats 8-15 £.* Tout petit resto malais, à la déco sobre mais élégante, et une authenticité sans fard, qui fait sa force. On y travaille en famille depuis 1973 dans le respect de la cuisine traditionnelle, faite comme au pays. Pour les amateurs de viande et de brochettes (pas de poisson). On en ferait bien sa cantine ! Accueil adorable.

Angels in the Fields *(plan d'ensemble, D3,* ***556****)* **:** *37 Thayer St. ☎ 020-7486-7763. Ⓜ Bond St. Tlj 12h-23h (22h dim). Plats 9-17 £.* Un bien joli pub, où l'on boit en bas et l'on mange en haut ! Joli décor avec vitraux et cheminée. On vient pour ses *fish & chips*, ses *pies* et pour ses pintes. Bon rapport qualité-prix pour le quartier. Et ça change des restos aseptisés ! Terrasse.

The Golden Hind *(plan d'ensemble, D3,* ***556****)* **:** *71-73 Marylebone Lane, W1U 2PN. ☎ 020-7486-3644. Ⓜ Bond St. Lun-ven 12h-15h, 18h-22h, le w-e 12h-22h (21h dim). Fish & chips env 14,50 £.* Dans une salle assez quelconque dans les tons beigeasses, on s'attable néanmoins bien volontiers pour avaler un excellent *fish & chips* à prix raisonnable pour le quartier. Vous aurez le choix entre la morue, le haddock ou le saumon. Comme l'indique le tableau à la caisse et sa liste de propriétaires depuis 1914, le patron est grec et ça se sent dans l'accueil convivial.

Wagamama *(plan d'ensemble, C3,* ***170****)* **:** *101 Wigmore St (à l'angle de Duke St), W1U 1QR. ☎ 020-7409-0111. Ⓜ Bond St. Tlj 11h-22h (23h ven-sam). Plats 9-16 £.* Resto japonais de chaîne. Les grandes tablées de bois clair s'alignent comme un régiment, et, quand sonne l'heure de la soupe, une foule d'affamés envahit les lieux, toujours satisfaits de retrouver leurs plats préférés à des prix raisonnables. Comme toujours, la qualité est au rendez-vous ! Souvent la queue, mais ça va vite. *Arigato !*

Pachamama *(plan d'ensemble, C-D3,* ***237****)* **:** *18 Thayer St, W1U 3JY. ☎ 020-7935-9393. • pachamamalondon.com • Ⓜ Bond St. Lun-ven 12h-15h, 18h-minuit ; sam 11h-16h, 18h-minuit ; dim 11h-16h, 18h-23h. Tapas et plats 9,50-17 £.* S'il n'y avait cette enseigne rose fluo, on pourrait passer devant sans apercevoir cet antre en sous-sol de la cuisine péruvienne. Autour d'un long comptoir et des grandes tables en bois, des coins et recoins sous des luminaires rétro et des guirlandes de fleurs. Dans l'assiette, des tapas (2-3 par personne selon les appétits) de viandes ou poissons marinés, légumes confits ou frits, aux sauces aigres-douces délicates. Un vrai régal ! Attention, peut être épicé (demandez). Pour arroser cela, mescal, tequila, cachaça ou cocktails originaux. Ambiance chaleureuse.

De prix moyens à chic (20-40 £ / 24-48 €)

The Riding House Café *(centre 1, D3,* ***199****)* **:** *43-51 Great Titchfield St, W1W 7PQ. ☎ 020-7927-0840. Lun-ven 8h30-22h30, le w-e 9h30-22h30 (16h dim et j. fériés). Breakfasts 7-15 £ (résa obligatoire le w-e !) ; menu 28 £ à partir de 17h30 (min 2 pers) ; plats 9-39 £.* Un vrai lieu de vie que cette étape équestre ! Grande brasserie joyeuse et animée, avec sa partie resto et son long bar, ses tabourets, sa grande table centrale, ses petits coins avec ses fauteuils bien épais. On y passerait bien la journée ! Grand choix de petit déj ou pour un repas en famille. Cuisine anglaise roborative, de qualité (belles pièces de viande des campagnes anglaises, burger, *soul bowls*, brochettes...). Il y en a pour tous les goûts. Bon, si vous trouvez la note un peu salée (et on vous comprend), traversez la rue et allez juste en face dans le petit café de quartier nommé *Kaffeine*.

☕ 🍴 ***Honey & Co*** *(plan d'ensemble, D-E2,* ***265****)* ***:*** *25A Warren St, W1T 5LZ. ☎ 020-7388-6175. Ⓜ Warren St. Tlj sauf dim, 8h (9h sam et j. fériés)-22h. Petits déj 8-22 £ ; plats env 21-24 £ et copieux menus 34,50-39,50 £.* C'est tout petit, aucun décor particulier à part quelques assiettes joliment présentées. L'important, ici, c'est avant tout le contenu et la beauté de l'assiette. Tout simplement délicieux, un grand coup de cœur ! Au piano, un chef qui excelle à créer de suaves associations de saveurs à hauteur de la qualité des produits. Cuisine aux accents *Middle East,* fraîche et colorée, en de goûteuses et savantes combinaisons. On y vient aussi pour le petit déj, tout aussi fameux (le fameux *big breakfast !*). Quant au *cheese-cake,* il se révèle une vraie tuerie ! Le tout à des prix encore abordables eu égard à la qualité des mets...

🍴 ***Twist Connubio*** *(plan d'ensemble, C3,* ***412****)* ***:*** *42 Crawford St, W1H 1JW. ☎ 020-7723-3377. Ⓜ Baker St. Lun-sam 12h-15h, 18h-22h30. Fermé dim. Résa conseillée. Repas env 15-40 £.* Ambiance chaleureuse, cuisine ouverte, céramiques colorées, et tables à touche-touche. Le chef italien recherche à transmettre les recettes de sa grand-mère, sans rien oublier de ses passages par New York et l'Afrique du Sud. Au final, de la *world cuisine,* originale, flirtant aussi bien avec l'Italie que le Japon, l'Espagne et même la Thaïlande. Dans l'assiette, cuissons lentes, courtes, longues, et un mélange de textures et de saveurs osées. La carte change toutes les 6 semaines. Prendre 2-3 plats pour 2 personnes. Très bon accueil. Salle au sous-sol mais préférer le rez-de-chaussée. Soirées jazz. Une de nos adresses préférées dans les parages.

🍴 ***The Clipstone*** *(plan d'ensemble, D2-3,* ***180****)* ***:*** *5 Clipstone St, W1W 6BB. ☎ 020-7637-0871. Ⓜ Great Portland St ou Warren St. Lun-sam 12h-14h45, 17h30-21h45, dim 12h-15h, 17h30-20h45. Menus déj 28-32 £, plats le soir 21-29 £.* Cadre agréable avec grande cuisine ouverte sur une salle d'angle lumineuse, un vieux plancher qui craque, un bar à cocktails, des chaises d'écoliers... Cuisine savoureuse qui flirte avec la Méditerranée et l'Angleterre. Pain maison à trempouiller dans l'huile d'olive savoureuse en patientant : un régal ! La carte change régulièrement : cru, cuit, grillé, haché, tout y passe, comme les viandes, les poissons, les herbes, les pousses et autres trouvailles gustatives. Bon brunch également le samedi. Une belle découverte. Une autre adresse du même proprio, dans le même esprit, plus cosy aussi, à 2 pas : ***Portland*** *(plan d'ensemble, D3,* ***98*** *; 113 Great Portland St ; ☎ 020-7436-3261 ; • portlandrestaurant.co.uk •).*

🍴 ⛱ ***Frontline Club Restaurant*** *(plan d'ensemble, B3,* ***221****)* ***:*** *13 Norfolk Pl, W2 1QJ. ☎ 020-7479-8960. Ⓜ Paddington. Lun-ven 11h-23h. Fermé le w-e. Plats 16-27 £ ; set menus 15,50-19,50 £ (2-3 plats).* Ce resto est né de la volonté de grands reporters, envoyés sur la *frontline,* c'est-à-dire partout où de grands conflits se déroulent. Ils cherchaient un lieu de paix, d'harmonie et de fraternité pour exposer leur travail, organiser des débats, des conférences, des projections... On ne pouvait trouver mieux que cette ancienne manufacture joliment constellée de photos en noir et blanc. Un restaurant « militant » reposant sur quelques concepts très simples : des recettes anglaises traditionnelles, des produits de saison en provenance de petites exploitations, jusqu'aux poissons, pêchés au large des côtes britanniques. Résultat : une carte franchement appétissante avec, en plus, au menu, l'actu internationale du moment pour enrichir la conversation. Une vraie belle adresse, avec une terrasse.

🍴 ***Island Grill*** *(plan d'ensemble, A-B4,* ***306****)* ***:*** *Lancaster Terrace, W2 2TY. ☎ 020-7139-8500. Ⓜ Lancaster Gate. Tlj 12h-15h, 18h-23h (22h dim). Plats 16-46 £. Menu 90 £ (vin inclus) ven soir.* Un cadre moderno-chic sur 2 demi-niveaux, assez impersonnel, mais avec de grandes baies vitrées donnant sur Hyde Park de l'autre côté de la route (demander ces places en priorité). C'est l'antre du facétieux et volubile Tony Page, qui parle un peu le français. C'est calme, très vieille Angleterre, avec une petite musique jazzy en sourdine, et la cuisine internationale passe bien. Cuisine casher, donc pas de porc au menu. On aime y venir pour le brunch dominical ou profiter des menus meilleur marché le midi. Carte des vins assez chère. Service avec style en tout cas.

Chic (plus de 30 £ / 36 €)

Berners Tavern *(centre 1, E3,* ***154****) : 10 Berners St, W1T 3NP. ☎ 020-7908-7979. Ⓜ Oxford Circus. Tlj 7h-10h, 17h-21h45, plus ven midi 12h-14h30. Plats 25-40 £.* À l'intérieur de *The Edition*, un hôtel du XIXe s extra-branché, dont le hall vaut le coup d'œil en soi. Il permet d'accéder au resto, non moins impressionnant avec haut plafond à moulures et tableaux tapissant tous les recoins de murs. Entre le joyeux papotage général, le ballet des serveurs cravatés et la salsa des shakers au bar, une énergie folle se dégage de cette ancienne salle de bal, jusque dans l'assiette. Cuisine tendance conçue par Jason Atherton, un étoilé du moment. On ne vient certes pas chercher l'intimité, mais c'est *the place* où prendre le pouls de la nouvelle cuisine *British* !

Chiltern Firehouse *(plan d'ensemble, C3,* ***101****) : 1 Chiltern St, W1U 7PA. ☎ 020-7073-7676. Ⓜ Baker St. Lun-ven 7h-10h30, 12h-15h et 17h30-22h30 ; le w-e 8h-10h et 18h-22h30 (22h dim). Brunch le w-e 11h-15h. Petit déj et brunch 4-70 £ (œufs brouillés à la truffe blanche !) ; plats 24-48 £. Doubles env 500-2 700 £ (glurp !).* Dans une ancienne caserne de pompiers de 1889, que l'homme d'affaires Andre Balazs a totalement transformée. Il a même remis les portes hautes destinées aux voitures de cochers d'autrefois ! Au resto, ambiance tamisée, superbe comptoir, décor glamour et cosy, avec des touches insolites, comme ces œuvres faites à base de tuyaux d'arrosage des pompiers. Le chef travaille sur les cuissons (dans une ancienne caserne, ça tombe bien !), les saveurs et l'originalité. Service impeccable. Dans les toilettes, poussez la porte « Wine & Women » chez les hommes et « Cigarettes & Men » chez les femmes, pour découvrir le fumoir de la maison, le *Ladler Shed* où étaient stockées les échelles. Également une terrasse. Un incontournable fréquenté par le gratin des tabloïds, David Beckham en tête.

Où boire un verre ? Où sortir ?

Roof Top Kitchen *(plan d'ensemble, B2,* ***381****) : Alfies Market, 13-25 Church St, NW8 8DT. ☎ 020-7258-3300. • rooftopkitchen.co.uk • Ⓜ Marylebone St ou Baker St. Donne sur Lisson Gr. Mar-sam 10h-18h. Fermé 21 déc-2 janv. Brunch ou lunch env 5-8 £.* Un peu excentrée, voici la bonne surprise de ce quartier sans grand charme. Pour boire un verre, se faire un petit déj, un *afternoon tea* ou croquer dans un gros gâteau maison, on doit traverser un drôle de marché aux puces (voir plus loin), empilant antiquaires et brocanteurs sur plusieurs étages, avant de déboucher sur le toit. Là-haut, des tables en plein air pour lézarder au soleil (avec vue sur tous les toits voisins) et des banquettes à l'intérieur. Ambiance orientale assez cosy, un vrai havre de paix. Extra !

Canal Cafe Theatre *(plan d'ensemble, A3,* ***287****) : Delamere Terrace, W2 6ND. ☎ 020-7289-6054 (résas théâtre) ou 020-7266-4326 (The Bridge House Pub). • canalcafetheatre.com • Ⓜ Warwick Ave. À Little Venice, juste en face du canal. Lun-ven 12h-23h (23h30 ven), sam 11h-23h30, dim 12h-22h30. Spectacles payants.* Le joyeux pub et cabaret que voilà ! Déco hétéroclite et cosy, gentiment branchée : cheminée, Chesterfield moelleux, tentures de velours cramoisi et lustres de perles au-dessus d'un comptoir en bois patiné. Bonne ambiance pour boire une bière et manger un plat classique de *pub grub* avant d'assister (ou après) aux excellents spectacles de comédie d'avant-garde donnés presque tous les soirs. Quelques tables en terrasse pour profiter de la vue sur le canal.

The Chapel (plan d'ensemble, B3, **326**) : 48 Chapel St, NW1 5DP. ☎ 020-7723-2337. Ⓜ Edgware Rd. Tlj sauf dim 12h-23h. Cette chapelle propose un genre de messe qu'on irait bien célébrer tous les soirs. Car il s'agit d'un bon compromis. Carte des vins et des bières bien montée, et les œuvres disposées çà et là sont les attributs d'un troquet intello. Atmosphère détendue. Jardin de poche coincé entre Marylebone et Chapel Street, avec terrasse chauffée pour les fumeurs.

The Victoria Pub (plan d'ensemble, B3, **227**) : 10A Strathearn . ☎ 020-7724-1191. Ⓜ La. Gate. Tlj 11h-23h (12h-22h dim). . 15-27 £. Cet ancestral pub de quartie. encore dans son jus n'a d'yeux que pour une certaine reine. Pas bien grand mais fastueux et cosy en diable avec ses 2 cheminées, ses boiseries travaillées et ses miroirs. Pour couronner le tout, des mousses bien fraîches, une indétrônable carte de *pub grub* et les chevaux du club équestre passent parfois en voisin avant d'aller dans Hyde Park. Terrasse.

Spécial noctambules

The Social (centre 1, D3, **413**) : 5 Little Portland St, W1W 7JD. ☎ 020-079-2657-5716. • thesocial.com • Ⓜ Oxford Circus. Lun-jeu 16h30-minuit (1h jeu), ven 12h-1h, sam 18h-1h. Fermé dim. Entrée parfois payante. Plutôt pépère pendant la journée, avec sa déco rétro *seventies*, ses murs de planches et ses banquettes en skaï marron, ce bar-boîte sur 2 niveaux sort les griffes dès la nuit tombée : les meilleurs DJs remplissent l'espace de décibels survoltés, aussitôt happés par une foule frémissante de jeunes Londoniens *trendy* sur des airs de jazz-électro-rock. On a même vu les Chemical Brothers aux platines ! C'est aussi une bonne scène alternative comme on les aime, où se produisent de jeunes groupes un peu déjantés...

Shopping

Concentration de *magasins spécialisés hi-fi* sur Edgware Road. Moins connu que Tottenham Court et donc prix parfois plus intéressants. Une autre rue spécialisée : Chiltern Street *(plan d'ensemble, C2-3)*. Mais là, ce ne sont que des robes de mariée ! Enfin, dans Church Street, on trouve une bonne concentration d'antiquaires.

Selfridges & Co (plan d'ensemble, C3, **620**) : 400 Oxford St, W1A 1AB. • selfridges.com • Lun-sam 9h-22h, dim 11h30-18h. Les fans de la série *Mr Selfridge* ne reconnaîtront pas grand-chose de leur grand magasin (le décor ayant, évidemment, été reconstitué en studio) mais dans certaines parties Art déco, ils retrouveront l'atmosphère toute particulière de ce temple dédié à la mode et à tout le reste. Fondé en 1909, le magasin occupe aujourd'hui plusieurs pâtés de maisons. Le *Food Hall*, moins impressionnant que celui de *Harrods*, permet toutefois de remplir sa valise de bons produits anglais (voire d'y déjeuner).

Beatles Store (plan d'ensemble, C2, **563**) : 231-233 Baker St, NW1 6XE. ☎ 020-7935-4464. • beatlesstorelondon.co.uk • Ⓜ Baker St. Tlj 10h30-18h. Boutique entièrement dédiée aux 4 de Liverpool : posters, livres, mugs, disques, sacs, sweat-shirts, parapluies... et même des chaussettes ! En face, une boutique semblable consacrée au rock'n'roll : ***It's Only Rock'n'Roll*** (mer-ven 11h-17h, le w-e 10h30-18h, fermée lun-mar).

The Abbey Road Shop (plan d'ensemble, A1, **379**) : 3-5 Abbey Rd, NW8 9AA. ☎ 020-7266-7355. • shop.abbeyroad.com • Ⓜ Saint John's Wood. Lun-sam 9h30-18h, dim 10h-17h. Après votre petit pèlerinage sur le fameux passage clouté, allez donc jeter un œil à la boutique des studios. D'abord, un grand panneau extérieur vous raconte leur *story*. Ensuite, on peut rapporter un petit souvenir des

…des Pink Floyd :

… *(plan d'ensemble, …larylebone High St, … 020-7224-2295. …o.uk • Ⓜ Baker St. …h, dim 11h-18h.* Phi-… …herbe, poussez la porte de cette …érable librairie pleine de charme, consacrée aux voyages et à tout le reste. Avant tout, un voyage dans le temps avec ces rayonnages édouardiens tout en bois sur 2 niveaux et surmontés d'un puits de lumière. *8 autres librairies à Londres, notamment à Holland Park et Hampstead.*

Cadenhead's *(plan d'ensemble, C3) : 26 Chiltern St, W1U 7QF. ☎ 020-7935-6999. • whiskytastingroom.com • Ⓜ Baker St. Lun-sam 11h-18h. Fermé dim.* Des whiskeys écossais, mais aussi des irlandais, gallois, anglais, indiens, et même japonais ! Propose aussi des dégustations *(en anglais ; 1-5 pers ; résa obligatoire).*

Alfies Antique Market *(plan d'ensemble, B2) : 13-25 Church St, NW8 8DT. ☎ 020-7723-6066. • alfiesantiques.com • Ⓜ Marylebone St ou Baker St. Donne sur Lisson Grove. Mar-sam 10h-18h.* Bien cachées dans une grande bâtisse d'inspiration Art déco, une quinzaine de boutiques d'antiquaires vendent depuis plus de 40 ans du mobilier XXe et plein d'autres trouvailles. On vient aussi et surtout pour le café et la terrasse sur le toit du marché (voir « Où boire un verre ? Où sortir ? *Roof Top Kitchen* »).

Marché

– ***Marylebone Farmer's Market*** *(plan d'ensemble, C-D3) : seulement dim, 10h-14h, sur Aybrook St, St Vincent St et Moxon St. Ⓜ Baker St ou Bond St. • lfm.org.uk •* Les fermiers des environs de Londres viennent déballer leurs productions (une quarantaine de stands) : fruits, légumes, volailles... et aussi des saucisses grillées à déguster sur place.

Galeries et musées

Wallace Collection *(plan d'ensemble, C-D3) : Hertford House, Manchester Sq, W1U 3BN. ☎ 020-7563-9500. • wallacecollection.org • Ⓜ Bond St. Tlj 10h-17h. Fermé 24-26 déc. GRATUIT. Guide audio sur l'application du musée. Visites guidées gratuites régulièrement. Calendrier très riche en animations et manifestations ; certaines pour les enfants (en anglais). Cafétéria et resto dans la cour (couverte) du musée. Plan sur l'appli.*

Il fallait bien la noblesse d'un grand hôtel particulier, *Hertford House*, à Marylebone, pour présenter cette très riche collection de mobilier, d'objets d'art et de tableaux, la plus grande collection privée du pays, léguée à l'État à la fin du XIXe s par la veuve de sir Richard Wallace. Cet esthète fit ses emplettes à partir de son pied-à-terre parisien, le château de Bagatelle, au bois de Boulogne. Il profita de la cession à prix imbattable du mobilier des châteaux et demeures d'aristocrates pendant la Révolution. Les meubles et objets d'art français du XVIIIe s

À LA VÔTRE, M. WALLACE !

Après la Commune de Paris, la capitale est à feu et à sang. Et surtout à sec ! Grand philanthrope, Wallace, resté sur place, veut aider les Parisiens. Pour lutter contre l'alcoolisme, il décide d'investir dans ces fontaines, dont un exemplaire se trouve dans le jardin du musée, imaginées sur le modèle de la fontaine des Innocents aux Halles de Paris. Elles sont devenues un symbole de Paris toujours en place.

sont donc bien représentés, formant certainement la plus belle collec… hors de France. Il acheta par ailleurs des toiles de maîtres espagnols, … hollandais et italiens des XVIe et XVIIe s. Ajoutons à cela une importante collec… d'armes et d'armures.
Si vous n'avez jamais su faire la différence entre les styles Louis XIV, Louis XV et Louis XVI, vous serez incollable en sortant de ce musée. De plus, il offre une alternative intéressante aux immenses salles des grands musées. Tout est calme et cosy, même le tic-tac des pendules omniprésentes (festival de carillons à 12h) ! Ne ratez pas pour autant l'heure du lunch au *Wallace Restaurant*. Le jardin et la cour centrale, sous verrière, accueillent les convives dans un vaste espace décoré d'arbres.
Petit tour du propriétaire... mais sachez toutefois que les œuvres se promènent et que les salles sont parfois fermées, à tour de rôle, en fonction des expositions temporaires.

Rez-de-chaussée (ground floor)

On commence la visite au rez-de-chaussée, en passant à gauche derrière l'escalier.
– ***Dining Room :*** lustre étincelant en bronze et diamant et horloge de 1770. 2 portraits de belles dames signés Nattier.
– ***Billiard Room :*** pas de billard mais plusieurs meubles signés Boulle, dont une formidable armoire en marqueterie de cuivre et d'écaille, ornée de bronzes ciselés et rehaussés d'or, une chaise sur laquelle Louis XIV posa son royal postérieur, ainsi qu'une superbe pendule représentant Vénus et Cupidon. André-Charles Boulle (1642-1732) fut le célèbre ébéniste de Louis XIV, dont les créations sans égales sont devenues les références absolues pour des générations d'artisans. Profitez-en, on n'en trouve pratiquement plus en France.
– ***Back State Room :*** le bureau est une copie du bureau de Louis XV à Versailles, complétée de beaux médaillons Wedgewood sur les côtés. Pendule astronomique baroque et tableaux naturalistes (Oudry, entre autres). Également une collection colorée de porcelaines de Sèvres.
– ***Sixteenth Century Gallery :*** bien à l'abri, cachée sous des peaux de cuir, qu'il ne faut pas hésiter à soulever, une collection de rarissimes et amusantes miniatures de cire des XVIe et XVIIe s. Très kitsch quand même ! Eux aussi protégés de la lumière, des manuscrits enluminés de différentes époques. Série de 24 petites plaques en émaux peints de Limoges (XVIe s).
– ***Smoking Room :*** poteries et céramiques Renaissance richement ornées. Superbe paire d'encensoirs chinois. Ne manquez pas de jeter un coup d'œil à l'alcôve, à côté de l'escalier, décorée de carreaux en céramique de la ville turque d'Iznik. La salle était totalement recouverte de ces carreaux jusqu'en 1937.
– ***European Armoury I, II et III :*** on y voit une collection d'armes et d'armures européennes rutilantes, présentées chronologiquement. 2 armures équestres particulièrement imposantes (coup d'œil sur les pieds !), des rondaches (boucliers circulaires), des casques ciselés et des armes aux mécanismes ingénieux.
– ***Oriental Armoury :*** en Orient, le raffinement en matière militaire est très poussé, comme le prouvent ces cimeterres (sabres) sertis de pierres précieuses, nacre et

SECRETS DE SECRÉTAIRE

Le bureau de Louis XV reproduit l'œuvre que le roi avait commandée aux ébénistes Oeben et Riesener, pour une bagatelle de... 62 000 £ ! Un chef-d'œuvre d'ébénisterie terminé en 1769 avec de l'acajou, du sycomore, des bronzes... Un vrai petit bijou de technologie, qu'un simple quart de tour de clé permettait d'ouvrir et de fermer. Il fallait que ce bureau ferme parfaitement : le roi y cachait tous les secrets rapportés par ses émissaires à travers le monde. Un bureau que l'on nommera par la suite un... secrétaire.

e l'Empire ottoman et d'Asie du Sud-Est. Également des intéressants d'Horace Vernet, comme *La Chasse au lion.*

trée principale.
tes de Boucher, dans le ***hall d'escalier*** et sur le palier, dont *Le* *cher du soleil* (1752-1753), ayant appartenu à la marquise de Pom-eur et grâce à la limite du licencieux.
– reuze, pourtant contemporain de Boucher, s'oppose radicalement à sa légèret a ses thèmes favoris en préférant des sujets plus sérieux (gracieuse allégorie de *L'Innocence* et de *La Fidélité*). Le peintre anglais Reynolds s'en est beaucoup inspiré. Noter aussi le secrétaire de Dubois (1765), orné de dorures et velours vert.
– ***Study :*** passé le cabinet des miniatures, on retrouve de prestigieux artistes français, comme Vigée-Lebrun et Fragonard. À noter, plusieurs pièces de mobilier ayant appartenu à Marie-Antoinette, provenant du Petit Trianon et de Versailles. Et même la reproduction de l'acte de mise en vente en 1793.
– ***Oval Drawing Room :*** différents Boucher tout aussi plantureux et un beau secrétaire marqueté du XVIIIe s.
– ***Large Drawing Room :*** c'est dans cette salle que l'on donnait les dîners et les bals somptueux, dont celui, mémorable, pour célébrer l'exil de Napoléon sur l'île d'Elbe en 1814. Tentures vertes assez flashy sur les murs et une superbe bibliothèque de Levasseur (XVIIIe s).
– ***East and Small Drawing Room :*** dans l'*East Room,* toiles de Rubens et Van Dyck et, dans la *Small Room,* un incroyable « almanach perpétuel et toujours nouveau dédié au Roy » en émail, complet et en parfait état, datant du XVIIIe s. Appréciez les prénoms de l'époque !
– ***East Gallery I, II et III :*** sublime collection, essentiellement dévolue à l'art flamand. Autoportrait de Rembrandt et portrait de son fils Titus... Nombreux tableaux de ses contemporains (Ruysdael, Maes, Dou, Metsu, Van Ostade, Steen, etc.).
– ***Great Gallery :*** cette extension, construite en 1875 pour accueillir les collections parisiennes de la famille, servait de salle d'exposition aux grands formats du baroque européen. On y trouve, dans un accrochage typique du XIXe s, des chefs-d'œuvre du XVIIe s de Rembrandt, Rubens, Van Dyck, Poussin, Champaigne, Vélasquez, Murillo...
– ***West Gallery I, II et III et Nineteenth Century Galleries :*** on revient ici à des salles à l'atmosphère plus intimiste, bien que l'accrochage reste toujours aussi dense. Là encore, plusieurs chefs-d'œuvre. On attaque le XIXe s par la peinture française : Corot, Vernet, Géricault, Rosa Bonheur et Delacroix. De ce dernier, *L'Exécution de Marino Faliero,* l'un de ses tableaux préférés. Puis les *vedute* de Canaletto et Guardi pour l'Italie et, pour finir, une salle – tout de même – consacrée à la peinture anglaise du XVIIIe s, avec des élégantes peintes par Reynolds ou Gainsborough. Magnifiques portraits de Mrs Robinson, une célèbre actrice de l'époque.

The Sherlock Holmes Museum *(plan d'ensemble, C2) : 239 (même si la plaque indique 221 B) Baker St, NW1. ☎ 020-7224-3688. • sherlock-holmes.co.uk • Ⓜ Baker St. Tlj sauf lun (et 24-25 déc) 10h-17h (dernière admission à 16h20). Entrée : 15 £ ; réduc moins de 16 ans. Boutique amusante...*

L'un des endroits les plus surprenants de Londres : une maison verte, toute croquignolette, occupée par un personnage de fiction... certainement l'adresse la plus connue de Londres avec le 10 Downing Street. Sir Conan Doyle l'avait attribuée au

LES HÉROS MEURENT AUSSI

Sir Conan Doyle, médecin de formation, inventa Sherlock Holmes, mais préférait écrire des romans historiques. Il finit par se lasser de son célèbre détective et le fit mourir en 1893. Ce fut un véritable tollé dans la presse. Il reçut tellement de lettres de plaintes qu'il finira par le ressusciter, après bien des hésitations, en 1903.

héros de ses romans, qui continue d'y recevoir des lettres d'admirateurs lui demandant de résoudre des cas personnels.
Cette charmante demeure victorienne de 1815 fut acquise par la très sérieuse *Sherlock Holmes Society* qui eut l'idée d'y recréer fidèlement l'intérieur du célèbre détective. Sur le plan purement esthétique, et pour l'atmosphère globale qui s'en dégage, il faut reconnaître que l'expérience est assez amusante si vous et vos enfants comprenez bien l'anglais. Un *bobby* vous accueille devant le perron (après avoir fait la queue), avant de vous confier à l'une des « gouvernantes » pour être reçu par votre hôte prestigieux ou par ce cher Dr Watson, s'ils sont là... En attendant, vous pouvez profiter du bon vieux fauteuil de Holmes, au coin du feu, dans le salon (la plus jolie pièce de la maison), et essayer son célèbre chapeau.
Dans chaque pièce (6, sur 3 étages), des indices laissés par le fantôme des lieux : loupe, bien sûr, machine à écrire, violon, sans oublier le pistolet de Watson.

***Madame Tussauds** (plan d'ensemble, C2) **:** Marylebone Rd, NW1 5LR. ☎ 0871-894-3000. • madame-tussauds.com • Ⓜ Baker St. Horaires variables selon j. et période ; consulter le calendrier. Fermé à Noël. Prix d'entrée : 34 £ ; enfant 30,50 £ ; gratuit moins de 3 ans ; réduc sur Internet. **Hors de prix,** donc ! Une visite qui coûte un budget colossal en famille. Attention : prévoir de faire la queue et éviter le créneau 11h-15h ; c'est l'un des musées les plus fréquentés de Londres. **Conseil** : pour éviter l'attente, réserver à l'avance par tél ou sur Internet, d'autant plus que les tarifs sont légèrement modérés (il y a aussi plusieurs billets jumelés possibles avec le London Eye, le London Dungeon, Sea Life, Shrek's Adventure).*
Née à Strasbourg en 1761, Marie Tussaud apprit l'art de modeler la cire chez un médecin-sculpteur. Elle se fit la main en réalisant les figures des people de l'époque : Voltaire, Rousseau, Benjamin Franklin, avant d'être engagée à la cour de Versailles où elle créa les portraits de Louis XVI et de sa famille. Sympathisante royaliste, elle fut arrêtée par les révolutionnaires mais graciée grâce à ses talents de sculpteur ! Elle réalisa alors les masques mortuaires de Marie-Antoinette, Marat et Robespierre (ils sont exposés). Exilée en Angleterre, elle ouvrit à Londres son musée à l'âge de 74 ans. Depuis, d'autres ont été créés à New York, Amsterdam, Las Vegas, Hong Kong... Partout dans le monde, mais celui de Londres reste inégalé dans le genre.
Malgré la foule et le prix d'entrée délirant, l'endroit séduit toujours petits et grands. Il faut dire que les personnages sont saisissants de réalisme, mis en scène avec soin en fonction de l'actu et très accessibles, parfois même intimidants quand il s'agit de se faire photographier auprès d'eux. 6 mois sont nécessaires pour réaliser ces figures, d'après les mensurations exactes des modèles originaux. Les cheveux sont piqués un à un et régulièrement lavés par la suite. La visite est organisée en plusieurs grandes sections où évoluent les centaines de figures. Une visite, curieusement, très vivante ! Vous y croiserez Alfred Hitchcock, mais aussi la famille royale au complet, incroyablement réaliste, les Beatles faisant les fous sur un canapé, Picasso, gitane au doigt, une flopée de 1ers ministres britanniques, de Gaulle, Nelson Mandela, Lady Gaga, Dua Lipa, plein de sportifs et de héros Marvel.
D'autres activités sur place, dont on n'a pas vraiment vu l'intérêt, comme *Marvel Universe,* un film 4D où l'on retrouve les grands héros de fiction devant Buckingham, ou encore *Alien : Escape,* pas si effrayant que ça, et *Kong Skull Island,* si vous n'avez pas peur d'affronter la bête qui sommeille en vous.

Monuments et balades

Le Londres bourgeois : Marylebone, Regent's Park et Little Venice

Marylebone *(plan d'ensemble, B-C2-3)* **:** prononcer « Méri-li-bourne ». Quartier bourgeois délimité au sud par Oxford Street et à l'est par Regent Street. Il fut bâti à la fin du XVIIIe s et au début du XIXe s. Nombreux petits squares bordés de maisons georgiennes. Marylebone a abrité son lot de célébrités. Dickens y vécut une dizaine d'années, pendant lesquelles il écrivit entre autres *David Copperfield*. Chateaubriand y séjourna quelque temps ainsi que Haendel (*Le Messie*, c'est ici !) ou encore Jimi Hendrix. Mais le plus fidèle habitant fut sir Conan Doyle, qui logea son personnage, le mythique Sherlock Holmes, dans Baker Street.

Regent's Park *(plan d'ensemble, B-C-D1-2)* **:** *Ⓜ Regent's Park.* Grand espace vert au nord de la ville, entouré au sud et à l'est de *terraces* de style Régence. Ces grands corps de bâtiments aristocratiques recouverts de stuc ressemblent à de véritables façades de palais. Le parc et ses alentours furent aménagés par Nash au début du XIXe s comme point final de son axe triomphal partant du Mall. Il atteignit le summum de son art dans les façades majestueuses de *Park Crescent* donnant sur Marylebone Road. Le parc est très plaisant et plus paysagé que les autres parcs de la capitale. La balade, vivement conseillée, vous mènera au zoo. Magnifique roseraie (en fleurs dès le début de l'été) dans *Queen's Mary Gardens* et théâtre en plein air l'été.
Open Air Theatre : *☎ 033-3400-3562 ou 3561.* • *openairtheatre.com* • *En plein air, de mi-mai à mi-sept. Entrée payante (programme détaillé sur le site).* On y joue des pièces de Shakespeare et d'autres classiques du théâtre anglais, des spectacles musicaux... Concerts gratuits parfois. Possibilité de casser la croûte sur place, avant la représentation (bar et petite restauration).

Au nord, Regent's Park est prolongé par ***Primrose Hill Park.*** C'est là que Paul McCartney venait promener son chien Martha (comme dans la chanson *Martha my Dear*).
Non loin de là, les fameux studios d'***Abbey Road*** *(plan d'ensemble, A1 ; repère « V » du « Pèlerinage rock »)* et le plus célèbre des passages piétons de la planète, qui orne la pochette de l'album *Abbey Road* des Beatles. Très marrant de voir les bouchons se former à cause des touristes qui prennent la pose au milieu de la rue... quand celle-ci n'est pas en travaux ! Ces studios où des groupes comme Pink Floyd ou Oasis ont également enregistré sont classés Monuments historiques depuis 2010...

LES BEATLES ET LEUR REINE

Jamais les Fab Four (leur surnom) n'oublieront leur origine ouvrière et travailliste. Lors d'un concert avec la famille royale, ils diront : « Ceux qui ont les billets les moins chers pourront applaudir. Les invités du 1er rang agiteront leurs bijoux. » En 1965, la reine les décore de l'ordre de l'Empire britannique. Mais Lennon rendra sa médaille en protestation contre le soutien de l'Angleterre à la guerre du Vietnam.

ZSL London Zoo *(plan d'ensemble, C1)* **:** *Outer Circle, au nord de Regent's Park, NW1 4RY. ☎ 034-4225-1826.* • *zsl.org* • *Ⓜ Regent's Park, St John's Wood ou Camden Town. Compter 10-15 mn depuis Camden, ou prendre le bus n° 274 (indiqué à la sortie des métros). Entrée sur Outer Circle. Tlj à partir de 10h (fermeture variable ; jusqu'à 18h en été) ; dernière admission 1h avt fermeture. Entrée : 26-35 £ selon saison ; enfant 17-23 £ ; gratuit moins de 3 ans. Réduc de 10 % en réservant 48h à l'avance, tickets « fast track » (coupe-file) et forfait famille en ligne. Aire de pique-nique et plusieurs possibilités pour se restaurer sur place. Plein d'« experiences » à vivre avec les dragons de Komodo, les gorilles, les girafes, etc. On peut même passer la nuit sur place (infos et résas sur le site).*
*– **Bon plan :** aller au zoo depuis Little Venice ou le marché de Camden en navette fluviale : 25-27 £ (aller simple et entrée comprise, réduc ; retour autour de 5 £ ;* • *londonwaterbus.com* •*).* L'un des plus vieux zoos du monde, fondé par la Société de zoologie entre 1826 et 1828. Au début du siècle passé, il innova en offrant aux animaux un environnement proche de leur habitat naturel. On y découvre notamment un grand vivarium rempli de reptiles (celui-là même où Harry Potter

fait la rencontre du serpent dans le 1er tome de ses aventures), un intéressant « noctarium » (dont une vaste vitrine de chauves-souris), un *Tiger Territory* et un *Land of the Lions.* Sinon, toute la ménagerie habituelle, mais aussi des varans de Komodo pas si commodes, des gorilles, et des aquariums en pagaille. Nombreuses animations et activités pour les enfants (en anglais).

À l'ouest de Marylebone, ***Little Venice*** *(plan d'ensemble, A2-3 ; Ⓜ Warwick Ave)* est un bassin triangulaire formé par la rencontre de 2 canaux, qui relient le port de Londres à Birmingham (dans les Midlands). Au milieu, petit morceau de terre recouvert d'arbres. La comparaison avec Venise est assez excessive. Néanmoins, les berges tranquilles de *Grand Union Canal,* sur Maida Avenue, ont un vrai petit charme. Un coin peu connu de Londres.
Navettes fluviales pour le zoo (en 15 mn) et Camden Market (en 45 mn). Départs ttes les heures env, tlj 11h-16h avr-sept ; horaires très restreints le reste de l'année. Infos : ☎ 020-3763-9981. • londonwaterbus.com • Tickets A/R à partir de 14 £ ; réduc. On n'avance pas plus vite que les piétons, mais la balade est agréable, surtout avec des enfants.

FOUETTE COCHER... SUR L'EAU

Les « pénichettes » que vous verrez sur les canaux de Little Venice existent depuis plus de 100 ans. Autrefois, elles transportaient toutes sortes de marchandises. Elles ont été construites pour s'adapter à l'étroitesse des canaux mais, surtout, elles étaient non pas propulsées par des moteurs (ça n'existait pas !), mais tirées par des chevaux.

BLOOMSBURY, KING'S CROSS, ST PANCRAS ET EUSTON

• Pour se repérer, voir le plan d'ensemble, le centre 1 et le centre 3 détachables en fin de guide.

Bloomsbury l'intellectuel, où écrivains et artistes élurent autrefois domicile, abrite 2 symboles culturels forts : le British Museum et la British Library. Résolument tranquille et bourgeois, Bloomsbury séduit avec ses rues au calme, bordées de bonnes adresses et de terrasses, comme la très agréable Lamb's Conduit Street. Comme dans toutes les grandes villes, le quartier devient plus animé et populaire à mesure que l'on s'approche des gares, autour d'Euston et de King's Cross. Il concentre à la fois la majorité des hôtels « abordables » mais aussi des hôtels de luxe, comme le *St Pancras Renaissance Hotel* à la monumentale façade victorienne, datant de 1873. Ça tombe bien, car c'est à la gare de St Pancras que vous dépose l'Eurostar, et vous pourrez l'admirer en sortant sur Euston Road !
En pleine mutation, on est bien loin d'un banal quartier de gare, aux ambiances parfois moroses. Belle illustration du renouveau de cette zone : le très *trendy* Coal Drops Yard, un centre commercial aménagé dans des entrepôts où l'on stockait autrefois le charbon. Il est encore en plein essor et abrite aujourd'hui des restos branchés, des boutiques de fringues (chics et chères !) et beaucoup d'animation. En fin de semaine, le marché couvert *Canopy Market* regroupe des stands gourmands et des artisans *(• canopymarket.co.uk • ; ven 12h-20h, sam-dim 11h-18h).* **Et en bordure de canal, on ne boude pas son plaisir à se balader au fil de l'eau, le long d'une promenade aménagée.**
Autre avantage de séjourner dans le coin, le centre touristique et la vie nocturne de Soho ne sont qu'à 15-20 mn à pied, tout comme St Paul's Cathedral.

Où dormir ?

Auberges de jeunesse (moins de 35 £ / 42 €)

St Pancras YHA *(centre 3, F1-2, **113**) : 79-81 Euston Rd, NW1 2QE. ☎ 345-371-9344. • yha.org.uk • Ⓜ King's Cross. Lits en dortoir 4-12 pers env 25-35 £ ; chambres privées 2-4 pers env 65-90 £ sans ou avec sdb. Réduc avec la carte HI.* Une grande AJ fonctionnelle et sécurisée, stratégiquement située à 2 pas du métro et de St Pancras. Secteur archi fréquenté, mais bonne isolation sonore. Environ 200 lits répartis en dortoirs de 6 lits et chambres propres, clairs, de taille raisonnable, les plus chères avec salle de bains privée. Aucune fantaisie dans la déco, mais l'ensemble s'avère bien tenu. Salons communs agréables, bar chaleureux et petite cafétéria au rez-de-chaussée.

Generator London *(centre 3, F2, **105**) : 37 Tavistock Pl, WC1H 9SE. ☎ 020-7388-7666. • staygenerator.com • Ⓜ Russell Sq ou King's Cross. Dortoirs (6-13 lits) 15-40 £/pers ; chambres pour 2-4 pers env 50-110 £ sans ou avec sdb.* Une chaîne d'AJ design et branchée, que l'on trouve dans toutes les capitales d'Europe.

Cet établissement est immense (plus de 800 lits !), chic, urbain et décoré au goût du jour. Chaque étage est baptisé du nom d'un film et décliné avec une couleur. De longs couloirs, quelques petites chambres avec lits superposés pour 1 à 4 personnes, bien plus d'espace dans les grands dortoirs (dont certains réservés aux femmes), et tout le confort moderne (casiers et salles de bains en nombre suffisant). Pas de cuisine, mais cafétéria et bar (ouvert jusqu'à 2h). Billards, baby-foot, retransmission des matchs, etc. L'organisation tient bien la route, et l'atmosphère est jeune et animée.

Clink78 *(plan d'ensemble, G2, **107**) : 78 King's Cross Rd, WC1X 9QG. ☎ 020-7183-9400. • clinkhostels.com • Ⓜ King's Cross. Dortoirs 4-12 lits env 20-40 £/pers ; chambres 2-4 pers sans ou avec sdb privée 70-120 £ ; env 40-60 £ pour les chambres-cellules pour 2 pers.* Voici une adresse insolite de plus de 500 lits : on dort dans un palais de justice réhabilité. Les salles d'audience, désormais aménagées en salle de ciné ou salons communs, ont été décorées dans un style moderne, avec couleurs pop acidulées. Amusant, ces anciennes geôles transformées en chambres... mais mieux vaut ne pas être claustro ! Sinon, opter pour un des dortoirs plus classiques, un poil plus chers et pas bien larges, dont certains sont réservés aux filles. Casiers et lampes de lecture. Cuisine très bien équipée et bar (évitez les chambres voisines si vous voulez dormir tranquille). Léger bémol donc pour l'insonorisation, mais conviendra très bien aux budgets serrés.

Clink261 *(centre 3, F1, **103**) : 261-265 Gray's Inn Rd, WC1 X8QT. ☎ 020-7183-9400. • clinkhostels.com • Ⓜ King's Cross. En dortoir (4-18 lits) env 15-35 £/pers ; chambres privées 2-4 pers env 50-100 £.* Vaste AJ accueillante, colorée et super bien située. Dortoirs classiques, presque tristounets, certains plus spacieux que d'autres. À moins d'être extrêmement ric-rac question budget, évitez celui de 18 lits, on se marche dessus ! Sanitaires et douches partagés pour tous. Cuisine équipée moderne. En bref : simple et efficace !

Astor's Museum Hostel *(centre 1, F3, **117**) : 27 Montague St, WC1B 5BH. ☎ 020-7580-5360. • astorhostels.com • Ⓜ Holborn ou Russell Sq. Dortoirs 4-16 lits env 15-35 £ ; doubles en lits superposés à partir de 70 £ ; sanitaires partagés pour tous. Petit déj (simple) inclus.* Une petite AJ moins festive que ses voisines, que l'on apprécie pour son atmosphère conviviale et relax. Surtout, excellente situation, dans un quartier fort paisible la nuit. Dortoirs basiques répartis dans 2 bâtiments (à quelques rues d'écart), douches et w-c en commun à chaque étage, et grande cuisine impeccable dans le bâtiment principal. Le salon est assez banal, mais par beau temps, le charmant Russel Square voisin vaut mieux que n'importe quelle salle commune !

De prix moyens à chic (60-150 £ / 72-180 €)

Les quartiers de King's Cross et du British Museum concentrent de nombreux hôtels, à prix honnêtes, certains dans de belles demeures géorgiennes retirées en bordure de squares paisibles. Privilégier notamment les secteurs d'Argyle Street (à ne pas confondre avec Argyll Street, près d'Oxford Circus), de Gower Street et des Cartwright Gardens.

Hub by Premier Inn King's Cross *(centre 3, F1, **47**) : 50 Wharfdale Rd, N1 9FA. ☎ 0333-321-3104. • premierinn.com • Ⓜ King's Cross. Doubles env 65-150 £.* Derrière la gare, dans un quartier en pleine transformation avec notamment le centre commercial *Coal Drops Yard,* cet hôtel nous a séduits par sa situation en bord de canal. Loin des très classiques hôtels londoniens (souvent petits) ou des grands hôtels de chaîne à la déco standardisée, celui-ci joue la carte de la modernité, avec un design très contemporain. Check-in aux bornes automatiques, chambres petites, mais très bien pensées, avec des rangements et une déco minimaliste immaculée. Fonctionnelles et confortables, elles offrent un point de chute idéal, à 5 mn à pied des gares et dans un quartier où l'on trouve plein de chouettes adresses pour sortir le soir.

The California Hotel *(centre 3, F1, **65**) : 4-8 Belgrove St, WC1H 9AB. ☎ 020-7837-7629. Ⓜ King's Cross. Doubles 115-170 £.* Malgré son nom, ce petit hôtel affiche bien les standards londoniens. Bordé par un square et à 2 foulées de St Pancras, on l'apprécie déjà pour son emplacement stratégique. De la Californie, on retient peut-être les couleurs fraîches et pimpantes des chambres, la déco sobre et soignée, avec un soupçon d'Art déco dans le salon. Les chambres ne sont pas bien grandes, et l'isolation fait parfois défaut, mais l'ensemble est impeccable. Excellent rapport qualité-prix-situation et accueil charmant.

Alhambra Hotel *(centre 3, F1, **114**) : 17-19 Argyle St, WC1H 8EJ. ☎ 020-7837-9575. • alhambrahotel.com • Ⓜ King's Cross. Doubles env 95-130 £ ; familiales. Petit déj anglais inclus.* Hôtel de famille depuis des décennies, tenu à la perfection. Une cinquantaine de chambres confortables, de petites dimensions et pas toujours parfaitement insonorisées mais fonctionnelles. Les moins chères ont la douche et les w-c sur le palier. Même style de déco sans fantaisie et de prestations dans les 2 annexes. Accueil très sympa.

The Judd Hotel *(centre 3, F2, **116**) : 46 Cartwright Gardens, WC1H 9EL. ☎ 020-7383-9210. • juddhotelbloomsbury.com • Ⓜ Euston ou Russell Sq. Doubles avec sdb env 60-140 £. English breakfast inclus.* Un des nombreux hôtels alignés face à cette place arborée (avec terrains de tennis), qui se distingue pour son très bon rapport qualité-prix. Que ce soit dans le bâtiment principal ou l'annexe, les chambres sont très confortables et fort bien tenues : literie impeccable, salles de bains modernes et déco sobre. Certaines vraiment petites, c'est le seul bémol, et pas d'ascenseur pour accéder au 3e étage. Petit déj correct, sans plus, mais ça reste un bon plan dans le quartier. Accueil pro.

Celtic Hotel *(centre 3, F2, **118**) : 61-63 Guilford St, WC1N 1DD. ☎ 020-7837-6737. • stmargaretshotel.co.uk • Ⓜ Russell Sq. Sans ou avec sdb privée, doubles 110-130 £ ; familiales. Petit déj anglais inclus.* Une adresse historique, dans le *Routard* depuis des décennies. Hôtel discret et bien tenu, à la déco classique et à l'ambiance pension de famille conviviale, assurée par les propriétaires italiens. Douches et w-c communs ou non, mais lavabo dans chaque chambre. Joli petit jardin et salon où l'on aime se retrouver. Loue également un appart en sous-sol, un peu sombre mais nickel pour 2-4 personnes.

Ridgemount Hotel *(centre 3, E2, **115**) : 67 Gower St, WC1E 6HJ. ☎ 020-7636-1141. • ridgemounthotel.co.uk • Ⓜ Goodge St. Doubles sans ou avec sdb env 100-130 £ ; petit déj anglais inclus.* Petit hôtel familial à l'ancienne, alignant une trentaine de chambres un peu datées et pas bien grandes, mais propres et confortables. Elles sont même très tranquilles et plaisantes côté jardin, surtout celles agrémentées d'une jolie cheminée. À noter : les familiales peuvent se révéler moins chères qu'un dortoir dans certaines AJ. À envisager, donc ! Mais évitez les chambres en sous-sol, franchement sombres. Accueil attentionné.

De chic à très chic (100-150 £ et plus / 120-180 €)

Arosfa Hotel *(centre 3, E2, **119**) : 83 Gower St, WC1E 6HJ. ☎ 020-7636-2115. • arosfalondon.com • Ⓜ Goodge St. Doubles 120-200 £ ; familiales.* Petit, intime (une quinzaine de chambres) et très bien tenu. Déco plus recherchée que chez les voisins, où se mêlent harmonieusement l'ancien et le moderne. Chambres pour 2 à 4 personnes, parfois petites, comme les salles de bain, mais convient parfaitement si vous n'y passez pas vos journées. Salon cosy et jardin pour prendre l'air.

Grange Beauchamp Hotel *(plan d'ensemble, F3, **122**) : 24-27 Bedford Pl, WC1B 5JH. ☎ 020-7016-2540. • grangehotels.com • Ⓜ Russel Sq ou Holborn. Doubles env 110-250 £.* L'hôtel anglais chic et élégant : une cinquantaine de chambres dont certaines très spacieuses, mobilier contemporain de bon goût, déco moderne et excellente literie, salles de bains rutilantes. En revanche, préférer les chambres côté jardin car il n'y pas de double vitrage. Accueil à la hauteur du standing et emplacement de choix, à 2 pas du plaisant Russell Square et du British Museum.

Euro Hotel *(centre 3, F2,* ***121****) : 53 Cartwright Gardens, WC1H 9EL. ☎ 020-7387-4321. • eurohotel.co.uk • Ⓜ Euston ou Russell Sq. Doubles avec sdb env 120-180 £, petit déj inclus ; familiales ; réduc en ligne.* Donne sur une place à l'anglaise, arborée, où se concentrent une foule d'hôtels de même catégorie. Chambres agréables, toutes simples mais propres et confortables. Réjouissant de se réveiller le matin face à ce square en forme de demi-lune et de profiter de la vue en prenant son petit déjeuner. Très calme aussi pour celles côté jardin.

Très chic et « spécial coup de folie » (150-300 £ / 180-360 €)

The Gyle *(centre 3, F1-2,* ***49****) : 16-18 Argyle Sq, WC1H 8AS. ☎ 020-3301-0333. • thegyle.co.uk • Ⓜ King's Cross. Doubles env 160-200 £.* Parmi tous les hôtels bordant ce petit square, celui-ci nous a séduits pour sa déco très soignée et assez décalée. Tons verts et boisés, à la mode écossaise, miroirs vintage, objets chinés et plein de détails insolites. La trentaine de chambres au design plutôt chic et d'excellent confort (literie de qualité, propreté impeccable) donnent sur le square ou à l'arrière : tranquillité assurée et balcon pour certaines. Un excellent pied-à-terre, à 2 pas de St Pancras.

My Bloomsbury Hotel *(centre 1, E3,* ***64****) : 11-13 Bayley St, WC1B 3HD. ☎ 020-3004-6000. • myhotels.com/bloomsbury/ • Ⓜ Goodge St. Doubles env 180-320 £ ; réduc en ligne.* À 2 pas du British Museum, un hôtel conçu par l'incontournable designer anglais Terence Conran. Confort et atmosphère on ne peut plus cosy pour des chambres pas bien grandes, mais impeccables. Pour les lecteurs en fonds, les catégories supérieures sont vastes ; il y a même une suite avec accès privé au *rooftop* et un *penthouse* ! Côté déco, des couleurs flashy ou une blancheur immaculée, c'est au choix. Des meubles anciens également, des statues de Bouddha, gentiment incongrus dans ce cadre si moderne. Un vrai lieu de vie aussi, avec café et resto *Gail's,* ouverts sur la rue.

Où manger ?

Très bon marché (moins de 10 £ / 12 €)

Waitrose Supermarket *(centre 3, F1,* ***110****) : 1 Wharf Rd, N1C 4BZ. Ⓜ King's Cross. Lun-sam 8h-22h, dim 12h-18h.* Vaste supermarché avec un très large choix de sandwichs et salades frais, plats préparés, rayon boulangerie-pâtisserie, fruits et légumes, coin café et des tables pour se poser. Parfait pour une pause rapide à prix mini.

Une autre adresse dans le quartier de Bloomsbury (mêmes horaires) : *Brunswick Centre, 23-39 Handel St (centre 3, F2,* ***110****) ; Ⓜ Russel Square.*

Pizza Union *(centre 3, F1,* ***120****) : 246-250 Pentonville Rd, N1 9JY. Pas de tél. Ⓜ King's Cross. Tlj 11h-23h. Pizzas 5-7 £.* Déclinée dans d'autres quartiers de Londres, *Pizza Union* fait le plein dans cette salle immense aux abords de la gare. Longues tablées et tabourets hauts, déco brute de brique et carrelage. On se presse au comptoir pour commander sa pizza et on joue des coudes avec les voisins pour poser une fesse. Précuite, la pâte est garnie puis enfournée dans l'immense four à bois en un temps record, mais avouons que les garnitures sont un peu chiches. 3 salades et 2 desserts pour compléter le menu aux prix mini et un service express : une formule qui fonctionne (très) bien au regard de l'affluence à toute heure ! *D'autres adresses à Londres, à Holborn, Aldgate et dans l'East End (Hoxton, Dalston).*

Bon marché (10-20 £ / 12-24 €)

Caravan *(centre 3, F1, **605**) : 1 Granary Sq, N1C 4AA. ☎ 020-7101-7661. Ⓜ King's Cross. Tlj 8h (9h le w-e)-23h (minuit ven-sam et 22h dim). Snacks et plats env 7-20 £.* Réhabilitation très réussie pour cet ancien entrepôt à grain investi par l'université des Arts de Londres. Les étudiants et les gens bien avisés se retrouvent dans cette vaste salle, sur de longues tables conviviales ou au comptoir. Ambiance de cantine industrielle dans un joyeux brouhaha. Côté resto, on déguste des petites assiettes bien ficelées, entre cuisine *British* et incursions tous azimuts, asiatiques, latino, méditerranéennes. Côté café, dont la maison a fait une de ses spécialités, ambiance plus décontractée pour avaler sandwichs et gâteaux qui calent les petits creux en journée. Prévoir de l'attente le week-end pour le brunch (pas de résa possible). *5 autres adresses à Londres, à Exmouth Market, La City, Bankside, Fitzrovia et Canary Wharf.*

North Sea Fish *(centre 3, F2, **168**) : 7-8 Leigh St, WC1H 9EW. ☎ 020-7387-5892. Ⓜ Russell Sq ou King's Cross. Tlj sauf dim et lun midi. À emporter, fish & chips 7-15 £ ; sur place, plats env 15-20 £.* Divisé en 2 parties, le *take-away*, avec son comptoir sur la rue, et le resto, au cadre classique et chaleureux. Que ce soit pour ses poissons grillés ou son fameux *fish & chips*, cette petite adresse indémodable est livrée chaque jour en poisson frais et s'impose comme une des valeurs sûres du quartier. Rapport qualité-prix-fraîcheur irréprochable pour le *take-away* !

Morty & Bob's *(centre 3, F1, **124**) : 49 Coal Drops Yard (niveau - 1), N1C 4DQ. Pas de tél. Ⓜ King's Cross. Lun-sam 10h-23h, dim 10h-18h. Small plates 5-10 £.* Dans le très *trendy* centre commercial Coal Drops Yard, *Morty & Bob's* ne brille pas par son côté clinquant ni les décibels à fond comme certains voisins... et c'est tant mieux ! Adresse discrète et conviviale, toute de brique vêtue, où l'on concocte des assiettes à partager et dans l'air du temps : *avocado toast*, burrata, salade de chou kale, sandwichs toastés, etc. Les portions sont plutôt généreuses mais les gourmands garderont une petite place pour les desserts !

Itadaki Zen *(plan d'ensemble, F-G1, **158**) : 139 King's Cross Rd, WC1X 9BJ. ☎ 020-7278-3573. Ⓜ King's Cross. Ouv le soir mar-sam jusqu'à 22h (22h30 sam) et midi mer-ven. Fermé dim-lun. Repas à la carte env 8-15 £.* Cadre sobre de bois clair et intime pour une bonne cuisine japonaise familiale. L'accent est mis sur la qualité des produits bio et vegan. Même les tofus ont du caractère !

Camino *(centre 3, F1, **267**) : The Regent Quarter, 3 Varnishers Yard, N1 9FD. ☎ 020-7841-7330. Ⓜ King's Cross. Tlj 12h-minuit, dim jusqu'à 18h. Tapas env 5-15 £.* Ici, on célèbre toutes les saveurs de l'Espagne, dans l'assiette et dans son verre. Tapas, charcuterie, viande (ah ! les *parillas* ! le grill !), fromages, et petits vins charpentés, venus de toute la péninsule Ibérique. Ambiance joviale, au comptoir, au fond des sofas, autour des tonneaux en terrasse ou dans la cour intérieure. Le week-end, formule brunch servie jusqu'à 16h. Le soir, possibilité de boire un verre à côté, au **Pepito** *(mar-ven 17h-minuit, sam 18h-minuit)*, même maison. Tout aussi festif ! *2 adresses à Shoreditch et Monument.*

Dishoom *(centre 3, F1, **253**) : 5 Stable St, N1C 4AB. ☎ 020-7420-9321. Ⓜ King's Cross. Tlj 8h (9h le w-e)-23h (minuit jeu-sam). Résa conseillée. Plats 8-14 £.* Clin d'œil aux célèbres *Bombay Cafés* de Mumbai dans cet ancien entrepôt victorien de 1850, qui assurait le transit de marchandises entre Londres et... Bombay ! Immense volume style brasserie postmoderne chic et bruyante, teintée d'exotisme, pour déguster une cuisine indienne traditionnelle. Des petits plats frais et parfumés dès le petit déjeuner ! De l'autre côté de la rue, jetez un œil aux entrepôts, au bord du canal, magnifiquement réhabilités en boutiques. *4 autres adresses à Londres, à Covent Garden, Carnaby (Kingly St), Shoreditch et Kensington.*

De prix moyens à chic (20-40 £ / 23-46 €)

Rotunda *(centre 3, F1,* ***299****) : King's Pl, 90 York Way, N1 9AG. ☎ 020-7014-2840. Ⓜ King's Cross. Lun-mar 16h-23h, mer 12h-23h, jeu-ven 12h-minuit, sam 11h-minuit, dim 11h-21h (repas jusqu'à 19h). Menus (lun-ven jusqu'à 19h) 25-30 £ ; plats 15-30 £.* Derrière la gare de King's Cross, au bord du canal et près du siège des célèbres quotidiens *Guardian* et *Observer.* Environnement sympa pour cette brasserie de style contemporain installée dans le centre culturel. Tables bien séparées, longues banquettes et cuisine bien troussée à base de produits provenant de sa propre ferme bio. Belles viandes – notamment le *Sunday roast* –, cuissons parfaites pour des recettes classiques avec souvent des envolées inspirées. *Last, but not least,* une superbe terrasse au bord de l'eau, très prisée aux beaux jours.

Noble Rot *(centre 3, F2,* ***406****) : 51 Lamb's Conduit St, WC1N 3NB. ☎ 020-7242-8963. Ⓜ Holborn ou Russell Sq. Tlj sauf dim. Menus au déj 18-22 £ ; plats env 20-28 £ ; tapas au bar 8-12 £.* Une table gastronomique réputée dans une atmosphère de vieux pub. Le cadre chaleureux de cette maison ancienne sied parfaitement à la délicieuse cuisine, britannique dans l'esprit, européenne dans les saveurs, servie côté restaurant ou toute la journée au bar. Mais le vrai secret de la maison, c'est peut-être encore sa cave à vins et son attrait pour la pourriture noble *(noble rot !),* qui font courir les connaisseurs. Les affiches acidulées aux murs sont des impressions des unes du magazine *Noble Rot,* dans lequel on parle vin et gastronomie. On peut le feuilleter ici. *Une autre adresse à Soho, 2 Greek St.*

German Gymnasium *(centre 3, F1,* ***281****) : 1 King's Blvd, N1C 4BU. ☎ 020-7287-8000.* Grand Café *tlj 10h-22h (21h dim) ;* The Meister Bar *lun-mer 16h-minuit, jeu-sam 11h30-1h, dim 11h30-23h. À la carte, compter 40-50 £.* Il s'agit du plus vieux gymnase d'Angleterre, construit en 1865, pour célébrer les 1ers J.O. de 1866. Réhabilité par sir Terence Conran, le lieu mérite assurément le coup d'œil. Les magnifiques volumes ont été préservés, bien mis en valeur par une déco sobre et élégante. Cuisine germanique, comme il se doit, bien exécutée mais franchement pas donnée à la carte. On peut se contenter d'un petit déj, d'un snack ou d'un brunch au *Grand Café & Terrace.*

Où prendre un petit déj ?
Où faire une pause sucrée ?

Half Cup *(centre 3, F2,* ***248****) : 100-102 Judd St, WC1H 9NT. ☎ 020-8617-7835. Ⓜ King's Cross. Tlj 9h (8h le w-e)-16h. Petits déj 7-15 £.* À 2 pas de St Pancras, un petit café agréable avec son comptoir à l'entrée, 2 salles lumineuses, aux fresques colorées et des tables en bois réparties dans chaque recoin. Ambiance relax et accueil à l'unisson, mais service efficace. Parfait pour le petit déj ou le goûter (porridge, granola, toasts, œufs, gâteaux), mais attention, il y a souvent foule (même en pleine semaine) !

Waterstones Dillons Coffee *(centre 3, E2,* ***260****) : 82 Gower St, WC1E 6EQ. Ⓜ Goodge St ou Euston Sq. Lun-sam 9h-20h, dim 12h-18h. Viennoiseries et gâteaux env 4 £ ; sandwichs et salades 5-7 £.* Chaîne de librairies populaire au Royaume-Uni, celle-ci abrite aussi un sympathique café. On s'y retrouve autour d'un café, pour un déjeuner sur le pouce ou une pause goûter l'aprèm. Sans oublier de flâner entre les rayons de livres et de descendre au sous-sol farfouiller dans les vinyles.

Pâtisserie Deux Amis *(centre 3, F2,* ***262****) : 63 Judd St, WC1H 9QT. ☎ 020-7383-7029. Ⓜ King's Cross. En principe, tlj sauf lun 10h-17h (dim jusqu'à 14h30) ; en période de Covid, seulement le w-e 10h-14h30. Snacks et pâtisserie à partir de 5 £.* Tout est possible à Londres, même déguster de vrais croissants ! Et, quitte à bien faire, les *Deux Amis* confectionnent d'excellents sandwichs avec du pain bien croustillant, des quiches savoureuses, des croissants au jambon, mais aussi de délicieux gâteaux et pâtisseries. Un zeste de musique classique et quelques petites touches de déco bien vues donnent aussitôt envie de jouer les prolongations dans ce minuscule salon de thé cosy, bourré de charme. Quelques tables dehors aux beaux jours.

Ruskin's Cafe *(centre 1, F3,* ***247****) : 41 Museum St, WC1A 1LT. Tlj 8h (8h30 dim)-18h.* Un café de poche à proximité immédiate du musée. La déco, vieillotte, ne paie pas de mine, mais les *scones* maison sont tout simplement à se damner. Accueil simple et sans chichis.

Voir aussi, dans « Où manger ? », ***Caravan*** *(centre 3, F1,* ***605****),* pour boire un délicieux café torréfié maison, accompagné d'une généreuse part de gâteau ; ou encore ***German Gymnasium*** *(centre 3, F1,* ***281****).*

Où boire un verre ? Où sortir ?

Museum Tavern *(centre 1, F3,* ***604****) : 49 Great Russell St, WC1B 3BA. ☎ 020-7242-8987. Ⓜ Tottenham Court Rd. TLj 11h-23h30 (minuit ven-sam et 23h dim).* Un des plus vieux pubs de Londres, datant de 1723, reconstruit en 1855. Au XVIIIe s, il s'appelait le *Dog & Duck,* preuve qu'on chassait encore dans les environs ! Il a gardé beaucoup de témoignages du passé, notamment le bar en acajou superbement sculpté et ciselé, les box, les miroirs gravés, etc. Karl Marx ou Conan Doyle y passèrent à l'occasion. C'est aujourd'hui le point de chute des employés du quartier et des visiteurs du British Museum, pour un verre ou un plat de pub.

Decimo *(centre 3, F1,* ***322****) : 10 Argyle St (au dernier étage de l'hôtel The Standard), WC1H 8EG. ☎ 020-3981-8888. Ⓜ King's Cross. Tlj sauf dim-lun 17h-23h30, 0h30 jeu et 1h30 ven-sam. Résa conseillée.* L'ascenseur-capsule rouge aux airs futuristes nous a interpellés. Transparent, il laisse défiler les étages et s'élever le point de vue sur St Pancras. Au 10e étage (d'où son nom) du très chic hôtel *The Standard,* ce bar-resto panoramique est un lieu d'observation de choix pour admirer Londres *by night.* Ambiance feutrée et lumières tamisées, on y distille une cuisine soignée, aux accents hispano-mexicains, mais les prix atteignent aussi les sommets ! Se contenter d'y boire un verre de vin ou un cocktail. Déjà une belle expérience. Psst, ne filez pas sans avoir admiré une dernière fois la vue depuis... les toilettes !

Big Chill Bar *(centre 3, F1,* ***487****) : 257-259 Pentonville Rd, N1 9NL. ☎ 020-7427-2540. • bigchillbar.com • Ⓜ King's Cross. Tlj 12h (17h lun-mar)-minuit (3h ven-sam).* Un lieu hybride, à la fois resto-bar-club, organisé autour d'un *dance floor.* Hip-hop, funk, disco, house ou electro, du jeudi au samedi, jetez un œil sur la programmation de DJs... Le son est alors poussé à fond, et il ne reste plus qu'à aller brûler la piste ! Et pour prendre l'air, cap sur la *roof terrace,* un must en été. Les burgers vous aideront à éponger tout ça ! *Une autre adresse à Brick Lane, Dray Walk, près du Spitafields Market.*

Voir également, dans « Où manger ? » ***Camino*** *(centre 3, F1,* ***267****),* ***Rotunda*** *(centre 3, F1,* ***299****)* et ***Noble Rot*** *(centre 3, F2,* ***406****),* bien aussi pour prendre un verre.

Spécial noctambules

Egg London *(hors plan centre 3 par F1,* ***321****) : 200 York Way, N7 9AX. • egglondon.co.uk • Ⓜ King's Cross ou Caledonian Rd. Ouv mer et ven-sam. Entrée payante.* L'une des boîtes à la mode de Londres, avec différents espaces sur plusieurs niveaux. Disco, house, electro, hip-hop et R'n'B, reggaeton, afro... Suivez la programmation en ligne.

Shopping

Boutique du British Museum *(centre 1 et plan d'ensemble, E-F3)* **:** *Great Russell St, WC1. Ⓜ Holborn, Tottenham Court Rd ou Russell Sq. Tlj 10h-17h30 (20h30 ven). Fermé 1er janv et 24-26 déc.* Au pied de la rotonde, boutique de gadgets et souvenirs, *Arts & Crafts*, livres, affiches et cartes postales. On y trouve tout ce qui touche aux collections du musée. Éclectique et culturel !

James Smith & Sons *(centre 1, F3,* ***600****)* **:** *Hazelwood House, 53 New Oxford St, WC1A 1BL. ☎ 020-7836-4731. ● james-smith.co.uk ● Ⓜ Tottenham Court Rd ou Holborn. Tlj sauf dim et j. fériés, 10h-17hh15.* Le grand spécialiste du parapluie, du pépin, du pébroque, de l'ombrelle et de la canne à pommeau, établi ici depuis 1830. Authentiquement *British*, cadre et décor exceptionnels ! De la très grande qualité à – presque – tous les prix.

Thomas Farthing *(centre 1, F3,* ***247****)* **:** *40 Museum St, WC1A 1LU. ☎ 020-7831-1600. ● thomasfarthing.co.uk ● Ⓜ Tottenham Court Rd ou Holborn. Tlj sauf dim 11h-18h.* Cette boutique décline le tweed sous toutes ses formes. Rétro et classique à souhait, la boutique vaut le coup d'œil, et plus si affinités !

Word on the Water *(centre 3, F1,* ***617****)* **:** *Regent's Canal Towpath, N1C 4BZ. ● wordonthewater.co.uk ● Ⓜ King's Cross. Tlj 12h-19h.* Un peu barge cette péniche d'un autre temps, amarrée sur Regent's Canal. À contre-courant même, dans ce quartier d'affaires. Une librairie flottante, basse de plafond mais haute en couleur avec son poêle en hiver, ses concerts de jazz en été, des vinyles aussi... Tellement chargée d'humanité qu'elle affleure tout juste au ras de l'eau.

Skoob Books (centre 3, F2, **614**) **:** *10 et 66 The Brunswick, Marchmont St, WC1N 1AE. ☎ 020-7278-8760. ● skoob.com ● Ⓜ Russell Sq. Lun-sam 11h-18h30 (19h30 au nº 10), dim 11h-18h.* La plus grande librairie de bouquins d'occasion à Londres ! De quoi dégoter dans les rayons une ancienne édition ou un poche pour réviser la langue de Shakespeare !

Gay's the Word *(centre 3, F2,* ***603****)* **:** *66 Marchmont St, WC1N 1AB. ☎ 020-7278-7654. ● gaystheworld.co.uk ● Ⓜ Russell Sq. Mar-sam 11h-18h, dim 13h-18h. Fermé lun.* Une librairie gay très connue, avec un grand choix de bouquins, B.D., cartes postales, etc.

Galeries et musées

British Museum *(centre 1 et plan d'ensemble, E-F3)*

Great Russell St, WC1B 3DG. ☎ 020-7323-8000. ● britishmuseum.org ● Ⓜ Holborn, Tottenham Court Rd ou Russell Sq. Tlj 10h-17h (20h30 ven) ; dernier accès 1h avant. Fermé 1er janv et 24-26 déc. GRATUIT. Donation de 5 £ bienvenue. Expos temporaires payantes. ***Bon plan :*** *2 entrées pour le prix d'une aux expos temporaires sur présentation de votre billet d'Eurostar. Nombreuses visites à thème gratuites, demander les créneaux à l'accueil. Vestiaire payant.*

Plusieurs ***cafétérias*** (salades, sandwichs et petits gâteaux) et un joli restaurant au dernier étage, sous la verrière.

Attention : c'est un vrai labyrinthe ! Se procurer ABSOLUMENT un plan : gratuit en noir et blanc (donation bienvenue) ou en couleur (2 £). Les 2 proposent le top 10 du musée à voir en 1h.

LE musée de Londres par excellence, fondé en 1753 par sir Hans Sloane, l'équivalent du Louvre à Paris. Plus de 6 millions de visiteurs chaque année ! Sa richesse est telle qu'elle justifie – pour beaucoup – à elle seule une visite à Londres, c'est dire... Le « British » couvre l'histoire de l'humanité depuis ses origines jusqu'à nos jours, mais ce sont les collections d'antiquités qui occupent la plus grande partie des 26 000 m² de galeries. Si vous voulez aller au fond des choses, il vaut mieux choisir quelques sections et visiter le musée en plusieurs fois. Les sections consacrées à l'Assyrie, à la Grèce et à l'Égypte sont d'une richesse époustouflante. Celles sur l'art oriental ne sont pas en reste.

À L'ORIGINE DU BRITISH MUSEUM

Cette véritable institution britannique a été fondée au milieu du XVIIIe s avec l'argent d'une loterie publique qui permit d'acquérir de grandes collections privées. À l'époque, pour visiter le musée, il fallait faire une demande écrite, visée par une commission, ce qui limitait le nombre de visiteurs à une dizaine par jour ! Par la suite, il s'est enrichi des trésors dérobés lors des conquêtes... À l'instar de Napoléon, qui fit de même pour le Louvre.

Un mot sur le Great Court

On accède aux salles par la sublime ***Great Court,*** réaménagée en un large atrium par l'architecte Norman Foster. Entièrement recouverte d'un toit translucide, comme une immense résille tissée par une araignée, elle permet l'appoint d'un espace culturel supplémentaire de 17 000 m². En plein centre, impériale, se dresse l'imposante rotonde de la salle de lecture (qui accueille aujourd'hui des expos temporaires), entrelacée de 2 escaliers monumentaux.

Une visite éclair du musée

Pour ceux qui voudraient aller à l'essentiel, les plans (en noir et blanc gratuit ou en couleur payant) ciblent les ***10 plus beaux trésors du musée,*** à voir en 1h de visite. Très bien fait, les œuvres sont localisées et offrent un aperçu de toutes les sections du musée : la ***pierre de Rosette*** pour l'Égypte antique, les ***frises du Parthénon*** pour la section Grèce antique, une ***statue de l'île de Pâques,*** un ***serpent aztèque*** à 2 têtes du XVIe s en turquoise, une statue de ***déesse bouddhiste*** dorée à l'or fin, des ***vases chinois*** de la dynastie Yuan, un jeu d'échecs du XIIe s trouvé sur une île au large de l'Écosse ***(The Lewis Chessmen),*** le ***sarcophage*** d'une prêtresse de Thèbes, l'***étendard d'Ur*** en ivoire et lapis-lazuli (Mésopotamie) et enfin, la ***tête en laiton du roi d'Ife*** (Nigeria) pour la section Afrique.

En plus de ces 10 incontournables, un panneau à l'entrée de chaque salle indique les 3 ou 4 pièces phares à ne pas louper.

– Dès l'entrée du musée, dirigez-vous vers la ***King's Library (salle 1).*** Soigneusement restaurée, cette magnifique bibliothèque, créée en 1823 par George IV, restitue l'atmosphère des cabinets de curiosités du XVIIIe s. Les collections sont aussi hétéroclites qu'ordonnées. 7 sections évoquent les religions, les arts, l'écrit ou encore l'histoire naturelle. Mais, plus que les objets présentés comme autrefois ou les lourds rayonnages chargés de livres anciens, on retiendra avant tout le vibrant hommage au musée balbutiant des premières heures.

Une visite approfondie des collections

Être exhaustif serait impossible. C'est pourquoi cette visite suit nos préférences, comme d'habitude, par thèmes pour simplifier les choses. Compter ici au moins 3-4h...

Antiquités égyptiennes

« **Épousez un archéologue. Plus vous vieillirez, plus il vous aimera.** »

Agatha Christie (ce qu'elle fit !)

Le département le plus prestigieux du British Museum et, dans le genre, les ***collections les plus riches au monde avec celles des musées du Caire et du Louvre.*** Les découvertes faites dans la vallée du Nil par les archéologues anglais y sont, bien sûr, pour quelque chose, mais il faut ajouter que les pièces inestimables cédées par Napoléon (après le traité d'Alexandrie) ont contribué à enrichir encore la collection. L'histoire du voleur volé, en quelque sorte...

Rez-de-chaussée (Ground floor)

– ***Salle 4 :*** la plus grande salle du musée, dévolue aux œuvres monumentales. La visite commence par la fameuse ***pierre de Rosette.*** À la place d'honneur, à l'entrée de la salle, elle est l'objet de toutes les attentions. Elle fut découverte en 1799 par des soldats français dans le delta du Nil et cédée à Londres au terme du traité d'Alexandrie en 1801. Un décret du conseil des prêtres de Ptolémée V (196 av. J.-C.) est gravé en 3 écritures : hiéroglyphes, démotique et grec. Au début du XIXe s, elle permit à Champollion de percer le secret des hiéroglyphes.

Puis on passe aux salles latérales. Immanquables, les 3 statues de granit noir représentant Sésostris III, ainsi que la tête colossale d'un roi de la XVIIIe dynastie. Son poing est posé à côté. Voir également les *4 statues de la déesse Sekhmet* (XVIIIe dynastie ; 1400 av. J.-C.), avec sa tête de lionne, son disque solaire et, entre ses mains, la croix *Ankh,* symbole de la vie. Autre pièce majeure, un ***buste colossal de Ramsès II*** (1270 av. J.-C.). Ce dernier éleva plus de statues à son effigie que tous les autres pharaons d'Égypte ! Remarquer les 2 couleurs de marbre. La tête claire symbolise la supériorité de l'esprit sur le corps, plus sombre. Derrière lui, plusieurs cuves de sarcophages entièrement gravées de hiéroglyphes, comme autant de messages de bienvenue dans l'au-delà. Plusieurs colonnes en granit et d'autres statues ou visages d'une grande finesse et, sujet remarquable, un scarabée géant de l'époque ptolémaïque.

Level 3 (accès via l'escalier ouest par la salle 4)

– ***Salle 61 :*** elle abrite l'un des chefs-d'œuvre de ce département, la ***tombe-chapelle de Nebamun,*** riche scribe du temple d'Amon à Thèbes (1350 av. J.-C.). Fresques magnifiques, au trait d'une finesse hors pair. Vie rurale observée de façon fort détaillée, panorama précis de la vie quotidienne dans l'Égypte ancienne. Avec la scène du festin, on atteint le sublime dans l'art pictural : grâce et légèreté des personnages véritablement fascinantes.

– ***Salles 62 et 63 : momies et sarcophages.*** Essayer d'éviter les heures de pointe, c'est le coin préféré des groupes scolaires ! Les pièces sont saisissantes, il faut l'avouer. Certaines sont dorées ou finement peintes, d'autres simplement emmaillotées ou recouvertes de chiffons. Dans les vitrines (à l'un des angles de la salle 62), momies d'animaux : un chat, des poissons, un ibis, 2 faucons réunis, un bébé crocodile... Également une belle collection de statuettes *Shabti* accompagnant les textes du *Livre des morts* (figurines magiques placées souvent dans des boîtes peintes). Et un impressionnant *Livre des morts* qui décrit en détail tous les rituels et tâches qui incombaient aux morts dans l'autre vie.

Voir aussi le superbe sarcophage de Henutmehyt, une prêtresse de Thèbes.

– ***Salle 66*** *(vers l'escalier nord)* ***:*** l'Égypte et l'Éthiopie coptes. Figurines, tapisseries, et surtout des fragments de tissus colorés et intacts parmi les plus anciens du monde (IVe-VIIe s apr. J.-C.) avec une rare imagerie chrétienne.

– ***Salle 64 :*** l'Égypte des débuts. Remarquer en particulier la dépouille d'un homme, surnommé *Gebelein,* ayant vécu vers 3500 av. J.-C. La peau (on serait tenté de dire le cuir) a été conservée grâce aux conditions climatiques dans le désert. Restent même quelques cheveux !

– ***Salle 65 :*** galerie d'Égypte, du Soudan et de Nubie. Pierres sculptées, bijoux, statuettes et vases. Au fond, reconstitution d'un mur de la chapelle d'un temple nubien, avec ses bas-reliefs.

Antiquités grecques et romaines

C'est l'autre département qui contribue, avec les antiquités égyptiennes, à la célébrité du musée. Les sculptures les plus grandioses se trouvent au rez-de-chaussée, qui présente ***l'évolution chronologique de l'art grec, de l'âge du bronze à l'époque romaine.*** Au 1er étage, présentation de l'art grec dans les colonies d'Italie du Sud, ainsi que des antiquités préromaines et romaines.

Rez-de-chaussée et sous-sol

– ***Salle 12 :*** les ***fondements de l'art grec.*** Objets datant de la civilisation minoenne qui s'était développée pendant l'âge du bronze. Elle servit de fondation à l'art mycénien, dont on découvre quelques exemples, notamment des bijoux. Vestiges du palais de Minos, à Knossos, et mobilier de terre cuite. Magnifique collection de bijoux, colliers, bagues, etc.

– ***Salles 13 et 14 :*** la ***Grèce antique.*** Vases de la période géométrique qui débuta à Athènes au IXe s av. J.-C. Les motifs géométriques laissent peu à peu la place aux motifs figuratifs, très stylisés au début (hommes, dieux, animaux). Puis vient la ***Grèce archaïque*** (VIIe-VIe s av. J.-C.) : bronzes, céramiques et bijoux de la période orientalisante, durant laquelle les Grecs digérèrent le savoir-faire et le style des artisans du Proche-Orient. Superbes vases athéniens à figures noires (les figures sont peintes en noir et les détails incisés) ou rouges (le vase est peint en noir, excepté les figures qui apparaissent en rouge avec l'argile).

– ***Salle 15 : Athènes et la Lycie*** présentées de façon thématique : la démocratie, le corps humain, les guerres persanes, le peuple d'Athènes, etc. Les frises animalières de Xanthos nous amènent au début de la période classique, où le coup de ciseau s'affine considérablement. Voir la tombe du roi lycien de Xanthos (480 av. J.-C.), avec ses sirènes qui allaitent. Également un très beau buste de Périclès.

– ***Salle 16 :*** autour de la mezzanine, superbe frise provenant du ***temple d'Apollon à Bassae,*** aux figures trapues et athlétiques (autour de 400 av. J.-C.). Une galerie de portraits tout en relief et en mouvement, révélant la richesse et la souplesse des drapés.

– ***Salle 17 : reconstitution spectaculaire*** de la façade ionique du ***temple funéraire des Néréides à Xanthos*** (Lycie). Entre les colonnes, les nymphes laissent subtilement découvrir leurs formes sous un drapé presque transparent et qui semble vibrer.

– ***Salles 18, 18a et 18b :*** voici le clou du spectacle, les ***frises du Parthénon*** (Ve s av. J.-C.), vestiges du Parthénon. Elles furent rapportées en Angleterre au XIXe s par lord Thomas Bruce Elgin, alors que le site était à l'abandon. Le Parthénon a été restauré depuis, et un formidable musée construit à Athènes pour accueillir les vestiges archéologiques, mais les frises sont encore à Londres, bien que les Grecs fassent campagne pour les récupérer.

Le thème choisi par le génial sculpteur Phidias est la *Fête des Grandes Panathénées,* célébrée tous les 4 ans à Athènes en l'honneur de la déesse protectrice Athéna. Les marbres du fronton, dont il reste peu de chose, représentent sa

QUI A VOLÉ DES MORCEAUX DU PARTHÉNON ?

En 1802, lord Thomas Bruce Elgin, ambassadeur d'Angleterre à Constantinople, réussit un coup de maître en obtenant l'accord du sultan turc pour prélever des fragments du Parthénon, la Grèce faisant alors partie de l'Empire ottoman. Ainsi, il rapporta dans ses bagages la quasi-totalité de la frise qui courait en haut de la galerie extérieure du temple. Depuis l'indépendance grecque, le gouvernement tente désespérément de récupérer les fragments.

naissance peu banale en présence des autres dieux rassemblés pour l'occasion : elle sortit en armure de la tête de Zeus, après qu'Héphaïstos lui eut fendu le crâne. Les frises sont tout aussi émouvantes : chars tirés par des chevaux, mouvement remarquablement recréé par les muscles tendus, les crinières vibrantes, les capes des conducteurs qui flottent au vent.

– ***Salle 19 :*** suite et fin du butin d'Elgin avec l'une des fameuses ***cariatides de l'Érechtéion,*** faisant toujours imperturbablement office de colonne. Les plis du *péplos* (tunique) couvrant la jambe tendue rappellent les cannelures d'une colonne.

– ***Salle 20 :*** imposante ***tombe de Payava*** à Xanthos. Ce mélange d'arts grec et oriental est caractéristique de l'art de Lycie, contrée d'Asie Mineure occupée par les Grecs. Plusieurs ***jarres et amphores,*** remarquables exemples des techniques de peinture rouge et de peinture noire.

– ***Salle 21 :*** vestige de l'une des Sept Merveilles du monde antique, la ***tombe du roi Mausole,*** à Halicarnasse en Turquie (à l'origine du terme « mausolée »), haute de 40 m. Voir aussi la superbe ***tête de cheval*** qui appartenait au quadrige trônant au sommet du monument. Frises guerrières très réalistes : *Expédition d'Hercule et Thésée contre Themiskyra, Combat des Amazones.*

– ***Salle 22 :*** salle consacrée à ***Alexandre le Grand*** et aux ***Ptolémées.*** Impossible de tout décrire, se laisser transporter par l'émerveillement : petits bronzes, bijoux, pierres précieuses de toutes les couleurs, vases ciselés, vaisselle en verre de Canossa, statuettes, sculptures, bustes... Et puis ce ***tambour de colonne sculpté provenant du temple d'Artémis à Éphèse*** (325-300 av. J.-C.), une autre des Sept Merveilles du monde, ou encore cette stupéfiante ***couronne en or*** (300 av. J.-C.) dont les branches portent des feuilles de chêne et des glands. Essayez de dénicher les 2 cigales et l'abeille !

– ***Salle 23 : un des chefs-d'œuvre du musée, Aphrodite surprise au bain,*** dite aussi *Vénus de Lely,* qui tente vainement de cacher sa nudité...

Level 3 (accès via l'escalier ouest par la salle 4)

– ***Salle 73 :*** impressionnant ***ensemble de vases d'Italie du Sud,*** parmi lesquels les cratères à volutes. Cratère à figures rouges d'une sublime richesse et jarre décorée sur les flancs de chevaux peints de face et de profil, d'un grand raffinement. Et un rare ***casque corinthien en bronze*** (VIe s av. J.-C.).

– ***Salle 72 : antiquités chypriotes.*** Techniques du travail du bronze (entre autres). Jolis bijoux, insolites objets domestiques, verres, bronzes et d'intéressantes représentations de femmes en terre cuite avec leurs boucles d'oreilles.

– ***Salle 71 : antiquités préromaines et*** en particulier ***étrusques,*** où l'on sent l'influence décisive des artistes grecs. Présentation chronologique depuis l'âge du bronze. Urnes funéraires, sarcophages, superbes bijoux en or et armes en bronze parfaitement conservées. Remarquable collection de casques de toutes formes.

– ***Salle 70 :*** remarquable salle par la qualité des objets présentés. Ne manquez pas le fameux ***vase Portland*** du Ier s av. J.-C., fabriqué dans une verrerie romaine suivant la technique du camée. Une pure merveille de goût et de raffinement. Nombreux ***objets en bronze*** de tailles et de fonctions diverses (dont une oie grandeur nature). ***Bols et coupes en argent*** très travaillées, délicats

SUR CATALOGUE !

L'urne funéraire est un objet caractéristique de la période étrusque, avec un couvercle orné d'une représentation du défunt. Le plus souvent, en fait, celle du couple, dans une position élégante, symbole d'une harmonieuse union. Les riches faisaient travailler de vrais artistes pour obtenir une œuvre originale. Les plus désargentés pouvaient choisir « sur catalogue » un modèle qui était moulé en série. On choisissait, bien sûr, celui qui était le plus ressemblant. Et ça explique qu'on retrouva ensuite tant d'urnes funéraires identiques !

petits bronzes. Voir aussi la *tête en bronze d'Auguste de Méroé* (27-25 av. J.-C.), retrouvée au Soudan. Les billes de verre sont encore dans leur orbite. Enfin, ***fragments de fresques de Pompéi*** et de remarquables ***mosaïques*** (animaux aquatiques notamment).

– ***Salle 69 :*** intéressante ***exposition didactique sur les arts et les techniques dans l'Antiquité gréco-romaine.*** Explication des techniques de travail du métal, de l'or, des fabricants de sceaux, des sculpteurs de pierre, etc. Belle collection d'objets en verre sur la mezzanine. Intéressant : face à face, les équipements assez rares d'un *hoplite* (soldat grec) et d'un *mirmillon* (gladiateur romain). D'autres vitrines thématiques sur la vie sociale et culturelle, autour des enfants, de la mode, des courses de chars, de la musique.

Antiquités du Moyen-Orient

Les salles de ce département fantastique font revivre les ***anciennes civilisations d'Asie occidentale, notamment assyrienne, sumérienne, babylonienne et phénicienne.*** L'étendue géographique de ces royaumes méconnus (en gros, de l'Asie Mineure au Pakistan) et leur longévité (de 2500 av. J.-C. jusqu'au VIIe s) expliquent la richesse des collections. L'Assyrie ancienne, qui occupe plusieurs salles du rez-de-chaussée, est la mieux représentée, grâce aux palais royaux mis au jour en Irak au XIXe s.

Rez-de-chaussée

– ***Salle 6 : monumentaux gardiens de la porte du palais d'Assurbanipal*** (900-612 av. J.-C.). Noter qu'ils sont dotés de 5 pattes, pour qu'on puisse, d'où que l'on soit, de face ou de profil, toujours en apercevoir 4. Ingénieux, non ? Voir aussi l'aigle protecteur des esprits, finement sculpté et un brin bling-bling (il semble porter un sac à main et une montre !). Puis reconstitution des ***colossales portes de Balawat*** (7 m de haut), dont le bronze a survécu.

– ***Salles 7 à 9 :*** sur des dizaines de mètres, des ***scènes finement sculptées et détaillées*** provenant des ***palais de Nimrud*** (IXe s av. J.-C.) et de *Nineveh,* plus connu sous le nom de Ninive (vers 700 av. J.-C.). Conquêtes assyriennes, chasse au lion, scènes de libations, pêche, spectaculaire attaque de la ville d'Alummu (700 av. J.-C.)...

– ***Salles 10a, b et c : superbes fresques*** retraçant des scènes de chasse au lion (sport favori des rois assyriens), rapportées du ***palais du roi Assurbanipal*** (645 av. J.-C.). Le réalisme des scènes de cette grande frise montre la parfaite maîtrise de cet art au VIIe s av. J.-C.

Dans la galerie attenante, scènes sculptées glorifiant la prise de la cité biblique de Lakish par les Assyriens (700 av. J.-C.). Puis on passe aux ***taureaux ailés à tête humaine*** qui gardaient les portes de la cité de Khorsabad, nouvelle capitale du roi assyrien Sargon II (VIIIe s av. J.-C.).

Level 3 (accès via l'escalier ouest par la salle 4)

– ***Salles 57 à 59 :*** les 1res cités. ***Reconstitution d'une tombe*** (salle 58) découverte à Jéricho (âge de bronze), des ***urnes funéraires*** et des ***statues en terre cuite*** de 7200 av. J.-C. (1re représentation de forme humaine à grande échelle). Le *roi d'Alalakh* (salle 57), Idrimi, nous accueille quant à lui la main sur le cœur, avec des vêtements recouverts d'inscriptions.

– ***Salle 56 : Mésopotamie ancienne,*** autrement dit, l'aube de la civilisation (6000 à 1500 av. J.-C.). Une chèvre originale en lapis-lazuli et or et les ***bronzes du temple de Ninhursag*** avec leurs têtes de lion. C'est aussi ici que l'on retrouve l'*étendard d'Ur* en ivoire et lapis-lazuli, un coffre de bois de 2500 av. J.-C. illustrant les victoires du roi. Les ***trésors sumériens*** sont d'ailleurs nombreux : incroyable coiffe décorée de feuilles d'or, casque d'or, collection de harpes, etc.

– ***Salle 55 : Mésopotamie*** (1500 à 539 av. J.-C.). Très belles bornes frontières gravées. Vestiges des ***bibliothèques royales de Ninive,*** les 1res au monde.

LA MODE DES TABLETTES

Les Sumériens, comme on le rappelle à point nommé dans la salle 56, sont aussi à l'origine de l'écriture. Et des tablettes d'argile ! On reconnaît aisément les caractères de cette écriture, dite « cunéiforme », à leur dessin en forme d'encoches triangulaires creusées dans l'argile. Les nombreux spécimens sont restés en parfait état grâce au climat sec du désert.

Incroyable colonnette octogonale recouverte de microscopiques mots en écriture cunéiforme et qui détaille la vie civile et militaire d'un roi. On découvre l'importance des royaumes de Nabuchodonosor et Babylone. Et toujours ces fascinantes ***tablettes en terre cuite*** livrant la riche vie sociale de l'époque.
– ***Salle 54 : ancienne Anatolie.*** De bien jolies pièces parmi les ***figurines, poteries, bijoux, statuettes d'ivoire***, etc. Remarquer les curieux casques pointus ou les pieds de lion en bronze.
– ***Salle 52 : art de l'Iran.*** De chaque côté, des ***fresques de Persépolis,*** représentant notamment des lions au magistral dessin attaquant des taureaux. Quelques ***chefs-d'œuvre,*** comme le cylindre de Cyrus, du VIe s av. J.-C., réalisé par un scribe de Babylone en écriture cunéiforme. Belle collection de ***bijoux en or.***

Level 3 (accès par l'escalier sud)
– ***Salles 42-43 (The Albukhary Foundation Gallery) :*** le ***monde islamique,*** de l'Afrique de l'Ouest à l'Asie du Sud-Est, de 600 à nos jours. Une ***collection riche et somptueuse*** ! Elle met en relief les diversités des peuples, de leurs traditions et de leurs liens dans une mise en scène élaborée. Focus sur les invasions mongoles (1250-1507) et leurs influences sur l'Iran et l'Asie centrale, mais aussi un hommage aux progrès scientifiques, notamment en astronomie. Nombre d'***astrolabes, globes et cadrans solaires*** d'un autre temps. Puis on redécouvre le rayonnement de villes symboles, malheureusement parfois sous les feux de l'actualité : Damas, Tripoli, Mossoul, Dhaka, Samarra, Raqqa... Passionnant éclairage sur ***l'art de l'arabesque,*** zoom sur la ***musique*** (luth, tablak, tabla, cithare, flûtes...) et de splendides pages de ***livres calligraphiées.*** Un musée dans le musée !

Préhistoire, art celte et antiquités anglo-romaines
(Level 3, accès par les escaliers est et sud)

– ***Salle 51 :*** période de 4000 à 800 av. J.-C. ***Bouclier de parade*** en bronze à l'ornementation assez élaborée et au design étonnamment moderne, montrant un haut degré dans l'artisanat. La pièce maîtresse est la ***Gold Cape,*** un élément de parure et parade retrouvé lors de fouilles en 1833. Entièrement en or et joliment ouvragée, son âge est estimé à environ 1900-1600 av. J.-C.
– ***Salle 50 :*** l'art celte à ***l'âge du fer*** (2000 à 100 av. J.-C.). Ne pas rater le plus étonnant, ***l'homme de Lindow.*** Jeune homme de 25 ans (il fait plus, non ?) mort il y a 2 000 ans et retrouvé au fond d'un marécage. L'examen du corps a montré que ce malheureux Celte était mort à la suite d'un rituel et de sévices terribles. Dans cette salle, on découvre aussi que les Celtes avaient, certes, des mœurs barbares, mais un goût raffiné (!). Ils maîtrisaient le ***travail des métaux*** et avaient un faible pour les décorations exubérantes. *Flacons de Basse-Yutz* en bec de canard, ornés d'une anse délicate en forme de chien. Leur art s'est déployé complètement dans les ***armes*** et les ***parures.*** Splendides *torques,* des sortes de colliers formés d'une torsade en or.
– ***Salle 49 : la Grande-Bretagne sous la domination romaine*** (du Ier s av. J.-C. au Ve s apr. J.-C.). ***Fresques et mosaïques*** témoignent de son implantation. Belles ***pièces d'orfèvrerie*** comme le *trésor de Mildenhall* et son grand plat en argent orné de bacchantes, ainsi que ceux de *Thetford* et *Hoxne* (des ensembles de bijoux découverts en 1979 et 2002).
Plein d'objets et de témoignages aussi qui nous font entrer dans l'intimité des colonies romaines. Comme ces diplômes militaires en bronze et, surtout, les

exceptionnels écrits (les plus anciens d'Angleterre) retrouvés dans le *fort de Vindolanda,* à proximité du célèbre mur d'Hadrien (92-120 apr. J.-C.), au point extrême de la conquête.

Du Moyen Âge au XXe s *(Level 3, accès par l'escalier sud)*

– ***Salle 40 :*** les arts du Moyen Âge (1050-1500), c'est-à-dire ***orfèvrerie, émaux, sculpture, peinture,*** etc. La pièce maîtresse est ***The Lewis Chessmen,*** du XIIe s, trouvée en 1831 sur cette île au large de l'Écosse : un jeu d'échecs composé de 93 pièces sculptées en dents de morse, probablement d'origine viking.
– ***Salle 41*** (*Sutton Hoo and Europe,* 300-1100 apr. J.-C.)***:*** voir surtout le ***trésor médiéval de Sutton Hoo*** (VIIe s) provenant d'un vaisseau funéraire de 27 m, dans lequel un roi anglo-saxon fut enterré. C'est le plus riche trésor jamais découvert en Angleterre : casque orné de fils d'argent, bouclier, boucle de ceinture en or décorée d'entrelacs, cornes pour les libations, etc.
– ***Salles 47 et 48 :*** des salles qui survolent le ***XIXe s à nos jours,*** dans un contexte de mondialisation. ***Objets d'art*** de tous styles, vaisselle, bijoux, camées, émaux, céramiques. Art nouveau et Art déco. Superbes parures et broches animalières.
– ***Salle 46 : arts du XVe au XVIIIe s en Europe*** (vaisselle, argenterie, émaux, bijoux, arts du verre). L'orfèvrerie sous les Tudors révèle une période fort créative.
– ***Salles 38 et 39 :*** consacrées au temps, à ***l'horlogerie,*** bref, au son des tic-tac ! Collections d'antiques pendules, remarquables d'ingéniosité, comme cette pièce insolite en cuivre ciselé en forme de bateau, avec ***automates*** (datant de 1585). Notre pièce préférée : la *rolling ball clock* de 1820.
– ***Salle 68 :*** les lecteurs numismates se régaleront ici. Toute ***l'histoire de l'argent*** sonnant et trébuchant, présentée en une muséologie pas ennuyeuse du tout, des 1res pièces (650 av. J.-C., Turquie) aux... cartes bancaires, en passant par les plaques de pierre de 3 m utilisées dans le Pacifique, ou les nouvelles monnaies. Machines à fabriquer les pièces et à imprimer les billets de tous les âges.

Antiquités asiatiques

– ***Salle 33*** *(Level 1 ; accès par l'escalier nord)* ***:*** dans la section bleue on découvre les pièces d'Inde et d'Asie du Sud-Est ; section rouge, celles de Chine. Représentations de scènes d'amour indiennes, ***statue birmane*** en bois du XVIIIe s, ***portes d'un palais balinais*** du XIXe s, d'influence chinoise, ***collections de vases*** de toutes les dynasties chinoises, dont les célèbres « cloisonnés », etc. Une des plus belles pièces est une ***sculpture de Shiva et Parvati*** datant du XIIe s et venant d'Orissa (près de l'accès à la salle 67), tout auréolé de musiciens ciselés avec une extrême finesse. Voir aussi la très belle représentation de la déesse bouddhiste du Sri Lanka, Tara, dorée à l'or fin.
– ***Salle 33a*** *(Level 1 ; accès par l'escalier nord)* ***: sculptures du grand stûpa d'Amaravati*** (en Inde) du IIIe s av. J.-C. Un travail incroyable : des centaines de personnages inextricablement mêlés dans des scènes pleines de vie (racontant généralement la vie de Bouddha). Magnifiques ***jades chinois*** et leur histoire sur 7 000 ans ***(salle 33b).***
– ***Salle 67*** *(Level 2 ; accès par l'escalier nord ou ascenseur depuis la salle 33 – Level 1)* ***: l'art de Corée,*** avec la reconstitution d'une maison traditionnelle, *sarangbang.* Ici, surtout porcelaines et faïences.
– ***Salle 95*** *(Level 2 ; accès par l'escalier nord ou ascenseur depuis la salle 33 – Level 1)* ***:*** une collection de 1 700 ***objets chinois du IIIe au XXe s,*** soigneusement alignés dans de longues vitrines. Parmi les ***remarquables céramiques,*** les *David vases* (dynastie Yuan), 2 vases bleu cobalt à anses d'éléphant réunis par sir David Percival.
– ***Salles 92 à 94*** ***(The Albukhary Foundation Gallery*** *; Level 5 ; accès par l'escalier nord)* ***: superbe collection d'art japonais.*** Elle couvre tous les âges, de 13 500

av. J.-C. au Moyen Âge, en passant par la période Edo et contemporaine (très beau plat de Tokuda Yasokichi, représentatif du style Kutani – 1992) et en différents matériaux (papier, laque, ivoire, corne de buffle, etc.). Quelques ***statues*** sculptées admirables, ***kimonos anciens*** et tout l'attirail des samouraïs, avec armure et sabres, ainsi que des estampes. Mais le chef-d'œuvre de la section est sans aucun doute ***La Grande Vague de Kanagawa,*** célèbre estampe de Hokusai, présentée toutefois en alternance.

Arts des Amériques (latine et amérindienne)

– ***Salle 24 :*** salle thématique autour de la ***vie quotidienne de différentes civilisations*** : les costumes, les rituels, la mort, la mer, etc. ***Statue de l'île de Pâques,*** *Hoa Hakanaia'a,* qui mériterait – entre autres pièces sacrées de ce musée – de retrouver sa place à l'autre bout du monde.
– ***Salle 26 :*** les ***civilisations du Grand Nord*** – les *Lapons (Inuits, Yup'iks, Inupiats)* et les *1ers Américains.* ***Riche collection d'objets domestiques et outils, costumes traditionnels.*** Évocation de la vie quotidienne. Sans oublier les Indiens des plaines canadiennes (artisanat, totems de Colombie-Britannique). Des peuples originels (2 à 10 millions avant l'arrivée des Européens au XVIe s), il ne restait plus que 300 000 individus en 1930. Faute d'immunité naturelle, ils furent laminés par les maladies apportées du Vieux Continent.
– ***Salle 27 :*** le ***Mexique.*** Superbes ***bas-reliefs mayas, poteries et sculptures précolombiennes*** (cultures mixtec, aztèque, zapotèque...). Au fond, fascinante et lumineuse présentation d'***objets incrustés de pierres semi-précieuses*** (turquoises, pyrites et malachites), notamment le célèbre ***serpent aztèque à 2 têtes du XVIe s,*** l'un des joyaux du British Museum.

Arts de l'Afrique

– ***Salle 25 :*** au sous-sol de la salle 24. Présentation resserrée, mais assez complète et intégrant subtilement des œuvres contemporaines. Sculpture sur bois, métal forgé, poterie, masques, textiles, etc. Remarquez les ***statues fétiches du Congo,*** la ***magnifique porte Yoruba*** (Nigeria), la ***riche collection de masques traditionnels,*** y compris naturalistes (taureau, éléphant, phacochère...).
Présentation détaillée de ***tissus et pagnes*** et présentation instructive de ***couvre-chefs*** à travers tout le continent, de la chéchia tunisienne à un chapeau en toile d'araignée (!) d'Afrique du Sud, du début du XXe s. ***Remarquables œuvres contemporaines*** avec de saisissantes sculptures réalisées uniquement à partir de centaines d'armes récupérées dans les nombreux conflits africains. L'œuvre la plus saisissante est cet arbre érigé avec des armes ayant servi dans divers conflits armés en Afrique, et baptisée... *Tree of Life.*

Grant Museum of Zoology *(plan d'ensemble et centre 3, E2) : 21 University St, WC1E 6DE. ☎ 020-3108-2052. • ucl.ac.uk/culture/grant-museum-zoology • Ⓜ Warren St ou Euston Sq. Mar-sam 13h-17h, fermé dim-lun. GRATUIT. Donation bienvenue.* Tout comme le Natural History Museum, ce musée universitaire date du XIXe s mais il se réduit à une seule salle, remplie du sol au plafond de 7 000 animaux empaillés, en squelette ou dans des pots (sur les 70 000 en réserve). Sans oublier une collection d'écorchés humains qui vous observent depuis la galerie... Un inattendu cabinet de curiosités victorien.

Wellcome Collection *(plan d'ensemble et centre 3, E2) : 183 Euston Rd, NW1 2BE. ☎ 020-7611-2222. • wellcomecollection.org • Ⓜ Euston Sq. Tlj sauf lun 10h-18h. GRATUIT. Donation bienvenue. Audioguide (gratuit) en français pour une partie. Cafétéria et resto (à l'étage ; le plus cosy).*
L'Américain Henry Solomon Wellcome (1853-1936) s'établit en Angleterre en 1880 et y fonda un trust pharmaceutique sans précédent (le siège se trouve dans le bâtiment voisin), dont ce musée est l'un des témoignages actuels. Homme d'affaires, philanthrope, pionnier de la photo aérienne, collectionneur éclectique... une

seule vie ne lui a pas suffi pour étancher sa soif de tout faire et tout connaître !

Ce bâtiment colossal, qu'il fit construire en 1932, accueille quelques centaines des objets glanés dans le monde entier par ses émissaires, sur le million que compte la collection ! Une ***exposition permanente sur le corps humain et la médecine*** (objets et œuvres anciens et contemporains), pour les curieux incurables, et des ***expos temporaires*** qui font toujours le plein, sur des thèmes au croisement de la santé, des sciences et des arts. Au 2e étage, coup de cœur pour la ***Reading room*** avec ses escaliers couverts de coussins, ses fauteuils tapissés et luminaires loufoques. Les visiteurs peuvent s'y poser tranquillement pour bouquiner, dessiner ou feuilleter un magazine. Sur le balcon circulaire, les noms des plus grands scientifiques ont été gravés. La bibliothèque voisine renferme 2 millions d'ouvrages papier (sans compter ceux numérisés !).

PETITE IDÉE, GRANDS EFFETS

Une simple idée permit à Henry Solomon Wellcome d'établir son empire pharmaceutique : il fut le 1er à compresser les poudres médicinales sous forme de comprimés. Un procédé qu'il vendit d'abord sous le nom de « tabloïds » (qui signifie « resserré »), qui deviendront « tablets ». Les 1ers journaux populaires adoptèrent aussi un petit format et le terme de « tabloïds »... un format aujourd'hui encore largement utilisé dans la presse à sensations.

GÉNIAL GÉNOME

Parmi les curiosités de la Wellcome Collection, le génome humain est répertorié dans des dizaines de bouquins, classés par chromosomes (il y en a 22, plus les 2 chromosomes sexuels X et Y). Ouvrez-en un au hasard et vous ne verrez que des suites de 4 lettres (a, t, g, c) écrites en tout petit. Il y en a 300 millions... Plus simple que de compter les moutons !

The British Library (centre 3, E-F1) : *96 Euston Rd, NW1. ☎ 330-333-1144. • bl.uk • Ⓜ King's Cross ou Euston Sq. Tlj 9h30-20h (18h ven, 17h sam), dim 11h-17h. Fermé 1er janv et 24-26 déc. GRATUIT. Donation de 5 £ bienvenue. Expos temporaires payantes.* **Bon plan :** *2 entrées pour le prix d'une aux expos temporaires sur présentation de votre billet d'Eurostar.*

Un vaste bâtiment aux lignes industrielles réhabilité avec son architecture de brique, qui fit l'objet de maintes controverses en son temps (appelé « style brutaliste »), mais suscite à présent l'admiration pour son aménagement intérieur aéré et agréable.

Dans le hall, le visiteur est d'abord ébloui par la magnifique ***King Library.*** Cette bibliothèque vitrée colossale, haute de 17 m (!), abrite 100 000 ouvrages, dont les quelque 85 000 de la collection personnelle du roi George III. Cet héritage constitue un trésor inestimable pour les historiens.

La British Library abrite au total 200 millions d'objets, dont 20 millions de livres. Un fonds évidemment d'une richesse inouïe et de vrais trésors visibles dans la ***Treasures Gallery*** *(John Ritblat Gallery, ; lun et mer-ven 9h30-18h, mar 9h30-20h, sam 9h30-17h, dim et j. fériés 11h-17h).* 200 de ces documents scientifiques, sacrés, historiques ou artistiques inestimables y sont exposés par roulement, plongés

EUH... PAS SI BROUILLÉS !

Un matin de 1965, au 57 Wimpole Street, Paul McCartney, alors chez sa petite amie Jane Asher, se précipite sur le piano. Il tient une mélodie qui lui plaît bien. En revanche, côté paroles, il a un problème : ça donne Scrambled Eggs, *soit « œufs brouillés ». Pas très glamour ! Pourtant cela va donner une des chansons cultes des Beatles, dont il va changer le titre au dernier moment pour...* Yesterday *!*

dans la pénombre. Parmi les « permanents », la 1re édition des pièces de Shakespeare et des paroles des Beatles griffonnées sur des bouts de papier (*Yesterday* et *Help !* notamment).
Également des partitions manuscrites de grands compositeurs comme Haendel ou Ravel, et des journaux de bord. La bibliothèque possède par ailleurs 4,5 millions de ***cartes géographiques et globes terrestres***, du Moyen Âge à nos jours ! Une sélection de cartes, dont la plus ancienne, représentant la Grande-Bretagne (tracée vers 1250) y est exposée. La collection s'intéresse aussi à l'Asie et à l'Orient, représentés par des corans anciens aux délicates arabesques, des tantras bouddhistes ou encore de magnifiques enluminures chinoises...
Par ailleurs, la British Library accueille régulièrement d'intéressantes ***expos temporaires,*** et abrite plusieurs ***cafétérias*** où il fait bon s'offrir une pause (studieuse ou non), au calme, dans le quartier mouvementé de St Pancras. Un vrai lieu de vie !

PLUS ADROIT À L'ENVERS

Parmi les archives de la British Library, admirez les carnets de notes de Léonard de Vinci, curieusement écrits de droite à gauche. Coup de génie ? Notes confidentielles nécessitant un miroir pour être lues ? La raison semble plus prosaïque : le maître italien était gaucher. Écrire dans ce sens lui facilitait tout simplement la tâche, la plume glissant plus facilement !

London Canal Museum *(centre 3, F1) : 12-13 New Wharf Rd, N1 9RT. ☎ 020-7713-0836. • canalmuseum.org.uk • Ⓜ King's Cross. Mer-dim 10h-16h30 (dernière admission à 16h). Fermé lun-mar, 23-26 et 31 déc. Entrée : 6 £ ; réduc.* Ce petit musée présente un aspect méconnu de l'histoire de Londres : la vie de ses canaux. Le bâtiment servait, aux XIXe et début XXe s, à stocker la glace que l'on importait par cargo depuis... la Norvège ! On la revendait en été, et c'est par les canaux que la distribution se faisait. Le Regent's Canal, ouvert en 1820 pour relier Limehouse et Paddington, et la Tamise constituaient des artères vitales pour le transport des marchandises à Londres. Concurrencée par le rail et la route, la navigation fluviale a doucement périclité à travers le pays.
La partie la plus sympa se trouve à l'extérieur : le quai est accessible depuis le musée, y sont amarrées quelques belles péniches privées *(narrow boats),* larges d'à peine plus de 2 m et peintes de toutes les couleurs. Aujourd'hui encore, certaines péniches sont habitées. À l'étage, des maquettes permettent de différencier barges, péniches et autres embarcations.

Gagosian Gallery *(centre 3, F1) : 6-24 Britannia St, WC1X 9JD. ☎ 020-7841-9960. • gagosian.com • Ⓜ King's Cross. Mar-sam 10h-18h. Fermé dim-lun. GRATUIT.* Dans un vieil immeuble de pierre sombre, à la déco minimale et virginale, c'est l'une des nombreuses galeries de l'un des « faiseurs d'artistes » les plus connus du monde, Larry Gagosian. Il représente aussi bien Jeff Koons que Jean-Michel Basquiat, Richard Serra ou Damien Hirst, des pointures de l'art contemporain. Expos temporaires. *2 autres galeries à Londres (mêmes horaires) : 17-19 Davies St et 20 Grosvenor Hill (Ⓜ Bond St ; plan d'ensemble C3-4).*

The Foundling Museum *(centre 3, F2) : 40 Brunswick Sq, WC1N 1AZ. ☎ 020-7841-3600. • foundlingmuseum.org.uk • Ⓜ Russel Sq. Tlj sauf lun 10h-17h, dim à partir de 11h. Entrée : 10,50 £ ; réduc ; gratuit jusqu'à 21 ans.* Ce bâtiment cossu abrita un hôpital pour orphelins de 1739 à 1926, créé par le philanthrope Thomas Coram (1668-1751). Il était soutenu financièrement par le peintre William Hogarth (1697-1764) qui incitait ses amis artistes à offrir des tableaux. Résultat, la visite mêle l'histoire de cette institution à travers une muséographie attractive à une riche collection de tableaux de maîtres tels que Gainsborough. Le tout dans un cadre à l'architecture géorgienne (voir les moulures de la *Court room,* datant de 1745). Également une salle consacrée à un autre donateur, Haendel qui faisait jouer ici son célèbre *Messie.* Le musée poursuit par ailleurs son action en soutenant des projets scolaires et artistiques. Un autre visage de Londres, historique et émouvant.

Charles Dickens Museum *(plan d'ensemble, G2)* **:** *48-49 Doughty St, WC1N 2LX.* ☎ *020-7405-2127.* • *dickensmuseum.com* • Ⓜ *Russell Sq. Tlj sauf lun-mar 10h-17h (dernière admission à 16h). Tarif : 9,50 £ ; réduc.* Le célèbre écrivain (1812-1870) a vécu ici d'avril 1837 à décembre 1839. Il entra anonyme dans cette maison et la quitta seulement 2 ans plus tard, connu dans le monde entier. Il y écrivit, entre autres, le célèbre *Oliver Twist.* La maison, caractéristique de l'époque, a été soigneusement meublée en suivant à la lettre les témoignages des visiteurs de Dickens. Les fans apprécieront, sur 5 niveaux, la reconstitution minutieuse de la dizaine de pièces, incluant la cuisine, la laverie et la chambre de bonne, et seront comblés par les manuscrits, portraits et autres « reliques » ayant appartenu au grand homme. Salles d'expos temporaires.

Boutique et agréable ***cafétéria*** (en libre accès aux horaires du musée) pour une pause salée ou sucrée (bons gâteaux maison) dans une jolie cour et un jardin intérieurs.

ANGEL ET ISLINGTON

• Pour se repérer, voir le plan d'ensemble détachable en fin de guide.

Islington fait partie de ces anciens quartiers populaires où l'effet de mode a joué très rapidement, ajoutant aux bars de la première heure quantité de pubs et de restos. Toutefois, si Upper Street concentre l'essentiel de l'animation, surtout le week-end, les ruelles immédiates demeurent très résidentielles et tranquilles, avec leur lot de maisons individuelles à jardinets bien entretenus et ses petits squares – ou *mansions* – paisibles. Baladez-vous sur Camden Passage, entre Duncan Street et Charlton Place, la vie est douce et calme, avec des petites adresses sympa. N'hésitez pas à vous perdre du côté du canal, histoire de découvrir un autre visage de Londres, loin des clichés. On y déniche toutes sortes de disquaires, librairies et antiquaires, ainsi que le Chapel Market, petit marché populaire bien vivant (dim 10h-14h). **Un vrai coup de cœur !**
Toutes proches, la station de métro Angel et les rues alentour forment un quartier surtout commercial, avec les classiques boutiques de fringues, mais en se baladant, on y trouve tout de même des petits restos et pubs qui méritent le détour. Convaincu ? Alors, en route...

Où manger ? Où prendre un petit déj ?

De très bon marché à bon marché (moins de 20 £ / 24 €)

🍴 ***Tanakatsu*** *(plan d'ensemble, H1,* ***396****)* **:** *10 Wakley St, EC1V 7LT. ☎ 012-1389-4111. Ⓜ Angel. Tlj sauf dim. Menu 16,50 £ ; plat env 14 £.* Un peu à l'écart des rues commerciales d'Angel, cette cantine japonaise ne désemplit pas. Il faut dire que le rapport qualité-prix-quantité en a bluffé plus d'un avant nous ! La spécialité maison est le *katsu,* qui désigne un ensemble de plats à base de viande panée et frite. Un plan en or pour les plus voraces : le *bento* combine riz, viande, sushis, soupe et salade. Excellents sushis d'ailleurs, mais les prix grimpent alors plus vite. Ambiance un brin plus chic le soir.

🍴 ***Afghan Kitchen*** *(plan d'ensemble, H1,* ***316****)* **:** *35 Islington Green, N1 8DU. ☎ 020-7359-8019. Ⓜ Angel. Tlj sauf dim-lun. Plats env 7-9 £.* Ce n'est pas très grand, mais chaleureux comme tout, et on y sert une fraîche cuisine afghane subtilement épicée, à des prix d'avant la guerre des Malouines ! Une occasion rare de goûter à un délicieux *qurma suhzi gosht* (agneau-épinards) ou au *borani kado* (potiron-yaourt). Jus de fruits ou de légumes frais. Petite table d'hôtes à l'entrée et salle à l'étage.

🥖 ☕ ***Gail's*** *(hors plan d'ensemble par H1,* ***400****)* **:** *305-307 Upper St, N1 2TU. ☎ 020-7226-7105. Ⓜ Angel. Tlj 7h-18h30. Pâtisseries, snacks et petit déj 3-8 £.* Une des nombreuses adresses de cette petite chaîne de boulangeries artisanales. Cadre moderne et épuré où l'on propose de bons pains spéciaux, des formules pour le petit déj, des petits plats salés du jour (quiches, salades, sandwichs) ou des pâtisseries ou *scones* pour le goûter.

🍴 ***Gallipoli Café & Bistro*** *(hors plan d'ensemble par H1,* ***400****)* **:** *102 Upper St, N1 1QN. ☎ 020-7359-0630. Ⓜ Angel ou Essex Rd. Lun-ven 11h30-22h (23h ven), sam 10h-23h, dim 10h-22h. Mezze 5-7 £ ; plats 11-15 £ ; menus lunch 11-14 £.* Un classique de la cuisine turque et méditerranéenne. Dans une déco de bazar néo-oriental, avec pléthore de lampions multicolores au plafond et de nombreuses gravures aux murs. En plus des plats traditionnels et des savoureux *mezze,* bons petits déj, omelettes et sandwichs *(wraps)* servis le midi. Le soir, atmosphère très cosy, l'odeur du narghilé se mêlant à celle du thé à la menthe et aux effluves épicés. Le succès est tel qu'il a un petit frère, *Gallipoli Again,* un peu plus loin dans la rue (face à l'église), avec quasi la même carte.

De bon marché à prix moyens (moins de 30 £ / 36 €)

☕ 🍴 ***The Breakfast Club*** *(plan d'ensemble, H1,* ***316****) : 31 Camden Passage, N1 8AE. ☎ 020-7226-5454. Ⓜ Angel. Tlj 8h-15h, jusqu'à 17h le w-e. Résa conseillée. Petits déj 9-13 £ ; env 20 £ avec les boissons.* Une annexe plutôt minus de la chaîne qui fait courir le Tout-Londres en quête de petits déjeuners maousse costauds. Bienvenue au club des amateurs de pancakes, gaufres, œufs Bénédicte, *avocado toast, hash brown* et autres merveilles de la gastronomie britannique... ! *D'autres adresses à Southwark, Hoxton, Soho, Spitafields et Canary Wharf.*

🍴 ***Little Georgia*** *(plan d'ensemble, G1,* ***142****) : 14 Barnsbury Rd, N1 0HB. ☎ 020-7278-6100. Ⓜ Angel. Ts les soirs sauf lun. Résa par tél conseillée. Plats env 15 £ ; compter 22-25 £ le repas.* Un aller simple pour la Géorgie, ça vous dit ? Photos sépia encadrées, affiches anciennes et tons boisés, le cadre soigné et l'intitulé des plats nous font déjà voyager. Ravioles, viandes braisées ou marinées, *mezze* à partager, on se laisse volontiers surprendre par des recettes méconnues. Arrosez le tout d'un verre de vin rouge charpenté et gorgé de soleil et vous voilà transporté à Tbilissi ! L'une de nos adresses préférées dans le quartier. *Une autre adresse à Hackney : 87 Goldsmiths Row, E2 8QR.*

🍴 ☕ ***Ottolenghi*** *(hors plan d'ensemble par H1,* ***400****) : 287 Upper St, N1 2TZ. ☎ 020-7288-1454. Ⓜ Angel. Lun-sam 9h-22h, dim jusqu'à 18h. Petits déj env 10-15 £ ; lunch menus 19-26 £ (avec 2-3 salades au choix) ; plats 12-14 £ le soir.* D'abord la boutique avec sa vitrine regorgeant de bons produits et pâtisseries, puis la grande salle design, d'une blancheur immaculée. Au centre, une longue table commune, encadrée de petites tables pour les amoureux. Et là, on s'installe pour déguster le petit déj complet, excellent, ou les fameux *scramble eggs and salmon.* File d'attente assurée le week-end ! Pour le déjeuner et le dîner, une autre fête des papilles : des plats aux saveurs délicieusement méditerranéennes et à des prix étonnamment modérés eu égard à la finesse de la cuisine ! *D'autres adresses à Londres, à Spitalfields, Belgravia, Notting Hill, Soho et Fitzrovia.*

🍴 ***The Duke of Cambridge*** *(plan d'ensemble, H1,* ***362****) : 30 St Peters St, N1 8JT. ☎ 020-7359-3066. Ⓜ Angel. Tlj sauf lun 12h-22h (18h dim). Tlj midi et soir, en continu le w-e. Plats au déj 11-14 £ ; 16-20 £ le soir.* Ce pub joliment rénové au goût du jour fait toujours le plein ! Parquet usé, grandes tables en bois et un brouhaha convivial pour savourer une cuisine de saison certifiée 100 % *organic* et éthique. Le menu est constamment renouvelé et affiché à l'ardoise. Belle sélection de vins au verre et d'excellentes bières, *organic* là aussi, accompagnent à merveille cette réjouissante cuisine anglo-fusion.

🍴 ⛱ ***The Drapers Arms*** *(hors plan d'ensemble par G1,* ***318****) : 44 Barnsbury St, N1 1ER. ☎ 020-7619-0348. Tlj 12h-23h (service midi et soir jusqu'à 22h30, en continu dim jusqu'à 20h30). Plats 16-22 £.* Vaste *gastropub* niché au pied d'une élégante demeure. Assez excentré, dans un agréable quartier résidentiel, c'est un pub de quartier se doublant d'une vocation gastronomique, avec une clientèle fidélisée. Beaucoup de monde et très bruyant en fin de semaine, mais ça fait partie de l'ambiance. Petits plats rustiques assez inventifs, qu'on déguste le soir à la lueur d'une bougie sur de grosses tables en bois. Pas mal de viandes, mais aussi des plats de pâtes et *pies...* Cheminée en hiver et plaisante terrasse avec jardin clos à l'arrière pour les beaux jours.

Où boire un verre ? Où sortir ?

🍸 ☂ ***The Narrow Boat*** *(plan d'ensemble, H1,* ***358****) : 119 St Peter's St, N1 8PZ. ☎ 020-7400-6003. Ⓜ Angel. Tlj 11h (12h dim)-23h (22h dim).* Ce pub hors des sentiers battus arbore une façade bien ordinaire. Mais c'est un leurre. Une fois à l'intérieur, on s'aperçoit qu'il est échoué au bord du canal et que la salle s'étire le long de portes-fenêtres donnant sur les flots, avec même quelques tables alignées sur l'étroit balcon extérieur. *The place to be* ! Un escalier conduit aussi sur le quai, où les habitués sirotent leur pinte en profitant de l'environnement paisible. En fin de journée, les rayons du soleil jouant parmi les gréements des quelques embarcations distillent un charme irrésistible... On y sert une classique cuisine de pub, des snacks et sandwichs, mais rien de mémorable.

🍸 ***69 Colebrooke Row*** *(plan d'ensemble, H1,* ***403****) : 69 Colebrooke Row, N1 8AA. 📱 075-4052-8593. • 69colebrookerow.com • Ⓜ Angel ou Essex Rd. Tlj sauf lun 17h-minuit (1h jeu et 2h ven-sam). Cocktail 12,50 £.* L'un des bars à cocktails les plus connus de Londres. Il n'est pourtant pas bien grand, voire minuscule, on n'y est pas forcément très bien assis, et la déco fait plus dans le troquet de quartier que le club cosy. Mais c'est LE repaire de l'un des maîtres du genre ! Tous les *aficionados* réservent bien à l'avance pour pouvoir goûter les créations audacieuses et surprenantes de Tony Conigliaro. Une expérience atypique, d'autant plus sympa les soirs de *live session (jeu à partir de 20h30)* ou lorsque le pianiste de jazz de la maison régale l'assemblée *(mer et dim 19h-22h).*

🍸 ♪ ***The Lexington*** *(plan d'ensemble, G1,* ***409****) : 96-98 Pentonville Rd, N1 9JB. ☎ 020-7837-5371. • thelexington.co.uk • Ⓜ Angel. Tlj 12h-2h (3h jeu, 4h ven-sam).* Un pub délicieusement éclectique. Au rez-de-chaussée, le bar, amusant avec ses papiers peints à ramages et ses abat-jour kitsch... immense et pourtant parfois trop petit pour accueillir les très nombreux fêtards attirés par la sélection (insolite !) de bourbons et de bières *made in USA.* Grosse ambiance donc, jeune et tonitruante, qu'on retrouve à l'étage, dans la chaleureuse salle de concerts. Soirées DJ ou concerts selon les soirs (gratuits ou pas cher ; consulter le site).

🍸 ∞ ☂ ***The Camden Head*** *(plan d'ensemble, H1,* ***316****) : 2 Camden Walk, N1 8DY. ☎ 020-7359-0851. • camdenhead.com • Ⓜ Angel. Tlj 12h-1h (2h jeu et 4h ven-sam).* Caché dans un petit passage pavé, ce joli pub date de 1849 et a conservé de nombreux éléments du passé : un grand comptoir elliptique en bois sculpté, des miroirs joliment gravés et un plancher bien usé par la joyeuse et bruyante clientèle d'habitués. On y vient pour le *Camden Comedy Club* (gratuit, mais donations appréciées), un des plus réputés dans le genre et qui a lieu tous les soirs à 20h, dans la salle à l'étage (arriver 1h plus tôt pour avoir de la place). Petite carte de burgers fumés, servis sous cloche (!). Grande et agréable terrasse aux beaux jours.

🍸 ∞ ♪ ***King's Head Theatre Pub*** *(hors plan d'ensemble par H1,* ***400****) : 115 Upper St, N1 1QN. ☎ 020-7226-4443. • kingsheadtheatre.co.uk • Ⓜ Highbury & Islington ou Angel. Tlj 11h (12h dim)-22h à 1h.* On se glisse ici dans la chaude atmosphère d'un petit pub, où les habitués investissent les fauteuils de théâtre élimés, quand ils ne sont pas accoudés au bar sous les antiques projecteurs. Aux murs, des photos en noir et blanc d'actrices et acteurs passés par ces planches. Et puis, derrière les portes battantes, un vrai théâtre de poche, où Hugh Grant *himself* a fait ses débuts ! Concerts et *quiz nights* assurent l'*after show* certains soirs.

🍸 ∞ ☂ ***Old Red Lion Theatre & Pub*** *(plan d'ensemble, G1,* ***301****) : 418 St John St, EC1V 4NJ. ☎ 0333-012-4963. • oldredliontheatre.co.uk • Ⓜ Angel. Tlj 11h (12h dim)-minuit (1h ven-sam, 22h30 lun-mar).* Encore un pub chaleureux et sans façons, situé dans le hall d'un vénérable théâtre. Une grande vitre gravée cloisonne la salle aux larges et moelleuses banquettes un peu défraîchies, piano où se relaient les artistes d'un soir, tables patinées qu'occupe une clientèle jeune et *arty*. Que ce soit avant ou après la représentation (voire programmation sur le site), on trouve la même ferveur « théâtreuse », le même attachement aux valeurs culturelles... dont l'amour de la pinte fait partie intégrante ! Aux beaux jours, on se concentre dans le *beer garden*.

🍷 Voir aussi ***The Duke of Cambridge*** *(plan d'ensemble, H1,* ***362****)* décrit dans « Où manger ? Où prendre un petit déj ? ».

Shopping

🧺 ***Annie's Vintage*** *(plan d'ensemble, H1,* ***316****)* **:** *12 Camden Passage, N1 8ED.* ☎ *020-7359-0796.* • *anniesvintageclothing.co.uk* • Ⓜ *Angel. Tlj 11h-18h.* Cette adorable boutique d'angle, installée au cœur du non moins charmant Camden Passage, est célèbre dans le milieu vintage pour sa sélection hors normes. On ne parle d'ailleurs presque plus de vintage, mais de pièces de collection ! Car bon nombre des robes et autres accessoires présentés dépassent allègrement le demi-siècle. Un lieu insolite et empreint d'une nostalgie glamour irrésistible.

🧺 ***Fara Charity Shop*** *(plan d'ensemble, G1,* ***291****)* **:** *Angel House, 28-32 Pentonvile Rd, N1 9HJ.* ☎ *020-7713-0931.* • *faracharity.org* • Ⓜ *Angel. Tlj 10h-18h.* Un réseau de plus de 40 boutiques établi à Londres depuis 30 ans et géré par une ONG qui vient en aide aux enfants et soutient des projets socio-éducatifs en Roumanie. Celle-ci est bien fournie et vous y dénicherez sans mal une fringue bon marché.

🧺 Plusieurs ***boutiques de vêtements et objets d'occasion*** autour de la station de métro Angel, dans Islington High St et Upper St, notamment les boutiques ***Oxfam*** (vêtements et accessoires au 29 Islington High St ; livres et disques au 48 Upper St, en face du Camden Passage).

HOLBORN, FARRINGDON ET CLERKENWELL

- Pour se repérer, voir le plan d'ensemble et le centre 1 détachables en fin de guide.

Grosso modo délimité au sud par le Smithfield Market, à l'est par Goswell Road, au nord par Clerkenwell et à l'ouest par Farringdon Road, Farringdon constitue un quartier qui tire son petit bout de gras de l'animation nocturne londonienne. Grouillant de cols blancs la journée, il s'anime le soir, rejoint par l'élégant Clerkenwell, dont les lofts et les entrepôts ont trouvé quelques heureux repreneurs. Petit coup de cœur pour *Exmouth Market,* où se concentrent plein de restos et un marché de *Street Food* très animé. Dans le même style, mais plus populaire et authentique, ne pas manquer le *Whitecross Streef Food Market.*
L'ambiance un peu « village » de ces quartiers apporte une véritable convivialité, tandis que Holborn, coincé entre Covent Garden et la City, reste encore hermétique à cette agitation. Débordant d'activité le jour, mais déserté le soir, ce quartier est le bastion d'un certain classicisme à l'anglaise. Les *Inns of Court* et les grands pubs séculaires cachés dans d'étroites ruelles sont sa marque de fabrique.

Où dormir ?

Très chic et « spécial coup de folie » (150-300 £ / 180-360 €)

■ ***The Hoxton Holborn*** *(centre 1, F3,* ***94****)* **:** *199-206 High Holborn, WC1V 7BD. ☎ 020-7661-3000. • thehoxton.com/london/holborn/ • Ⓜ Holborn. Doubles env 120-350 £ ; réduc en ligne à partir de 2 nuits hors saison.* Petite sœur de la maison-mère de Shoreditch, cette annexe a tout d'une grande. Vaste hall ouvert et meubles au design vintage dans les quelque 220 chambres, de la « *shoebox* » (boîte à chaussures !) aux suites et familiales. Les papiers peints rétro sont inspirés des romans de Charles Dickens et certaines œuvres imaginées par de jeunes créateurs. Ambiance boutique-hôtel jeune et sympa, qui bouscule un peu les classiques standards londoniens. On adore les tourne-disques ou les radios d'antan qui côtoient les éléments modernes. Pour compléter le tableau, un joli bistrot *(Rondo)* et un bar à vins et cocktails *(La Cave)*. Une belle adresse, aux prix plus que fluctuants... Guettez la bonne affaire !

■ ***Fox and Anchor*** *(plan d'ensemble, H2-3,* ***252****)* **:** *115 Charterhouse St, EC1M 6AA. ☎ 020-7250-1300. • foxandanchor.com • Ⓜ Barbican. Doubles env 160-250 £ ; réduc en ligne.* Un de ces pubs à l'ancienne dont l'Angleterre a l'art et le secret. Resto-bar cosy en diable et sur place, 6 superbes chambres dans l'esprit boutique-hôtel, notamment la cosy *Market suite* (plus chère), avec petite terrasse ! Papier peint graphique, rideaux de velours, baignoire à pieds, mobilier coloré, on raffole du style chic et vintage, *so British* !

■ ***The Zetter Hotel*** *(plan d'ensemble,*

H2, **141**) : 86-88 Clerkenwell Rd, St Johns Sq, EC1M 5RJ. ☎ 020-7324-4444. • thezetter.com • Ⓜ Farringdon ou Barbican. Doubles 125-300 £. Un hôtel design, avec son puits de lumière, ses chambres personnalisées où se mêlent pierre, brique, métal et bois. Tableaux, coussins ou mobilier acidulés, on apprécie la déco bien éloignée du kitsch anglais ! Mention spéciale aux studios (les plus chers), avec terrasse privée et vue imprenable sur Londres. Excentrique à souhait ! Resto-bar à vins sur place.

The Zetter Townhouse *(plan d'ensemble, H2,* ***141****) : 49-50 St Johns Sq, EC1V 4JJ. ☎ 020-7324-4567. • thezettertownhouse.com • Ⓜ Farringdon ou Barbican. Doubles à partir de 220 £.* Non contents de nous accueillir dans leur univers chic et design, les proprios du *Zetter* tiennent aussi cette annexe juste derrière ! Bienvenue chez une hypothétique ancêtre britannico-excentrique : une douzaine de chambres dans une ancienne demeure georgienne aux papiers peints raffinés, une foule d'objets kitsch et insolites, de vieux parquets, un confort ultramoderne et... des fenêtres secrètes dans les salles de bains. *The Zetter* sait recevoir ! Au rez-de-chaussée, bar à cocktails très couru, voir plus loin « Où boire un verre ? ».

Autre annexe dans le même esprit boutique-hôtel, mais plus classique, ***The Zetter Townhouse Marylebone*** *(28-30 Seymour St).*

Où manger ? Où prendre un petit déj ? Où faire une pause sucrée ?

Très bon marché (moins de 10 £ / 12 €)

Whitecross Street Food Market *(plan d'ensemble, I2,* ***270****) : Whitecross St. Ⓜ Barbican ou Old St. Lun-ven 10h-16h.* Ancienne « rue-marché » médiévale, juste en dehors des remparts, la plus ancienne de Londres (s'étendant d'Old Street à Chiswell Street). Aujourd'hui, Whitecross Street a retrouvé sa 1re vocation en alignant les stands de *street food,* suppléés par de bons petits restos à prix modérés. Toutes les cuisines du monde : asiatique, antillaise, turque, française...

– Sinon, parmi nos tables préférées autour du marché (pour ceux qui n'aiment pas manger dans la rue), on retiendra les *fish & chips* de ***Kennedy's*** au nº 169 *(lun-sam 11h-21h30 – 22h30 sam –, dim 12h-20h30)* ou les bons petits plats turcs du ***Iskelé*** au nº 179 *(tlj 12h-22h – 23h jeu-sam).*

Exmouth Market *(plan d'ensemble, G2) : Exmouth Market. Ⓜ Angel ou Farringdon. Lun-ven 12h-15h.* Grosse concentration de restos et de bars animés dans cette « rue-marché » bordée d'anciennes demeures. En journée, une quinzaine de stands *street food* du monde entier permettent de caler sa faim à petits prix. Moins étendu et populaire que le *Whitecross Street Food Market,* la rue abrite cependant plusieurs bonnes adresses que l'on ne manque pas de développer.

London Review Cake Shop *(centre 1, F3,* ***80****) : 14 Bury Pl, WC1A 2JL. ☎ 020-7269-9045. M. : Holborn ou Russel Square. Mar-sam 10h-17h. Fermé dim-lun.* Une petite cafét' installée dans la librairie du *London Review of Books,* célèbre revue littéraire. Quelques tables au calme et en terrasse dans la jolie cour pavée, plus un petit comptoir et une vitrine alléchante avec des formules fraîches et *healthy* pour le déjeuner, gâteaux et autres douceurs pour accompagner une limonade bio ou un bon café. Simple et goûteux, sans chichis.

Gail's *(plan d'ensemble, G2,* ***302****) : 33-35 Exmouth Market, EC1R 4QL. ☎ 020-7713-6550. Ⓜ Angel. Tlj 7h (7h30 dim)-18h (18h30 sam). Env 4-10 £.* Encore une annexe de cette chaîne de boulangeries artisanales. Ici, on trouve un large espace de dégustation. Cadre moderne tout blanc, très lumineux, produits frais et généreux, qu'il s'agisse des pains spéciaux, des formules pour le petit déj, des petits plats salés (quiches, salades, sandwichs) pour le déjeuner ou des pâtisseries et *scones* pour le goûter.

De très bon marché à bon marché (moins de 20 £ / 24 €)

Clerkenwell Kitchen *(plan d'ensemble, G2,* ***266****) : 27-31 Clerkenwell Close, EC1R 0AT. ☎ 020-7101-9959. Ⓜ Farringdon. Lun-ven 8h-16h30 (16h ven) ; fermé le w-e. Petits déj, sandwichs et plats env 4-12 £.* Ce charmant établissement au cadre brut et contemporain accueille ses habitués depuis le petit déj jusqu'au *teatime*... mais c'est pour son déjeuner qu'il s'est forgé une solide réputation. L'ardoise affiche des plats alléchants, de saison et goûteux, qui changent au fil du marché (mais toujours avec des producteurs locaux) : sandwichs vraiment élaborés, quiches, salades, *empanadas* et gâteaux maison. Grand choix de petits déj aussi pour bien attaquer la journée. Une adresse qui mise tout sur le circuit court, résolument dans l'air du temps. Chouette terrasse à l'arrière.

Look Mum No Hands ! *(plan d'ensemble, H2,* ***288****) : 49 Old St, EC1V 9HX. ☎ 020-7253-1025. Ⓜ Barbican. Tlj 8h (9h sam, 10h dim)-16h. Petits déj 6-12 £, plats 7-14 £.* Un café-bar-*workshop* qui offre une halte relax dans le quartier. Grande salle ouverte avec ses baies vitrées sur la rue et joli coin-terrasse aux beaux jours. Déco entièrement consacrée à la petite reine. Pour cause, l'adresse est en partie occupée par un atelier de réparation de bicyclettes *(ouv en sem jusqu'à 18h)*. Les bobos-cool du quartier viennent y faire rafistoler leur bécane et siroter un jus de fruits ou un bon café. Petits déjeuners gourmands, mais aussi bons plats du jour (*wraps*, sandwichs...), simples et de saison. Savoureux desserts également, et une petite sélection de bières locales. *Quelques soirées organisées en fin de sem (consulter le site : • lookmumnohands.com •).*

Morito *(plan d'ensemble, G2,* ***209****) : 32 Exmouth Market, EC1R 4QE. ☎ 020-7278-7007. Ⓜ Farringdon ou Angel. Tlj midi et soir. Tapas env 5-12 £.* C'est minuscule, mais c'est le seul défaut de ce séduisant bar à tapas, où les gourmands s'entassent dans une atmosphère joyeuse et bourdonnante, à l'une des quelques tables ou, mieux, au comptoir. Autre avantage : bien moins cher que le *Moro* à côté (la maison mère, bruyante et un peu surestimée). Les tapas, préparées en direct avec des ingrédients frais, sont bien relevées et joliment présentées : charcuteries espagnoles, spécialités iodées et autres légumes déclinés de façon originale. *Autre adresse : 195 Hackney Rd. Ⓜ Hoxton.*

Breddos Tacos *(plan d'ensemble, H2,* ***201****) : 82 Goswell Rd, EC1V 7DB. ☎ 020-3535-8301. Ⓜ Barbican. Mar-ven, 12h-15h, 17h-22h30, sam en continu. Fermé dim-lun. Résa conseillée. Tacos et burritos 8-10 £.* Difficile de dégoter une place dans cette petite salle plus qu'animée, une *taquería* plus vraie que nature au cœur de Londres. Les chefs sélectionnent avec soin les produits locaux et réinventent sans cesse les recettes de tacos glanées sur le continent américain, et pas uniquement au Mexique. Extra-frais, goûteux et cuisiné sous vos yeux.

Café Kick *(plan d'ensemble, G2,* ***317****) : 43 Exmouth Market, EC1R 4QL. ☎ 020-7837-8077. Ⓜ Farringdon. Tlj 10h-23h.* Cette adresse « pur jus » se démarque des pubs traditionnels et des restos au cadre moderne d'Exmouth St. Voici un vrai café du sport, avec babyfoot et retransmissions des matchs, vieux plancher, murs et plafonds couverts de drapeaux, fanions et autres objets évoquant le *soccer* ! Cadre convivial et atmosphère relax, confortés par l'accueil chaleureux. La formule déjeuner est une aubaine, avec de bons petits plats du jour frais et goûteux, affichés à l'ardoise. Une petite cuisine authentique et sans esbroufe, à l'image des lieux, que l'on fréquente aussi pour une bonne bière, un verre de vin ou un cocktail. Un sans-faute !

Panzo *(plan d'ensemble, G2,* ***209****) : 50 Exmouth Market, EC1R 4QE. ☎ 020-7278-9986. Ⓜ Angel. Tlj sauf* *lun 12h-22h. Plats env 8-10 £.* Quand l'estomac vient à grogner, difficile de se décider dans la très gourmande Exmouth Street, où la concurrence est rude entre bonnes adresses et stands de *street food.* Alors, pourquoi ne pas combiner les 2 ? Confort d'un resto et prix mini. Chez *Panzo,* le cadre boisé est épuré, les couleurs sont dans l'assiette. On prépare la pizza à pâte épaisse et plutôt moelleuse, avec des garnitures classiques ou plus originales comme les courgettes à la menthe ou la base de potimarron. Des options *veggie* et vegan, mais aussi lasagnes ou *parmigiana.* Petite cour fleurie à l'arrière, très prisée aux beaux jours.

De bon marché à prix moyens (10-30 £ / 12-36 €)

|●| *The Wilmington* *(plan d'ensemble, G2,* ***325****) : 69 Rosebery Ave, EC1R 4RL. ☎ 020-7837-1384. Ⓜ Farringdon ou Angel. Tlj 12h-23h. Plats env 10-25 £.* Vénérable pub du XIXe s qui figure comme l'un des meilleurs *gastropubs* de Londres : cuisine de haute qualité, salle très agréable, aux tons vert foncé et boisés, qui a su garder des éléments de charme du passé et un niveau sonore tolérable. On a affaire ici à un chef authentique, fusionnant habilement cuisines française et anglaise. Sans compter l'accueil affable et le service au diapason. Au bar, bières et cidres à la pression. L'une des valeurs sûres dans le coin !

|●| *The Eagle Farringdon* *(plan d'ensemble, G2,* ***289****) : 159 Farringdon Rd, EC1R 3AL. ☎ 020-7837-1353. Ⓜ Farringdon. Bar ouv lun-sam 12h-23h, dim jusqu'à 16h. Cuisine ouv midi et soir sauf dim soir. Plats env 10-25 £.* Depuis 3 décennies, l'un des pères fondateurs des *gastropubs* poursuit sa route sur les courants ascendants. On apprécie l'atmosphère conviviale et le cadre sans chichis, le large bar hérissé de pompes à bière où se presse la foule, et les tables usées dispersées un peu partout. L'ardoise annonce les spécialités de la maison, de bonne tenue et aux portions généreuses : poissons et viandes grillées, plats d'inspiration méditerranéenne et pâtes. La formule plaît, mais les places manquent, donc il faut s'armer de patience et ne pas craindre le vacarme le soir en fin de semaine.

|●| *The Quality Shop House* *(plan d'ensemble, G2,* ***273****) : 88-94 Farringdon Rd, EC1R 3EA. ☎ 020-7278-1452. Ⓜ Farringdon. Tlj sauf dim soir. Menus lunch 24-28 £ ; plats le soir 20-25 £.* Le décor, qui date de 1869, est charmant et chaleureux avec ses box en bois. Une fois n'est pas coutume, le fond sonore plutôt jazzy ne viendra pas couvrir vos échanges... Cuisine traditionnelle à partir de produits 100 % *British* et 100 % fermiers pour un menu qui change tous les jours. Si la maison doit sa réputation à ses viandes et ses gibiers, poissons et légumes anciens ne sont pas en reste. Une adresse gourmande et cosy à souhait.

|●| *Berber & Q Bar Shawarma* *(plan d'ensemble, G2,* ***209****) : 46 Exmouth Market, EC1R 4QE. ☎ 020-7837-1726. Ⓜ Farringdon. Tlj sauf lun, midi et soir. Mezze env 6-10 £ ; plats env 10-20 £ ; menus 25-35 £.* Rôtisserie orientale conviviale en diable pour déguster *mezze, shawarma,* spécialités de houmous et autres viandes grillées, rehaussées d'épices de toutes les couleurs. Impec à l'apéro, vite fait le midi ou sympa pour se poser le soir dans une ambiance animée et aux lumières tamisées. *2 autres adresses à Londres :* ***Carmel*** *(23-25 Lonsdale Rd, Ⓜ Queen's Park) et* ***Berber & Q Grill House*** *(Acton Mews, Ⓜ Haggerston).*

|●| Voir aussi un peu plus loin nos adresses de pubs, comme le **Cittie of Yorke** *(plan d'ensemble, G3,* ***385****)*, où l'on mange fort bien, pas cher et, qui plus est, dans un cadre incomparable, ou encore le ***Fox and Anchor*** *(plan d'ensemble, H2-3,* ***252****)*.

De chic à très chic (plus de 30 £ / 36 €)

|●| *St John* *(plan d'ensemble, H2,* ***261****) : 26 St John St, EC1M 4AY. ☎ 020-7251-0848. Ⓜ Farringdon. Tlj sauf dim soir, 12h-15h (16h dim), 18h-22h30. Plats env 20-32 £ ; env 10 £ au* bar. Établi dans un ancien fumoir à jambon, ce célèbre restaurant obéit à une devise bien gourmande : « *From the nose to the tail* », grosso modo « Dans le cochon, tout est bon » ! Il n'y a pas que du cochon à manger, rassurez-vous, mais on déniche à la carte des morceaux qu'on n'a pas forcément l'habitude de voir dans nos assiettes. Tout bonnement délicieux ! Déco minimaliste et salle immaculée, comme le tablier des serveurs. Bar idéal pour l'apéro ou se restaurer à moindre coût. Bon choix de desserts. En prime, la boulangerie intégrée et ses bons pains maison. *Succursale à Spitalfields (**Bread & Wine,** 94-96 Commercial St).*

Anglo *(plan d'ensemble, G2, **268**) : 30 St Cross St, EC1N 8UH. ☎ 020-7430-1503. Ⓜ Chancery Lane ou Farringdon. Mar-sam 17h45-23h (dernière résa à 20h30), plus ven-sam 12h30-16h. Fermé dim-lun. Résa conseillée.* Lunch menu *ven-sam midi 23 £ ; menus dégustation 40-70 £.* Le renouveau de la cuisine gastronomique britannique passe par *Anglo* ! Enseigne au néon vert très discrète et cadre épuré pour cette adresse grande comme un mouchoir de poche, chaises d'écolier et luminaires design. Dans l'assiette, rien de commun ! Les chefs se sont succédé aux fourneaux des meilleures tables anglaises et européennes. Viandes, poissons, légumes, tout est sublimé, avec délicatesse, superbement dressé, riche en couleurs et en saveurs. Une belle expérience culinaire.

Où boire un verre ?

Cittie of Yorke *(plan d'ensemble, G3, **385**) : 22 High Holborn, WC1V 6BN. ☎ 020-7242-7670. Ⓜ Chancery Lane. Tlj sauf dim 12h-23h.* Un monument ! Inauguré en 1430, ce formidable pub historique, reconstruit en 1695 avec les éléments du pub précédent, arbore une belle façade de style Tudor. On adore la hauteur de plafond dans le bar principal, les vitraux colorés, les vénérables boiseries, les passerelles métalliques et les immenses barriques. Une clientèle fidèle – à laquelle se mêlent les touristes – se serre les coudes au bar ou autour du vieux poêle, quand elle ne préfère pas l'intimité des petits box à l'éclairage tamisé. Ici, on boit avant tout de la *Sam Smiths*.

Famous Three Kings *(plan d'ensemble, G2, **351**) : 7 Clerkenwell Close, EC1R 0DY. ☎ 020-7253-0483. Ⓜ Farringdon. Tlj 12h (11h le w-e)-23h, jusqu'à 1h ven-sam.* Une foule d'objets insolites, des autographes, des unes de journaux et des photos tapissent les murs de ce pub foutraque comme on les aime. Clientèle d'habitués qui célèbrent l'esprit « grande famille » de la maison et trinquent volontiers à la santé des 3 rois : Henri VIII, King Kong et Elvis, autour du feu de cheminée. Autant le savoir, souvent bourré à craquer en fin de semaine et ambiance conviviale indescriptible, en particulier les soirs de match ou lors des concerts.

Princess Louise *(centre 1, F3, **386**) : 208 High Holborn, WC1V 7EP. ☎ 020-7405-8816. Ⓜ Holborn. Tlj sauf dim 12h-23h.* Magnifique pub victorien datant de 1872, qui prit le nom de la 4e fille de la reine Victoria. L'un des plus beaux décors de Londres : lambris, superbes miroirs gravés, plafonds ciselés, d'insolites paravents permettant de compartimenter le bar. Même les toilettes valent le coup d'œil... À l'étage, salle plus cosy et tranquille avec cheminée. On peut y manger toute la gamme de plats classiques de pub. Surtout, beau choix de cidres et de bières, notamment la *Sam Smiths* (goûter à l'*extra stout*).

Ye Olde Mitre *(plan d'ensemble, G3, **388**) : 1 Ely Court, EC1N 6SJ. ☎ 020-7405-4751. Ⓜ Chancery Lane ou Farringdon. Lun-ven 12h-23h, fermé le w-e.* On hésite presque à révéler cette pépite cachée dans un passage large comme un coupe-gorge entre Ely Place (cul-de-sac perpendiculaire à Charterhouse) et Hatton Garden. Créé en 1547, reconstruit en 1772, ce minuscule pub bourré de charme est l'un des plus vieux de la ville et aussi l'un des plus secrets. Cheminée, collection de chopes au plafond et moquette au sol... l'ambiance est feutrée. Dans la ruelle, quelques tonneaux en guise de tables participent à cette atmosphère hors du temps.

Fox and Anchor *(plan d'ensemble, H2-3,* ***252****) : 115 Charterhouse St, EC1M 6AA. ☎ 020-7250-1300. Ⓜ Barbican. Lun-sam 7h (8h30 sam), dim 8h30-22h.* Voir précédemment « Où dormir ? ». Un de ces pubs affublés d'un comptoir à l'ancienne, gravures aux murs et banquettes de moleskine où l'on se tasse comme on peut les soirs d'affluence. Les petits box privés à l'arrière sont plus au calme et cosy comme tout, mais vite pris d'assaut. Certains soirs, le feu crépite... sur l'écran de TV !

The Zetter Townhouse *(plan d'ensemble, H2,* ***141****) : 49-50 St Johns Sq, EC1V 4JJ. ☎ 020-7324-4567. Ⓜ Farringdon ou Barbican. Tlj 7h-minuit (1h jeu-sam, 22h dim). Cocktails 11-14 £ ; sandwichs et petits plats 7-14 £.* Au rez-de-chaussée de l'adorable *Zetter Townhouse,* un bar à cocktails très couru et cosy à souhait avec ses bibelots, ses tapis colorés et sa foultitude de tableaux aux murs. On y vient pour siroter un cocktail original, bien calé dans les profonds canapés Chesterfield devant la cheminée. Parfait aussi pour un classique *teatime* dans une douce atmosphère, avec des gâteaux et douceurs tout juste sortis du four... Un régal.

Sans oublier le **Café Kick** *(plan d'ensemble, G2,* ***317****),* **The Wilmington** *(plan d'ensemble, G2,* ***325****)* et **The Eagle Farringdon** *(plan d'ensemble, G2,* ***289****),* parfaits pour boire une bonne mousse dans un cadre authentique. Voir la rubrique « Où manger ? Où prendre un petit déj ? ».

Spécial noctambules

Fabric London *(plan d'ensemble, H3,* ***454****) : 77 A Charterhouse St, EC1M 6HJ. • fabriclondon.com • Ⓜ Farringdon. Seulement ven-dim, à partir de 23h. Entrée payante. Plus de 19 ans seulement (carte d'identité obligatoire).* Installé dans un ancien entrepôt de 3 000 m², cet immense club voit s'agglutiner les *clubbers* dans les 3 salles de cet antre mythique de la house, de la techno et de l'électro. Un incontournable où l'on croise les DJs les plus en vogue.

Marché

Smithfield Market *(plan d'ensemble, H3) : Ⓜ Barbican ou Farringdon. • smithfieldmarket.com • Lun-ven minuit-7h.* On vous conseille de venir à 7h ; après, il n'y a souvent plus personne ! Vous vous consolerez de ce réveil matinal avec un bon breakfast dans l'un des cafés et pubs installés tout autour du marché. Superbe architecture de style victorien. Les halles furent reconstruites après un incendie en 1958 et se parent aujourd'hui de vert et violet. Viande, volaille et gibier vendus en gros depuis plus de 800 ans... à l'endroit même où on brûlait les sorcières et les protestants !

Musées et monuments

Sir John Soane's Museum *(plan d'ensemble, F3) : 13 Lincoln's Inn Fields, WC2A 3BP. ☎ 020-7405-2107. • soane.org • Ⓜ Holborn. Mer-dim 10h-17h (dernière entrée à 16h30). Fermé lun-mar et j. fériés. GRATUIT ; résa d'un créneau horaire en ligne conseillée.* Bordant Lincoln's Inn Fields, l'une des plus vastes places de Londres dessinée au début du XVIIe s. Belle façade Art déco ornée de 2 déesses pour cette maison qui fut la propriété de l'excentrique sir John Soane, architecte de la *Bank of England* et collectionneur passionné d'objets de toutes sortes. Il l'a dessinée pour abriter ses très nombreux marbres, moulages antiques, nombreux tableaux et bibelots. Ce formidable ***cabinet de curiosités*** est tel que Soane l'a laissé à sa mort, en 1837. Un entassement de merveilles et objets insolites, une folie pure, un capharnaüm tout à fait réjouissant ! Le plan de la maison est tout aussi intéressant que les objets, à l'image des sous-sols organisés comme une crypte, et des jeux de lumière insolites induits par de petites verrières stratégiquement disposées. On sent bien l'architecte romantique et un brin mégalomane. Cela dit, on prendrait bien notre petit déj avec vue sur le parc dans la *breakfast room !*

FRUIT À PRIX D'OR

À 2 pas du sir John Soane's Museum, aux nos 27-28, admirez les ananas qui ornent le porche, un symbole de richesse pendant des siècles, compte-tenu de la rareté et du coût exorbitant de ce fruit exotique. L'ananas fut découvert par Christophe Colomb, en Guadeloupe, en 1493, mais présenté au roi d'Angleterre Charles II seulement à la fin du XVIIe s. Amusez-vous à en repérer d'autres dans Londres, sur les lampadaires, dans les parcs ou jusque sur les toits de St Paul's Cathedral et de la National Gallery.

Royal Courts of Justice *(plan d'ensemble, G3)* **:** *entrée sur The Strand, WC2A 2LL. • theroyalcourtsofjustice.com • Ⓜ Temple. Lun-ven 9h30-16h30. Fermé le w-e. Visites guidées (14 £, en anglais et à partir de 14 pers ; résa en ligne). Dépliant en anglais (gratuit) à l'accueil.* Inauguré en 1882 par la reine Victoria, cet imposant ensemble de style néogothique comprend près de 1 000 pièces et 5 km de couloirs ! Passé le dispositif de sécurité, on se trouve dans l'impressionnant hall de la ***Cour de justice,*** vaste comme une nef de cathédrale. Des dizaines de salles d'audience se répartissent de chaque côté des escaliers.

Depuis la galerie publique, on peut observer un procès civil (derrière des portes battantes et fenêtres) – sauf si la mention *private* est indiquée. Intéressant à voir, avec juges et avocats portant perruque. À noter qu'il n'y a pas de procès en août et septembre. Visibles toute l'année, des vitrines au rez-de-chaussée et à l'étage offrent un résumé de l'histoire du costume légal (perruques, capelines et tout le tremblement), qui n'a guère changé depuis les origines.

St Bartholomew The Great *(plan d'ensemble, H3)* **:** *Cloth Fair, EC1A 7JQ. ☎ 020-7600-0440. • greatstbarts.com • Ⓜ Barbican. Lun-sam 10h-17h (16h en hiver), dim uniquement en dehors des offices.* C'est ***la plus vieille église de Londres,*** fondée en 1123. Elle a servi de cadre notamment aux films *Quatre mariages et un enterrement* et *Shakespeare in love.* Il faut dire que la nef et le chœur, dans un style roman à la française, ne manquent pas de charme. Un monastère et un hôpital ont complété plus tard cet élégant ensemble architectural.

ÇA COULE DE SOURCE

On trouve, près du viaduc de Holborn (à l'angle de Giltspur Street), non loin de St Bartholomew, une fontaine publique d'eau potable. Elle fut inaugurée en 1859 par Samuel Gurney, fondateur de la Metropolitan Free Drinking Association. À la fin du XIXe s, cette association gérait près de 140 sources à disposition des Londoniens, soutenue par la Ligue de tempérance, qui faisait campagne contre l'alcoolisme. De fait, la plupart de ces fontaines sont installées tout près de pubs !

LA CITY ET TOWER BRIDGE

- Pour se repérer, voir le plan d'ensemble détachable en fin de guide
- Plan Les Docklands, de Tower Bridge à Thames Barrier *p. 274-275*

La City est bordée par les Inns of Court à l'ouest, la Tower of London à l'est, le Barbican Center au nord et la Tamise au sud. Voici le Londres 100 % londonien, celui des hommes en perruque (quartier des *courts*), des costards-cravates aux affaires, mais également des journalistes (Fleet Street) et des *Yeomen Warders* (garde royale de la Tour de Londres)...

Même si on ne peut plus aujourd'hui s'en rendre compte, à cause du Grand Incendie de 1666, puis du *Blitz,* cette « forêt » de gratte-ciel – parmi lesquels le célèbre Gherkin – cache la plus ancienne partie de Londres. C'est dans la City que s'est forgée une grande partie de l'histoire du royaume. Considéré comme le vrai cœur de Londres, ce quartier constitue surtout son centre économique et financier, et ce, depuis l'époque de l'Empire, malgré les soubresauts récents dus au Brexit. L'équivalent de Wall Street à New York et de la Bourse à Tokyo. Et 100 fois l'importance du quartier de la Bourse à Paris. Pour s'offrir un beau panorama sur la City, grimper les 528 marches (si, si !) de la St Paul's Cathedral, autre monument emblématique du quartier.

MICROVILLE

La ville de Londres telle qu'on se la représente aujourd'hui est en réalité une zone urbaine faisant partie de la région du Grand Londres. Alors que London City ne couvre que 1,9 km² et compte une population d'environ 7 500 habitants... Ce qui en fait la plus petite ville d'Angleterre !

AU CŒUR DE LONDRES

Avec seulement 7 500 habitants, ce quartier que les Anglais surnomment le « square mile » (1 mile sur 1 mile de côté) abrite tout un monde ! Environ 350 000 avocats, banquiers et autres employés y convergent tous les jours dans une ambiance trépidante, tandis que le soir, les week-ends et les jours fériés, les rues sont désertées et la plupart des restaurants fermés. Aujourd'hui encore, la City possède certains privilèges : son *lord mayor* (maire) élu chaque année, une administration indépendante et sa propre police. La reine, chaque année, se fait remettre symboliquement les clés de la City lors d'une pompeuse cérémonie.

MAIRE ET LORD-MAIRE

L'actuel maire de Londres, Sadiq Khan, est le chef exécutif du Greater London (Grand Londres), élu au suffrage universel. À ne pas confondre avec le lord mayor of London, *titre donné depuis la fin du XIIe s au maire de la Cité de Londres (la City). Celui-ci est élu chaque année et tient essentiellement un rôle honorifique.*

Dans ces quartiers soigneusement entretenus sont jalousement conservés les plus grands trésors d'Angleterre : les lingots de la *Bank of England,* le siège de la

Lloyd's et les joyaux de la Couronne. Vous y verrez aussi le superbe ***Tower Bridge,*** qui garde avec fidélité l'accès à cette City dans la ville. Avec tout cela (et le reste), on comprend comment elle a pu conserver une telle autonomie : la Couronne s'est toujours appuyée sur ce centre névralgique, n'hésitant pas à y puiser l'argent nécessaire pour financer les guerres, quitte à y perdre de son pouvoir.

Adresse utile

ℹ ***City of London Tourist Information Centre*** *(plan d'ensemble, H3)* ***:*** *St Paul's Churchyard, EC4M 8BX. ☎ 020-7332-3456. • cityoflondon.gov.uk • Ⓜ St Paul's ou Mansion House. Seulement ven-sam 10h-16h.* Infos sur les visites guidées, gratuites ou non ; vente d'*Oyster Card*. S'y procurer le *London Planner* et le *London Visitors* (avec l'agenda des spectacles) ainsi que *Time Out* pour tous les bons plans sorties.

Où dormir ?

De prix moyens à très chic (60-150 £ et plus / 72-180 €)

Hub by Premier Inn Tower Bridge *(plan d'ensemble, J4,* ***156****)* ***:*** *28 Great Tower St, EC3R 5AT. ☎ 0203-841-0001. • premierinn.com • Ⓜ Tower Hill.* ***À noter :*** *accès par Lower Thames St. Doubles env 70-160 £.* Une véritable aubaine que cette petite chaîne d'établissements ultramodernes et tout confort, avec des chambres fonctionnelles et design, avec ou sans fenêtre (2 tailles au choix, standard et *bigger*). Le tout dans un grand bâtiment à la déco contemporaine et aux espaces communs très lumineux. En prime, une agréable cafétéria-*deli*.

Citizen M Tower of London *(plan d'ensemble, J4,* ***125****)* ***:*** *40 Trinity Sq, EC3N 4DJ. ☎ 020-3519-4830. • citizenm.com • Ⓜ Tower Hill. Doubles 90-250 £ ; réduc en ligne.* Ce *Citizen M* est le plus beau de tous ceux de la chaîne et sans doute l'une de nos meilleures adresses à Londres ! Ultra-design, hyper high-tech, il séduira autant les amateurs de déco que de technologie. Surtout, il surplombe le métro et... la Tour de Londres ! Que l'on peut admirer depuis certaines chambres et le bar panoramique au 7e étage. Les parties communes, à la déco arty et colorée, sont particulièrement conviviales. Et sinon, on retrouve tout ce qui définit le concept de la maison : 370 chambres compactes, confortables et fonctionnelles (lit *king size,* bonne insonorisation), et des prix plutôt serrés pour Londres.

Premier Inn London City Tower Hill *(plan Les Docklands, A1,* ***11****)* ***:*** *24 Prescot St, E1 8BB. ☎ 0333-321-1245. • premierinn.com • Ⓜ Tower Hill. Doubles env 80-200 £.* Situation éminemment stratégique pour ce *Premier Inn* : à 2 pas du métro et de plusieurs pôles touristiques majeurs, et malgré tout dans une rue assez calme. Pour le reste, il a tous les attributs de la chaîne : chambres nickel, confortables, fonctionnelles et, car de taille raisonnable, plutôt agréables dans leur genre. Déco très standardisée (mieux vaut aimer le violet !).

« Spécial coup de folie »

Andaz *(plan d'ensemble, J3,* ***39****)* ***:*** *40 Liverpool St, EC2M 7QN. ☎ 020-7961-1234. • hyatt.com • Ⓜ Liverpool St. Doubles env 180-350 £.* Un hôtel de luxe de la chaîne *Hyatt,* conçu par sir Terence Conran. Stratégiquement situé, au pied de Liverpool Station et aux portes de la City, dans un bâtiment à la façade victorienne de 1884. Art et design se conjuguent ici avec brio, mêlant éléments anciens et ultra contemporains. Les chambres arborent des couleurs sobres et des lignes pures, et les salles de bains un carrelage rétro. Près de 270 chambres, plusieurs bars et restaurants thématiques, du classique *British* au japonais raffiné. Ajoutez à cela un service personnalisé, et vous avez là l'une des meilleures adresses de ce standing à Londres.

The Montcalm London City *(plan d'ensemble, I2,* ***43****) : 52 Chiswell St, EC1Y 4SA. ☎ 020-7614-0100. • montcalm.co.uk • Ⓜ Barbican ou Moorgate. Doubles env 180-350 £.* L'une de ces nombreuses brasseries de l'époque victorienne (la *Brewery London Co*) que les grands noms de l'architecture prennent plaisir à réhabiliter en palace. Les voûtes en brique et les piliers en acier ont été conservés, apportant chaleur et style au modernisme des chambres. Vastes espaces, larges lits, éclairages tamisés... tout est pensé pour passer un moment privilégié. L'ensemble plaira aux amateurs de classicisme. Spa et personnel aux petits soins, qui garantissent un séjour parfait.

Où manger ?

Sur le pouce (moins de 10 £ / 12 €)

La City regorge de snacks, bars à salades et sandwicheries pour acheter de quoi manger sur le pouce. Ainsi, on trouve un ***Pret A Manger*** ou un ***EAT*** presque à chaque coin de rue. Parfois bondés en semaine à l'heure du déjeuner, ces restos sont désertés le soir, voire carrément fermés. Vous l'aurez compris, hormis quelques pubs traditionnels qui valent une étape, le quartier se prête davantage à une pause déj rapide qu'à une soirée endiablée !

Bon marché (10-20 £ / 12-24 €)

Café Below *(plan d'ensemble, I3,* ***297****) : St Mary-Le-Bow, Cheapside, EC2V 6AU (entrée par le porche de l'église). ☎ 020-7329-0789. Ⓜ St Paul's. Lun-ven 11h30-14h30 ; fermé le w-e. Plats 12-17 £.* À St Mary-le-Bow, le seul repas qu'on partage n'a rien de spirituel, et se déguste dans la crypte ! Sélection de quiches, salades et petits plats maison, en partie végétariens ou vegan, préparés avec des produits de saison et à prix doux. Quant à la crypte, elle se définit désormais comme un café chaleureux et convivial ; prolongée par une terrasse en été. Très sympa.

Prix moyens (20-30 £ / 24-36 €)

Loch Fyne *(plan d'ensemble, I3,* ***382****) : 77-78 Gracechurch St, EC3V 0AS. ☎ 020-7929-8380. Ⓜ Bank ou Monument. Lun-ven seulement, 12h-21h. Plats env 17-28 £.* Bois clair, éclairages mesurés et déco marine : un cadre chaleureux pour ce resto spécialisé dans les poissons et fruits de mer. Étalage à la vue des convives, où tout est frais, en provenance directe des élevages et fumoirs de la maison. Service frétillant (qui pèche parfois pour l'attente), produits goûteux pour une cuisine classique très soignée, et une clientèle de *brokers* tout en verve.

The Jugged Hare *(plan d'ensemble, I2,* ***324****) : 49 Chiswell St, EC1Y 4SA. ☎ 020-7614-0134. Ⓜ Barbican ou Moorgate. Tlj 11h-23h. Résa quasi obligatoire. Menus pré- et post-théâtre 25-29 £, tlj 17h30-18h30, 21h30-23h. Plats 19-40 £.* Restaurant spécialisé dans le gibier et la viande grillée, dont il possède l'art de tirer les plus belles saveurs. Cadre élégant et tamisé. Préférer toutefois la grande salle du fond, plus au calme. Gibier et champignons suivant les saisons, lièvre, lapin sauvage, perdreaux, cailles, etc. Mais aussi poisson du matin venant du marché de *Billingsgate.* De beaux produits, aux cuissons absolument maîtrisées, des saveurs raffinées et un *Sunday roast* réputé. Sans réservation, on peut s'installer au comptoir et manger un en-cas à moindres frais.

Bread Street Kitchen *(plan d'ensemble, I3,* ***333****) : 10 Bread St, EC4M 9AJ. ☎ 020-3030-4050. Ⓜ St Paul's ou Mansion House. Lun-ven 7h30-minuit, sam 11h30-1h, dim 11h30-22h. Plats env 12-30 £.* Une adresse toujours en vogue à la City. De fait, cette annexe du célèbre chef anglais Gordon Ramsay présente pas mal d'atouts. Espace impressionnant dans le style industriel ! Au rez-de-chaussée, petit bar propice à un verre en fin de journée et un bon choix de pizzas cuites au four à bois. Un escalier métallique mène à l'immense salle de bistrot, superbe avec son carrelage à damier, ses longues banquettes, ses hauts plafonds, ses poutrelles en acier et ses grandes baies vitrées. Cuisine qui fait la part belle aux produits et classiques anglais, en particulier à la viande, déclinée ici au gril, en burger, en croûte, etc. Bien aussi pour un petit déj complet ou le *Sunday roast*. La carte des boissons n'est pas en reste, avec une belle sélection de vins et cocktails. Service courtois et efficace.

De chic à très chic (30-40 £ et plus / 36-48 €)

Sweetings *(plan d'ensemble, I3,* ***264****)* **:** *39 Queen Victoria St, EC4N 4SF. ☎ 020-7248-3062. Ⓜ Mansion House. Lun-ven 11h30-15h (dernière commande) ; fermé soir et w-e. Plats env 16-40 £.* Plus *British,* introuvable ! Une véritable institution. Chaque midi, environ 200 costumes gris finement rayés et le même nombre de cravates, alignés sur de hauts tabourets ou accoudés aux tables communes, dégustent les spécialités de poisson de *Sweetings,* simples et délicieuses. Et ça dure depuis 130 ans ! La sole de Douvres est un must (pas donné, bien sûr !). *Fish & chips* et haddock encore abordables, crumbles et puddings comptent parmi les autres gloires de la maison. Un seul regret : ici, on ne prend pas de résa, et comme les habitués sont légion...

Sushisamba London Heron Tower *(plan d'ensemble, J3,* ***377****)* **:** *Heron Tower, 110 Bishopsgate, EC2N 4AY. ☎ 020-3640-7330. Ⓜ Liverpool St. Tlj 17h-23h (1h ven-sam). Lounge bar au 39ᵉ étage tlj 17h-1h. Résa obligatoire dans les 2 cas. Env 50-60 £ le repas ; tapas et petits plats env 12-18 £.* Cramponnez-vous, moins de 1 mn dans un ascenseur extérieur suffit à vous projeter aux 38 et 39ᵉ étages d'un gratte-ciel ! Une rencontre au sommet entre le Japon et l'Amérique du Sud (Brésil et Pérou) pour ce resto détonnant, offrant une vue plongeante sur Londres. Le soir, c'est sublime depuis la salle cubique, tout en baies vitrées, ou depuis la superbe terrasse. À la carte, *samba rolls,* sashimis, et *robata* parfois intrigants... toujours délicieux ! Attention, les prix grimpent très vite eux aussi. On peut se contenter d'aller y boire un verre. *Dress code* chic obligatoire. *Une autre adresse à Covent Garden,*

Où prendre un petit déj ?

Sky Garden *(plan d'ensemble, I4,* ***274****)* **:** *20 Fenchurch St, EC3M 8AF. ☎ 0333-772-0020. • skygarden.london • Entrée par Philpot Lane. Bars ouv lun-ven 10h-23h30 (minuit jeu, 1h ven), sam 11h-1h, dim 11h-minuit. Résa conseillée. Formules petit déj env 18-26 £.* Imaginez 3 étages de verrière offrant une vue magnifique sur tout Londres et la Tamise, baignés dans une merveilleuse lumière, au milieu d'une luxuriante végétation. 3 bars, une brasserie *(The Darwin)* et un restaurant gastronomique *(Fenchurch)* pour vous accueillir. Ceux qui peuvent s'offrir un repas au resto ne le regretteront pas, avec une cuisine à la hauteur de ce cadre de verre et de lumière exceptionnel ! Pour les autres, le petit déjeuner servi côté bars et brasserie est un vrai bon plan, car il permet de se régaler à prix raisonnables tout en profitant de la vue : spectaculaire !

Où boire un verre ?

Ye Olde Cheshire Cheese *(plan d'ensemble, G3,* ***390****)* **:** *145 Fleet St, EC4A 2BU. ☎ 020-7353-6170. Ⓜ Blackfriars. Tlj sauf dim 12h-23h.* L'entrée se fait par un petit passage perpendiculaire à Fleet Street. Datant de 1538 et reconstruit l'année suivant le terrible incendie de 1666, cet honorable pub n'a guère changé depuis. Un lieu illustre fréquenté par Dickens,

Voltaire, Theodore Roosevelt, Conan Doyle, etc. La mort du perroquet de la maison (qui vécut, dit-on, 40 ans) fut même annoncée par la BBC ! L'intérieur vaut le coup d'œil : un vrai dédale de salles basses de plafond, toutes bardées de chêne noir et dotées de cheminées qui crépitent, un chapelet de caves médiévales rescapées des flammes (vestiges d'un couvent de carmélites du XIVe s), bref, un cadre historique qui mérite le coup d'œil !

🍷 ***The Old Bell Tavern*** *(plan d'ensemble, G-H3, **389**) : 95 Fleet St, EC4Y 1DH. ☎ 020-7583-0216. Ⓜ Blackfriars. Lun-ven 12h (11h30 jeu-ven)-23h, sam 12h-21h. Fermé dim.* Construit en 1678 pour abreuver les maçons qui reconstruisaient l'église Saint-Bride après le Grand Incendie. Belle façade en vitrail. Son vieux parquet et son bar central en bois sculpté en font une étape intéressante pour ceux qui effectuent un *pub crawl* historique.

– Toujours dans Fleet St, on apprécie l'ambiance du pub voisin ***Punch Tavern*** *(tlj sauf dim-lun 12h-23h)*, repérable à son bouffon en façade.

🍷 ***The Black Friar*** *(plan d'ensemble, H3-4, **391**) : 174 Queen Victoria St, EC4V 4EG. ☎ 020-7236-5474. Ⓜ Blackfriars. Lun-sam 11h30-23h, dim 12h-18h.* Avec un moine rabelaisien en guise d'enseigne, *The Black Friar* annonce la couleur : convivialité et bière bien tirée sont ici les seuls mots d'ordre ! Construit en 1905 sur le site d'un monastère dominicain. La déco n'est pas en reste, livrant une version Art nouveau amusante des félicités monacales... le tout enrobé de moulures et autres mosaïques délicieusement kitsch. À voir autant qu'à boire.

🍷 Pour un verre dans un cadre chic ou au sommet d'un gratte-ciel, voir dans « Où manger ? » et « Où prendre le petit déj ? » : le ***Sky Garden*** *(plan d'ensemble, I4, **274**)* et le ***Sushisamba London Heron Tower*** *(plan d'ensemble, J3, **377**)*.

Théâtre et concerts classiques

Barbican Centre *(plan d'ensemble, I2-3) : Silk St, EC2Y 8DS. • barbican.org.uk • Ⓜ Barbican ou Moorgate.* Salle de concerts, entre autres, du *London Symphony Orchestra*. Concerts et spectacles presque tous les soirs et une très belle programmation de danse et de théâtre.

Shopping

Twinings Museum *(plan d'ensemble, G3, **300**) : 216 Strand, WC2R 1AP. ☎ 020-7353-3511. • twinings.co.uk • Ⓜ Temple. Lun-mer et ven 10h-17h, jeu et w-e 11h-18h. GRATUIT.* Musée, c'est un bien grand mot : l'expo se résume à quelques gravures et photos à côté de l'espace de dégustation. En revanche, la boutique de Thomas Twinings, qui figure parmi les 1ers importateurs de feuilles de thé vers l'Angleterre depuis 1706, mérite une halte. Datant de 1717, Jane Austen s'y fournissait déjà ! L'occasion d'acheter plus de 200 thés différents (en sachets ou en vrac).

Voir aussi les boutiques du ***Royal Exchange Building*** *(plan d'ensemble, I3)* et de ***Leadenhall Market*** *(plan d'ensemble, I3).* Mais dans les 2 cas, on y va surtout pour admirer les lieux et faire du lèche-vitrines... à moins d'être particulièrement en fonds !

Musées, monuments et balades

Museum of London *(plan d'ensemble, H-I3) : 150 London Wall, EC2Y 5HN. ☎ 020-7001-9844. • museumoflondon.org.uk • Ⓜ St Paul's ou Barbican. Tlj 10h-17h. Fermé 24-26 déc. GRATUIT (expos temporaires payantes). Donation de 5 £ bienvenue. Cafétérias.*

LES PREMIERS BRITANNIQUES SONT VENUS À PIED !

Aux alentours de 8 000 ans avant notre ère, l'actuelle Grande-Bretagne était encore reliée au continent. Les 1ers habitants chassaient l'aurochs et taillaient le silex comme tout le monde. La formation de l'île ne se fit définitivement que 3 000 ans plus tard, empêchant ainsi toute migration. Peut-être le caractère insulaire et indépendant des Britanniques s'est-il forgé à cette époque ?

Un autre musée incontournable, suffisamment ludique et varié pour intéresser les petits et très largement documenté pour satisfaire les grands. Il offre une vision autant didactique qu'artistique sur l'histoire de Londres, une sorte de génial résumé chronologique depuis plus de 10 millénaires.

– Après une entrée en matière tout en silex, bifaces et squelettes humains ou animaux avec la ***période préhistorique (London before London),*** place à Jules César, en 54 av. J.-C., dont le camp abrite aujourd'hui... l'aéroport de Heathrow ! La *Roman Gallery* présente la vie quotidienne sous tous ses aspects (architecture, cuisine, santé) avec des intérieurs de maisons et d'ateliers reconstitués en utilisant les nombreux objets d'époque découverts lors des fouilles, dont la magnifique mosaïque de Bucklersbury, mise au jour en 1869 près de Victoria Station. Également une belle maquette du 1er pont construit sur la Tamise et de petites vitrines consacrées aux sculptures du *temple de Mithra* (découvert à Londres en 1954). Au passage, jeter un coup d'œil sur un pan de remparts d'époque visible à travers de larges fenêtres.

– ***Medieval London :*** l'ère médiévale est d'abord marquée par l'arrivée des Saxons. Voici Lundenwic, « le port de Londres ». Période trouble, violente, hantée par les raids des Vikings, comme en attestent les nombreuses armes retrouvées dans la Tamise. Puis on se plonge dans le ***Moyen Âge,*** l'arrivée des Normands, et toutes sortes de joyeusetés comme la Grande Peste de 1348 (40 000 morts en 18 mois) ou celle de 1665, encore plus terrible (100 000 morts en 7 mois, soit 1/5 de la population !).

– Évocation du ***Grand Incendie de 1666*** (seulement 1 an après la Grande Peste) qui réduisit en cendres les 4/5 de la ville, en 5 jours, modifiant, on s'en doute, considérablement le visage de Londres : 13 000 maisons brûlées, 200 000 sans-abri et seulement... 6 morts ! Des toiles apocalyptiques, un diorama et une vidéo très bien faite (en anglais) permettent d'imaginer l'impressionnant bûcher (parti d'une boulangerie) tandis que le masque mortuaire de Cromwell rappelle qu'il sévissait à peu près à cette même époque, de la Grande Rébellion (1642-1655) à la restauration de la monarchie en 1660.

– La section ***Expanding City*** relate ensuite le développement de la ville et ses profondes mutations de 1670 à 1850. Tout est passé en revue (l'industrialisation, l'évolution du mode de vie), avec force détails et une mise en scène moderne et interactive. Faïencerie, mode, horlogerie, jeux de société... tant de curiosités à détailler dans les vitrines. Voir notamment les joyeux jardins de plaisance du XVIIIe s, les ***pleasure gardens.*** Heureusement pour les ladies et leurs robes à panier (aussi somptueuses qu'encombrantes), le métro n'apparut qu'au XIXe s (c'est le 1er réseau au monde, datant de 1863). Ne pas manquer le superbe ***Victorian Walk,*** une rue typique entièrement reconstituée avec ses échoppes pittoresques : bureau de tabac, coiffeur, épicerie, etc.

– Puis vient la section ***Modern London*** résumant la période 1850-1940. On y découvre la fascinante carte de la pauvreté à Londres par Charles Booth's (à l'époque, mieux valait ne pas traîner dans les quartiers qualifiés de « *semi-criminal* ») ou encore le 1er ascenseur en 1898 (voir la réplique de celui de *Selfrigde's* de 1928, entièrement en bronze). Les périodes de guerre sont traitées plus succinctement (développées par ailleurs dans d'autres musées londoniens).

– On parvient à grandes enjambées à la section ***World City*** (de 1950 à nos jours) qui présente de belles vitrines consacrées à la ***mode londonienne*** (unique en son

genre !) avec, par exemple, l'invention de la minijupe par Mary Quant en 1955, ou la tendance des chaussures à plate-forme dans les années 1970, et évidemment l'ascension des Doc Martens ! Sans oublier les ***faits historiques majeurs*** du centenaire passé comme l'arrivée de l'Eurostar en 1994, les J.O. de 2012, etc. Le bouquet de 204 fleurs métalliques (en fait des torches) enflammé lors de la cérémonie d'ouverture est d'ailleurs exposé ici.
Par ailleurs, intéressantes ***expositions temporaires*** en lien avec la ville de Londres, des conférences et visites guidées ; consulter le site.

Barbican Centre *(plan d'ensemble, I2-3) : Silk St, EC2Y 8DS. • barbican.org.uk • Ⓜ Barbican.* Ce vaste centre multiculturel affiche un visage résolument « brutaliste ». Le béton grisâtre et la brique sont laissés nus, ce qui donne cette impression d'inachevé un peu triste au 1er abord. Le Barbican Centre est toutefois un des centres culturels londoniens les plus dynamiques et passionnants, qui abrite une bibliothèque, une galerie d'art avec d'intéressantes expositions temporaires sur divers thèmes éclectiques, notamment l'architecture, un ciné d'art et d'essais, plusieurs bars-restos ainsi que d'insolites jardins suspendus. C'est aussi le temple de la musique classique où ont lieu, entre autres, les concerts du London Symphony Orchestra (voir « Théâtre et concerts classiques »). Propose aussi d'intéressantes visites guidées (infos en ligne).

Inns of Court *(plan d'ensemble, F-G3-4)* **:** à la lisière de la City (plus proche de Holborn en vérité), un quartier très secret, réservé aux juristes ! Les Inns of Court sont les 4 ***collèges d'avocats de Londres,*** établis depuis le XVIe s dans le quartier entre Holborn et Temple. Ils forment un micro-arrondissement indépendant, fonctionnant en circuit fermé. Ils ont leurs rites, leur langage, leur code vestimentaire, leur hiérarchie et leur règlement intérieur. Ici vivent, étudient et plaident les avocats londoniens, qui trouvent sur place tout ce dont ils ont besoin : hébergement, centres d'étude, clubs privés et, bien sûr, pubs. D'ailleurs, *inns* signifie « auberges ». Plus étonnant, tout le quartier des Inns est bouclé la nuit !
Si ***Lincoln's Inn*** et ***Gray's Inn*** (vers Chancery Lane ; *plan d'ensemble, G3*) méritent largement une visite pour leur enchevêtrement de bâtiments séculaires et de beaux jardins, le quartier de ***Temple,*** siège des 2 dernières écoles – ***Middle Temple*** et ***Inner Temple*** *(plan d'ensemble, G4)* –, est sans doute le plus emblématique. Les visiteurs sont les bienvenus, excepté en période d'examens, et cela vaut le détour, ne serait-ce que pour le charme du quartier bourré de ruelles soignées, de passages pittoresques, de jolis jardins, de vieilles cours et de bâtiments anciens.

Temple Church *(plan d'ensemble, G3) : Temple. • templechurch.com • Visites lun-ven 10h-16h ; 5 £, réduc, gratuit moins de 16 ans.* La tranquillité légendaire des Inns a été mise à mal après le succès planétaire du *Da Vinci Code !* Car c'est au cœur de Temple qu'est dissimulée cette désormais célèbre église. Pistant les traces des héros de Dan Brown et Ron Howard, de nombreux touristes auscultent encore les murs de la chapelle primitive du XIIe s, au plan circulaire caractéristique de l'ordre des Templiers, avant de s'engager dans la rotonde pour détailler les gisants. Le chœur à chevet plat est un ajout du XIIIe s, copieusement remanié au XIXe s.

Middle Temple Hall *(plan d'ensemble, G3) : Middle Temple Lane. • middle temple.org.uk • Visite seulement sur résa.* Moins populaire mais d'un intérêt historique notable, ce beau bâtiment appartenant à l'Honorable Société du Middle Temple(sur) est célèbre pour sa salle Tudor, où Shakespeare fit jouer l'une de ses pièces.

St Paul's Cathedral *(plan d'ensemble, H3) : St Paul's Churchyard, EC4M 8AD. ☎ 020-7246-8357. • stpauls.co.uk • Ⓜ St Paul's. Tlj sauf dim 8h30 (10h mer)-16h30 (dernier accès 30-45 mn avt). Billet : 21 £ ; réduc si résa en ligne* *(conseillée). Visites guidées par des bénévoles (en anglais) tlj à 10h, 11h, 13h et 14h, et audio-guide multimédia en français, inclus dans le prix.* ***Bon à savoir :*** *lun-sam, evensong (vêpres et chorale) à 17h (gratuit). Cafétéria et petit resto sur place.*

Ce sont les Normands qui entreprirent la construction de cette cathédrale en pierre, de style romano-gothique, qui dépassait largement en taille l'actuelle. Elle devint ***l'un des hauts lieux de la chrétienté***. On venait de loin pour se recueillir ici, mais également pour voir la flèche la plus haute jamais construite à cette époque. En 1666, le Grand Incendie détruisit totalement l'édifice. On confia à ***Christopher Wren*** le soin de reconstruire la cathédrale : St Paul's représente l'apogée du savoir-faire de l'architecte. Pour l'anecdote, faute de place à Westminster, c'est ici que se marièrent Charles et Diana en 1981.

HÉROS ORDINAIRES

Entre St Paul's Cathedral et le Museum of London, un petit espace vert nommé Postman's Park a été aménagé en 1880. On y accède par Aldersgate ou Kind Edward Street. Il abrite un curieux mémorial consacré aux héros... méconnus. Un mur couvert de plaques en céramique, qui rend hommage à ces anonymes qui ont donné leur vie pour en sauver une autre.

On entre par le ***grand escalier de la façade ouest.*** Le portique, formé de colonnes corinthiennes géminées, est surmonté d'un tympan représentant la conversion de saint Paul.

À l'intérieur, de part et d'autre de la nef, 2 grandes sculptures en forme de croix rappellent les croix des cimetières de guerre, mais à y regarder de plus près, elles représentent des villes détruites par des bombardements. Une œuvre de l'Indien Gerry Judah pour marquer le centenaire de la Première Guerre mondiale. Arrêtez-vous sous la ***coupole,*** puis admirez le ***chœur.*** L'ensemble, avec les mosaïques, les stalles en chêne, les buffets d'orgue, le maître-autel à baldaquin (1958) et les grilles ouvragées sur les côtés, donne une impression de richesse pas forcément du meilleur goût. Derrière l'autel, la ***chapelle du Mémorial*** rend hommage aux 28 000 soldats américains basés en Angleterre, morts durant la Seconde Guerre mondiale.

Dans la ***crypte*** – la plus grande d'Europe –, ***300 tombes et mémoriaux*** parmi lesquels ceux de l'amiral Nelson, du duc de Wellington, de Turner, Henry Moore, Christopher Wren (quand même !), Churchill, etc.

Si vous êtes en forme, ne manquez pas de grimper aux ***Dome Galleries.*** Il n'y a que 528 marches pour arriver jusqu'en haut, d'où la vue sur la City, par beau temps, est superbe. Pour les moins sportifs, on peut déjà atteindre la ***Whispering Gallery*** en grimpant seulement 257 marches. Les plus valeureux poursuivront l'ascension jusqu'au ***Stone Dome,*** avant de grimper encore (escaliers en bois ajourés assez vertigineux) jusqu'au ***Golden Dome,*** tout en haut !

EXERCICE VOCAL

Au niveau de la 1re galerie supérieure du dôme de St Paul's Cathedral se trouve la Whispering Gallery *:« galerie des Murmures ». Son nom vient de son acoustique particulière : si vous murmurez un secret en vous tournant contre le mur, votre comparse l'entendra sans problème de l'autre côté, par réverbération sonore. Faites le test... c'est troublant !*

The Temple Bar : *sur le parvis de St Paul's Cathedral.* Une arche avec portails en bois, unique vestige de la muraille qui enserrait autrefois la cité. Maintes fois détruite, toujours reconstruite. Celle-ci fut commandée par Charles II à l'architecte Wren. Démontée pierre par pierre en 1870, elle ne fut remontée qu'en 2004 ! Elle symbolise de nouveau la limite entre Westminster et la City.

Stock Exchange *(plan d'ensemble, H3) : 10 Paternoster Sq.* Ⓜ *St Paul's. Ne se visite pas.* C'est la Bourse de Londres, des milliards y sont toujours brassés chaque jour.

Bank of England *(plan d'ensemble, I3) : Threadneedle St, EC2R 8AH.* Ⓜ *Bank.* Les murs d'enceinte de 10 m de haut, équipés de caméras, signalent tout de suite la Banque d'Angleterre, dont les sous-sols regorgent d'or. Il fallut 45 ans (!) à son architecte, John Soane, pour achever les travaux.

Pour ceux de nos lecteurs que les mécanismes bancaires passionnent, on trouve un ***musée*** sur le côté de l'édifice, qui présente un historique bien ficelé de la Banque d'Angleterre dans un cadre somptueux *(Bartholomew Lane ;* ***fermé pour rénovation jusqu'au printemps 2022*** *; infos sur • bankofengland.co.uk/museum •).*

PÉRIMÈTRE DE SÉCURITÉ

Un décret, abrogé en 1980, obligeait les banques de la City à être situées à moins de 10 mn à pied de la Banque d'Angleterre. Cela permettait au gouverneur de la Bank of England d'organiser une réunion d'urgence avec tous les directeurs sur place, en moins de 30 mn.

Royal Exchange Building *(plan d'ensemble, I3) : Threadneedle St, face à la banque.* Ⓜ *Bank.* Bâtiment cossu datant du XIXe s, aux colonnes corinthiennes démesurées. Cette Bourse royale de commerce est pourtant bien plus ancienne et participa activement à l'enrichissement de la ville, à travers toutes sortes de transactions. Elle abrite aujourd'hui une ***galerie marchande de luxe*** autour d'une impressionnante cour intérieure où l'on peut boire un verre au bar du très chic *Fortnum & Mason.*

Lloyd's Building *(plan d'ensemble, I-J3) : Lime St, accès par Leadenhall St.* Ⓜ *Bank ou Monument. Ne se visite pas.* Le nom *Lloyd's* vient d'un aubergiste du XVIIe s, chez qui se réunissaient armateurs et assureurs. C'est aujourd'hui le groupement d'assurances le plus important au monde. On remarque tout de suite cette immense structure de verre et d'aluminium, qui révolta plus d'un conservateur de la City lors de sa construction. Ce bâtiment moderne est dû à Richard Rogers, l'un des 2 architectes du centre Pompidou (Beaubourg), à Paris, et il y a, en effet, une ressemblance frappante.

SINISTRE CLOCHE

La Lloyd's *prend en charge tous types d'assurances : aussi bien les bugs informatiques, les jambes d'une danseuse, le World Trade Center en 2001 ou le temps qu'il fera à votre mariage. Mais un sinistre en particulier fait l'objet d'un traitement spécifique : le tintement fatidique d'une cloche, installée dans le hall principal, signalait jusqu'à récemment les naufrages. Et ces mauvaises nouvelles sont encore inscrites sur le « livre des sinistres » à la plume d'oie.*

Leadenhall Market *(plan d'ensemble, I3) : Leadenhall St ou Lime St ; accès principal par Gracechurch St. • leadenhallmarket.co.uk •* Ⓜ *Bank ou Monument. Boutiques ouv tlj 10h-18h env.* Ses origines remontent au XIVe s, ce qui en fait l'un des plus anciens marchés de Londres. Sublime halle dont l'architecture en croix et en dédale date de la fin du XIXe s. Les beaux étals de fruits, légumes, volaille, viande et poisson ont cédé la place à des enseignes de mode plutôt chics et autres adresses de restos franchisés ; quelques commerces de bouche encore. Le lieu a servi de décor à de nombreux films, dont *Harry Potter à l'école des sorciers.* Sympa d'y aller à la sortie des bureaux pour profiter de l'animation dans les quelques pubs.

Sky Garden *(plan d'ensemble, I4, **274**) : 20 Fenchurch St, EC3M 8AF. ☎ 020-7337-2344. ● skygarden.london ● Ⓜ Monument. Entrée par Philpot Lane. Lun-ven 10h-18h, w-e et j. fériés 11h-21h. GRATUIT, mais résa obligatoire en ligne.* Pour profiter de la vue époustouflante offerte depuis les terrasses du *Sky Garden*, vous n'êtes pas obligé de boire ni de dîner sur place (voir précédemment « Où prendre le petit déj ? »), vous pouvez vous contenter d'emprunter l'ascenseur... à condition d'avoir réservé en ligne ! Le spectacle, sublime et vertigineux, vaut bien cette petite contrainte.

The Monument *(plan d'ensemble, I4) : Fish St Hill. ☎ 020-7403-3761. ● themonument.info ● Ⓜ Monument. Seulement w-e (tlj pdt vac scol) 9h30-13h, 14h-18h ; dernière admission 30 mn avt. Fermé 24-26 déc. Entrée : 5,40 £ ; réduc.* Colonne romaine de style dorique d'une soixantaine de mètres de haut, élevée par Christopher Wren pour fêter la fin du Grand Incendie (1666). Celui-ci se déclencha tout près d'ici, dans une boulangerie de Pudding Lane (ça ne s'invente pas !). Les 61 m de hauteur correspondent à la distance entre le point de départ du feu et la colonne. Possibilité de grimper au sommet où trône une urne de feu en bronze doré. Du haut des 311 marches, très beau panorama sur la Tamise et la Tower of London.

QUI L'EÛT CRU ?

En septembre 2013, panique à bord ! Le feu manque de prendre dans un salon de coiffure près du 20 Fenchurch Street. Juste après, c'est une selle de vélo qui s'enflamme... La cause ? Le « Walkie-Talkie », comme les Londoniens surnomment cet immeuble de 37 étages, qui se transforme en loupe géante quand le soleil se reflète dans sa façade concave en verre. L'architecte Rafael Viñoly a dû vite mettre des protections aux fenêtres de sa création !

Tower of London *(plan d'ensemble, J4) : Tower Hill, EC3 N4AB. ☎ 020-3166-6000. ● hrp.org.uk/tower-of-london ● Ⓜ Tower Hill. Arrêt navette fluviale : Tower Pier. Mars-oct, tlj 9h (10h dim-lun)-17h30 ; dernière admission 1h avt fermeture. Horaires un peu plus étendus en été et restreints en hiver (consulter le site). Prévoir 2-3h de visite. Entrée : env 30 £ ; réduc, notamment en ligne. Guide officiel (5 £) et audioguide en français (4 £), visites guidées gratuites régulières. **Bon à savoir :** la carte de membre permet un accès illimité aux sites royaux (Tower of London, Kensington Palace, Hampton Court Palace, etc.) : à partir de 62 £/adulte ; forfait famille.*

*Pour un déjeuner, une pause café et/ou goûter, 2 **kiosques** (dont un sur les quais), l'agréable **New Armories Café** (mar-sam 10h-17h, dim-lun 10h30-16h) et le **Raven's Café**.*

Vraiment très cher... mais quasi incontournable et passionnant ! Toutefois, ceux qui ne chavirent pas d'émotion devant les ***joyaux de la Couronne*** et n'ont aucune sensibilité médiévale peuvent toujours se contenter des superbes extérieurs, très photogéniques avec leur restauration victorienne. En famille, en revanche, la visite prend une tout autre dimension, car elle plaira à coup sûr aux enfants (et il existe un forfait famille assez attractif).

WHO'S WHO MACABRE

Au rang des célèbres prisonniers de la Tour de Londres, on compte les Bourgeois de Calais, le roi de France Jean II le Bon, et même Rudolf Hess, comparse de Hitler, emprisonné ici avant d'être jugé au procès de Nuremberg. Les 2 femmes adultères d'Henri VIII, Ann Boleyn et Catherine Howard, furent exécutées dans la cour intérieure. Quant à lady Jane Grey, reine pendant 9 jours à l'âge de 15 ans, elle ne connut pas un sort plus enviable.

Ensemble fortifié très vaste, dont le cœur (la *White Tower*) a été ***construit dès la fin du XIe s par Guillaume le Conquérant*** à la suite de la bataille d'Hastings, pour servir de palais royal et défendre la ville. Aux XIIIe et XIVe s ont été ajoutés 2 enceintes concentriques, des bastions et des fossés pour en faire une forteresse imprenable.
Tour à tour ***résidence royale, atelier de frappe pour la monnaie, ménagerie, observatoire et chambre du Trésor,*** c'est surtout comme ***lieu d'exécution*** pour les têtes couronnées et comme ***prison d'État*** que la « *Bloody Tower* » a acquis sa triste réputation. Les opposants à la royauté, quels qu'ils soient, y étaient incarcérés.
Aujourd'hui, on n'enferme plus et on n'exécute plus (le dernier prisonnier exécuté fut l'espion allemand Josef Jakobs, en 1941), mais les hallebardiers de la garde, les ***Yeomen Warders*** (« *The Beefeaters* » ou buffetiers, autrement dit les gardiens du Buffet royal), sont toujours là. Un seul événement est venu troubler leurs habitudes, ô combien réglées, à savoir l'arrivée dans leurs rangs d'une femme en 2007 ! Ils semblent participer à un jeu de rôles lorsqu'ils procèdent à la ***cérémonie des clés,*** tradition nocturne où les portes de la tour sont fermées précisément à 21h53. Aucun événement, aucune catastrophe n'a jamais pu empêcher son déroulement. Et cela dure depuis 7 siècles !

La cour extérieure et Tower's Mint

Au-delà des douves ***(moat),*** on entre dans la cour extérieure par la tour du Mot-de-Passe ***(Byward Tower).*** Aussitôt à gauche, une 1re exposition retrace 500 ans d'histoire de la frappe de la monnaie au château, dans le ***Tower's Mint.*** On apprend notamment que c'est Isaac Newton *himself* qui fut chargé de calculer les méthodes les plus efficaces de production !
Plus loin, la très large porte des Traîtres ***(Traitors' Gate),*** donnant sur la Tamise, servait à débarquer les prisonniers qui venaient d'être condamnés à Westminster.

Medieval Palace et South Walk

Il surplombe *Traitors' Gate*. C'était à la fois une résidence royale de luxe et une forteresse militaire. Reconstitution de quelques salles pour revivre l'époque d'Édouard Ier et de son père Henri III, au XIIIe s. Noter la réplique du trône, de la chapelle de poche et du lit *king size* (forcément !). Du chemin de ronde, vue panoramique sur le *Tower Bridge,* le *Shard* et la *tour Blanche.* 700 ans d'histoire architecturale qui se télescopent !

BONS VIVANTS

On savait vivre à la cour d'Édouard Ier ! Pour satisfaire l'appétit féroce de ses 700 membres, les intendants devaient renouveler tous les 6 mois un stock de 1 500 bovins, 3 000 moutons et 1 200 cochons. Quant à l'alcool, il coulait à flot avec, pour le seul Noël de 1286, une commande qui s'éleva à 12 000 l !

Bloody Tower (tour Sanglante)

Son surnom est lié à un événement macabre de la monarchie anglaise : les enfants d'Édouard IV y furent, selon la légende, exécutés en secret sur ordre de leur oncle, le futur roi Richard III, afin d'assurer son accession au trône. On passer sous la tour Sanglante et sa salle des tortures pour entrer dans la cour intérieure.

The Crown jewels (Les joyaux de la Couronne)

Un trésor inestimable conservé au sous-sol du bâtiment Waterloo ; là où les visiteurs font la queue et se font photographier à côté du garde imperturbable. En guise d'amuse-bouche, pas mal de ***bijoux de procession,*** pour le couronnement notamment, ou d'ornement, tout simplement, et de la ***vaisselle.*** Un film rappelle que le couronnement d'Elizabeth II, en 1953, fut le 1er de l'histoire retransmis à la télévision. Que de chemin parcouru depuis le 1er couronnement, celui de Harold II, en 1066 ! Puis, au son de *God Save the Queen* de Purcell, on arrive aux plus beaux bijoux, après avoir franchi des portes de 2 t : les ***couronnes.*** Pour écouler le flux de visiteurs, il a fallu installer un tapis roulant (estampillé du sceau de la reine !), limitant à quelques secondes le passage devant ces joyaux. Qu'on se rassure, des vidéos permettent, dans les salles précédentes, de les observer en détail, et vous pouvez toujours vous hisser jusqu'à la rampe supérieure, d'où l'on voit aussi bien. Ces joyaux ne sont pas antérieurs au milieu du XVIIe s car, à la suite de l'exécution de Charles Ier et de l'instauration de la république en 1649, Cromwell décida de détruire les bijoux royaux.

THE *BEEFEATERS*

The Beefeaters, *ce sont les « mangeurs de viande ». Car les gardiens de la tour, chargés de protéger les biens de la Couronne, étaient nourris de viande par le roi ! Un privilège inouï au Moyen Âge, en échange de leur loyauté.*

Parmi les objets les plus incroyables, le ***sceptre royal de 1661*** surmonté de la *Grande Étoile d'Afrique,* le plus gros diamant du monde (530 carats), un autre diamant stupéfiant rapporté du Pendjab à la reine Victoria lors des conquêtes britanniques (le Koh-i-Nûr, 106 carats) et, surtout, la fameuse ***couronne d'État*** en or massif (2,230 kg), éclairée par le rubis du Prince Noir et la *Petite Étoile d'Afrique.* Ces joyaux sont encore utilisés dans la vie « courante » de la famille royale, c'est pourquoi on peut voir de temps à autre des étiquettes « *in use* ». *So chic* !

White Tower (tour Blanche)

Un donjon carré très massif qui trône au centre de la cour intérieure. Cette architecture militaire normande réduite à sa plus simple expression est la ***partie la plus ancienne de la forteresse*** (XIe-XIIe s). Ce fut la résidence de Guillaume le Conquérant, avant de servir de prison.

Magnifique ***St John Chapel,*** émouvante de simplicité, la plus ancienne de Londres. Une nef et un déambulatoire, surmontés de tribunes et d'une simple voûte en berceau, caractéristiques du début de l'art roman.

Et puis ***très belle collection d'armes et d'armures,*** dont l'impressionnante armure de Charles Ier, recouverte d'or ciselé. Admirer également *the line of Kings,* une galerie de rois en armure sur leurs chevaux (fabriqués avec des tonneaux !), le tout datant de 1660 (pour le couronnement de Charles II). Sur la trentaine d'origine, une douzaine de montures ont survécu. Voir encore la collection de canons.

CORBEAUX DE GARDE !

Une légende veut que des corbeaux veillent sur la Couronne britannique. On dit que le royaume s'effondrera s'ils quittent la tour. Un décret royal de 1662, sous le règne de Charles II, fixe à 6 minimum le nombre de ces corbeaux et chacun porte un nom ! Aujourd'hui encore, ils sont nourris et soignés par un des corps des gardes de la Tour, désigné « maître des corbeaux ».

The Fusilier Museum (musée des Fusiliers royaux)

Pour les fans du service militaire et des uniformes. Petit musée à la gloire du ***1er régiment de fusiliers royaux,*** évoquant toutes les campagnes, batailles et guerres, de Napoléon jusqu'à la guerre du Golfe en passant par l'Irlande du Nord.

Beauchamp Tower

Elle servit de ***prison*** et renferma de nombreux prisonniers. On peut encore déchiffrer leurs graffitis gravés sur les murs au 1er étage. Un de nos compatriotes enfermé ici en 1571, Charles Bailly, fut particulièrement prolixe. Sur le *Tower green,* juste devant, furent exécutés 3 reines, 2 lords et 2 ladies. Quant à la ***chapelle,*** on n'y accède qu'en suivant une visite guidée.

Tower Bridge *(plan d'ensemble, J4)* **:** avec Big Ben, l'une des cartes postales les plus emblématiques de Londres. Édifié en 1894 dans le style néogothique cher à la reine Victoria, ce pont servit à désengorger le trafic du London Bridge et à favoriser le développement de la capitale vers l'est. Au milieu des années 1970, un système de levage électrique a remplacé l'ancien système à vapeur, mais, bien sûr, on n'a pas touché à l'architecture d'origine du pont le plus célèbre du monde. Avec un peu de chance, vous verrez la chaussée se lever en quelques secondes pour laisser passer un gros navire : entre 10 et 30 fois par mois ; les horaires sont annoncés sur le site : *● towerbridge.org.uk ● (rubrique « Bridge lift times »).*

Tower Bridge Exhibition *(plan d'ensemble, J4)* **:** *☎ 020-7403-3761. ● towerbridge.org.uk ● Ⓜ Tower Hill. Entrée côté rive sud. Tlj 9h30-18h (dernière admission 1h avt). Fermé 24-26 déc. Entrée : 10,60 £ ; réduc et forfaits famille ; gratuit moins de 5 ans.* Accès à la tour et à la passerelle piétonne qui permettait autrefois de passer la Tamise pendant les incessantes manœuvres du pont. Un plancher de verre offre une vue plongeante et vertigineuse sur la chaussée. Et sinon, quelques belles photos en noir et blanc retracent l'histoire de la construction du pont. On termine sur la rive nord, par la salle des machines. Cependant, la visite ne s'impose pas car les prix sont élevés et la traversée par la chaussée offre déjà de bons points de vue.

APPORTEZ DES ORANGES !

Le prêtre jésuite John Gerard, incarcéré pour catholicisme à Clink Prison, taillait des crucifix dans la peau des oranges qu'on lui apportait. Puis il écrivait des lettres avec leur jus et faisait passer ce courrier. Ce moyen de communication lui permit d'organiser avec succès son évasion et de finir ses jours peinard à Rome à l'âge respectable de 73 ans !

SOUTHWARK, SOUTH BANK ET WATERLOO

- Pour se repérer, voir le plan d'ensemble détachable en fin de guide.

Contrairement à Paris, où la ville s'est développée à la même période sur les 2 rives, Londres a longtemps ignoré le sud de la Tamise (sauf les quartiers résidentiels de l'Ouest, comme Putney ou Wimbledon), l'immense district de Southwark. Bombardée en 1940 et désertée par les habitants, cette zone est désormais en pleine expansion.
Aujourd'hui, la réhabilitation des docks (South Bank) mérite une exploration approfondie. Avec l'aménagement de la promenade le long de la Tamise et ses innombrables restos et bars séduisants, tout ce secteur est devenu plutôt branché. Londoniens et touristes y affluent pour profiter de ses attractions : l'épicentre culturel *Southbank Centre,* l'exceptionnel Borough Market, l'immense roue du *London Eye* mais aussi le célèbre *Globe Theatre,* théâtre shakespearien, ou encore le gratte-ciel *The Shard.* La silhouette élancée de cette spectaculaire flèche de verre, parmi les plus hauts édifices d'Europe, domine les quartiers de Borough et de Bermondsey, eux aussi en plein essor voire gentrification, avec un esprit village qui n'en demeure pas moins très agréable...
On n'oublie pas le *Millenium Bridge,* cette élégante passerelle qui enjambe le fleuve et relie la City à la « *Tate* ». Ce vaste musée, consacré à l'art contemporain, symbolise le renouveau de ce quartier et l'extraordinaire capacité de Londres à se réinventer.
ℹ Nombreuses infos pratiques sur le quartier en visitant les sites • *visitbankside.com* • et • *southbanklondon.com* •
– ***Bon à savoir :*** la balade le long de la Tamise peut se prolonger ou débuter depuis l'autre rive de la Tamise, par exemple à St Paul's Cathedral, au nord-est, reliée à South Bank par le Millenium Bridge (passerelle piétonne). Même principe à l'ouest, en empruntant Westminster Bridge, qui relie Westminster Abbey et Houses of Parliament à Waterloo).

Où dormir ?

Auberges de jeunesse, moins de 35 £ / 42 €)

St Christopher's Inn – London Bridge *(plan d'ensemble, I5,* ***126****) : réception au Village, 165 Borough High St, SE1 1HR. ☎ 020-7939-9710. • st-christophers.co.uk • Ⓜ London Bridge ou Borough. Lits en dortoir env 13-45 £ ; doubles avec ou sans sdb privée 48-90 £.* Cette chaîne internationale d'AJ aligne pas moins de 3 adresses sur Borough High Street : *The Village* (la plus grande et la plus moderne avec des lits capsules), le *Inn* (qui compte seulement une quinzaine de lits) et l'*Oasis Hostel,* réservé aux femmes. Partout, accueil jeune et ambiance fraternelle. Ce n'est pas vraiment son confort (dortoirs basiques de 4 à 33 lits au *Village,* 4 à 8 lits dans les autres adresses, plus quelques doubles) qui explique son succès, mais le concept du « *Beds & Bars* ». Les auberges sont couplées à des bars, où les résidents bénéficient de réductions sur les boissons, les plats et les soirées concert. Ici, il s'agit d'un vénérable pub datant du XVIe s.

Friendship House *(plan d'ensemble, H5, **102**) : 3 Belvedere Pl, SE1 0AD. Dans une impasse perpendiculaire à Borough Rd. ☎ 020-3911-5644. • lhalondon.com • Ⓜ Borough. À partir de 32 £/pers en double et env 145 £/sem.* Très moderne, ce vaste complexe étudiant de 180 lits (en chambres simples ou doubles) se distingue par ses lignes sobres et ses espaces aérés. Un vrai plus ! Ensemble fonctionnel (salles de bains privatives nickel, TV et frigo). Salons communs, cuisine à chaque étage, laverie, mini-salle de sport... L'ensemble est basique et la déco inexistante, mais les tarifs restent au ras des pâquerettes. *Pas moins de 13 autres adresses à Londres !*

De prix moyens à chic (60-150 £ / 72-180 €)

Point A Hotel *(plan d'ensemble, G5, **83**) : 118-120 Westminster Bridge Rd, SE1 7RW. ☎ 020-7633-9317. • pointahotels.com • Ⓜ Lambeth North. Doubles env 85-145 £. Pas de petit déj.* Un hôtel *low-cost* moderne et tout confort, qui figure parmi les plus petits de la chaîne *Point A*. Bâtiment sans charme, mais c'est secondaire. Quant aux chambres, pas bien grandes, elles sont propres et bien conçues, dans un style compact efficace. Attention, certaines sans fenêtre.

Premier Inn Southwark Borough High St *(plan d'ensemble, I4, **394**) : Anchor, Bankside, 34 Park St, SE1 9EF. ☎ 0333-321-1274. • premierinn.com • Ⓜ London Bridge. Doubles env 75-150 £.* Hôtel de chaîne ultra-fonctionnel et confortable, mais qui, pour une fois, est à taille humaine et ne manque pas de charme. Il occupe un bâtiment de brique typique du quartier. Confort et déco modernes. Rapport qualité-prix digne d'intérêt, à condition d'éviter les chambres du rez-de-chaussée, plus exposées au bruit.

Premier Inn County Hall *(plan d'ensemble, F-G5, **44**) : County Hall, 334 Belvedere Rd, SE1 7PB. ☎ 0871-527-8648. • premierinn.com • Ⓜ Waterloo. Doubles env 70-150 £.* La chaîne d'hôtels a opportunément investi un bâtiment historique idéalement situé, face à Big Ben et au bord de la Tamise. Plus de 300 chambres, pas la grande intimité donc, mais elles sont modernes, fonctionnelles, propres et souvent spacieuses. Là encore, un rapport qualité-prix franchement avantageux, surtout pour les chambres avec vue.

Très chic et « spécial coup de folie » (150 £ et bien plus / 180 €)

The Hoxton Southwark *(plan d'ensemble, H4, **97**) : 40 Blackfriars Rd, SE1 8NY. ☎ 020-7903-3000. • thehoxton.com • Ⓜ Holborn. Doubles 130-300 £.* Petite sœur de la maison mère de Shoreditch, cette annexe a tout d'une grande. Vaste hall ouvert avec café-brasserie-resto et meubles au design vintage. Même style de déco dans les quelque 175 chambres, de la « *shoebox* » (boîte à chaussures !) aux suites et familiales. Les papiers peints rétro sont inspirés des histoires de Charles Dickens et certaines œuvres imaginées par de jeunes créateurs. Ambiance boutique-hôtel jeune et sympa. On adore les tourne-disques ou les radios d'antan qui côtoient le confort moderne. Une chouette adresse, aux prix plus que fluctuants... Guettez la bonne affaire ! En prime, un resto et un bar avec vue panoramique (voir plus loin « Où manger ? » et « Où boire un verre ? »).

Citizen M Bankside *(plan d'ensemble, H4, **41**) : 20 Lavington St, SE1 0NZ. ☎ 020-3519-1680. • citizenm.com • Ⓜ Southwark. Doubles env 100-200 £ ; réduc en ligne.* Petite chaîne d'hôtels design, implantée au cœur de Londres. Celui-ci est à 5 mn à pied de la Tate Modern. Plus de 190 chambres très fonctionnelles et au confort irréprochable, pas immenses, mais aux prestations de qualité : déco soignée, salle de bains nickel, et toutes sortes de petits plus high-tech ! On aime beaucoup le vaste salon commun, dans les tons rouge et noir, ainsi que le patio, très agréable aux beaux jours.

Bermondsey Square Hotel *(plan d'ensemble, J5, **84**) : 9 Bermondsey Sq, SE1 3UN. ☎ 020-7378-2450.*

• *bermondseysquarehotel.co.uk* • Ⓜ *London Bridge ou Borough. Doubles env 140-300 £ (plus cher pour les suites) ; réduc en ligne.* Un boutique-hôtel qui joue la carte du design et de l'insolite, avec un style classique émaillé de touches *sixties*. Couleurs pop et acidulées ou blanc immaculé. Superbes salles de bains, confort total. Les plus chères (les suites) ont même une terrasse, voire un jacuzzi, avec vue splendide sur le toit et Londres. Bref, c'est luxueux mais sans tapage, dans un esprit bien dans l'air du temps.

Où manger ?

Du côté de London Bridge

Très bon marché (moins de 10 £ / 12 €)

Borough Market *(plan d'ensemble, I4) : 8 Southwark St, SE1 1TL.* Ⓜ *London Bridge. Tlj 10h (8h sam)-17h (15h dim).* Nombreux stands de *street food* du monde entier et bons petits restos aux alentours. Sandwichs bio, boulangeries à l'ancienne, fruits et légumes frais... de quoi se caler pour pas trop cher dans ce quartier si attachant. Succès oblige, c'est bondé, le samedi. Mais malgré la foule, on a un gros coup de cœur pour cet incontournable marché londonien.

Flat Iron Square *(plan d'ensemble, I4, **259**) : 53b Southwark St, SE1 1RU. ☎ 020-3179-9800.* Ⓜ *London Bridge ou Borough. Tlj sauf lun 12h-23h (21h dim).* À 5 mn à pied de l'incontournable Borough Market, celui-ci n'a pas son envergure mais on apprécie son bel espace extérieur, très fréquenté aux beaux jours. Les jours de grise mine, on se réfugie sous les arches du chemin de fer, aménagées elles aussi. Bars et stands de *street food* du monde entier, retransmission de matchs, concerts, cours et ateliers sportifs ou créatifs, etc. Un spot vivant et culturel, comme Londres sait si bien faire.

Fuckoffee *(plan d'ensemble, J5, **467**) : 163-167 Bermondsey St, SE1 3UW. ☎ 020-7403-7655.* Ⓜ *London Bridge. Tlj 7h (8h dim)-18h (19h le w-e). Soupes et sandwichs env 3,50-6 £.* Notre chouchou dans le quartier pour s'offrir un café équitable ou un thé accompagné d'un muffin ou d'un cookie bio. Pour la pause lunch, soupe maison et sandwichs frais. À emporter ou sur place, confortablement installé dans les canapés. Accueil relax, mobilier dépareillé, revues et journaux à dispo, grand tableau avec les petites annonces du coin et bonne musique en « fond » (très) sonore... Cool, quoi !

Fish ! Kitchen *(plan d'ensemble, I4, **276**) : Cathedral St, Borough Market, SE1 9AL. ☎ 020-7407-3803.* Ⓜ *London Bridge. Lun-mer 11h-17h, jusqu'à 18h jeu-sam et 16h dim. Fish & chips env 10 £.* La version *take-away* du resto voisin *Fish !* Même qualité, mais prix divisés presque par 2. 3 choix de poissons, livrés chaque jour. En vente seulement à emporter.

Bon marché (10-20 £ / 12-24 €)

Fine Foods, Locanda del Melo *(plan d'ensemble, I-J5, **392**) : 218 Long Lane, SE1 4QB. ☎ 020-7403-7513.* Ⓜ *London Bridge. Lun-sam 8h-22h, dim 10h-18h. Sandwichs à emporter env 5,50-8 £ ; plats 14-18 £.* Une épicerie fine de produits italiens, tenue par un adorable patron milanais. Dans ce cadre délicieusement *Old England,* on déguste les lasagnes du jour ou d'excellents paninis dans une minuscule salle à l'arrière, tranquille et intime. Pour les pressés, petite vitrine de produits frais à l'entrée, où l'on confectionne son sandwich à emporter. Très bon *espresso.*

The Market Porter *(plan d'ensemble, I4, **191**) : 9 Stoney St, SE1 9AA. ☎ 020-7407-2495.* Ⓜ *London Bridge. Lun-ven 6h-8h30, 11h-23h, le w-e 12h-23h (22h30 dim). Plats env 14-22 £ ; snacks 8-12 £.* Coincé entre la voie ferrée et les halles du Borough Market, ce pub à l'ancienne fut transformé en librairie pour le film *Harry Potter*. En bas, pub classique fréquenté par une foule d'habitués, qui déborde largement sur la rue. À l'étage, salle surannée où l'on mange une cuisine de pub solide et généreusement servie, à l'image de ses bons plats du jour *(fish & chips, pie of the day, rib eye)*. Fromages venus de chez *Neal's Dairy*, le super fromager d'à côté.

|●| *Padella* *(plan d'ensemble, I4,* ***296****)* **:** *6 Southwark St, SE1 1TQ. Ⓜ London Bridge. Tlj midi et soir. Repas env 15 £.* Parmi les restos italiens de la capitale, celui-ci fait encore et toujours le buzz pour l'excellence de ses pâtes. Ne venez pas trop pour papoter, et estimez-vous déjà heureux d'avoir dégoté une place au comptoir dans ce joyeux brouhaha. Observez l'escouade de chefs, armés de casseroles rutilantes. Service *prestissimo* et portions mini. Mais à ce prix-là, on en redemande !

|●| *Flour & Grape* *(plan d'ensemble, J5,* ***139****)* **:** *214 Bermondsey St, SE1 3TQ. Ⓜ London Bridge. Tlj sauf lun midi, 12h-15h, 17h30-22h. Repas env 15 £.* Une bonne alternative dans le registre italien si vous n'avez pas le temps d'attendre qu'une place se libère à *Padella* ; et ici, on prend les résas ! Seulement 8 plats de pâtes au choix (*tortelloni* au porc et à la sauge, *pappardelle*, etc.), quelques spécialités du jour, *antipasti* et desserts pour faire un repas savoureux à prix honnêtes.

|●| Ne pas manquer de jeter aussi un œil aux ***pubs*** cités plus loin, dans « Où boire un verre ? Où sortir ? ».

De bon marché à prix moyens (jusqu'à 30 £ / 36 €)

|●| *Lobos Meat & Tapas* *(plan d'ensemble, I4,* ***276****)* **:** *14 Borough High St, SE1 9QG. ☎ 020-7407-5361. Ⓜ London Bridge. Tlj sauf dim 17h-22h, jusqu'à 23h jeu-sam. Tapas 6-15 £ ; plus chers pour les viandes.* Planqué dans les fondations du pont, forcément exigu et sombre, à la déco brute, cela n'enlève rien à son charme certain (oui, même quand le métro passe et fait vibrer les murs !). En cuisine et au service, le staff espagnol s'affaire pour sortir des tapas gourmandes et originales. À la carte, les classiques *patatas bravas*, tortilla et *pan con tomate* côtoient des recettes plus travaillées à base de poulpe grillé, agneau croustillant ou filet de porc mariné. *Une autre adresse à Soho : 48 Frith St, W1D 4SF (tlj et à partir de 12h30 le w-e).*

|●| *Tapas Brindisa London Bridge* *(plan d'ensemble, I4,* ***296****)* **:** *18-20 Southwark St, SE1 1TJ. ☎ 020-7357-8880. Ⓜ London Bridge. Tlj 12h-minuit (23h30 dim). Tapas 6-16 £ ; planches de charcuterie env 18-24 £.* Un grand bar à tapas chaleureux et toujours bondé (très bruyant, donc) où l'on se presse pour sa belle sélection de charcuteries régionales espagnoles, appétissantes et fort bien présentées. Certaines tapas pas bien copieuses, mais à base de bons produits frais. En revanche, l'addition prend vite de l'embonpoint si l'on n'y prend garde ! Petit stand sur le Borough Market. *D'autres adresses à Londres, notamment à Soho, South Kensington et Shoreditch.*

|●| *Tas Pide* *(plan d'ensemble, H-I4,* ***177****)* **:** *20-22 New Globe Walk, SE1 9DR. ☎ 020-7928-3300. Ⓜ Southwark ou London Bridge. Tlj 12h-23h30 (22h30 dim-lun). Menus 16-30 £ ; mezze env 7 £ ; plats 13-18 £.* Dans un cadre élégant et chaleureux qu'on n'imagine pas de l'extérieur (charpente, bois sculpté, verres gravés), on se régale d'une cuisine originaire de Turquie, précisément d'Anatolie. On redécouvre les *mezze* avec des falafels croustillants, on enchaîne avec l'*incik*, un agneau rôti au four, et on termine par un voluptueux baklava. À moins de se laisser tenter par les *pide*, variante turque de la pizza, à la pâte ultra-fine et à la garniture parfumée (une quinzaine de variétés). Service plein de gentilles attentions, et concerts certains soirs. *D'autres adresses à Londres, notamment à Bloomsbury.*

De prix moyens à chic (20-40 £ / 24-48 €)

|●| *The Garrison Public House* *(plan d'ensemble, J5,* ***701****)* **:** *99 Bermondsey St, SE1 3XB. ☎ 020-7089-9355.*

Ⓜ London Bridge. Lun-jeu 8h-23h, ven-sam 8h (9h sam)-minuit, dim 9h-22h30. Plats 15-17 £ ; brunch sam 35-40 £. Un *gastropub* charmant, aux airs campagnards chic, avec ses murs lambrissés dans les tons gris, son décor rétro et son mobilier rétro. Cuisine ouverte où l'on prépare avec soin des plats classiques (moules, *fish & chips*, épaule de porc, burgers, etc.), parfois un brin revisités. Également quelques sandwichs élaborés. Une cuisine de bonne facture pour cette adresse devenue une véritable institution dans le quartier.

Du côté de Waterloo

De très bon marché à bon marché (moins de 20 £ / 24 €)

Greensmiths *(plan d'ensemble, G5, **583**) : 27 Lower Marsh, SE1 7RG. ☎ 020-7921-2970. Ⓜ Waterloo. Lun-sam 8h-20h ; fermé dim. Snacks et plats 5-8 £.* Une épicerie de quartier spécialisée dans les produits bio. Si l'on entre par la boucherie, c'est bien à l'arrière que cela se passe. Quelques plats cuisinés, des salades et sandwichs frais, des tartes et desserts maison, ainsi que du bon pain et des fromages pour s'improviser un pique-nique. Bien aussi pour le petit déj ou une pause-goûter. Tables en terrasse aux beaux jours.

Mercato Metropolitano *(plan d'ensemble, H5, **585**) : 42 Newington Causeway, SE1 6DR. ☎ 020-7403-0930. Ⓜ Elephant & Castle ou Borough. Tlj 12h-23h (minuit ven-sam, 22h dim).* Un complexe de *street food* entre voie de chemin de fer et entrepôts. Dans un vaste espace protégé s'alignent stands en dur et grandes tablées. Cuisine italienne variée, mais aussi épicerie fine à l'entrée (pour un shopping gourmand), micro-brasserie avec *beer garden* (jolie verrière) et tout un tas de spécialités du monde entier : libanaises, mexicaines, US, asiatiques, etc. Un peu surfait sans doute, tendance bobo-hipster, mais hyper convivial. Beaucoup de monde le week-end et aux beaux jours. *Un autre site à Mayfair's Market (Ⓜ Bond St).*

Yamagoya *(plan d'ensemble, G5, **123**) : 49 The Cut, SE1 8LF. ☎ 020-7928-1093. Ⓜ Southwark. Lun-ven midi et soir, le w-e en continu 12h-21h. Plats env 7-10 £.* Cadre minimaliste de bois clair, tables en haie d'honneur et simples tabourets pour cette cantine japonaise spécialisée dans les *ramen*, préparés à la minute. Les habitués fréquentent les lieux à toute heure de la journée pour profiter d'une savoureuse cuisine à petits prix.

Chic (30-40 £ / 36-48 €)

Seabird Rooftop *et* ***Albie*** *(plan d'ensemble, H4, **97**) : 40 Blackfriars Rd, SE1 8NY. ☎ 020-7903-3050. Ⓜ Southwark. Ouv lun-mer 15h-minuit, jeu 12h-minuit, ven 12h-1h, sam 11h30-1h et dim 11h30-minuit.* Albie *ouv tlj 7h-minuit (1h ven-sam).* *Rooftop* avec bar à fruits de mer et vue panoramique pour le *Seabird*, qui offre une halte de choix, ne serait-ce que pour prendre un verre. Le restaurant *Albie*, plus conventionnel, propose une carte complète du petit déj au dîner, avec tous les classiques anglais. Voir aussi précédemment dans « Où dormir ? » *The Hoxton Southwark.*

SOUTH WARK

Où prendre un petit déj ? Où s'offrir une glace ?

The Breakfast Club *(plan d'ensemble, I4, **271**) : 11 Southwark St, SE1 1RQ. ☎ 020-7078-9634. Ⓜ London Bridge. Jeu-sam 8h -22h, dim-mer 8h-16h. Résa conseillée. Petits déj 9-15 £ ; compter env 15-20 £ avec les boissons.* Appétits d'oiseau et habitués de matins légers, passez votre chemin ! Ici, on ne badine pas avec le petit déjeuner. Bienvenue au club des amateurs de pancakes, gaufres, pommes de terre sautées, œufs Bénédicte, *avocado toast*, bacon, etc. Cafés et smoothies combleront les accros à la caféine et aux vitamines. *Une douzaine d'adresses à Londres, notamment à Soho, Spitafields, Hoxton et Canary Wharf.*

Scooter Caffé *(plan d'ensemble, G5,* ***582****) : 132 Lower Marsh, SE1 7AE. ☎ 020-7620-1421. Ⓜ Waterloo. Tlj 8h30 (10h le w-e)-23h (minuit sam). Snacks env 5-7 £.* Tout petit café aux mobilier chiné, capharnaüm d'objets, tableaux, photos vintage et vénérable scooter en vitrine... Même le café torréfié maison est dispensé par une illustre machine à café italienne datant de 1957 ! Sandwichs corrects, snacks et pâtisseries. Adresse authentique en diable et cosy à souhait (on préfère l'étage au sous-sol). Le soir, on s'y retrouve pour prendre un verre entre habitués du quartier.

Pour le petit déj, voir aussi précédemment ***Fuckoffee*** *(plan d'ensemble, J5,* ***467****).*

Gelateria 3 Bis *(plan d'ensemble, I4,* ***191****) : 4 Park St, SE1 9AB. ☎ 020-7378-1977. Ⓜ London Bridge. Tlj 11h-21h (18h dim).* Pas besoin de traverser l'Europe pour goûter à de vrais *gelati* ! Cette charmante boutique est une antenne d'une excellente maison basée à Rimini. Glaces artisanales onctueuses à souhait, aux parfums classiques et non de synthèse, élaborées avec les meilleurs ingrédients. Les plus gourmands y ajouteront des *toppings*... Irrésistible ! Vrai café, crêpes, gaufres et milk-shake tout aussi fameux. À consommer sur place ou à emporter. *Une autre adresse à Notting Hill (178 Portobello Rd).*

SOUTH WARK

Où boire un verre ? Où sortir ?

The George Inn *(plan d'ensemble, I4,* ***395****) : 75-77 Borough High St, SE1 1NH. ☎ 020-7407-2056. Ⓜ London Bridge. Tlj à partir de 11h, jusqu'à 23h lun-mer, 23h30 jeu, minuit ven-sam et 22h30 dim.* William Shakespeare ou Charles Dickens y avaient leurs habitudes ; aujourd'hui, on croise surtout d'heureux touristes et les cols blancs du secteur. Ce pub historique de 1542, propriété du *National Trust,* fut reconstruit en 1676 après le terrible incendie qui ravagea Londres. Il a gardé tout son charme, notamment ses galeries extérieures, comme en arboraient quasi tous les pubs au Moyen Âge. Dissimulée dans une vaste cour pavée tranquille (avec la flèche du *Shard* en fond de tableau, quel contraste !), cette immense bâtisse chaulée hérissée de grosses lanternes abrite une enfilade de petites salles cosy sur 3 étages. Jetez un œil au *Parliament,* la partie historique du pub, avec son adorable cheminée. Et même une terrasse. Cuisine de pub correcte et bonnes bières, bref, une halte de choix fort pittoresque...

The Anchor *(plan d'ensemble, I4,* ***394****) : 34 Park St, SE1 9EF. ☎ 020-7407-1577. Ⓜ London Bridge. Lun-mer 11h-23h, jusqu'à 23h30 jeu-ven, sam 10h-23h30 et dim 10h-22h.* Encore une étape incontournable car ce vénérable pub, chargé d'histoire, fut miraculeusement épargné par les bombes du *Blitz.* Aujourd'hui, il peut en raconter des choses : construit sur un cimetière de la peste, il reçut les acteurs du *Globe Theatre* tout à côté et probablement Shakespeare ! Le pub possède toujours son vénérable aspect extérieur de brique usée et patinée, même s'il a fini par perdre un peu de son cachet. En prime, terrasse géniale surplombant la Tamise. Bien sûr, restauration traditionnelle et bonne sélection de bières.

The Gladstone Arms *(plan d'ensemble, I5,* ***407****) : 64 Lant St, SE1 1QN. ☎ 020-7407-3529. • thegladpub.com • Ⓜ Borough. Lun-jeu 12h-23h, ven-sam 12h-minuit, dim 12h-22h30.* De la rue principale (Borough High St), on repère la bâtisse en brique uniquement grâce à la fresque peinte sur le mur. Tant mieux. La petite salle coquette aux bibelots rétro supporterait mal la foule. Ici, on partage les sofas avec une ribambelle d'habitués, qui sirotent une bière artisanale ou un gin n' tonic (spécialité maison) en jouant aux échecs ou au Scrabble... sauf les soirs de concert : dans ces cas-là, on joue surtout des coudes ! Côté cuisine, le menu affiche de bons petits plats et *pies* anglo-indiens.

Bermondsey Arts Club (*plan d'ensemble, J5, **256***) *: 102A Tower Bridge Rd, SE1 4TP. ☎ 020-3302-0610. • bermondseyartsclub.co.uk • Ⓜ London Bridge. Tlj 18h-2h, jusqu'à 3h30 ven-sam.* Un bar à cocktails en sous-sol, installé dans d'anciennes toilettes publiques de l'époque victorienne ! Petit et intime, si on peut dire, au cadre délicieusement rétro avec son carrelage en damier noir et blanc, ses boiseries Art déco et son comptoir joliment éclairé, où le barman officie avec talent. Quelques classiques à la carte, mais surtout des créations originales, parfois détonantes ! Beaucoup de monde en fin de semaine.

Skylon Bar (*plan d'ensemble, G4, **239***) *: à l'étage du Royal Festival Hall, Belvedere Rd, SE1 8XX. ☎ 020-7654-7800. Ⓜ Waterloo. Ouv 12h (11h30 le w-e)-23h.* Le meilleur emplacement qui soit, au 3e étage du *Royal Festival Hall*, ce grand complexe culturel avec baies vitrées lumineuses et hauts plafonds. Une adresse bien connue pour son panorama, on vient d'ailleurs surtout pour ça ! Vaste salle chic et une cuisine sans surprise, mais correcte. Préférer y prendre un verre au bar, réputé pour ses cocktails (les prix sont toutefois à la hauteur de la vue !).

Voir aussi ***The Market Porter*** (*plan d'ensemble, I4, **191***) et ***Tapas Brindisa London Bridge*** (*plan d'ensemble, I4, **296***), décrits précédemment dans « Où manger ? », ainsi que le ***Scooter Caffé*** (*plan d'ensemble, G5, **582***) que l'on apprécie autant au *teatime* qu'à l'heure de l'apéro (voir précédemment dans « Où prendre le petit déj ? Où manger une glace ? »). Sans oublier bien sûr le ***Flat Iron Square*** (*plan d'ensemble, I4, **259***) et ***Seabird Rooftop*** (*plan d'ensemble, H4, **97***).

Spécial noctambules

Corsica Studios (*plan d'ensemble, H6, **559***) *: 4/5 Elephant Rd, SE17 1LB. • corsicastudios.com • Ⓜ Elephant & Castle. Ouverture selon programmation. Entrée payante.* Ce club s'affirme comme un poids lourd de la nuit londonienne à Southbank. Aménagés sous les voûtes d'un pont, les *dance floors* en enfilade, de dimensions modestes, permettent de conserver une atmosphère intime. Ambiance toujours fiévreuse assurée par une programmation qui fait la part belle à l'électro, la house ou la techno, mais aussi au *dubstep*.

Ministry of Sound (*plan d'ensemble, H5, **465***) *: 103 Gaunt St, SE1 6DP. • ministryofsound.com • Ⓜ Elephant & Castle. Ouverture selon programmation. Entrée payante.* Cette légende de la nuit londonienne depuis 1991 est plus que jamais sur le devant de la scène ! Il suffit de voir la liste des DJs invités (pas moins de 4 *dance floors*) pour s'en convaincre. Beaucoup, beaucoup de monde...

Shopping et marchés

Borough Market (*plan d'ensemble, I4*) *: 8 Southwark St, SE1 1TL. • boroughmarket.org.uk • Ⓜ London Bridge. Tlj 10h (8h sam)-17h (15h dim).* Un des plus beaux marchés alimentaires de Londres. Très bobo, mais bien pittoresque tout de même. Beaucoup de petits producteurs, des produits bio, parfois locaux, et que du bon ! Voir aussi précédemment « Où manger ? ».

Neal's Yard Dairy (*plan d'ensemble, I4, **191***) *: 6 Park St, SE1 9AB. ☎ 020-7500-7520. • nealsyarddairy.co.uk • Ⓜ London Bridge. Lun-sam 9h (8h sam)-17h, dim 10h-16h.* Encore plus beau, encore plus grand qu'à Covent Garden ! Cette incontournable boutique de Borough Market, spécialisée dans l'affinage et la vente de fromages fermiers, fait la part belle aux fromages anglais, gallois, écossais et irlandais. Son centre d'affinage est à 2 pas, dans les vénérables entrepôts victoriens en brique, sous la voie de chemin de fer, bénéficiant idéalement d'une atmosphère cool et humide. Accueil gentil comme tout ; on se fera un plaisir de vous guider, de vous faire goûter et de vous convaincre que le Royaume-Uni est aussi un pays du fromage. Et puis d'autres produits : huiles, sauce *piccalilli,* chutneys, biscuits, etc.

Bermondsey Market *(plan d'ensemble, J5)* **:** *seulement ven 6h-14h, sur Abbey St.* Ⓜ *Borough ou London Bridge.* Beaucoup de professionnels. Antiquités, bijoux, porcelaines, etc. Beau, mais pas donné.

À voir. À faire

Du côté de London Bridge

Tate Modern *(plan d'ensemble, H4)* **:** *Bankside, SE1 9TG. ☎ 020-7887-8888. • tate.org.uk •* Ⓜ *Southwark ou Blackfriars. Accès piéton depuis la City par le Millenium Bridge. Tlj 10h-18h (22h ven-sam) ; dernière admission 45 mn avt. Fermé 24-26 déc. GRATUIT (expos temporaires payantes). Donation de 5 £ bienvenue.* ***Bon plan :*** *2 entrées pour le prix d'une aux expos temporaires sur présentation de votre billet d'Eurostar. Plan 1 £ et intéressant guide multimédia (en français). Visites guidées gratuites (infos sur Internet ou sur place).*

SOUTHWARK

Depuis son inauguration par la reine en 2000, cette coqueluche des musées londoniens consacrée à l'art moderne est devenue ***l'un des plus grands musées d'art contemporain au monde.*** Il faut dire que sa conception est vraiment audacieuse.

Imaginez une centrale électrique des années 1940, un colossal parallélépipède de brique rouge coiffé d'une cheminée d'usine, voué à la pioche des démolisseurs. Il fut transformé par le génie des architectes suisses Herzog et Meuron en un superbe hall d'exposition de 34 000 m² et 6 étages, le ***Natalie Bell building.*** Le musée est complété depuis 2016 par une pyramide déstructurée – à angle non orthogonal pour être précis –, un bâtiment ultra-contemporain de 10 étages, nommé le ***Blavatnik building.*** Les 2 bâtiments sont reliés par des passerelles intérieures aux niveaux 1 et 4. La structure béton et industrielle est atténuée par un éclairage soigné, des planchers et un mobilier de bois brut, et des coins lecture judicieusement disposés. Sans compter le panorama imprenable sur la Tamise, St Paul's, *The Shard* et la ville en général, dont on profite depuis les terrasses sur les toits et les baies vitrées des restaurants, en particulier celle du 10e étage du *Blavatnik Building*.

À l'intérieur, attention au choc esthétique : on entre par l'impressionnant ***Turbine Hall,*** ancienne salle des turbines aux dimensions dignes d'une nef de cathédrale. Cet espace en pente douce de 150 m de long est aujourd'hui le lieu de rendez-vous des visiteurs et un lieu privilégié pour présenter les ***œuvres monumentales*** d'artistes contemporains de renommée internationale, tels que Louise Bourgeois, Ai Weiwei, Anish Kappor, Olofur Eliasson, Abraham Cruzvillegas, etc.

Impossible de mentionner des œuvres précises, celles des expos permanentes et libres d'accès (du 2e au 4e étage des 2 bâtiments) changeant elles-mêmes régulièrement... On suggère de commencer par la ***section Start display*** *(Natalie Bell Building),* en guise de mise en bouche.

Dans le désordre et au hasard des accrochages, vous croiserez des à-plats de Mark ***Rothko,*** des collages de Kurt ***Schwitters,*** des sculptures de Joseph ***Beuys, Epstein,*** Henry ***Moore, Giacometti, César*** et ***Duchamp,*** des tableaux de ***Matisse, Mondrian, Miró, Picasso, Dalí,*** de ***Chirico, Magritte,*** Yves ***Klein,*** Jackson ***Pollock, Kirchner, Rothko, Monet, Modigliani*** et on en passe. Les réserves de la Tate Modern sont inépuisables et d'une richesse inégalable ! De quoi en tout cas passer quelques heures de visite stimulante, et revenir au gré d'une balade le long de la Tamise, histoire d'explorer de fond en comble ce haut lieu de l'art contemporain.

Ne filez pas sans être monté au 10e étage du *Blavatnik Building* pour le panorama sur Londres. Petit café sur place pour prolonger le plaisir.

Shakespeare's Globe Theatre *(plan d'ensemble, H4)* **:** *21 New Globe Walk, Bankside, SE1 9DT. ☎ 020-7401-9919. • shakespearesglobe.com • Ⓜ Southwark. Tlj, horaires variables et certains créneaux de visite parfois complets, résa en ligne très conseillée. Entrée : env 19 £ ; réduc ; gratuit moins de 5 ans. Pas de visite libre. Compter 50 mn de visite guidée, puis musée (audioguide en français gratuit).* ***À noter :*** *pdt la saison théâtrale (en principe de mi-avr à mi-oct), les visites de l'ap-m sont annulées pour ne pas gêner les répétitions. Sur place, boutique (jeu-dim 10h-17h) et* Swan Bar & Restaurant, *avec jolie vue sur la Tamise.*

POURQUOI *THE GLOBE* ?

Est-ce parce qu'il a une forme circulaire que Shakespeare surnomma son théâtre the Globe *?* That is the question... *Eh bien non ! Vous remarquerez les fresques au-dessus de la scène, symbolisant le paradis. Quant au dessous des planches, on y cachait à l'époque les effets spéciaux, et donc l'enfer avec toutes sortes d'explosions et fumées artificielles. Entre les deux, la scène, le théâtre de la vie, en résumé : le monde* (globe *en anglais).*

Face à la Tamise se dresse un véritable mythe : le *Globe Theatre,* ***théâtre légendaire de William Shakespeare.*** Bon, d'accord, il ne s'agit pas du bâtiment d'origine. Le 1er, construit en 1599, fut détruit par un incendie accidentel en 1613 lors d'une représentation d'*Henri VIII.* Quant au 2e, il fut démoli en 1644 lorsque les puritains prirent la décision de fermer tous les théâtres ! Mais tout de même, ce théâtre circulaire à ciel ouvert datant de 1997 et voulu par Sam Wanamaker a fière allure, aussi fidèle à l'original que possible : magnifique charpente en bois, murs de torchis, colombages, galeries, et même, détail insolite, un toit de chaume. C'est le seul de Londres, puisqu'ils sont formellement interdits depuis le Grand Incendie de 1666.

Un autre théâtre, au toit fermé cette fois-ci, a ouvert en 2014. Une reconstitution soignée d'une salle typique du XVIIe s de style jacobéen, coiffée d'un plafond aux peintures en trompe l'œil et conçue pour des représentations aux chandelles. Au XVIIe s, on comptait d'ailleurs pas moins de 4 théâtres dans le quartier. Les vestiges de l'un d'eux, *The Rose,* ont été mis au jour lors de récentes fouilles (c'est ce même *Rose* qui avait été reconstruit en studio pour les besoins du film *Shakespeare in love*).

La visite comprend le ***musée*** (tout sur le théâtre shakespearien, depuis le règne de la grande Élisabeth jusqu'à nos jours, dans une muséologie moderne et interactive très réussie) et un ***tour guidé du théâtre.*** On apprend, par exemple, qu'on ne jetait pas des tomates à l'époque aux acteurs, mais des oranges, parce que ça sentait meilleur !

Durant la saison théâtrale, on ne saurait que trop recommander d'assister à une des ***représentations d'une pièce de Shakespeare*** (debout dans la fosse du *Globe* ou assis en tribune, comme à l'époque, à moins de préférer le confort du théâtre couvert).

Golden Hinde *(plan d'ensemble, I4)* **:** *St Mary Overie Dock, Cathedral St, SE1 9DE. ☎ 020-7403-0123. • goldenhinde.co.uk • Ⓜ London Bridge. Tlj 10h-17h. Fermé quelques jours en mars (infos sur le site). Entrée : 5 £ ; réduc et forfait famille.* Ce bateau est la ***réplique fidèle d'un navire de guerre du XVIe s,*** avec lequel le redoutable sir Francis Drake fit le tour du monde de 1577 à 1580. Il rapporta des trésors incomparables et fit flotter le pavillon anglais sur des eaux jamais encore explorées par ses compatriotes. Visite vraiment rapide, mais très appréciée des enfants.

The View from The Shard *(plan d'ensemble, I4)* **:** *32 London Bridge St, SE1 9SG (entrée sur Joiner St). ☎ 0344-499-7111. • theviewfromtheshard.com •*

Ⓜ London Bridge. Tlj mais horaires variables selon les jours, consulter le planning en ligne, dernière entrée 1h avt fermeture. Résa conseillée à l'avance. Tarif : 28 £ (cher !) ; réduc 4-15 ans. La vue touristique la plus haute d'Europe, depuis le 69e étage (en intérieur), voire le 72e (en extérieur) de cette tour inaugurée en 2013. Dessiné par ***Renzo Piano,*** c'est le symbole d'un Londres en grand mouvement. Il s'agit d'un pointu élongué de 310 m, du même ordre que la tour Eiffel, se terminant par 4 pièces de verre inégales formant comme un éclat fragmenté (*shard* en anglais). La tour est occupée par des bureaux, des appartements et un hôtel, *Shangri-La.* Cette tour éminemment controversée en raison de son impact visuel radical sur la ligne d'horizon londonienne a vite éclipsé les gratte-ciel de la City, de l'autre côté de la Tamise, et le London Eye, qui offrait pourtant déjà un joli panorama du haut de ses 135 m. Des ascenseurs ultra-rapides (ascension en 1 mn sans vraiment s'en rendre compte !) et un grand moment d'émotion tout là-haut sur la terrasse du 72e étage, entre le sifflement du vent et la vue à 60 km à la ronde.

SOUTHWARK

HMS Belfast *(plan d'ensemble, J4)* **:** *The Queen's Walk, SE1 2JH. • iwm.org.uk • Ⓜ London Bridge. Tlj 10h-17h (dernière admission 1h avt). Fermé 24-26 déc. Entrée : env 23 £ ; réduc (réduc en ligne) ; gratuit moins de 5 ans. Audioguide (inclus) en français. Cafétéria donnant sur le port, à l'entrée.*
Ancré sur la Tamise, à 2 pas du superbe Tower Bridge, cet impressionnant croiseur, ***navire de guerre*** lancé en 1938 à Belfast, aux célèbres chantiers navals *Harland & Wolf* (ceux du *Titanic*), fut l'un des 1ers à bombarder les défenses allemandes des plages Gold et Juno le 6 juin 1944... et le seul à avoir échappé à la casse, après avoir dûment arrosé les troupes chinoises lors de la guerre de Corée. Il prit sa retraite en 1963.
Aujourd'hui, il est ouvert à la visite de fond en comble. Et quelle chance ! Annexe de l'*Imperial War Museum,* il témoigne d'abord des conditions de vie à bord à l'époque. ***Les moindres recoins sont accessibles*** (sur 9 niveaux) et, en jetant un œil au plan détaillé, on mesure vite les méandres de cette miniville flottante : batteries d'artillerie, dortoirs, cabinet de dentiste, infirmerie (avec salle d'opération), carré des officiers, salle des machines, cuisines, bibliothèque, chapelle, cellule d'isolement (à l'arrière, là où ça tangue le plus), etc. Parfait pour une visite en famille. En outre, c'est un point d'observation de choix pour un superbe panorama sur le Tower Bridge et la City.

Fashion and Textile Museum *(plan d'ensemble, J5)* **:** *83 Bermondsey, SE1 3XF. ☎ 020-7407-8664. • ftmlondon.org • Ⓜ London Bridge. Tlj 11h-18h. Entrée : env 12,50 £ ; réduc ; gratuit moins de 12 ans.* Atelier et lieu d'expositions temporaires appartenant à Zandra Rhodes, fameuse styliste britannique, dans un quartier dévolu au design vestimentaire et à la création artistique. Façade ocre et rose : le ton est donné !

White Cube Gallery *(plan d'ensemble, I-J5)* **:** *144-152 Bermondsey St, SE1 3TQ. ☎ 020-7930-5373. • whitecube.com • Ⓜ London Bridge. Tlj sauf lun 10h (12h dim)-18h. GRATUIT.* Peinture, vidéo, collages et autres œuvres d'art contemporain trouvent toujours une place de choix dans cette galerie réputée, qui possède une autre adresse à Londres (Mason's Yard), mais aussi à Paris, New York, Hong Kong et West Palm (Floride).

Du côté de Waterloo

The Vaults ou « Leake Street Graffiti Tunnel » *(plan d'ensemble, G5)* **:** *Leake St ; accès par York Rd au nord ou Lower Marsh au sud. • thevaults.london • Ⓜ Waterloo. GRATUIT.* Un lieu culturel multidisciplinaire établi dans les voûtes souterraines, sous la gare de Waterloo ! Déjà, le tunnel par lequel on y accède, imprégné des odeurs de bombes de peinture, arbore une incroyable concentration de *street art* et de graffs, des murs au plafond, renouvelés très régulièrement (vous êtes sûr de croiser quelques artistes de talent à l'œuvre lors de votre passage). Mais aussi toutes sortes d'activités réjouissantes au cours de l'année, notamment le ***Vault Festival*** *(janv-mars ; ● vaultfestival.com ●),* avec expos, spectacles, soirées, etc. Un concentré de culture londonienne en somme et un vrai spectacle à ciel... fermé !

London Eye *(plan d'ensemble, F5)* **:** *The Queen's Walk, SE1 7PB. ● londoneye.com ● Ⓜ Waterloo. Tlj, horaires variables. Fermé quelques jours en janv et le 25 déc. Tarif : 33,50 £ ; forfait famille ; gratuit moins de 3 ans.* ***Résa très conseillée*** *sur Internet (jusqu'à 20 % de réduc ; retrait sur place 15 mn avt). Sinon, billetterie en face, dans le* County Hall. *Billets combinés également avec les attractions de South Bank (croisière sur la Tamise, Sea Life ou Madame Tussauds).* Elle tourne, elle tourne, la grande roue construite par *British Airways*. En face de Westminster, elle projette ses reflets dans la Tamise en envoyant ses visiteurs au 7e ciel à 135 m d'altitude, pour goûter aux joies d'un panorama incomparable. L'expérience est précédée par un petit show en 4D, puis dure environ 30 mn. Par temps clair, on distingue les paysages jusqu'à une quarantaine de kilomètres.

Sea Life – London Aquarium *(plan d'ensemble, F5)* **:** *County Hall, Riverside Building. ● visitsealife.com ● Ⓜ Waterloo ou Westminster. Tlj, horaires très variables (consulter l'agenda en ligne) ; dernière admission 1h avt. Entrée : 30 £ ; billets famille, réduc enfants et en ligne ; gratuit moins de 3 ans.* Une déco soignée et des mises en scène ludiques sur 3 niveaux. Différentes espèces provenant des principaux océans, ainsi que la vie dans les milieux coralliens, la mangrove, la forêt tropicale, etc. Parmi les musts, le tunnel qui traverse l'aquarium des requins ! Sinon, reproduction de l'épave d'un galion, squelette de baleine reposant au fond du grand bassin), aquarium d'hippocampes, etc.

Imperial War Museum *(plan d'ensemble, G5)* **:** *Lambeth Rd, SE1 6HZ. ☎ 020-7416-5000. ● iwm.org.uk ● Ⓜ Lambeth North ou Elephant & Castle. Tlj 10h-18h. Fermé 24-26 déc. GRATUIT (donation suggérée) ; expos temporaires payantes. Cafétéria et librairie-boutique.*

Ce musée sur 6 niveaux est un incontournable dans son genre. Outre la panoplie habituelle (avions de chasse, tanks, canons et fusées), il présente des expos sur différents thèmes – parfois inattendus. Passé le parvis et le morceau du mur de Berlin, d'entrée, dans le ***grand hall,*** quelques pièces emblématiques captent le regard, comme un Spitfire suspendu dans les airs, une fusée V2 (l'ancêtre des missiles balistiques) ou encore le fameux char T34, utilisé par l'Armée rouge lors de la Seconde Guerre mondiale.

Le musée aborde ***tous les conflits qui ont déchiré le XXe s*** (et il y en a !). Il n'exalte pas la guerre – c'est là toute sa spécificité – mais invite les visiteurs à s'interroger sur ce qui conduit à un conflit, et ses conséquences sur le quotidien. Au rez-de-chaussée, notamment, passionnantes sections sur la Première Guerre mondiale, très documentées et étoffées de reconstitutions soignées. Une présentation interactive permettant à toutes les générations de faire la visite, chacune à son rythme et à son niveau : bataille d'Ypres (le Verdun anglais), emploi du gaz moutarde, trêve de Noël de 1914, vie quotidienne en Angleterre durant la guerre, histoire des bataillons, vie dans les tranchées, gueules cassées, etc.

L'EAST END

• Plan *p. 250-251*

Quel contraste entre la City, toute proche, et les quartiers branchés de l'East End, longtemps pauvres et cosmopolites, héritiers directs des banlieues industrielles typiques du XIXe s britannique... Ces secteurs désormais très à la mode attirent les jeunes artistes, hipsters et alternatifs de tout poil, et voient fleurir régulièrement de nouvelles adresses.
L'East End a su toutefois conserver un charme qui lui est propre, mélange de dérive urbaine et de poésie prolétarienne. Un aspect populaire mêlé de culture moderne, accentué par ces innombrables graffs et collages qui ornent les murs du quartier, particulièrement photogéniques. Une balade à Spitalfields et Brick Lane est désormais un must, en particulier le dimanche, pour le marché aux puces toujours aussi populaire, l'occasion de faire de bonnes affaires dans un joyeux bain de foule.
D'autres coins, comme Shoreditch et Hackney, plus au nord, accueillent une population encore plus *hype* ou bobo, notamment du côté du Regent's Canal. Le « village » bohème de Dalston est quant à lui en pleine mutation : les authentiques repaires d'*Eastenders* ou les cantines turques y côtoient désormais les adresses les plus branchées.

UN PEU D'HISTOIRE

Après le Grand Incendie de 1666, c'est ici que les plus démunis vinrent s'établir, attirés par les offres d'emploi des docks. Ils furent rejoints par des huguenots français victimes des persécutions religieuses, puis, au XVIIIe s, par des milliers d'émigrés écossais, gallois et irlandais. Face à l'afflux croissant de réfugiés, la demande de main-d'œuvre dans le port et les usines de textile cessa brutalement, entraînant un chômage puis une misère tels que l'East End acquit une réputation de quartier insalubre.

GIN CRAZE

Au XVIIIe s, l'essor des distilleries londoniennes favorisa une hausse de la consommation de gin dans les classes populaires, avec une vague d'ivresses extrêmes portant atteinte aux bonnes mœurs. Ce que l'on appela la « folie du gin » toucha particulièrement les quartiers de l'East End, malgré plusieurs lois promulguées pour contrôler sa distribution.

À la fin du XIXe s, l'East End vit arriver les juifs fuyant les pogroms russes. Grâce à la politisation des masses (Marx et Engels trouvèrent beaucoup d'écho dans le quartier), les prolétaires de l'East End découvrirent la solidarité. Des millionnaires anglais, surtout influencés par Dickens, construisirent des foyers ouvriers et lancèrent des projets ambitieux pour embellir les rues. Depuis, l'East End s'est bien assagi, mais il n'est pourtant pas figé. Chacun de ses îlots conserve une certaine cohérence ethnique, tout en continuant à établir une grande tradition d'hospitalité et de tolérance...
Anciennement industriels et ouvriers, ces quartiers se transforment aujourd'hui sous la patte des agents immobiliers et des promoteurs, cédant à un phénomène bien connu : la gentrification. Les classes laborieuses cèdent peu à peu la place aux Londoniens en quête de nouveaux territoires, des artistes, architectes et autres graphistes en 1er lieu. La réhabilitation des usines et des entrepôts accompagne ces mutations sociales, comme en témoigne la reconversion de l'ancienne *Truman Brewery* dans Brick Lane.

BRICK LANE, SPITALFIELDS ET WHITECHAPEL

• Plan East End *p. 250-251*

Un coin de Londres qu'on adore. Vieux quartiers sentant encore bon leur XIXe s ouvrier... en plein développement cependant, car les trentenaires branchés de la capitale ont investi depuis quelque temps ces rues typiques. Résultat, si on n'y vient pas vraiment pour loger, voilà un coin où ça bouge le soir : tranquille en semaine, surpeuplé et ultra-festif les soirées de week-end, on se retrouve dans des pubs, bars et clubs parmi les plus originaux et les plus courus de Londres !

Où dormir ?

6 Mama Shelter (C1)
7 The Buxton Hotel (B3)
8 Point A Hotel Shoreditch (A3)
10 The Dictionary Hostel (B2)
12 Shoreditch House (B2)
13 The Z Hotel Shoreditch (A2)
14 The Hoxton (A2)
15 Hub by Premier Inn Spitalfields, Brick Lane Hotel (B3)
16 Citizen M Shoreditch (B2)
19 The Culpeper (B3)
22 Boundary London (B2)

Où manger ? Où prendre un petit déj ?

19 The Culpeper (B3)
20 Pizza Union (B3)
21 Haché (A2)
22 Albion et Dishoom (B2)
23 MEATliquor (A2)
25 Pizza East et Lyle's (B2-3)
26 Mare Street Market (D1)
27 Oklava (A2)
28 Netil Market (C1)
29 BoxPark (B2-3)
30 Burro e Salvia et Allpress Espresso Redchurch (B2)
31 Rochelle Canteen (B2)
32 The Blues Kitchen (A-B2)
34 Beigel Bake (B2)
35 Pilpel (B3)
36 Brick Lane Street Food, Café 1001 et DF/Mexico (B3)
37 Old Spitafields Market (B3)
39 Poppie's (B3)
40 St John Bread & Wine (B3)
42 Kahaila (B2)
43 Waterhouse Hoxton (B1)
44 Smokestak (B2-3)
48 On the Bab (A2)
49 L'Eau à la Bouche (C1)
50 E5 Bakehouse (hors plan par D1)
51 Frizzante Café (C1)
53 The Empress (hors plan par D1)
55 Cake Hole Café @ Vintage Heaven (B2)
56 F Cooke (C1)
57 Homeslice (B2)
74 The Royal Oak (B2)
81 Café from Crisis (B3)
82 Ozone Coffee Roasters (A2)
83 Butchies (A2)
87 Gloria (A2)

Où boire un verre ? Où sortir ?

19 The Culpeper (B3)
21 Old Street Records (A2)
26 Mare Street Market (D1)
29 BoxPark (B2-3)
32 The Blues Kitchen (A-B2)
36 Juju's Bar & Stage et Café 1001 (B3)
45 The Star of Bethnal Green (C2)
60 The Ten Bells (B3)
61 Dirty Dick's (B3)
63 The Barley Mow et Strongroom (A-B2)
64 Bar Kick (B2)
65 The Bridge (B2)
66 Happiness Forgets (A2)
67 93 Feet East (B3)
68 The Book Club (A2)
69 Callooh Callay (B2)
70 Old Blue Last Beer (A-B2)
71 Flight Club Darts (A3)
72 Brew Dog Shoreditch (B2)
74 The Royal Oak (C2)
76 Pub on the Park (hors plan par C1)
84 The Carpenter's Arms (C2)

Spécial noctambules

36 Werkhaus (B3)
58 Village Underground (B2-3)
73 XOYO (A2)
77 Bethnal Green Mens Working Club (C2)
79 Oval Space (C1)

Shopping

28 Netil Market (C1)
36 Rough Trade East et Vintage Market (B3)
37 Collectif (B3)
41 Atika Vintage Department Store (B3)
55 Vintage Heaven (B2)
59 Chrome & Black (D2)
75 House of Hackney (A2)
85 Beyond Retro (C2)

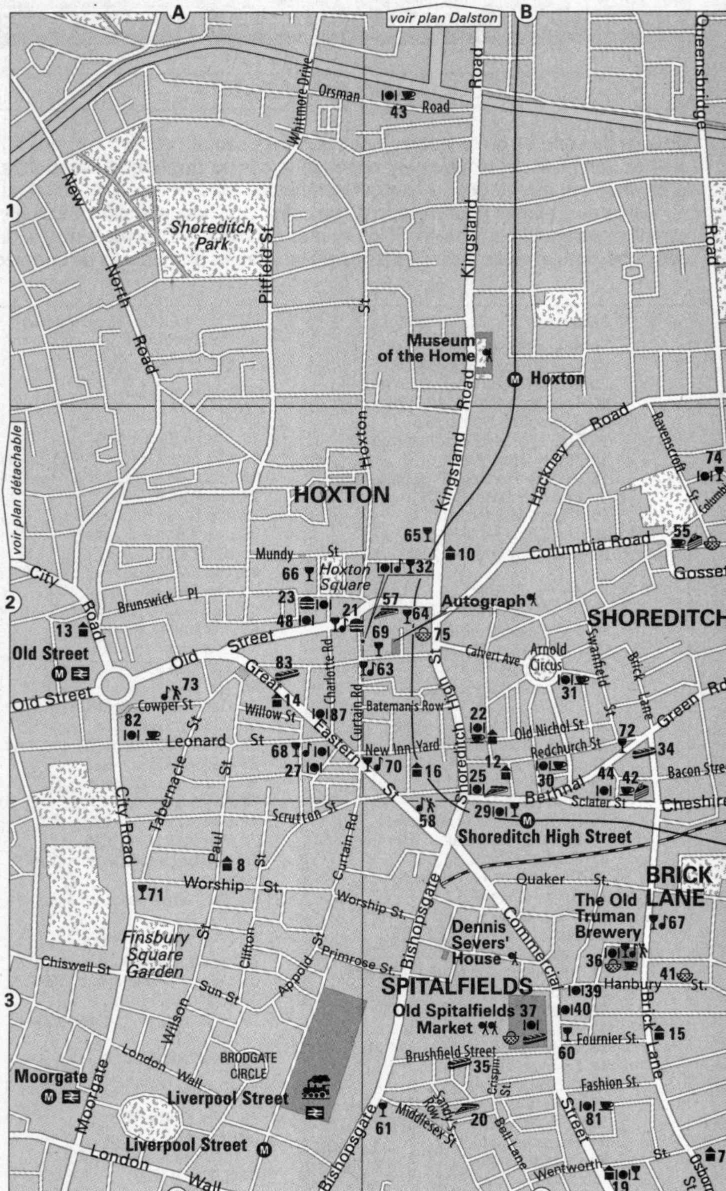
A
voir plan Dalston
B
Queensbridge Road
Orsman Road
43
Whitmore Drive
Kingsland Road
New North Road
Shoreditch Park
Pitfield St
Hoxton St
Museum of the Home
Hoxton
Hackney Road
Ravenscroft St
Columbia
74
voir plan détachable
HOXTON
65
10
Columbia Road
55
Gosset
Mundy St
66
Hoxton Square
32
City Road
Brunswick Pl
23
57
Autograph
SHOREDITCH
13
48
21
64
Old Street
69
75
Calvert Ave
Arnold Circus
Swanfield St
Brick Lane
Old Street
83
63
Old Street
Great Eastern St
31
Green Rd
73
Cowper St
14
Willow St
Charlotte Rd
Curtain Rd
87
Batemans Row
82
22
Leonard St
Old Nichol St
72
34
Tabernacle St
68
New Inn Yard
12
Redchurch St
27
70
16
25
30
44
42
Bacon Street
Bethnal
Sclater St
Cheshire
City Road
Scrutton St
58
Shoreditch High St
29
Shoreditch High Street
Paul St
8
Curtain Rd
Quaker St
BRICK LANE
71
Worship St.
Worship St.
Bishopsgate
Commercial
The Old Truman Brewery
67
Finsbury Square Garden
Wilson St
Clifton St
Appold St
Primrose St.
Dennis Severs' House
36
Chiswell St
Hanbury St.
41
SPITALFIELDS
39
Sun St
Old Spitalfields Market
37
40
Fournier St.
15
Brick Lane
BRODGATE CIRCLE
Brushfield Street
60
Moorgate
London Wall
35
Crispin St
Fashion St.
Moorgate
Liverpool Street
61
Sandy's Row
Middlesex St
20
Bell Lane
Street
81
Liverpool Street
London Wall
Wentworth
Bishopsgate
19
7
Osborn St.
1
2
3
A
B

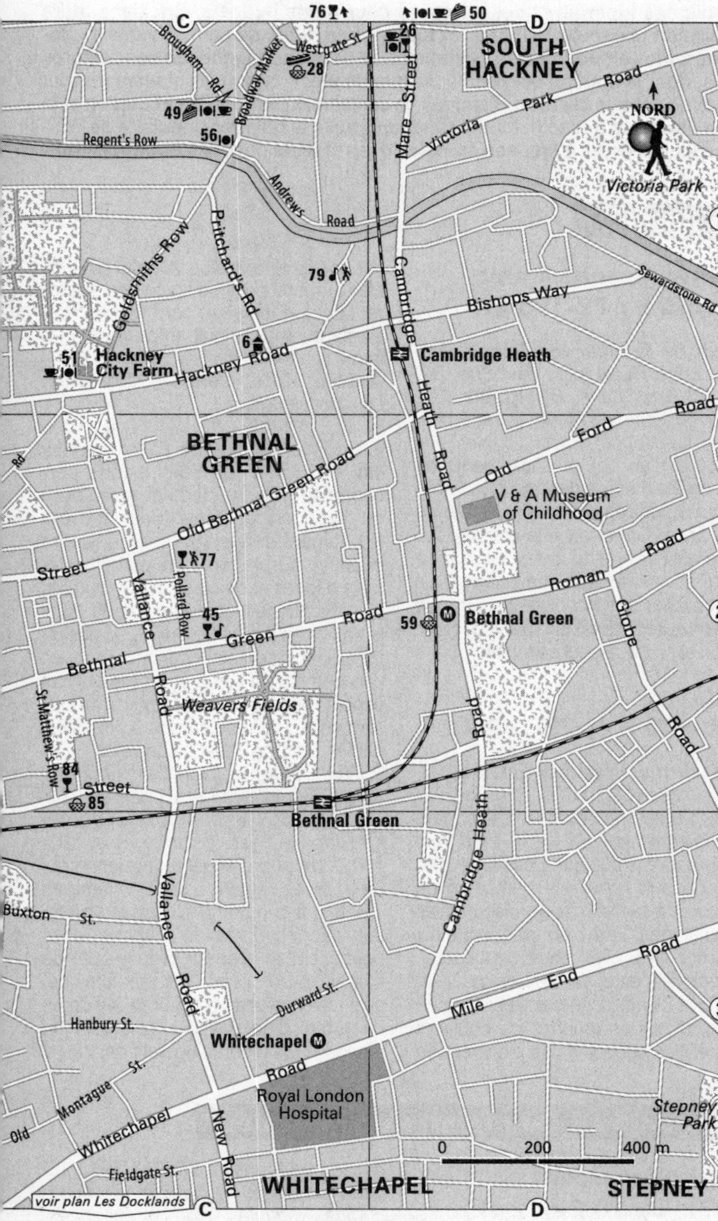
SOUTH HACKNEY
NORD
Victoria Park
Victoria Park Road
Mare Street
Westgate St
Brougham Rd
Broadway Market
Regent's Row
Andrews Road
Goldsmiths Row
Pritchard's Rd
Cambridge Heath Road
Bishops Way
Sewardstone Rd
Cambridge Heath
Hackney City Farm
Hackney Road
BETHNAL GREEN
Old Bethnal Green Road
Old Ford Road
V & A Museum of Childhood
Roman Road
Globe Road
Bethnal Green
Bethnal Green Road
Vallance Road
Pollard Row
Weavers Fields
St Matthew's Row
Street
Buxton St.
Durward St.
Hanbury St.
Whitechapel
Mile End Road
Whitechapel Road
Old Montague St.
New Road
Royal London Hospital
Fieldgate St.
WHITECHAPEL
STEPNEY
Stepney Park
0 200 400 m
voir plan Les Docklands

EAST END

Paradis des friperies et des adresses pour petits budgets, Bricklane attire par ailleurs une foule de locaux et touristes en quête de bonnes *vibes* londoniennes. Plus embourgeoisé, Spitafields se développe autour de ses célèbres halles, dont le marché est plein à craquer le week-end, mais s'avère surtout fréquenté par une clientèle d'affaires en semaine, Liverpool Street Station et la City n'étant pas très loin. Plus au sud, on trouve le quartier populaire de Whitechapel, qui peine à tirer son épingle du jeu et reste encore très populaire.

Où dormir ?

De prix moyens à chic (60-150 £ / 72-180 €)

Hub by Premier Inn Spitalfields, Brick Lane Hotel *(plan East End, B3,* ***15****) : 86 Brick Lane, E1 6RL. ☎ 033-321-3104 (central de résa). • premierinn.com • Ⓜ Aldgate East. Doubles env 65-150 £.* L'un des établissements de cette chaîne d'hôtels design à prix démocratiques, idéalement situé au cœur de Brick Lane. On retrouve la même déco contemporaine et tous les services à dispo. Chambres pas immenses, mais impeccables et fonctionnelles. Grande carte murale de l'East End à la réception, sympa et pratique pour se repérer.

Chic (100-150 £ / 120-180 €)

The Buxton Hotel *(plan East End, B3,* ***7****) : 42 Osborn St, E1 6TD. ☎ 020-7392-2219. • thebuxton.co.uk • Ⓜ Aldgate East. Doubles env 100-125 £.* Petit frère du *Culpeper* à quelques pas (voir plus loin), ce pub offre une quinzaine de chambres à tarifs fixes et raisonnables pour Londres. Pas bien grandes, mais fonctionnelles, elles possèdent toutes leur propre (petite) salle de bains. Murs de brique blanchis, cheminées pour certaines, quelques touches de couleurs vives et des bouquins mis à disposition par une librairie voisine. À 2 pas de Brick Lane, un bon point de chute pour explorer l'Est londonien et sortir le soir, tout en s'assurant une nuit au calme (le pub ferme avant minuit).

Qbic Hotel London City *(plan Les Docklands, A1,* ***14****) : 42 Adler St, E1 1EE. ☎ 020-3021-3300. • qbichotels.com • Ⓜ Aldgate East. Doubles env 110-160 £.* Un hôtel à forte personnalité ! Environnement idéal pour qui veut résider dans l'East End car le bâtiment donne sur un parc. Cadre intérieur surprenant, un poil décalé, plein d'idées et de couleurs. Sculptures et « inventions » contemporaines dans le hall, chambres à l'avenant, au design tout à la fois contemporain et cosy, avec une très bonne literie et tout le confort espéré. Superbe resto-cafétéria proposant une excellente cuisine à prix abordables. Jacuzzi, location de vélos.

The Culpeper *(plan East End, B3,* ***19****) : 40 Commercial St, E1 6LP. ☎ 020-7247-5371. • theculpeper.com • Ⓜ Aldgate East. Doubles env 120-160 £.* Un pub d'angle à l'ancienne qui propose également 5 belles chambres d'hôtes, à la déco très cosy et un certain cachet. Pas bien grandes, elles possèdent toutes leur propre salle de bains. Un bon point : les prix fixes qui ne s'envolent pas en fonction des dates ou du taux d'occupation. Voir aussi « Où manger ? Où prendre un petit déj ? ».

Où manger ? Où prendre un petit déj ?

Très bon marché (moins de 10 £ / 12 €)

Old Spitalfieds Market *(plan East End, B3,* ***37****) : 16 Commercial St, E1 6EW. Ⓜ Aldgate East, Liverpool St ou Shoreditch High St. Tlj 10h-18h (à partir de 8h jeu et jusqu'à 17h dim) ; horaires variables selon les échoppes.* Plein d'échoppes pour manger birman, indien, grec, turc, français, chinois, et même... anglais ! Certains restos du quartier ont aussi un *corner* sous les halles du marché. Des salades, des sandwichs, des jus, des confiseries ou gâteaux à déguster sur de grandes tablées en bois (mais il y fait bien frisquet en hiver !).

Brick Lane Street Food *(plan East End, B3,* ***36****) : Ely's Yard, E1 6QL. Le grand marché a lieu sam 11h-17h30 et dim 10h-17h, sous le food hall du Upmarket (angle Hanbury et Brick Lane St), mais il y a des* food trucks *tlj dans Brick Lane St (horaires variables).* Le week-end, c'est une trentaine de stands de victuailles de tous les pays qui y trouvent refuge : cuisines éthiopienne, japonaise, thaïe, birmane, srilankaise, mexicaine, vietnamienne, vénézuélienne, etc. Un monde fou !

Café 1001 *(plan East End, B3,* ***36****) : The Old Truman Brewery, 91 Brick Lane, E1 6QL. ☎ 020-7247-6166. • cafe1001.co.uk • Ⓜ Aldgate East. Lun-mar 7h-16h, mer-sam 7h-minuit et dim jusqu'à 22h30. Petits déj et plats env 4-7 £.* Une grande cafétéria informelle en plein cœur vibrant du quartier. Atmosphère décontractée pendant la journée et bon plan pour le petit déj ou un en-cas le midi. À la carte : hot-dogs et burgers, mais aussi *avocado on toast,* yaourt au muesli et de bons cafés. Changement de registre le soir à partir du mercredi. Entre les étudiants affalés sur les sofas de la mezzanine et ceux qui se déchaînent sur les rythmes ciselés par le DJ perché en surplomb de la salle, le *Café 1001* abandonne sa vocation de cafét' pour celle de bar. Concerts et *mix* (reggae, funk, techno... ils ont 1 001 registres !) dans une ambiance très relax.

Café from Crisis *(plan East End, B3,* ***81****) : 64 Commercial St, E1 6LT. ☎ 020-7426-5681. Ⓜ Shoreditch High St ou Aldgate East. Lun-ven 8h30-15h ; fermé le w-e. Petits déj 3-5 £ ; sandwichs 5-8 £.* Café lumineux avec murs de brique, plantes et coin bibliothèque. Cette cantine est tenue par une ONG de réinsertion et le service assuré par d'ex-SDF. Une bonne œuvre inattendue dans ce quartier d'affaires et un vrai succès le midi. À la carte, tout est frais, tout est bon : *porridge*, sandwichs, gâteaux maison, etc.

Pilpel *(plan East End, B3,* ***35****) : 38 Brushfield St, E1 6AT. ☎ 020-7952-5767. Ⓜ Liverpool St. Lun-ven 10h-21h, dim 12h-18h. Fermé sam. Pitas env 5-7 £.* Ici, la star, c'est le falafel, et les fans sont nombreux. On le déguste sous forme de portions ou dans une pita. À moins de se composer son en-cas à base de houmous, purée d'aubergine, feta, etc. Simple, très bon et impeccable pour une pause rapide au comptoir, perché sur un tabouret haut, ou à emporter. *Autres stands à l'intérieur du marché (tlj) et 5 autres adresses à Londres, notamment à St Paul's, Aldgate et Canary Wharf.*

DF/Mexico *(plan East End, B3,* ***36****) : Hanbury St, E1 6QR. ☎ 020-3617-6639. Ⓜ Aldgate East, Liverpool St ou Shoreditch High St. Tlj 12h-22h (23h sam). Plats env 8-10 £.* Grande salle industrielle et colorée ouverte sur les cuisines, avec plantes suspendues et tables communes. Voici un *dinner* à la sauce mexicaine. Tacos, *buns, burritos, rice bowls, churritos* ; à base de viande (bœuf ou poulet), poisson, végétarien, il y en a pour tous les goûts, avec même quelques salades et rien à plus de 10 £ ! *3 autres adresses à Tottenham Court Rd, Victoria's Market Halls et Brixton.*

Pizza Union *(plan East End, B3,* ***20****) : 25 Sandy's Row, E1 7HW. Ⓜ Liverpool St ou Aldgate East. Tlj 11h-23h. Plats 4-7 £.* Imbattable dans sa catégorie, preuve en est, le concept a fait des petits ! Car pour une poignée de *pounds,* on obtient une grande pizza croustillante, livrée en un temps record, garnie de produits frais. Beaucoup d'étudiants, d'employés et de familles ont flairé l'aubaine, et investissent sans façons les tables communes de l'immense salle à la déco industrielle brute, dont les vastes baies vitrées donnent sur Middlesex. *D'autres adresses à Londres, à Holborn, King's Cross, Hoxton, Dalston et Aldgate.*

Bon marché (10-20 £ / 12-24 €)

Poppie's *(plan East End, B3,* ***39****) : 66-8 Hanbury St, E1 6QR. ☎ 020-7247-0892. Ⓜ Liverpool St. Tlj 11h-22h (23h jeu-sam).* Fish & chips *env 13-20 £ (moins cher à emporter).*

L'EAST END

Back in the fifties dans cette échoppe géniale, ouverte en 1952 et qui joue à fond la carte rétro : tables en formica, bibelots vintage, musique ad hoc, et décor marin avec bouées et baromètres ! Les fameux *fish & chips* sont vraiment à la hauteur, copieux, savoureux, frais et servis dans de (fausses) feuilles de journal pour la version à emporter ! Une des valeurs sûres dans ce domaine. Pour les irréductibles carnivores, *steak pie*, poulet rôti et autres *savouries*. *2 autres adresses à Soho et Camden Town.*

The Culpeper *(plan East End, B3,* ***19****) : 40 Commercial St, E1 6LP. ☎ 020-7247-5371. Ⓜ Aldgate East. Tlj 12h-minuit, ven-sam jusqu'à 1h et dim 21h. Plats env 15-20 £.* Un pub d'angle à l'ancienne, sur 3 étages, restauré avec goût. Briques apparentes, déco industrielle et touches végétales. Sans oublier le feu de cheminée. Plein de charme ! Côté bar, la carte propose les classiques londoniens : *pie of the day, fish & chips,* etc. À l'étage, le plus chic resto propose une cuisine bistronomique moderne et colorée, aux accents méditerranéens. *Rooftop* aux beaux jours, transformé en *winter garden* l'hiver. Une belle adresse, même pour boire un verre. *Propose également 5 chambres d'hôtes (voir « Où dormir ? »).*

Prix moyens (20-30 £ / 24-36 €)

St John Bread & Wine *(plan East End, B3,* ***40****) : 94-96 Commercial St, E1 6LZ. ☎ 020-7251-0848. Ⓜ Liverpool St ou Shoreditch High St. Tlj, midi et soir. Plats env 14-24 £.* C'est l'annexe du célèbre *St John* de Smithfield. La déco reste très sobre, façon cantine minimaliste, avec la boulangerie intégrée, des murs blancs et des tableaux noirs qui affichent les plats du jour et p'tits vins de propriété. Carte courte, gage de qualité. Bonne cuisine de brasserie un poil canaille et personnalisée, n'hésitant pas à remettre au goût du jour certains ingrédients oubliés.

Où boire un verre ? Où sortir ?

The Ten Bells *(plan East End, B3,* ***60****) : 84 Commercial St, E1 6LY. ☎ 020-7247-7532. Ⓜ Aldgate East, Liverpool St ou Shoreditch High St. Tlj 12h-minuit (1h jeu-sam).* Date de 1753 avec son long comptoir de bois usé, vestige de la grande époque du marché. En fermant les yeux, Superbes carreaux de faïence aux murs, parquet usé et comptoir fatigué. Étonnant, alors que le quartier s'est largement « boboïsé », ce pub a échappé à toute rénovation. Bar privatif au 1er étage et coin salon cosy au 2e, avec canapé Chesterfield et cheminée. Peu de monde en journée ; en revanche, le soir et le week-end, beaucoup plus fréquenté et assez *trendy*..

Juju's Bar & Stage *(plan East End, B3,* ***36****) : Ely's Yard, Truman Brewery, E1 6QR. ☎ 020-7770-6043. • jujusbarandstage.com • Ⓜ Liverpool St ou Shoreditch High St. Tlj sauf lun 12h-23h30.* Cet ancien entrepôt de la brasserie Truman est devenu un vaste bar cosy aux notes tropicales, avec de grandes tablées et des expos aux murs, bien représentatif de l'ambiance conviviale qui règne le soir et le week-end dans ce quartier très animé, coincé entre Spitalfields et Brick Lane. Terrasses à l'avant et à l'arrière, une scène, des concerts et des soirées (programmation sur leur site) : jazz band, *Brazilian forró nights, Cuban Sundays,* DJs, mais aussi théâtre, débats et *workshops*.

Dirty Dick's *(plan East End, B3,* ***61****) : 202 Bishopsgate, EC2M 4NR. ☎ 020-7283-5888. Ⓜ Liverpool St. Lun-sam 11h-minuit, dim 12h-23h.* C'est l'histoire de Nathaniel Bentley, riche quincaillier dont la promise mourut la veille de leurs noces. Fou de désespoir, il ferma sa porte à double tour et se négligea totalement, s'enlisant un peu plus chaque jour dans une saleté repoussante. Après sa mort, un promoteur transforma la désormais célèbre demeure de *Dirty Dick's* en pub traditionnel. Aujourd'hui, les habitués et les touristes profitent des charmes de la maison, soigneusement restaurée. Plusieurs salles obscures imbriquées les unes dans les autres : intime et populaire à la fois ! Cuisine de pub.

93 Feet East *(plan East End, B3, **67**) : 150 Brick Lane, E1 6QL. ☎ 020-7770-6243. • 93feeteast.co.uk • Ⓜ Shoreditch High St. Mar-sam 16h-23h (1h30 ven-sam), dim 12h-22h30. Fermé lun. Tarifs variables. Résa conseillée.* Dans l'ancienne brasserie Truman, un bar à concerts qui se partage entre différents espaces selon les performances du moment. Tout ce que la scène londonienne compte de nouvelles tendances musicales et expérimentales passe par là ! En été, on apprécie la vaste terrasse pavée pour boire un verre ou pour grignoter un plat tout simple cuit au barbecue.

Voir aussi dans « Où manger ? », le ***Café 1001*** *(plan East End, B3, **36**)* et ***The Culpeper*** *(plan East End, B3, **19**)*.

Shopping

Disques, vinyles

Rough Trade East *(plan East End, B3, **36**) : Old Truman Brewery, 91 Brick Lane, E1 6QL. ☎ 020-7392-7788. • roughtrade.com • Ⓜ Liverpool St ou Shoreditch High St. Lun-sam 10h-19h, dim 11h-17h.* Des vinyles dans un vaste espace aux murs de béton brut, mais aussi des bouquins, CD et quelques produits dérivés. L'espace en lui-même vaut le coup d'œil ! C'est une petite chaîne de disquaires indépendants, qui a fêté ses 45 ans en 2021. La marque est devenue mythique notamment en produisant des LP en exclusivité, de Björk aux Sex Pistols, en passant par les plus grandes pointures de la musique électronique ou hip-hop. Petite scène au fond où se déroulent parfois des concerts.

Friperies

Vintage Market *(plan East End, B3, **36**) : Old Truman Brewery, 91 Brick Lane, E1 6QL. • vintage-market.co.uk • Ⓜ Liverpool St ou Shoreditch High St. Tlj 11h (10h dim)-18h.* Au sous-sol de l'ancienne brasserie, un gigantesque *vintage market* comprenant pas moins de 45 boutiques. Il y a foule le week-end !

Atika Vintage Department Store *(plan East End, B3, **41**) : 55-59 Hanbury St, E1 5JP. • atikalondon.co.uk • Ⓜ Liverpool St ou Shoreditch High St. Tlj 11h-19h.* Grand magasin vintage de plus de 1 000 m². Les vêtements d'occase et accessoires sont un peu chérot, mais le magasin est super bien ordonné, avec un vrai effort sur la déco. Également un *corner* avec quelques marques de créateurs londoniens.

Collectif *(plan East End, B3, **37**) : 71 Brushfield St, entrée aussi dans Spitalfields Market, E1 6AA. ☎ 020-7247-5604. • collectif.co.uk • Ⓜ Liverpool St. Tlj 11h (11h30 dim)-17h30.* Ici, place à *Fonzie* et toute la clique de *Happy Days* ! Les *baby dolls* devraient trouver la robe rêvée version 1940's ou 1950's, avec décolleté, taille de guêpe et joli jupon. Quelques articles plus sobres et sexy, de quoi jouer sur le registre de Dita von Teese... Et des prix encore raisonnables, surtout en soldes. *Autre adresse à Camden Market (Stables Market, unit 36).*

Marchés

Brick Lane Market *(plan East End, B2-3) : le long de Brick Lane, mais surtout de Cheshire St et de Sclater St. Ⓜ Liverpool St ou Shoreditch High St. Dim 9h-17h.* Authentique et fréquenté par tous les Londoniens ! Antiquités, bibelots, disques, vêtements, un bric-à-brac invraisemblable ! À côté du carrefour de Sclater Street et Brick Lane, grand entrepôt sous les arcades de brique : des fringues et accessoires, entre autres. De quoi faire plein de bonnes affaires, dans une atmosphère ultra-conviviale. Sans oublier les stands de *street food* pour casser la croûte (voir « Où manger ? »).

Old Spitalfields Market *(plan d'ensemble, J2-3 et plan East End, B3) :* *entre Brushfield, Commercial et Lamb St. • spitalfields.co.uk • Ⓜ Aldgate East, Liverpool St ou Shoreditch High St. Tlj, horaires variables selon les échoppes.* Le plus vieux marché londonien a été rénové et accueille toutes sortes de boutiques branchées et de restos de chaîne. Il ne faut pas le bouder pour autant : ambiance très sympa et animée le week-end. Tout autour, quelques chouettes boutiques de fringues et de déco (plutôt chic). Sans compter les boutiques vintage de Brick Lane, à 2 pas !

Petticoat Lane Market *(plan East End, B3) : le dim (9h-14h), dans Middlesex St, et à Spitalfields ; sinon, lun-ven (10h-16h30) dans Wentworth St. Ⓜ Liverpool St ou Aldgate.* C'est le dimanche que la fête bat son plein. Beaucoup de fringues bon marché, de sacs, de chaussures, de bijoux de pacotille, etc. Très touristique, très cheap aussi, mais très vivant.

Monument, galerie et balades

Dennis Severs' House *(plan East End, B3) : 18 Folgate St, E1 6BX. ☎ 020-7247-4013. • dennisevershouse.co.uk • Ⓜ Liverpool St ou Shoreditch High St. Seulement le w-e sur résa : 15 £. Également une visite à la bougie (« silent night », 45 mn) ven soir : 20 £.* Une expérience insolite sur les traces de Spitalfields. Dennis Severs, un artiste un peu farfelu, a acquis dans les années 1980 cette demeure datant de 1724 pour reconstituer le cadre et la décoration d'une maison de famille huguenote au XVIIIe s. On a vraiment l'impression d'entrer dans une maison encore habitée, avec les odeurs, les couleurs, les lumières et, bien sûr, les objets et le mobilier. Parcours dans une dizaine de pièces aménagées dont l'extraordinaire grande pièce principale.

L'EAST END

Whitechapel Art Gallery *(plan Les Docklands, A1) : 77-82 Whitechapel High St, E1 7QX. ☎ 020-7522-7888. • whitechapelgallery.org • Ⓜ Aldgate East. Tlj sauf lun 11h-18h (21h jeu). GRATUIT (sauf expos temporaires).* Une belle galerie d'art contemporain hétéroclite : peinture, sculpture, photographie... Toujours des artistes de niveau international. En prime, très chouettes librairie et cafétéria. Levez les yeux vers la façade et ses romantiques feuilles dorées.

D'OÙ VIENT BIG BEN ?

Sur Whitechapel Road (plan East End, XX), au n° 34, se trouve la Bell Foundry, *créée en 1570, qui faisait de la concurrence à notre Villedieu-les-Poêles nationale pour la fabrication des plus belles – et des plus grosses ! – cloches du monde. Il s'agit là de la plus ancienne manufacture d'Angleterre. La cloche de Big Ben est tout droit sortie de ses usines en 1858.*

➢ **Balade sur les traces de Jack l'Éventreur :** les Anglais l'appellent « *Jack the Ripper* ». Il secoua l'opinion publique, en automne 1888, des 2 côtés de la Manche. Il faut dire qu'il avait la détestable habitude de trancher la gorge des prostituées dans les quartiers de Whitechapel et de Spitalfields. Scotland Yard ne parvint jamais à démasquer le coupable, ne ménageant pourtant ni ses efforts ni son imagination. On photographia même les yeux des victimes, espérant que leur rétine avait conservé la dernière vision de l'assassin. On soupçonna bien l'avocat John Druitt, qui se suicida en se jetant dans la Tamise en décembre 1888, ou encore le Polonais George Chapman, qui fut pendu en 1903. On alla même jusqu'à suspecter un membre de la famille royale ! C'est ainsi que le « *Ripper Case* » est entré dans la légende. Jusqu'à ce que Patricia Cornwell s'intéresse à son tour au personnage et publie son enquête sur l'enquête dans son ouvrage *Portrait of a killer.* Depuis, le cinéma s'est lui aussi emparé du mythe...

– Il existe plusieurs ***visites guidées*** sur ce thème, notamment « *Jack the Ripper Tour* » : *tlj à 19h. Résa en ligne indispensable. Rdv à la sortie 1 de la station de métro Aldgate East. Compter 12 £/pers. ☎ 020-8530-8443. • jack-the-ripper-tour.com* • Un guide vous fait découvrir, à la tombée de la nuit, les ruelles et sombres passages du quartier.

Sinon, pour mener votre enquête sans Sherlock, voici une ***balade en boucle*** *(6 km ; env 2h30)* :

Depuis la station de métro Whitechapel *(plan East End, C3),* rejoignez le ***Royal London Hospital*** (construit en 1740) situé juste en face, de l'autre côté de l'avenue. La crypte de ***St Philip's House*** abrite le *Royal London Hospital Archives and Museum* *(mar-ven 10h-16h30, fermé lun et w-e ; GRATUIT).* On y trouve le masque de Joseph Merrick, le tristement célèbre *Elephant Man* (John dans le film de David Lynch), ainsi que plein d'infos sur *Jack the Ripper* : un plan localisant sa 4e victime et un couteau semblable à celui qu'il a utilisé.

Retournez sur vos pas et retraversez Whitechapel Road pour rejoindre Winthrop Street, puis ***Durward Street*** (autrefois Buck's Row). Mary Ann Nichols, 42 ans et mère de 5 enfants, y fut trouvée par un portier, assassinée, le 31 août 1888 à 3h45 du matin. Sa gorge avait été 2 fois tranchée et son ventre lacéré.

Plus à l'ouest, vers Brick Lane, au nº 29 de ***Hanbury Street,*** le corps de la 2e victime, Annie Chapman, fut trouvé à 6h du matin, le 8 septembre 1888. Encore plus à l'ouest, les 2 dernières victimes de *Jack the Ripper* burent une pinte au pub ***The Ten Bells*** (voir « Où boire un verre ? »), à l'angle entre Commercial Street et Fournier Street, avant de faire sa tragique rencontre. Descendez Brick Lane pour rejoindre Whitechapel Road, puis Fieldgate Street et tout de suite à droite Plumbers Row, Coke Street, Commercial Road et, enfin, Henriques Street (autrefois Berner Street). La 3e victime, Elizabeth Stride, une Suédoise de 45 ans, fut découverte au niveau de l'école actuelle, le 30 septembre 1888.

Revenez à Commercial Road pour rejoindre Aldgate High Street et Mitre Street. La 4e victime, Catherine Eddowes, fut identifiée dans ***Mitre Square*** *(Ⓜ Aldgate).* Elle avait subi de nombreuses mutilations après sa mort. Traversez Duke's Place et Houndsditch pour arriver sur Stoney Lane et Middlesex Street, connue autrefois sous le nom de ***Petticoat Lane***. Continuez par Commercial Street et Thrawl Street, entre Fashion Street et Wentworth Street. La 5e victime, Mary Jane Kelly, vivait au nº 18. Son propriétaire la renvoya, voyant son état d'ivresse avancé au milieu de la nuit. Elle retourna vers Buck's Row (voir le début de la balade) où elle eut la malchance de rencontrer Jack, à 2h du matin. Le corps fut retrouvé entièrement dépecé. Ce dernier crime marqua le dernier acte de cette macabre série.

PRENDS GARDE À TON JUPON !

Petticoat Lane Market est ainsi nommé en référence aux jupons (petticoat) *que l'on vendait ici, mais aussi à une fable qui disait : « Ils volent votre jupon à un bout du marché pour le revendre de l'autre côté ! ».*

SHOREDITCH ET HOXTON

• Pour se repérer, voir le plan East End *p. 250-251*

Shoreditch et Hoxton font partie aujourd'hui des incontournables des soirées londoniennes. En fait, pas grand-chose à voir concrètement dans ces anciens quartiers industriels mais beaucoup à faire une fois passé l'heure du thé.

L'EAST END

Tous les oiseaux de nuit qui se respectent fréquentent les bars du quartier en fin de semaine ; sans parler de la concentration d'excellents restos. Certains boudeurs trouveront peut-être ces quartiers trop bobos. Il s'agit alors de mettre ses préjugés au fond de ses poches et d'apprécier l'ambiance conviviale et éclectique qui domine malgré tout, dans une joyeuse effervescence !

Où dormir ?

Auberge de jeunesse (moins de 35 £ / 42 €)

■ ***The Dictionary Hostel*** *(plan East End, B2,* ***10****) : 10-20 Kingsland Rd, E2 8DA. ☎ 020-7613-2784. ● thedictionaryhostel.com ● Ⓜ Hoxton, Old St ou Shoreditch High St. Env 16-34 £/pers en dortoir 4-16 lits ; doubles env 65-85 £. Petit déj inclus.* Au cœur de l'action ! C'est ce qui définit d'abord cette AJ de 200 lits en plein Shoreditch. Pour le reste, l'entretien est parfois inégal, mais le confort est correct : dortoirs (mixtes ou féminins) et chambres privatives basiques, cuisine à dispo, consigne. Quant à l'ambiance, elle est vraiment sympa, notamment grâce à ses petites terrasses conviviales à l'arrière et à sa cour intérieure, sans parler du quartier, toujours très animé, et du bar voisin avec soirées DJs le week-end.

L'EAST END

De prix moyens à chic (60-150 £ / 72-180 €)

■ ***The Z Hotel Shoreditch*** *(plan East End, A2,* ***13****) : 136-144 City Rd, EC1V 2RL. ☎ 020-3551-3702. ● thezhotels.com ● Ⓜ Old St. Doubles à partir de 50-95 £ ; familiales.* Derrière la jolie façade de l'*Alexandra Trust Dining Rooms* – une sorte de *Resto du Cœur* fondé en 1898 par le magnat du thé et philanthrope sir Thomas Lipton – se cache un maillon d'une chaîne d'hôtels qu'on aime bien. Style résolument contemporain avec plus de 110 chambres tout confort et offrant souvent un avantageux rapport qualité-prix. Certaines manquent d'espace, les moins chères sans fenêtre, mais l'ensemble reste impeccable. *10 autres adresses à Londres, notamment à Covent Garden, Soho, Piccadilly, La City, etc.*

■ ***Point A Hotel Shoreditch*** *(plan East End, A3,* ***8****) : 8-10 Paul St, EC2A 4JH. ☎ 020-7655-1720. ● pointahotels.com ● Ⓜ Old St. Double à partir de 100 £.* Bon point pour cette chaîne de « *budget hotels* » qui privilégie la situation et la qualité de l'accueil. Plus de 180 chambres, dans le registre compacte et fonctionnel, à défaut d'être charmant, certaines sans fenêtre (les moins chères). L'ensemble est bien tenu, dans un style sobre et moderne. Agréable lobby avec verrière pour un petit déjeuner *healthy. Autres adresses à Paddington, Liverpool St, King's Cross, etc.*

De chic à « spécial coup de folie » (100-300 £ / 120-360 €)

■ ⚲ ***Shoreditch House*** *(plan East End, B2,* ***12****) : Ebor St, E1 6AW. ☎ 020-7739-5040. ● shoreditchhouse.com ● Ⓜ Shoreditch High St. Doubles 170-260 £ ; réduc avec la carte de membre.* Ni nom ni enseigne sur la façade, vous êtes ici dans un club privé très branché et bien planqué. Les rues du quartier cachent des adresses chics et chocs comme celle-ci, intimes, où le béton et la brique s'associent parfaitement au design le plus actuel. À peine 30 chambres chaleureuses, tout confort, avec balcon pour les plus grandes. Et surtout plein de petits plus qui font la différence : la déco et les équipements soignés, les lits *king size,* le spa, les 2 restaurants et la belle piscine chauffée sur le toit (oui, oui) ! *Rooftop restaurant* vraiment extra, un must pour le petit déj ! Accueil très sympathique. Peut-être la plus belle adresse du quartier.

■ ***Citizen M Shoreditch*** *(plan East End, B2,* ***16****) : 6 Hollywell Lane, EC2A 3ET. ☎ 020-3519-4840.*

• *citizenm.com* • Ⓜ *Shoreditch High St. Doubles env 120-250 £.* Même concept qu'à Southbank et qu'à Tower Bridge... Un hôtel *arty* et convivial, parfaitement raccord avec l'ambiance bobo-hipster de Shoreditch. Les chambres, hyper compactes et nickel, bénéficient de tout le confort et d'un équipement high-tech. Là encore, des parties communes hautes en couleur où il fait bon s'attarder pour profiter de l'espace qui fait parfois défaut dans les chambres.

The Hoxton *(plan East End, A2, **14**) : 81 Great Eastern St, EC2A 3HU.* ☎ *020-7550-1000.* • *thehoxton.com* • Ⓜ *Old St. Doubles env 240-350 £, à partir de 130 £ pour les shoebox.* L'immense hall partagé entre un bar, un resto et différents coins salon donnent une idée de la taille de l'hôtel : un espace ouvert et une vraie ruche ! Ambiance branchée et décontractée, en adéquation avec les 210 chambres tendance et d'excellent confort (joli parquet et mobilier rétro, quelques touches industrielles). Il faut reconnaître que l'un des fondateurs des *Prêt A Manger* sait y faire aussi question hôtellerie et la chaîne s'impose aujourd'hui comme une référence. Les chambres *shoebox* (« boîtes à chaussures ») portent bien leur nom mais permettent de séjourner ici à moindre frais ! *2 autres adresses à Holborn et Southwark.*

Boundary London *(plan East End, B2, **22**) : 2-4 Boundary St (entrée sur Redchurch St), E2 7DD.* ☎ *020-7729-1051.* • *boundary.london* • Ⓜ *Shoreditch High St. Doubles env 170-260 £.* Niché dans un ancien entrepôt en brique rouge, un petit boutique-hôtel luxueux : intimité garantie avec moins de 20 chambres, toutes décorées différemment en s'inspirant de grands courants stylistiques ou de maîtres du design (Bauhaus, Le Corbusier et Charlotte Perriand, Andrée Putman, etc.). Très classe et hyper cosy. Quelques suites haut de gamme, notamment en duplex. Bar et restos dans le même esprit chic, notamment le *Rooftop,* avec terrasse panoramique sur le toit, ou encore *Albion* (voir « Où manger ? ») au rez-de-chaussée de l'immeuble.

L'EAST END

Où manger ? Où prendre un petit déj ?

Très bon marché (moins de 10 £ / 12 €)

Beigel Bake *(plan East End, B2, **34**) : 159 Brick Lane, E1 6SB.* ☎ *020-7729-0616.* Ⓜ *Shoreditch High St. Ouv 24h/24. Env 3-4 £.* Cette petite boutique, une vraie légende, vous fera fondre de plaisir. Si vous dites « bagel », tout le monde vous enverra ici ! Des bagels à emporter, bien frais et pour 3 fois rien. Également toutes sortes de *pies and pastries.* Longue file d'attente le week-end.

Waterhouse Hoxton *(plan East End, B1, **43**) : 10 Orsman Rd, N1 5QJ.* ☎ *020-7033-0123.* Ⓜ *Haggerstone. Lun-ven 9h-15h ; fermé le w-e. Petit déj et plats à moins de 10 £.* Compte tenu de son emplacement de choix sur le quai, avec une salle sobre et lumineuse tout en baies vitrées et une terrasse en surplomb du Regent's Canal, les prix sont plus qu'attractifs... Voire imbattables pour le déjeuner ! De fait, l'objectif de l'œuvre de bienfaisance qui gère le site est d'abord de venir en aide aux jeunes en difficulté. Le résultat est probant : carte courte pour de bons plats de saison combinant influences britanniques et méditerranéennes, le tout joliment présenté et servi avec le sourire.

Kahaila *(plan East End, B2, **42**) : 135 Brick Lane, E1 6SB.* Ⓜ *Shoreditch High St. Tlj 9h-18h.* Petit café tenu par une association caritative qui fait du bien et du bon ! À l'ardoise et derrière la vitrine : sandwichs (option veggie), pâtisseries, cookies, etc. Bons cafés et thés pour la pause goûter. On se pose dans la salle conviviale en bois clair ou on emporte le tout avant d'arpenter Brick Lane Market.

Allpress Espresso Redchurch *(plan East End, B2, **30**) : 58 Redchurch St, E2 7DP.* ☎ *020-7749-1780.*

Ⓜ *Shoreditch High St. Tlj 8h (9h le w-e)-16h.* Il suffit de jeter un coup d'œil au torréfacteur en pleine action pour se faire une idée de la maison : ici, on mise sur la qualité, depuis la sélection des grains jusqu'au café fraîchement moulu. Courte sélection de sandwichs, gâteaux et viennoiseries pour les petites faims. Cadre contemporain et boisé, tout à fait chaleureux, mais assez riquiqui ; faites comme les habitués et prenez à emporter !

De très bon marché à bon marché (moins de 20 £ / 24 €)

Homeslice *(plan East End, B2,* ***57****) : 374-378 Old St, EC1V 9LT.* ☎ *020-3151-1121.* Ⓜ *Old St ou Shoreditch High St. Mar-mer 17h-23h, jeu-sam 12h-23h, dim jusqu'à 22h et fermé lun. 4 £ la part ou 20 £ la pizza à partager.* Selon une formule bien rodée à Covent Garden et ailleurs à Londres, d'immenses pizzas sortent du four à bois avant d'être englouties par de joyeuses bandes de gourmands. On choisit 1 ou 2 garnitures, toujours originales, toujours délicieuses, et on se régale en mangeant avec les doigts, avant d'en commander une autre... Chaque saison apporte son lot de recettes inédites. Difficile de trouver une place dans la petite salle sombre et boisée.

BoxPark *(plan East End, B2-3,* ***29****) : 2-10 Bethnal Green Rd, E1 6GY.* ☎ *020-7186-8800.* Ⓜ *Shoreditch High St. Tlj 11h-23h (23h45 ven-sam et 22h30 dim).* Difficile de ne pas lever le nez vers ces énormes containers perchés. Intrigués, les plus curieux (et nos lecteurs bien informés !) déambuleront dans cet alignement de bars et stands de *street food,* avant de dégoter une place sur les longues tablées où les rencontres se font naturellement. Top en été quand les terrasses se découvrent, on apprécie tout autant leur chaleur réconfortante les jours gris et humides. *2 autres adresses à Wembley et Croydon.*

On the Bab *(plan East End, A2,* ***48****) : 305 Old St, Hackney, EC1V 9LA.* ☎ *020-7683-0361.* Ⓜ *Old St. Tlj 12h-22h. Plats env 10-15 £.* Petite cantoche coréenne où l'on joue des coudes avec ses voisins tant les tables sont rapprochées. Oubliez l'intimité et concentrez-vous sur l'assiette : *bibimbab, bao, noodle soup,* etc., servis en portions généreuses. Spécialité de la maison : le *yangyum chicken,* poulet frit servi en panière à partager. On s'en lèche encore les doigts ! *1 annexe dans le quartier de St Paul's : 9 Ludgate Broadway (lun-ven 11h30-16h, fermé w-e).*

Ozone Coffee Roasters *(plan East End, A2,* ***82****) : 11 Leonard St, EC2A 4AQ.* ☎ *020-7490-1039.* Ⓜ *Old St. Lun-ven 7h-22h, le w-e 8h30-17h30. Plats et petits déj 5-15 £.* Derrière ses fenêtres opaques, ce repaire de baristas pur jus cache bien son jeu. Le café est torréfié sur place, dans un cadre industriel façon new-yorkaise. Les hipsters du quartier s'y donnent aussi rendez-vous le midi pour des petits plats bien ficelés, rapides et goûteux.

Butchies *(plan East End, A2,* ***83****) : 22 Rivington St, EC2A 3DY.* Ⓜ *Old St. Tlj 12h-22h (23h jeu-sam). Sandwichs env 6-14 £.* Le royaume du sandwich au poulet frit, sur place ou à emporter, dans un cadre tout simple de carrelage blanc. Au minicomptoir donnant sur la cuisine (bonjour les odeurs de graillon !), on préfère la petite salle à l'étage. Les *cheese fries* généreusement arrosées de cheddar fondu sont aussi un must. *4 autres adresses à Londres, notamment à Earl's Court.*

MEATliquor *(plan East End, A2,* ***23****) : 15 Hoxton Market, N1 6HG.* ☎ *020-7739-8212.* Ⓜ *Old St. Tlj 12h-23h (minuit ven-sam et 22h dim). Plats 7-12 £.* Installé dans une ancienne mission chrétienne, les salles sont vastes et décorées dans un style délirant religio-punk, comme cet immense vitrail avec une Vierge rock et ce photomaton qui fait office de confessionnal (!). Chaude ambiance et déluge de décibels garantis. Un choix incroyable de whiskies (y compris japonais), bourbons, tequila et mezcal, rhums, bières et cidres à la pression. Côté nourritures terrestres, les burgers sont bons et variés, bien garnis et *juicy*. Également des buns, hot-dogs, *onion rings* et frites déclinées à toutes les sauces. *D'autres adresses à Londres, notamment à Bloomsbury et Oxford Circus.*

Haché (plan East End, A2, **21**) : *147 Curtain Rd, EC2A 3QE. ☎ 020-7739-8396. Ⓜ Old St. Mar-ven 11h30-22h, jusqu'à 22h30 ven-sam et 21h30 dim-lun. Burgers 11-14 £.* Spécialiste du burger (excellent bœuf d'origine écossaise), la carte propose selon les jours toutes sortes de créations originales : à l'agneau, au thon, au porc, et même au canard ! Et quitte à bousculer tous les codes, on peut même choisir l'option sans pain, remplacé par une salade. Les brunchs servis jusqu'à 16h sont aussi prisés et en accompagnement, goûtez les frites à la truffe ! Du burger gourmet en somme, en adéquation avec un cadre de bistrot sympa. Bondé (et bruyant) en fin de semaine. *6 autres adresses à Londres, notamment à Holborn et Camden.*

The Blues Kitchen (plan East End, A-B2, **32**) : *134-146 Curtain Rd, EC2A 3AR. ☎ 020-7729-7216. Lun-ven 12h-minuit (1h jeu, 2h30 ven), sam 10h-3h, dim 10h-23h30. Plats 12-20 £.* Un immense entrepôt laissé en l'état : plancher usé, grandes figures du blues aux murs, gramophones reconvertis en lampes, comptoir carré en cuivre rouge séparant la partie resto (box sympa) de celle du bar (là aussi vite remplie !) et même une caravane reconvertie en salon cosy. Près de 100 variétés de bourbon. Côté cuisine, on lorgne nettement vers le sud des États-Unis : *Texan BBQ,* salade cajun mais aussi excellents burgers et copieux brunch le week-end. En prime, de supers concerts en fin de semaine. *Autres adresses à Brixton et Camden.*

Pizza East (plan East End, B2-3, **25**) : *56 Shoreditch High St, E1 6JJ. ☎ 020-7729-1888. Ⓜ Shoreditch High St. Lun-jeu 12h-23h, ven jusqu'à minuit ; sam 11h-minuit et dim 11h-22h. Pizzas 10-15 £ ; plats 10-20 £.* Situé dans un ancien entrepôt, ce vaste espace joue à fond la carte de la déco industrielle à la new-yorkaise (parquet usé, piliers de béton, lumières tamisées, murs de brique, etc.). Grandes tables conviviales et tables rondes plus intimes, pour un repas dans une atmosphère affairée et bourdonnante. Pizzas fines et croustillantes. Également des grillades au feu de bois, quelques options pour les végétariens et de bonnes formules le week-end. *Autre adresse à Portobello.*

De bon marché à prix moyens (max 30 £ / 36 €)

Gloria (plan East End, A2, **87**) : *54-56 Great Eastern St, EC2A 3QR. Pas de tél. Ⓜ Old St ou Shoreditch High St. Ouv mat, midi et soir en sem, et mat et soir le w-e. Résa en ligne conseillée. Plats 12-18 £.* Rien n'arrête *Big Mamma.* Après une dizaine d'adresses parisiennes, l'enseigne vient chahuter la gastronomie italienne à Londres. Décor similitrattoria avec marbre, plantes suspendues et serveurs à l'accent chantant. On ne retrouve pas ici les tarifs alléchants, gage de la réussite du groupe en France. Mais l'affaire tourne (et tourne bien !), il n'y a qu'à voir la queue devant. Spécialités de la maison : pizza et *pasta fresca.* Essayez donc la *gran carbonara,* dont les spaghettis sont tournés à même la meule de pecorino. En dessert, le tiramisu tient toutes ses promesses. Également des petits déj (pancakes, pain perdu, porridge...) mais on n'est pas vraiment venu là pour ça.

Oklava (plan East End, A2, **27**) : *74 Luke St, EC2A 4PY. ☎ 020-7729-3032. Ⓜ Shoreditch High St ou Old St. Mar-sam midi et soir. Fermé dim-lun. Résa conseillée. Plats et pides 10-21 £.* Un restaurant au cadre moderne et chaleureux, dans les teintes or et chocolat, pour apprécier une cuisine du Levant. « *Oklava* » désigne le rouleau qui sert à fabriquer les *pides,* ces petits pains dans lesquels on glisse viande, condiments, fromages, légumes... Terriblement savoureux ! On peut aussi opter pour des plats plus traditionnels, en fonction du marché (poulpe, chou rôti, kebab...). Cuisines ouvertes et grand four à bois qui réchauffent l'atmosphère.

Burro e Salvia (plan East End, B2, **30**) : *52 Redchurch St, E2 7DP. ☎ 020-7739-4429. Ⓜ Shoreditch High St. Tlj au déj, plus le soir jeu-sam. Plats env*

11-18 £. Un vrai *pastificio* ! Chaque jour, dans la cuisine ouverte de cette boutique aseptisée, des passionnés adeptes du *Slow Food* fabriquent la *pasta* dans les règles de l'art, avant de la cuisiner en fonction de recettes italiennes souvent héritées de la famille. C'est beau à voir, mais c'est très bon aussi, car on peut s'asseoir dans la petite salle de dégustation attenante et s'offrir une parenthèse ensoleillée autour de lasagnes savoureuses, de *tagliolini* parfumés, ou peut-être de gnocchis fondants !

Albion *(plan East End, B2,* ***22****) : 2-4 Boundary St, E2 7DD. ☎ 020-7729-1051. Ⓜ Shoreditch High St. Tlj 8h-23h. Plats 10-15 £ (15-20 £ pour les viandes le soir) ; salades et sandwichs 8-12 £ et breakfasts env 5-14 £.* *Albion* symbolise bien le renouveau du quartier. Vous êtes ici chez Terence Conran, le célèbre designer anglais. *Albion,* c'est donc un grand espace en longueur, élégant, lumineux, divisé en une partie pour la boutique (légumes, épicerie fine et le pain de la maison), une autre pour la cuisine ouverte et le café aux allures de brasserie contemporaine. La carte est à son image : à la fois de bons breakfasts (*scones, beans,* omelettes), des plats du jour bien vus, une cuisine française créative et aussi des classiques anglais, tous préparés dans les règles avec de bons ingrédients : *fish & chips,* viande au gril, *pie,* saucisse-purée... Branché, à l'image du quartier.

Rochelle Canteen *(plan East End, B2,* ***31****) : Rochelle School, 16 Playground Gardens, E2 7FA. ☎ 020-3928-8228. Ⓜ Shoreditch High St. Au sein même de l'école ; n'hésitez pas à sonner à l'interphone* « Rochelle Canteen ». *Tlj 12h-15h et seulement mer-sam 17h-22h (dernière commande à 19h45). Résa conseillée. Plats env 12-17 £.* Une perle rare que cette petite cantine établie dans une ancienne école victorienne. La *Canteen* se réduit à une grande salle basique tout en baies vitrées aménagée sous l'ancien préau, avec cuisine ouverte et une dizaine de tables. On se concentre sur l'assiette, car ici la cuisine est assurée par Arnold et Henderson, 2 passionnés de cuisine anglaise. Menu variant souvent avec des produits de saison d'une grande fraîcheur, une petite sélection de vins qui se marient bien et une atmosphère relax qui finit de vous convertir aux bancs de l'école ! Aussi bien pour un petit déj, qu'un *teatime* ou un vrai repas.

Dishoom *(plan East End, B2,* ***22****) : 7 Boundary St, E2 7JE. ☎ 020-7420-9324. Ⓜ Shoreditch High St. Tlj 8h (9h w-e)-23h (minuit jeu-sam). Résa (conseillée !) le midi ou avt 18h, le soir seulement à partir de 6 pers. Plats 9-20 £ ; petits déj 6-13 £.* C'est la 2e des adresses du célèbre *Bombay Café* de Covent Garden (voir « Où manger ? » dans le centre touristique), et qui n'a cessé depuis de faire des petits ! Si la cuisine est similaire, la déco n'a rien à voir : ici, l'immense espace a été revisité dans le style des *Bombay Cafés* vintage, tout en bois et verre avec lustres et paravents, où l'atmosphère de brasserie chic cède la place à celle d'un salon cosy et végétal dans la jolie véranda. *D'autres adresses à Londres, notamment à King's Cross et à Carnaby (Kingly St).*

Smokestak *(plan East End, B2-3,* ***44****) : 35 Sclater St, E1 6LB. ☎ 020-3873-1733. Ⓜ Shoreditch High St. Tlj midi et soir, le w-e en continu. Résa conseillée. Plats 10-18 £.* Après avoir régalé les Londoniens de différents *street food markets, Smokestak* s'est installé dans ce local à la déco industrielle. Plongé dans une relative pénombre, on goûte de savoureux plats cuits lentement et fumés dans différents BBQ. Bien entendu, la viande est à l'honneur et les *beef ribs,* fondants à souhait, sont littéralement à tomber ! Mais la carte propose aussi d'autres belles surprises, comme d'originaux légumes grillés. Petit bar à cocktails pour patienter.

Chic (30-40 £ et plus / 36-48 €)

Lyle's *(plan East End, B2-3,* ***25****) : 56 Shoreditch High St, E1 6JJ. ☎ 020-3011-5911. Ⓜ Shoreditch High St. Tlj sauf dim. Plats 9-25 £ ; menu le soir 59 £.* Cadre assez minimaliste (béton ciré au sol et au comptoir, murs de brique blanche), pour mettre en valeur des assiettes qui débordent de couleurs. Explosion de saveurs avec la priorité donnée aux produits anglais (anguille fumée, fromages St Neal's Yard) et autres viandes, poissons et légumes, travaillés simplement. Une cuisine délicate élaborée chaque jour en fonction du marché. Pain maison. Service, hélas, un peu trop guindé.

Où boire un verre ? Où sortir ?

Old Street Records *(plan East End, A2,* ***21****) : 350-354 Old St, EC1V 9NQ. ☎ 020-3006-5911. Ⓜ Old St. Lun-sam 8h (9h sam)-1h (2h jeu-sam), dim 9h-17h.* Coincé à l'angle de 2 rues, difficile de ne pas converger vers ce pub de Shoreditch. Chaque soir, des sessions acoustiques et DJs attirent une foule de trentenaires venus siroter cocktails et pintes en profitant du show. Souvent bondé, il faudra peut-être jouer des coudes au comptoir pour refaire le plein. Bruyant et parfois survolté, à préférer entre potes que pour un tête-à-tête.

The Bridge *(plan East End, B2,* ***65****) : 15 Kingsland Rd, E2 8AE. ☎ 020-3489-2216. Ⓜ Hoxton. Tlj 14h-2h30 (3h jeu-sam).* Loufoque, extravagant, burlesque, chacun le définira comme il veut, mais unique, il l'est ! Bibelots, plaques émaillées, lampes Tiffany, photos encadrées, percolateur bizarroïde... a-t-on bien poussé la porte d'un bar en pénétrant dans ce bric-à-brac ? Soyez curieux et filez dans la salle du fond pour vous poser dans les profonds canapés tapissés. Là encore, on ne sait plus où donner de la tête, alors santé !

Brew Dog Shoreditch *(plan East End, B2,* ***72****) : 51 Bethnal Green Rd, E1 6LA. ☎ 020-7729-8476. Ⓜ Shoreditch High St. Lun-ven 12h-minuit (2h ven) ; le w-e 11h-2h (minuit dim).* La brasserie artisanale *Brew Dog,* originaire d'Écosse, a ouvert à Shoreditch ce bar moderne et ultra-vivant. Tous les styles de *craft beers* sont représentés : *ale, pale ale, IPA, porter* ou *stout,* chacun trouvera son bonheur. Une seule constante : des arômes et une subtilité absolument renversants ! Petite carte de snacks pour accompagner la dégustation dans un décor industriel.

Callooh Callay *(plan East End, B2,* ***69****) : 65 Rivington St, EC2A 3AY. ☎ 020-7739-4781. • calloohcallaybar.com • Ⓜ Old St ou Shoreditch High St. Tlj 18h-1h. Cocktails 10-12 £.* LE bar à cocktails branché de Shoreditch, l'un des musts des soirées londoniennes. Il recèle bien des merveilles... Déco excentrique, mais passez la porte de l'armoire et vous pénétrez dans un monde encore plus psychédélique *(sur résa seulement).* Question cocktails et whiskies, la maison prend les choses très au sérieux, entre étonnant et détonnant. Régulièrement parmi les 50 meilleurs bars à cocktails au monde. Snacks et autres petits plats généreux et bien tournés. Une fois n'est pas coutume, allez jeter un œil aux toilettes !

Happiness Forgets *(plan East End, A2,* ***66****) : 8-9 Hoxton Sq, N1 6NU. ☎ 020-7613-0325. Ⓜ Old St. Tlj 17h-23h (minuit jeu-sam).* Planqué en sous-sol façon speakeasy, ce petit bar sans façons et chaleureux est un incontournable pour les amateurs de cocktails. En plus des classiques, il propose régulièrement de nouvelles créations originales, présentées en détail par une équipe tout sourire. Impeccable pour se mettre en jambes avant d'attaquer la tournée des clubs.

The Barley Mow *(plan East End, A-B2,* ***63****) : 127 Curtain Rd, EC2A 3BX. ☎ 020-7729-3910. Ⓜ Old St. Lun-ven 12h (15h lun)-23h30, sam 15h-23h30, dim 14h-21h.* L'un des derniers vrais pubs de quartier, résistant vaillamment à la « gentrification ». Petit, intime et bien rugueux, avec une nombreuse clientèle 25-35 ans appréciant la belle sélection de *ales* et la chaleureuse atmosphère. Animation différente chaque soir. *Good crack, good company,* comme on dit ! Manquera peut-être d'originalité pour certains, mais certainement pas de cachet.

Bar Kick *(plan East End, B2,* ***64****) : 127 Shoreditch High St, E1 6JE. ☎ 020-7739-8700. Ⓜ Shoreditch*

High St. Lun-mar 16h-23h, jusqu'à minuit mer-jeu, ven-sam 12h-1h, dim 12h-23h. Happy hours *lun-ven 16h-19h.* Un bar sportif décalé, installé dans une ancienne boutique-entrepôt. Vieux zinc, plancher déglingué, mobilier dépareillé, décor dans les tons rasta, baby-foot hors d'âge, staff et clientèle jeunes. Les jours de match de foot (ou de tournoi de baby-foot), on vous raconte même pas l'ambiance ! Super musique les autres jours. Bon choix de bières et burgers aux heures des repas, à prix démocratiques. *Même maison et même ambiance à Clerkenwell, 43 Exmouth Market.*

🍸 ***Flight Club Darts*** *(plan East End, A3,* ***71****) : 2A Worship St, EC2A 2AH.* ☎ *020-3019-3093.* • *flightclubdarts.com* • Ⓜ *Old St. Lun-ven et dim 12h-minuit (0h30 jeu, 1h ven, 22h30 dim) ; sam 11h-1h. Compter 20-40 £/h pour une cible selon horaire.* Qui a dit que jouer aux fléchettes *(darts)*, activité traditionnelle en Angleterre, était ringard ? Ce joli bar, éclairé de 1 000 ampoules façon fête foraine moderne, entend prouver le contraire. On y vient en bande pour se lancer des défis face à la cible. Modernité oblige, un compteur électronique et des caméras départagent les joueurs. *Annexes à Islington, Victoria et Bloomsbury.*

🍸 ♩ ☂ ***Strongroom*** *(plan East End, A-B2,* ***63****) : 120-124 Curtain Rd, EC2A 3SQ.* ☎ *020-7426-5103.* • *strongroombar.com* • Ⓜ *Old St ou Shoreditch High St. Lun-ven dès 10h et le w-e dès 12h, ferme entre 22h et 2h selon soirs. Snacks et plats 5-10 £.* Dans une pittoresque cour pavée, ce bar chaleureux est lié à l'un des plus gros studios d'enregistrement de Londres. Fond musical rock et blues. Plusieurs salles à différents niveaux, toutes dans un style underground. Beau choix de bières et de burgers, entre autres. Soirées pop-disco ou RnB/soul/hip-hop, mais aussi concerts jazzy et parfois, *comedy show*, le *Strongroom* nous en met plein les oreilles ! Très agréable terrasse sous le lierre aux beaux jours, avec du mobilier de récup.

🍸 ♩ 🍴 ***The Book Club*** *(plan East End, A2,* ***68****) : 100-106 Leonard St, EC2A 4RH.* ☎ *020-7684-8618.* • *wearetbc.com* • Ⓜ *Old St ou Shoreditch High St. Lun-mer 8h-minuit, jeu-sam 8h30 (10h sam)-3h (2h jeu), dim 10h-minuit. Petits déj et brunchs 6-10 £ ; snacks et plats 6-12 £.* Un ancien entrepôt de l'époque victorienne relooké au goût du jour, avec tables en formica et chaises d'école en guise de mobilier, et même une salle pour les tournois de ping-pong ! De grands oculus donnent une respiration aux lieux. On y vient pour dévorer un bon petit déj, bosser en bande, grignoter nachos, burgers et autres assiettes à partager, ou pour siroter des cocktails. Le soir, on descend d'un étage pour se défouler face au DJ ou devant un bon concert. Programmation hyper éclectique : salsa, hip-hop, sessions acoustiques, ateliers recyclages et même *pancake day*... On trouve toujours une bonne raison d'y aller.

🍸 ♩ ***The Blues Kitchen*** *(plan East End, A-B2,* ***32****) : 134-146 Curtain Rd, EC2A 3AR.* ☎ *020-7729-7216.* • *theblueskitchen.com* • *Lun-ven 12h-minuit (1h jeu, 2h30 ven), sam 10h-3h, dim 10h-23h30.* Lieu déjà super pour se restaurer (voir plus haut), mais aussi réputé pour ses concerts live (surtout blues, mais aussi soul, rock et funk). En descendant aux toilettes *(old school !)*, jetez un œil au *Moonshine Dinning*, superbe bar avec son plafond en vitrail. Même maison qu'à Camden et Brixton.

🍸 ♩ ***Old Blue Last Beer*** *(plan East End, A-B2,* ***70****) : 38 Great Eastern St, EC2A 3ES.* ☎ *020-7739-7033.* • *theoldbluelast.com* • Ⓜ *Shoreditch High St. Tlj 12h-minuit (1h jeu, 2h ven-sam).* Un pub qui a de la gueule avec sa façade en arrondi et ses squelettes ou têtes de cerf empaillées. Soirées DJ au rez-de-chaussée ou groupes live à l'étage quasi tous les soirs, mais c'est principalement du jeudi au samedi que l'électro fait saturer les amplis. Un des classiques de Shoreditch, d'autant que l'entrée est souvent gratuite.

🍸 ☂ Sans oublier bien sûr ***BoxPark*** *(plan East End, B2-3,* ***29****)*. Voir précédemment « Où manger ? ».

L'EAST END

Spécial noctambules

♩ 🚶 ***Werkhaus*** *(plan East End, B3, **36**) : 85-91 Brick Lane, E1 6QL. • werkhauslondon.com • Ⓜ Aldgate East. Jeu-sam.* Une des nouvelles scènes musicales qui attire la foule éclectique de l'East End. *Live music,* DJ et performances.

♩ 🚶 ***Village Underground*** *(plan East End, B2-3, **58**) : 54 Hollywell Lane, EC2A 3PQ. ☎ 020-7422-7505. • villageunderground.co.uk • Ⓜ Shoreditch High St. Entrée payante.* Ce gigantesque club, très couru, est installé dans une ancienne usine en brique aux dimensions vertigineuses. Quand les plus grands DJs du moment y officient, les lieux prennent des airs de cathédrale, version temple de l'électro : impressionnant ! Un conseil, réservez vos places!

♩ 🚶 ***XOYO*** *(plan East End, A2, **73**) : 32-37 Cowper St, EC2A 4AP. • xoyo.co.uk • Ⓜ Old St. Ts les soirs sauf dim et mer. Entrée payante. Accès plus de 19 ans ven-sam, plus de 18 ans lun-jeu.* Ce club chaleureux, qui mise sur une clientèle d'habitués, est l'une des valeurs sûres de Shoreditch. Sur 2 niveaux, les soirées se suivent et ne se ressemblent pas : DJs réputés le week-end, qui évoluent entre deep house et techno. Mais aussi hip-hop, R'n'B, garage... Jetez un œil au site pour choisir votre soir et... réserver votre place !

L'EAST END

À voir. À faire

Balade street art : le quartier de Shoreditch (jusqu'à Aldgate et Brick Lane) est devenu avec les années un véritable musée à ciel ouvert, peu de façades ayant échappé à la fièvre créatrice des taggeurs ! Les plus grands artistes se sont ici concentrés, jusqu'au plus célèbre d'entre eux : Banksy. Difficile de vous proposer un circuit, d'autant plus que les fresques sont régulièrement recouvertes par d'autres et que les plus beaux graffs se dérobent souvent au regard. On vous conseille donc de partir à l'aventure, au hasard et de suivre votre flair.

Par ailleurs, une carte en recense un maximum sur le site spécifique : *• ldngraffiti.co.uk •* et vous avez la possibilité de suivre une visite guidée : *• shoreditchstreetarttours.co.uk • (rdv 2 fois/j. sur Brushfield St, Ⓜ Liverpool St ; compter 20 £/pers pour une visite d'env 4h).*

Autograph *(plan East End, B2) : Rivington Pl, EC2A 3BA. ☎ 020-7749-9200. • autograph.org.uk • Ⓜ Old St ou Shoreditch High St. Mar-mer et ven 11h-18h, jeu 11h-21h, sam 12h-18h. Fermé dim-lun, j. fériés et 24 déc-2 janv. GRATUIT.* La 1re galerie publique consacrée aux arts visuels et à la photo, dans un but d'éducation populaire. Une architecture extérieure à damiers, et des espaces de rêve pour de très intéressantes expos, principalement de photos.

Museum of the Home *(plan East End, B1) : 136 Kingsland Rd, E2 8EA. ☎ 020-7739-9893. • museumofthehome.org.uk • Ⓜ Hoxton. Tlj sauf lun 10h-17h. GRATUIT.* Installé dans une ancienne et vaste *almshouse* (hospice) du XVIIIe s, dont on peut admirer l'élégante architecture horizontale en U enserrant un jardin au cordeau, avec sa chapelle au milieu. Abrite aujourd'hui un intéressant musée de l'habitat des classes moyennes de 1600 à nos jours. Au milieu du parcours, la chapelle dans son état d'origine avec ses *pews* (box).

Expos temporaires également. Boutique et cafétéria dans une agréable section moderne. Visite du « jardin des herbes » en saison. Une véritable oasis de verdure.

BETHNAL GREEN ET HACKNEY

• Plan East End *p. 250-251*

Passé Shoreditch et sa vie nocturne intense, replongez dans l'ex-East End populaire en rejoignant Bethnal Green et Hackney. Des parcs et *fields,* un canal sur lequel circulent de ravissantes péniches et même une vraie ferme urbaine. Le mythe de la ville à la campagne devenu réalité, après les grands travaux engendrés par le parc olympique 2012, plus à l'est encore. Résultat : les immeubles industriels sont retapés en vastes bars, *rooftops,* boutiques et autres lieux culturels. Dépourvue de sites ou musées majeurs à visiter, on aime ces quartiers pour leur ambiance, tout simplement. Le samedi, le *Broadway Market* attire foule de curieux et gourmands dans une ambiance très hipster. À 2 foulées de là, le parc *London Fields* offre un cadre bien agréable pour une promenade au vert. Le dimanche, c'est sur *Columbia Road* qu'il faut se rendre, pour le célèbre *Flower market.* Décidément, Londres n'en finit pas de nous surprendre...

L'EAST END

Où dormir ?

De chic à très chic (plus de 100 £ / 120 €)

Mama Shelter *(plan East End, C1,* **6***) : 437 Hackney Rd, E2 8PP. ☎ 020-7613-6500. Ⓜ Bethnal Green. Resto et bar tlj 7h-minuit (1h ven-sam). Doubles env 140-210 £.* Plus rien n'arrête *Mama* ! Après une dizaine d'adresses en France et à l'étranger, le groupe s'est logiquement installé à Londres. Un peu excentré, dans un quartier ne débordant pas de vie, l'hôtel reprend les codes sur lesquels *Mama* a bâti sa réputation : un look moderne, des chambres fonctionnelles aux lignes épurées et piquées d'une touche design, un bar et un resto à la déco gentiment décalée. Conviendra aux habitués de la chaîne : les *Mama addicts.*

Où manger ? Où prendre un petit déj ?

Très bon marché (moins de 10 £ / 12 €)

F Cooke *(plan East End, C1,* **56***) : 9 Broadway Market, E8 4PH. ☎ 020-7254-6458. Ⓜ London Fields. Mar-sam 11h-17h, fermé dim-lun. Env 6-8 £.* Décor presque inchangé depuis les fifties... Force est d'avouer qu'il faut avoir l'estomac bien accroché pour goûter au ragoût d'anguilles, la spécialité de la maison (et du quartier autrefois) ; les moins téméraires pourront se rabattre sur le classique *pie and mash* pour venir goûter à cette atmosphère populaire.

Cake Hole Café @ Vintage Heaven *(plan East End, B2,* **55***) : 82 Columbia Rd, E2 7QB. Ⓜ Shoreditch High St. Ouv seulement sam 12h-18h et dim 8h30-17h.* Encore une de ces adresses insolites dont les Britanniques ont le secret. Car il s'agit d'abord d'une boutique rétro à souhait, spécialisée dans la vaisselle ! Et ça tombe bien, car certains des services à thé ont retrouvé une seconde jeunesse dans le café planqué au fond du magasin, où les habitués et les chineurs d'un jour savourent les bons gâteaux et *scones* maison.

E5 Bakehouse *(hors plan East End par D1,* **50***) : 395 Mentmore Terrace, E8 3PH. ☎ 020-8525-2890. Ⓜ London Fields. À 5 mn dans le prolongement de Broadway Market, dans la rue parallèle à Martello St. Tlj*

7h-19h. Brunch le w-e 12h-15h. Petits plats 6-8 £. Pourtant nichée sous l'une des arches du chemin de fer, cette boulangerie artisanale ne désemplit pas. C'est même devenu une halte incontournable pour tous les amateurs de pains bio, qui profitent de leur visite pour s'installer à l'une des tables du côté resto et (petit) déjeuner. À la carte : sandwichs, toasts et gâteaux délicieux, tous préparés avec les meilleurs ingrédients (confiture maison, miel de petits producteurs). *Hype* à souhait et bien représentatif du renouveau du quartier.

Bon marché (10-20 £ / 12-24 €)

Mare Street Market *(plan East End, D1, **26**) : Netil House, 117 Mare St, E8 4RU. Ⓜ London Fields. Tlj 9h-minuit (1h ven-sam).* Un *food hall* trendy avec tables communes. On y retrouve tous les « classiques » de la *street food* : pizza, deli, cuisine *veggie*, cafétéria, *beer garden, cocktail bar*, etc.

Netil Market *(plan East End, C1, **28**) : 13-23 Westgate St, E8 3RL. Ⓜ London Fields. Tlj sauf lun 10-22h (mar 12h-19h).* Un lieu qui rassemble quelques boutiques d'antiquaires et créateurs contemporains, ainsi que des *food trucks* pour casser la croûte en faisant du lèche-vitrines !

L'Eau à la Bouche *(plan East End, C1, **49**) : 35-37 Broadway Market, E8 4PH. ☎ 020-7923-0600. Ⓜ Cambridge Heath ou London Fields. Lun-ven 8h-19h, le w-e 8h30 (9h dim)-17h. Salades, quiches, sandwichs et petit déj 5-12 £.* Mention spéciale pour cette épicerie fine française installée dans un bistrot-café (ou l'inverse). Hyper appétissant et hyper fréquenté le week-end par les amateurs de bonnes choses. Très bien pour un sandwich à déguster devant la vitrine ou accoudé à la table commune, avant d'aller faire son marché le week-end. Fromages cocorico bien *smelly* et superbe sélection de gâteaux.

Frizzante Café *(plan East End, C1, **51**) : 1 Goldsmith's Row, E2 8QA. ☎ 020-7739-2266. • hackneycityfarm.co.uk • Ⓜ Cambridge Heath. Mar-dim 10h-16h30, plus jeu 19h-23h ; fermé lun. Petits déj 3-10 £ ; plats 10-13 £.* Si la récolte est bonne, le café de l'improbable *Hackney City Farm* (voir plus loin « Musée et balades nature ») cuisine les légumes de son potager. Sinon, les ingrédients proviennent quand même de fermes du coin, et permettent d'élaborer des petits déj bien costauds (saucisses maison) et des plats du jour rustiques, à savourer sans chichis dans une vaste salle façon hangar reconverti, au mobilier de récup un peu déglingué et envahie de promeneurs et de familles en goguette. Très chaleureux. Une adresse *Slow Food.* Que vous ayez des enfants ou non, ne partez pas sans aller saluer l'âne, les poules et les chèvres !

Prix moyens (20-30 £ / 24-36 €)

The Empress *(hors plan East End par D1, **53**) : 130 Lauriston Rd, E9 7LH. ☎ 020-8533-5123. Tlj 12h (10h le w-e et 17h dim)-23h. Plats 15-30 £ ; brunchs le w-e env 8-11 £.* Cadre contemporain tamisé et longues banquettes de moleskine pour ce *gastropub* proposant une fort belle cuisine aux accents inspirés et à base de bons produits. Légumes bien choisis, cuissons maîtrisées et sens inné des saveurs. La carte courte, change très souvent. On regrettera peut-être un poil le niveau sonore élevé, mais dans *gastropub*, il y a le mot « pub » !

The Royal Oak *(plan East End, B2, **74**) : 73 Columbia Rd. ☎ 020-7729-2220. Ⓜ Hoxton. Tlj 12h-23h (22h dim-lun).* Chaleureux vieux pub de quartier qui, comme son nom l'indique, est orné de parquet et lambris en chêne. Long comptoir en U, atmosphère tamisée et une sympathique et bruyante animation. On y sert une très bonne cuisine de pub concoctée avec les produits de saison, et le traditionnel *Sunday roast.* Intéressante sélection de bières et vins à l'ardoise.

Où boire un verre ? Où sortir ?

The Carpenter's Arms *(plan East End, C2,* ***84****) : 73 Cheshire St, E2 6EG. ☎ 020-7739-6342. Ⓜ Bethnal Green. Lun-ven 16h-23h30 (minuit ven), sam 12h-minuit, dim 12h-22h30.* On repère facilement l'élégante maison en angle, fleurie ou verdoyante selon les saisons. L'intérieur ne dépareille pas avec ses boiseries chaleureuses et ses loupiotes romantiques le soir, jusque dans la courette à l'arrière. Une aubaine aussi bien pour boire que pour se requinquer de plats *British* cuisinés avec tact.

Pub on the Park *(hors plan East End par C1,* ***76****) : 19 Martello St, E8 3PE. ☎ 020-7923-3398. • pubonthepark.com • À 5 mn dans le prolongement de Broadway Market, par le parc. Tlj 12h-minuit.* C'est sans doute le plus grand *beer garden* de l'Est londonien. Facile, la maison est plantée au bord du parc London Fields ! Terrasses par conséquent géniales, souvent bondées, et carrément festives le week-end quand la sono lâche son déluge de décibels. Sinon, salle chaleureuse s'il fait frisquet. Bonne cuisine aussi et *Sunday roast* réputé. Super ambiance jeune et décontractée. Le sport y est roi, bien entendu !

Voir aussi ***Mare Street Market*** *(plan East End, D1,* ***26****)* et ***The Royal Oak*** *(plan East End, B2,* ***74****)*, décrits dans la rubrique précédente.

The Star of Bethnal Green *(plan East End, C2,* ***45****) : 359 Bethnal Green Rd, E2 6LG. ☎ 020-7458-4480. • starofbethnalgreen.co.uk • Ⓜ Bethnal Green. Lun-jeu 16h-minuit, ven 16h-2h, sam 12h-2h, dim 12h-minuit.* Un vieux pub populaire réinvesti par les « bobos » locaux. Grand volume, papier peint fleuri, plancher usé jusqu'à la moelle, comptoir en bois ciselé et mobilier de récup... le tout gardé par une Vierge érigée près du bar. Animation presque tous les jours : retransmission de matchs, karaoké, super quiz, concerts, etc.

Spécial noctambules

Bethnal Green Mens Working Club *(plan East End, C2,* ***77****) : 42-44 Pollard Row, E2 6NB. ☎ 020-7739-7170. • workersplaytime.net • Ⓜ Bethnal Green. Horaires et tarifs variables selon programmation.* Cette bâtisse en brique très fin XIXe s, isolée dans un quartier moderne, abrite l'un des derniers clubs ouvriers de Londres. En sous-sol, vaste salle, banquettes de moleskine patinées, décor années 1950 inchangé. Un conseil : guettez la programmation ! Soirées dansantes disco ou électro, bals *queer*, karaoké, bingo, cabaret, etc. Loufoque et déjanté !

Oval Space *(plan East End, C1,* ***79****) : 29-32 The Oval, E2 9DT. ☎ 020-7183-4422. • ovalspace.co.uk • Ouverture selon programmation. Entrée payante.* À quelques encablures du Regent's Canal et du Broadway Market, ce loft multifonction multiplie les occasions de danser. Concerts et shows artistiques lancent parfois les soirées, mais on vient surtout ici pour éprouver un *sound system* considéré comme l'un des meilleurs de Londres. Les grandes baies vitrées permettent aux *clubbers* du petit matin de jouir d'un lever de soleil mythique, avec vue sur les vestiges de l'East End industriel.

Shopping

Beyond Retro *(plan East End, C2,* ***85****) : 110-112 Cheshire St, E2 6EJ. ☎ 020-7729-9001. • beyondretro.com • Ⓜ Bethnal Green. Lun-sam 11h-19h, dim 11h30-18h.* Presque tout le XXe s vestimentaire réuni dans un très vaste hangar de béton, des robes 1940's aux vestes de jean élimées, sans compter les chemises, le sportswear ou les lunettes de *Top Gun*.

Voir aussi précédemment dans « Où manger ? Où prendre un petit déj »

Vintage Heaven *(plan East End, B2,* ***55****)* et ***Netil Market*** *(plan East End, C1,* ***28****)*.

Burberry Factory Shop *(hors plan East End par D1)* **:** *29-31 Chatham Pl, E9 6LP.* ☎ *020-8328-4287.* Ⓜ *Hackney Central. Lun-sam 10h-18h, dim 11h-17h.* Très excentré, mais magasin d'usine incontournable pour les amateurs du fameux imprimé à carreaux : parapluie, carré en soie, et le célèbre trench, *of course*... Ne surtout pas y aller avec une envie précise, car on n'y trouve évidemment pas toutes les tailles, ni tous les modèles. Et cela reste tout de même très cher.

Chrome & Black *(plan East End, D2,* ***59****)* **:** *8 Gales Gardens, Railway Arch, E2 0EJ.* ☎ *020-7033-4029.* • *chromeandblack.com* • Ⓜ *Bethnal Green. Tlj sauf dim 11h-18h.* Au bout d'une étroite ruelle collée au chemin de fer, presque secrète, c'est LA plus grosse boutique de bombes à peinture *(spray paint)* de Londres ! C'est ici que viennent se fournir tous les graffeurs et fous de tags (ne rêvez pas d'y rencontrer *Bansky,* de toute façon personne ne connaît son visage !). On y trouve aussi magazines, livres sur le *street art,* affiches, gadgets, T-shirts, etc.

House of Hackney *(plan East End, A2,* ***75****)* **:** *131 Shoreditch High St, E1 6JE.* ☎ *020-7739-3901.* Ⓜ *Shoreditch High St. Lun-sam 10h30-19h, dim 11h-17h.* Oh, n'y allez pas exprès, mais si vous passez par là, cela vaut le coup de pousser la porte de cette boutique chic et choc spécialisée dans les tissus et tapisseries *made in England*. Affublez ces fleurs, feuillages ou autres oiseaux du qualificatif qui vous vient à l'esprit : chargé, délirant, indémodable, classe, hors de prix... Presque un musée !

Balades nature

Balade du week-end* :** ne manquez pas le ***marché aux fleurs de Columbia Road *(plan East End, B2 ;* Ⓜ *Hoxton ; dim 8h-15h),* ancienne rue ouvrière devenue bobo, avec boutiques *trendy* et chères (nombreuses galeries d'art), et un petit côté Disneyland quand même. Beaucoup de monde, superbe ambiance et... ça sent bon !

En continuant vers le nord, la rue débouche sur ***Haggerston Park*** et l'amusante ***Hackney City Farm*** *(mar-dim 10h-16h30),* une véritable ferme au cœur de la ville avec les cochons dans leur fange, les moutons et les chèvres gambadant dans un champ, l'incontournable basse-cour en semi-liberté et le potager à l'arrière des dépendances bien rustiques... Génial avec des enfants, d'autant que c'est gratuit ! Continuer sur ***Goldsmith's Row*** où se tient un marché de livres d'occasion le dimanche. Puis traverser le Regent's Canal pour rejoindre ***Broadway Market*** *(plan East End, C1),* une rue bordée de cafés et restos. Le samedi, ambiance extra lors du marché *(9h-17h),* très fréquenté. Impeccable aussi pour un déjeuner sur le pouce, compte tenu de la quantité de stands de nourriture, pas chers et à tendance bio. De là, on file se dégourdir les pattes au ***London Fields*** *(hors plan East End par C1),* parc très fréquenté des familles et sportifs. Un bon bol d'air en pleine ville... Agréable, non ?

Regent's Canal *(plan East End, A-D1)* **:** une balade que l'on peut coupler avec la précédente. Du pont de Broadway Market, emprunter le chemin de halage et Andrews Road. Vers l'ouest, ***Haggerston*** est à 1 mile, le quartier d'***Islington*** à 2 miles. Cyclistes et coureurs s'en donnent à cœur joie dans ce paysage bucolique où l'on croise pénichettes et écluses, tout cela au milieu des gazomètres, des entrepôts réhabilités et des immeubles en containers. Une face cachée de ces quartiers nord à la mode, et l'on comprend pourquoi.

Vers l'est, direction ***Victoria Park*** puis le ***parc olympique*** et la coulée verte *(Greenway),* situés à 1,75 mile de Broadway Market. La balade, très agréable dans l'ensemble, est toutefois un peu moins glamour lorsque l'on parvient à l'extrémité du Victoria Park, à proximité du parc olympique.

DALSTON

● Plan p. 271

Ce quartier alternatif se situe juste au nord de Shoreditch. Excentré, il échappe encore (pour combien de temps ?) à l'afflux touristique et à l'« hipsterisation » galopante des quartiers périphériques de Londres. Bars festifs, scènes musicales, pubs de quartier, on y vient volontiers en fin de semaine pour s'encanailler et flâner autour de Ridley Road, où se tient chaque jour un marché populaire, et ce depuis... 1880 !

Où manger ? Où prendre un petit déj ?

De très bon marché à bon marché (max 20 £ / 24 €)

Dalston Eastern Curve Garden & Café (plan Dalston A2, **86**) : *13 Dalston Lane, E8 3DF. ● dalstongarden.org ● Ⓜ Dalston Junction. Ouv selon saison, tlj 13h-20h (22h ven-sam), plus tôt en hiver, plus tard en été, et fermé en cas de mauvais temps (!).* Coincé entre les immeubles, ce jardin communautaire fait figure d'îlot de résistance ! On y cultive des fleurs, on y apprend à écouter le chant des oiseaux, on y déjeune sur le pouce de soupes, quiches et salades maison, avant de revenir pour siroter un thé en regardant jouer les enfants ou participer à une fête des lanternes. Produits venant essentiellement de Hackney et de l'East End, ça c'est du circuit court... Un gros coup de cœur dans le quartier !

Allpress Espresso Roastery & Café (plan Dalston A-B2, **80**) : *55 Dalston Ln, E8 2NG. ☎ 020-7749-1780. Ⓜ Dalston Junction. Mer-dim 10h-18h ; fermé lun-mar. Petits déj et snacks env 5-12 £.* Joliment restaurée, cette bâtisse de 1895, toute de brique et de verre vêtue, abrite un café lumineux d'un côté, un atelier de torréfaction de l'autre. Larges tablées, squattées par des travailleurs solitaires ou des bandes de copains, qui s'y retrouvent pour siroter un café bien corsé ou un *latte* crémeux, accompagné d'un p'tit en-cas. Courte carte de sandwichs et assiettes de saison, tendance *healthy* (options vegan et sans gluten), mais nos petits chouchous restent les œufs à la coque et les mouillettes pour faire trempette. Délicieusement régressif !

Café Route (plan Dalston A2, **94**) : *Gaumont Tower, E8 3BQ. ☎ 020-7249-6202. Ⓜ Dalston Junction. Tlj 7h (8h le w-e)-22h30 (21h dim). Petit déj et déj env 10-15 £ ; le soir,* small plates *4-6 £ et plats env 15 £.* Café la journée, bistrot au déjeuner et resto plus chic le soir, le *Café Route* puise son inspiration dans les saveurs méditerranéennes. Excellents petits déj (pancakes, *English breakfast,* omelettes, *shakshouka...*) ; au déjeuner, on craque pour les salades gourmandes et originales que l'on peut combiner dans une assiette généreuse, à moins de préférer une pita garnie. Le soir, *small plates* à partager et beau choix de viandes aux parfums ensoleillés. Et à toute heure, d'excellents gâteaux maison ! *Last, but not least,* une agréable terrasse sur un espace piéton. Succès oblige, la maison a ouvert 2 autres adresses à Londres, notamment au Broadway Market.

Où boire un verre ? Où sortir ?

Brilliant Corners (plan Dalston A2, **92**) : *470 Kingsland Rd, E8 4AE. ● brilliantcornerslondon.co.uk ● Ⓜ Dalston Kingsland. Lun-jeu 17h-minuit, ven-sam jusqu'à 1h30 et dim 16h-minuit. Menu unique (option*

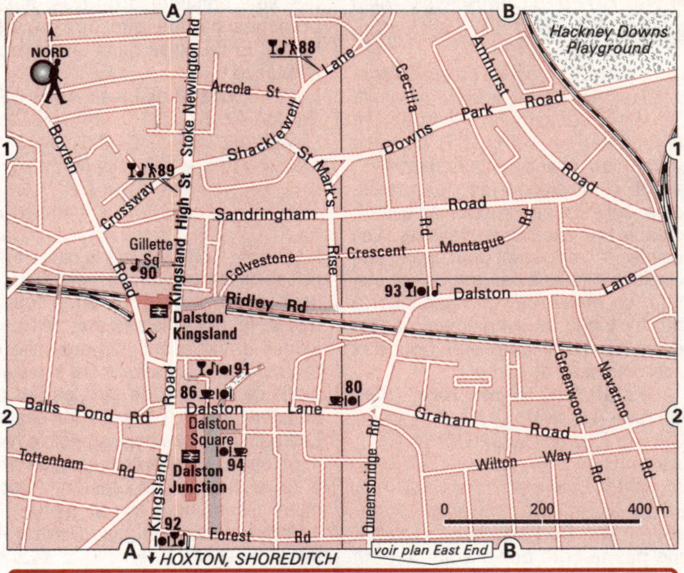

DALSTON

Où manger ? Où prendre un petit déj ?

- **80** Allpress Espresso Roastery & Café (A-B2)
- **86** Dalston Eastern Curve Garden & Café (A2)
- **94** Café Route (A2)

Où boire un verre ? Où sortir ?

- **88** The Shaklewell Arms (A1)
- **89** Dalston Superstore (A1)
- **90** Vortex Jazz Club (A1)
- **91** Café Oto et Dalston Roof Park (A2)
- **92** Brilliant Corners (A2)
- **93** The 3 Compasses (B2)

vegan) 33-35 £ ; cocktails 9-11 £. Encore un des lieux londoniens qui a plusieurs cordes à son arc : à la fois resto de cuisine japonaise, avec des petits plats frais et raffinés, bar à cocktails et vins réputés, et lieu de concerts ou DJ set electro tous les soirs. Le tout dans un cadre sobre, moderne et chaleureux. Un concept brillant !

Café Oto et Dalston Roof Park *(plan Dalston A2, **91**) : 18-22 Ashwin St, E8 3DL. ☎ 020-7923-1231. • cafeoto.co.uk • Ⓜ Dalston Kingsland. Café (repas max 10 £) et boutique tlj 9h (10h dim)-17h ; concerts tlj vers 19h30. Achats des tickets en ligne (env 6-10 £).* Rooftop *ouv lun-ven à partir de 17h (jusqu'à 21h ou 23h selon jour), sam 15h-minuit et dim 15h-22h.* Ce café associatif s'érige en fervent défenseur des nouvelles musiques créatives et alternatives, avec une programmation éclectique de concerts tous les soirs de la semaine. Dans cette vaste salle au mobilier dépareillé et à la déco inexistante, la culture *mainstream* n'a pas sa place. Ambiance plus studieuse en journée, on y vient alors pour une pause café-cookie. Propose aussi une carte de cuisine japonaise pour les petits creux *(rice bowl, udon...)*. Et pour continuer la soirée, direction le *rooftop bar,* découvert l'été et chauffé l'hiver sous une véranda : une véritable petite oasis en milieu urbain.. Organise des concerts, des projos ciné, etc. Une de nos adresses fétiches à Dalston.

The 3 Compasses *(plan Dalston B2,* ***93****) : 99 Dalston Ln, E8 1NH. ☎ 020-7923-4752. • 3compasses.com • Ⓜ Dalston Kingsland. Lun 16h-23h, mar-jeu 16h-minuit, ven 15h-0h30, sam 12h-0h30 et dim 12h-22h30. Repas env 10 £.* Dans ce quartier en pleine « hipsterisation », ce pub à l'ancienne fait de la résistance. Jolie patine, mobilier de bistrot, agréable terrasse piquée de lierre... Les habitués s'y retrouvent pour siroter une bière locale, jouer à des jeux de société, mater un match de foot, participer à un drag bingo ou simplement danser devant les DJs le week-end. Courte et excellente carte de burgers.

Dalston Superstore *(plan Dalston A1,* ***89****) : 117 Kingsland High St, E8 2PB. ☎ 020-7254-2273. • dalstonsuperstore.com • Ⓜ Dalston Kingsland. Lun-mar 16h-minuit, mer 16h-2h, jeu et dim 12h-minuit et ven-sam 12h-3h.* De l'extérieur, on n'imagine pas le côté déjanté de ce petit bar-club, devenu un incontournable du circuit gay/queer. Devise de la maison : « Zéro tolérance envers l'homophobie, la transphobie, la misogynie ou le racisme ». Salle hyper colorée, expos aux murs. On vient pour siffler des bières, danser et s'amuser sur des sets enflammés de DJs, autant branchés garage que pop ou acid house. Et ça pulse dans une joyeuse ambiance !

The Shaklewell Arms *(plan Dalston A1,* ***88****) : 71 Shacklewell Lane, E8 2EB. ☎ 020-7249-0810. • shacklewellarms.com • Ⓜ Dalston Kingsland. Lun-jeu 17h-minuit, ven-sam 16h-3h, dim 16h-minuit. Entrée gratuite ou max 15 £ selon programmation (consulter le site).* Comme dans la plupart des pubs, on se passionne volontiers ici pour la Premier League ou le Tournoi des 6 Nations. Mais le soir venu, les jeunes envahissent l'arrière-salle où des concerts du meilleur cru s'invitent. En fin de semaine, ce sont les DJs qui prennent le relai, poussant les basses. Une pause sur la terrasse-jardin d'hiver et on engage vite la conversation avec la foule bigarrée de Dalston. Atmosphère assez unique en son genre.

Vortex Jazz Club *(plan Dalston A1,* ***90****) : 11 Gillett Sq, N16 8AZ. ☎ 020-7254-4097. • vortexjazz.co.uk • Ⓜ Dalston Kingsland. Ouv mer-sam 19h-23h, programmation en ligne.* Installé dans la *Dalston Culture House,* ce club de jazz éclectique reçoit des pointures du monde entier et comptabilise près de 400 concerts par an !

LES DOCKLANDS

• Plan Les Docklands, de Tower Bridge à Thames Barrier *p. 274-275*

Au sud de l'East End et dans le prolongement de la City, on entre dans un nouveau royaume, celui des grands projets immobiliers ! Implantée le long de la Tamise, cette ancienne zone portuaire qui recouvre plusieurs quartiers, de la Tower Bridge aux Royal Docks au-delà de Greenwich, servait autrefois de point d'ancrage pour les bateaux faisant la navette avec les Indes. Fini tout cela. Place à un nouveau quartier composée d'un centre d'affaires, de gratte-ciel, de centres commerciaux, d'un port de plaisance et de résidences cossues.

Pour ceux qui passeraient plus d'un week-end à Londres, le quartier vaut le détour par beau temps, notamment pour se promener sur les bords de la Tamise, loin de la foule.

Pour visiter les Docklands, prendre la « *DLR* », la ligne de métro Docklands Light Railway, à la station Bank ou Tower Gateway.

Où dormir ?

De très bon marché à bon marché (moins de 60 £ / 72 €)

🏠 ***Wombat's The City Hostel London*** *(plan Les Docklands, A1,* ***12****)* **:** *7 Dock St, E1 8LL.* ☎ *020-7680-7600.* • *wombats-hostels.com/london* • Ⓜ *Aldgate East.* Auberge de jeunesse dans une maison historique (bois, briques, etc.).

🏠 ***YHA London Thameside*** *(plan Les Docklands, A1,* ***10****)* **:** *20 Salter Rd, SE16 5PR, Rotherhithe.* ☎ *020-7322-2114.* • *yha.org.uk* • Ⓜ *Rotherhithe. Compter 16-20 £ en dortoirs 6-10 lits ; doubles 30-50 £. Réduc pour les moins de 18 ans, les membres et sur Internet.* Cette vaste AJ (320 lits) moderne est très excentrée, mais elle a l'immense avantage d'avoir presque toujours un lit de libre pour les étourdis qui auraient oublié de réserver ailleurs. Quartier calme et métro à 7 mn à pied. Chambres et dortoirs classiques et clairs, tous avec leur propre salle de bains. Et comme les équipements sont corrects (cuisine, cafétéria, laverie, parking à vélo, *lockers*), l'entretien soigneux et l'accueil chaleureux, cette option se révèle tout à fait intéressante.

De chic à très chic (100-150 £ et plus / 120-180 €)

🏠 ***Leman Locke Hotel*** *(plan Les Docklands, A1,* ***13****)* **:** *15 Leman St, E1 8EN.* ☎ *020-3327-7140.* • *lockeliving.com* • Ⓜ *Aldgate East. Studios et apparts 2 pers 120-250 £.* À 2 pas du métro Aldgate et moins de 10 mn à pied du Spitafields Market, cet hôtel abrite près de 200 chambres sur 24 étages ! Bon standing, design nordique aux tons pastel et couleurs douces, parquet clair et déco épurée. Fonctionne comme un appart-hôtel (ménage tous les 3 ou 4 jours seulement), chaque studio et appart étant agrémenté d'une cuisine très bien équipée et d'un lave-linge. Literie de qualité et propreté impeccable. Les larges fenêtres offrent un chouette panorama sur la ville, en particulier dans les étages les plus élevés. Cafétéria et salle de sport, ainsi que des activités proposées : sorties running, cours de yoga... Un bon point de chute pour un week-end prolongé dans l'est de Londres.

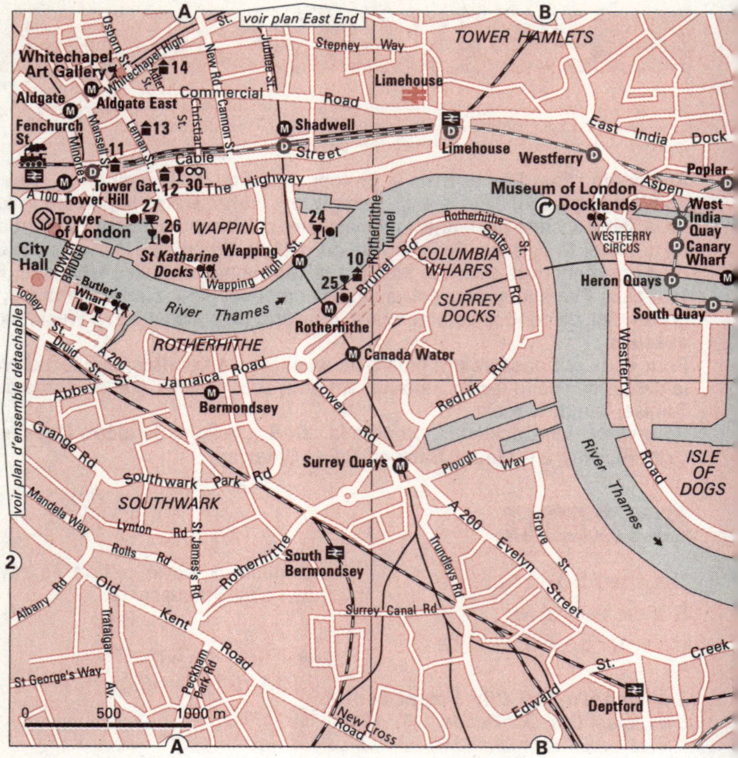

Où dormir ?	
10 YHA London Thameside (A1)	**12** Wombat's The City Hostel London (A1)
11 Premier Inn London City Tower Hill (A1)	**13** Leman Locke Hotel (A1)
	14 Qbic Hotel London City (A1)

Où manger ? Où prendre un petit déj ? Où boire un verre ?

Bon marché (10-20 £ / 12-24 €)

Butler's Wharf *(plan Les Docklands, A1)* **:** *Shad Thames, SE1.* Ⓜ *Tower Hill (puis traverser le pont) ou Bermondsey.* Au-delà du Tower Bridge, le long de la rive sud de la Tamise, quelques tables et bars branchés cachés dans les anciens entrepôts de briques du ***Butler's Wharf,*** un quartier de docks réhabilité. Vue imprenable depuis certaines terrasses.

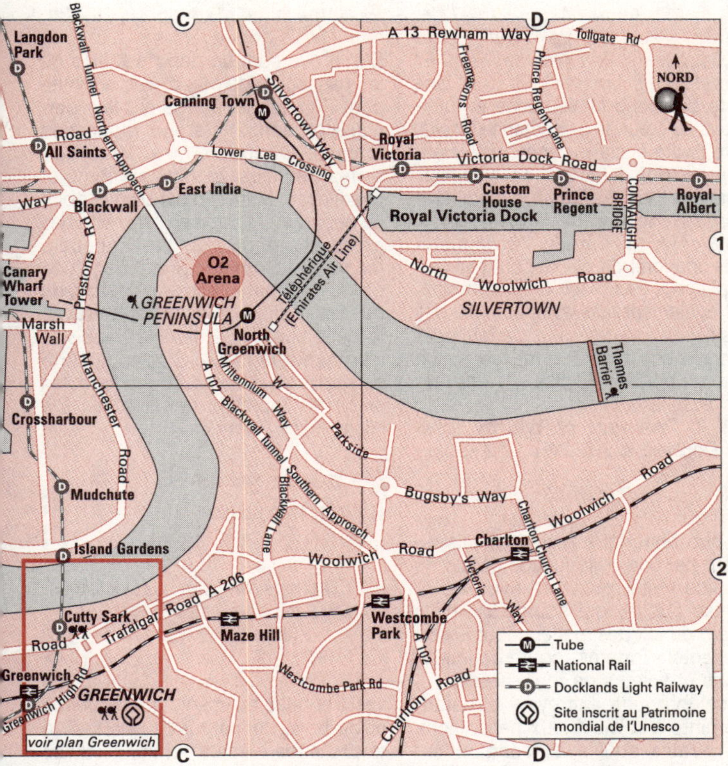

LES DOCKLANDS, DE TOWER BRIDGE À THAMES BARRIER

Où manger ?
Où prendre un petit déj ?
Où boire un verre ?

24 Prospect of Whitby (A1)
25 The Mayflower (A1)
26 Dickens Inn (A1)
27 White Mulberries et Natural Kitchen (A1)

Théâtre

30 Wilton's Music Hall (A1)

White Mulberries *(plan Les Docklands, A1, **27**) : St Katharine Docks, E1W 1AT. Ⓜ Tower Hill. Tlj 7h30 (8h sam, 8h30 dim)-17h (18h sam). Petits déj 7-9 £ ; sandwichs 8-13 £.* Rendez-vous des joggeurs du dimanche ou des flâneurs en quête d'air marin, ce café en bord de marina séduit pour sa situation, les pieds (presque !) dans l'eau. On comprend vite son succès en lorgnant sur l'assiette du voisin. La maison s'est spécialisée dans le *banana bread* toasté, recouvert, au choix, de fruits rouges, noix de pécan caramélisées, beurre de cacahuètes ou Nutella. Amis gloutons, cessez de baver ! Pour les plus raisonnables : granola, porridge et bols vitaminés ainsi qu'une fraîche sélection de sandwichs.

Natural Kitchen *(plan Les Docklands, A1, **27**) : Commodity Quay,*

1 St Katharine Docks, E1W 1AZ. ☎ 020-7481-3308. Ⓜ Tower Hill. Tlj 8h (9h le w-e)-22h. Petits déj 8-12 £ ; plats 13-20 £ ; menus 17-20 £. Une vaste brasserie chaleureuse et lumineuse, au cœur de St Katharine Docks, cette petite enclave dépaysante, véritable marina au cœur de Londres. Carte aux tonalités *British* et méditerranéennes, entre salades appétissantes, *fish & chips* et burgers, à déguster sous une forêt de plantes qui pendent du plafond. Pas mal d'options *veggie.* Fait également *take-away* dans le *deli* voisin *(lun-ven 8h-16h),* parfait pour emporter son frichti et le manger sur un banc en bord de Tamise. *Une dizaine d'adresses à Londres.*

Prospect of Whitby *(plan Les Docklands, A1,* ***24****) : 57 Wapping Wall, E1W 3SH. ☎ 020-7481-1095. Ⓜ Wapping. Tlj 12h-23h (minuit ven-sam, 22h30 dim). Plats env 10-16 £.* Un pub historique (encore !) mis en valeur par une belle façade de pierre. Le plus vieux pub des rives de la Tamise (1520), qui s'appela *Devil's Tavern* du fait des métiers douteux de la clientèle (pirates, contrebandiers, tueurs et voleurs de toute espèce...). Le célèbre juge Jeffreys y assistait, une pinte à la main, aux pendaisons des pirates qu'il avait condamnés. Dickens, lui, préférait dîner tranquillou à l'étage. Les boiseries racornies et le dallage hors d'âge hérités du XVIe s n'ont guère changé... Hyper touristique mais la vue sur la Tamise est splendide depuis la terrasse et les balcons suspendus au-dessus des flots. Au bar, plats de pub abordables et très corrects.

The Mayflower *(plan Les Docklands, A1,* ***25****) : 117 Rotherhithe St, SE16 4NF. ☎ 020-7237-4088. Ⓜ Rotherhithe. Lun-sam 11h-23h, dim 12h-22h30. Plats env 12-20 £.* Sur la rive sud, un pub du XVIIe s où les passagers du *Mayflower,* en route pour l'Amérique, éclusèrent leur dernier gorgeon... Intérieur digne des romans de pirates, avec force boiseries patinées, recoins sombres et cheminées. Mais si c'est bien le point de départ du *Mayflower,* il ne reste pas grand-chose du pub de l'époque... même si la rumeur prétend qu'une partie des matériaux proviendrait du célèbre navire ! On se consolera avec la belle vue sur la Tamise depuis la charmante terrasse. Classique carte de pub avec d'intéressantes formules selon les jours de la semaine : *Pie Night, Fishy Friday...*

De bon marché à prix moyens (10-30 £ / 12-36 €)

Dickens Inn *(plan Les Docklands, A1,* ***26****) : St Katharine's Way, E1W 1UH. ☎ 020-7488-2208. Ⓜ Tower Hill. Tlj 11h-23h (22h dim). Au pub, plats 11-18 £ ; au* Grill, *plats 15-30 £.* Le vaste et beau bâtiment, tout de brique et de bois, donne sur ce quartier de docks superbement réhabilité. Avec ses pots de fleurs en façade et les bateaux de plaisance à ses pieds, le tableau est pittoresque. 2 salles, 2 ambiances, on préfère le *Tavern Bar* et son petit menu de pub, avec pizzas, burgers et grands classiques de la cuisine londonienne. Ambiance bien plus chic au *Grill,* avec ses tables joliment dressées et sa carte de plats plus traditionnels et viandes grillées. Sûrement le spot le plus agréable de la marina pour prendre un verre.

Théâtre

Wilton's Music Hall *(plan Les Docklands, A1,* ***30****) : 1 Graces Alley, E1 8JB. ☎ 020-7702-2789. • wiltons.org.uk • Ⓜ Aldgate East, Tower Hill ou Shadwell. Accès gratuit aux bars (ouv dès 17h), spectacles payants.* Ni plus ni moins que le dernier pub/music-hall de la ville, qui vous replonge direct au XIXe s, où l'on donna le 1er french cancan londonien. Atmosphère unique composée par le pittoresque dédale d'escaliers et de salles, agrémentées de colonnes en bois torsadées, de balcons, balustrades et parquets d'un autre âge... C'est l'acteur londonien David Suchet (Hercule Poirot, ça vous

DOCKLANDS

dit quelque chose ?) qui œuvra beaucoup pour la résurrection de ce site génial, où l'on offre une programmation de qualité (théâtre, musique, danse, poésie, cinéma...). Un lieu à découvrir sans modération.

Musée et balades

Au-delà du Tower Bridge, sur la rive sud, le ***Butler's Wharf*** ou ***Shad Thames*** *(plan Les Docklands, A1)* est un quartier de docks ressuscité, à l'initiative de l'omniprésent Terence Conran (fondateur d'*Habitat*). Les prix de l'immobilier atteignent ici encore des sommets vertigineux. Les amateurs d'urbanisme et d'architecture seront comblés. La réhabilitation du Butler's Wharf est emblématique du nouveau Londres avec ces anciens entrepôts en brique reliés par des passerelles métalliques, abritant des restaurants impec' pour la pause de midi et des boutiques.

St Katharine Docks *(plan d'ensemble, J4 et plan Les Docklands, A1)* **:** *près du Tower Bridge, rive nord.* Ⓜ *Tower Hill ou Tower Gateway.* Un vieux coin du port superbement transformé en luxueuse marina. Enclave de charme, encore plus dépaysante quand le soleil brille. Au milieu des voiliers, quelques vieux navires, histoire de faire bonne figure. Pas mal de bars et de restos, on peut notamment prendre un pot dans le gigantesque pub *Dickens Inn* (voir précédemment « Où manger ? Où boire un verre ? »).

Museum of London Docklands *(plan Les Docklands, B1)* : *West India Quay, E14 4AL. ☎ 020-7001-9844. • museumoflondon.org.uk •* Ⓜ *Canary Wharf. DLR : West India Quay. Mer-dim 10h-17h ; fermé lun-mar et 24-26 déc. GRATUIT. Donation de 5 £ bienvenue. Plan (1 £).*
Vaste musée consacré à la Tamise, son port, son histoire, ses acteurs... Une annexe géniale du *Museum of London* qui mérite largement le détour.
Le bâtiment servait à entreposer le sucre et les épices en provenance des Indes. Ces docks, datant de l'époque georgienne, étaient, en leur temps, les plus grands du monde !
– La visite démarre au ***3e étage,*** par le biais d'une splendide scénographie, ludique et aérée. On découvre une salle introductive sur l'histoire de ces bâtiments qui débordaient autrefois d'activité, comme en témoignent les fascinantes images projetées, tournées dans les années 1920-1940. De là-haut, beau point de vue sur la Tamise.
Vient ensuite le développement du ***commerce avec les Amériques, l'Inde et la France.*** Puis le XVIIIe s, avec une augmentation des échanges et des transactions, imposant une réorganisation totale des ports et rendant du même coup les adorables St Katharine Docks totalement obsolètes. C'est la naissance des « *Legal Quays* » (que l'on appellera « docks » seulement après qu'Albert Dock leur laissera son nom). Géniale ***reconstitution des quais et leurs allées pavées.*** Remarquer la rare et lugubre « cage à pendaison » (environ 1700), dans laquelle les corps des pirates mis à mort étaient ensuite pendus.
– La captivante section ***Sugar and Slavery*** offre également un regard nouveau sur l'***esclavage*** et le ***commerce triangulaire.*** On découvre, entre autres, l'importance des femmes dans la lutte pour l'abolition de l'esclavage et dans l'émergence du *fair trade* (commerce équitable). Glaçant, des plans de cale optimisés pour faire entrer un maximum d'esclaves (1/3 d'entre eux mourraient pendant le voyage).
– Au ***2e étage,*** continuation de ***l'expansion du port de Londres.*** Comme dans tout musée anglais qui se respecte, reconstitution remarquable d'une ruelle du quartier Sailortown (1840-1850) avec taverne, boutiques... Intéressante évocation des ***métiers des docks.***
– La dernière partie est consacrée à l'***histoire contemporaine des Docklands.*** Très impressionnante, la section consacrée à la Seconde Guerre mondiale. Maquettes, abris antibombardements, photos, vidéos montrent les docks tels

qu'ils palpitaient en 1938, avant l'effroyable « Black Saturday » où d'intenses bombardements provoquèrent, le 7 septembre 1940, un incendie qui ravagea le quartier des jours durant (une vidéo retrace cet événement tragique pour les docks). Tabac, alcools, céréales, bois... transitaient par ici.
On termine la visite par l'inévitable ***réhabilitation du quartier*** ces dernières années qui se prolonge jusqu'au barrage de *Thames Barrier.*

Resto sur place avec salle lumineuse ou terrasse donnant sur le large quai réservé aux piétons. Cependant, plusieurs autres terrasses de bars et de restos tout autour, tout aussi accueillantes.

Thames Path : très agréable balade à pied sur les bords de la Tamise. C'est un sentier à suivre depuis les sources du fleuve dans les Costwolds (Kemble, Gloucestershire) jusqu'au barrage de Greenwich (Thames Barrier), sur 300 km, voire au-delà. La partie londonienne s'étend sur environ 40 miles (64 km) et croise notamment le degré zéro du méridien à Greenwich.

Croisières sur la Tamise : on vous rappelle qu'il est possible de découvrir la Tamise et le quartier des Docks en bateau depuis Westminster, le London Eye ou la Tower of London (entre autres), jusqu'à Greenwich (avec ou sans escale)... Voir le chapitre « Londres utile », rubrique « Patrimoine culturel et visites guidées » en début de guide.

LES AUTRES QUARTIERS DU GRAND LONDRES

AU NORD

CAMDEN TOWN

• Plan *p. 281*

Au nord de Londres, le quartier de Camden Town est célèbre pour son marché aux puces, où antiquaires et amateurs viennent chiner, surtout le week-end. Les touristes de passage s'y rendent d'abord pour observer toute la foule d'excentriques urbains punk ou *typically* londoniens et pour la vie nocturne toujours aussi électrique et éclectique. Nombreux concerts dans des bars confidentiels ou des salles historiques, restez à l'affût de la programmation ! Les vendredi et samedi soir, des groupes souvent bien éméchés déambulent dans les rues et offrent une image peu reluisante de ce quartier qui, à notre goût, a perdu un peu de son charme au fil des années. Le mieux pour vous faire une idée, c'est encore d'y aller ! Changement de décor radical à quelques minutes à pied, le long de la très chic *Regent's Park Road,* qui longe l'agréable parc de *Primrose Hill.* Une belle balade pour échapper au brouhaha de Camden.

Où dormir ?

Auberge de jeunesse (jusqu'à 35 £ / 42 €)

■ ***St Christopher's Inns Camden*** *(plan Camden Town, B3, **10**) : 48-50 Camden High St, NW1 0LT. ☎ 020-7388-1012. • st-christophers.co.uk • Ⓜ Mornington Crescent. En dortoir (6-12 lits) env 14-35 £/pers ; doubles (lits superposés) à partir de 59 £. Petit déj inclus si résa en direct.* Comme à son habitude, cette chaîne bien connue de *youth hostels* fait d'abord primer une ambiance festive et, disons, une relative qualité des prestations... Routards exigeants ou recherchant le calme, passez donc votre chemin. Au rez-de-chaussée, le classique *Belushi's Bar,* à l'atmosphère très américaine (*pub crawls,* DJs et *beer pong*), est toujours bondé le soir et sert quelques plats à prix doux. À l'étage, une poignée de dortoirs (total : 70 lits), sans double vitrage, petits et très basiques mais encore acceptables et flanqués de douches et w-c privatifs pas trop mal tenus. Les chambres doubles sont en fait des lits superposés (n'en déplaise aux inséparables). Petite salle commune au sous-sol. Un bémol : pas de cuisine... mais réductions au bar pour les résidents, et un micro-ondes. Cela dit, on nous signale un manque d'entretien, et faites attention à vos affaires.

Spécial coup de folie

■ ***York & Albany*** *(plan Camden Town, B3, **11**) : 127-129 Parkway, NW1 7PS.*

☎ 020-7592-1227. • gordonramsayrestaurants.com/york-and-albany • Ⓜ Camden Town ou Mornington Crescent. Doubles env 210-300 £, plus cher pour les suites. Illustre adresse chic créée par Gordon Ramsay, l'un des chefs les plus prestigieux d'Angleterre. Son hôtel-boutique donne l'impression d'un pub élégant et cossu : au rez-de-chaussée, le bar et le restaurant, mais aussi le *deli* (voir « Où manger ?... ») et sa terrasse. À l'étage, une dizaine de chambres tout confort et très soignées. Certaines sont décorées dans un style rétro, avec de jolis bibelots et du mobilier ad hoc, d'autres sont résolument contemporaines. On aime bien celle située dans la tour ronde. La suite donne sur l'arrière, avec petite terrasse privée. Tapis épais, lits à baldaquin, cheminée pour certaines. Tout ce qu'il faut pour un week-end en amoureux.

Où manger ? Où prendre un petit déj ?

Très bon marché (moins de 10 £ / 12 €)

Bondé le week-end (on s'y bouscule moins en semaine), ***Camden Market*** est envahi de nombreux stands de cuisine exotique qui rivalisent pour titiller vos papilles. De quoi reprendre des forces et se remplir la panse à moindres frais. Ceux situés dans le ***Stables Market*** *(plan Camden Town, A2,* ***21****)*, sous la partie couverte (cuisines chinoise, indienne, marocaine, etc.), nous ont paru... médiocres. Il existe des gargotes plus engageantes, côté canal, près du cabaret Dingwalls : cuisines chypriote, libanaise, argentine... Dans tous les cas, suivez votre flair (et votre bon sens) et installez-vous sur un coin de table avant de repartir à l'assaut des puces...

Whole Foods Market *(plan Camden Town, B3,* ***27****) : 49 Parkway, NW1 7PN. ☎ 020-7428-7575. Ⓜ Camden Town. Tlj 8h-21h.* Bar à tacos, bar à salades, sandwichs et plats préparés (chauds ou froids), sushis, fruits et légumes, bon choix de pain, rayon fromages, chez *Whole Foods,* les produits sont frais et bio. Idéal pour s'improviser un pique-nique au superbe Regent's Park voisin (si le soleil pointe le bout de son nez !).

Gail's *(plan Camden Town, B3,* ***27****) : 35-37 Parkway, NW1 7PN. ☎ 020-7267-8631. Ⓜ Camden Town. Tlj 7h-18h. Pâtisseries, snacks et petit déj 3-9 £.* Une petite chaîne de boulangeries artisanales au cadre moderne et épuré, où l'on se pose volontiers pour caler un petit creux. Bons petits déj (pancakes, toasts...), gâteaux et *scones* maison à tartiner de *coated cream.* Également des petits plats salés du jour (quiches, salades, sandwichs).

Où dormir ?

- **10** St Christopher's Inns Camden (B3)
- **11** York & Albany (B3)

Où manger ? Où prendre un petit déj ?

- **11** Street Pizza at York & Albany (B3)
- **21** Stables Market (A2)
- **22** Haché (B2)
- **24** Lemonia (A2)
- **25** Greenberry Café (A2)
- **26** The Enterprise (A2)
- **27** Whole Foods Market, Gail's et Purezza (B3)
- **29** Buck Street Market (B2)

Où déguster une bonne glace ?

- **28** Marine Ices (A2)

Où boire un verre ? Où sortir ?

- **26** The Enterprise (A2)
- **30** The Blues Kitchen (B3)
- **40** O2 Forum Kentish Town (B1)
- **41** Jazz Café (B2-3)
- **42** Green Note (B3)
- **44** The Underworld (B2)

Shopping

- **21** Collectif (A2)
- **50** British Boot Company (B2)
- **52** Camden Coffee Shop – Fresh Roasted Coffee (B3)

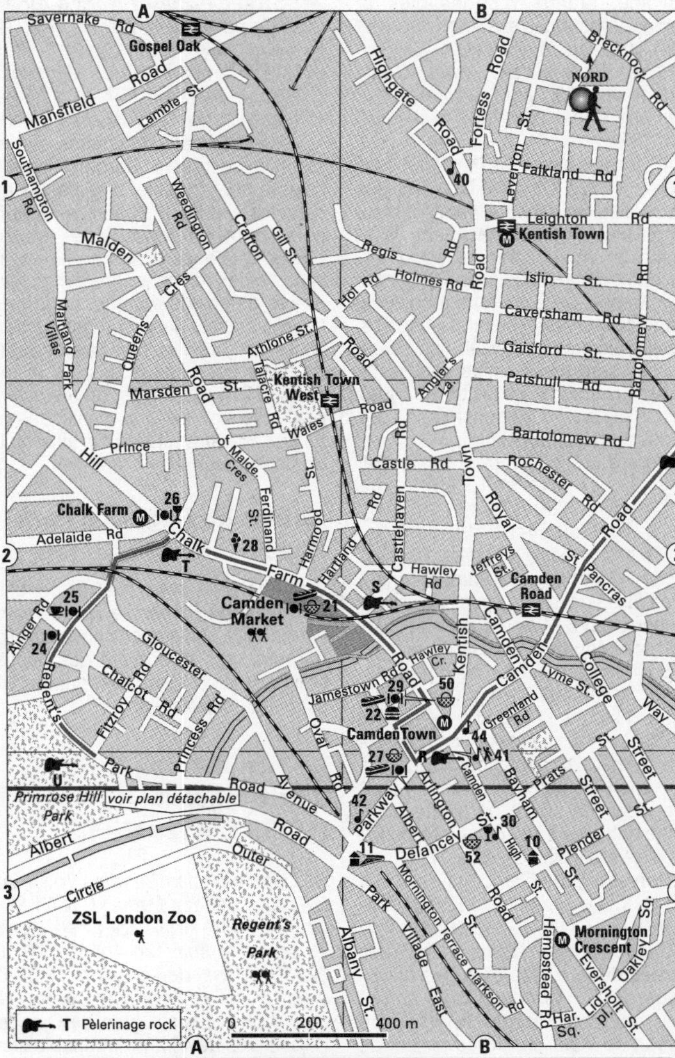

CAMDEN TOWN

Bon marché (10-20 £ / 12-24 €)

Buck Street Market *(plan Camden Town, B2,* ***29****) : 180-188 Camden High St, NW1.* Ⓜ *Camden Town.* • *buckstreet.market* • *Tlj 11h-19h.* Créé à partir de containers recyclés de toutes les couleurs, ce marché de *street food* sur 3 étages veut se démarquer par sa démarche écolo. Structure recyclée, stands responsables et éthiques (boutiques et stands de *street food*), jardin communautaire...

The Enterprise *(plan Camden Town, A2, **26**) : 2 Haverstock Hill, NW3 2BL. ☎ 020-7485-2659. Ⓜ Chalk Farm. Tlj 7h-minuit (1h ven-sam) ; cuisine jusqu'à 21h. Sandwichs et plats 7-16 £.* On aime bien ce vieux pub rugueux et patiné, offrant par beau temps une atmosphère tranquille et lumineuse. Aux 1ers frimas, le feu crépite dans la cheminée près de la petite bibliothèque. Le soir, autre ambiance, quand la musique envahit l'espace, et belle animation le week-end ! Côté cuisine, classiques burgers, sandwichs et *pub grub,* ainsi qu'un bon *Sunday roast* le dimanche. Retransmission des grands matchs (foot et rugby).

Haché *(plan Camden Town, B2, **22**) : 24 Inverness St, NW1 7HJ. ☎ 020-7485-9100. Ⓜ Camden Town. Lun-ven 11h30-21h30 (22h mar-jeu et 22h30 ven-sam). Burgers 10-15 £. Haché ?* Avec ce nom, pas étonnant qu'on fasse dans le burger... mais pour « connoisseurs » ! Après avoir précisé, à la commande, la cuisson, le type de pain, la sauce et les accompagnements, le fameux hamburger s'avère digne d'éloges. Produits de qualité supérieure, frais, parfaitement cuits et assaisonnés. Au choix, bœuf, agneau, végétarien, et même une version sans pain. Pour les *sides,* on hésite longtemps entre les frites de patate douce ou celles à la truffe. Courage !

Purezza *(plan Camden Town, B3, **27**) : 45-47 Parkway, NW1 7PN. ☎ 020-3884-0078. Tlj 12h-22h (23h ven-sam). Ⓜ Camden Town. Pizzas 9-15 £.* Les puristes de la mozza et autres aficionados de bonne charcutaille auront beau chercher, aucun fromage ou jambon ne vient garnir les pizzas de ce resto 100 % vegan et végétarien, avec aussi des recettes *gluten free,* le plus grand du Royaume-Uni dans son genre. Les plus réticents jetteront un coup d'œil à l'assiette du voisin ou au four à bois d'où sortent les pizzas à pâte plutôt épaisse et moelleuse, garnies de légumes. Mais le mieux pour se faire une idée, c'est encore d'y goûter ! Une adresse végétale, de la déco à l'assiette.

Street Pizza at York & Albany *(plan Camden Town, B3, **11**) : 127-129 Parkway, NW1 7PS. ☎ 020-7499-0118. Ⓜ Camden Town ou Mornington Crescent. Mer-ven 17h-22h, le w-e 12h-22h30 (19h dim). Pizza à volonté 16 £.* Une adresse de charme derrière laquelle se trouve Gordon Ramsay, célèbre chef cuisinier anglais, installé dans les écuries d'un ancien relais de poste dont il a conservé les anciens pavés. Quelques tables à peine dans la partie *deli* nommée *Street Pizza,* aux allures d'épicerie d'antan. La formule est alléchante : 4 ou 5 pizzas au choix seulement, servies à la part et autant de parts que vous le désirez, le tout pour 16 £. Juste à côté, un restaurant, plus chic, qui sert les classiques *full English breakfast* et *teatime,* ainsi qu'un brunch fameux *(le w-e 11h-14h).*

Autour de Regent's Park Road

On aime bien cette rue résidentielle du village de *Primerose Hill,* élégante et tranquille, à distance convenable du barnum agité et bruyant des puces ! Mais attention, l'addition grimpe vite sur cette petite colline.

De bon marché à prix moyens (10-30 £ / 12-36 €)

Lemonia *(plan Camden Town, A2, **24**) : 89 Regent's Park Rd, NW1 8UY. ☎ 020-7586-7454. Ⓜ Chalk Farm. Tlj sauf dim soir 12h-15h30, 17h30-22h30. Menu déj en sem 16,50 £ ; plats 15-25 £ ; mezze pour 2 pers 30 £/pers.* Voici LE resto grec de Camden depuis plus de 40 ans, immuable dans la qualité de sa cuisine et de son service et qui attire donc une clientèle d'habitués. Plusieurs salles, très spacieuses, lumineuses aux beaux jours, appréciées des familles nombreuses (ici, on bichonne aussi les enfants). Cuisine aux accents méditerranéens, ça va de soi, grecs en particulier, *mezze,* viandes et poissons bien préparés. Menu du déjeuner vraiment intéressant.

LES AUTRES QUARTIERS DU GRAND LONDRES

Greenberry Café *(plan Camden Town, A2,* ***25****) : 101 Regent's Park Rd, NW1 8UR. ☎ 020-7483-3765. • greenberrycafe.co.uk • Ⓜ Chalk Farm. Dim-lun 9h-15h, mar-sam 9h-22h. Résa conseillée. Petits déj 5-15 £ ; plats 8-23 £.* Resto-brasserie dans l'air du temps avec mobilier de bistrot, photos aux murs et plantes pour égayer le tout. Sans prétention de prime abord, on remarque vite que la clientèle est plutôt huppée (et pour cause, vous êtes ici dans les quartiers chic). À la carte : risotto, burgers, salades, pièces de boucher... élaborés avec des produits frais et de saison. Pain, desserts et glaces maison. Bons snacks servis à toute heure et excellent brunch le week-end (mais quelle foule !). Une adresse *trendy,* à l'image du quartier.

Où déguster une bonne glace ?

Marine Ices *(plan Camden Town, A2,* ***28****) : 61 Chalk Farm Rd, NW1 8AN. ☎ 020-7428-9990. Tlj 12h-21h. Fermé en hiver. Glaces 3-6 £.* Depuis 1931, plus haut dans le quartier, Gaetano Mansi a longtemps régalé son monde (et au-delà) avec ses bonnes recettes de glaces à l'italienne. Ses petits-enfants ont créé ce nouveau lieu pour perpétuer la tradition : méthodes artisanales, ingrédients naturels, glaces à la crème et sorbets aux vrais fruits. Belle sélection de *sundays* également, milk-shakes, gaufres belges et *chocolate brownies.* Et (vraie) cerise sur le gâteau... un choix de cafés extra !

Où boire un verre ? Où sortir ?

The Blues Kitchen *(plan Camden Town, B3,* ***30****) : 111-113 Camden High St, NW1 7JN. ☎ 020-7387-5277. • theblueskitchen.com • Ⓜ Camden Town ou Mornington Crescent. Lun-ven 12h-minuit (1h mer-jeu, 2h30 ven) ; le w-e 10h-3h (1h dim).* Soul, rock, blues... l'Amérique côté musique dans ce grand pub aux banquettes de skaï beiges et plafonds à caissons, également connu pour ses whiskies : plusieurs dizaines de bouteilles, dont des raretés. Une adresse anti-coup de blues, idéale pour bien commencer la soirée et croquer dans le burger du mois. On a quand même une préférence pour son grand frère de Shoreditch.

Pour un verre dans un pub autour de Regent's Park Road, voir aussi, dans la rubrique « Où manger ?... », ***The Enterprise*** *(plan Camden Town, A2,* ***26****).*

O2 Forum Kentish Town *(plan Camden Town, B1,* ***40****) : 9-17 Highgate Rd, NW5 1JY. ☎ 020-3362-4110. • academymusicgroup.com/o2forumkentishtown/ • Ⓜ Kentish Town. Tarifs variables selon programmation.* Existe depuis 1934 ! De style Art déco, c'est LA salle (2 400 places), où les jeunes groupes doivent passer pour prétendre à une parcelle de gloire « rock'n'rollesque ». Ce qui n'empêche pas les grosses cylindrées de revenir faire un tour de piste pour le plaisir... Bonne vue sur la scène du rez-de-chaussée comme de la mezzanine.

Jazz Café *(plan Camden Town, B2-3,* ***41****) : 5 Parkway, NW1 7PG. ☎ 020-7485-6834. • thejazzcafelondon.com • Ⓜ Camden Town. Shows 19h-22h30 et club jusqu'à 3h. Résa conseillée. Entrée payante.* Cette ancienne boîte de jazz très célèbre se démarque par une programmation éclectique : en plus des concerts live de jazz (pas mal de grosses pointures), les *club nights* sont dévolues à la soul, au funk et au hip-hop. Le samedi soir est consacré aux soirées *Soul City,* très étudiantes, avec DJ house, soul et disco. Salle de resto (pas terrible) sur la mezzanine.

Green Note *(plan Camden Town, B3,* ***42****) : 106 Parkway, NW1 7AN. ☎ 020-7485-9899. • greennote.co.uk • Ⓜ Camden Town. Tlj 19h-23h. Entrée : env 10-16 £.* Créé par 2 passionnés de musique world, ici, c'est l'ambiance qui compte. Pas mal d'habitués fréquentent cette petite salle confidentielle et un peu *roots,* où chaque soir, ou presque, des groupes ou des artistes solos jouent jazz, bluegrass ou country. Chaleureux, relax et pas compliqué !

♩ ***The Underworld*** *(plan Camden Town, B2,* ***44****)* **:** *174 Camden High St, NW1 0NE. ☎ 020-7267-3939. • theunderworldcamden.co.uk • Ⓜ Camden Town. Ouverture selon programmation, concerts payants à partir de 12 £.* Sous l'immense pub *World's End* (face au métro Camden Town), une salle sans déco notable mais connue pour ses soirées live déclinant la famille des « métaleux » au complet : folk, death, heavy, indie... et même extreme metal. Incontournable pour tous les amateurs du genre !

Shopping

Outre les innombrables stands du marché aux puces de Camden, le quartier abrite quelques bonnes adresses alternatives pour faire son shopping.

British Boot Company *(plan Camden Town, B2,* ***50****)* **:** *5 Kentish Town Rd, NW1 8NH. ☎ 020-7485-8505. • britboot.co.uk • Ⓜ Camden Town. Tlj 10h-19h30.* Minuscule, c'est pourtant LA boutique originelle de *Dr. Martens* depuis plus de 160 ans ! Leur devise : « Si nous ne l'avons pas, c'est que ça n'a pas été fabriqué. » Toutes les vedettes de la musique s'y sont chaussées (les Sex Pistols, les Clash, les Pogues, les Ramones, etc.), de même que les *bobbies* de la Metropolitan Police. Visite impérative pour les amoureux de ces chaussures indestructibles. Pas donné, mais les fins de séries sont parfois soldées.

Sinon, la boutique officielle ***Dr. Martens Camden Store*** se trouve dans le marché (évitez de les acheter moins cher sur des stands, ce sont souvent des contrefaçons) : *tlj 10h (9h sam)-19h.*

Collectif *(plan Camden Town, A2,* ***21****)* **:** *36 Stables Market, Chalk Farm Rd, NW1 8AH. ☎ 020-3583-7627. • collectiflondon.com • Ⓜ Camden Town ou Camden Rd. Tlj 11h-18h.* Les pin-up dans l'âme ou fans de rockabilly des années 1940 et 1950 ne manqueront pas cette boutique située au pied des chevaux émergeant du pont (!) qui vend à prix honnêtes des modèles rétro conçus et créés à Londres. Les robes *baby doll* ou cintrées à pois sont un must l'été.

Camden Coffee Shop – Fresh Roasted Coffee *(plan Camden Town, B3,* ***52****)* **:** *11 Delancey St, NW1 7NL. ☎ 020-7387-4080. Ⓜ Camden Town. Lun-ven 7h-18h, sam 10h-17h. Fermé dim.* George Constantiniou torréfie son propre café dans cette boutique depuis 1978. Rien ne semble avoir changé. Si vous passez dans les parages, suivez l'odeur et passez une tête dans cette boutique d'un autre âge. Accueil adorable.

Sans oublier le ***marché aux puces de Camden Town*** *(plan Camden Town, A2).* Lire ci-après « À voir. À faire ».

À voir. À faire

Le marché aux puces de Camden Town *(plan Camden Town, A-B2)* **:** *tlj 10h-18h, mais plus animé le w-e.* Au bord de l'eau, très vivant, on l'appelle le *Camden Lock* ou *Dingwalls Market.* Passer allègrement la 1re partie de Camden High *(plan Camden Town, B3)*... Disquaires, boutiques de fringues branchées ou friperies *has been,* salons de piercing et tatouages, souvenirs laids, gadgets de mauvais goût ou inutiles... Un peu plus loin, il y a le marché proprement dit, coincé entre le canal et Camden High Street, dont 90 % des antiquités sont plus jeunes que vous. Nombreux stands de vêtements psychédéliques, rastas ou gothiques, objets d'Asie, affiches de films, bouquins et beaucoup de gadgets seventies. Ne pas hésiter à s'aventurer dans le dédale de ruelles, près du chemin de fer, là où sont installées les boutiques les plus délirantes au cœur des anciennes halles *(Stables Market).* Pas mal de visiteurs prennent la pause devant la statue d'Amy Winehouse près de l'Atrium et des anciennes écuries.

– Un incontournable, le ***Cyberdog,*** immense espace futuriste gardé à l'entrée par 2 robots gigantesques faisant office d'atlantes, où la techno pulse à fond et où vous trouverez de superbes tenues de l'espace pour frimer dans les raves les plus déjantées.

HAMPSTEAD ET HIGHGATE

• Plan *p. 287*

À quelques kilomètres du centre de la capitale et pourtant si loin dans l'esprit, Hampstead et Highgate, séparés par le grand parc Hampstead Heath, sont d'anciens villages que l'urbanisation a englobés au début du XXe s dans le « Grand Londres ». Ils ont su garder un caractère villageois et résidentiel, facilité par la configuration des ruelles (surtout à Hampstead), qui épousent les reliefs de la colline. Les touristes ne s'y aventurant guère, ils sont toujours aussi authentiques avec leurs cottages géorgiens du XVIIIe s, leurs maisons blanches de style victorien et leurs pubs en embuscade au débouché des venelles pavées. Ce charme inné attire, depuis des siècles, artistes, écrivains et penseurs en mal d'isolement et de quiétude : Robert Louis Stevenson, John Constable, George Orwell, le poète John Keats et, plus récemment, Elton John, Jeremy Irons ou Sting. Karl Marx a même « choisi » de mourir et de reposer ici (en 1883).

Comment y aller ?

➢ ***En métro :*** par la Northern Line, descendre à Hampstead (direction Edgware) pour le quartier du même nom, à Archway ou Highgate (direction High Barnet ou Mill Hill East) pour le quartier de Highgate. Dans tous les cas, pensez à récupérer, en sortant du métro, une *street map,* très utile pour vous repérer. Si vous avez l'intention de visiter les 2 quartiers, on vous conseille de commencer par Hampstead et de finir par Highgate, en traversant le parc. Déjà parce que, dans ce sens, ça descend (et que dans l'autre, ça monte sec), et surtout parce qu'il vaut mieux s'attarder dans le quartier de Hampstead, plus attrayant, avant de traverser tranquillement Hampstead Heath où l'on vient avec bonheur respirer le bon air de la campagne...

Où dormir ?

Auberges de jeunesse (moins de 35 £ / 41 €)

■ ***Palmers Lodge – Swiss Cottage*** *(hors plan Hampstead par A2,* ***10****) : 40 College Crescent, Swiss Cottage, NW3 5LB. ☎ 020-7483-8470. • palmerslodges.co.uk • Ⓜ Swiss Cottage. 180 lits en dortoirs 2-28 lits. Env 12-32 £/pers. Quelques chambres doubles (ou twin) avec leur propre sdb 64-105 £ la nuit, avec petit déj.* À 2 stations de Baker Street et à 5 de Westminster, autant dire que cette AJ n'est pas bien loin du centre. Et ce n'est pas là son moindre attrait. Installée dans un authentique manoir victorien, elle possède un charme fou. Même les dortoirs ont du cachet : ceux aménagés sous les combles ont gardé leurs poutres apparentes, et les lits superposés fermés à l'aide de petits rideaux de toile blanche nous replongeraient presque en pleine Renaissance. Très théâtral tout ça ! Le réfectoire n'est pas en reste, vu que les repas sont servis dans les anciennes cuisines du manoir, celles-ci ayant conservé une grande partie de leur décor d'origine (cheminée, céramiques...). Excellente ambiance : bar sur place (un genre de petit pub), salon TV, billard, jeux de fléchettes, barbecue aux beaux jours sur l'une des terrasses. Pas d'adhésion, ni de limite d'âge. Dommage toutefois qu'il n'y ait pas de cuisine en accès libre (on se contente d'un micro-ondes ou des repas servis le soir).

À noter : la maison possède un autre *hostel*, le ***Palmers Lodge Hillspring*** *(233 Willesden Lane, NW2 5RE ; ☎ 020-7099-2435 ; ● palmerslodges.co.uk ● ; Ⓜ Willesden Green).* Sis dans un bâtiment moderne et sans charme, c'est un point de chute propre, fonctionnel, confortable... mais excentré.

Où manger ? Où boire un verre ?

Hampstead et Highgate regorgent de pubs historiques réputés pour leur cadre, leur atmosphère et leur cuisine, notamment le traditionnel *Sunday roast* du dimanche.

Très bon marché (moins de 10 £ / 12 €)

The Brew House *(hors plan Hampstead par B1,* ***20****) : Kenwood House, Hampstead Lane, NW3 7JR. ☎ 020-8348-4073. Ⓜ Highgate. Déc-janv 9h-16h, avr-sept 9h-18h (19h30 les soirs de concert), fév-mars et oct-nov 9h-17h. Plats env 6-12 £.* Nichée dans les anciennes remises de ce beau manoir de Kenwood House, la *Brew House* est le salon de thé typique des monuments historiques britanniques. La cuisine ne fait donc pas dans le créatif, mais ses soupes du jour, gâteaux maison et *today's special* bien typiques se goûtent fort bien sur la très belle terrasse luxuriante. Délicieusement champêtre aux beaux jours. D'autant plus que l'on peut emporter le tout et s'offrir un pique-nique dans le magnifique parc qui s'étire à perte de vue.

De bon marché à prix moyens (10-30 £ / 12-36 €)

The Holly Bush *(plan Hampstead, A1,* ***21****) : 22 Holly Mount, NW3 6SG. ☎ 020-7435-2892. Ⓜ Hampstead. Du métro, tourner à droite et prendre les petits escaliers à gauche, juste avt l'église. Tlj 12h-23h (22h30 dim) ; service 12h-15h30 (ven-sam 16h30), 18h-22h ; dim 12h-20h. Réserver dim. Plats 14-32 £.* Attention, perle rare ! On est plongé dans l'Angleterre profonde en entrant dans ce pub hors d'âge, perché en haut de la colline de Hampstead (ça grimpe sec !). Vieilli dans son jus depuis le milieu du XIXᵉ s, il abrite 4 belles salles remplies de souvenirs, des recoins sombres pour les amoureux et de grandes tables patinées pour les familles ou les virées entre amis. Clientèle d'habitués qui se retrouvent autour de la cheminée en hiver. La cuisine est à l'image des lieux, rustique et généreuse. Spécialités de saucisses et de *pies*, et toute sorte de viandes et poissons. Pour les amateurs, la *real ale* et les bières artisanales valent le détour.

Spaniards Inn *(hors plan Hampstead par B1,* ***22****) : Spaniards Rd, NW3 7JJ. ☎ 020-8731-8406. Ⓜ Hampstead. Dans la rue qui longe au nord le parc de Hampstead Heath. Du métro, bus n° 603 (en sem seulement) ; sinon bus n° 210 depuis les stations de métro Archway ou Golders Green. Tlj 12h-23h (22h30 dim). Plats env 10-24 £.* Pub vieux de 500 ans, le plus célèbre de Hampstead. Le bandit de grand chemin Dick Turpin y préparait ses mauvais coups et Byron, Keats, Dickens ou Bram Stocker y trouvaient l'inspiration entre 2 bières. Les bancs devant la maison blanche rappellent leurs passages dans ces murs. Bref, malgré ses multiples rénovations et transformations, ce mythe résiste encore aux siècles et offre un véritable saut dans le temps : plafonds

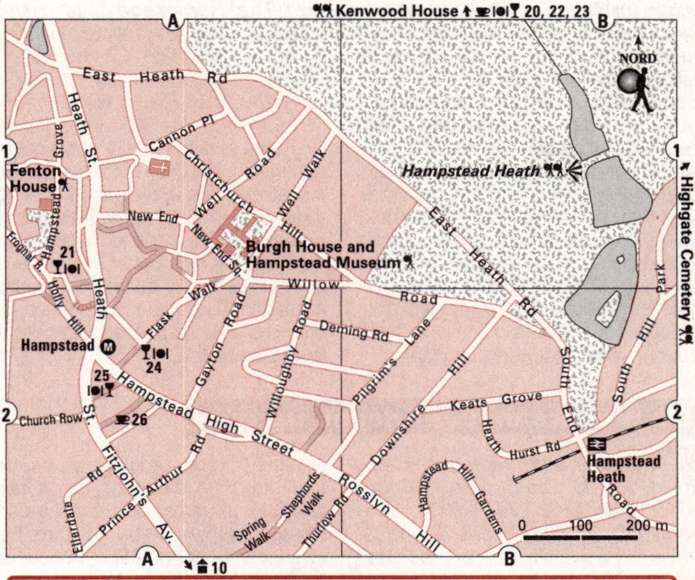

HAMPSTEAD

Où dormir ?

10 Palmers Lodge – Swiss Cottage (hors plan par A2)

Où manger ? Où boire un verre ?

20 The Brew House (hors plan par B1)
21 The Holly Bush (A1)
22 Spaniards Inn (hors plan par B1)
23 The Flask (hors plan par B1)
24 The Flask (A2)
25 The Horseshoe (A2)

Où prendre un petit déj ou un thé ?

20 The Brew House (hors plan par B1)
26 Ginger & White (A2)

bas, poutres mal dégrossies, petites loupiotes dans les recoins et vrai feu de bois ne décevront pas les amateurs de romans d'aventures. Bons petits plats de pub améliorés et bières locales. Vaste jardin ombragé à l'arrière, très apprécié en été.

The Flask *(hors plan Hampstead par B1,* ***23****)* **:** *77 Highgate West Hill, N6 6BU. ☎ 020-7435-4580. Ⓜ Highgate ou Archway. Tlj 11h30-23h (12h-22h30 dim). Snacks env 6-9 £ ; plats env 11-22 £.* Ces pubs de la ceinture de Londres ont vraiment du charme. Bois patinés et vitres en cul de bouteille, multiples recoins, cheminées et plafonds bas dégagent toujours le même magnétisme, bref, ce petit quelque chose de chaleureux et de convivial qui maintient la maison au rang des bonnes escales sur la route de la bière. Et par beau temps, sa vaste terrasse ne se refuse décidément pas, car on organise dans la bonne humeur des barbecues. La même terrasse, chauffée en hiver, fait la joie des fumeurs. On peut même prolonger le plaisir avec une cuisine de *gastropub* élaborée et soignée. On aime !

The Flask *(plan Hampstead, A2,* ***24****)* **:** *14 Flask Walk, NW3 1HE. ☎ 020-7435-4580. Ⓜ Hampstead. Lun-ven 11h30-23h, sam 12h-23h, dim 12h-22h30. Plats env 12-22 £.* Voici une solide institution locale appréciée du voisinage depuis 1950. À l'avant, *public room* conviviale et large comptoir où officie le maître des lieux, puis 2 grandes salles sous verrière avec cheminée, boiserie, papier peint et moquette fleurie comme il se doit. Le lieu idéal pour siroter tranquillement une bonne bière, en goûtant l'atmosphère très populaire. Doisneau aurait sûrement fait des merveilles en tirant le portrait des mamies et des papis fringants qui fréquentent les lieux... Classique *pub grub,* brunch, *pies* et planches de fromages pour manger sur le pouce ou salle de resto pour un repas plus conventionnel.

The Horseshoe *(plan Hampstead, A2,* ***25****)* **:** *28 Heath St, NW3 6TE. ☎ 020-7431-7206. Ⓜ Hampstead. Lun-jeu 11h-23h, ven-sam 11h-minuit, dim 12h-22h30. Plats 11-23 £ ; menus le midi 9-10 £ avec verre de vin. Concerts le dim soir.* Ce pub nouvelle génération, à la déco moderne pseudo-industrielle, fait le plein à chaque service (voire avant et après). Car la cave abrite une brasserie de poche, une vraie, qui fait le bonheur des amateurs de *real ale,* tandis qu'en cuisine chefs et marmitons composent chaque jour un menu plein de bonnes idées et toujours bien réalisé.

Où prendre un petit déj ou un thé ?

Ginger & White *(plan Hampstead, A2,* ***26****)* **:** *4a-5a Perrins Court, NW3 1QS. ☎ 020-7431-9098. Lun-ven 7h30-17h30, le w-e 8h30-17h30. Petits déj 3-9 £.* Un vrai coup de cœur à l'heure du brunch, pour cet adorable petit café spécialisé dans les *breakfasts all day...* Pas de *full English breakfast* mais des recettes traditionnelles habilement revisitées : *scones* au cheddar et piment, œufs brouillés au saumon fumé, toasts à la banane, *carrot cake,* crumble aux amandes, etc. La carte change d'un week-end à l'autre. Seul invariable, le pot de *Marmite* pour tartiner vos toasts ! Petite terrasse dans la rue piétonne.

Voir aussi ***The Brew House*** *(hors plan Hampstead par B1,* ***20****),* décrit dans la rubrique précédente.

Monuments et balades

Hampstead était, traditionnellement, un quartier d'artistes et d'intellectuels. Il est toujours très prisé par quelques stars du théâtre ou du cinéma britanniques en mal de tranquillité ou en quête d'air pur, de calme et d'élégance. Le quartier est, en effet, un havre de paix avec de jolies maisons anciennes. Vu les prix de l'immobilier, il est aussi devenu un repaire de riches financiers. Bishop Avenue (dans le prolongement de Spaniards Road, vers East Finchley) est d'ailleurs surnommée « *the millionaires' row* », voire « *the billionaires' row* ». Des magnats du pétrole ou de l'industrie s'y sont installés en nombre. On y trouve les maisons les plus chères du monde. Pas toutes du meilleur goût ! Heureusement, le vieux Hampstead a conservé tout son charme.

Burgh House and Hampstead Museum *(plan Hampstead, A1)* **:** *New End Sq, NW3 1LT. ☎ 020-7431-0144. Ⓜ Hampstead. Mer-ven et dim 10h-16h. GRATUIT.* Ce joli musée retrace toute l'histoire du quartier ; quelques salles vite visitées mais qui fournissent quantité d'anecdotes passionnantes et restituent parfaitement l'atmosphère bohème et arty du village de Hampstead. C'est aussi l'occasion de visiter une belle demeure de 1704, restée dans son jus. Café sur place, Angleterre oblige !

Fenton House and Garden *(plan Hampstead, A1)* **:** *Hampstead Grove, NW3 6SP. ☎ 020-7435-3471. • nationaltrust.org.uk • Ⓜ Hampstead. Ouv fin fév (ou début mars)-fin oct (ou début nov), mer-dim 11h-17h. Entrée : 10 £ ; réduc.* En sortant du métro, prendre en face Holly Bush Hill. La maison est devant soi en arrivant à la fourche, ceinte par un charmant jardin à l'anglaise. Ses buissons de roses et ses parterres d'orchidées font d'ailleurs le bonheur d'une colonie d'abeilles, dont le miel est en vente à l'accueil ! Dans cette grande demeure en brique rouge de la fin du XVIIe s, intérieur anglais tel qu'on se l'imagine : mobilier de style Régence, broderies, bibelots et porcelaines d'époque à faire se pâmer les mamies anglaises. Également une belle collection de clavecins et d'épinettes des XVIIe et XVIIIe s, qui mérite toute l'attention des mélomanes.

Après les ruelles escarpées du vieux Hampstead, il faut aller savourer la tranquillité de ***Hampstead Heath*** *(plan Hampstead, B1-2),* cette lande verdoyante qui fait la liaison entre Hampstead et Highgate. Un véritable coin de campagne à quelques kilomètres du centre ; sauvage et formidablement préservé. Les bois touffus, les étangs au bord desquels on se donne des rendez-vous galants et les grandes étendues de pelouses doucement vallonnées sont très prisés par les Londoniens du dimanche. Le matin, été comme hiver, ce sont les baigneurs téméraires que l'on croise aux abords des *ponds.* Car rien de tel qu'un plongeon dans l'eau glacée des étangs pour bien commencer sa journée ! L'un d'entre eux est même exclusivement réservé à la gent féminine.
De ***Parliament Hill*** au sud du parc, vue dégagée sur les environs. En marchant en direction du nord, on arrive dans le domaine de Kenwood, où des concerts ont lieu en plein air en été, dans un cadre très bucolique, tout près de *Kenwood House.*
Hampstead Heath est également l'un des points les plus élevés de Londres ; c'est le rendez-vous de tous les amoureux de cerfs-volants le dimanche matin, quand il ne pleut pas. C'est évidemment un lieu idyllique pour un pique-nique. Les Londoniens en profitent, été comme hiver, au moindre rayon de soleil.
Pas mal d'animations sont proposées, toute l'année, en plus des concerts, comme des marches commentées ou des découvertes nature.

Kenwood House *(hors plan Hampstead par B1) : Hampstead Lane, NW3 7JR. ☎ 37-0333-1181. • english-heritage.org.uk • Ⓜ Hampstead (puis marche) ou Archway (puis bus n° 210). Tlj 10h-17h (16h en hiver). Fermé Jour de l'an et Noël. GRATUIT.* Au nord de la lande, cette belle et vaste demeure aristocratique du XVIIIe s, dessinée par le célèbre architecte britannique Robert Adam (connu pour le Charlotte Square d'Édimbourg et Hopetoun House près de South Queensferry), se distingue par ses remarquables façades de stucs à l'antique. Elle abrite la *Donation Iveagh,* une collection prestigieuse de peinture (Turner, Gainsborough, Constable, Reynolds, Van Dyck, Frans Hals, Vermeer, Rembrandt, Rubens, etc.). Plus incongrue, mais néanmoins remarquable, une collection de boucles de chaussures ! La bibliothèque est très originale avec sa riche décoration, ses 2 absides et son plafond voûté orné de stucs.
Magnifique cafétéria aménagée dans les communs. Superbe terrasse (voir précédemment ***The Brew House*** dans « Où manger ?... »).

Highgate Cemetery *(hors plan Hampstead par B1) : Swain's Lane, N6 6PJ. ☎ 020-8340-1834. • highgatecemetery.org • Ⓜ Archway. Tlj 10h -16h (17h en été). Entrée pour la partie est, plan à dispo (visite guidée possible : 8,50 £) : 4 £ ; gratuit moins de 18 ans (4 £ pour visite) ; et pour la partie ouest (visite guidée obligatoire, sur résa en sem) : 12 £ (enfant à partir de 8 ans 6 £) à heures fixes (13h45 en sem, sauf l'hiver ; ttes les 30 mn 11h-15h le w-e).* Grandiose entrée « égyptienne » de la partie ouest et conférence des guides vraiment captivante. Plein d'anecdotes intéressantes, souvent insolites. Riches et pittoresques tombeaux victoriens que le bon peuple allait admirer en famille au XIXe s... D'ailleurs, quand on commence à aimer l'exubérance de ce cimetière, dont les tombes et les monuments funéraires se perdent

REDEVENU POUSSIÈRE...

Highgate Cemetery aurait inspiré Bram Stoker pour son roman Dracula. Mais le créateur du plus célèbre vampire ne repose pas dans une tombe du cimetière... Il a préféré se faire incinérer au Golders Green Crematorium (au nord de Hampstead Heath) !

dans une végétation romantique, on devient vraiment anglais.
Karl Marx y repose dans la partie est. Sur sa tombe, un énorme buste au goût très stalinien ! L'une des « nouvelles stars » des lieux n'est autre que George Michael, enterré près de sa maman.

IL S'EN RETOURNE DANS SA TOMBE !

L'accès à la tombe de Karl Marx, pourfendeur du capitalisme, est... payante... Tout fout le camp !

DANS LES ENVIRONS DE HAMPSTEAD

Freud Museum : *20 Maresfield Gardens, NW3 5SX. ☎ 020-7435-2002. • freud.org.uk • Ⓜ Finchley Rd. Bien indiqué en sortant du métro. Mer-sam-dim 10h30-17h. Entrée : 14 £ ; réduc. Audioguide en français : 2 £.* Une belle maison où papa Sigmund passa ses derniers mois, jusqu'à sa mort en 1939. D'origine juive, le père génial de la psychanalyse avait dû fuir l'Autriche, annexée par Hitler 1 an plus tôt. Installé ici, Freud reconstitua le célèbre intérieur de sa demeure viennoise : divan, bien sûr, bureau, bibliothèque... et une collection insolite d'antiquités égyptiennes, grecques et romaines. Un vrai cabinet de curiosités ! Une petite présentation vidéo et quelques textes, où Freud lui-même évoque les grandes étapes de sa vie, éclairent la personnalité du grand homme, sans oublier, bien sûr, une petite section sur l'interprétation des rêves, un joli jardin anglais pour les beaux jours, et quelques expositions temporaires.

AU NORD-OUEST

THE MAKING OF HARRY POTTER – WARNER BROS STUDIO TOUR

Situé à ***Leavesden, Watford,*** *à 33 km au nord-ouest de Londres (par la M1). • wbstudiotour.co.uk • RÉSA OBLIGATOIRE ! Pas de billets vendus sur place. Adulte : 50 £ ; enfant 40 £ ; forfait famille 150 £. Vestiaire gratuit (ouf !).*
Les pauvres moldus, sans voiture et à fortiori sans balai, devront se contenter de portoloins en commun : train depuis Euston ou Clapham Junction, jusqu'à Watford Junction, puis navette payante *(3 £ A/R)* jusqu'aux studios. Possibilité de forfaits (bien plus chers !) comprenant l'entrée et le transfert en bus depuis Victoria Station ou King's Cross, Compter donc une bonne grosse demi-journée pour la visite et le transplanage.
Commençons par les choses qui fâchent : le prix ! Cette attraction à vocation familiale affiche des tarifs plus que prohibitifs, et on serait tenté de ne la conseiller qu'à ceux qui ont lu Harry Potter plus de 15 fois ou vu les films plus de 130 fois (si, si, on en connaît !).
Les fans, les vrais, casseront leur tirelire et vivront quant à eux un rêve éveillé... Ils pourront visiter les studios où furent tournés les 8 épisodes de la saga. Aménagés dans un aérodrome désaffecté où furent également fabriqués des moteurs d'avion Rolls Royce, ces studios accueillent depuis mars 2012 les décors, les costumes, les accessoires, le tout à profusion et magnifiquement scénographié. Chose rare sur un tournage, le scénario n'était pas connu d'un épisode à l'autre, J. K. Rowling

n'ayant pas encore écrit la fin quand débuta, en 2000, le tournage des 1ers épisodes. Tout fut donc conservé précieusement, en prévision...
Il faut avouer qu'au début de la visite (« à l'américaine »), on a parfois envie de « stupéfixer » le guide tant ce débordement d'enthousiasme sonne faux ! Heureusement, passé les 1res salles, la visite devient libre (ou audioguidée) et force est d'avouer que la magie opère. Les fans auront du mal à contenir leur émotion en découvrant des lieux mythiques comme le grand réfectoire de Poudlard, le chemin de Traverse, le bureau de Dumbledore, la cabane de Hagrid, le dortoir de Gryffondor ou encore la fascinante banque Gringotts et ses gobelins inquiétants, etc. Quelques décors en extérieur comme la minuscule maison de Privet Drive ou le Magicobus ! De nombreux secrets de tournage seront dévoilés. Sans jamais briser le rêve et l'enchantement, on découvre, émerveillé, maquettes, effets spéciaux, grimages et autres créatures fantasmagoriques. Voilà de quoi émerveiller les plus blasés !
Évidemment, le marketing forcené peut agacer, et on peut regretter les différents suppléments (par exemple, pour la dégustation de bière au beurre). Immense boutique à la sortie (assez fascinante !) pour faire le plein de chocogrenouilles, de bêtises de Bertie Crochue ou de pastilles de gerbe !

À L'OUEST

WINDSOR CASTLE

☎ *020-7766-7304.* • *royalcollection.org.uk* • *Tlj 10h-17h15 (16h15 nov-fév) ; dernière admission 1h15 avt. Compter ½ journée. Fermé certains jours, lors des réceptions et cérémonies officielles (vérifier avt de faire le déplacement !). Entrée : 26,50 £ (28,50 £ sam) ; réduc, audioguide (en français, 1h30) compris. Tarif réduit lorsque les State Apartments sont fermés (rare). Noter que le billet est valable 1 an (le faire tamponner au niveau des audioguides). Attention, St George's Chapel est fermée à 16h et le dim, sauf si vous participez à la totalité du culte. À 11h, relève de la garde (tlj sauf dim avr-juil, sinon 1 j. sur 2). Parcours d'activités thématiques disponibles pour les enfants pdt vac scol, sinon kit de visite avec coloriages.* Evensong *(messe chantée) par le chœur de la chapelle St George tlj à 17h15 (gratuit). Possibilité de se restaurer à l'*Undercroft*, la cafétéria du château.*
– *Bon à savoir :* on peut sortir faire une pause à l'heure du déj dans un des restos de la ville (bracelet à prendre à la sortie).

UN PEU D'HISTOIRE

Paraît-il la plus grande forteresse du monde encore habitée, l'équivalent en surface de 268 courts de tennis. La reine, qui est le 39e monarque à l'occuper, y séjourne le week-end et courant juin tous les ans. À cette occasion, l'étendard royal flotte au-dessus du donjon (la *Round Tower*), à la place du drapeau britannique. L'architecture de la

RIEN NE SE PERD

Pendant la Révolution française, le château de Versailles fut saccagé et le mobilier vendu aux enchères par la Convention. Les plus belles pièces furent discrètement rachetées par le roi d'Angleterre. Porcelaines et meubles français ornent toujours le château de Windsor et le palais de Buckingham.

LES AUTRES QUARTIERS DU GRAND LONDRES

propriété a de quoi surprendre, avec sa superbe silhouette médiévale tout en tours crénelées et mâchicoulis que l'on voit de loin. Entièrement remanié au XIVe s par Édouard III, puis à l'époque victorienne, Windsor n'a plus rien à voir avec la modeste forteresse de bois construite par Guillaume le Conquérant pour surveiller l'accès de Londres, il y a 1 000 ans... Seule l'imposante *Round Tower* rappelle l'emplacement de la 1re motte et du donjon normand. Au-dessous, un puits de 55 m permettait d'approvisionner le château. Pratique en cas de siège ! Observez aussi ces meurtrières, hautes et larges, qui permettaient de tirer en l'air et sur les côtés rapidement.
L'aile sud du château brûla en 1992, une *annus horribilis,* selon les propres mots de la reine ! S'ensuivit une vive polémique médiatico-politique : il fut pour la 1re fois question de reconsidérer les sommes énormes allouées par l'État à la reine... Qu'à cela ne tienne, la Couronne daigna payer la moitié de la facture (qui s'élevait à 50 millions de livres), mais le tarif de visite pour les touristes est depuis sacrément élevé (pour le remboursement), et près de 5 ans de travaux furent nécessaires pour rendre à Windsor son aspect d'origine.

Comment y aller ?

À 20 miles (32 km) à l'ouest de Londres.
➢ ***En train :*** accès direct de Waterloo Station en 50 mn-1h, puis 5 mn de marche. Trajet moins long de Paddington Station (35 mn), mais avec changement à Slough (facile). Trains ttes les 20 mn (dim ttes les 45 mn). Billet A/R 11-25 £ selon période de pointe (départ et arrivée de la même gare). Même si l'on n'est plus dans le périmètre de Londres, n'oubliez pas de montrer votre *Oyster Card* éventuelle, au moment de l'achat du billet, pour ne pas repayer sur la partie du trajet déjà couverte par la carte.
➢ ***En bus :*** avec la compagnie *Green Line* de Victoria Coach Station *(plan d'ensemble, D6).* Moins cher que le train, mais compter au moins 1h15 sans les embouteillages...
➢ ***Par la route :*** sortie 6 sur la M4, sortie 3 sur la M3. Pas de parking, se garer en ville.

Visite

La visite du château n'est autorisée que dans la partie nord. Outre les 2 cours intérieures dont le ***Quadrangle*** où la reine accueille les grands de ce monde et le beau panorama sur la Tamise depuis les terrasses, on visite (avec les intéressants commentaires de l'audioguide) :
– ***St George's Chapel :*** *attention, ferme à 16h, mais evensong (messe chantée) tlj à 17h15. Gratuit, car c'est un office religieux.* Immense et superbe, ce chef-d'œuvre en soi constitue certainement la pièce maîtresse du château. Notez, à l'extérieur, les animaux tenant des girouettes (qui sont en fait des paratonnerres). La chapelle abrite les sépultures de 10 monarques, dont George V, Henri VIII, Charles Ier (sans sa tête !), George VI et, depuis 2002, son épouse, la reine mère (ainsi que la princesse Margaret qui fut le 1er membre de la famille royale incinéré, faute de place auprès de ses parents, dans ce bien modeste caveau). La chapelle date du XVe s et présente une voûte cintrée en éventail, fourmillant de détails. Un miroir évite de se tordre le cou. Dans le coin gauche, dos au portail, noter le monument à la fois allégorique et poignant de réalisme, évoquant la mort en couches, en 1817, de la princesse Charlotte, fille de George IV. Sa main dépasse du linceul. La couronne revint à sa cousine, une certaine... Victoria. Dans le chœur, stalles en bois, finement ciselées, attribuées à chaque membre de l'ordre de la Jarretière *(Order of the Garter),* avec leurs armoiries, heaumes, épées, bannières (et plaques de laiton pour les défunts). De la vraie dentelle

(on parle des stalles, bien sûr !). Sachez que le prince William est devenu le 1000e chevalier de l'Ordre. À la sortie, spectaculaire *Albert Memorial,* une chapelle en marbre dédiée au petit-fils de Victoria (beau jeu de miroirs afin d'apercevoir les statues).

– ***Depuis la terrasse nord et le Inner Hall,*** vue sur la Long Walk de 25 miles de long ! Elle fut conçue par Charles II qui s'inspira du modèle de son cousin Louis XIV, à Versailles...

– ***The State Apartments :*** la partie principale du château ouverte à la visite. Au rez-de-chaussée, armures, armes, statues équestres et collections de services en porcelaine pour le moins... chargés ! À l'étage, le majestueux ***Grand Escalier*** permet d'accéder au ***Grand Vestibule*** où trônent 300 œuvres d'art exotiques collectionnées depuis George III (tête de tigre en or, belle panoplie d'armes anciennes, etc.), la chambre de ***Waterloo*** où se fête chaque année l'anniversaire de cette victoire britannique, l'anniversaire de la reine et les remises de titres de chevalier (yes, Sir !), la ***chambre du roi,*** avec baldaquin et tentures vertes (Napoléon III et Eugénie y dormirent), différents salons et cabinets décorés de toiles de maîtres (Rubens, Van Dyck, Holbein... la Couronne en possède 7 000 !), la ***salle de bal*** de la reine, la ***salle du trône*** de la Jarretière... Voir surtout le ***St George's Hall,*** vaste salle magnifiquement restaurée depuis l'incendie de 1992 qui brûla toute la charpente, où sont visibles les blasons de tous les chevaliers de la Jarretière (au plafond, ceux des traîtres sont recouverts de blanc !). Un banquet somptueux s'y tient tous les ans en juin : une seule table et... 160 couverts parfaitement alignés. C'est de la petite salle suivante ***(lantern lobby),*** hexagonale, qu'est parti l'incendie. Remarquez l'amusante armure d'Henri VIII. De profil, on réalise qu'il était franchement rondelet ! C'est dans la ***State Dining Room*** qu'ont lieu les « dine and sleep » de la reine, des dîners en petit comité où le convive est invité à passer la nuit comme ce fut le cas pour l'acteur Daniel Craig.

DÉCORATION SEXY

En 1348, lors d'un bal, une jeune comtesse perdit sa jarretière, et le roi Édouard III s'empressa de la lui remettre. Exaspéré par les éclats de rire dans son dos, il eut alors cette réplique : « Honni soit qui mal y pense, tel qui rit aujourd'hui demain s'honorera de la porter... » Ce qui fut dit fut fait, les plus éminents seigneurs du royaume se voyaient désormais obligés d'arborer une jarretière ! L'ordre de la Jarretière, ce club très fermé des meilleurs chevaliers anglais, existe toujours. Ils sont 24, auxquels s'ajoutent la reine et William, l'actuel prince de Galles. Seule la reine est autorisée à porter la jarretière... au bras.

– Les ***George IV's Apartments (Semi-State Apartments),*** datant des années 1820 et dans le prolongement des *State Apartments,* ne sont accessibles que d'octobre à mars. Très endommagé par l'incendie de 1992, un des plus beaux (et des plus riches) décors du château a retrouvé son panache d'antan. Très belles vues sur la campagne depuis les fenêtres. La ***Crimson Drawing Room*** ou ***Salon rouge,*** avec ses lustres à pampilles, tapis et canapés rouges, donne sur le ***Salon vert,*** presque plus élégant. Et dire que c'est cette façade qui a failli s'effondrer pendant l'incendie de 1992... Dans la ***Queen Guard Chamber,*** buste de Churchill, armures et surtout la balle qui tua Nelson à Trafalgar le 21 octobre 1805. Notez encore le beau plafond sur l'allégorie de l'amour conjugal et le secrétaire Boulle en écailles de tortues dans la ***Salle d'Audience de la Reine.***

Ne manquez pas non plus la ***Queen's Gallery,*** ex-salle de bal, pour ses portraits de Charles Ier en pied, à cheval, signés Van Dyck. Dans la ***Queen's Drawing Room,*** le tableau *Le Bal de Charles II* donne une petite idée des costumes et des usages de l'époque. Notez que le souverain apparaît au 1er et au 2e plan en même temps, en train de dîner et de danser ! Admirez également le portrait d'Elizabeth Ière et le cabinet français en ébène du XVIIe s. Dans le ***King's Closet,*** œuvres Renaissance du nord de l'Europe comme cet *Apollon et Diane* de Cranach le Vieux et le *Massacre des Innocents* de Brueghel L'Ancien. Charles II occupait peu la ***King's Dressing Room,*** mais il eut néanmoins 14 enfants avec ses nombreuses maîtresses. Voir le portrait d'Isabella d'Este. C'est en fait dans la ***King's Bedchamber*** qu'avaient lieu les cérémonies de lever et de coucher du roi. Jetez un œil à *La Sainte Famille,* de Rubens, dans la ***King's Drawing Room.*** Vous y verrez également une horloge d'orgue du XVIIIe s surmontée d'un saint Georges terrassant le dragon, qui joue 10 morceaux de Haendel. Enfin, la ***King's Dining Room,*** où dînaient en musique Charles II et Catherine de Bragance. Notez le portrait en pied de la gouvernante : un hommage (rare) à la loyauté d'une domestique.

– ***La maison de Poupée (Dolls' House) :*** adorable petit palais construit pour la reine Marie (petite-fille de Victoria) en 1921. Tout y est miniaturisé au 1/12, de nombreux artistes ont offert une réplique d'un livre ou d'un tableau. Un chef-d'œuvre du genre, car rien ne manque : électricité, système de plomberie opérationnel... et même un service complet en argent dressé dans la salle à manger ou encore le dernier gadget en vogue à l'époque, un aspirateur ! Également en exposition, une sélection de vêtements et d'accessoires de poupée français ainsi qu'une Traction Avant !

– Voir encore la ***Grand Reception Room*** aux superbes volumes (ça ne se voit pas, mais les lattes du parquet carbonisées en 1992 furent tout simplement... retournées, pour la restauration).

– ***La Grande Cuisine (Great Kitchen) :*** en fonctionnement depuis 750 ans, la cuisine de Windsor est ouverte au public en visites guidées seulement, certains jours de l'année, sur réservation.

DANS LES ENVIRONS DE WINDSOR CASTLE

Si vous avez du temps, le fameux ***Eton College*** est à 15-20 mn à pied du château. Fondée au XVe s, c'est la 3e université britannique la plus prestigieuse, après Oxford et Cambridge. Elle est surtout réputée pour son système de bourse destiné aux élèves les moins fortunés. De ses bancs prestigieux sont sortis de nombreuses célébrités, parmi lesquelles 18 Premiers ministres, George Orwell, John Le Carré et... le prince Harry (cherchez l'intrus !). *☎ 01-753-370-100. • etoncollege.com • Visites guidées mai-sept ven 14h-16h (compter 1h30). Entrée : 10 £ ; réduc.*

Legoland : *Winkfield Rd, Windsor SL4 4AY. ☎ 037-1222-2001. • legoland.co.uk • À 3 km de Windsor et à 1h de Londres sur la B 3022, par les autoroutes M4 et M3, ou par le train jusqu'à Windsor, puis navette vers Legoland. Sinon, bus n° 702 de la compagnie* Green Line *(☎ 034-4801-7261 ; • greenline.co.uk •) ; départ derrière Victoria Coach Station. Horaires variables. En hte saison, tlj 10h-18h, sinon ferme à 17h sauf le w-e. Fermé l'hiver. Entrée hyper chère : plus de 50 £ et 46 £ pour les enfants ; réduc très importante en réservant sur le site internet (plus de 7 j. à l'avance). Restauration possible sur place, et même nuit à l'hôtel* Lego, *avec chambres à thème (aventures, chevaliers, pirates, etc.), hors de prix bien sûr ! D'autant que le parking n'est pas gratuit, à partir de 6 £ la journée.* No comment... Fondée en 1932 par un Danois, la société Lego (du danois *leg godt,* qui signifie « bien joué ») a ouvert plusieurs parcs d'attractions de par le monde. La petite brique y est, bien sûr, à l'honneur et en dizaines de millions d'exemplaires. En tout, plus de 800 bâtiments qui ont demandé des années de travail aux dizaines d'experts-monteurs en Lego. Et le parc crée toujours de nouvelles attractions (plus de 50 en tout), mettant l'accent sur sa vocation à la fois créative, éducative et ludique.

AU SUD-EST

GREENWICH

• Plan p. 297

Au sud-est de Londres, sur la rive droite, Greenwich (au fait, on ne prononce pas le « w » !) se présente comme un adorable village, bien préservé, très animé le week-end. Le site a si peu changé depuis les siècles passés, quand il était un lieu de villégiature royale et l'un des sujets de prédilection des peintres Turner ou Canaletto...
Si vous restez plusieurs jours dans la capitale, on ne peut que vous inciter à faire ce charmant petit détour sur les bords de la Tamise, voire à y séjourner, l'accès au centre de Londres étant facile et rapide. Prévoir une bonne demi-journée de visite pour ce quartier dominé par le *Cutty Sark,* un majestueux trois-mâts ouvert à la visite. Également au programme, l'ancien hôpital maritime, un splendide musée de la Marine et, à 5 mn à pied, un parc royal (encore un !), célèbre pour son observatoire.

ET PARIS PRIT L'HEURE DE BERLIN

Conséquence imposée par l'occupation allemande, Paris est en décalage de 1h avec Londres alors que les 2 capitales sont sur le même fuseau horaire (Greenwich). Et rien n'a changé depuis 70 ans ! Même son de cloche pour l'Espagne qui est toujours aujourd'hui à l'heure de Berlin, adoptée sous le franquisme.

➢ Ne pas hésiter à traverser la Tamise par le tunnel qui part du *Cutty Sark.* En 10 mn, on se retrouve à Island Gardens. Très beau panorama sur Greenwich (cher à Canaletto), et on peut prendre le métro à partir de là (arrêt « Island Gardens »).

Comment y aller ?

Plusieurs solutions, en fonction du temps et du budget dont on dispose. Rien n'empêche de les combiner entre l'aller et le retour.

➢ ***En métro :*** la solution la plus simple. Emprunter la ligne *Docklands Light Railway (DLR)* en direction de Lewisham. Départs env ttes les 10 mn ; compter 15-20 mn depuis Bank (ou de Tower Hill, mais il faudra alors changer à Shadwell) pour l'arrêt « Cutty Sark », le plus central. Greenwich est en zone 2.

➢ ***En train :*** le plus rapide (ttes les 15 mn, trajet de 8 mn), depuis la gare de London Bridge.

➢ ***En bateau :*** moyen le plus original et notre préféré, avec les bateaux-bus publics. • *thamesclippers.com* • Départs ttes les 20 mn (15 mn le w-e) des ports situés au niveau de Westminster, du London Eye ou de la Tower of London (entre autres), grosso modo 7h-23h. Durée : env 30-45 mn. Compter 17 £ l'A/R ; réduc, notamment avec la *Travelcard* et l'*Oyster Card.* Compter 22 arrêts jusqu'à Westminster et l'occasion de belles photos de Londres. Pour des balades avec des commentaires en anglais, il faut s'adresser aux compagnies touristiques, comme *Thames River Service (☎ 020-7936-4097 ; • thamesriverservices.co.uk •)* ou *City Cruises (☎ 020-7740-0400 ; • citycruises.com •).* Horaires et fréquences moins étendus et prévoir env 15-17 £ l'A/R ; réduc sur Internet ou avec l'*Oyster Card.* Autre possibilité : prendre un *River pass* pour une utilisation illimitée à la journée qui permet par exemple de pousser jusqu'à *Greenwich Peninsula* et le *Thames Barrier.*

➢ ***En bus :*** n° 188 (direction North Greenwich Station). Le moins pratique.

Adresse utile

Greenwich Tourist Information Centre *(plan Greenwich, A2) :* *Pepys House, 2 Cutty Sark Gardens, SE10 9LW. ☎ 020-8305-5235. • visitgreenwich.org.uk • Dans un bâtiment du Old Royal Naval College.* Ⓜ *Cutty Sark. Tlj 10h-17h. Fermé 24-26 déc. Propose 2 visites guidées payantes/j., durée : 1h30.* Expo sur la ville et sa riche histoire, ainsi qu'un café.

Où dormir ?

Si on arrive en voiture, c'est un très bon plan de loger à Greenwich pour éviter de se fourvoyer dans le centre de Londres et pour bénéficier, notamment, des tarifs plus avantageux des hôtels de chaîne (*Novotel, Ibis,* appart-hôtels *Stay City,* etc.). Greenwich est à 20 mn du centre par la *DLR,* mais attention, le dernier train est à 0h30 (23h30 le dimanche...) !

Très bon marché (moins de 35 £ / 41 €)

St Christopher's Inns *(plan Greenwich, A3,* ***10****) : 189 Greenwich High Rd, SE10 8JA. ☎ 020-8600-7500 ou 020-8858-3591. • st-christophers.co.uk • À 2 pas de la ligne DLR, station Greenwich. Lits en dortoir à partir de 10 £ env et doubles à partir de 24 £, petit déj inclus si résa sur le site.* Moins cher que ses homologues du centre de Londres, ce membre d'une chaîne d'AJ se démarque également par sa taille modeste (moins de 100 lits). Pas le grand confort (micro-ondes en guise de cuisine, dortoirs basiques de 6 à 12 lits superposés avec sanitaires en commun), mais laverie et pas de couvre-feu. Et même un dortoir réservé à la gent féminine, hélas plus cher *(à partir de 12 £ la nuit).*

De chic à très chic (à partir de 100 £ / 120 €)

Number 16 *(plan Greenwich, A2,* ***11****) : 16 St Alfege Passage, SE10 9JS. ☎ 020-8853-4337. • st-alfeges.co.uk • Réserver bien à l'avance. Doubles à partir de 125 £, avec petit déj. Parking payant.* Robert accueille ses hôtes avec grand plaisir dans les 3 chambres *en suite* de son adorable petite maison remplie d'un bric-à-brac de qualité, glané au hasard des brocantes. Notre préférée : la double avec lit à baldaquin. Les chambres ne sont pas bien grandes, mais on s'y sent bien. Accueil sans pareil, comme à la maison.

Hôtel Ibis *(plan Greenwich, A2,* ***12****) : 30 Stockwell St, SE10 9JN. ☎ 020-8305-1177. • accorhotels.com • Doubles env 90-260 £. Petit déj en sus. Parking payant.* Cet hôtel de chaîne tout en brique offre des chambres conventionnelles impeccables, de bon confort mais évidemment sans surprise côté déco. Très bien situé, il n'est pas trop grand et abrite un café-brasserie coquet, bien agréable pour le petit déj ou le *teatime.* Accueil multilingue efficace et très sympa.

Où manger ? Où boire un verre ?

Très bon marché (moins de 10 £ / 12 €)

Heap's Sausages *(plan Greenwich, A2,* ***22****) : 8 Nevada St, SE10 9JL. ☎ 020-8293-9199. Lun-ven 7h30-16h, le w-e 9h-16h. Env 4-10 £.* Une curiosité que cette maison célèbre pour ses saucisses artisanales aux recettes originales. Le labo est visible depuis la petite salle,

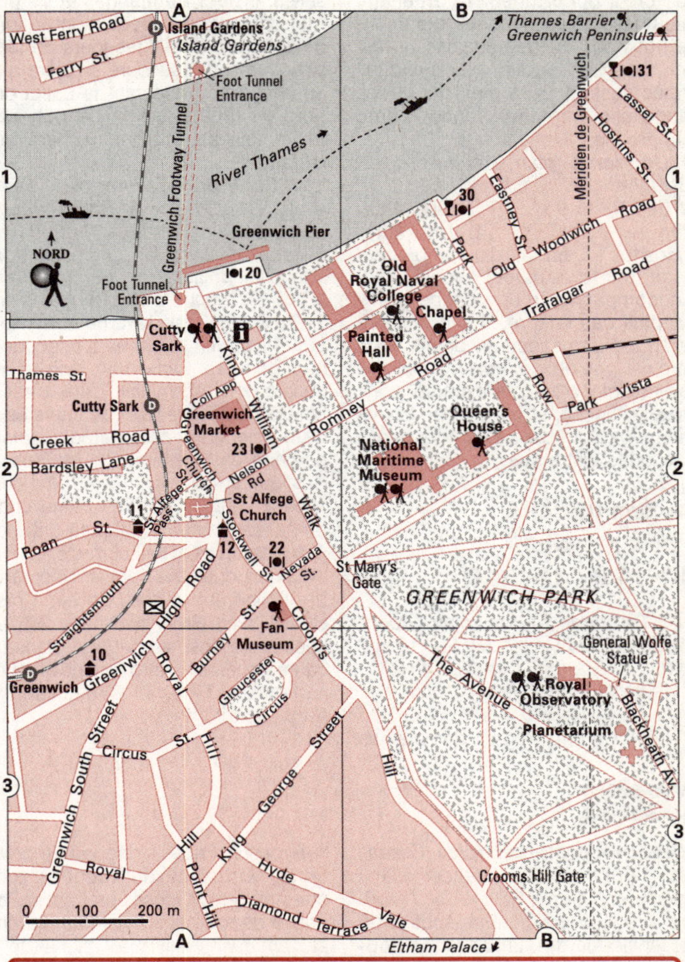

GREENWICH

■ **Adresse utile**

- Greenwich Tourism Information Centre (A2)

Où dormir ?

- **10** St Christopher's Inns (A3)
- **11** Number 16 (A2)
- **12** Hôtel Ibis (A2)

Où manger ? Où boire un verre ?

- **20** Byron (A1)
- **22** Heap's Sausages (A2)
- **23** Goddards (A2)
- **30** Trafalgar Tavern (B1)
- **31** Cutty Sark Tavern (B1)

où l'on a opportunément aménagé quelques tables pour les amateurs de hot dogs ou de saucisse-purée. Bon, pas bien cher et bien typique ! Impec aussi pour le petit déj ou les sandwichs à emporter dans le parc tout proche.

Goddards *(plan Greenwich, A2,* ***23****) : 22 King William Walk, SE10 9HU. ☎ 020-8305-9612. Tlj 10h-19h30 (20h ven-sam). Env 5 £.* Une autre curiosité ! Ici, on fait dans le *pie and mash* (tourte et purée) depuis 1890. À accompagner d'une sauce *gravy* ou, plus osé encore, d'une louchée de *liquor,* une sauce au persil. Mais on n'est pas obligé, hein ! Ça nourrit son homme, c'est vite expédié, c'est presque donné, et on n'a pas trouvé plus dépaysant dans ce cadre populaire, quasi historique.

De bon marché à prix moyens (10-30 £ / 12-36 €)

Trafalgar Tavern *(plan Greenwich, B1,* ***30****) : Park Row, SE10 9NW. ☎ 020-3887-9886. Dim-jeu 11h-23h ; ven-sam 11h-1h. Cuisine jusqu'à 21h.* Light bites *lun-ven 7-9 £ ; plats env 17-29 £.* Ce pub élégant déroule ses salles, ornées de marines et de portraits d'amiraux, directement le long de la berge. Génial les jours de tempête, lorsqu'on savoure sa bière bien au chaud en observant le ballet des flots en furie. Cuisine de pub correcte, mais beaucoup trop chère côté restaurant.

Cutty Sark Tavern *(plan Greenwich, B1,* ***31****) : 4-6 Ballast Quay, SE10 9PD. ☎ 020-8858-3146. À l'angle de Lassell St. Lun-sam 11h-23h (22h pour la cuisine), dim 12h-22h30 (21h pour la cuisine). Plats env 14-28 £.* Une vraie taverne à matelots où, l'hiver, les habitués s'accoudent aux tonneaux tout en se réchauffant auprès de la cheminée. L'été, c'est la terrasse qui fait le plein de touristes et de promeneurs, car stratégiquement perchée en surplomb de la Tamise. Rustique et convivial. Salles plus cossues à l'étage, coiffées d'une charpente apparente. Quelques plats de pub classiques et très corrects.

Sinon, quelques bars et restaurants de chaîne sur le *pier.* On aime bien **Byron** *(plan Greenwich, A1,* ***20****),* un spécialiste des hamburgers, dans un cadre gentiment rétro américain avec *roof terrace. Tlj 11h30-22h (22h30 ven-sam). Compter 9-15 £.*

Marché

– ***Greenwich Market*** *(plan Greenwich, A2) : plusieurs accès dans Greenwich Church St. Tlj 10h-17h30, sauf lun.* Sympa comme tout avec ses enfilades de stands et de boutiques, ses terrasses de cafés, sa clientèle bigarrée et sa marchandise hétéroclite. Fripes, fringues de créateurs, artisanat du monde, produits du terroir, déco, brocante... on trouve de tout. *Également un marché aux antiquités le w-e au niveau de la tour-horloge.*

Monuments et balades

Cutty Sark *(plan Greenwich, A1-2) : sur le pier. ☎ 020-8312-6608 (résas). • rmg.co.uk • Tlj 10h-17h (dernière entrée 45 mn avt fermeture). Fermé 24-26 déc. Entrée : 15 £ ; possibilité de billet combiné avec le Royal Observatory et les expos du moment.*

L'un des emblèmes maritimes britanniques, auquel on a redonné vie de la plus belle manière qui soit. Imaginez un fier clipper, ces trois-mâts du XIXᵉ s destinés à sillonner à grande vitesse les routes commerciales du globe, planté sur son quai et toisant les gratte-ciel du Londres moderne en face. Il officia jusqu'en 1952. Victime d'un grave incendie en 2007, il fallut plusieurs années de restauration pour que l'on puisse à nouveau admirer sa splendeur, monter sur le pont, explorer ses entrailles et, surtout, passer en dessous, puisqu'il a été rehaussé de 3 m, en cale sèche ! Il faut dire que les Britanniques aiment cajoler leurs bateaux fétiches (comme le *Mary Rose* ou le *HMS Victory*, à Portsmouth) et leur ont même donné un sexe : on dit « *she* » quand on parle d'un bateau !

Au programme de la visite, des écrans tactiles et des effets sonores amusants, une évocation de l'activité commerciale menée par le *Cutty Sark*, avec la Chine ou l'Australie. Et un détail amusant : le vaisseau s'enfonçait plus quand il transportait de la laine que du thé ! Voir les couchettes rudimentaires où l'on dormait en chien de fusil, le quartier des officiers, le mess, les cuisines... Sur le pont, pour peu qu'il pleuve ou qu'il vente, on s'y croirait ! Enfin, la visite se termine sous la coque dorée, faite de cuivre et de zinc. Impressionnante collection de figures de proue au passage, étonnamment naïves, voire kitsch. Pompon bas pour Hercule Linton, le designer de cette œuvre d'art des mers.

UNE HISTOIRE EMBALLANTE

Au début du XXe s, pour des questions de coût et de commodité, Thomas Sullivan, un marchand américain, eut l'idée d'expédier son thé dans des petits sacs en soie plutôt que dans des boîtes métalliques. Les feuilles étaient donc destinées à être déballées à l'arrivée, mais les clients ne se posèrent pas plus de questions et, au lieu de cela, ils les firent infuser directement dans leurs sacs. Le sachet de thé était né !

The Old Royal Naval College *(plan Greenwich, A-B1)* **:** *au bord de la Tamise (SE10 9NN). GRATUIT.* On doit ces colossaux bâtiments baroques, facilement reconnaissables à leurs 2 coupoles, à Christopher Wren. C'est l'une des vues emblématiques depuis la Tamise, immortalisée par Canaletto en son temps. Tour à tour palais, puis hôpital maritime et, enfin, collège royal de la Marine ainsi que département de musique du *Trinity College* (tendez l'oreille !). Accès possible aux parties extérieures ainsi qu'à la ***chapelle*** de style néoclassique *(tlj 10h-17h ; GRATUIT),* richement ornée. Du Wedgwood à grande échelle. Voir également le ***Painted Hall*** *(tlj 10h-17h ; entrée : 10 £)* où fut exposée la dépouille de Nelson après Trafalgar. Une salle à manger peinte du sol au plafond ! Il fallut 19 ans à James Thornhill pour achever cette œuvre étonnante.

Queen's House *(plan Greenwich, B2)* **:** *dans l'enceinte du parc royal. ☎ 020-8312-6565 ou 6608 (résas). • rmg.co.uk • Tlj 10h-17h. Fermé 24-26 déc. GRATUIT.* C'est Inigo Jones qui dessina les plans de ce bâtiment on ne peut plus classique dont le *Great Hall* a la forme d'un cube parfait. L'édifice abrite les collections de peinture du Musée maritime, constituées principalement de portraits. Un peu soporifique, mais ne pas manquer le célèbre et superbe portrait restauré d'Elizabeth Ire sur fond d'Armada (1588), la souveraine ayant la main posée sur un globe terrestre.

UN ROI PAS CHIEN

Queen's House, cette villa de style palladien, est signée par l'un des grands architectes du début du XVIIe s, Inigo Jones. Elle était destinée à devenir la résidence d'été de la reine Anne de Danemark, offerte par son mari, le roi James, pour s'excuser d'avoir insulté la pauvre femme après qu'elle avait tué son chien à la chasse ! Mais la malheureuse mourut avant la fin des travaux...

National Maritime Museum *(plan Greenwich, B2)* **:** *à côté de Queen's House. ☎ 020-8312-6565 ou 6608 (résas). • rmg.co.uk • Tlj 10h-17h. Fermé 24-26 déc. GRATUIT. Donation de 5 £ suggérée. Consigne à bagages.*

Passé la bouteille géante, à l'extérieur, contenant une maquette de bateau, le rez-de-chaussée, appelé ***The Square,*** vous plonge au cœur du sujet avec la superbe barge d'apparat dorée à l'or fin du prince de Galles, Frédéric, réalisée en 1732 pour naviguer sur la Tamise : elle annonce la richesse des collections et la muséographie exemplaire, pédagogique et destinée aussi bien aux petits qu'aux grands. Voir également la poupe de l'*Implacable,* le navire français qui défia Nelson à Trafalgar, ou cette belle collection de figures de proue. Du *Square,* on accède aux différentes ailes du musée, une par point cardinal, l'*East wing* datant de 2018.
Sur différents niveaux, les vastes galeries évoquent tour à tour les grandes explorations *(Tudor and Stuart seafarers),* les explorateurs des pôles *(Polar worlds),* comme Shakelton et Scott, ou encore le monde Pacifique *(Pacific encounters)* avec un remarquable exemplaire de catamaran des Fidji (2015), un hommage au capitaine Cook et quelques détails sur la mutinerie du *Bounty.* La section *Sea things* met en scène des centaines d'objets éclectiques liés à la mer, comme cette montre retrouvée sur une victime du *Titanic* dont le tic-tac s'arrêta en touchant l'eau. Étudier encore le temps des croisières transatlantiques, les grandes batailles navales, le trafic des esclaves, l'histoire de Greenwich *(My Greenwich)*... Tout cela repris sous un autre angle dans la super *Children's Gallery Ahoy* pour les moins de 7 ans.
Enfin, ne manquez pas la section *Nelson, Navy, Nation,* qui retrace l'évolution de la Royal Navy depuis le débarquement des troupes de Guillaume d'Orange, en 1688, jusqu'à la fin de guerres napoléoniennes, en 1815, avec un focus sur son héros emblématique, Nelson. Outre le large drapeau anglais qui flottait au mât de son vaisseau (il fut retrouvé récemment dans une église), le véritable joyau de cette collection reste la tunique de l'amiral, transpercée à l'épaule gauche par la balle mortelle et imbibée de son sang, conservée pieusement, comme une relique... Eh oui, les Britanniques vouent un véritable culte au vainqueur de Trafalgar.

Royal Observatory *(plan Greenwich, B3) : dans le parc royal, au sommet de la colline. ☎ 020-8312-6565 ou 6608 (résas). • rmg.co.uk • Tlj 10h-17h (en principe 18h en été). Fermé 24-26 déc. Entrée bien chère : 16 £ (planétarium et audioguide en français inclus), moins cher en ligne ; possibilité de ticket combiné avec le Cutty Sark et les expos du moment ; réduc.*
Site ravissant, composé de plusieurs bâtiments (payants ou non), et qui offre, en prime, un superbe panorama sur les Docklands.

Ô TEMPS, PRENDS TON ENVOL

Au sommet de l'observatoire, vous verrez un curieux ballon rouge surmonté d'une croix (Time Ball), *qui monte tous les jours à 12h55 à mi-chemin, puis à 13h tapantes au sommet. Cette « balle » fut installée en 1833 pour permettre aux marins de régler leurs montres avec précision... Auparavant, un système moins pratique avait été mis au point : une time lady se rendait chaque jour au port pour donner l'heure exacte affichée à Greenwich !*

Zone payante
– Dans la cour d'entrée de l'observatoire même, le ***célèbre méridien*** est symboliquement représenté sur le sol. Il se poursuit en dehors de la cour et reste visible à travers la grille (il est alors... gratuit !). Chevauchez-le, et dites-vous qu'à cet instant précis vous avez un pied dans l'hémisphère ouest et l'autre à l'est !
– ***Flamsteed House :*** nommée ainsi en référence au 1er astronome royal, chargé par Charles II d'établir une carte du ciel suffisamment précise pour servir à la navigation. C'est dans ce petit observatoire du XVIIe s, construit par Christopher Wren (l'architecte de St Paul's Cathedral), que le scientifique s'installa, de même

que ses 14 successeurs. Il a tout de ces petits châteaux pour savants fous qu'on voit dans certains vieux films de science-fiction !
On y découvre les différentes pièces à vivre meublées comme à l'époque et, dans la salle octogonale, un grand télescope fixé aux barreaux d'une échelle.
– ***Bâtiment méridien :*** bâtiment étonnant, les murs étant constitués d'un assemblage de panneaux s'ouvrant sur commande pour mieux admirer le ciel. Petite expo sur le temps, sa « domestication » et ses implications dans notre quotidien. Nombreux instruments de mesure, certains très anciens et, surtout, dans le dôme au-dessus de la boutique, le plus grand télescope à réfraction d'Angleterre, le *Great Equatorial Telescope* (en service de 1883 à 1947, mais il fonctionne toujours).
– ***Camera obscura :*** toujours dans la cour d'entrée, un ancêtre de l'appareil photo, format XXL.

Zone gratuite
Appréciez l'***Altazimuth*** (1899), construit spécialement pour accueillir un télescope sous son dôme. Puis place aux ***Weller Astronomy Galleries*** avec la météorite Gibéon, vieille de 4,5 milliards d'années, certainement l'objet le plus ancien que vous verrez dans votre vie. Plusieurs courtes expos aussi pour se poser des questions existentielles (« Qu'est-ce que l'Univers ? » « Où vont les étoiles mortes ? »). De là, vous pouvez rejoindre le ***Peter Harrison Planétarium*** *(payant, séance de 30 mn ttes les 45 mn ; réserver).*

Fan Museum *(plan Greenwich, A2-3) : 12 Crooms Hill, SE10 8ER. ☎ 020-8305-1441. ● thefanmuseum.org.uk ● Mer-sam 11h-17h. Entrée : 5 £ ; réduc. Mar et ven-sam 12h30-16h30,* afternoon tea *servi dans l'orangerie.* Petit musée craquant comme une maison de poupée, entièrement consacré aux éventails (et non pas aux « fans » de Robbie Williams ou de Lady Di !), un peu à la manière d'un cabinet de curiosités. Il s'agit de la plus grande collection au monde, avec pas moins de 4 000 modèles en réserve, exposés principalement par roulement en fonction du thème du moment.

DANS LES ENVIRONS DE GREENWICH

● Plan Les Docklands, de Tower Bridge à Thames Barrier *p. 274-275*

Greenwich Peninsula *(plan Les Docklands, C1) : Peninsula Sq, SE10 0DX. Ⓜ North Greenwich (Jubilee Line, à 15 mn de London Bridge) ; 10 mn en bus de Greenwich.* Contraste saisissant avec le vieux Greenwich. Dans cette zone futuriste en pleine expansion, lovée dans une boucle de la Tamise, les gratte-ciel poussent comme des champignons, à 2 pas du célèbre ***O2 Arena*** *(● theo2.co.uk ●).* Il s'agit du dôme le plus grand du monde, recouvert d'une toile de 100 000 m², inauguré pour célébrer l'an 2000. Événements sportifs, concerts à grande échelle... et tout l'attirail de restos qui va avec, ainsi qu'une gigantesque zone commerciale, *ICON Outlet,* sans compter les expos. Les touristes qui font l'effort de venir jusque-là peuvent emprunter un téléphérique *(Emirates Air Line)* pour gagner la gare et les docks de *Royal Victoria* sur l'autre rive. Ils peuvent aussi s'amuser à crapahuter en toute sécurité sur le dôme *(● upattheo2.co.uk ●).*

Thames Barrier *(grand barrage de la Tamise ; plan Les Docklands, D1-2) : à l'est de Greenwich. Infos auprès de la compagnie* Thames River Service *: ☎ 020-3778-0700 ou ● thamesriverservices.co.uk ● Seulement avr-fin oct. Compter 17 £ l'A/R au départ de Westminster (12 £ depuis Greenwich) ; réduc sur Internet.* Il s'agit de 7 portes monumentales en acier, dont la forme en coquille rappelle celle du célèbre Opéra de Sydney. Cette barrière, érigée en 1982, doit empêcher la Tamise de sortir de son lit en cas de crue. L'idée de sa construction remonte à 1953, année où des inondations catastrophiques ont noyé 2 000 Londoniens. Le barrage lui-même ne se visite pas.

AU SUD

BRIXTON

Ce quartier populaire et vivant a perdu depuis pas si longtemps que ça son image de « coupe-gorge », repaire de dealers et théâtre de violentes émeutes dans les années 1980. Ce que chantaient les Clash dans *Guns of Brixton.* Artistes et gays sont venus s'y installer en nombre et cohabitent sans heurt avec la communauté afro-antillaise. L'identité du quartier est toujours étroitement liée à la musique : nombreux magasins de disques, adresses branchées et folles soirées avec des concerts live endiablés jusqu'à pas d'heure... Les *nightclubbers* se rendront notamment au *Brixton 0_2 Academy* (● o2academybrixton.co.uk ●), orienté rock et musique black, rap et funk en tête, le grand théâtre de Brixton avec une capacité de presque 5 000 personnes et l'endroit le plus chaud du sud de Londres. Et il y en a d'autres ! Brixton, c'est aussi un marché haut en couleur et un « village », repaire de bobos et de hipsters. En pleine « gentrification », Brixton est *the new place to be in London !*

C'est aussi à Brixton, sur Stansfield Road, que le petit Bowie David vit le jour. Dans des styles très différents, Van Gogh vécut un moment ici, ainsi que John Major, 1er ministre conservateur de 1990 à 1997, qui y a passé une partie de son enfance, après que son paternel a fait faillite ! Décidément, Brixton accueille des destinées pour le moins variées...

Sinon, aucune difficulté pour se repérer : la majorité des restos, bars et boîtes se concentrent dans un petit périmètre autour de la station de métro.

➢ Pour y aller en métro, prendre la Victoria Line (arrêt « Brixton »).

Marché

– ***Brixton Market :*** *tlj à partir de 8h (10h dim) ; attention, les parties alimentaires couvertes ferment vers 16h-17h, le reste à peine plus tard.* L'essentiel de l'animation se concentre dans les réjouissantes allées couvertes de *Market Row* (le « Village »), ou dans celles qui se blottissent sous les arcades de la voie ferrée, le long d'*Atlantic Avenue.* On y trouve de tout : marché aux puces, mais aussi de nombreux stands exotiques avec légumes, viandes, des *take-away* pas chers, de vieux disques, des ventes militantes du *Socialist Worker* ; on y fait des rencontres, on y écoute les harangues enflammées des orateurs d'un jour. Le tout sur fond de Bob Marley et dans une ambiance de souk. Y aller le matin, comme pour la plupart des marchés. Également un pittoresque marché de rue toute la journée sur *Electric Avenue,* sur fond d'élégants immeubles (tous de même style) aux fenêtres ouvragées. Riches étalages des magasins d'alimentation. Exotisme garanti. Même les bouchers font du poisson halal, et les nombreux poissonniers ne sont pas vraiment une espèce en voie de disparition... Vêtements pas chers du tout. La providence des petits budgets !

Où manger ?

De très bon marché à bon marché (moins de 20 £ / 24 €)

Dans ***Brixton Village,*** la partie couverte du marché, on trouve pour se restaurer toute une panoplie de restos aux terrasses (douillettes et chauffées) toutes plus accueillantes les unes que les autres. L'ambiance est plus bobo, la clientèle décontractée y venant en famille se régaler de petites popotes plus ou moins bio, plus ou moins *veggie,* et plus ou moins exotiques. Convivial, bohème, pittoresque et à prix doux ; on adore ! Cet endroit tout particulièrement :

Honest Burgers *(Brixton)* **:** *Unit 12, Brixton Village, SW9 8PR. ☎ 020-7733-7963. Lun 11h30-16h, mar-dim 11h30-22h30 (22h dim). Plats 10-15 £.* Notre adresse préférée pour les burgers ! Même principe et même qualité qu'à Soho (voir « Le centre touristique. Où manger ? »). À accompagner comme il se doit de la bière locale, brassée à Brixton, la *B, Electric IPA.* En cas d'affluence, on s'inscrit sur la liste d'attente et l'on va boire un verre au bar (français) voisin en attendant qu'on nous appelle. Sympa, on vous dit !

AU SUD-OUEST

HAMPTON COURT PALACE

☎ 033-3320-6000 (depuis l'étranger). • hrp.org.uk • Tlj 10h-17h30 ; dernière admission 1h avt fermeture. Fermé 24-26 déc. Entrée : mars-oct 26 £ (28 £ avec donation), audioguide en français compris ; réduc (notamment sur Internet). ***Bon plan,*** *pass annuel permettant un accès illimité aux sites de Kensington Palace, Hampton Court Palace, Tower of London, Banqueting House, Hillsborough Castle et Kew Palace : à partir de 59 £/adulte ; forfait famille. Activités pour les enfants (quiz, costumes Tudor, rencontre avec Henri VIII, etc.). Compter ½ journée.*
Château à 2 faces, l'une Tudor en brique rouge, l'autre néopalladienne, d'un grand intérêt architectural vu les nombreux remaniements que ses hôtes successifs (des têtes couronnées) lui ont fait subir. Intérieurs fastueux et mobilier superbe, tapisseries et peintures appartenant à la collection royale. S'il fait beau, les jardins, l'autre merveille du palais, vous raviront. On vient depuis des lustres à Hampton Court rien que pour se perdre dans son célèbre labyrinthe végétal. En bref, l'entrée est certes chère, d'autant que l'on vous impose le tarif avec donation, mais on trouve à Hampton Court largement de quoi passer une belle journée. C'est aussi un excellent moyen de se familiariser avec l'histoire anglaise.

Comment y aller ?

À 25 km au sud-ouest de Londres, lové dans une boucle de la Tamise.

➢ ***En train :*** accès en 30 mn depuis la gare de Waterloo ou en 20 mn depuis Wimbledon (plus pratique si vous résidez dans l'ouest de Londres) jusqu'au terminus Hampton Court. Accès également possible par Vauxhall, voire Clapham Junction. Dans tous les cas, prendre une *Day Travelcard* pour 1-6 zones qui vous permettra de faire l'A/R (compter env 14 £). Si vous possédez l'*Oyster Card,* n'oubliez pas de la montrer au moment de l'achat du billet pour ne pas repayer sur la partie du trajet déjà couverte par la carte.

➢ ***En voiture :*** le palais est situé sur l'A308, code postal KT8 9AU. De la M25, sortie 10. Parking payant.

➢ Les plus courageux pourront venir ***à vélo*** en longeant la Tamise : 29 miles, soit 47 km, depuis le London Bridge par le Thames Path.

Visite

Entrée majestueuse du palais avec sa façade rouge de style Tudor, crénelée de blanc et ornée de fines cheminées et tourelles en briques.

La cour de l'Horloge constitue le centre du château, elle sert de point de départ à l'ensemble des circuits dans un dédale de corridors parfois traversés de courants d'air en cas de frimas. C'est ça aussi la vie de château ! L'histoire du palais est émaillée de différents rois et reines qui y ont traîné leurs guêtres (lignées Tudor, Stuart puis Hanovre) et de remaniements architecturaux, jusqu'à l'incendie du 31 mars 1986 qui a marqué les esprits. La réouverture n'eut lieu qu'en 1992. Ce palais fut construit au début du XVIe s pour servir de résidence au cardinal Wolsey, archevêque d'York et ministre d'Henri VIII. « Une maison un peu trop luxueuse pour un catho ! », se dit le roi, mort de jalousie, qui lui confisqua son jouet. Le souverain agrandit la demeure pour le plaisir de ses nombreuses femmes. Voici un aperçu des différents circuits, susceptibles de changements (notamment en fonction de la saison) :

LE SOLEIL A RENDEZ-VOUS AVEC LA TERRE

Dans la cour de l'Horloge, observez cette étrange horloge astronomique datant d'Henri VIII : elle donne l'heure, la date, les phases de la Lune, ainsi que les marées au London Bridge ! Toujours aussi bizarre : Copernic n'étant pas encore né, c'est le Soleil qui tourne autour de la Terre.

The Baroque Story

Le 3e et dernier grand remaniement du palais fut entrepris à la fin du XVIIe s par Guillaume III d'Orange et sa femme Mary II Stuart. Ils choisirent Christopher Wren pour son inégalable style néo-Renaissance. Le but était de faire aussi bien que Versailles ! Heureusement, il manqua d'argent pour redécorer tout le palais, et la mort de Mary II de la variole en 1694, puis celle de Guillaume d'Orange en 1702 freinèrent ses projets. Il ne put s'attaquer qu'à l'aile orientale. Après eux, un autre couple s'attacha à modifier la déco du château, George II et son épouse Caroline, à qui l'on doit bon nombre de restaurations dont celle de Windsor.

Young Henry VIII's Story (1509-1532)

Tyrannique, homme à femmes, gros ? Le portrait du roi Henri VIII (1491-1547) dressé ici essaie de présenter les choses sous un autre angle et s'attache aux 1res années de règne. Le monarque, couronné à l'âge de 18 ans en 1509, se révélait alors plutôt charismatique, athlétique et éclairé. Bon, c'est quand même lui qui, plus tard, inventa l'anglicanisme pour avoir le droit de divorcer. 6 mariages ! Chronologiquement : un divorce, une exécution, une mort naturelle, une répudiation, encore une exécution ; la dernière lui survécut. Il eut 3 descendants qui tous régnèrent. D'abord Édouard VI, puis Marie Tudor, dite « Bloody Mary ». Cette dernière rétablit le catholicisme et fit enfermer sa demi-sœur, Elizabeth Ire, laquelle régna ensuite presque 50 ans et rétablit l'anglicanisme. Bonjour les repas de famille !

Henri VIII's Apartments (1509-1547, période des Tudors)

Entrée sous le porche d'Anne Boleyn. C'est la partie la plus ancienne du palais, celle que l'on préfère aussi. Le dépouillement des pièces attire l'attention sur les beautés architecturales de la période Tudor. Le ***Great Hall*** est orné d'un superbe plafond en bois sculpté et ajouré. Tapisseries flamandes racontant l'histoire d'Abraham. Dans l'antichambre suivante, la ***Great Watching Chamber,*** plafond cloisonné et orné de pendentifs. Dans la ***Galerie hantée,*** notre bon roi Henri VIII avait fait enfermer ici sa 5e femme (Catherine Howard) avant de la faire exécuter dans la Tour de Londres. Selon la légende, son esprit erre encore dans le palais... Accès à la tribune de la ***chapelle royale*** (1535) d'où l'on profite d'une belle vue sur le retable et sur le superbe plafond de bois (en chêne, couleurs bleu et or), orné de 60 anges ailés. On peut y lire la devise « Dieu et mon droit » avec le « N » à l'envers, comme on l'écrivait à l'époque.

The Georgian Story (1714-1737)
On y accède depuis les précédents appartements. Enfilade de pièces, celles des derniers monarques à avoir habité à Hampton Court : George Ier et surtout la reine Caroline et son époux George II (dont l'appétit sexuel est de notoriété publique, voyez sa nombreuse descendance !). Dans la *galerie de la Communication,* qui relie les appartements du roi à ceux de la reine, ne pas manquer les joues rosées des *Beautés de Windsor* par l'Anglais Peter Lely, des dames de la cour de Charles II. Une manière d'affrioler le roi avant ses visites nocturnes.
Aux murs, des copies (parfaites) des cartons de Raphaël. Les originaux ont été offerts par la reine Caroline au Victoria and Albert Museum. Depuis la *Drawing Room,* vue sur les somptueux jardins. Dans la *Guard Chamber,* avec sa cheminée bien gardée, on procédait au tri entre courtisans et espions (pas toujours facile !), tandis que George Ier fut couronné dans la *Presence Chamber,* où trône son portrait. Enfin, on faisait la queue pour assister 2 fois par semaine au repas du roi dans la *Public Dining Room,* où la cuisine française était plus que jamais à la mode. Tableau orgiaque signé Rubens.

The Cumberland Art Gallery
Un véritable musée dans le palais avec, dans ces 4 pièces, une sélection de la collection de peintures des Windsor (l'une des plus riches au monde, répartie dans les 13 résidences royales), allant de 1500 à 1900. Présentées par roulement tous les 6 mois, ces œuvres révèlent les goûts des souverains, bien sûr, mais racontent aussi les rouages du monde politique, les allégeances, les traits de la société, etc. Van Dyck y côtoie Rembrandt, pour ne citer que ces maîtres. Alors qu'on oublie parfois de les admirer en traversant les pièces, les tableaux sont ici intelligemment mis en scène. Ne pas manquer l'adorable cabinet de Wolsey *(Wosley Closet)* du XVIe s, avec son plafond doré de style typiquement Tudor où Henri VIII aimait se retirer (voir son portrait réalisé par Holbein Le Jeune). Ni la *Canaletto Room* avec les célèbres vues de Venise du XVIIIe s.

William III's Apartments (1689-1702)
Entrée sous la colonnade de la cour de l'Horloge. Après l'impressionnant escalier et ses peintures murales, une enfilade de pièces très hautes de plafond. Les baldaquins sont largement plus hauts que larges ! Ces appartements reviennent de loin après l'incendie qui eut lieu dans cette aile du palais en 1986. Les restaurateurs ont rendu leur splendeur à ces pièces décorées par Wren jusqu'à l'écœurement (voyez ces mosaïques d'armes !). Plafonds en trompe l'œil et panneaux de cheminée en bois de tilleul ou de chêne sculpté, somptueuses tapisseries et peintures. La sombre salle à manger nous ramène sur terre, là où Guillaume d'Orange dînait seul après la mort de la reine Mary II.

Henry III's Kitchens (1509-1547)
Il fallait bien des cheminées gigantesques et des passe-plats aussi longs qu'un comptoir pour nourrir tout ce petit monde (jusqu'à 800 personnes !). Des *pies* alléchantes plus vraies que nature rendent la visite plus réaliste. Il y a même du feu dans la cheminée en hiver. Et pourtant, il ne reste en fait qu'une petite part de ce qui fut un complexe gigantesque. Ne pas manquer non plus le *wine cellar*

et ses rangées de tonneaux à vin. Ailleurs dans le palais, la *chocolate kitchen* est également visible, là où Thomas Tosier, le chocolatier personnel de George Ier et de George II, concoctait des boissons nouvellement à la mode !

Mantegna's Triumphs of Caesar
Juste à droite, après l'entrée de la Grande Cour (attention, pas toujours ouvert), on peut admirer les *Triomphes de César,* 9 toiles imposantes peintes en 1485 par Mantegna, un des maîtres de la Renaissance italienne. Éléphants, musiciens, trophées de guerre... Grand souci du détail dans le traitement des costumes, des armes et des monuments.

Les jardins
Aussi plaisants et somptueux que le palais qu'ils entourent. Les dessinateurs se sont largement inspirés des jardins de Le Nôtre à Versailles. Splendides au printemps avec les jonquilles en fleur. Près de l'orangerie, petit coucou à la *Great vine,* la plus grande treille du monde, paraît-il, formée d'un seul cep de vigne qui pousse depuis plus de 200 ans dans une serre ! Terrain de jeu de paume *(Royal Tennis Court),* l'ancêtre du tennis, et balade possible en carriole à cheval. Ne pas manquer non plus les adorables *Privy Gardens, Rose Garden, Pond Gardens,* etc.

Le labyrinthe (maze)
C'est le plus ancien labyrinthe végétal connu, construit pour Guillaume III à la fin du XVIIe s. Le plan des 800 m de parcours est affiché à l'entrée. Jerome K. Jerome le mentionne dans *Trois hommes dans un bateau,* et si vous vous perdez, ce qui est déjà arrivé à l'ours Paddington, suivez sa méthode : faites-vous des repères avec de la marmelade !

Où manger ?

Vu le temps que prend la visite, il vous faudra sans doute déjeuner sur place. Pas de problème, comme d'habitude, on a pensé à tout ! On trouve une cafétéria plutôt modeste dans les anciennes cuisines (*Privy Kitchen,* qui propose des recettes inspirées des Tudors) et un self agréable dans les jardins, le ***Tiltyard Café*** (suivre la direction du labyrinthe). Frais, pas mauvais du tout (hmm, les *pies*) et à prix raisonnables. Sinon, le pique-nique est autorisé.

KEW GARDENS

À 15 km au sud-ouest de Londres, au bord de la Tamise, en zone 4 du métro. ☎ 020-8332-5655. • kew.org • Ⓜ Kew Gardens (à 30 mn du centre de Londres par la District Line, direction Richmond ou par la London Overground depuis le nord de Londres). À l'arrivée, franchir la voie ferrée et suivre en face Lichfield Rd sur 500 m. Également accessible en train depuis Waterloo (descendre à gare de Kew Bridge) et en bus (lignes nos 65, 391, 237 et 267). Avr-août, tlj 10h-18h ; ferme plus tôt le reste de l'année (horaires variables). Fermé 24-25 déc. Les serres ferment 30 mn-1h avt les grilles. Entrée : 15 £ ; 18,15 £ (1 adulte + 2 enfants) ; réduc ; 4,50 £ 4-16 ans (réduc sur Internet). Différents types de visites guidées, certaines gratuites à 11h et 14h (durée : 1h). Inscriptions 15 mn avt. Départ à Victoria Plaza. Le sujet varie au gré du temps, des saisons, de la nature et de la spécialité du guide. Sinon, se procurer le plan avec les immanquables du moment (seasonal highlights) *et 2 parcours indicatifs (30 mn et 2h30). Des festivals ont lieu selon saison, notamment le Festival of Lights à Noël.*

Visite

Une visite à ne pas manquer... Ce superbe jardin botanique se révèle d'une extraordinaire variété : 90 000 végétaux sur pas moins de 120 ha, le Jardin des plantes de Paris fait figure de square à côté ! C'est le résultat de la « collectionnite » aiguë dont souffraient les aristocrates anglais au XIXe s. Kew est aujourd'hui un parc d'agrément mais surtout un centre de recherche botanique de renommée mondiale. On y recueille notamment des spécimens de toute la flore britannique. Les graines suivent un traitement spécial qui leur permet de résister à des températures de - 20 °C et d'être conservées plus de 200 ans ! La période idéale pour visiter Kew Gardens est, bien sûr, le printemps, lorsque les rosiers et les rhododendrons sont en fleurs. Mais le bel aménagement de la nature, où les changements surprenants de paysage rappellent que rien n'est laissé au hasard, permet de se promener toute l'année sans jamais se lasser, sous le ballet des avions qui ne passent pas très haut ici. Un spectacle en soi ! Jardin japonais avec pagode, pinède, bambouseraie, roseraie, minitemple romantique... rien ne manque. Au sud-ouest du parc, on passe brusquement d'une forêt de conifères à une forêt de feuillus. De là, vue sur la « Tamise à la campagne », calme et bucolique, et sur *Syon House,* un manoir du XVIe s un peu austère. Les plus aventureux ne manqueront pas le *Rhizotron and Xstrata Treetop Walway,* un parcours dans la canopée.

Les serres

Ne manquez pas de les visiter. Immenses architectures de fer et de verre, ce sont elles qui ont fait la renommée de Kew Gardens. En plus de la *Davies Alpine House & Rock Garden* en forme d'arche, voir surtout :

– ***Princess of Wales Conservatory :*** des serres très design dans lesquelles 10 zones climatiques différentes sont reproduites, du désert jusqu'à la forêt tropicale : c'est l'occasion d'admirer de superbes orchidées (l'une des grandes spécialités de Kew), des cactus géants, des nénuphars de 2 m de diamètre et d'incroyables plantes carnivores.

– La ***Palm House,*** plus ancienne, abrite une forêt tropicale en miniature et toutes les espèces de palmiers du monde. À découvrir depuis la passerelle métallique. Au sous-sol, des aquariums présentent des coraux multicolores et de jolis poissons.

– La ***Temperate House,*** la plus grande (4 800 m^2 et 42 m de haut !), toute rénovée, abrite elle aussi des plantes tropicales, des bambous et des rhododendrons géants. On peut y voir le *Chilean wine palm,* la plus grande plante d'intérieur du monde. Derrière cette serre, on trouve l'***Evolution House*** ou comment la vie est apparue sur Terre.

Les galeries d'art

Installée dans un bâtiment moderne, la ***Shirley Sherwood Gallery*** présente l'évolution des plantes à travers les arts picturaux des XVIIIe et XIXe s (peintures, dessins, etc.). Une approche originale et didactique de la taxonomie ! Et de magnifiques œuvres au final. Peut être fermée le lundi entre 2 expos. Dans la galerie adjacente, une autre collection tout à fait inattendue : 832 tableaux de ***Marianne North*** (1830-1890), tous consacrés aux plantes et fleurs du monde entier ! Cette routarde talentueuse de l'époque victorienne a parcouru 5 continents et 17 pays de 1871 à 1885, et en a rapporté cet album de voyage tout à fait saisissant, ainsi que toutes sortes d'échantillons de bois exotiques. C'est elle qui a financé la construction de ce bâtiment à l'ancienne et a agencé l'ensemble de ses œuvres entre elles. Un coup de cœur !

Spécial enfants

Pour les enfants, plusieurs espaces de jeux interactifs et très bien faits : *Climbers and Creepers* (une incursion dans des galeries creusées par une souris), *Treehouse Towers* (toboggans et compagnie), *Badger Sett* (un tunnel de 1 m de haut creusé cette fois-ci par un blaireau)... Également un *Kid's Kew guide* à se procurer aux entrées ou dans les boutiques du parc.

Kew Palace

Pour les fans de résidences royales, dans le parc même, près de l'Orangerie : *ouv fin mars-oct, tlj 10h30-17h30, sauf lun. Fermé en hiver. Entrée : comprise dans le billet pour Kew Gardens.* • *hrp.org.uk* • *On vous rappelle l'existence d'un pass annuel qui permet un accès illimité pdt 1 an aux sites de Kensington Palace, Hampton Court Palace, Tower of London, Banqueting House et Kew Palace : à partir de 53 £/adulte ; forfait famille.* Ce palais mimi avec sa façade saumon servit d'asile au roi George III lorsqu'il devint fou. À l'intérieur, collection de jouets royaux dont une merveilleuse maison de poupée ayant appartenu aux filles du roi.

Pour les amoureux de la nature, ***The Hive,*** une expérience multisensorielle à ciel ouvert (fermée en cas de mauvais temps). Vous entrerez dans un espace de 17 m de haut composé d'aluminium et de lumières LED reconstituant l'intérieur d'une ruche. Véritable immersion sensibilisatrice, notamment au rôle de la pollinisation.

CRAZY GEORGE

On a longtemps pensé que George III était devenu fou à la fin de sa vie. Il était en réalité peut-être atteint de la porphyrie, une maladie dont certains symptômes sont de type psychiatrique. Le nom de la maladie vient du porphyre, roche magmatique, rouge comme le marbre, car l'un des 1ers signes typiques de la crise reste la coloration des urines en rouge.

Où manger ? Où boire un verre ?

N'oubliez pas votre pique-nique, ce serait dommage, d'autant que les pelouses sont complètement libres d'accès. Sinon, restos ou selfs à plusieurs endroits du parc.

Un self-service se trouve notamment dans l'***ancienne Orangerie.*** *Ouv de 10h jusqu'à 1h avt fermeture des jardins.* Pratique et dans un beau cadre, mais il ne faut pas s'attendre à de la grande cuisine. C'est le plus grand bâtiment d'architecture classique du jardin (28 m de long et 10 m de large).

Dans le même coin, les familles optent plutôt pour le ***White Peaks,*** un resto conçu pour accueillir les enfants.

À l'entrée, à côté de la boutique, le café ***Victoria*** offre une terrasse extérieure aux beaux jours.

DANS LES ENVIRONS DE KEW GARDENS

Si vous êtes venu jusqu'ici, ça vaut le coup de reprendre le métro jusqu'à la prochaine station (Richmond), puis de prendre le bus n° 371 ou le n° 65 jusqu'à l'entrée piétonne Petersham Gate pour voir la nature livrée à elle-même dans **Richmond Park** *(en voiture : Holly Lodge, TW10 5HS) ; ☎ 030-0061-2200.* • *royalparks.org.uk* • *Ouv de 7h en été (7h30 en hiver) à la tombée de la nuit. GRATUIT. Plan téléchargeable sur Internet.* Cet immense domaine en grande partie boisé servait de terrain de chasse à Charles Ier. C'est le plus vaste parc royal de Londres avec ses 1 000 ha. Pas loin de 650 daims et des cerfs y vivent en liberté. Balade très sympa et vue superbe sur les méandres de la Tamise du haut de *Richmond Hill,* le panorama le plus peint des îles britanniques. Le domaine est sillonné de pistes cyclables, et autant dire que cette partie du Grand Londres est la plus huppée.

HOMMES, CULTURE, ENVIRONNEMENT

ARCHITECTURE

Depuis l'époque romaine, Londres garde les traces de toutes les époques architecturales. Alors *let's go* pour un tour d'horizon de l'histoire des bâtisseurs britons !

Les ***Romains*** sont restés 350 ans en Angleterre, mais Londres en a gardé peu de vestiges. Le tracé de la City conserve grossièrement la forme de l'enceinte fortifiée du IIe s. Quelques pans de murs sont conservés, notamment aux abords du *Museum of London,* avec même les vestiges d'un ancien fort, et à *Tower Hill* (accolé à la tour de Londres). Au départ des légions en 418, *Londinium* est livrée aux Barbares. Il faut attendre Alfred le Grand et ses princes saxons pour voir s'élever des remparts à l'emplacement de l'actuelle *London Tower.*

Le Moyen Âge

Le ***style roman*** est arrivé avec les Normands, qui utilisaient la pierre à la place du bois et du torchis. Dans le quartier de Smithfield, l'ancien porche de St Bartholomew-the-Great (XIIe s), surmonté d'une maison Tudor, en témoigne, mais le plus bel exemple est St John's Chapel, plus vieille église de la ville (XIe s), située dans la forteresse de *London Tower.*

Le ***style gothique*** s'impose au Moyen Âge, avec la construction de nombreux édifices religieux de prestige. L'abbaye de Westminster, dont la l'architecture est inspirée de l'abbaye de Jumièges, en Haute-Normandie, en est le symbole le plus spectaculaire.

Comme les Anglais ne font pas les choses comme les autres (c'est aussi ce qui fait leur charme !), ils distinguent 3 périodes gothiques : le ***Early English*** (1180-1250), style primitif caractérisé par de hautes fenêtres à lancettes se terminant en arc brisé aigu. On le retrouve dans l'église St Bartholomew-the-Great et dans la nef de Westminster Abbey. Le ***Decorated Style*** (1250-1350), plus exubérant, vient orner les fenêtres de décorations végétales et couvre les voûtes de nervures foisonnantes au dessin complexe. À partir du XIVe s, c'est le retour du dépouillement avec le ***Perpendicular Style*** (1350-1520), qui n'a pas d'équivalent en dehors de l'Angleterre : on pourrait décrire les édifices de ce style comme une cage aux voûtes en éventail et constituée de nervures de pierre, pour permettre l'entrée de la lumière. La chapelle Henri-VII de l'abbaye de Westminster en constitue un des meilleurs exemples, avec sa voûte dégoulinante de culs-de-lampe ouvragés.

Après la rupture d'Henri VIII avec Rome, la floraison des édifices religieux s'interrompt pour faire place à la construction de demeures civiles. Les manoirs s'ornent d'encorbellements et de colombages. C'est l'émergence du ***style Tudor*** (1485-1558), mêlant des éléments gothique et Renaissance : façade à colombages (décoratifs), ensemble de fenêtres rectangulaires et baies vitrées, toit complexe avec de nombreux pignons et cheminées ornementaux. L'intérieur est orné de murs lambrissés et de moulures aux plafonds. Quelques beaux exemples à Londres : *St James's Palace,* le bâtiment *Staple Inn* (dans High Holborn St, proche du métro Chancery Lane) ou encore le pub *The George* (juste en face de la Royal Court of Justice).

De la Renaissance au classicisme

Le ***style élisabéthain*** marque la 1re période de la Renaissance en Angleterre. Il apparaît sous le règne d'Elizabeth Ire (1558-1603) et s'exprime particulièrement dans les théâtres où Shakespeare créa ses pièces, notamment *The Globe Theatre,* reconstitution de l'enceinte théâtrale de 1599 que l'on peut visiter dans le quartier de South Bank, ou encore à Hampton Court Palace (dans les environs de Londres).

La ***Renaissance italienne*** arrive ensuite en Angleterre via la France et la Hollande, et apporte un souci de symétrie extérieure et l'usage des fenêtres à meneaux. Sous l'influence de Palladio, Inigo Jones *(Covent Garden Piazza)* est l'architecte qui introduit le ***classicisme.*** À Londres, on peut admirer son sens des proportions harmonieuses dans la salle des banquets de *Whitehall* et à la *Queen's House* de Greenwich.

Après le Grand Incendie de 1666, qui ravage une bonne partie de Londres, sir Christopher Wren est chargé de reconstruire la ville et notamment *St Paul's Cathedral, St James's Church* et le *Greenwich Hospital.* C'est le triomphe du ***baroque mêlé de classicisme,*** avec des concepteurs comme John Vanbrugh et Nicholas Hawksmoor à qui l'on doit la *Christ Church* de Spitalfields et *St Mary Wollnoth* dans la City. L'église de *St Martin-in-the-Fields* et sa magnifique bibliothèque datent aussi de cette période. On définit alors la largeur des rues ainsi que la hauteur des maisons (3 ou 4 étages maximum), les matériaux utilisés sont également contrôlés.

Le XIXe s et le néoclassicisme

À la ***fin du XVIIIe s,*** John Nash (plan de Regent Street), John Soane (voir sa maison-musée à Holborn), William Chambers et surtout l'Écossais Robert Adam et ses frères revisitent l'Antiquité et imposent leur approche néoclassique en bâtissant profusion de vastes maisons familiales. À visiter : *Kenwood House* à Hampstead, ou encore *Crescent Park,* dont on peut admirer l'harmonieux arc de cercle formé par ces façades uniformes, conçu par John Nash. Les ***maisons georgiennes*** avec porches à colonnades blanches et parfois frontons triangulaires datent de cette époque, de même que, en décoration, les ***styles Chippendale*** et ***Regency.***

Avec le XIXe s, la révolution industrielle et le long règne de la reine Victoria, on voit fleurir une nouvelle architecture de fer et de verre, qui culmine avec le *Crystal Palace.* Entre-temps, le ***Gothic Revival*** (1820-1900) renoue avec l'architecture médiévale et devient un style prédominant au XIXe s. Le Parlement, le palais de Westminster (presque entièrement détruit lors d'un incendie en 1834), le *Tower Bridge* et *St Pancras Station* en sont les fleurons emblématiques. Dans le registre néoclassique, on trouve aussi le *Royal Albert Hall.*

À la fin du siècle, en réaction contre la misère urbaine générée par la révolution industrielle, naît, sous la houlette de William Morris, le mouvement ***Arts & Crafts,*** qui allie l'ornementation italianisante, le Moyen Âge français et les matériaux rustiques.

Du début du XXe s datent les maisons qualifiées d'***edwardian.*** Il est difficile en Angleterre de distinguer les *Arts & Crafts* de l'Art nouveau, tant les 2 mouvements se mêlent et s'alimentent mutuellement, avec, dans leur sillage, les préraphaélites et les symbolistes. C'est une époque particulièrement productive et l'on trouve quelques somptueux exemples de cette synthèse, comme le splendide magasin *Liberty.* Parallèlement, en plein apogée de l'Empire, on assiste à un retour du classicisme avec les bâtiments de sir Edwin Luytens, comme le cénotaphe de *Whitehall.* Après les cités-jardins de Hampstead, les ***1ers gratte-ciel*** apparaissent aux alentours de 1937, avec le Russe Bertold Lubetkin qui conçoit à Highgate des immeubles dans le style de Le Corbusier.

Du XXe s à la nouvelle *skyline*

Le ***modernisme*** fait suite aux destructions de la Seconde Guerre mondiale. Le *Royal Festival Hall,* assez brut de décoffrage dans le genre, voit le jour en 1951. Pour pallier l'afflux démographique, les cités-dortoirs sortent de terre dans les banlieues du Grand Londres ; ***15 villes nouvelles*** sont édifiées dans un rayon de 30 à 50 km autour de la City. Les années 1960 et 1970 se caractérisent par l'émergence du ***brutalisme,*** voué au culte du béton tous azimuts, avec pour exemple le *Barbican Centre*.

En réaction à cette tendance et soutenu par un personnage public – et non des moindres, à savoir le prince Charles –, un groupe d'architectes (avec à sa tête l'inépuisable Norman Foster) privilégie la fantaisie des structures en maîtrisant le ***style high-tech.*** Le *London Eye,* en 2000, et le *Gherkin,* incroyable immeuble qui symbolise la City, en sont des exemples. Fascinants, spectaculaires et, bien évidemment, sujets à controverse. Les docks de South Bank sont réhabilités et de nouvelles tours assez réussies sortent de terre dans les quartiers de Canary Wharf et des Docklands : on peut en juger en contemplant celle des télécoms britanniques et, surtout, la pyramide postmoderne de *Canada Tower,* conçue par Cesar Pelli.

CRÉNOM DE SURNOM

Norman Foster, l'un des grands architectes du monde, crée à Londres des immeubles aux formes si originales qu'on les affuble facilement de surnoms. L'un s'appelle Gherkin *(« Cornichon »). Il a d'ailleurs failli se dénommer « Suppositoire ». Moins de chance pour le City Hall, de forme ovoïde, puisque les Anglais l'ont baptisé* Testicle.

Admirer aussi le bâtiment de la *Lloyd's* ou l'œuvre de Jean Nouvel, dans la City, surnommée « Stealth Bomber », le « Bombardier furtif », juste en face de St Paul's Cathedral : un projet que le prince Charles, toujours lui, avait à l'origine interdit ! Les lignes gris acier du bâtiment qui abrite, entre autres, un centre commercial (une première dans la City !) offrent des perspectives étranges et stupéfiantes, notamment depuis la terrasse du 8e étage.

D'autres projets architecturaux ont vu le jour avec les Jeux olympiques de 2012, notamment l'*Orbit* (une « œuvre d'art » de 115 m de haut financée par l'homme d'affaires indien Mittal) ou encore le centre aquatique en forme de vague, conçu par Zaha Hadid, la « starchictecte » anglo-irakienne.

Mais le plus gros chantier architectural dans la capitale reste ***The Shard,*** un « éclat » de verre près du London Bridge, construit par Renzo Piano, gratte-ciel inauguré en 2013, flirtant avec les 310 m. Cette construction accueillant des bureaux, un hôtel de luxe *(Shangri-La),* un resto et des appartements de luxe constitue actuellement la vue touristique la plus haute d'Europe. Pas très loin, la Tate Modern continue de surprendre avec une pyramide déstructurée imaginée et réalisée par le même tandem à l'origine de la transformation de cette ancienne usine, Herzog et de Meuron. Superbe vue du 10e étage, face à St Paul's Cathedral.

En 2015, ce sont une vingtaine de ***nouveaux buildings*** qui sont sortis de terre, tous aux formes plus ou moins incongrues et dans une anarchie de styles assez surprenante. On trouve la « Râpe à fromage » (*Cheesegrater,* par Richard Rogers, l'autre papa du Centre Pompidou), le *Walkie-Talkie* de l'Uruguayen Rafael Viñoly ou encore le *Toboggan* ! Enfin, ***One Blackfriars*** *(plan d'ensemble, H4),* avec son petit ventre dodu imaginé par Ian Simpson, et la construction de la tour ***The Scalpel*** *(plan d'ensemble, J3),* qui porte bien son nom sur Lime Street, dans le quartier de la City, dessinée par le cabinet américain Kohn Pedersen Fox, sont autant de projets qui montrent l'entrain de Londres pour les gratte-ciel. Et on voit encore fleurir de nouveaux projets au nord de Brick Lane, dans le prolongement de Liverpool St, ou encore aux abords du canal derrière St Pancras...

– Pour plus d'infos sur le développement architectural de Londres : ● *nla.london* ●

BOISSONS

– Si l'on en croit la légende, toute l'Angleterre s'arrête vers 17h pour le ***teatime.*** Les Anglais en boivent en fait toute la journée ! On le demande *white* (avec un nuage de lait que l'on verse AVANT le thé) ou *black* (nature), avec ou sans sucre. Certains hôtels chics et salons de thé londoniens proposent les fameux ***afternoon teas,*** avec un large choix de thés aromatisés, des sandwichs et toute une cohorte de gâteaux, ainsi que le ***high tea,*** version un peu plus copieuse (avec du fromage notamment) que l'on sert en guise de repas. L'origine de cette tradition viendrait de la duchesse Anna de Bedford (1783-1857). On ne mangeait que le matin et le soir à l'époque. Après quelques malaises, elle prit le parti de lancer la mode de l'*afternoon tea,* avec sandwichs, gâteaux, *scones, clotted cream* et thé. La tradition est restée. Pour certains, c'est un vrai repas en soi. Les plus chics sont servis avec du champagne. On le trouve dans les hôtels prestigieux tels que le *Ritz,* le *Savoy,* le *Hyde Park Hotel,* le *Dorchester.* Le plus déjanté est au *Sketch* et le plus traditionnel chez *Fortnum & Mason.*

MILK IN FIRST

Traduction : « le lait en premier », ou le surnom donné par les aristocrates aux arrivistes. Les nouveaux riches avaient pour habitude de verser le lait avant le thé, de peur que leur tasse, sous l'effet de la chaleur, ne casse. Un test révélateur de personnalité et de rang social ! Eh oui, un aristocrate n'a jamais eu ce problème, tant sa porcelaine est de bonne qualité, et tant il possède de tasses !

– Les Anglais ne boivent pas que du thé ! Ils se passionnent également pour le ***café.*** Vous trouverez pour preuve des centaines de ***coffee shops*** et autres où l'on sert des expressos, bien sûr, mais également toute la gamme de cafés spéciaux. Rien à voir avec le jus de chaussette servi dans les grandes enseignes si l'on opte pour un *regular.*

– Côté alcools, la boisson « mythique » et la plus populaire au quotidien, c'est bien évidemment la ***bière.*** Les non-amateurs goûteront à la *ginger ale,* plus douce. Parmi les bières les plus populaires, la goûteuse *London Pride,* ou la toute simple mais désaltérante *Carling.* Pour un demi, commander *half a pint* (prononcer « haffepaïnte ») mais, proportionnellement, une *pint* (demi-litre) coûte moins cher. Dans tous les cas, mieux vaut avoir repéré l'emplacement des w-c avant de se lancer !

Voici un petit topo sur les bières anglaises :

– ***Bière au tonneau :*** *draught* ou *on tap* (au robinet), tirée à la pompe traditionnelle, servie à température ambiante, est sans conteste la meilleure. La *bitter,* blonde amère, est la plus populaire, mais la *lager,* blonde traditionnelle, est aussi très bonne. Seul problème, les bières *on tap* se font de plus en plus rares. Tout fout le camp !

– ***Bière en bouteille :*** *pale ale* (bière blonde) et *brown ale* (bière brune mais douce), et surtout la *stout,* dont le meilleur exemple est la *Guinness,* noire et crémeuse. C'est même obligatoire !

– ***Bière à la pression :*** on en trouve beaucoup, elle est servie froide ou glacée, très gazeuse comme en France ou en Allemagne, où elle n'a cependant rien à voir avec la vraie bière anglaise, comme la *real ale.*

Les bières américaines et mexicaines ont aussi envahi le marché anglais. On en trouve de plus en plus dans les pubs.

– Par ailleurs, la ***ginger ale,*** à base de gingembre et sans alcool, vous séduira peut-être.

– Le ***vin*** suscite également un véritable engouement : la Grande-Bretagne en produit même, essentiellement dans le Sud (Kent, Hampshire, Isle of

Wight...). Le réchauffement climatique permet d'améliorer le rendement d'année en année, la qualité des vignerons faisant le reste, vous pourrez être très agréablement surpris ! En particulier en ce qui concerne les ***sparkling wines*** (pétillants). Reste le problème du rapport qualité-prix, plutôt décourageant. Les ***wine bars*** lorgnent donc plutôt du côté des crus italiens, français ou du *new world,* c'est-à-dire australiens, sud-africains, sud-américains... On trouve aussi dans tous les pubs branchés et les restaurants une sérieuse sélection de vins au verre.

TAXES PROHIBITIVES !

L'Angleterre étant autrefois en guerre contre la France, le gouvernement instaura de lourdes taxes aux vins français à partir de 1689. Le goût pour la gorgée de bière s'est ainsi vite imposé dans tout le royaume.

– Vous pourrez également goûter aux délicieux ***ciders*** (cidres), souvent proposés à la pression dans les pubs. En cherchant un peu, on trouve du cidre artisanal, qu'on commande *dry, medium* ou *sweet.*

– Essayez aussi le ***sherry*** (xérès), très apprécié des vieilles dames. Délicieux et pas très cher. Ou encore le ***port*** (porto), très bien représenté par de prestigieuses maisons comme *Taylor's.*

– Sans oublier bien sûr le ***whisky.*** Du scotch tourbé d'Écosse au pur malt irlandais en passant par le bourbon américain, il y en a pléthore.

– Enfin, si vous aimez les ***liqueurs*** douces, goûtez le *Drambuie,* au whisky, ou l'*Irish cream,* au café. Au rayon ***cocktails,*** essayez un *dry martini* ou une *vodka and lime* (prononcez « laïme »).

– Autrement, en été, on sirote un ***Pimm's,*** boisson à base de plantes et de quinine. Typiquement anglais, il aurait des vertus digestives. Très rafraîchissant servi avec des concombres (et parfois de la limonade) ; et l'hiver, on le boit chaud, servi avec un jus de pomme.

Les pubs

D'où vient ce nom de « pub » ? Des 3 premières lettres de *public house,* tout simplement ! De tradition typiquement britannique, le pub est le lieu de rencontre par excellence. On y vient seul ou entre collègues, avec ses amis ou en famille pour y passer un joyeux moment de détente et de discussion dans une extraordinaire fusion des classes.

UN PEU DE PUB POUR LES PUBS

Les 10 indices qui vous permettent de reconnaître un bon pub traditionnel : le mot « arms » dans le nom du pub qui, en l'occurrence, signifie « armoiries » et non « bras » ! ; la pompe à eau sur le comptoir, qui servait à couper les alcools ; le porte-journaux ; les chromos et vieilles gravures ; le salon cosy à l'écart, autour de la cheminée ; la cloche et l'horloge qui servaient à annoncer la fin du service ; les différentes pompes à bière avec médaillon ; le pub grub, *ou nourriture de pub ; les repose-pieds aux tabourets du comptoir et, enfin, les tabourets miniatures, qui se rangent facilement sous les tables.*

Un peu d'histoire

Cercles paroissiaux durant le Moyen Âge, situés sur les routes des pèlerinages, enfin lieux de réunion des ouvriers qui, au XIXe s, commencent à se syndiquer, les pubs ont souvent conservé leur vitrine en verre dépoli, des boiseries patinées, de beaux cuivres et des lumières tamisées... comme au temps de la bougie.

Vous remarquerez que certains noms de pubs reviennent souvent. Parmi ceux-ci, *King's Head,* en souvenir de Charles Ier que Cromwell fit décapiter, *Red Lion* qui rappelle les guerres coloniales, *Royal Oak* qui commémore la victoire de Cromwell sur Charles II (qui se réfugia sur un chêne !).
La vague de modernisme a frappé et les chaînes de pubs standardisés ou les ***posh pubs*** (littéralement : « pubs chics ») se sont multipliés, ainsi que les ***gastro-pubs...*** où l'on vient aussi pour bien manger ! On assiste par ailleurs à l'émergence des ***micropubs*** et ***microbreweries,*** des pubs et brasseries petits et conviviaux, pratiquant des tarifs démocratiques. On les mentionne autant que possible dans ce guide.

Pubs et coutumes

Le pub, en général, offre plusieurs salons dont les différences sont de moins en moins sensibles : public bar, *lounge bar,* saloon bar, *private bar* (ce dernier est réservé à un club).
Outre le fait qu'ils boivent souvent leur bière sur le trottoir quel que soit le temps, les Anglais pratiquent beaucoup le ***pub crawling.*** Lorsqu'ils sortent à plusieurs, le 1er paie une tournée dans un 1er pub, le 2e en paie une autre dans un pub différent et ainsi de suite. Le tout, c'est de se rapprocher de chez soi pour être sûr de pouvoir rentrer, surtout si l'on est 15 à payer une tournée !
Règle numéro 1 : on va chercher sa consommation au comptoir et on paie tout de suite. Quand le gosier est de nouveau à sec, on y retourne et on propose de commander pour les autres, au risque de passer pour un radin. ***L'accès aux mineurs est strictement réglementé*** (voir la rubrique « Enfants » dans « Londres utile »). Enfin, n'oubliez pas qu'il est ***interdit de fumer dans les lieux publics*** et que, tirer sur sa clope dans un pub ou un restaurant est passible d'une amende.

CUISINE

Oubliez vos préjugés !

Avant d'entrer dans les détails, tordons d'abord le cou à une idée reçue : ***l'Angleterre est un pays où l'on mange bien...*** à condition toutefois de savoir où l'on met les pieds ! D'accord, les Anglais ont inventé la *jelly* mais, pour sûr, ***la cuisine britannique a évolué*** et ne mérite plus toute l'opprobre dont on l'a couverte, le plus souvent avec une malice bien chauvine...
Des chefs comme Gordon Ramsay, Jamie Oliver, Raymond Blanc (un Franc-Comtois !) ou Hugh Fearnley-Whittingstall (chantre du *slow food* dans le Devon) ont su médiatiser leur talent, et beaucoup de Britanniques sont devenus de véritables gourmets ! Un peu partout, les ***restos créatifs*** et autres ***gastropubs*** poussent comme des champignons. Bien dans l'air du temps, on privilégie des produits locaux, frais et de saison, souvent en version *organic* (bio).
Par ailleurs, il est couramment admis qu'au Royaume-Uni on ne sait pas ***faire cuire la viande.*** Pourtant, le bœuf d'origine anglaise se tient en bonne place sur les cartes des restos, où la race (notamment l'*Angus,* l'une des meilleures au monde), la zone d'élevage, mais aussi le temps de maturation (souvent plus de 20 jours) sont généralement précisés. Agneaux et porcs fermiers ne sont pas en reste... Il serait vraiment dommage de se priver du plaisir subtil d'un agneau rôti à la menthe ou du traditionnel ***Sunday roast,*** servi dans les pubs ! Il se compose généralement d'une viande rôtie accompagnée de *greens,* avec une prédilection pour les *garden peas* (gros pois verts) et les *roast potatoes* (pommes de terre au four), arrosés avec la sauce de la viande *(gravy).* Noter que les ***légumes « oubliés »*** (panais, topinambour, courge, butternut, etc.) ont aussi la part belle en guise d'accompagnements. Bref, la scène culinaire anglaise réserve aux curieux de bien belles surprises.

Habitudes culinaires

– Le ***full English breakfast*** (petit déjeuner traditionnel) comprend diverses *cereals,* dont le porridge (bouillie d'avoine au lait). Viennent ensuite des œufs (*fried, scrambled, poached,* en omelette...), du bacon, des saucisses, des *hash browns* (galettes de pomme de terre), des *baked beans* (haricots à la sauce tomate légèrement sucrée) *on toast,* parfois des champignons frits, du poisson fumé (kipper ou haddock) ou encore du *black pudding* (boudin noir à l'orge ou à l'avoine). Pour terminer, des toasts beurrés (*brown* ou *white*) accompagnés de marmelade d'orange ou de confiture. Et comme boisson, thé, café et jus de fruits. Ça va, vous êtes calé ? Cette tradition demeure vivace, notamment le week-end. Mais dans la réalité, l'Anglais se contente souvent d'un thé ou d'un café et d'un bol de céréales ou de toasts, puis éventuellement d'un en-cas en milieu de matinée.

– Les Britanniques mangent globalement ***plus tôt qu'en France,*** et il est parfois difficile de se faire servir un dîner après 21h dans les petites villes. Le midi, ils font rarement un « vrai repas », se contentant souvent d'une soupe, d'un snack léger ou d'un sandwich. Sauf le dimanche pour le traditionnel ***Sunday roast,*** dont on parle plus haut. Il est cependant très facile de manger *all day long,* car beaucoup de restos et pubs assurent un service continu, tout au moins en ville.

– Côté ***desserts,*** il en existe une délicieuse variété ***: apple pie, crumble, sponge cake, carrot cake...*** accompagné de *custard*, *clotted cream* ou de crème glacée. Ah ! nous allions oublier le ***cheese-cake,*** dont la base est du biscuit sur lequel on ajoute une mousse au fromage blanc et à la crème, recouvert d'un coulis de fruits. Hmm ! Il n'y a que la fameuse ***jelly*** multicolore accompagnée de glace à la vanille qui ne soit pas la meilleure invention, et encore, elle entre dans la confection du ***trifle,*** un bon dessert à base de crème pâtissière, fruits, génoise et crème fouettée.

– La cuisine britannique est également riche en ***épices*** (passé colonial oblige) et il n'est pas rare de trouver des plats de curry et autres chili con carne à la carte des pubs. Sans parler des innombrables restos de cuisine exotique.

– Le midi, pour manger une nourriture saine dans une ambiance typique, une solution : les ***pubs*** et leur ***pub grub*** traditionnelle (littéralement « boustifaille »), pas mauvaise du tout ! Pratiquement tous servent, entre 12h et 14h30, ces plats uniques, très bons et abordables, parmi lesquels le ***ploughman's lunch*** (fromage servi avec des oignons ou du chutney et du bon pain frais), le ***shepherd's pie*** (hachis Parmentier) ou tout simplement le ***scotch egg,*** un œuf dur, pané et frit avec de la chair à saucisse. Essayez sinon le ***carvery lunch*** ou ***Sunday roast*** (traditionnel repas du dimanche), avec du *roast beef,* des *roast potatoes* et du *Yorkshire pudding* (sorte de soufflé que l'on arrose de *gravy*). Parfois économique (ils proposent souvent des formules pour 2) et archi copieux.

Variété culinaire londonienne

– À Londres, vous aurez une palette de choix comme nulle part ailleurs en Europe. Ce n'est pas pour rien qu'elle a été désignée capitale mondiale de la gastronomie pour sa diversité !

– On y recommande les fameux ***gastropubs,*** établissements hybrides nés du désir de conserver l'atmosphère si riche et conviviale des pubs en proposant une cuisine plus élaborée qu'une saucisse-purée ! En quelques années, Londres a vu fleurir un peu partout ces néopubs souvent plus chers et toujours plus branchés que leurs grands frères. Par ailleurs, la grande tendance des ***nouveaux restaurants*** a des influences

OPÉRATION MAINS PROPRES

C'est un Anglais, sir John Montagu, comte de Sandwich, qui est à l'origine du mot « sandwich ». Vers 1762, refusant d'interrompre une partie de cartes, il se fit servir de la viande froide et du fromage entre 2 tranches de pain, de manière à ne pas se salir les mains ni graisser les cartes.

méditerranéennes ou asiatiques. Quelques bonnes surprises en perspective. À commencer par la viande de bœuf ! L'élevage est aujourd'hui considéré par les spécialistes comme l'un des meilleurs au monde. Des races de petits gabarits, sélectionnées pour la qualité de leur viande, et élevées selon les règles de l'art dans la belle campagne anglaise ; des viandes persillées, maturées 30 à 60 jours, et cuites à la perfection, « *bleu* » ou « *rare* » (bleu ou saignant), voilà qu'ils pourraient nous donner des leçons ! On aime vanter aussi le local, et mettre en avant ses producteurs.

– Sinon, à part les pubs (voir plus haut), de nombreux ***cafés*** ont essaimé un peu partout, surfant sur la vague bio en proposant de bonnes soupes du jour, des sandwichs préparés avec des ingrédients frais et originaux, et des suggestions plus soignées annoncées sur l'ardoise. Impeccable pour un déjeuner de qualité à prix maîtrisé.

– Autre phénomène marqué à Londres, les ***petites chaînes privées de restaurants*** : dès qu'une adresse a du succès, que ce soit un snack italien, un resto indien ou une cafétéria branchée, elle a tendance à se multiplier ! Il n'est donc pas rare de trouver dans divers quartiers la même enseigne. La déco est parfois variable selon les lieux, mais on retrouve la même carte aux tarifs identiques. Une recette qui marche en somme ! On vous signale les annexes à chaque fois, aussi ne soyez pas surpris de ne pas voir mentionné le énième resto d'*Ottolenghi* à Brick Lane par exemple... on vous en parle ailleurs dans le guide !

– Pensez aussi aux célèbres ***fish & chips,*** qui permettent de manger sur le pouce pour vraiment pas cher, même si parfois, ça sent un peu le graillon. Le pire côtoie le meilleur en la matière ! On en trouve souvent au menu des pubs. Nos préférés sont la chaîne *The Seafresh Fish Restaurant* (à Pimlico, Westminster et St Jame's Park), *Golden Union* ou encore *Bonnie Gull* (dans le centre touristique).

LES 1ers FAST-FOODS DU MONDE

Les fish & chips *ont envahi les quartiers londoniens dès le XVIIe s. La recette du poisson frit fut apportée par les juifs sépharades du Portugal, et la morue était pêchée au large de l'Islande. Cette nourriture bon marché, assaisonnée de vinaigre, devint vite extrêmement populaire.*

– Dans les ***boulangeries,*** voyez les ***rolls*** fourrés, pour 3 fois rien, et les ***pies*** (tourtes salées) à la viande ou aux légumes. *Eat* ou *Prêt A Manger* (propriétaire allemand) sont 2 chaînes qui proposent des sandwichs d'une fraîcheur et d'une qualité irréprochables. Ne manquez pas le ***cornish pasty,*** spécialité des Cornouailles, un très nourrissant chausson à la viande ou aux légumes.

– Il serait dommage de repartir sans avoir mangé ***chinois, japonais, pakistanais, jamaïcain, libanais, indien, syrien*** ou même ***iranien.*** Ces restaurants offrent une cuisine de qualité inégale, comme partout, mais les meilleurs d'entre eux sont dignes d'éloges. Les meilleurs restos chinois ou indiens d'Europe sont à Londres et offrent un véritable dépaysement. C'est une cuisine épicée – au sens riche et non arrache-gueule. Elle mélange le sucré et le salé, et se permet des associations surprenantes. Mais vous pourrez aussi manger grec, hongrois, espagnol, italien...

– Il ne faut pas négliger non plus les ***restaurants végétariens.*** Dans un pays qui place les animaux en haute estime, il est légitime de recenser plus de 10 % de la population végétarienne. Il y a donc nombre de restos végétariens où l'on mange bien à des prix plus que raisonnables... pour Londres. Les restaurants proposent presque systématiquement un menu végétarien (voire vegan), tout comme les hôtels et *B & B,* qui offrent généralement une alternative au traditionnel *full English breakfast.* Même les grandes chaînes s'y sont mises, comme *Pret à Manger* avec Veggie Pret et *Mc Donald* qui propose le *Mc Plant*, burger au tofu. ***Les produits veggie sont estampillés « V ».*** Facile !

– Sinon, il reste des ***petites adresses,*** qui laissent le porte-monnaie quasi intact et nourrissent leur homme, mais qui s'avèrent un peu frustrantes pour les papilles. Elles servent en général un peu de tout (spaghettis à la bolognaise, steak-frites, soupe, poisson pané, *beans*...). Faites quand même attention où vous mettez les pieds : ça peut être parfois mauvais !
– Il y a enfin les ***grandes chaînes*** de qualité honnête, pas trop chères, comme les *food courts* des grands magasins et les restaurants des musées, souvent de bons plans, pratiques et rapides.

CURIEUX, NON ?

– Les Français, dit-on, cultivent l'art de vivre, la table, les bons vins, la haute couture. Les Britanniques aiment à ***cultiver l'absurde et une certaine excentricité*** ! On peut ainsi croiser un(e) vendeur(se) avec piercings et tatouages dans une boutique de luxe, ça ne choquera personne !
– Les Londoniens adorent ***faire la queue.*** C'est d'ailleurs souvent le signe qu'un établissement est réputé !
– Si Paris est plein de scooters, Londres est la ville des ***vélos.*** Et les cyclistes ne font pas les choses à moitié : chaussures à crampons pour s'accrocher aux pédales, lycra fluo et autres lumières clignotantes sont de mise.
– Très souvent, ***on prend sa commande au comptoir et on paie tout de suite,*** avant d'être appelé par son prénom lorsque la commande est prête. À l'inverse, certains restaurants demandent à ce qu'on attende à l'entrée d'être placé, même s'il n'y a pas grand monde.
– Les Anglais n'ont pas pour habitude de se serrer la main. Quant à se faire la bise, encore moins ! Entre amis ou en famille, c'est le ***hug*** qui est de mise, une franche accolade.
– Au guichet d'un musée, dans le bus ou au resto, on peut vous appeler ***darling, honey*** ou même ***love,*** tout naturellement ! Ne pas se formaliser, ces petits mots affectueux ne sont pas de la drague, mais une façon d'être cordial !
– Esprit civique oblige, ici, on respecte strictement les ***passages piétons.*** Même s'ils sont simplement signalés au sol ou par un poteau lumineux.
– Pour autant, ***le piéton n'est pas prioritaire.*** On peut facilement se faire tailler un short par une voiture, un bus et même un vélo si on traverse en dehors des clous !
– L'***afternoon tea*** n'est pas qu'un simple thé avec une douceur sucrée. C'est même l'occasion de faire et le goûter et le dîner en une seule fois, avec sandwichs et même champagne pour les plus chics.
– Les ***toilettes publiques, gratuites*** sont une institution ! On en trouve dans tous les lieux publics, à proximité des gares, des marchés, des hôpitaux, des rues commerçantes, etc. Elles datent de l'époque victorienne, où les principes de l'hygiène étaient érigés au rang des vertus civiques.

LA REINE, MODE D'EMPLOI

Si vous étiez amené à rencontrer la reine, sachez qu'elle n'accorde jamais aucune interview. Elle n'a aucun pouvoir, c'est ce qui fait sa force. Et puis Elizabeth II mérite d'être inscrite au Guinness des records, *puisqu'elle est la reine de 16 pays.*

HANDICAP ?

La « main dans le chapeau » (hand in cap) *est évidemment une locution anglaise. Cela remonte à l'époque où l'on troquait encore ses biens. Pour rétablir l'égalité des valeurs entre le bien donné et le bien reçu, on compensait la personne désavantagée* (handicapped) *en mettant de l'argent dans un chapeau.*

– ***Personnes handicapées*** : les Anglais sont exemplairement équipés. Un excellent site leur est consacré : ● *tourismforall.org.uk* ●
– Souriez, vous êtes filmé ! Sachez que pas un centimètre carré de la ville ne semble échapper à la vigilance des caméras. La ***vidéosurveillance*** est omniprésente, y compris dans le bus.
– Il n'y a qu'à Londres où l'on peut célébrer les ***personnages de fiction mythiques*** avec le musée consacré à Sherlock Homes ou encore la boutique du quai 9 ¾ de Harry Potter à la gare de King's Cross !

Quelques expressions anglaises rigolotes

– *It's raining cats and dogs* (il pleut des chats et des chiens) *:* il pleut des cordes.
– *It cost me an arm and a leg* (ça m'a coûté un bras et une jambe) *:* ça m'a coûté les yeux de la tête.
– *I have butterflies in the stomach* (j'ai des papillons dans le ventre) *:* j'ai le trac.
– *When pigs fly* (quand les cochons voleront) *:* quand les poules auront des dents.
– *He has a bee in his bonnet* (il a une abeille dans son bonnet) *:* il fait une fixette.
– *Say ninety-nine* (dites 99) *:* dites 33 !
– *He's as thick as a brick* (il est aussi épais qu'une brique) *:* il est bête comme ses pieds.
– *To take French leave :* filer à l'anglaise...
– *French letter :* capote anglaise ! Ben voyons !

ÉCONOMIE ET BREXIT

> **UNE MONNAIE DE POIDS !**
>
> *Le symbole £ est une extension de la lettre L pour le mot* « Libra », *qui signifiait en latin une livre de monnaie.*

Depuis les mesures libérales de l'ancien 1er ministre David Cameron, les Anglais se serrent la ceinture. Suppressions d'un grand nombre de postes de fonctionnaires, de nombreux services publics, blocage des salaires... Les 1ers signes d'une reprise de l'économie britannique apparaissent ; des postes se créent, le chômage baisse. Et la croissance de l'Angleterre dépasse les 2 % ! Bien plus que ses partenaires européens, notamment outre-Manche... Des résultats qui ont pesé dans la réélection haut la main de Cameron en mai 2015. Mais ce triomphe fut de courte durée, le 1er ministre s'étant engagé à organiser un référendum sur la sortie ou non du pays de l'Union européenne.
Après avoir tenu en haleine l'Europe entière en 2016, ce débat divisa plus que jamais la société anglaise autour de la question des migrants, entre campagnes de désinformations, fractures identitaires et peurs plus ou moins justifiées. Le 24 juin 2016, le résultat était sans appel : 51,9 % des électeurs avaient voté « *Out* », donc en faveur du Brexit, autrement dit de la sortie de l'Union européenne. Une victoire avant tout pour l'UKIP, le parti émergent d'extrême droite, le seul parti qui s'était positionné unanimement et officiellement en faveur du « *Out* », et un sévère retour de boomerang pour Cameron, poussé à la démission. Si la livre a dégringolé de 20 % depuis juin 2016, la consommation a continué de progresser.
La nouvelle 1re ministre, ***Theresa May,*** donne le ton : « Brexit veut dire Brexit, et nous allons en faire une réussite ! » lance-t-elle au début de son mandat en 2016. Mais elle est vite confrontée à la détermination et à l'unité du bloc européen : les 27 redoutent un délitement progressif de l'Union. Moins bien organisés, pressés par le calendrier fixé par Bruxelles, les Britanniques se retrouvent vite en position d'infériorité dans les négociations. En juin 2017, Theresa May perd sa majorité au Parlement et est contrainte de s'allier aux Irlandais du DUP (parti ultraconservateur, pour le Brexit) afin de sécuriser sa

position en cas de « *no deal* », de sortie de l'UE sans accord. Entre le gouvernement May et le Parlement dominé par l'opposition, le duel commence.
Entre-temps à Bruxelles, les négociations s'enlisent, notamment autour de la question ô combien épineuse de la frontière irlandaise, qui ravive dans tous les camps de vieux souvenirs de guerre civile et de divisions religieuses. À Londres, les négociations sont assez mal vécues : le Parlement rejette 3 fois l'accord, reprochant à la 1re ministre de faire trop de concessions. Prise en tenaille par la détermination de Bruxelles d'un côté et la ténacité de la Chambre des communes de l'autre, Theresa May finit par démissionner le 24 mai 2019.
Son successeur ***Boris Johnson*** parvient à débloquer la situation au prix d'un début de mandat au bulldozer (littéralement) et de nombreuses concessions politiques. Menaçant l'UE d'un « *no deal* » qui rétablirait les frontières du jour au lendemain, il décroche une renégociation de l'accord. Adoptant le slogan de campagne « *Get Brexit done* ! » (« Finissons-en avec le Brexit ! »), il remporte en 2019 les *general elections* (élections législatives) et s'octroie la majorité la plus confortable au Parlement depuis Margaret Thatcher.
Déjà 3 fois reporté, ***le Brexit entre en vigueur le 31 janvier 2020,*** mais la partie n'est pas terminée pour autant : jusqu'au 31 décembre, le Royaume-Uni entre dans une phase de transition durant laquelle il conserve toujours les règles européennes. Les experts considèrent que le Brexit entre dans sa phase la plus complexe. Il s'agit désormais de négocier la nouvelle architecture de la relation entre l'UE et le Royaume-Uni. Plusieurs dossiers sont particulièrement délicats. Sur la question de l'accès au marché unique, Boris Johnson a déjà fait savoir qu'il ne souhaitait pas s'aligner sur les règles commerciales de l'Union. C'est pourtant la condition sine qua non imposée par les 27, qui craignent de voir apparaître à leurs portes un concurrent déloyal à l'économie dérégulée. La question est d'autant plus épineuse que 47 % des exportations britanniques sont destinées à l'Europe... La grande question reste de savoir si le Royaume-Uni restera proche du Vieux Continent, ou s'il préférera aller chercher son nouveau partenaire commercial de l'autre côté de l'Atlantique : Donald Trump et Boris Johnson entretiennent alors de très bonnes relations, et le président américain fait depuis longtemps miroiter un « accord magnifique » à l'ancienne métropole. Autre sujet de discorde : l'Écosse, majoritairement europhile, qui renoue avec ses velléités d'indépendance... Et la question de la réunification des 2 Irlande, qui revient sur le devant de la scène.
Pour l'heure, de l'autre côté de la Manche, ***on veut tourner la page de l'austérité.*** Le nouveau chancelier de l'Échiquier Rishi Sunak a relevé le budget de l'État de 175 milliards de livres (200 milliards d'euros) pour les 5 prochaines années. Objectifs : développer les infrastructures longtemps négligées du nord du pays (routes, trains, fibre optique...), réservoir électoral de voies conservatrices que Boris Johnson entend séduire, et élever à 2,4 % du PIB les dépenses en recherche et développement du pays, soit plus que les leaders du secteur, les États-Unis et la Chine. Mais aussi amortir le choc économique dû au Brexit...
Avec l'élection de Joe Biden, l'entente reste bonne entre les États-Unis et le Royaume-Uni mais fait moins d'étincelles. En revanche, le Royaume-Uni signe un accord de libre-échange avec l'Australie, le premier de ce type depuis le Brexit. Mauvaise nouvelle pour l'industrie française, le ***triumvirat Royaume Uni-USA-Australie*** souffle à la France le « contrat du siècle » portant sur la construction de sous-marins conclu à l'origine avec l'Australie. La zone indo-pacifique devient un enjeu politique et économique majeur face à la Chine. Le climat franco-britannique se détériore, d'autant que par dessus le marché, le Royaume-Uni ne respecte pas sa parole concernant le nombre de licences de pêche accordées aux pêcheurs français pour frayer dans les eaux britanniques. ***L'entente n'est plus très cordiale*** entre les 2 meilleurs ennemis de la zone européenne ! La France porte même le problème devant la commission européenne.

ENVIRONNEMENT

Depuis quelques décennies, fini le temps du légendaire *fog* qui accablait les Londoniens de maladies pulmonaires. On ne chauffe plus guère au charbon et la Tamise est redevenue une rivière remontée par des espèces de poissons presque oubliées. On a même aperçu des dauphins dans l'estuaire. Si, si !

De plus, le centre de Londres est l'un des plus verts d'Europe (2/3 de sa superficie !), et les Londoniens, entretiennent chaque arpent de gazon avec amour et petites cisailles. Londres revendique désormais une certaine ***green attitude*** : péage pour les voitures parcourant le centre-ville, arrivée de milliers de vélos sur le modèle des *Vélib'* parisiens avec des stations tous les 300 m, création d'un secteur piéton au nord de Trafalgar Square, etc. Les déplacements à vélo augmenteraient d'ailleurs de 17 % par an depuis 2003. Quant aux *Green Tomato Cars,* ce sont des taxis hybrides qui fixent le prix en fonction de la distance parcourue et non du temps passé.

UN IMMEUBLE TOUT EN BOIS

À Hackney, au nord-est de Londres, à l'angle de Provost Street et Murray Grove, se dresse un immeuble de 8 étages entièrement construit en contreplaqué (lamellé-croisé), des panneaux aussi résistants que le béton et très peu... inflammables.

Quelques professionnels emblématiques, la mairie en tête, sont sensibles au respect de l'environnement (eau des toilettes recyclée dans des hôtels, réduction des émissions d'oxydes de nitrogène des bus, bio dans de nombreux restos, etc.). Le règne du tout-*organic* (bio) fait d'ailleurs fureur parmi les Londoniens.

La dynamique de vitrine est déjà bien rodée, mais elle ne pourra guère infléchir la tendance – à moins de politiques radicalement volontaristes. Depuis avril 2019, le centre touristique de Londres est devenu une zone de très faibles émissions (ULEZ). Quasiment plus de véhicules polluants dans le centre, sinon taxes à gogo !

Parcs

En été, frémissants de feuilles ; en automne, curieux avec leurs tas de feuilles mortes ; en hiver, fantomatiques et inquiétants ; au printemps, ornés des 1ers signes de la nature renaissante... Ne soyons pas trop lyriques, même s'il y a bien souvent de quoi l'être.

L'une des grandes fiertés de Londres réside dans ses parcs. Ils portent presque tous l'appellation de *Royal Parks,* car ils appartiennent à la Couronne. Le plus célèbre est *Hyde Park,* en plein centre, le plus grand (136 ha) et le plus populaire, prolongé par *Kensington Gardens* (110 ha). On peut s'y baigner et louer des barques en été. *Regent's Park,* au nord, *Green Park* et *St James's Park* (le plus ancien), aux abords de Buckingham, sont les plus agréables. Ce dernier rappelle les jardins français dessinés par Le Nôtre, qui avait influencé Charles II lors de son exil en France. Petit détail : les beaux transats qui vous tendent les bras sont payants ! En revanche, les pelouses (et quelles pelouses !) sont libres d'accès dans tous les parcs londoniens. N'oublions pas non plus les nombreux petits parcs dépendant des *terraced*

À EN PERDRE LA TÊTE !

Le lac de St James's Park est, paraît-il, habité par le fantôme d'une dame sans tête : elle était mariée à un sergent de la garde, mais tomba amoureuse d'un collègue de son mari. Celui-ci, furieux, lui coupa la tête (carrément) et jeta le corps de sa femme dans le lac du parc. Non mais !

houses, ces alignements de maisons de style georgien construites à partir du XVIIIe s pour répondre à la poussée démographique de la capitale, et qui participent eux aussi au charme et à l'aspect vert de Londres, l'appellation *street* se changeant en *garden.*
Dans la proche banlieue, vous pourrez vous rendre au jardin botanique de *Kew Gardens,* au parc de *Richmond* (pour y gambader avec des daims en liberté !) ou à *Hampstead Heath,* un superbe bois complètement préservé des promoteurs immobiliers. Très agréable pour un pique-nique lorsque le temps s'y prête (voir le chapitre « Les autres quartiers du grand Londres »). À conseiller aux routards écologiques et romantiques qui aiment respirer une bouffée d'air frais. Des espaces verts magnifiques.

HISTOIRE

Quelques dates importantes

– ***55 av. J.-C. :*** Jules César débarque en Angleterre et apporte la bonne parole romaine dans la perfide Albion.
– ***61 apr. J.-C. :*** l'armée des Icènes, conduite par la reine Boadicée, pille et incendie la 1re cité romaine. Les Romains reconstruisent la ville et édifient le temple de Mithra (vestiges visibles près de Guidhall).
– ***IIIe et IVe s :*** les Romains ont toutes les difficultés à faire de ce coin paumé au nord de l'Empire un endroit habitable et agréable à vivre pour eux.
– ***Ve-VIIIe s :*** après les Romains, les Anglo-Saxons occupent le pays. Londres devient pour la 1re fois résidence royale.
– ***XIe s :*** Londres acquiert le statut de capitale politique.
– ***1066 :*** Guillaume le Conquérant gagne la bataille d'Hastings et achève la conquête de l'Angleterre. Les Normands restent seuls maîtres à bord.
– ***1215 :*** par la *Magna Carta,* le roi Jean sans Terre reconnaît aux corporations londoniennes le droit de procéder à l'élection d'un lord-maire. Ce qui permet aujourd'hui à celui-ci de défiler une fois par an dans un joli carrosse. Création également du Grand Conseil, futur Parlement d'Angleterre, presque un contre-pouvoir avant l'heure.
– ***XVIe s :*** création de l'Église anglicane par Henri VIII, histoire de pouvoir changer de femme. Il faisait bon être roi à l'époque.
– ***1558-1603 :*** épanouissement du théâtre anglais et installation de colonies en Amérique du Nord sous le règne d'Elizabeth Ire.
– ***1649 :*** les Londoniens font leur révolution et décapitent Charles Ier à Whitehall. Cromwell lui succède.
– ***1665 :*** plus de 100 000 Londoniens meurent de la peste. Et comme un malheur n'arrive jamais seul…
– ***1666 :*** durant 4 jours, le Grand Incendie détruit les 4/5 de la ville : 13 000 maisons et 90 églises, dont la cathédrale Saint-Paul, sont réduites en cendres. À la suite de cela, Christopher Wren lance la reconstruction de la ville dans un style qui lui est très propre.
– ***1688 :*** 2de révolution anglaise (soi-disant *bloodless*) et avènement l'année suivante de Marie II Stuart.
– ***1837 :*** la reine Victoria décide de déménager pour s'installer à Buckingham Palace.

ENGLISH FIRST !

L'idée de couper la tête du roi n'est pas une invention française. Les Anglais y ont pensé avant, 144 ans plus tôt, en étêtant Charles Ier, à la suite d'une guerre civile sanglante. Plus incompréhensible, leur décision d'installer sur le trône son fils Charles II, particulièrement corrompu. Amazing British !

– ***1876 :*** Victoria est proclamée impératrice des Indes. L'« ère victorienne » correspond au zénith de la puissance et de l'impérialisme britanniques.

– ***1888 :*** Jack l'Éventreur sème la terreur dans les rues de Whitechapel.

– ***1939-1945 :*** les raids aériens allemands sur la ville tuent plus de 30 000 personnes et endommagent la City. En 1940, un certain Charles de Gaulle parle à la BBC... le 18 juin, en commémoration d'un certain 18 juin 1815 (Waterloo). Belle revanche sur l'histoire !

ET LA FAMILLE ROYALE CHANGE DE NOM

Avec son mariage en 1840, la reine Victoria entre dans la lignée allemande des Saxe-Cobourg-Gotha. En 1917, le sentiment antigermanique est si fort que la famille royale britannique doit changer de nom. Elle choisit comme nouveau patronyme Windsor, du nom de son château le plus célèbre... et le plus vaste du monde.

– ***1952 :*** Elizabeth II devient reine d'Angleterre et souveraine de l'Empire britannique. À l'époque, elle vivait encore dans le bonheur.

– ***1968 :*** grève des ouvriers et des dockers qui paralysent le commerce et le trafic pendant plusieurs mois. Même sans grève, le trafic est toujours bloqué aujourd'hui.

– ***1979 :*** Margaret Thatcher est nommée 1re ministre. Sale temps pour les Anglais !

– ***1987 :*** incendie à la station King's Cross. Il aura fallu 30 morts pour qu'on interdise de fumer dans le métro.

– ***1990 :*** 300 000 personnes se retrouvent à Trafalgar Square pour protester contre la *poll tax* (impôt sur la communauté). Résultat : Maggie démissionne et l'impôt est réformé. John Major lui succède.

– ***1992 :*** élection surprise des conservateurs ; John Major est reconduit dans ses fonctions. 4e victoire d'affilée pour les conservateurs. 2 bombes de l'IRA explosent dans le centre de Londres. Incendie au château de Windsor.

– ***1994 :*** James Miller, un Américain de 30 ans, atterrit en ULM et à moitié nu sur le toit du palais de Buckingham. *Shocking !*

– ***1997 :*** l'élection de Tony Blair, leader du Parti travailliste (Labour), met fin à 18 ans de pouvoir conservateur. Mort de Lady Diana dans un accident de voiture sous le tunnel du pont de l'Alma à Paris, donnant lieu à une grande émotion populaire.

– ***1999 :*** mariage du dernier fils d'Elizabeth, Édouard, avec Sophie Rhys-Jones.

– ***2000 :*** élection du travailliste très à gauche Ken Livingstone à la mairie de Londres et centenaire de la *Queen Mum*.

TRADITION ROYALE

La reine Victoria était fière de descendre (soi-disant) de David, roi d'Israël. Voilà pourquoi ses fils furent circoncis. Cette coutume perdura 150 ans, jusqu'à ce que la princesse Lady Diana refuse que ses 2 fils subissent la circoncision. Chez les membres de la famille royale, ça n'a pas plu !

– ***Juin 2001 :*** Tony Blair et le Parti travailliste sont réélus les doigts dans le nez !

– ***2002 :*** en février, Margaret, la sœur de la reine Elizabeth, décède. En avril, c'est au tour de *Queen Mum* de tirer sa révérence. En mai, la reine entame son jubilé (50 ans de règne). Le cœur n'est pas vraiment à la fête.

– ***2003 :*** l'Angleterre est sacrée championne du monde de rugby.

– ***2005-2006 :*** Charles et Camilla se marient, enfin, en avril 2005. Tony Blair est réélu pour la 3e fois à Downing Street, du jamais-vu pour un travailliste. Des bombes explosent dans le métro et les bus de la capitale britannique, en juillet 2005.

– ***2007 :*** Tony Blair quitte Downing Street après 10 ans aux manettes. Gordon Brown prend la suite. Le *Cutty Sark,* clipper des mers, brûle.

– ***2008 :*** un incendie dévaste une partie de Camden Market. Ken Livingstone, le maire de Londres, est battu par le conservateur Boris Johnson, le « bouffon » excentrique, ancien journaliste, aux positions iconoclastes, voire racistes.
– ***2009-2010 :*** arrivée dans la capitale des « Boris Bikes », sur le modèle des *Vélib'* parisiens, demandés par le maire. David Cameron devient 1er ministre.
– ***2011 :*** le mariage du prince William et de Kate Middleton a lieu à l'abbaye de Westminster. Coût : 105 millions d'euros pour 1 900 invités. Dans le même temps, David Cameron lance son projet de *Big Society,* ou le transfert des actions de l'État au profit des collectivités et autres initiatives locales. Résultat : grosses manifestations dans Londres.
– ***2012 :*** le 27 juillet, les Jeux olympiques de Londres (les 3e en un siècle !) débutent avec une spectaculaire cérémonie d'ouverture, concoctée par Danny Boyle, le génial metteur en scène de *Slumdog Millionnaire.* Au programme, notamment, un saut en parachute de la reine Elizabeth II... ou presque. Visiblement en forme, celle-ci a déjà inauguré le clipper *Cutty Sark,* refait à neuf, à Greenwich et fêté son jubilé de diamant (60 ans de règne).
– ***2013 :*** inauguration du *Shard,* le gratte-ciel habité le plus haut d'Europe de l'Ouest. Elizabeth II et le prince Philippe fêtent leurs 65 ans de mariage et la naissance de leur arrière-petit-héritier, George de Cambridge. Margaret Thatcher tire sa révérence.
– ***2014-2015 :*** échec du référendum du 18 septembre 2014 sur l'indépendance de l'Écosse (55,3 % de « non »)... Carnet rose : Kate et William accueillent la princesse Charlotte de Cambridge en mai 2015. David Cameron remporte haut la main les législatives.
– ***2016 :*** on fête les 400 ans de Shakespeare et les 90 ans de la reine. Élection du travailliste Sadiq Kahn à la mairie de Londres. Brexit : le « *Out* » l'emporte avec 51,9 % des voix, David Cameron est poussé à la démission. La conservatrice Theresa May prend sa succession en juillet.
– ***2017-2018 :*** le processus de sortie de l'Europe est enclenché par le Parlement en mars 2017. Attaques terroristes devant Westminster le 22 mars 2017 et à Southwark le 3 juin de la même année. Les élections législatives anticipées se soldent par un camouflet pour Theresa May en juin 2017.
Le 19 mai 2018, le prince Harry et l'actrice américaine Meghan Markle se marient « discrètement » à Windsor. Façon de parler !
– ***2019 :*** le Parlement vote et revote contre l'accord négocié par Theresa May avec l'Europe et se prononce pour une prolongation de la date de sortie de l'UE, initialement prévue le 29 mars 2019. Archie, le petit garçon de Meghan et Harry, naît le 6 mai 2019. Même mois, Theresa May démissionne... pour être remplacée par Boris Johnson le 24 juillet.
– ***31 janvier 2020 :*** le Royaume-Uni quitte l'Union européenne. Comme Meghan et Harry ! Tout fout le camp. La gestion de la pandémie liée au Covid provoque une cacophonie au sommet de l'État et perturbe les négociations de sortie de l'Union européenne.
– ***2021 :*** depuis le 1er octobre, il faut désormais montrer son passeport et remplir un formulaire pour traverser la Manche ! De plus, avec la crise du Covid, les règles de séjour évoluent avec les nouvelles du front. Test à l'arrivée, isolement demandé le temps des résultats, etc. Une actualité toujours à suivre. Pendant ce temps, Boris Johnson fait des misères à la France en lui soufflant, sous l'impulsion des États-Unis, le « contrat du siècle » portant sur des sous-marins destinés à l'Australie. Puis en refusant un certain nombre de licences de pêche aux pêcheurs français... Sans oublier la question des migrants qui empoisonne les relations franco-britanniques tandis que la traversée de la Manche dans des conditions déplorables fait de nombreux morts chaque mois. Inquiet de la « direction » que prend le gouvernement de Boris Johnson, le négociateur du Brexit, David Frost, démissionne et laisse la place à Liz Truss, chef de la diplomatie britannique.

MÉDIAS

Votre TV en français : TV5MONDE, la 1re chaîne culturelle francophone mondiale

Avec ses 11 chaînes et ses 14 langues de sous-titrage, TV5MONDE s'adresse à 360 millions de foyers dans plus de 198 pays du monde par câble, satellite et sur IPTV. Vous y retrouverez de l'information, du cinéma, du divertissement, du sport, des documentaires...
Grâce aux services pratiques de son site voyage • *voyage.tv5monde.com* •, vous pouvez préparer votre séjour et, une fois sur place, rester connecté avec les applications et le site • *tv5monde.com* • Demandez à votre hôtel le canal de diffusion de TV5MONDE et contactez • *tv5monde.com/contact* • pour toutes remarques.

Presse

Tous les patrons de presse français restent pantois quand ils regardent les tirages des journaux anglais. Les Anglais lisent énormément, vous en aurez la preuve dans le métro. Dès le matin, les lecteurs se précipitent sur *Metro* (• *metro.co.uk/* •), sans grand intérêt culturel mais idéal pour apprendre les gros titres. Le soir, c'est la ruée sur l'*Evening Standard* (• *standard.co.uk* •), gratuit. Côté payants, il faut reconnaître que les Anglais ont le choix. Le quotidien le plus célèbre, et peut-être le plus sérieux, est le *Times* (• *thetimes.co.uk* •). Si vous avez l'occasion, jetez un coup d'œil sur le courrier des lecteurs, ça vaut le coup. La presse dite « sérieuse », avec *The Daily Telegraph* (• *telegraph.co.uk* •) pour les expos et l'art, *The Independent* (• *independent.co.uk* •), très sérieux, qui a sorti « i », moins dense mais tout aussi rigoureux, *The Daily Express* (pas terrible), *The Daily Mail* (• *dailymail.co.uk* •) et *The Guardian* (• *guardian.co.uk* •) offrent un large panorama des différentes tendances politiques du pays. Le *Financial Times* (• *ft.com* •), imprimé sur papier saumon, est l'outil indispensable des businessmen et -women de la City. À côté, il y a les tabloïds ; le *Mirror* et le *Sun* en sont les têtes d'affiche. Ils disent rarement du bien de qui que ce soit et sont antieuropéens. Traditionnellement antitravaillistes, le *Sun* et le *Daily Mirror* mélangent ragots, scandales tournant souvent autour de la famille royale, de mannequins seins nus, avec des tirages impressionnants.

Radio

Il y a bien évidemment la *BBC* (la *Beeb* ; • *bbc.co.uk* •), avec ses 6 programmes différents, dont un destiné aux enfants (Radio 5 sur 693 et 909 AM), et le World Service qui lance toutes les heures le fameux *This is London...* En tout, 120 millions d'auditeurs dans le monde écoutent des émissions diffusées en 35 langues. Sur Londres, *Capital Radio* (95,8 FM) est la plus écoutée des radios locales.

Télévision

Sans conteste la TV européenne qui s'exporte le mieux dans le monde, capable de produire le *Monty Python Flying Circus* comme les documentaires les plus sérieux. Côté chaînes gratuites, 2 chaînes pour la *BBC* (et plusieurs chaînes supplémentaires sur le câble, dont *BBC News*). La 1re chaîne programme des séries, des variétés et du sport ; la 2de est plus « culturelle ». *ITV 1* (shows et docs sensationnalistes), *Channel 4* (idem) et *FIVE* (intello) sont des chaînes hertziennes privées. Il y a également le satellite avec *MTV, BskyB...*

MONARCHIE : DIEU VA-T-IL SAUVER LA REINE ?

Elizabeth II cumule les mandats : elle est à la tête de l'Église anglicane, du Commonwealth et du système monarchique le plus puissant du monde. La Constitution peu codifiée lui laisse encore le pouvoir, symbolique, de nommer le 1er ministre. Elle lui concède également la propriété des... cygnes qui peuplent les parcs, relativement à une loi datant du XIVe s ! Mais combien de temps encore l'édifice tiendra-t-il ?

PAUVRE REINE !

Toujours bien classée, sa fortune a toutefois fondu comme un morceau de sucre dans une tasse de thé. Son portefeuille d'actions n'a cessé de perdre de la valeur. Ses collections d'art et son patrimoine immobilier restent considérables, mais elle ne peut rien vendre. En effet, tout appartient à la fonction et non à sa personne. Bref, elle manque de cash !

Alors que la mainmise ancestrale de l'aristocratie, dont la famille Windsor, sur 70 % des terres britanniques est la cause directe de la flambée de l'immobilier, la révolution est encore loin en Grande-Bretagne. Si les dépenses royales s'élevaient en 2016 à plus de 40 millions d'euros (à la charge du contribuable), la reine ne paie des impôts que depuis quelques années. Et pourtant, les Anglais entretiennent infailliblement avec leur monarchie aux frasques dignes des people une relation pour le moins ambiguë, frisant l'irrationnel.

Mais le brillant film *The Queen* de Stephen Frears, qui valut à Helen Mirren un oscar en 2007, a illustré comment cette fidélité aveugle a vacillé quelque peu dans la semaine qui suivit la mort de Diana en 1997. La reine, présentée dans son intimité, apparaît distante, voire cynique, mais surtout désemparée face à la réaction de tout un peuple. Comme si elle découvrait que celui-ci pouvait se rebeller. Gardienne d'un temple millénaire, elle doit faire face aux médias, à l'émotion de ses sujets et aux pressions de son tout nouveau 1er ministre travailliste de l'époque, Tony Blair.

Avec la mort de Diana, une aile du palais a brûlé et la reine semble touchée, comme tous les Anglais (ou presque) par la crise : ses actions ont perdu 30 % en 2008 et elle a dû réduire de moitié ses dépenses entre 1990 et 2002, alors qu'en 2010 les négociations sur sa pension annuelle accordée par le gouvernement pendant les 10 années à venir étaient âprement menées par ses conseillers. La reine doit se serrer la ceinture et ne mène plus le train de vie fulgurant d'avant. La plus grande part de son patrimoine (elle reste tout de même l'une des grosses fortunes du pays !) est liée à sa fonction et n'est donc pas vendable. Bref, en ces temps de crise économique profonde et de grande désaffection vis-à-vis des politiques, Elizabeth II, avec ses cheveux gris de grand-mère proprette, incarne pour le peuple une institution rassurante, le dernier pilier indéboulonnable du pays en quelque sorte. Mais après Elizabeth II, qu'adviendra-t-il ?

Charles, éternel aspirant, programmé pour régner mais privé du trône, semble certes plus à la page, mais est loin d'incarner cette stature sécuritaire de gardien du temple. Il divorce, s'affiche écolo, mais voyage à grands

LE JOB DE CHARLES ? PRINCE

Il est ennuyeux d'avoir comme devise « Je sers », pour lui qui n'a pas fait grand-chose depuis plus de 60 ans. Faut dire qu'en Angleterre la démocratie n'est pas un vain mot. Les Royals ne peuvent jamais émettre d'avis sur les problèmes politiques ou autres. Ils doivent suivre les directives du gouvernement, sans broncher. Ici, le 1er ministre est le vrai (et seul) patron.

frais. Ses frères, sa sœur ou ses fils font la une permanente de la presse bas de gamme. Mais le prince William, fils de Lady Di et du prince Charles, convole en noces avec Kate Middleton, jeune roturière rencontrée lors de ses études. Tout le monde s'est pâmé devant les robes Alexander McQueen de Catherine et de sa sœur Pippa. Les tourtereaux ont permis également de relancer la production de tasses et assiettes kitsch à souhait en vente dans les boutiques de souvenirs. Un must ! George, Charlotte et Louis, les enfants de Kate et William, redonnent une image glamour de la famille royale. En 2015, la reine assoit sa puissance mondiale : avec la mort du roi Abdallah d'Arabie Saoudite, elle devient la monarque la plus âgée du monde !

Une ombre au tableau : le prince Harry et sa femme Meghan Markle, qui ont rompu définitivement les liens avec la Couronne pour s'installer aux USA et abandonné leurs titres et fonctions début 2020, dénonçant la pesanteur du protocole et la pression de la famille royale, en total décalage avec les mœurs du XXIe s.

UN SECRET EN OR

Quand les habitants de Cornouailles meurent sans héritier (ou sans testament), les biens tombent dans l'escarcelle du prince Charles, duc de Cornouailles (au lieu d'alimenter les caisses de l'État !). On comprend mieux pourquoi sa fortune personnelle dépasse les 200 millions de Livres Sterling...

POPULATION

Être ou ne pas être anglais, ou généralités sur quelques différences... Mais qui sont-ils ? L'ennemi héréditaire, la perfide Albion, surnommée ainsi en raison de ses falaises blanches (*albus* signifie « blanc » en latin), a toujours eu le don d'irriter les Continentaux. Son flegme dédaigneux a engendré chez les autres peuples à travers les âges des sentiments négatifs, parfois même agressifs. Pour leur part, les Britanniques penseraient presque que le monde civilisé s'arrête à Douvres !

Le Français est cartésien, tout doit s'expliquer, et 2 et 2 font toujours 4... Les Britanniques pensent plutôt que les chiffres sont l'affaire d'un comptable et qu'il est de toute façon extrêmement vulgaire d'étaler son érudition. Un Anglais d'une éducation irréprochable répondra toujours à une affirmation par : « Vous croyez ? » Feindre de ne pas savoir que la Terre est ronde ou affirmer ne pas avoir tout à fait maîtrisé la table de multiplication par 4 a toujours été du meilleur ton.

Une nuit, à la fin des années 1950, il y avait un brouillard tellement dense que l'aéroport de Londres fut fermé et que même les ferry-boats n'osaient pas s'aventurer sur la Manche. Le lendemain matin, un grand quotidien populaire britannique titrait à la une : « Le continent est isolé... » ! Ce trait d'esprit illustre bien le fait que si la Lune gravite autour de la Terre, le monde, selon les Anglais, tourne quant à lui autour des îles Britanniques...

L'Anglais aime à cultiver l'absurde, l'humour à froid et l'irrationnel. C'est tout de même dans l'un des pays les plus pluvieux d'Europe qu'on a non seulement produit le plus de voitures décapotables mais aussi commercialisé la voiture « découverte », c'est-à-dire sans capote du tout !

Il fallait être anglais pour déclarer la guerre à l'Argentine et partir bille en tête défendre un bout de terre à plus de 10 000 km de l'Europe, sur lequel les moutons étaient la seule et unique richesse. Mais ils partirent aux îles Falkland derrière le fils de la reine *himself,* parce qu'on ne touche pas au sol royal.

Ignorer la réalité pour imposer sa propre vision du monde est un pilier de la philosophie anglaise. Durant la Seconde Guerre mondiale, le toit d'une épicerie londonienne fut touché par un V1 allemand. Le lendemain, l'épicier accrocha un panneau sur lequel était écrit : « Plus ouvert que d'habitude »...

On retrouve l'origine de ces comportements jusque dans les légendes arthuriennes. La sublimation, la quête du Saint Graal, le roi Arthur et ses chevaliers de la Table ronde, tout ça représente encore aujourd'hui les aspirations profondes de la noblesse anglaise et, par ricochet, celles de l'homme de la rue. Être mieux que ce qu'on est, le fair-play, lutter contre ses sentiments, bref, les Anglais pensent qu'à force de faire semblant d'être plus généreux et plus chevaleresque on finit bien par le devenir ! Du conflit entre les petites mesquineries quotidiennes et les grandes envolées lyriques est né le goût de la dérision, et ce n'est pas sans raison que les Monty Python se sont attaqués au mythe arthurien dans l'un de leurs 1ers films.

Si, dans d'autres pays, il faut se montrer extrêmement circonspect et prendre garde à la manière de formuler une critique individuelle, les Anglais, eux, adorent être « vannés ». La seule vraie insulte que vous pouvez leur faire est de leur dire qu'ils n'ont pas le sens de l'humour. Un des plus grands succès de librairie britannique (30 éditions !) fut, en 1946, un livre extrêmement drôle et méchant sur le comportement anglais : *How to be an Alien* (Penguin), écrit par George Mikes, un Hongrois. Il commence ainsi : « Les Continentaux pensent que la vie est un jeu ; les Anglais, eux, pensent que le cricket est un jeu ! » Et le reste à l'avenant...

La France aux Français ? Mais de quel droit ?

Si les Anglais éprouvent une véritable passion pour la France (ce sont eux qui ont découvert et « colonisé » la Côte d'Azur ; quant aux vins de Bordeaux, on peut dire qu'ils font partie intégrante de la culture anglaise depuis le Moyen Âge), le peuple français, en revanche, leur inspire plutôt des sentiments de méfiance. Les discussions politiques de comptoir en France remplissent d'effroi le cœur du touriste anglais. Comment faire confiance à cette nation où chacun croit savoir tout sur tous les sujets ? Les Français apparaissent, à leurs yeux, comme un peuple frivole, gonflés de leur propre importance – comme Napoléon ! – et, pire encore : des révolutionnaires ! En gros, certains Britanniques pensent que Dieu, dans un moment lyrique, a créé le plus beau pays du monde : la France ; puis que, pour rétablir un juste équilibre vis-à-vis des autres, il y a mis... le peuple français ! N'empêche, l'engouement pour la France ne se limite pas à la cuisine et aux grands vins : les comédies musicales londoniennes comme *Les Misérables* affichent complet.

HUMOUR ANGLAIS

Durant la Seconde Guerre mondiale, Churchill pénètre dans le bureau de de Gaulle dans un costume excentrique : nœud papillon à pois, chemise rayée et costume à carreaux. Le général, en uniforme, lève la tête, sourit et dit à son hôte : « Tiens, c'est le carnaval à Londres aujourd'hui ? » « Que voulez-vous, répond le 1er ministre de Sa Majesté, tout le monde ne peut pas se déguiser en soldat inconnu ! »

Le sens civique

Les Britanniques sont réputés pour leur flegme, mais il ne faut pas trop gratter le vernis pour réveiller la fougue qui sommeille dessous. Aussi ne prenez pas leur place. Faire la queue est une institution sacrée. Il faut en Angleterre la respecter, bien qu'il soit parfois difficile de savoir où cette pratique convient. On fait la queue pour prendre le bus ou le

EXCLUSION

Jusqu'en 1828, tous les fonctionnaires britanniques étaient obligés de prêter serment pour obtenir un poste. Ils devaient notamment déclarer par écrit qu'ils ne reconnaissaient pas l'autorité du pape. Ce qui excluait tous les catholiques.

train, aux guichets des cinémas et des théâtres, mais pas au bar à l'entracte ni au pub. Somme toute, il faut bien observer la situation, puis décider s'il y a lieu d'être patient ou de défendre âprement sa place.

Punks

Le punk n'est pas une invention du diable, mais bel et bien un phénomène social. Il ne serait pas né sans la crise qui frappa l'Angleterre après le 1er choc pétrolier. À la différence de la plupart des hippies, les « keupons » étaient avant tout des fils de « prolos ». L'un d'eux, lucide, déclarait à la presse musicale : « Je n'avais que 3 possibilités pour m'en tirer : braquer une banque, devenir footballeur ou chanter. Et comme je n'étais ni courageux ni sportif... »

Vers 1975, un nouveau genre musical apparaît à Londres, en réaction à la musique planante de l'époque : le *pub rock,* qui renoue avec l'esprit originel du rock'n'roll. Parmi ses piliers (de bar) : Elvis Costello, Doctor Feelgood et le troubadour Ian Dury, inventeur de la maxime « *Sex, Drugs and Rock'n'Roll* ». Devant le succès (surtout scénique) de la formule, des centaines de jeunes révoltés fourbissent leurs guitares en attendant de pouvoir, eux aussi, monter sur scène...

Au même moment, à New York, le public rock découvre les jeans déchirés des Ramones, la poétesse Patti Smith et les provocants New York Dolls. Le manager des Dolls, Malcolm McLaren, dégoûté par le show-biz américain, revient à Londres, bien décidé à se venger. Il ouvre une boutique de fringues sur King's Road, sobrement baptisée *Sex.* Un jour, il surprend des petites frappes en train de chaparder ses T-shirts. Impressionné par leur look, McLaren a une intuition proche du génie : les manager pour révolutionner l'histoire du rock... les Sex Pistols sont nés. Ils jouent comme des patates, mais leur allure, leurs slogans, leur énergie, la voix frénétique de leur chanteur (Johnny Rotten – « pourri » en français) et le charisme de leur bassiste (Sid Vicious) les propulsent immédiatement. Dans la foulée, les maisons de disques signent avec tous les groupes punks qui leur tombent sous la main. Quelques-uns entrent aussitôt dans la légende : The Clash, The Stranglers, Buzzcocks, The Damned...

DRÔLES DE PISTOLETS !

En 1976, les Sex Pistols sont invités à une émission de la BBC, en direct. Très vite, les téléspectateurs assistent à une profusion d'injures, jamais entendues à une heure de grande écoute. Résultat : le présentateur est débarqué illico, et les ventes du 45-tours Anarchy in the UK *font un carton, propulsant définitivement le groupe !*

Tous les musiciens amateurs du moment s'engouffrent dans la brèche. Le public imite l'attitude et le look de ces nouvelles idoles. Les conservateurs s'étranglent devant une subversion aussi populaire.

Musicalement, la vague punk aura eu le mérite de réinjecter une rébellion et une vitalité propres au rock des pionniers et que l'on croyait avoir perdues depuis longtemps... Auto-sabordée en 1978 (après le suicide de Sid Vicious), la scène punk anglaise généra aussitôt un autre genre, aussi créatif et excitant, quoique moins spectaculaire : la *new wave,* dont sont issus les groupes les plus intéressants des années 1980. Preuve que le slogan « *No future* » était lui aussi dérisoire.

Enfin, en ce début de XXIe s, le mouvement électroclash (mélange de punk rock et de techno, mâtiné de revival eighties) fait les beaux jours des... boîtes de nuit !

Y a-t-il un avenir au droit à la différence ?

Aujourd'hui, au XXIe s, la Grande-Bretagne s'apprête psychologiquement à mettre un pied timide dans le XXe s ! Les colonels à la retraite – qui cultivent les roses en rêvant avec nostalgie à leurs chasses au tigre passées –, les fils de famille – dont personne n'attendait un autre comportement que d'avoir de l'esprit et de conduire des décapotables rouges afin d'épater les filles – ainsi que les vieilles dames à ombrelle – qui sirotent le thé dans des fauteuils en osier sur des pelouses millénaires –, tout cela s'estompe peu à peu pour rejoindre le grand album des images d'Épinal d'une Angleterre historique. D'ailleurs, la très chic *Manorial Society of Great Britain* met en vente les titres de noblesse des aristocrates fauchés. Tout fout le camp !

Avec « Ma'am Thatcher », l'Angleterre a appris qu'elle était au bord de la faillite. Avec l'arrivée massive d'immigrés en provenance des anciennes colonies et des pays de l'Est, elle doit apprendre aussi à gérer, avec pas mal de difficultés, une société multiculturelle. Enfin, la sortie de l'Union européenne en 2020 a terminé de la rendre perplexe et d'en exacerber les fractures sociales. Bref, la Grande-Bretagne est en pleine mutation.

Mais, aussi radicaux que pourront être les changements, l'excentricité restera une caractéristique nationale. Car c'est bien dans ce pays encombré de petites maisons alignées que le droit à la différence demeure une réalité. Que ce soit les modes extravagantes de la jeunesse britannique – qui se diffusent dans le reste du monde – ou les allures de ces vieux aristocrates qui siègent à la Chambre des lords avec leurs cheveux coiffés en queue-de-cheval et qui prônent la polygamie, le fait est là : l'Angleterre cultive le paradoxe et aime l'excentricité. Le droit d'être différent, que ce soit à titre individuel ou en tant que nation, fait partie de l'héritage culturel de cette petite poignée d'îles...

ET POURQUOI LES IMMIGRÉS VEULENT-ILS ALLER EN ANGLETERRE ?

Chez les Anglais, une règle préserve le droit de tous les citoyens, depuis des siècles : l'habeas corpus. Cette loi garantit à une personne arrêtée d'être présentée très rapidement à un juge qui décidera de la validité de son arrestation. S'il n'y a pas de délit, elle sera libérée aussitôt. En Angleterre, on peut donc se promener sans avoir de carte d'identité. Ce n'est pas le cas en France !

SITES INSCRITS AU PATRIMOINE MONDIAL DE L'UNESCO

UNESCO – Organisation des Nations Unies pour l'éducation, la science et la culture · En coopération avec le Centre du patrimoine mondial

Pour figurer sur la liste du Patrimoine mondial, les sites doivent avoir une valeur universelle exceptionnelle et satisfaire à au moins 1 des 10 critères de sélection. La protection, la gestion, l'authenticité et l'intégrité des biens sont également des considérations importantes.

Le patrimoine est l'héritage du passé dont nous profitons aujourd'hui et que nous transmettons aux générations à venir. Nos patrimoines culturel et naturel sont 2 sources irremplaçables de vie et d'inspiration. Ces sites appartiennent à tous les peuples du monde, sans tenir compte du territoire sur lequel ils sont situés. Pour plus d'informations : ● *whc.unesco.org* ●

À Londres, les sites inscrits sont les suivants :

– ***Westminster Palace :*** le Parlement britannique.

– ***Westminster Abbey and St Margaret's Church :*** abbaye où se marient les grands hommes, où sont couronnés les grands hommes et où sont enterrés les grands hommes.

– ***Tower of London*** *(Tour de Londres)* **:** ancienne prison royale où sont conservés les bijoux de la Couronne.

– ***Le quartier de Greenwich :*** où se situe le fameux méridien.

– ***Kew Gardens :*** les jardins botaniques royaux.

SPORTS

Les Anglais aiment à croire qu'ils ont inventé tous les sports, ce qui est – il faut l'avouer – presque vrai. Une grande partie de l'activité scolaire y est d'ailleurs consacrée : il faut un esprit sain dans un corps sain, et non pas faire comme les Continentaux qui fabriquent des intellectuels buvant du café jusqu'à 3h du matin, refaisant un monde dans lequel, de toute façon, aucun Anglais ne voudrait vivre...

Le sport en Angleterre est invariablement associé aux paris : les Anglais sont prêts à parier n'importe quoi, et sur tout. Les *bookmakers* – une institution privée en Angleterre – prennent des paris sur le pays qui accueillera les prochains Jeux olympiques ou sur le temps qu'il fera demain. Dans ce dernier cas, les optimistes sont désavantagés ! Ce goût du pari montre aussi le refus profond des Anglais de croire qu'autre chose que les lois du hasard puisse régir la vie.

42,195 KM ? ENCORE UNE LÉGENDE !

Les Jeux olympiques de Londres en 1908 ont vu pour la 1re fois défiler les nations avec leurs drapeaux respectifs lors de la cérémonie d'ouverture, mais c'est aussi à cette date que fut fixée la distance si étrange du marathon de 42,195 km. Elle ne correspond pas à la distance Marathon-Athènes (40 km environ), comme le veut la légende, mais à la distance entre... Windsor Castle et la loge de la famille royale au stade olympique.

Football

Vous voulez assister à un match de foot ? Eh bien, il va falloir vous y prendre longtemps à l'avance et croiser les doigts très fort... Victimes d'un succès qui dépasse les frontières de la Manche, les grands clubs londoniens affichent complet plusieurs mois avant la date des matchs et, la plupart du temps, les billets sont octroyés en priorité aux abonnés des clubs (les célèbres *subscribers*). Pas facile, la vie de supporter ! Si vous souhaitez tenter votre chance, voici la liste et les coordonnées des principales équipes de Premier League de la capitale.

– ***Arsenal Football Club*** *(les Gunners)* **:** ☎ 0207-619-5003 ou 5000. ● arsenal.com ● Le club rouge et blanc que le mythique entraîneur français Arsène Wenger a quitté. Pour aller voir jouer les *Gunners,* c'est facile : prendre la ligne Piccadilly vers le nord, station Arsenal. Depuis septembre 2006, l'équipe joue à l'Emirates Stadium (à Ashburton Grove), tout à côté. Ce stade de 60 335 places (c'est précis !) a coûté la bagatelle de 520 millions d'euros mais reste le plus rentable de la Premier League !

– ***Chelsea Football Club*** *(les Blues)* **:** ☎ 020-7386-9373. ● chelseafc.com ● L'équipe des *Blues* est l'une des meilleures du continent européen avec 2 trophées en ligue des Champions (2012 et 2021). Pour se rendre au stade Stamford Bridge, la station de métro la plus proche est Fulham Broadway, sur District Line. Le plus simple est de prendre le métro jusqu'à Earl's Court et de changer de ligne, direction Wimbledon.

– ***Tottenham Hotspur Football Club*** *(les Spurs)* **:** ☎ 0344-499-5000. ● tottenhamhotspur.com ● L'un des plus anciens clubs d'Angleterre (1882), ennemi juré d'Arsenal, il est toujours à la recherche de son lustre d'antan malgré la présence du gardien de l'équipe de France, Hugo Lloris (cocorico !). Pour se rendre au stade de White Hart Lane, la station la plus proche est Seven Sisters, sur Victoria Line. Ensuite, compter 20 mn de marche.

– ***West Ham United*** *(les Hammers)* **:** ☎ 020-8548-2748 ou 0333-030-1966. ● whufc.com ● Ce club légendaire a connu ses heures de gloire dans les années 1960-1970 en remportant 3 Coupes d'Angleterre et la Coupe des

Coupes européenne, avant de sombrer peu à peu dans l'anonymat du championnat anglais. Ses supporters restent néanmoins fidèles et encouragent une équipe à consonance résolument cosmopolite, mais qui donne sa chance aux jeunes talents anglais. Pour se rendre à l'Upton Park, descendre à la station du même nom, sur District Line et Hammersmith and City Line. La station est à côté du stade.

– ***Fulham Football Club*** *(les Cottagers)* **:** *☎ 0843-208-1222. • fulhamfc.com •* Le club de l'homme d'affaires pakistano-américain Shahid Khan. Un petit club au palmarès encore vierge, qui connaît beaucoup de difficultés pour faire partie des grands ! Pour se rendre au stade champêtre de Craven Cottage, prendre District Line jusqu'à Putney Bridge Station et continuer à travers le Bishop's Park, le stade est indiqué. Craven Cottage est sur les bords de la Tamise.

Rugby

Pour ceux qui l'auraient oublié, la Grande-Bretagne est le berceau du rugby, qui fut précisément inventé au collège de Rugby au milieu du XIXe s... par hasard. La légende raconte que c'est le jeune William Webb Ellis qui décida de prendre le ballon en main lors d'une partie de football. C'est à ***Twickenham,*** non loin de Richmond, à environ 18 km au sud-ouest de Londres, que retentit chaque année le célèbre *God Save the Queen* durant le Tournoi des 6 Nations ou les tests-matchs du Quinze de la Rose. Le ***stade*** (Twickers pour les intimes) est le siège de la Fédération de rugby à 15 et prête aussi sa pelouse pour des mégaconcerts. Pour les supporters, un ***musée*** retrace l'histoire du ballon ovale à travers une série d'objets (maillots, coupes) et de vidéos, et on descend également dans l'arène. *Fermé j. fériés, avt et après les matchs, bref, comme c'est un peu compliqué, avt de vous déplacer, renseignez-vous sur le site • worldrugbymuseum.com • ou par tél : ☎ 020-8892-8877. En train, gare de Twickenham depuis Waterloo puis 15 mn à pied ; en métro station Richmond puis bus. Ouv mar-sam 10h-17h, dim et j. fériés 11h-17h. Musée seul 12,50 £ ; musée + stadium tour : 27 £ ; réduc.*

BALLON OVALE

Au départ, pour le rugby, le ballon était rond. Il était fabriqué par le cordonnier de la ville, à l'aide d'une vessie de porc. Puis, peu à peu, l'objet est devenu ovale, car beaucoup plus facile à prendre à la main.

Tennis

Là encore, Londres est à l'honneur, puisque la capitale accueille chaque année (fin juin-début juillet) l'une des épreuves du Grand Chelem, le tournoi de tennis sur gazon (on sait que les Anglais sont des spécialistes dans le domaine) qui se déroule à Wimbledon. L'équivalent de notre Roland-Garros parisien en terre battue. Les places y sont aussi difficiles à obtenir. À défaut de voir la petite balle jaune passer et repasser, vous pouvez aller visiter le nouveau musée (voir le chapitre « Brompton, Chelsea et South Kensington »).

les ROUTARDS sur la FRANCE 2023-2024

(dates de parution sur • **routard.com** •)

Découpage de la FRANCE par le ROUTARD

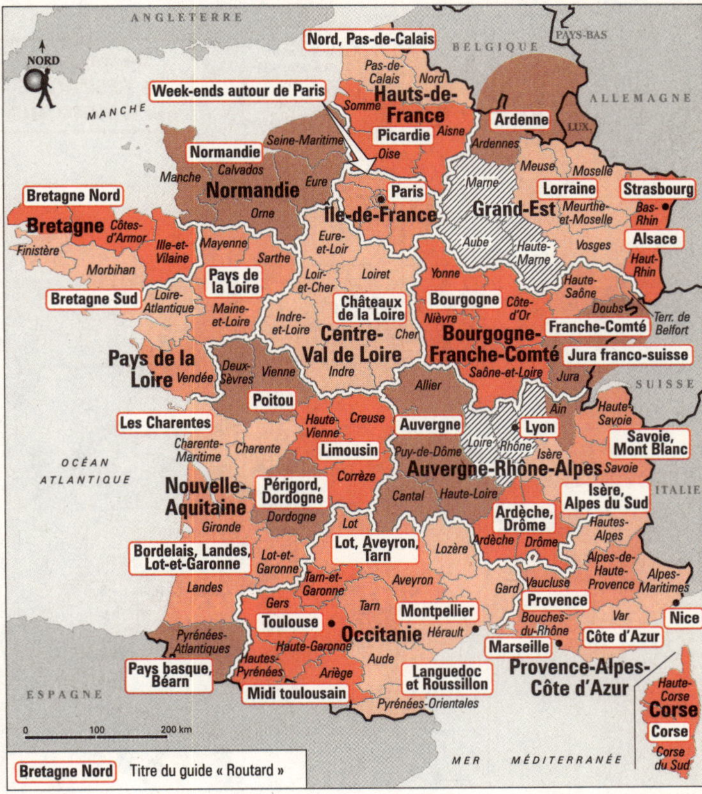

Autres guides sur la France

- Nos meilleurs campings en France
- Nos meilleures chambres d'hôtes en France

Autres guides sur Paris

- Paris
- Paris balades
- Restos et bistrots de Paris
- Le Routard des amoureux à Paris
- Week-ends autour de Paris

Le Routard à vélo

- EuroVelo6
- La Bourgogne du Sud à vélo
- La Flow Vélo
- La Loire à Vélo
- La Vélo Francette
- La Vélodyssée (Roscoff-Hendaye)
- Le Canal des 2 mers à vélo
- Paris Île-de-France à vélo
- ViaRhôna
- Les plus belles escapades à vélo en France

les ROUTARDS sur l'ÉTRANGER 2023-2024

(dates de parution sur • **routard.com** •)

Découpage de l'ESPAGNE par le ROUTARD

Découpage de l'ITALIE par le ROUTARD

Autres pays européens

- Allemagne
- Angleterre, Pays de Galles
- Autriche
- Belgique
- Bulgarie
- Crète
- Croatie
- Danemark, Suède
- Écosse
- Finlande
- Grèce continentale
- Hongrie
- Îles grecques et Athènes
- Irlande
- Islande
- Madère
- Malte
- Norvège
- Pays baltes : Tallinn, Riga, Vilnius
- Pologne
- Portugal
- République tchèque, Slovaquie
- Roumanie
- Suisse

Villes européennes

- Amsterdam
- Berlin
- Bruxelles
- Budapest
- Copenhague
- Dublin
- Lisbonne
- Londres
- Moscou
- Naples
- Porto
- Prague
- Saint-Pétersbourg
- Stockholm
- Vienne

les ROUTARDS sur l'ÉTRANGER 2023-2024

(dates de parution sur • routard.com •)

Découpage des ÉTATS-UNIS par le ROUTARD

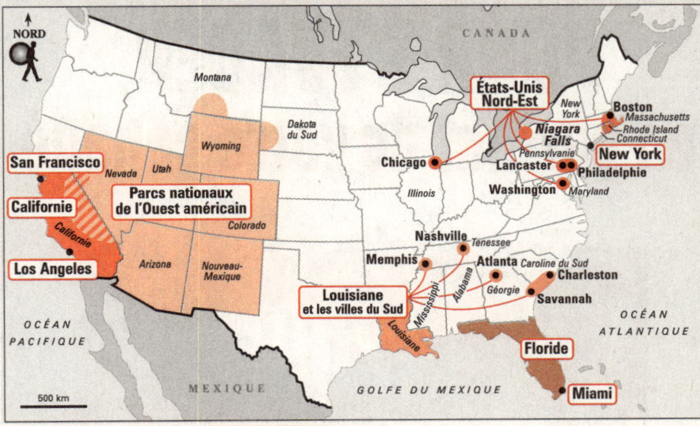

Autres pays d'Amérique

- Argentine
- Brésil
- Canada Ouest
- Chili et île de Pâques
- Colombie
- Costa Rica
- Équateur et les îles Galápagos
- Guatemala, Belize
- Mexique
- Montréal
- Pérou, Bolivie
- Québec et Ontario

Asie et Océanie

- Australie côtes est et nord + Red Centre
- Bali, Lombok
- Bangkok
- Birmanie (Myanmar)
- Cambodge, Laos
- Chine
- Hong Kong, Macao, Canton
- Inde du Nord
- Inde du Sud
- Israël et Palestine
- Istanbul
- Jordanie
- Malaisie, Singapour
- Népal
- Shanghai
- Sri Lanka (Ceylan)
- Thaïlande
- Tokyo, Kyoto et environs
- Turquie
- Vietnam

Afrique

- Afrique du Sud
- Égypte
- Kenya, Tanzanie et Zanzibar
- Maroc
- Marrakech
- Sénégal
- Tunisie

Îles Caraïbes et océan Indien

- Cuba
- Guadeloupe, Saint-Martin, Saint-Barth
- Île Maurice, Rodrigues
- Madagascar
- Martinique
- République dominicaine (Saint-Domingue)
- Réunion

Guides de conversation

- Allemand
- Anglais
- Arabe du Maghreb
- Arabe du Proche-Orient
- Chinois
- Croate
- Espagnol
- Grec
- Italien
- Japonais
- Portugais
- Russe
- G'palémo (conversation par l'image)

Livres-photos/Livres-cadeaux

- 50 voyages à faire dans sa vie (**nouveauté**)
- 52 escapades nature en France
- 52 villes coups de cœur en Europe (city trips)
- 52 week-ends coups de cœur en France
- 120 coins secrets en Europe
- 1 200 coups de cœur en France
- 1 200 coups de cœur dans le monde
- Cahier de vacances du Routard
- Expériences et micro-aventures en France (**nouveauté**)
- La France de Stéphane Bern
- La France à vélo (**nouveauté**)
- Nos plus belles balades et randos en France
- Road Trips Monde
- Road Trips en France
- Sacré : les 100 plus beaux sites de la planète
- Voyages
- Voyages : États-Unis
- Voyages : France
- Voyages : Italie

INDEX GÉNÉRAL

INDEX GÉNÉRAL

INDEX GÉNÉRAL

LISTE DES CARTES ET PLANS

Remarque importante aux hôteliers et restaurateurs

Les enquêteurs du *Routard* travaillent dans le plus strict anonymat. Aucune réduction, aucun avantage quelconque, aucune rétribution n'est jamais demandé en contrepartie. Face aux aigrefins, la loi autorise les hôteliers et restaurateurs à porter plainte.

Avis aux lecteurs

Le Routard, ce n'est pas comme le bon vin, il vieillit mal. On ne veut pas pousser à la consommation, mais évitez de partir avec une édition ancienne. Les modifications sont souvent importantes.
Les réductions accordées à nos lecteurs ne sont jamais demandées par nos rédacteurs afin de préserver leur indépendance. Les hôteliers et restaurateurs sont sollicités par une société de mailing, totalement indépendante de la rédaction, qui reste donc libre de ses choix. De même pour les autocollants et plaques émaillées.

Avec routard.com, choisissez, organisez, réservez et partagez vos voyages !

✓ Rejoignez la plus grande communauté francophone de voyageurs : **plusieurs millions d'internautes.**

✓ Échangez avec les routarnautes : forums, photos, avis d'hôtels.

✓ Retrouvez aussi toutes les informations actualisées pour choisir et préparer vos voyages : près de 300 guides destinations, une centaine de dossiers pratiques et un magazine en ligne pour découvrir tous les secrets de votre destination.

✓ Enfin, comparez les offres pour organiser et réserver votre voyage au meilleur prix.

Les Routards *parlent aux* Routards

Faites-nous part de vos expériences, de vos découvertes, de vos tuyaux et de vos coups de cœur. Aidez-nous à remettre l'ouvrage à jour. Indiquez-nous les renseignements périmés. Faites profiter les autres de vos adresses nouvelles, combines géniales... On adresse un exemplaire gratuit de la prochaine édition à ceux qui nous envoient les meilleurs courriers, pour la qualité et la pertinence des informations.
Quelques conseils cependant :
– Envoyez-nous votre courrier le plus tôt possible afin que l'on puisse insérer vos tuyaux sur la prochaine édition.
– N'oubliez pas de préciser l'ouvrage que vous désirez recevoir, ainsi que votre adresse postale.
– Vérifiez que vos remarques concernent l'édition en cours et notez les pages du guide concernées par vos observations.
– Quand vous indiquez des hôtels ou des restaurants, pensez à signaler leur adresse précise et, pour les grandes villes, les moyens de transport pour y aller.
Si vous le pouvez, joignez la carte de visite de l'hôtel ou du resto décrit.
En tout état de cause, merci pour vos nombreux mails.

122, rue du Moulin-des-Prés, 75013 Paris

● *guide@routard.com* ● *routard.com* ●

Routard Assurance *2023*

Enrichie au fil des années par les retours des lecteurs, *Routard Assurance* reste l'assurance voyage référence des globe-trotters. Tout y est inclus, même la **Covid** : frais médicaux, assistance rapatriement, bagages, responsabilité civile... Avant votre départ, contactez *AVI* pour un conseil personnalisé. À la recherche d'une attestation Covid ? Vous la recevrez automatiquement après chaque souscription. Besoin d'un avis médical, d'une prise en charge dans un hôpital ? Le plateau d'Assistance *AVI* dispose d'un vaste réseau médical à travers le monde disponible 24h/24 pour une réponse en temps réel. De simples frais de santé en voyage ? Téléchargez vos factures depuis l'espace assuré *AVI*, ils vous remboursent sous une semaine. *Le Colisée Gardens, 10, av. de l'Arche, CS 70126, 92419 Courbevoie Cedex.* ☎ *01-44-63-51-00.* ● *avi-international.com* ● Ⓜ *La Défense.*

Édité par Hachette Livre (58, rue Jean-Bleuzen, CS 70007, 92178 Vanves Cedex, France)
Photocomposé par Luminess SAS (561, rue Saint-Léonard – CS 40003 – 53101 Mayenne Cedex, France)
Imprimé par Lego SPA Plant (via Galileo Galilei, 11, 38015 Lavis, Italie)
Achevé d'imprimer : juillet 2022
Collection n° 13 - Édition n° 01
46/1921/0
I.S.B.N. 978-2-01-718824-7
Dépôt légal : août 2022

PAPIER À BASE DE FIBRES CERTIFIÉES